小矢部川上流域の人々と暮らし

加藤享子

桂書房

小矢部川源流　中河内

オガンカベ　滝谷

刀利から献木された柱　東本願寺御影堂

東本願寺御影堂内陣の刀利から献木された柱（奥の柱）

白い石を置いた墓　才川七

白い石の墓　小院瀬見野地

シナ（シナノキ）のミノゴを身につけた嵐龍夫さん

キワダ（キハダ）をとる嵐龍夫さん

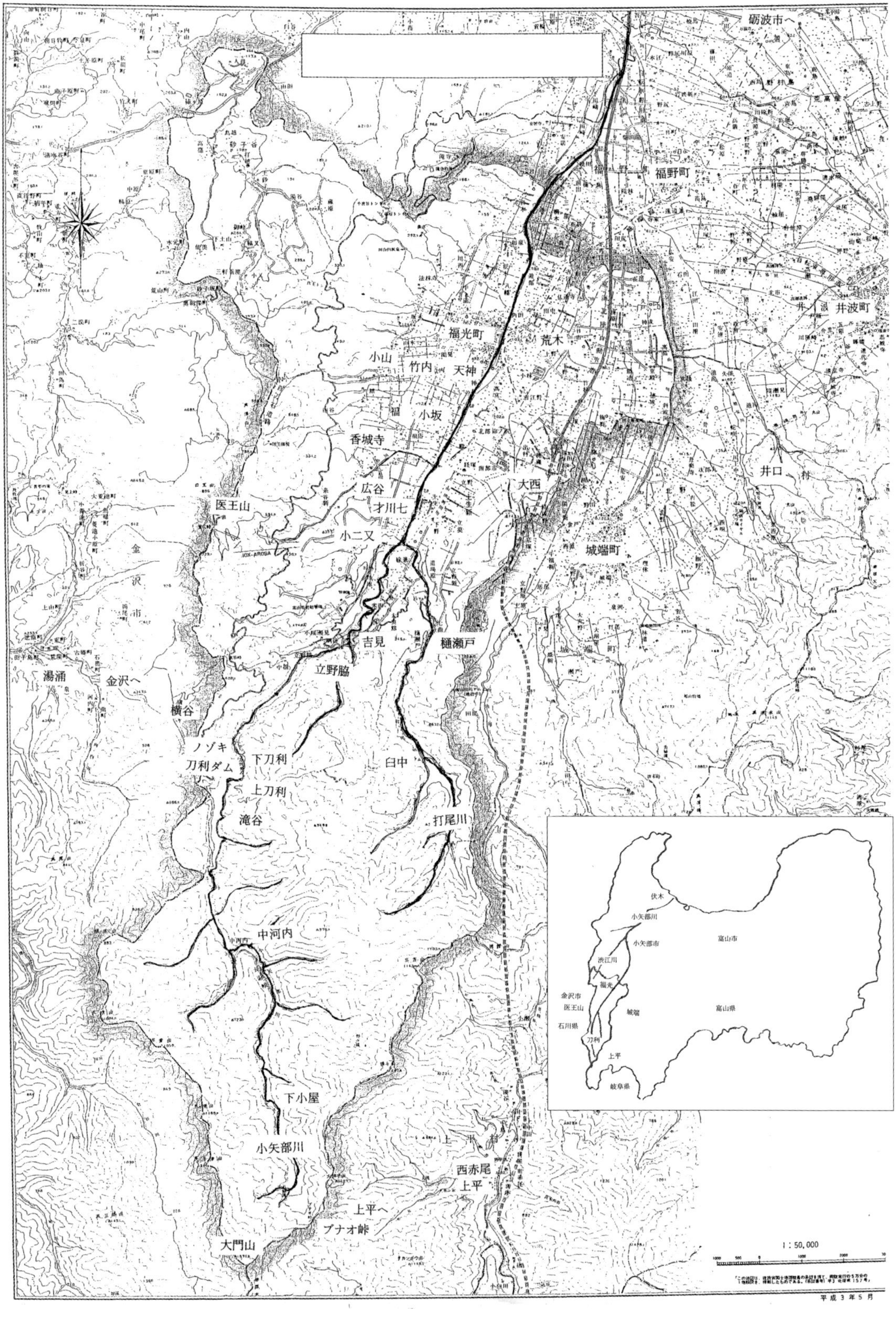

砺波市へ
福野町
井波町
井口村
福光町
荒木
小山
竹内
天神
小坂
香城寺
広谷
才川七
小二又
大西
城端町
医王山
金沢市
吉見
樋瀬戸
立野脇
湯涌
金沢へ
横谷
ノゾキ
刀利ダム
下刀利
臼中
上刀利
滝谷
打尾川
中河内
下小屋
小矢部川
上平村
西赤尾
上平
上平へ
ブナオ峠
大門山
伏木
小矢部川
小矢部市
富山市
渋江川
金沢市
医王山
福光
城端
富山県
石川県
刀利
上平
岐阜県
1：50,000
平成３年５月

地図１　福光地域全図

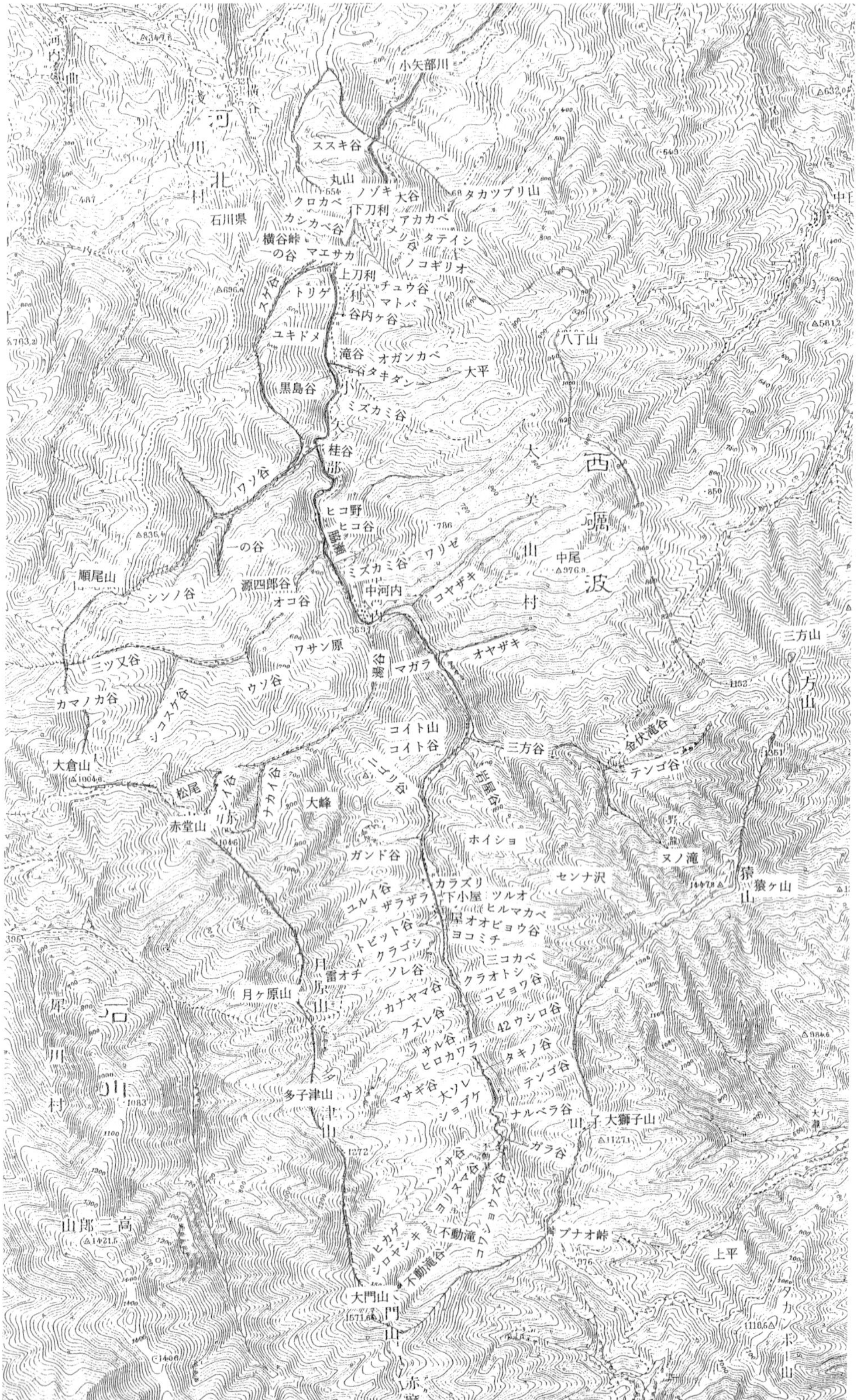

地図2　刀利の地名
国土地理院　五万分の一地形図「下梨」（昭和二十一年）を加藤享子加工

『小矢部川上流域の人々と暮らし』刊行を祝って

富山民俗の会代表　森　俊

加藤享子さんは根っからのフォークロリストである。

その加藤さんが、小矢部川最上流域のムラ刀利を対象として二十余年にわたって行ってきた調査の集大成が本書である。

その内容は、信仰、植物利用、民具、生活誌、食生活、年中行事等多岐にわたる。

いずれも、徹底した現地調査を重視したものだけに、説得力に富む。

総じて、真宗への篤信、植物利用の通時代的な継承性、生活の古層性、村落の高い自立性、環境を生かした生活、食材の徹底利用等が活写されて余すところがない。

生活の急速な現代化に伴い、先人から営営と受け継がれてきた伝承知が失われつつある。

その様な状況下、本書は未来に向けた貴重な書として読み継がれていくことであろう。

自ら記録を残すことがなかった常民の、かつての生活を知るよすがとして広く奨めたい。

目次

二章　植物の利用

三章　生活を支えた民具

四章　山の生活

五章　地の利を活かした食生活

六章　村の年中行事

はじめに

現在私たちは、近代化された便利な生活を送っている。しかし、これまで生きてきた人々はどんな生活を送ってきたのだろう。つい五十年ほど前まで、山村や農村では山野の自然物を利用・活用し、衣食住の多くを自給自足していた。それは自然と共栄共存した生活だった。そこにはどんな知恵や技が伝承され、どのような暮らしだったのだろうか。

高度経済成長期（一九五五―一九七三）を経る中で、旧来の民俗伝承は急速に喪失または変貌していき、習俗の伝承や記憶も失われようとしている。私の生まれた小矢部川上流域でも、暮らしは激変した。

富山県南西部を流れる小矢部川は、石川県境の大門山を源流として、福光地域を貫流し、高岡市伏木で富山湾へと注いでいる。ここでの小矢部川上流域とは、最上流の刀利《とうり》や下流の立野脇《たてのわき》、さらに下流の農村や町部など、福光地域を含めた範囲である。冬になると山村は三m、平野部でも一m余りの雪が積もる豪雪地帯である。この地は文明年間（一四六九―一四八七）の蓮如上人巡錫以来、強い信仰心をもち、支え合い生きてきた土地柄である。

刀利は刀利谷とも呼ばれるが、深い峡谷に、一〇戸前後の五つの小村が、十数kmにわたり、二～六km離れながら点在していた山村である。村のすぐ下流には、「ノゾキの難所」と呼ばれ、後に刀利ダムとなった、狭くて高さ百mの断崖絶壁が２００ｍも続く地帯があり、下流との通行が不便だった。同じ山村でも刀利は、村落が庄川沿いに岐阜県へと続く五箇山よりも隔絶していた。刀利には生き抜くための独自の豊かな自然知や、古い風習を伝承していたと思える。

刀利が昭和三十年代後半から四十年代半ばにかけて、刀利ダム建設のために離村してからは、立野脇が現在最上流の村である。流れを下った所に位置する農村や旧福光町は、東西南の三方を山に囲まれており、小矢部川や医王山の恵みと環境を、巧みに活かして生活してきた。小矢部川を通じて山村も農村も共通の風習が多い。そこで私は、信仰と植物利用の観点から、小矢部川上流域を思うままに探ろうと思った。

最初の聞き取りで、明治十五年に刀利村から東本願寺の再建のためにケヤキの巨木を献木していたことを知った。このことは地元福光でもほとんど知られていない。また刀利でさえも離村から五十余年を経て、すでにごく一部の人以外伝承されておらず、早晩忘れ去られてしまう恐れがあった。私は多くの人々の思いが詰まったこの献木のことを、記録しようという思いがつのった。

また、昭和三十年代までは、まだ山村や農村にも多くの人が住んでおり、長年にわたり培われた自然知や技術を伝承した生活が営まれていた。そのため、全体を通じて昭和三十年代の暮らしを中心に記録した。

時代は変化しても、これまで長い年月を経て培われた知恵や技は、環境問題の観点からも再認識されることもあるのではなかろうか。また現在の習俗は、これまでの習俗からの変容であると思え、以前の習俗を記録する必要があると思う。

今回ほとんどの稿は、追記修正した。

昭和三十年代の暮らしをおぼろげに覚えており、激変した生活を目の当たりにした者として、断片的であるが、小矢部川上流域について一旦ここで、ささやかな記録としたい。

これまで佐伯安一先生をはじめ、新谷尚紀先生、名久井文明先生、木場明志先生、草野顕之先生、近松誉様、堀与治先生など多くの先生方にご教示をいただいた。また助言と励ましをいただき、序文をいただいた富山民俗の会代表の森俊様に深く感謝申し上げます。そして表紙の写真を提供して下さった風間耕司様、出版の労をとっていただいた桂書房代表の勝山敏一様、編集を担当していただいた川井圭様に深く御礼を申し上げます。最後にお訪ねする度に温かく迎えて下さり、お話を聞かせていただいた多くの話者の方々に、心から厚く御礼を申し上げます。

序章　刀利と立野脇

I　刀利《とうり》と立野脇《たてのわき》

はじめに

刀利、立野脇の両村は、共に中世からの古村である。明治二十二年から太美山村の大字となった。昭和二十七年（一九五二）に福光町と合併し、さらに平成十六年（二〇〇四）南砺市になった。生業は共に炭焼きであり、昭和三十年代まで自給自足の生活を営み、自然と共生していた。そのため長年にわたり培われた自然知や民俗技術を伝承していた。

両村に蓮如上人（一四一五〜一四九九）が巡錫したと伝え、刀利には道場や腰かけ石、名号、立野脇には古道、池などが残されていた。村の草分けの家などには、蓮如上人の六字名号（下小屋　宇野秀夫家）や、一如上人（一六四九〜一七〇〇）の脇掛の十字名号・九字名号（上刀利　南源右ヱ門家・立野脇　嵐龍夫家）が授与されている。また刀利の五つの小村や立野脇には、文政年間（一八一八ー一八二九）に達如上人（一七八〇〜一八六五）の御書がそれぞれ下付されている。いずれの村も、全戸真宗大谷派の篤信の村である。なお、福光地域には三〇カ寺あるが、二八カ寺が浄土真宗であり、うち二四カ寺が大谷派である。全戸大谷派の村落は多い。

一、刀利

刀利は南砺市福光の町部から十数kmから三〇km上流にかけて小矢部川の峡谷に下流から下刀利《しもとうり》・上刀利《かみとうり》・滝谷《たきたに》・中河内《なかのこうち》・下小屋《しもごや》がそれぞれ二、二、六、六kmずつ離れて点在した、五つの小さな隔絶した集落からなる。昭和三十年代の戸数はそれぞれ下流から四、一二、九、八、六戸であった。昭和四十二年完成した刀利ダム建設により、昭和三十六年下刀利・上刀利・滝谷が廃村になり、水没した。そのために更に上流の中河内は昭和四十五年（一九七〇）、下小屋は昭和四十一年（一九六六）に離村した。

交通路は南の上平方面・西の加賀方面・北の小矢部川を下った福光方面の三方に通じていた。下流の「ノゾキの難所」と呼ばれる絶壁の岩場が、福光方面への通行に困難をきたしていた。福光から刀利の中心である上刀利まで馬車道は大

写真１　上刀利　昭和36年秋

写真２　滝谷

正十四年（一九二五）整備され、自動車道路が開通したのは、昭和十六年（一九四一）であった。しかし、離村する昭和三十年代まで、地形的に平坦な道が続く上刀利から横谷を経て、金沢へ交流する方が多かった。魚や衣料、道具なども金沢方面から行商が来た。金沢から湯涌を経て刀利に通ずる道を「刀利越え」という。そこから小矢部川沿いに南に遡って中河内・下小屋を通り、ブナオ峠を越えると上平西赤尾に出る。さらに白川・高山へと通じており、飛騨への間道であった。文明年間この道を蓮如上人が巡錫され、下小屋からブナオ峠を越えて桂（上平）へ向かわれたと伝えている。また江戸時代にこの道は、五箇山西赤尾から下小屋そして刀利谷を通り、上刀利から横谷へ行き金沢塩硝蔵へと通づる「塩硝の道」であった。

写真3　中河内

写真4　下小屋

　文化の面では、金沢方面との交流が深いために、言葉も加賀流（アクセントや言葉）、また大工も加賀から来ており、間取りは全戸仏間の位置が妻床であり、加賀様式であった。木炭の主なる販路は、自動車による集荷が行われるようになった昭和二十年代まで、交通の便と価格の高さで金沢方面であった。電気は昭和二十二年（一九四七）金沢から上刀利まで配線されたが、下小屋は離村まで自家発電に頼った。

　通婚は刀利村内が多く、ほとんどの家が婚姻関係であった。また、加賀の横谷・湯涌などの浅野川水系の村、立野脇、臼中が多かったが、西赤尾（中河内）・桂（下小屋）、利賀（下小屋）とも婚姻があった。

　副業として、女性たちが山菜、主にススタケを町へ売りに出た。

　手次寺は明治五年の記録[1]によると、金沢は　慶恩寺・迎西寺・光専寺　合わせて　四六戸、石動　道林寺　一五戸、福光　祖谷本教寺　一二戸である。そのうち道林寺に関しては、金沢長町の道林寺支坊が仏事を勤めていた。冬期間各村の御講を執り行う僧侶や、各家への説教僧は加賀方面の浅野川水系近村から来ており、金沢方面の寺との法縁が強かった。

　離村後の移住は三分の二が金沢方面で、三分の一が福光方面である。それは刀利が山間集落なために耕地が僅少で、村での分家が困難なために、江戸時代から次男以下は交通の便がいい金沢方面へと移住していたため、縁故者が多い金沢方面に移住した家が多かったのである。刀利は概して金沢方面とのつながりが濃く、大まかな加賀文化圏であったが、道路の整備と共に福光地方との関係が深くなっていった。

　明治三十四年（一九〇一）に、刀利分教場に若干十五歳で着任した綱掛出身の山崎兵藏先生は、生涯を刀利の教育のみならず村のために誠の限りを尽くされ、「東洋のペスタロッチ」と讃えられた。

二、立野脇

立野脇は下刀利から小矢部川沿いに四㎞下流の山村で、福光町部から一〇㎞上流に位置し、明治期より約二〇戸であった。村内に流れてくる川がなく、しかも段丘崖の村のため、昔から水が不足していた。明治元年（一八六八）に大火で、村のほとんどの家を焼失している（立野脇大火）。広大な山を利用した生活を営んできたため、刀利と共通した山村の自然知、民俗技術などがよく伝承されていた。交通路は北の福光方面、南の刀利方面に通じている。立野脇から刀利の間は、一番近い下刀利が四㎞の距離であるが、下小屋とは二〇㎞ほどであり、刀利にとって立野脇は福光地方への玄関口の村であった。町場へ出た時に、立野脇の縁戚の家に宿泊する老人もいた。昭和二十六年福光駅から太美山までバスが開通した。西の金沢方面には、隣村小院瀬見から横谷峠を経て湯涌から金沢へと通じていた。

地形は、立野脇から下流は川が少しずつ開けており、川沿いに村が続いている。明治期から福光の町部まで歩いて品物を売りに行ける村であり、産物を商品化できることが、刀利との違いである。そのため副業が発達した。水不足の村であり、水田が少ないのと肥沃な土質を活かした畑作が多く、副業として麻・干大根などの特産品があった。また、山からの豊富な栗の実や山菜、薪などを主に福光町部で商品化した。

写真５　立野脇

通婚圏である横谷、刀利とのつながりは深いが、立野脇からは民家も砺波型である。宗教は全戸真宗大谷派であり、手次寺は福光地方である。冬期間の御講は、近村をはじめとした福光地方の僧侶が執り行った。産物の販路や物資の調達も福光であり、立野脇は福光の文化圏である。

現在刀利村が離村したことや社会状況の変化、高齢化などのために過疎化が進み、二〇二二年現在、六戸八人の村になった。

話者

多くの方々から聞き取りしたが、主なる話者を上流の村から順に記す。

刀利

下小屋	宇野秀夫	昭和二年（一九二七）生	
	宇野光枝	昭和五年（一九三〇）生	中河内出身
中河内	中川秀吉	昭和六年（一九三一）生	
滝谷	谷中定吉	昭和十年（一九三五）生	
	滝田君子	昭和三年（一九二八）生	上刀利出身
上刀利	南源右ヱ門	昭和五年（一九三〇）生	
	南　幸子	昭和十二年（一九三七）生	横谷出身
	村井亮吉	昭和五年（一九三〇）生	
	村井幸子	昭和十年（一九三五）生	臼中出身

立野脇　嵐　龍夫　昭和三年（一九二八）生
才川七　堀　与治　昭和三年（一九二八）生
小二又　谷川喜一　昭和五年（一九三〇）生
竹内　宮森八郎　昭和十五年（一九四〇）生
天神　渡辺八郎　大正八年（一九一九）生
渡辺　寛　大正八年（一九一九）生　実父
湯浅かのゑ　大正八年（一九一九）生
片山みよ子　昭和四年（一九二九）生　坂本出身

注
（1）宇野二郎『刀利谷史話』一九二一〜一九六頁

Ⅱ　刀利谷の生活

　刀利谷は、深い森に囲まれた渓谷である。昭和三十七年の離村まで炭焼を生業とし、山の恵みを最大限に生かして自給自足の生活を送ってきた。人々は数ある樹木を知り尽くし選りすぐり、この地にあった最適な利用法を伝えてきた。木は材木としてはもちろん、実や若葉、葉、樹皮、花、小枝にいたるまで、すべてを利用してきた。また種類により日向の木、日陰の木、生長の早い木、遅い木など、それぞれの特質を生かし利用してきた。刀利谷の人は「山の木で無駄なものは何ひとつない」という。ここに自然と共に生きてきた、日本人の暮らしの原点がある。

　その木の利用の一つが樹皮である。樹皮は衣・住・薬・民具などに盛んに利用されてきた。炭焼では鉈を多用する。その「鉈入れ」をコクボ（さるなし）で作り「コクボのナタヘゴ」とよび、紐に通し腰に下げた。コクボは樹齢三十年以上の真っ直ぐな蔓を三月初旬に採集し、乾く前に剥ぐように切り、網代に組んで形にしていく。出来上がったナタヘゴは大変に丈夫であり、使い方にもよるが、八十年でも保つ。忙しい山仕事の合間には、わずか十五分ほどの昼寝をする。その時もこのナタヘゴを枕とした。がっしり組まれ、日が経つほどに乾燥していき、しっかり締まっていく。また、使い込まれるほどに汗と油が付き、つやが出て美しくなっていく。それはあたかも芸術作品のようである。

　ナタヘゴの技術は、縄文時代から伝えられてきていた。同じ小矢部川水系の富山県西部、桜町遺跡から出土した小籠は、組む技法、材質が刀利谷のナタヘゴと全く同質の物だった。ナタヘゴは、気の遠くなるような長い年月にわたり、この刀利谷に伝えられてきていたのである。

　山村の生活はそのほとんどを自給でまかなう。厳しい自然条件の中で生き抜くため、冬は夏のため、夏は冬のために働いて備えた。雪に囲まれる冬は夏に使う炭俵を始め、バンドリ（丸蓑）・ネコダ（背中当て）・荷縄・草鞋など、ヨキ（斧）の柄に至るまで何でも作り、「莫蓙と桧笠以外は自分で作った」という。炭俵を作るための茅は、秋に刈り、冬に編み続けた。あまりに沢山の茅が必要なので、屋根の葺き替えの茅が不足し、雨漏りした家さえあったという。

　そして雪が融けると、一斉に炭焼が始まる。山の木の成長を見ながら毎年適所へ移動する。そのため炭窯は毎年作り直す。炭窯を作る場所は地下水が湧き出ず、しかも窯を作るため水の便がよく、土・石などがある条件を満たす所である。場所を設定すると、まず草木を刈り、窯への道をつくる。石や土できちんと塗り固めた丈夫な炭窯を作るのは、一か月かかる。炭材となる窯木を切るにも、まず回りの柴や笹を刈り取る。それから木を切り倒し、窯に入るよう六尺の長さに切りそろえる。出ている枝も切る。また、木に曲がりがあると、鉈でハツリ（削り）真っ直ぐにする。ようやく窯木の準備ができた。これらの作業はヨキ（斧）・鉈・鋸などを使い、すべて人力で行われた。

　窯木を窯の場所まで運ぶのも大変な重労働だ。炭窯では炭焼きが始まると、火の調節にその場を離れられない時もある。煙の色などを見ながら窯の温度を推察し、火加減を調節する。それは熟練の技術を要した。

　八日ほどかけて焼き、ようやく炭が出来上がると、選別して炭俵に詰める。窯木は炭になると六分の一の重量になった。炭俵一俵の重さは、明治期は六貫、大正期は五貫、昭和期は四貫である。それを山から人家近くまで担ぎ出す。男は四、五俵担ぐ。子供も小学生になると、男女とも手伝いで担いだ。毎朝四時には起こされて、五㎞ほど離れた炭窯から曲がりくねった細い山道を、一俵担いで出すのは、学校へ行く前の、毎日の子供の大切な朝仕事だった。

　十一月になると、雪がちらついてくる。しかし、そのころが炭焼の最盛期であり、雪が積もる十二月初めまで、めいっぱい焼き続けた。村では年間二〇〇〇俵焼いた家もあった。当事炭は高値で売れ、刀利谷の生活を支えた。

　戦前に刀利谷から炭を購入していた人の話である。刀利谷へ炭を買いに行くと、家には誰一人いない。全員遠くの山へ炭焼きに出掛けているからである。そこで小学校へ行くと、山崎兵蔵先生がおられる。先生は村中の印鑑を預かり、各家の炭の出荷の手続きを代行される。商人は山崎先生と購入の交渉をし、先生に代金を支払い、印鑑を押してもらい購入できた。だから商人は「山崎先生のおかげで、炭を買わせてもろた」と常に言っていたという。

　村人は山崎先生に、村全戸の印鑑を渡し生業の炭の代金を任せるほど、心から全幅の信頼をしていた。山崎先生は村人を支え、村人は先生を信頼し、共に生きた刀利谷であった。

山崎兵蔵先生

（『山崎少年の刀利谷』太美山自治振興会　時潮社　二〇一四年八月）

Ⅲ　刀利村廃村と、その後

刀利村は、昭和四十二年に完成した刀利ダム完成により、廃村となった。移住先については宇野二郎氏が『刀利谷史話』に詳説されている。しかし、神社の御神体や道場などの法宝物、各家の建物などは、その後どうなったのであろうか。また村民のつながりは、どのように続いていったのであろうか。廃村後の刀利村について記録する。

建物

ダムに沈む下刀利・上刀利・滝谷は、建物を解体して離村することが現場事務所から命ぜられた。それは茅葺屋根の場合など、解体しないと屋根が湖面に浮き上がり、腐るまでに時間がかかり、何年も湖面に浮いている恐れがあるためである。そのため、移築や売却する建物の他は、各家で解体しなければならなかった。

刀利は平地と比べて高地なので、木は堅い。家は良質なケヤキをふんだんに使用した、大きくて立派な家が多かった。瓦葺の家の何軒かは、福光方面や石川県へ移築や売却された。大切な家を売却した理由は、平地では山の生活ほど大きな家が必要ないと思ったからであった。茅葺の家は、ほとんど解体しなければならず、解体する手間を考えて、自分で自家を焼失させた。大切な家の最後を他人に任せることは、できなかった。A家の場合、家・蔵・納屋と三棟あったが、一度に燃やすと大きな火になるために、移住先から主人が一人で行って、一棟ずつ燃やした。燃やしたのは離村の二年後、屋根のカヤの湿りがよく乾燥して燃えやすい夏場であった。蔵は土蔵のため、屋根だけが燃えたが、土壁の役目を果たし、燃え残り、柱が建っていたという。住民にとって自家を燃やすことは、非常につらい作業であった。

それでも残った残木は、最後まで刀利に住んでいた滝田久信夫妻によって、ダムの水を汚さぬよう、水没寸前まで集め焼却する作業が責任をもって続けられた。

下刀利四戸はすべて金沢へ移住し、建物は四軒とも福光・金沢方面に売却された。上刀利は一二戸の内、二戸は福光・小矢部の移住先に移築した。その中でも南砺市（福光）吉江中へ移住した南源右ヱ門家は、家・蔵・納屋とも移築した。また五・六戸は売却された。滝谷九戸の内、二戸ほどは福光方面に売却された。

上流の中河内・下小屋も下流の下刀利・上刀利・滝谷が離村したために、昭和四十一・四十五年に廃村となった。中河内の大きな家であった橋場家は、太美山の東家へ移り、民宿　ふるさと荘となった。また中河内は、刀利でも数少ない桧の自生地であるため、多くの家で柱などに天然桧を使用していた。離村時その桧の柱を購入する業者がおり、桧だけを売却し、残りの建物を解体してきた家（B家）や、燃やしてきた家、そのまま自然に任せた家などまちまちであった。下小屋は五箇山上平と近く、合掌作りと似ているため、茅葺のまま売られた家もあったが、中河内とほぼ同様であった。また一軒の民具のほとんどを二上郷土資料館（二〇二二年現在、閉館）に移譲した家もある。

小中学校は上刀利・中河内・下小屋にあったが、福光町が解体している。再利用された材もある。

神社と念仏道場

神社については後述（一章VI　刀利村の祭り）するが、離村時四戸であった下刀利は御神体と旧社殿を、共に住民移転地の金沢へ、上刀利・滝谷の御神体は祭祀を奉仕していた城端北野天満宮境内地内へ遷座し、社殿は山を越えた金沢市車町に譲渡した。中河内と下小屋の御神体も、同様に祭祀者の城端北野天満宮境内地内にある社殿に遷座した。村にあった社殿は、離村時にそれぞれの村民が解体した。下小屋は境内の大木約七本を伐採し、その売却金を北野天満宮に奉納している。中河内の念仏道場では、蓮如上人直筆と伝える六字の名号などの法宝物を、約五百年間一日も休まずに護持してきたが、由来の「蓮如上人腰かけ石」や仏具一式と共に、城端別院善徳寺へ移された。建物は、瓦葺になっていたので、瓦だけ移譲し、建物は村民が解体した。

中河内と下小屋の場合、民家はそれぞれの形をとったが、神社や道場は必ず解体している。解体することが建物への丁寧な扱いである。

写真１　念仏道場

御講

刀利五カ村には小村ながら、それぞれ文政年間に達如上人から授けた御書があり、離村後も主に福光と金沢方面の住民が御講宿に集まり御講を申していた。しかし離村して六十年を経た近年は、高齢化などで開催が難しくなってきている。刀利にいた時は村が離れていたために他村の御講に参ることは少なかったが、離村後は刀利村の御講にはどの村の御講であっても元住民が参っている。下刀利・上刀利・滝谷は三ケ村として元住民の家を宿にして、年二回一緒に御講を申していたが、そのうちに年一回になった。しかし二〇二一年に南源右ヱ門家で執り行われてからは、申されていない。御講の時には、三ケ村の法号軸に亡くなった人を記録しており、現在二軸目になっている。御書一式は南家の蔵に保存されている。中河内は元住民の家に御書がある。下小屋は離村後何度か御講を申してきたが、平成二十四年九月二十四日に宇野秀夫家で行われてから、申されていない。宇野家では毎日御書にオボクサマ（御仏供様）を供え参っていた。

祭り

離村後も上刀利・滝谷は、御神体を祀る城端北野天満宮境内地内の宮へ秋祭りの日などに集い、遷座した宮の前で、親睦を兼ねて祭りを行ってきた。身祝いなども村にいた時と同様に、酒などを奉納した。また正月には初詣をしていた。下小屋と中河内は離村から約四十年を経た平成十五年（二〇〇三）まで、正月に北野天満宮神主から大麻を頂いていた。元下小屋の宇野秀夫氏は、正月にまず北野天満宮境内地内の下小屋の宮に参り、それから現在地の南砺市（福光）田中の宮に参った。刀利村の村民揃っての祭りが難しくなっても、個人で宮掃除や参拝している人は多い。

刀利会の発足と記念式典

離村後特別な名称はなかったが、田仕事が一段落する毎年六月の第三土曜日に石川県湯涌温泉で旧村民の親睦会を行っていた。湯涌温泉は刀利と近いこと、福光・金沢双方の居住地の中間であったことなどによる。金沢には刀利村出身者による「刀利谷郷友会」が結成されていた。上刀利出身の宇野二郎氏が昭和五十三年（一九七八）に執筆された労作『刀利谷史話』は、刀利谷郷友会から出版されている。(1)

昭和三十六年（一九六一）の離村から五十年を経る平成二十三年（二〇一一）に、記念式典等を執り行うことになり、刀利三か村（下刀利・上刀利・滝谷）を中心に刀利村全体の「刀利会」が発足した。平成二十三年六月十八日には、「刀利ダム住民離村五十周年記念式典」と「山崎兵蔵先生五十回忌法要」が、各地から約八〇名の元村民やゆかりの人々が集い刀利ダムの山崎公園で執り行われた。また記念として、山崎兵蔵先生の功績を記した村田豊二『一茎百華　―永遠の教育者―』昭和二十八年刊を、刀利会として桂書房から復刻し(2)、市内各学校や県内各所に寄贈した。これはひとえに一生を刀利のために捧げた山崎兵蔵先生への感謝の念からである。山崎兵蔵先生は刀利の人々にとり、「刀利の親様」・「刀利の神様」とも呼ばれ、深く崇敬されている。

記念式典に先立ち福光の僧侶たちにより、自発的にダム湖に向かって刀利村への法要が行われ、お経が唱えられた。それは、刀利ダムがなければ下流の自分たちは先年（二〇〇八）の大雨の時など水害にあった可能性があり、ダムに沈んだ刀利村への感謝の念と追悼からであった。刀利ダム完成後、発電はのみならず、下流の水不足が解消されただけでなく、防災の面からも、ダムの恩恵は計り知れないのである。

刀利についての著作は、先述の宇野二郎氏『刀利谷史話』をはじめ、上刀利出身の南源右ヱ門氏『ねんりん』による二〇〇一年からの連載や、上刀利出身の谷口寛作・谷口典子夫妻による『ダムに沈んだ村・刀利』が二〇一〇年に、また太美山自治振興会から、谷口典子著　風間耕司写真による『山崎少年の刀利谷』が二〇一四年、ともに時潮社から刊行されている。(3)

真宗史から、松金直美氏の「近代真宗における伝統性の構築―富山県西礪波郡刀利村の民衆世界を通して―」教化研究二〇一九の論文で刀利の真宗村落を論じておられる。

刀利は離村後に福光金沢へと別れて移住しても、ずっと堅く結ばれ続けている。戸数の少ない隔絶した小村で、厳しい自然条件の中、何代にもわたり助け合って生きてきた人々の絆は強くて太い。

注

（1）宇野二郎『刀利谷史話』刀利谷郷友会　一九七八

（2）村田豊二『一茎百華』―永遠の教育者―　学芸図書出版社　一九五三／復刻　刀利会　桂書房　二〇一一

（3）南源右ヱ門「刀利谷のあらまし」『ねんりん』九号　福光町あけぼの会　二〇〇一　他『ねんりん』十・十一・十三号　谷口寛作・谷口典子『ダムに沈んだ村・刀利』時潮社　二〇一〇。谷口典子・風間耕司『山崎少年の刀利谷』太美山自治振興会　時潮社　二〇一四。松金直美「近代真宗におけ

る伝統性の構築―富山県西礪波郡刀利村の民衆世界を通して

―」『教化研究』163　真宗大谷派教学研究所　二〇一九

一章　信仰に生きる人々と墓

Ⅰ　明治十五年、刀利村から御本山再建への献木

はじめに

真宗大谷派の東本願寺の御影堂・阿弥陀堂両堂は、江戸時代に四度の火災にあい、再建を繰り返してきた。現在の両堂は、元治元年（一八六四）に「禁門の変」で焼失した後、明治二十八年（一八九五）に再建されたものである（明治度御再建）。幕末の動乱を経て、明治十二年（一八七九）五月八日、門首の厳如上人から両堂再建の「発示」が出されると、全国の門徒は再建に向けて立ち上がり、多数の奉仕がなされた。富山県からも多くの奉仕がなされた。

明治十五年（一八八二）二月、越中国砺波郡太美村（現富山県南砺市）刀利《とうり》（写真１）の上刀利白山社《しらやましゃ》からは、欅《けやき》の巨木が献木された。木の大きさは、長さ七間四尺（約十四ｍ）周り一丈斗《ばかり》（約三ｍ）であった。村人は篤い信仰心を支えに、本山の再建に献木したいという強い願いを持ち、村や地域を挙げ、心を合わせて木を曳いた。木の曳き出しに困難を極めたことと献木が叶ったことへの喜びは、村が昭和三十六年（一九六一）ダムで水没したにもかかわらず（写真２）、百二十余年を経た今でも子孫に語り継がれている（写真３）。

刀利の献木は、どこからどのようにして運ばれ、東本願寺のどこに使用されたのだろうか。

本稿では、刀利村から献木された欅について、第一に、現地の上刀利に残されていた記録と、記録から判明した刀利村の奉仕や

写真１　上刀利の集落（昭和36年）

刀利村を支えた近隣の村むらなどについて、第二に、献木した木の運搬の道順について、第三に、献木の運搬方法や道具・服装について、第四に、献木記録について記録する。地元の話者からの聞き取りや、地元の献木記録、また、欅を流下した小矢部《おやべ》川河口の伏木木揚場の記録・運ばれた東本願寺の記録をもとに、明治十五年、刀利村から東本願寺再建への献木について述べたい。

写真2　刀利ダム（平成19年）

写真3　刀利ダム湖畔の石碑（平成19年）

一　上刀利の『御本山へミやの木上ル』

(一)　刀利村

富山県の南西に位置する旧福光町（現南砺市）には、石川県境の大門山から富山湾へと注ぐ小矢部川が流れている。刀利村は、旧福光町から十数km上流最奥の刀利谷の川沿いに、下刀利・上刀利・滝谷・中河内・下小屋の五カ村五〇戸が点在していた。冬は百日以上も三mの雪に覆われる。昭和三十六年（一九六一）、刀利ダムの建設により下刀利・上刀利・滝谷の二七戸が廃村となり、ダムの底に沈んだ。のちに上流の中河内・下小屋も離村した。刀利谷五カ村は全戸が東本願寺の門徒として信仰が篤く、献木にあたって一致団結して奉仕したのである。

金沢から湯涌を通り、横谷を経て刀利に通ずる道を「刀利越え」という。そこから小矢部川沿いに遡って中河内・下小屋を通り、ブナオ峠を越えると五箇山の上平村西赤尾に出る。かつて蓮如上人が刀利越えでこの地を巡錫し、桂へ向かったという伝説が上刀利・滝谷・中河内・下小屋や下流の綱掛に残る。

㈡『御本山へミやの木上ル』

明治十五年（一八八二）二月、上刀利にあった白山社境内の欅の巨木が本山再建用材として献木された。当時この事業にあたった南伝右ヱ門氏（写真4）が記録を残している（『御本山へミやの木上ル』（史料1・写真5）。同氏は安政二年（一八五五）に生まれで、昭和二十一年（一九四六）、九十二歳（以後数え年）で亡くなった。献木当時は二十八歳であった。後年、村の中心となった人であり、南家は上刀利草分けの旧家である。南氏は木の大きさ、曳き上げルート、要した日数と人手の数、各村々からの物的支援、残木による白山社改築のことなどを記録した。現当主南源右ヱ門氏（写真6）は、昭和五年（一九三〇）生まれの孫にあたり、祖父から当時のことを伝え聞いたという。

写真4　南伝右ヱ門氏

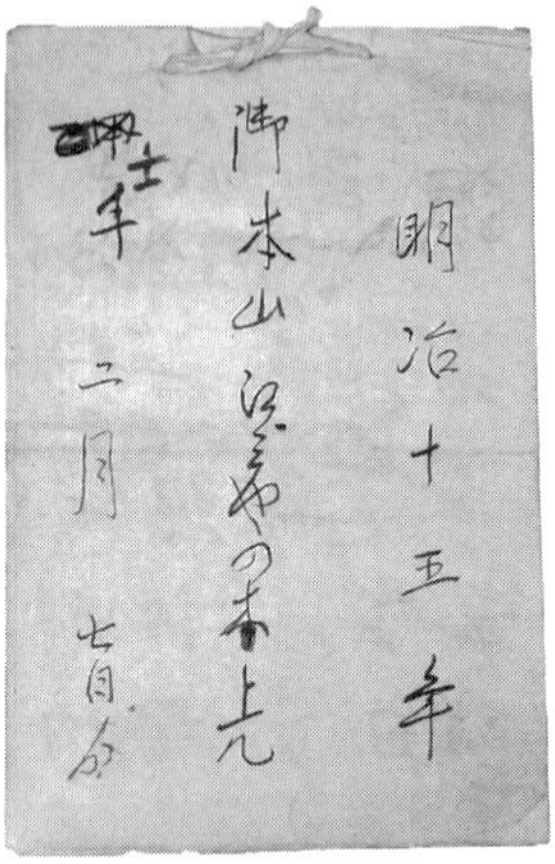

写真5
『御本山へミやの木上ル』

写真6
南源右ヱ門氏

史料1

（表紙）横帳

明治十五年
御本山江ミやの木上ル
壬午　二月　七日ゟ

一、壱丈まわり　長七間四尺
　樫（欅）也

立野脇村

一、八斗六升　酒　こん志
　大わら綱　一すじ

吉見、太ち（舘）、田屋三ヶ

一、弐斗五升　酒　二升
　大わら綱　一すじ

一、七升　酒　嫁兼

一、五升　〃　西原

一、二斗　酒　岩見（上見）

一、三斗　同　のが田
一、弐斗　同　中村（白中）
一、五斗　酒　横谷村
　大わら綱　三すじ　石川郡川内
一、大わら綱　一すじ
一、人足上げ横谷村
　さかいまで
一、三千八百人斗
壬午二月七日ゟ廿六日
　まで

人足出
一、五升　天池新
一、五升　吉江新
一、七升　大塚新
一、壱斗三升　大窪
一、壱斗　中尾村
一、壱斗　千福新
二月七日ゟ廿四日　まで
記
一、弐斗　酒　下刀利村
一、弐斗三升　下小屋村
一、三斗　酒　中河内村
一、三斗五升　瀧谷村
一、三斗五升　上刀利村
〆壱石四斗三升
又四斗かう

惣〆壱石八斗三升
　刀利五ヶ
一、人足　上見村
　千福村
　土生新村
〆五拾四人　内ニとまる
惣〆酒四石五斗八升
未癸　明治十六年七月十五日
ミヤ　太（た）つ也　大工小びキ
惣〆百円ニ　相なり

㈢　刀利村の奉仕

『御本山へミやの木上ル』によると、明治十五（一八八二）年二月七日から二十六日までの二十日間に、延べ三八〇〇名が白山社から横谷村境まで木を曳く作業に奉仕している。一日平均にして二〇〇名ほどであった。近隣の村々からも、人手のほかに藁製の大綱や酒が寄せられた（図1）。伐り出した地のすぐ下流は、流れがカーブする狭い難所のため、いったん対岸の峠まで曳きあげ、難所のない約五㎞下流まで、尾根伝いにさらに曳かねばならなかった。

山村では、厳冬期は雪崩を避けるため、川沿いの夏道と違った山の尾根道を通らねばならない。四㎞離れた一番近い立野脇からでさえ、上刀利まで片道三時間を要した。作業に参加した近村の人びとは自宅に帰ったが、隣町である城端町近在など遠方から奉仕者は下刀利・上刀利・滝谷の村々に泊まらざるをえなかった。村々では一軒に何人もの宿泊を引き受け、大変なことであったと

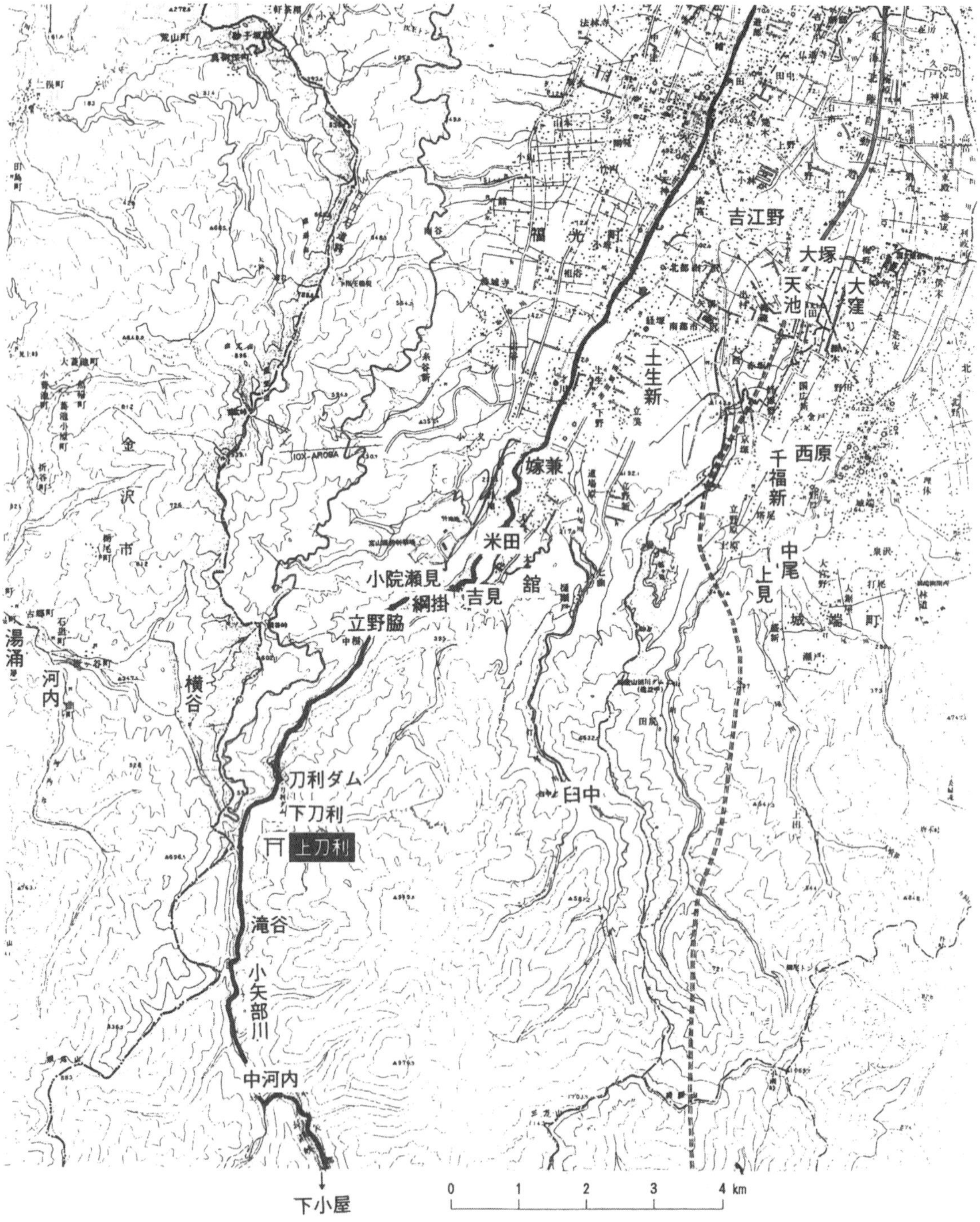

図１　刀利村（下刀利・上刀利・滝谷・中河内・下小屋）と関係協力村

いう。

奉仕に参加する人びとは弁当を持参していたが、休憩時には、地元の村の女性がおにぎりや茶を準備するなど忙しく立ち働いた。厳寒期ゆえ、藁で作った防寒具は寒さに凍え、囲炉裏で暖をとり衣類を乾燥させたという。その薪炭も土地柄豊富にあったとはいえ、地元の村人が負担したのである。

当時の南家には囲炉裏が四カ所作られており、献木時の宿泊には普段は使わない囲炉裏にも火を入れて、大いに使用されたと伝える（図2）。ちなみに、酒や綱の奉仕の記録がない土生新《はぶしん》村を含め、上見《うわみ》・千福《せんぷく》村の五四名が、南家の「内《うち》ニと（泊）まる」と記されている。

(四) 刀利村を支えた近隣の村々

酒や大藁綱の奉仕は、刀利五カ村はもちろん、近隣である太美郷・山田郷にわたっていた。（表1）また県境を越えた、石川県浅野川水系の横谷・河内村からも奉仕があった。寒さの中で酒はキヤリ（木遣り唄を歌う人・音頭取り）の喉を温め、参加者の体を温め、士気を高めた。当時の酒は自家製の濁酒だったが、献木の際に供されたのは清酒であったといわれている。近隣の村々からは酒などを持参しながら木を曳く奉仕に来ていたのである。その中で、四km下流にあり、刀利村と多くの通婚がある隣村立野脇からの提供がもっとも多く、八斗六升を持参している。

刀利五カ村として供した酒は一石八斗三升であった。当時の村の暮らしは、高地ゆえ米の収穫が少ないので、焼畑のナギで粟・稗《ひえ》・蕎麦などを作って食をつなぎ、自給自足の生活をしていた。炭焼、養蚕などの生業もあったが、これだけの酒を奉仕するのは強い信仰と献木への決意がなければできな

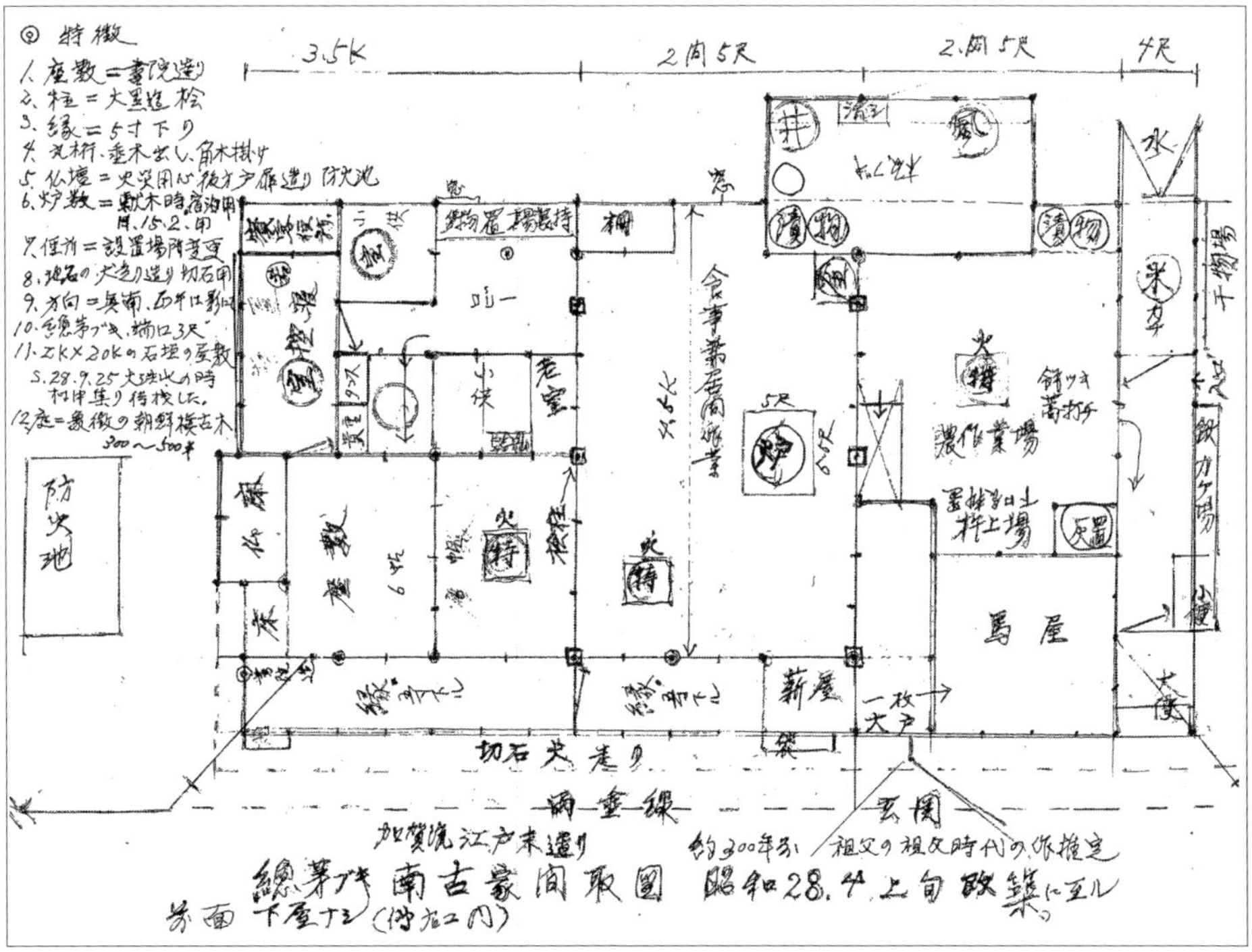

図2 「旧南家見取図」（南源右ヱ門作図）

表1 「御本山へミやの木上ル」に見える奉仕

村名	戸数	人口	奉仕
立野脇	二五	一六七	酒八斗六升 大わら綱一すじ
吉見	三七	二〇三	酒二斗五升・二升 大わら綱一すじ
舘	八	三六	
田屋（米田）	一六	九七	
嫁兼	六九	三九八	酒七升
西原	二四	一一六	酒五升
岩見（上見）	四四	二三一	酒二斗
中村（臼中）	五〇	二九六	酒二斗
横谷	二二	一二六	酒五斗 大わら綱三すじ
川内	二〇	一三四	大わら綱一すじ
天池新（天池）	二〇	一二一	酒五升
吉江新（吉江野）	三二	一八四	酒五升
大塚新（大塚）	三〇	一六二	酒七升
大窪	四三	二三三	酒一斗三升
中尾	二四	一二三	酒一斗
千福新（千福）	五四	二五八	酒一斗
下刀利	八		酒二斗
下小屋	一六		酒二斗三升
中河内	一六		酒三斗
瀧谷	一八		酒三斗五升
上刀利	一九		酒三斗五升
刀利五か村			又四斗

石川県の分は『角川地名辞典・石川県』所載の明治二十二年の資料による。
刀利の戸数は南源右ヱ門「ふるさと刀利について」『ねんりん』十一号による。
刀利五か村ではさらに酒四斗を買っており、合計一石八斗三升である。
酒の総合計は四石五斗八升であった。

いことであった。

手伝いの人びとがどこから来ていたかの詳細な記述はないが、少なくとも『御本山へミやの木上ル』に見える奉仕二四カ村からは参加があったものとみられる。南家の宿泊記録によれば、酒や大藁綱を奉仕した村々よりも、広範囲から人手が来ていたことがわかる。

㈤ 白山社の改築

『御本山へミやの木上ル』の最後に「明治十六年七月十五日、ミやたツ也」とある。献木の枝や幹の上部の残木で、白山社の社殿が改築されたのである（写真7）。大工、木挽《こび》きの賃金として一〇〇円の費用がかかったとある。現在に換算すると約二〇〇万円程度であろうか。数百年を経たと伝えられていた神社境内の木であり、残木もまた大切にしたいという村びとの気持ちがあったのであろう。

昭和三十六年（一九六一）、刀利ダム建設に伴う廃村で、白山社神体は祭祀を担当してきた城端町北野《きたの》天満宮《てんまんぐう》宮司によって同境内へ移された。献木の残木で建てられた欅の社殿は、山を越えた加賀の車村（現金沢市車町）へ移転し、八幡神社の社殿となった。

写真7　上刀利白山社

二　運搬の道順

㈠　白山社から横谷村境まで

献木材は小矢部川の流れを利用して運ばれた。上刀利の白山社は、小矢部川右岸の山腹に鎮座していた。白山社から二〇ｍほど下ると平地になり、さらに三〇〇ｍほどのところに小矢部川が流れている（図3）。ここは上流なので川幅は狭く曲がっており、ゴロと呼ばれる岩場もあるために、木を流すと傷がついてしまう。

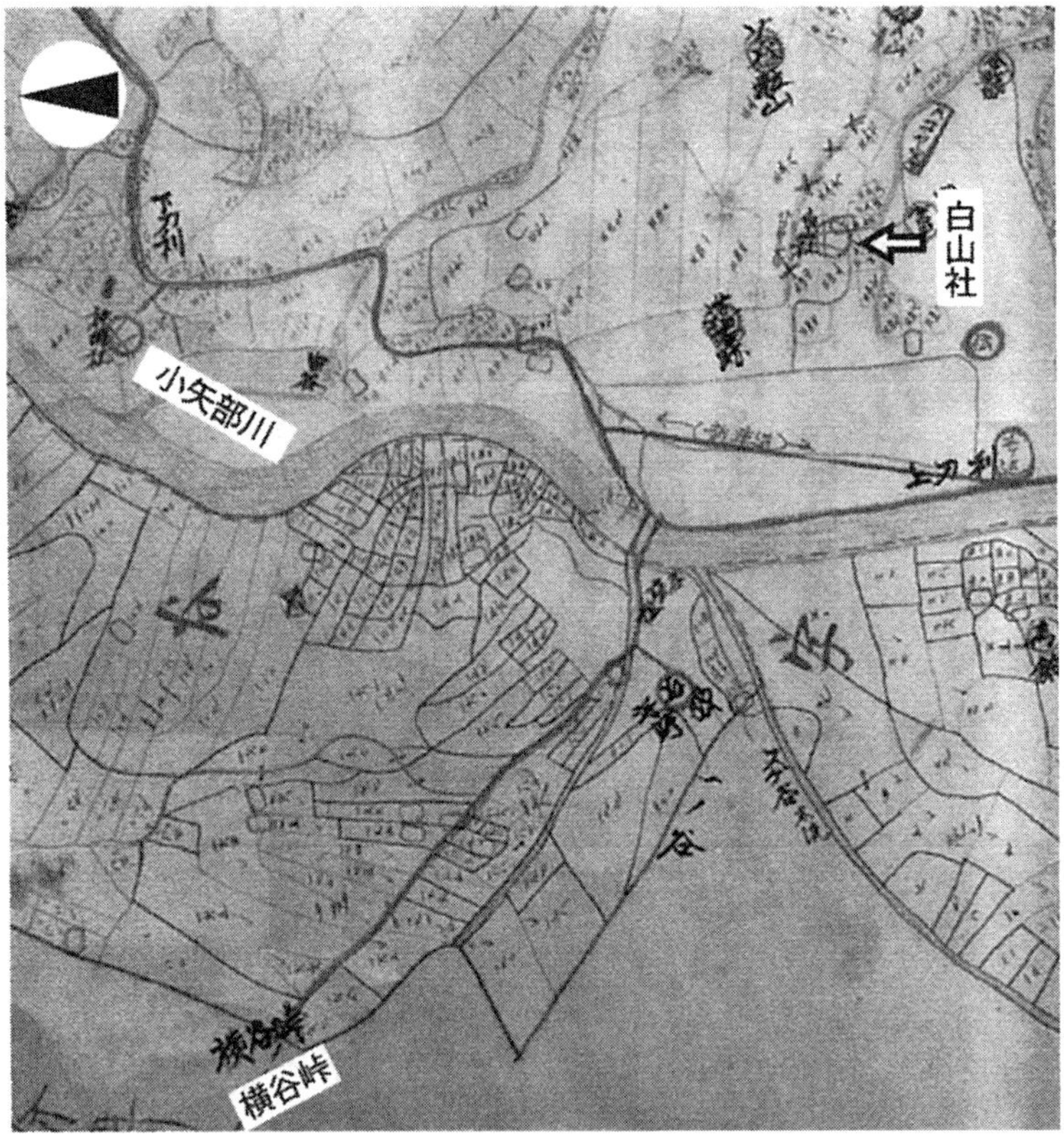

図3　明治初年「刀利村地籍図」（南家所蔵）　撮影　風間耕司

また、下刀利の少し下流（現在刀利ダムのある場所）は、ノゾキと呼ばれたV字形の断崖で、難所であった。そのため、巨木はすぐそばの小矢部川を利用して流すことができず、下流まで山中を運ぶことになった（図4）。木は雪の上をすべらせて曳くが、下刀利より下流の右岸は、常にアワ（表層雪崩）が起きる場所であったため運ぶことができず、左岸から運ぶことになった。さらに、曳きやすいように峰を通るため、県境の横谷《よこたに》村境まで曳き上げた。

白山社から横谷村境までは一・五㎞である。真冬に冷たい小矢部川を渡り、わずかな平地を抜けると、「向かい坂」と呼ばれる急な登り坂になる。向かい坂は前《まい》坂、舞《まい》坂とも呼ばれ、舞うように転がり落ちるような急坂だった。向かい坂は距離で一㎞、比高差は約一〇〇ｍである。大変険しく、ここが一番の難所であった。献木は土地を知り尽くした村人の熟慮に沿って、ジグザグ状に進んだ。二〇日間で延べ三八〇〇名かかったという『御本山へミやの木上ル』の記録は、この上刀利白山社から横谷村境までのことである。

刀利村の人は横谷村境のことを「横谷峠」と呼んでいた。現在の地図上の横谷峠は福光側の小院瀬見《こいんぜみ》から中根（小院瀬見の枝村）を経て、金沢市横谷へ通ずる峠のことである。そこを刀利村の人は「かれ谷の横谷峠」と呼んで区別していた。献木を運んだ「横谷峠」はその南にある。

㈡　横谷村境から綱掛まで

横谷村境まで曳き上げられた木は、山の峰を通り、中根を経て五㎞の道を下流の綱掛《つなかけ》（左岸は小院瀬見）

へと曳かれた。この部分にどれだけの人数を要したかは記録がない。峰は障害物もなく見通しがきく。二〇〇名余人がまっすぐ綱を張ることができ、力をそろえて木を曳くには、地形的が適していたが、それでも決して平坦な道ではなかった。

巨木を曳いた跡は道が荒れるため、小院瀬見の田畑の上を通ることを避けて、村のソラ（峰）を曳いたのである。山の峰から一気に小矢部川へ曳き下ろせば木が傷むため、川へ下ろそうとする地点の上流二〇〇m付近で一旦曳き下ろし、そこからは緩斜面を

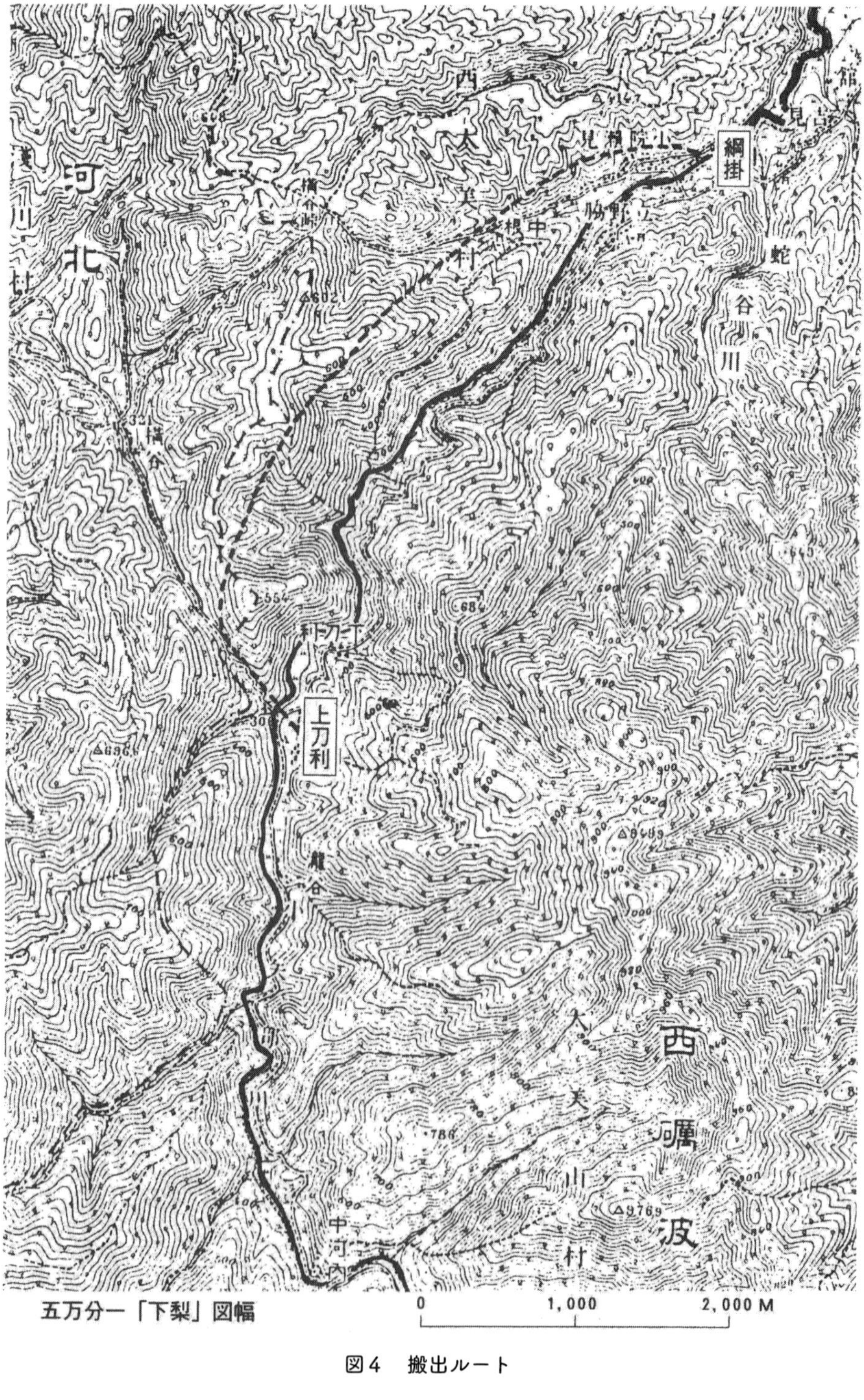

図4　搬出ルート

転がして綱掛に到った。

(三) 木を下ろした場所

綱掛は、かつてこの地まで小矢部川の水運が通じており、舟の綱を掛けたと伝えられていた地である。刀利谷から流れた小矢部川は、ここで谷が開け、川幅も広がって真っすぐに流れるようになる。川の中に木を流して人が曳いていくことができる。また、水量も多く、木を曳くのに好条件であった。

この地方に住み、地形を熟知している人びとは、木を川に下ろした場所について、今の福光温泉の向こう岸付近だろうとしている。その場所は右岸の支流蛇谷川の合流点で、川原も比較的広くなっており、左岸の小院瀬見側の地形もなだらかだからである。木を下ろせる場所は限られていた。

(四) 綱掛から伏木港へ

下ろされた木は、綱掛から小矢部川を利用して伏木港(現高岡市伏木)まで曳かれた。おそらく川の中、あるいは両岸から綱を掛けて曳いたものと思われる。刀利ダムができた今と違い、水量は豊富で橋も少なく、木を流しても曳きやすかった。川の水を最大限に利用するために、春の雪解け水の増水期を待って、運ばれたのでないかといわれている。実際、明治二十八年(一八九五)、小院瀬見から福光町まで征清記念碑の大石が運ばれた時には、小矢部川の中をそり(橇)に載せて曳いた[1]。

献木は小矢部川河口の伏木港まで運ばれたのち、北前船に積まれて「伏木回り」と称される航路を大阪木揚場《きあげば》まで回漕された。

三 運搬時の伝承

(一) 献木用材について

木は伐採する時期が、その質に影響を与える。欅の場合、一・二月に伐採するのが最良である。木の水分が下がっていて堅く、年月を経ても虫害がなく、木がねじれることも少ない。

献木用材は、伐採時に根元で働いていた人が見えなかったというほどの巨木であった。伐採は受け口をヨキ(斧)ではつり、横から鋸《のこぎり》で伐って倒したと思われる。この地方では伐採は必ず一日でやり終えることになっていた。翌日までかかれば、夜中に風などが吹いて倒れ、せっかくの木が裂けてしまうことがあるからである。この献木用材は天気の良い一月中に伐採し、枝や先端を伐って運搬に準備していたと思われる。

刀利谷には、丈余(三m)の雪が積もる。献木は、この雪の滑りを利用して曳かれた。一月はまだ雪が降り続ける時期であり、雪も水分を含み重い。大寒が明けて積雪量が最大となった状態で、しかも一月より荒天が少ない二月上旬をねらって運搬を始めた。この時期の雪は粉雪でさらりとして、身体に付いても濡れにくく、凍みにくい。足下は固く締まって歩きやすい。木を曳くには一番良い時期であった。

刀利谷では、戦前まで旧暦の二月一日を「重ねの正月」と呼び本正月として祝い、新暦の正月は簡単に祝った。当然明治十五年(一八八二)頃は、重ねの正月こそが正月という気分が強かった。重ねの正月を終えた二月七日からは初仕事の意味で運搬作業に出やすく、それらの条件が揃う時期に運搬作業が始められたのである。

(二) 運搬方法

立野脇に住む嵐龍夫氏（写真8）は、昭和三年（一九二八）生まれで、祖父の伊三郎氏（写真9）が献木の際に、実際木を曳いた話を聞いて育った。伊三郎氏は、慶応元年（元治二・一八六五）に生まれ、昭和三十年（一九五五）に九十一歳で亡くなった。献木当時は十八歳であった。龍夫氏の父市蔵氏は、平成十六年（二〇〇四）に百歳で亡くなるまで献木のことを伝えていた。また龍夫氏は、昭和二十年代から四十年代にかけて住宅ブームの時、実際に山から木を曳き出す作業に携わり、「木遣り唄」を唄っていたという。この嵐龍夫氏は木の運搬方法を詳細に記憶している一人である。

写真8　嵐龍夫氏

写真9　嵐伊三郎氏

木を曳く人びとには「ダンドリ（段取り）セー」・「キヤリ（木遣り）」・「テコ（梃子）モチ・」「ヒキテ（曳き手）」などの役割があった。

・ダンドリセー

木を曳く責任者であり、作業が円滑に進むようすべての準備を担当した。例えば木を曳く道順を決め、木の摩擦を減らすコロバシ（枕木）を進行方向へ二・三日分敷きつめたり、曳き綱の準備、綱の結び方、掛け方、テコモチやヒキテ、各村への人手の手配や足場の雪踏み、食料の準備に至るまで、あらゆることを差配した。ダンドリセーは、各村から二、三名出た。

・キヤリ

現代のような重機のない時代であったから、山から大材を曳き出すには、大勢の人力に頼るしかなかった。拡声器もなく、木遣り唄が人々の力を合わせるための号令の代わりとなった。一日平均二〇〇名近い人びとが作業にあたった。難所ではより多くの人数で曳いたと思われる。木遣り唄は、数十mにも及ぶ長い綱を曳く人びとに、よく響きわたる声でなければならなかった。キヤリの喉を傷めぬように、疲れぬように、休憩した時には酒を飲んだ。

キヤリは木の上に立ち、作業する人びとや木の状態、あるいは地形を常に考慮して歌詞を替えて唄った。木遣り唄は重労働に耐えるよう、歌詞を工夫し人の心を掴むものであった。キヤリが上手に唄えば、仕事もはかどる。上手なキヤリには、「あのしょに、頼んまいか（あの人に頼もうではないか）」といって依頼した。人びとの呼吸が合わなければ木は全く動かないので、キヤリの唄が何よりも重視された。この時には、おそらく三、四人が交代して唄ったと思われる。キヤリができる人は、村に一、二人ほどいたという。

ちなみに嵐龍夫氏は献木時の木遣り唄を今に伝え、唄うことのできる貴重な存在である。

木遣り唄

（キヤリ）　　　　（ヒキテ）
〽そろたー　　そろた　　よーいしょ

若いしょうがー　そろた　よーいしょ
そろたーら　その拍子　よーいしょ
〽このー　材木《ざーいもく》は　よーいしょ
都をー　さして　よーいしょ
のんの　のんのと①　よーいしょ
ズベズベー　ズベと②　よーいしょ
ただー　来るないか③　よーいしょ
〽このー　材木は　よーいしょ
うなぎのー　しょうかや④　よーいしょ
ズベズベー　ズベと　よーいしょ
山のー　おおひら⑤　よーいしょ
ただー　来るないか　よーいしょ
〽このー　材木は　よーいしょ
十七ー　八かや⑥　よーいしょ
ズベズベー　ズベと　よーいしょ
ただー　来るないか　よーいしょ

（地形も人足数も木を曳くのに条件が良い所での歌詞）
〽ここらでー　ちょっこり
いやにはー　ならんかいな
いやにしようーーー　よいしょ
よいしょ（連続）

（また木を曳き始める時の歌詞）
〽いやがー　無理かや　よーいしょ
てこもちゃー　たいそじゃ　よーいしょ
ここらでー　ちょっこし　よーいしょ
足びしー　そろえて⑦　よーいしょ
腕柄《うでがら》ー　縮めて⑧　よーいしょ
力をー　合わせて　よーいしょ
たくずりー　むかんかや⑨　よーいしょ

（木が動き出した時の歌詞）
〽そらみたー　うそかや　よーいしょ
ただ来るー　ないか　よーいしょ

（キヤリが代わる時の歌詞）
〽まかいたー　まかいた　よーいしょ
〈または、わたいたー　わたいた〉

（木を曳く合図の掛け声）
せーのこい
木を曳く作業の合図である。例えばそりを入れる時など力をそろえる役割をした。

ヒキテのかけ声「よーいしょ」は「よーいさ」「やーんさ」ともいう。「いやにしよう」は語尾を上げて長く唄う。この唄は、登り地形ではなく、下りまたは平地でも曳きやすい地形の時に唄われた。キヤリはヒキテの人数や、地形を考えて「いやにしよう」と唄う。この唄が唄われると、ヒキテは、「よいしょ、よいしょ」の掛け声を連続して曳き続ける。曳いている間は、キヤリも、テコモチも必要なく材木が動く。むしろ機敏に対応しないと足を挟まれるなど危険である。足早にヒキテは曳き続け、下り坂が終わると、自然に木の動きが止まる。それからまたキヤリの唄に合わせて木を曳き始める。

地形が少しでも登り坂になると、「そろたー、そろた」と息を合わせて木を曳く。下り坂になると、「いやにしようー」と「よいしょ、よいしょ」を連続して掛け声とする。地形をみながら、キヤリはそれを繰り返していくのである。（図5）

①「のんの　のんのと」　木が少しずつ出るさま。

②「ズベズベー　ズベと」　すべって出てくるさま。
③「ただー　来るないか」　簡単に自分の方へ進んでくる様《さま》。
④「うなぎのー　しょうかや」　うなぎの性《しょう》。
⑤「山のー　おおひら」　ダンドリセーが、ヒキテを配列しやすいように、事前にカンジキ、コースケで踏み固め雪道を作るので、おおひら（大平）になる。

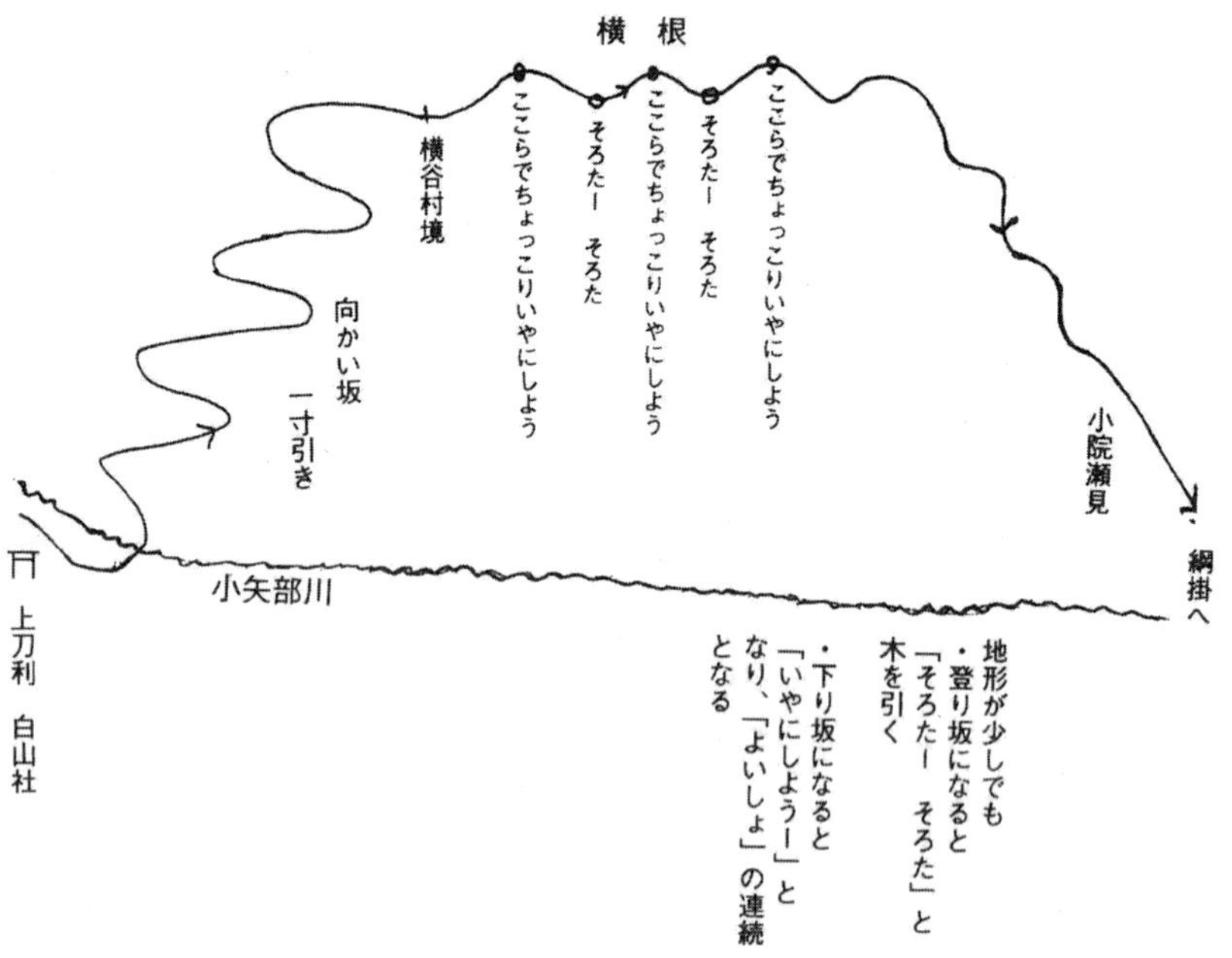

横根
ここらでちょっこりいやにしよう
そろたー　そろた
ここらでちょっこりいやにしよう
そろたー　そろた
ここらでちょっこりいやにしよう
横谷村境
向かい坂
一寸引き
小院瀬見
綱掛へ
小矢部川
上刀利　白山社
地形が少しでも
・登り坂になると
「そろたー　そろた」と
木を引く
・下り坂になると
「いやにしようー」と
なり、「よいしょ」の連続
となる

図５　山の地形と唄の変化

⑥「十七ー　八かや」　材木を十七、八歳の娘にたとえ、士気を高める。
⑦「足びしー　そろえて」　足踏み揃えること。ヒキテは曳く時、木遣り唄に合わせて足を一歩ずつ踏みしめる。
⑧「腕柄ー　縮めて」　力を入れて腕を曲げて、ぎゅっと縮める。
⑨「たくずりー　むかんかや」　曳きずり上げる。一番力を入れるときに唄う。

・テコモチ

雪上で木を曳く場合、棒状の梃子を利用することが多かった。梃子は二mほどの木で、材木に入れる先端を削っている。一つの梃子には一人ずつテコモチがつくが、献木の木を曳くには、木の左右に一〇人ものテコモチが必要であった。

テコモチの仕事は木遣りの唄に合わせて、梃子で木口を持ち上げて浮かせることにある。梃子で浮いた木を下ろす瞬間に、ヒキテがぐっと綱を曳いて木を動かすのである。ただむやみに木を曳くだけでは、摩擦でビクとも動くものではない。テコモチは、力の強く、運動神経やカンの良い若者が担った。力の弱い者がテコモチを担当すると、木は弱い方へと動いていき、真っすぐに進まない。

・ヒキテ

ヒキテはキヤリの唄に合わせてテコモチが木を持ち上げている時、一、二と両足を踏みしめ拍子を取り、テコモチが木を下ろす直後に「よーいしょ」と一斉に綱を曳いた。

・キヤリ・テコモチ・ヒキテの作業

木遣り唄が始まると、

ｉテコモチは梃子を材木の下に差し入れて、構える。

「そろたー、そろた」と唄う間
ⅱテコモチは、精一杯の力を入れ、材木を持ち上げる。

ⅲその時ヒキテは、両足を開いて一、二と踏みしめる。

Ⅳ唄が終わると、テコモチは梃子をゆるめ、梃子を下ろす。

その時木が落ち着く瞬間に、すかさずヒキテは
Ⅴぐっと木を曳く。

この時に木が動くのである。

Ⅵ五秒ほどの間に、素早くテコモチが梃子を木の下に入れて構える。

それからまたキヤリの唄に合わせて、梃子で木を持ち上げる。テコモチとヒキテも、その繰り返しである。

①そろたー　②そろた　③よーいしょ
④若いしょうがー　⑤そろた　⑥よーいしょ

①から②（④から⑤）では、テコモチが木を持ち上げる。
②（⑤）では、テコモチが梃子を緩めて木を下ろす。
②（⑤）から③（⑥）では、ヒキテが木を曳く。
③（⑥）の後では、テコモチが梃子を木の下にさし入れて構える。
キヤリの唄に合わせて、テコモチとヒキテが作業する。木遣り唄は人びとの心を一つにまとめ、最大限の力を発揮させた。

四　木を曳く道具と服装

㈠　曳き綱

・竹の綱

上刀利から横谷村境までは、急な登り坂であり、藁の綱では何度も切れた。そこで考案されたのが、竹を混ぜて作った綱である。嵐龍夫氏が祖父伊三郎氏から、聞いた作り方は、次の通りである。

①輪竹（真竹）を細かく、持つと垂れるほど紐状に割る。
②竹だけで綱を作れないし、ヒキテも手が痛いので、柔らかく打った藁を混ぜて綯《な》った。
③先ず〆縄ほどの太さ（直径二〇㎝余り）の綱を綯った。それ以上太いのは、綯えなかった。それを三本作る。
④三本の綱をさらに縒りをかけて、直径数十㎝あまりの大綱にした。

竹の綱は、親縄・親綱とも主《おも》縄とも呼ばれ、藁だけの綱と違い、はるかに強度が増した。そのような竹の綱を何本も必要とした。

・百足つなぎの子綱

親綱だけでは、木を曳くことはできず、親綱に何カ所も子綱が掛けられた。子綱にはさらに孫綱が掛けられたが、子綱や孫綱は藁製の荷縄であった。親綱に何十本という子綱・孫綱が付き、あたかも百足のように見えた。（図6）いざ木を曳く際には、長い親綱を曳くだけでは力が分散する。運ぶ材木のより近くに力が集中するように、子綱や孫綱がかけられるのである。子綱には、二、三人のヒキテがつき、孫綱にも一、二人のヒキテがついた。子綱も孫綱も、ヒキテが両手で綱を持ち、足を踏みしめ構えて作業するために、一人あたり一～二ｍの長さが必要であった。

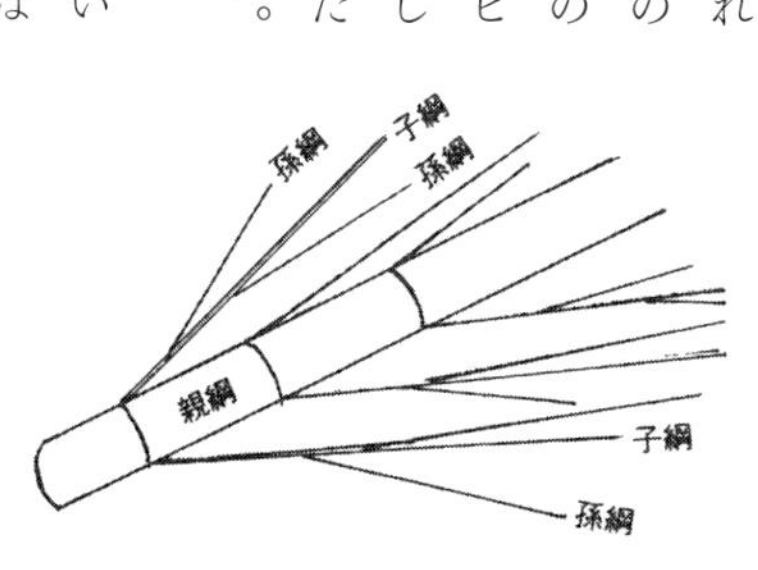

図6　百足つなぎの子綱と孫綱

・荷縄

子綱や孫綱は曳いても切れにくいように、荷縄が使用された。荷縄は

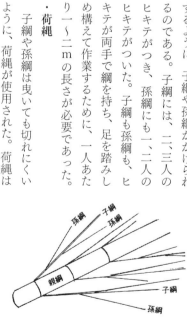

縄を左縄に綯い、さらに一筋をくいこむように編みこみ、三筋を綯って縄にする。三筋にすることにより、普通の縄の倍の強さになった。

・ウシロズナ

相当な大木を曳く場合、木の前方だけでなく、後方にもトチ（環）を打ち込み、マフジ（藤）の皮で輪をかけ、綱を通して前方に向かって曳いた。ウシロズナといい、山では曳く場所が狭い所や、難所など地形を見計らってつけた。ウシロズナを付けると、カジ（方向）も執りやすくなる。献木用材の場合はウシロズナを二本つけて、一本を一〇〜二〇名程度で曳いたと思われる。

・材木への綱の繋ぎ方

木の木口には、ヨキ（斧）でハナヅル（鼻蔓）を掛けるための穴を二か所ずつ、計四か所あけた（図7）。穴にはマフジの皮で作った綱を掛ける。マフジは生の時に強度が高い。蔓を切ってヨキの背でたたくと皮が浮く。その皮を身ぐるみたぐってガワ（輪）にすると、鉄製ワイヤーほどの耐力があった。マフジの皮はどの季節でも強かったが、葉が無い時期が扱いやすかった。大きなマフジを採取し、枝もなく性質の良い所を使用した。マフジのハナズルは献木時のように二〇〇名以上の人の力が加わっても切れず、強靭であった。

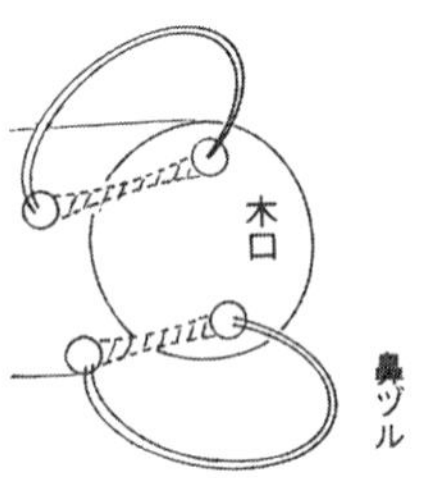

図7　ハナヅル

欅の木にハナヅル用の穴をあけ、マフジの綱を通し、それに竹を入れて作った太い親綱が掛けられた。親綱には、マフジのハナヅルを通し、しっかりと荷縄で縛りつけられた。

(二)　ソリ（橇）

雪上であったから、木の下にソリを入れて曳いた。木の先端には何カ所も綱がかけられ、木とソリが一体になるよう、しっかりと縛られた。マフジは綱の代用になるが、縛ると緩む。木とソリを縛るには縛っても緩まない「ネソ（まんさく）」が使用された。直径二〜四㎝のネソをカケヤで打ち、柔らかくなると捻じるように縛りつけた。ソリの先端はスキー板のようにやや上方に反り、少しでも雪の抵抗が少なくなるように工夫された。

(三)　コロバシを敷く

山から丸太を引いてくる場合、摩擦の抵抗を少なくするために、コロバシと呼ぶ丸太を木の通り道に敷いた。「コロバシを敷く」ということは、そのコロバシを転がして上の木を動かすというのではなく、曳く木の設置面と地面をコロバシで離して、少しでも抵抗を少なくするためである。コロバシ用の木は曲がっていても差し支えないので、いろんな形の木が使用された。雪上ではコロバシはほとんど埋まり、上部一〜三㎝ほどが雪上に出ている。一〜一・五mの間隔で鉄道の枕木のように敷き、次々に前方に置き換えていった。献木の場合は、おそらく細めの電柱ほどの木が、コロバシに使用されたと思われる。ダンドリセーは、先もって少なくても二、三日分の距離にコロバシを敷いていたと思われる。コロバシは、上刀利から綱掛までの全行程に敷かれたと伝えられている。

(四)　ハネデコを入れる

ひどい難所では、用材の前後左右四ヵ所に直径一五㎝、長さ二間ほどのコロバシを並べて、そこへ梃子を差し入れて作業をした。これをハネデコといった。一般の梃子が二人力というのに対して、八人力ともいわれるハネデコは「動かぬものを動かす」時にだけおこなった。難所ではおそらく四、五名ほどハネデコを入れたと思われる（図８）。

(五) 木を曳く時の様子（図９）

横谷村境までは、急坂の難所であった。いわゆる「一寸引き」といわれ、「一日かけてどれだけでもいい、一寸でも動けばいいほうだ」という場所もあった。二〇〇名以上の人が総力を出しても、材木が少しも動かぬ日もあったという。そのような時はやはり人びとの士気が落ちた。翌日に同人数では動かないことが目に見えているので、人びとは互いに隣の人にも「来てくれや」と誘いをかけ、頼みかけて次の日に備えたと言われている。

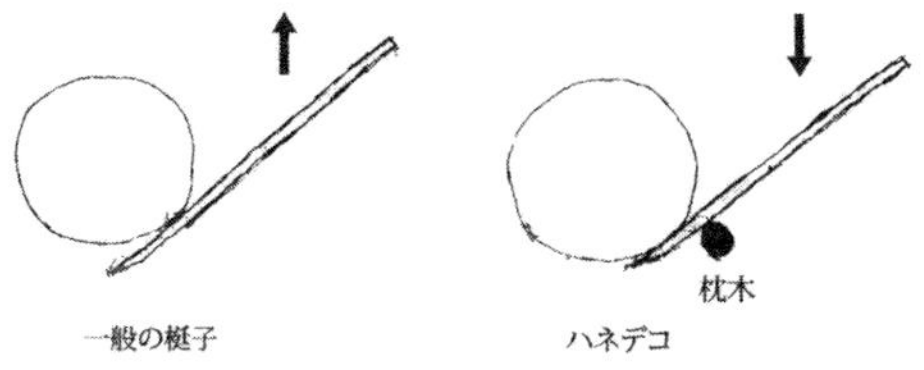

図８　ハネデコ

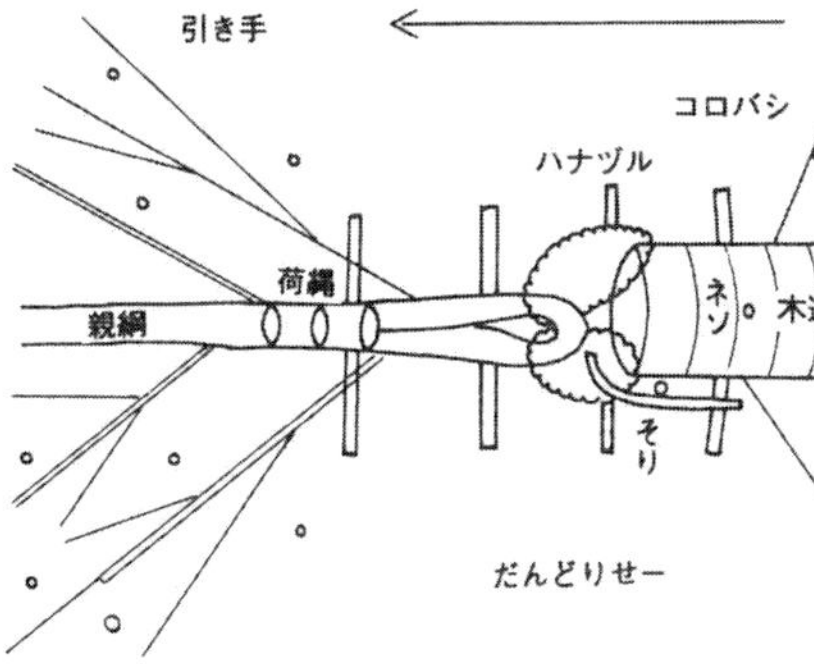

図９　木を曳く全体図

刀利谷では、時には女性たちも総出で材木曳きに参加した。

(六) 服装

厳寒期の作業のために、当時としては精一杯の冬装備をした。しかし、藁や木綿の防備では寒さが身体を襲うのはどうにもならなかった。

・ウソワラジ

素足に雪の時に使用するウソワラジを履いた。ウソワラジは先端が象の鼻のように長く、内側へ折れ曲がっている。ウソの中にスベ（藁しべ）を十文字にして折り、足先にあてるように入れて保温した。濡れなければ、藁は案外暖かかった。「足袋は、ヨメドル（結婚式）か葬式に履くだけ」とされ、一生に何度かしか履かなかった。

・コーカケとかんじき

ウソワラジの隙間の足の甲や踵《かかと》の保温に、コーカケ（甲掛け）をした。紺色の木綿で作られ、補強のために、細かく刺子《さしこ》をしてあり、後に紐が付いていて前で縛った。コーカケはウソワラジの上につけ、雪が中に入るのを防いだ。マルウソ、ウソワラジの順に履き、コーカケをした。さらにその上にかんじきを履いた。

・コンザ・モモシキ・コシマキ・ハバキ

コンザは柔道着のような形をした作業用上衣で、腰までの長さがある。かすり木綿で作り、破れないように刺子で強化していた。男性は木綿の刺子モモシキを履いた。モモシキの上には、すねの保温と保護のために、ハバキを巻いた。女性は腰巻を使用した。一番上にマイカケ（前掛け）をつけたが、とても寒かったという。通常女性が冬期に材木を曳くことはなかったが、東本願寺の献木の時は、女性も曳く作業に参加したという。

・バンドリ・ヒガサ・テコ

雨具には藁で作ったバンドリ（蓑）を着た。バンドリは休憩の時に敷いて休んだ。ヒガサ（桧笠）は山仕事用で、カサアテの下に日本手拭いでねじり鉢巻をした。手には木綿のテコ（手甲）を付けた。二月は粉雪が多く、サラサラとしており、身体に付いてもしばらくは濡れない。しかし、午前十時を過ぎると、解けて濡れるので凍え、いても立ってもいられなくなるほどだったという。そのために、三十分ほど木を曳くと休憩し、気分を奮い立たせるためにも、身体を温めるためにも酒を飲んだ。濡れた衣類は、村に宿泊する場合には、各家の囲炉裏の上に作られたヒアマ（火天）に載せて干された。

五　献木記録

(一)　伏木木揚場の記録

大勢の人びとの苦労によって小矢部川を流された献木は、約四〇km下流の伏木港に運ばれた。伏木港には東本願寺直轄の「東本願寺再建木揚場示談所《じだんじょ》」があり、用材の積み出しの事務をおこなっていた。（写真10）示談所は後に直轄の説教所《せっきょうじょ》となり、昭和二十三年（一九四八）法輪寺《ほうりんじ》（現高岡市伏木）となっている。法輪寺には、明治度再建の献木記録帳が一一冊残されている。（写真11）その中に『受取証綴　明治十四年五月十一日ヨリ十八年四月十八日』があり、その中に刀利谷からの献木の記録がある。（史料2）刀利谷の用材はよほど重要な木であったためか、日記にも記録されている。

史料2

受　取　証

一、槻壱本　長七間　廻ﾘ八尺三寸　小院瀬見村　山本九兵衛
一、杉壱本　長六間　廻七尺　同村　水口三右衛門
一、槻壱本　長七間四尺　廻ﾘ壱丈斗ﾘ　刀利村　惣同行中
一、松壱本　長七間四尺　廻ﾘ壱丈弐尺　細木神明社　氏子中
一、槻盤板一枚　巾三尺長九尺　厚サ一尺　立野脇村　松本仁兵衛
〆　取次　伊藤伊左衛門

右再建ニ付献納仕度候由シ当木揚場へ相送り候間正ニ受取申候
何卒御収標此者へ御下附被成下度此段受取証致候也

越中国射水郡伏木港木揚場詰合
示談方
明治十五年十二月四日　二上深正
高辻万太郎
本山再建事務局
御中

写真10　伏木木揚場の標示

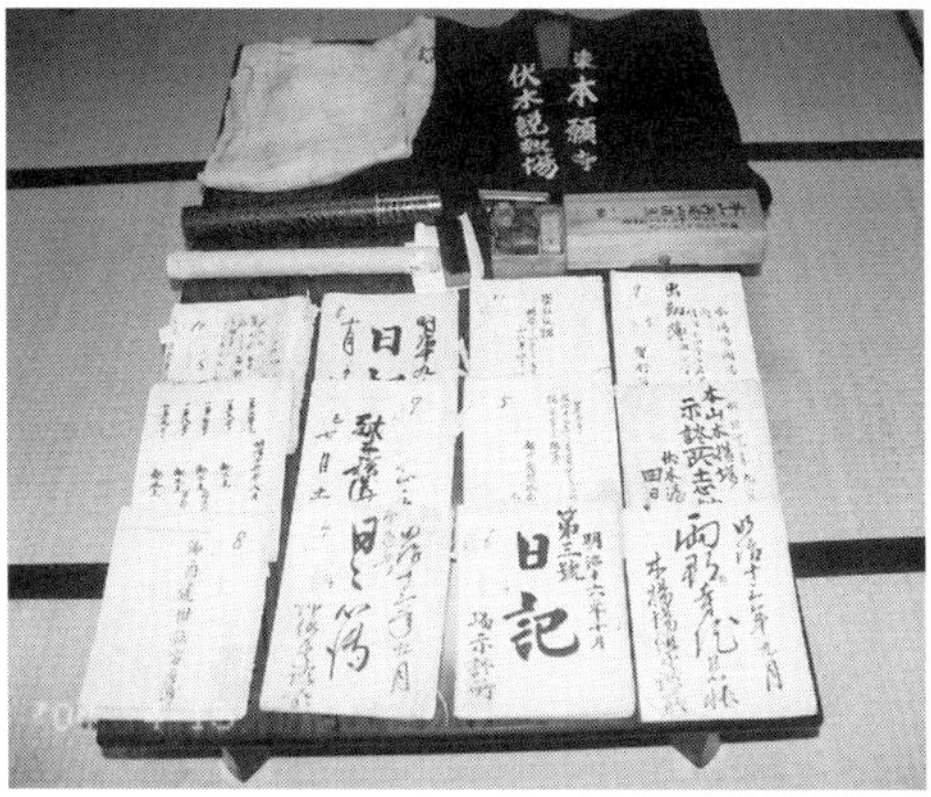
写真11　法輪寺木揚場関係資料

(二)　東本願寺の記録

東本願寺には『越中国再建志納帳』が残されており、その明治十五年（一八八二）十一月の記録に、刀利村の献木が史料2と同様の記録がされている。（史料3）地元の南家記録と寸法も一致しており、日付も明治十五年十二月であるので、まさしく上刀利白山社からの献木記録である。

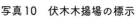

史料3
「越中国　再建志納帳　明治十五年十一月」

明治十五年十二月日
十二月廿二日　越中国射水郡伏木港木揚場
詰合示談方二上深正等
（略）
一、槻（欅）長七間四尺　壱本　刀利村　惣同行中
廻り壱丈斗
（後略）

東本願寺に運ばれた刀利村の木は、どこに使用されたのだろうか。御影堂は明治十七年（一八八四）四月二十六日立柱式が行われている。阿弥陀堂は明治二十三年（一八九〇）五月十日立柱式が行われている。明治二十八年（一八九五）両堂再建が成った。明治十五年（一八八二）に志納された刀利の木は、御影堂に使用されたと思われる。明治二十二年の「明治度御影堂柱・虹梁寄附・買入区別及び建立日一覧図写」（図10・11）によると、「御影堂内陣本間北側通り西隅柱（トの十一番）」に「十七年三月十四日建、越中国伏木回」と記されており、ここに刀利村の献木用材が使われていることがわかる。この柱は欅で、回り二四〇㎝の丸柱である。（写真12）

伏木木揚場からは多くの木が献木されており、法輪寺の資料には明治十年から十七年までの献木が記録されている。その中で七間（一二・六ｍ）を超える欅は数本あるが、曲がっていたり、虫喰いであったり、最初から半分に割るよう指示されており、良材が

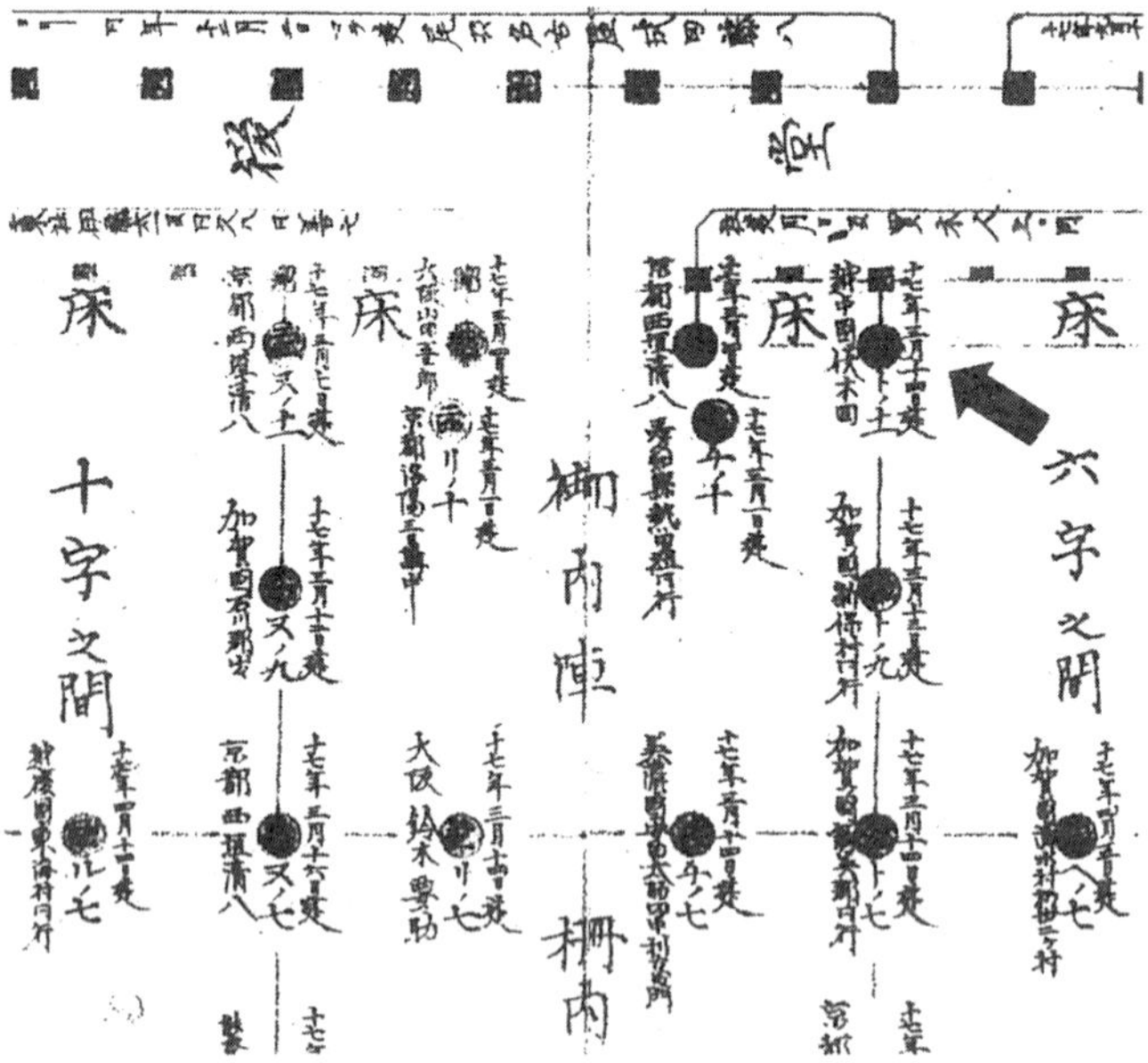

図10　「明治度御影堂柱・虹梁寄附・買入区別及び建立日一覧表写」（部分）

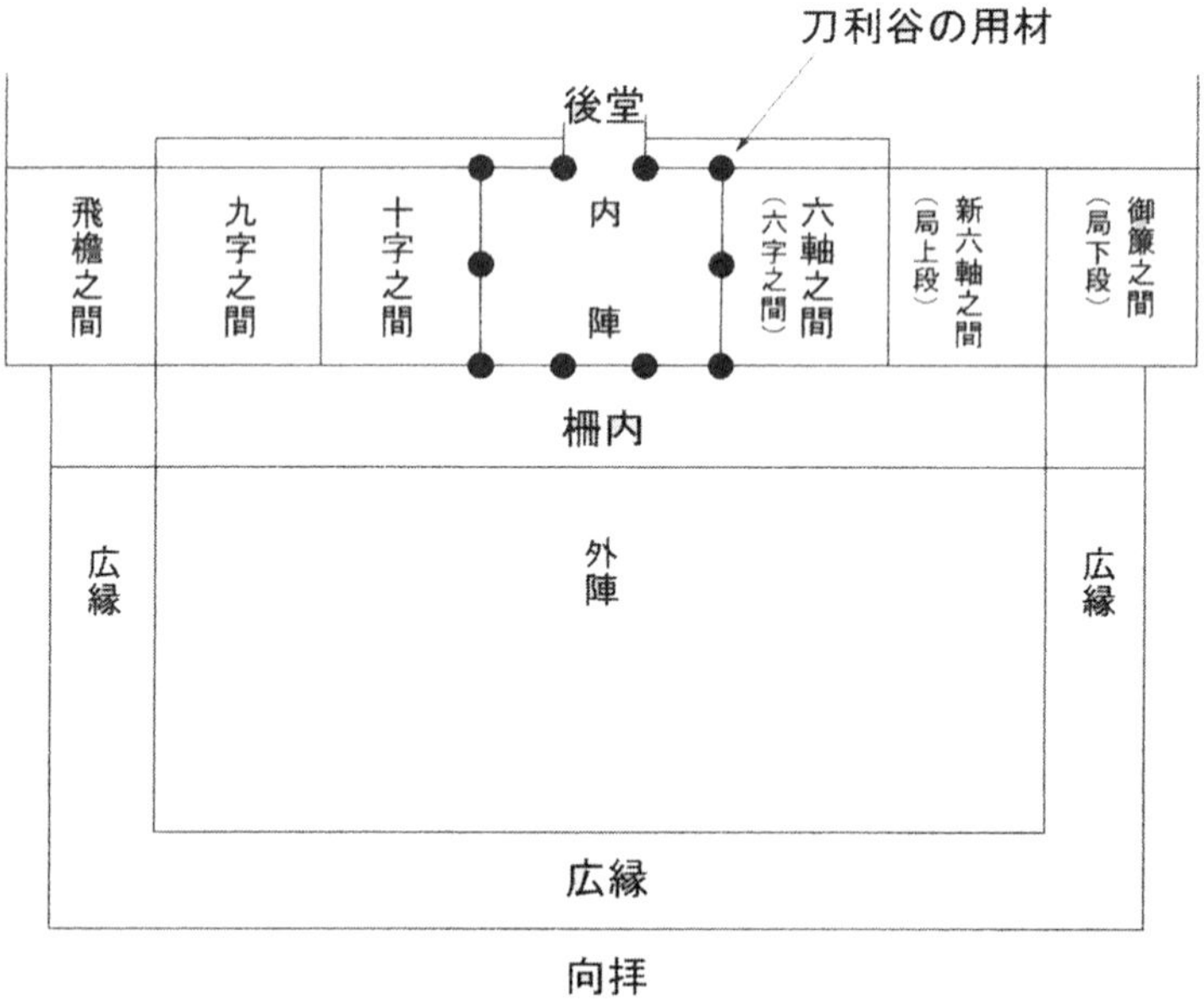

図11　東本願寺御影堂略図

少なく、献木された年も明治十六年以降が多い。用材は最大にその大きさや質を利用したとされる。明治十七年三月に柱建された時期も考えると、内陣本間北側通り西隅柱は刀利村の献木である。

写真12　御影堂内陣西隅柱（刀利からの献木、余間から見る）

おわりに

東本願寺の両堂は、二〇一一年の親鸞聖人七五〇回御遠忌にむけて、修復がなされた。修復工事では、刀利村から献木された木の柱が、建築されて百余年を経ても曲がることなく真っ直ぐに立っていることが確認され、修復の必要はなかった。建物の重みで多くの柱に曲がりが出て修復されたことをふまえると、刀利村から献木された木は頑強であった。それは刀利村が高地であり、堅く生育したことや、宮の境内地で直立する杉と共に育ったため真っ直ぐに生育した木であったためであろう[2]。柱の外見は木目が非常に細かく、中心からの筋目が真っ直ぐに通り、赤みが濃い木であり、堅さが窺える良木であった（写真13）。高山で育ったケヤキの良木は木を寝かせることなく、すぐに建築用材として用いることができる。明治十五年に献木された木は、明治十七年三月に柱建できたのである。このような良木ゆえ、刀利村からの献木を御影堂内陣本間北側通り西隅柱という、重要な位置の柱に使用した

写真13　刀利からの献木
（赤けやきであり、木目も美しい）

と思われる。
その木を、機械も何もない時代、厳冬期に信心一つで、村や地域をあげて人力で献木の木は曳かれた。想像を絶する厳しい自然条件の中、人びとはあらゆる知恵をふり絞り、力を合わせこの難作業をやり遂げた。それはあたかも山中の一大絵巻のようであったと伝えられている。(3) その時の人々のことを思う時、小矢部川沿いの村に生まれた者として、胸に熱く迫るものがある。当時の人々の信心の強さと苦労が偲ばれ、これからも伝えられていくことを願う。

注

(1)「征清記念碑建設諸事記」　明治二八年　福光図書館蔵
(2)木は高地で冷涼な気候で育つと、堅い木に育つ。また、欅は周りが真っ直ぐな木に囲まれていると、真っ直ぐに育つ(二章Ⅵ参照)。
(3)『刀利谷史話』一九一頁。

参考文献

宇野二郎『刀利谷史話』刀利谷郷友会　昭和五三年
加藤享子「明治十五年、小矢部川上流刀利村から御本山再建への献木」『とやま民俗』六三号　平成一六年五月
加藤享子「ケヤキの良木育成と用材になるまで」『とやま民俗』七七号　平成二四年一月
『富山写真語　万華鏡一五六号　刀利』平成一六年一二月　ふるさと開発研究所
東本願寺福光小会『流れをくんで源をたずねる』　東本願寺福光小会　昭和六〇年
福光町『福光町史』　昭和四六年
南源右ヱ門「刀利谷のあらまし」『ねんりん』九号　平成一三年
(『真宗本廟(東本願寺)造営史—本願を受け継ぐ人びと—』大谷大学真宗総合研究所　真宗本廟(東本願寺)造営史資料室　二〇一一年七月)

Ⅱ　盆の墓掃除と白石拾い

――消滅していく習俗の意味とは――

はじめに

富山県の西部を流れる小矢部川の本流と支流の打尾川と山田川の流域には、盆の墓掃除の時に川原から白い丸い平べったい石を拾い、墓の周囲に置く習俗が昭和四十年代初めのころまで広くみられた。現在ではその体験者も少なくなり墓地の形状にも大きな変化がみられるが、まだ調査可能な最終段階といってよい。この小矢部川流域の盆の白石拾いの事例と類似すると考えられる事例としては、第一には、川原の石で盆の供養をする事例である。たとえば小松理子「新仏の祭り方」〔小松　一九七六　一九―二六〕や、金沢治『日本の民俗　徳島』が報告している徳島県吉野川流域の事例〔金沢　一九七四　二三一〕などである。第二には、墓地に川原や海辺の石を積んで墓石としている事例である。たとえば、武田明『日本の民俗　香川』が報告している香川県佐柳島の石積みの墓地の事例〔武田　一九七一　一八五〕などである。新谷尚紀『両墓制と他界観』は仏教式の石塔以前の埋葬墓地の存在を指摘しており〔新谷　一九九一　四三・二〇二・二一二〕、さまざまな墓上装置の伝承についてヤネとカキという二つの要素を抽出するとともに、墓の通常の形状としては土盛りと石積みの二つのタイプがあると指摘している。しかし、それ以上の結論までは示されていない。石塔の墓が一般に普及するのは早い例では中世末から近世初頭、とりわけ元禄以降であり、それ以前には素朴な土盛りと石積みで構成される埋葬墓地が一般的であったと考えられており〔国立歴史民俗博物館　二〇〇四、大阪狭山市史編さん委員会　二〇〇六〕、ここで紹介する小矢部川流域の盆の白石拾いの習俗は、石塔以前の墓のあり方についての一定の情報を提供している可能性がある。第三には、人間の誕生と死亡に際して川原や海辺から拾って来られる丸石が一定の機能を果たしている事例である。たとえば、新谷尚紀『生と死の民俗史』は日本各地の子産石や産石や枕石の事例情報を収集して、生と死の境界の時空でモノザネ志向が顕在化すると論じている〔新谷　一九八六　八六～八七〕。しかし川原や海辺の小石を拾って墓地に納めるなどの具体的な事例情報を日本各地から収集した上での分析や結論というところまでは示されていない。

そこで本稿では、第一、川原や海辺の石で盆の供養をすること、第二、川原や海辺の石を積んで墓としていること、第三、毎年の盆の墓掃除に川原や海辺から拾ってくる白い丸石を墓に置くこと、これらの伝承がどのような意味をもっているのかについて、あらためて具体的な富山県下の小矢部川流域の諸事例をもとに考察を試みることにしたい。消滅しつつある習俗の伝承であり、時代的には最後の機会と考えての事例情報の収集と提供という意味もあると考えており、今後はこのような追跡を進めていきたいと考えている。ここでは、毎年の盆に先祖を迎える準備として、墓掃除に川原からの白い丸石を拾い墓に供えたことが、墓を造成していく根本衝動にあるのではないかという仮説的展望も含めて、小矢部川流域の諸事例についての調査結果を報告しておくことにしたい。

一　子供のころの体験と記憶
―富山県南砺市福光地区天神の事例―

筆者（一九五三年生）が生まれ育ったのは富山県の西端、南砺市福光地域の町はずれの天神という集落である。昭和三十年代までは四〇軒の農村集落で全戸真宗大谷派門徒であった。墓場は小矢部川に近い町場との境である村の下流にあり、横にはサンマイ（火葬場）もあった。そこが村の共同の墓場となったのは、富山県のほとんどの地域がそうであるように、県令として明治十八年（一八八五）に集落ごとに共同墓地がまとめられてからのことである。[1]それ以前は村に三カ所ほど墓地と、併設するサンマイがあり、幕末の古地図にも記されている。その三カ所とは、村の中央部一カ所と村境二カ所であった。子供のころ墓に参るのは八月十五日の盆だけであり、福光地域は早朝まだ薄暗い時に墓参りをするのが習いだった。毎年盆前の八月十三日ごろになると、明治二十六年（一八九三）生まれの曽祖母が墓掃除に行った。曽祖母は筆者が物心ついたころから墓掃除に必ず連れて行った。家から南へ向かい、河岸段丘を下りて一〇分ほど細い田んぼ道を歩くと墓場に着く。当時はどの家の墓も小型だったし、川原の自然石だけが置かれた墓もいくつかあった。無縁墓もあったがそれは、明治二十年代に多かった北海道移民となったために子孫が住んでいない家の墓である。墓場といっても現在のようにきちんとした区画はなく、土や石の上に墓がそれぞれある、というものだった。曽祖母は墓に着くと、「川原へ行って、石拾ろうておいで。なるだけ白うて丸て平べったい、こんだほどの（これだけほどの意　こぶし大）おくしい（美しい）石を六つほど」と言った。墓から田んぼ道を歩くとすぐ川に着き、堤防から川原へ降りる小道がついていた。当時川原の堤防は護岸されておらず藪だらけで、道がないと歩けない。一〇ｍほど堤防を下りると、そこは石が沢山ある川原だった。川は瀬と淵とがあり、川原のどこへ行っても必ず石がある所とは限らない。堤防を下りた所は川の流れが穏やかで、子供が石を拾うにはもってこいの場所であった。小矢部川の石は黒い石が多く、川原に白い石は二割もあったろうか。その中で丸くて平べったく、大きさも適当な石は見つかるようでなかなか見つからない。真剣に探して五、六個拾い、それを服の前に包むようにして抱え入れて崖をよじ登り墓へ運ぶ。それまでに墓はきれいに掃除してあり、前年に置いた白い石は墓の前や横の地面に置いてあった。持ってきた石を、曽祖母は墓の一番下の基壇の上に前方二、三個、両横に一、二個ずつ並べて置いたが、石は少し間を開けながら並べるのであり決して重ねなかった。これで墓参りの準備が整った。

耕地の圃場整備の後に共同墓地が移転する昭和四十五年（一九七〇）ごろまで、このようなことを必ず行なっていた。現在地に移転してからは、すべての家の墓の基礎はコンクリートで固められ、一軒ごとの区画の中でほとんど五、七段の角柱型墓塔が建てられ、石を置くことはしなくなり、無縁墓もこの時に無くなった。また、移転したため近くには川原へ下りる道がどこにあるかも分からなくなった。曽祖母は昭和五十二年（一九七七）に八十五歳で亡くなった。盆の墓掃除に川原から白い石を拾ってきて墓の前などに置くことは、子供のころあまりにも当り前のことと思い、何の疑問も持たなかったし、その意味を考えた事もなかった。川原の白い丸い平べったい石にこだわったこと、しかも毎年必ず盆前に墓の前に置くこと、それは一体何を意味していたのだろうか。また石についていえば、小矢部川は県内で唯一の銘石会があるほど銘石がある。赤いベンセキ（紅石）やカネイシ（チャート）などいろんな石があるのに、白い石にこだわったのは何だったのだろうか。曽祖母は明治四十四年（一九一一）に旧吉江村小林か

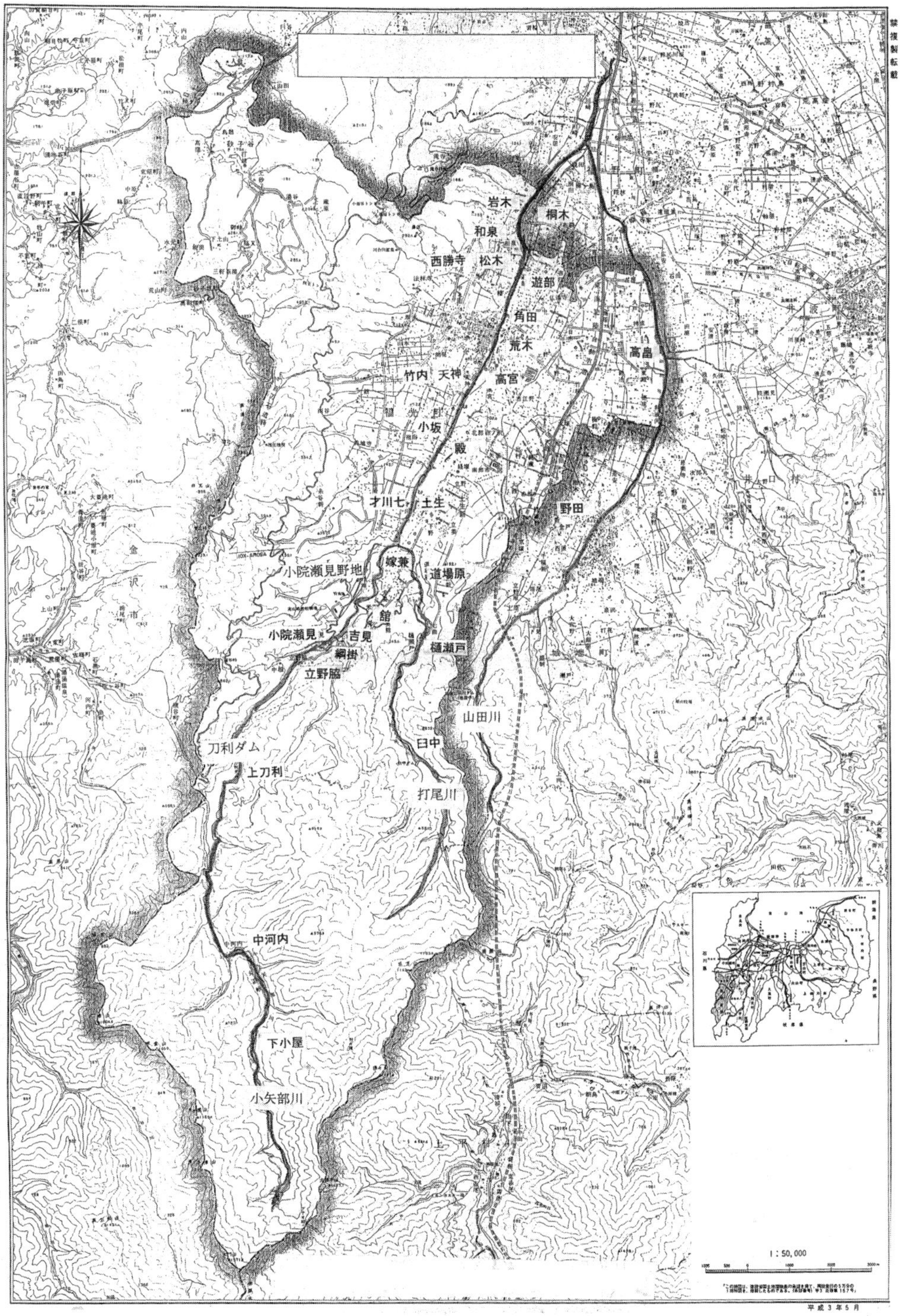

地図　小矢部川上流域の白い石を墓に置く村

ら嫁した。小林では甥の森田武（一九三一年生）によると、盆の墓掃除に白い石は置いていない。小林は小矢部川沿いの村ではないからだろう。また、曽祖母の母は小矢部川沿いの高宮の出身であり、高宮は盆の墓掃除に白い石を置いている。しかし、小林では曽祖母の母は行なっていない（曽祖母実家　森田ふしい・一九一三年生・二〇一四年五月十日）から、盆の墓掃除に白い石を置くのは、小矢部川までの距離という条件もあるだろうが、実家の風習を伝えていたのではなく、嫁いだ村の風習を受け継いでいたのであろう。

二　小矢部川流域の事例

(一)　白い石を置く習俗の広がり

今回聞き取り調査を行なったことにより、盆の墓掃除に白い石を川原から拾い墓に置くことは、小矢部川上流域でも広く行われていたことが分かってきた。石は凝灰岩でやわらかく川の流れで角がとれ丸くなりやすい。白い石を置くことは、昭和四十年代初めまで行なっていた所が多い。昭和三十七年（一九六二）から上流の刀利ダム建設が始まり、昭和四十二年（一九六七）にダムが完成すると石が流れてこなくなり、白い石も少なくなった。また、昭和四十年代にかけて各地区で圃場整備が始まり、墓地も移転やコンクリートで整備される所が多くなり、白い石を置く風習は次第になくなっていった。

以下、小矢部川流域とその支流の打尾川流域の聞き取り調査の結果を報告する。聞き取り調査は二〇一三年三月から四月、五月と行なった。原稿の分量の関係で本文中では調査事例の一部のみ記し、調査地一覧と要点は表で示すこととする。日付は主要な日だけ記す。

(二)　ダムに水没した刀利村

旧刀利村は小矢部川最上流の山村で、小矢部川沿いに五つの小村があった。上流から下小屋・中河内・滝谷・上刀利・下刀利であり、それぞれの小村が四㎞ほどずつ離れていた。全戸真宗大谷派である。刀利村の入り口は、ダムになっている所が難所である。福光町からは大正十三年（一九二四）に馬車道が開通し、自動車道が整備されたのは昭和十六年（一九四一）である。昭和四十二年（一九六七）の刀利ダム完成により、下刀利・上刀利・滝谷は水底に沈んだ。中河内は昭和四十五年（一九七〇）、下小屋は昭和四十一年（一九六六）に挙家離村した。

旧刀利村下小屋　（話者：宇野秀夫・一九二七年生・二〇一三年二月十五日）

もと小矢部川最上流の村で、お盆に墓に白い石を置かず砂利を敷く。町から二〇㎞余り離れた山間部であり、昭和になると九軒であった。墓はすべて小矢部川の石を使い、家ごとにあった。墓は二五～三〇㎝内外の楕円形の長い石を縦にして、丸くなるように並べ、その上に平べったい約七〇㎝で厚み約一〇㎝の自然石を笠のように置く。その石を押さえるようにもう一つ石を上に置き、下には小石を敷いて墓とする。墓の前に直径四〇㎝ほどの石を置き、その上にローソクと線香を立て、花を供える。墓前には小矢部川からとってきた、砂を主とした砂利を二m四方に敷く。砂利は毎年敷くのではないが、盆前に敷いた。宇野家では昭和三十一年（一九五六）に角柱型墓塔を建立した。それまではこのような自然石の墓であった。墓参りは盆だけであり、砂利を敷いた所に莚を敷き、さらに茣蓙を敷いて参った。昭和四十年（一九六五）に離村し、墓も今の地（旧福光町田中）の共同墓地に移転した。

この下小屋で盆に白い石を置く風習がないかと、数人の元住民に聞き取りしたが、誰もしていなかった。上記のように、この下小屋では白い石ではなく砂利を敷くということだった。

旧刀利村中河内　（話者：中川秀吉・一九三一年生・二〇一三年四月十二日）

　もと盆に石を置いていた最上流の村である。下小屋から四㎞下流の小村で、下小屋とは婚姻関係が深く、墓の形も下小屋と似て川原の石で墓を作る。墓場は刀利村では唯一、集落の共同墓地であった。家から墓へは一〇分あまり登った山中にあり、杉バエ（杉林）が墓を囲むように植えてあった。杉は植林であり、墓印でもある。盆近くの八月十三日に、墓掃除をする人が、小矢部川の川原から固くてキメの良いすべすべした形の良い手頃な石を一個だけ拾い、墓の前のふた（笠）の石の上に置いて供えた。墓まではつり橋がある険しい道なので、持って行くのは一個であった。墓前方の地面に置いた家もあった。墓掃除は山なので草が繁り大人がしており、中川家では祖母がしていた。村では三分の一の家が盆に石を置くことをしていた。石の色は白いほうがいいが、特別なことをいわなかった。上流なので清流であり、石に泥も付かず大変に清らかだったからである。前年の石は地面に下ろし、それが墓のぐるり（回り）に散らばっていた。石を置く意味は、石を供え、心を清め墓を清め、今年も墓をアラタメ（新しく正し、敬う）て、自分が先祖へ参ったしるしであったという。昭和四十三年（一九六八）の離村まで、その墓で盆に石を置いて参っていた。

旧刀利村上刀利　（話者：村井亮吉・一九三〇年生・二〇一三年一月九日）

　上刀利は、刀利五か村の中心の村で、挙家離村時は一二軒だった。墓は村のタカ（高地）に三軒ずつほどあった。村井家の墓は小矢部川の自然石を立てたものであった。盆前の墓掃除の後、毎年子供が川原から白い細かい石を八〇～一〇〇個ほど拾い、袋に入れて墓まで運び、子供が墓の前に三〇㎝四方ほど敷きつめた。白い石は直径三㎝ほどの、丸くて平べったい粒がそろった石である。色は白いがいいが、少ないので色がうすい石を選んだ。近くの川原には川の流れで石がなく、村の端の川原まで拾いに行った。毎年のことなので石のある所を知っていた。白い小石を敷くことについて意味は伝わっておらず、昔から毎年するものだと自然に思っていた。村ではほとんどの家がしており、日本中がしていると思っていたという。

（三）刀利村下流の村

刀利ダムを境に墓の形状が違ってくる。白い石が置かれただけの墓から石塔の墓へと変化していったことがたどれる。その代表的な事例を記す。

旧太美山村立野脇　（話者：山本花子・一九三三年生・二〇一三年二月四日）

　刀利の下流の山村で、小矢部川の段丘崖にある、かつて二〇軒の村で、墓は村の畑の近くなどに三カ所ある。話者山本の実家の嵐家の墓は四、五軒一緒に家の前にある。盆前の八月十二、三日頃、子供が川の崖をよじ下りて、小矢部川の川原から白い丸い平べったい石を二十から二十五個拾う。白い石は少ないので薄水色の石も拾う。石は盆前の墓掃除の後、大人が、主に祖母が墓の前の土の上に重ねずに並べて置いた。意味は、盆・正月を迎えるのに自分たちは平素莚一枚でも新しくする。同様に、盆は先祖様がおいでる（来られる）のだから、先祖をお迎えするのに石を置き、墓をアラタメるため、川からの新しい白い石を墓に置いて供え、墓をきれいにしてから迎えるという、先祖への敬いである。だから毎年、盆の墓掃除に新しい白い石を置くのだという。石は線香や蝋燭・花を立てるときに、倒れないように挟む役目もした。

旧西太美村小院瀬見（話者：水口登洋冶・一九四三年生・二〇一三年二月二十二日）

小矢部川左岸の山間地で、墓場は村の斜面に三カ所ある。水口家は村の草分けの家である。墓は家の傍の山中の斜面にあり、かつて水口家の墓は旧墓とともに三基並んであった。新しい墓は旧墓の右（下流側）に順に作られ、一番古い墓（写真1 水口家墓1）には子供のころもう参らなかったが、自然石の周りに白い石が重ねて置かれていた。次に古い墓はこの地方に多いシコロ墓（写真2 水口家墓2）で、子供の頃に参っていた。毎年盆前の墓掃除に子供が小矢部川から白い石を一〇個ほど拾い、親が墓前の土の上を中心に供えて置いた。前年の白い石は横へずらし、前が白く美しくなるように置いた。今の墓は昭和四十八年に角柱型墓塔を建立した（写真3 水口家墓3）。小院瀬見の墓地は山中で広く、旧墓を残す場所的余裕があるので比較的残されている。枝村野地には白い石だけの墓が残る（写真4 小院瀬見野地）。また小矢部川の代表的な銘石である小院瀬見石が採取される場所であり、石工職人が多く切石も手に入りやすく、いろんな形の墓が残されている（写真5 小院瀬見1）。

写真1　水口家墓1
タイプ1－③自然石を立てる墓

写真2　水口家墓2
タイプ2－③シコロ墓

備　考	写真番号
65年刀利ダム完成後離村	
68年刀利ダム完成後離村	
62年刀利ダム建設のため離村	
在小矢部川最上流の村	
和40年代までしていた	
の戦没慰霊碑にもしていた	
は30年前まで共同墓に納骨	
矢部川と打尾川どちらも拾う	
78年白中ダム完成で離村	
在打尾川最上流村	
尾川から拾った	
墓が現在の墓の横にある	①②③⑤⑪⑫
院瀬見の枝村・旧墓が横にある	④
和40年代までしていた	⑧⑩
和40年代までしていた	
和40年代までしていた	
沿いの村ではないが、 治期墓地が山へ移転後もしている	
前までしていた	
沿いの村ではないがしていた	
和30年代までしていた	
い石を置いただけの墓がある	⑥⑦⑨
矢部川右岸の村。納骨時にもした	
い石を捨てる場所があった	
和30年代までしていた	
和40年代後半までしていた	
を立てるように並べる	
跡に白い石が置かれている	
福野町	
田川は小矢部川支流	
54年に結婚するまでしていた	

番号	伝承地	盆の墓掃除で墓に置くもの	拾う川原	置く人	墓の形状	話　者	調査年月日
		(白い石)			昭和20年代		
1	旧刀利村　　下小屋	砂利を墓前に2m四方に敷く	小矢部川	大人	川原の石で	宇野秀夫・1927年生	2013・2・1
2	旧刀利村　　中河内	1個墓前に	小矢部川	祖母	川原の石で	中川秀吉・1931年生	2013・4・1
3	旧刀利村　　上刀利	細かい石80個ほど墓前に敷く	小矢部川	子供	川原の石で	村井亮吉・1930年生	2013・1・
4	旧太美山村　立野脇	20数個墓前に	小矢部川	祖母	シコロ墓	山本花子・1933年生	2013・2・
5	旧太美山村　綱掛	5個ほど墓前に	小矢部川	大人	川原の石で	種田善蔵・1932年生	2013・3・2
6	旧太美山村　吉見	墓前に	小矢部川	大人	三段の切石	中島典子・1947年生	2013・3・2
7	旧太美山村　舘	青みおびた白い石2.3個墓前に	小矢部川	親	共同墓	通縁きよ子・1932年生	2013・3・2
8	旧太美山村　嫁兼	丸い石5.6個墓前に	小矢部川	老人	川原の石で	東善一郎・1936年生	2013・3・2
9	旧太美山村　臼中	丸い石を墓の四方に	打尾川	親子	三段の切石	村井幸子・1935年生	2013・1・9
10	旧太美山村　樋瀬戸	青みおびた石7.8個を墓前に	打尾川	大人	川原の石で	中山佳明・1949年生	2013・3・1
11	旧太美山村　道場原	墓前に	打尾川	親	川原の石で	上野達男・1928年生	2013・4・1
12	旧西太美村小院瀬見	10個ほど墓前中心に横にも	小矢部川	親	シコロ墓	水口登洋冶・1943年生	2013・3・2
13	旧西太美村小院瀬見野地	7.8個ほど墓前中心に横にも	小矢部川	大人	シコロ墓	七山義正・1952年生	2013・4・3
14	旧西太美村　才川七	家族数ずつ墓前に	小矢部川	祖母	切石の墓	堀与冶・1928年生	2013・2・1
15	旧広瀬舘村　小坂	墓前中心に横にも	小矢部川	大人	シコロ墓	湯浅藤作・1954年生	2013・3・2
16	旧広瀬村　　天神	10個ほど墓前中心に横にも	小矢部川	祖母	シコロ墓	渡辺八郎・1919年生	2013・5・2
17	旧広瀬村　　竹内	10個ほど墓前中心に横にも	小矢部川	大人	シコロ墓	宮森八郎・1940年生	2013・4・1
18	旧石黒村　　松木	墓前に	小矢部川	親	川原の石で	松木さよ子・1928年生	2013・5・1
19	旧石黒村　　西勝寺	墓前に	小矢部川	親子	切石の墓	干場義信・1945年生	2014・11・
20	旧石黒村　　和泉	5個ほど墓前中心に	小矢部川	親	三段の切石	石崎慶二・1943年生	2013・3・1
21	旧石黒村　　岩木	20個ほど墓前中心に横にも	小矢部川	大人	白い石の墓	島田みつ子・1927年生	2013・8・2
22	旧東太美村　土生	墓前に	小矢部川	大人	川原の石で	中島勇・1930年生	2013・3・
23	旧東太美村　殿	20個ほど墓前中心に横にも	小矢部川	大人	川原の石で	斉田一除・1937年生	2013・3・
24	旧吉江村　　高宮	5個ほど墓前中心に	小矢部川	大人	川原の石で	金谷克美・1930年生	2013・3・
25	旧吉江村　　荒木	墓前中心に	小矢部川	大人	切石の墓	得能金市・1940年代生	2013・3・
26	旧吉江村　　角田	20個ほど墓前中心に横にも	小矢部川	大人	三段の切石	水木真理子・1952年生	2013・7・
27	旧吉江村　　遊部	10個ほど墓前中心に横にも	小矢部川	祖母	川原の石で	片山新二・1928年生	2013・3・
28	旧東石黒村　桐木	30個ほど墓前中心に横にも	小矢部川	大人	川原の石で	古木幸雄・1926年生	2013・8・
29	旧南山田村　野田	丸い平べったい石を墓前に	山田川	大人	三段の切石	中島(女)・1934年生	2013・3・
30	旧北山田村　高畠	20個ほど墓前中心に	山田川	老人	シコロ墓	北村美年子・1936年生	2013・7・

表1　小矢部川上流域の白い石を置く村

写真３　水口家墓３
タイプ３　角柱型墓塔

写真４　小院瀬見野地
タイプ１－②白い石の墓

写真５　小院瀬見１
タイプ２－①切石の墓

旧石黒村岩木　（話者：古石睦美・一九五三年生・二〇一三年三月七日）

小矢部川左岸の八〇軒の村で、山中に古代の豪族の墓があると伝える。村の墓地は神社横から丘陵地へ登った斜面にある。昭和四十年代まで、村の大半が白い石だけの墓だった。毎年八月十三日、盆の墓掃除の時に小矢部川から白い石を大人と子供が拾いに行く。多い家は二〇個ほど拾う。それから一緒に墓掃除に行き、白い石が積まれ小さなオヤマになっている墓の掃除をする。オヤマは円形で直径が一ｍほど、高さ三〇㎝ほどだった。拾ってきた白い石は、前をきれいにしながらもオヤマの間に入れたり並べたり、汚れたのと交換する。参るところはオヤマの前の泥の所で、そこを母親は草が生えぬように鍬で泥を削っていた。墓は納骨の時など以外、滅多に変えてはならぬという習慣が特に長く続いたか、村では昭和四十年代までこのような白い石だけの墓が八割ほどであった。白い石のオヤマが続き古代を思わせた。近くの神社奥殿にある中世とされる塚の頂部にも、同様に川原の小石が積まれている。昭和五十三年に祖母が亡くなり、現在の角柱型墓塔

写真６　岩木１　タイプ１－②白い石の墓

写真７　岩木２
タイプ１－③自然石を立てる墓

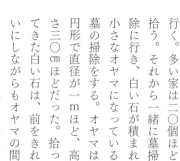

になるまで白い石だけの墓だった。岩木はほとんどが昭和五十年代前半に白い石の墓から現在の角柱型墓塔を建立している。ただし、白い石だけの墓もまだ一基あり（写真6　岩木1）、自然石を立て周りが白い石の墓もある（写真7　岩木2）。新しい墓を建立しても、ほとんどの墓にどこかに白い石を置いていた形跡を見ることができる。

これら小矢部川流域の事例についての調査結果については、前述のように原稿の分量の関係でこの本文ではなく、表1にそれぞれの要点を記しておくことにする。

三　県内外の広がり

（一）県東北端の海岸地域

富山県内の墓に石を置く風習は、県の東端の海岸地帯の海沿いの墓地にもあった。また、県中央部南端、旧細入村でもしていた。奇しくも、県の東西端と南端である。

入善町田中　（話者：田中慎也・一九五四年生／話者：坂崎富子・一九五二年生・二〇一三年七月十四日）

この地方は小石の海岸である。話者の田中によれば、入善町では迎え盆といい、墓には八月十三、十四日に参るという。お盆前に毎年海から家族で白い丸い平べったい石を、こやし袋に一杯になるまで拾う。当時の墓は一人ずつ個人の自然石を置いた墓であった。それらの墓の前に家長を中心に一つずつ白い石を置き、石が欠けると海に戻した。だんだん墓は小高い塚となった。田中家は昭和六十二年までそのような墓だった。かつての白い石は捨てずに現在の墓の後ろに置いている。

話者の坂崎によると、盆前に海から白い丸い平べったい石を拾い、大人が墓の前に石の隙間をうめるように置いたという。現在の墓は昭和五十四年八月に宅地に移転した。旧墓は現在共同墓地にある（写真13　入善町田中）。自然石が立てられ、白い石が墓の前を中心にうずたかく置かれており、広さは三m四方であった。昭和五十年代まで多くの墓がこのようであった。墓から海まで一五〇mほどであるが、当時はダムがなく、海に石はどれだけでもあった。今はダムができ、砂浜は消え海がすぐそばまできており、海岸も石もない。墓も石塔となり、石を置く風習も絶えた。

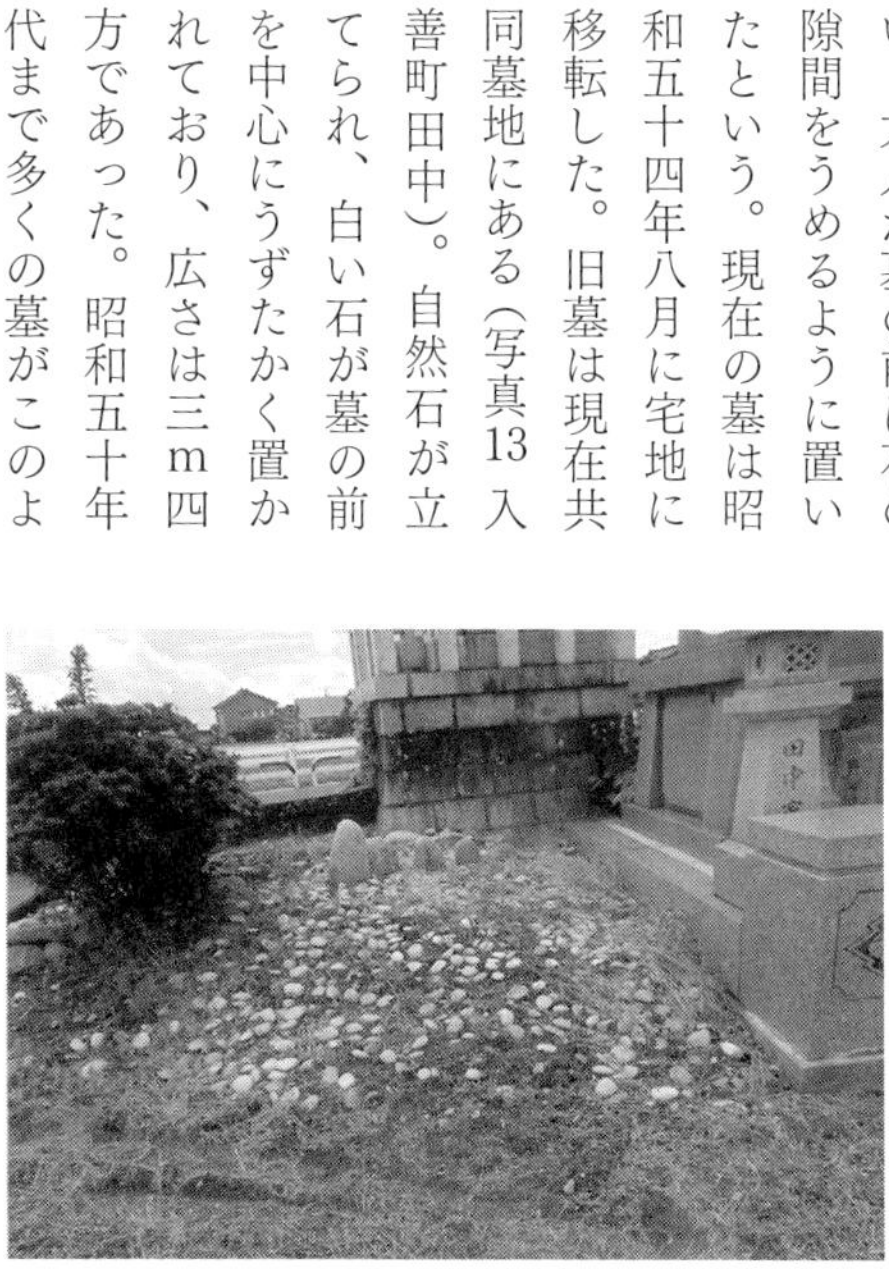
写真13　入善町田中

このように入善町の海沿いの共同墓地には、海から白い丸い平べったい石を拾い、盆前の墓掃除に、大人が墓の前を中心に置いていた。福光との違いは個人の墓石があること、白い石を広く墓の前に置いていること、などである。また、富山県境の朝日町護国寺でもしていたという。

（二）県南端の山間地域

神通川上流の細入村

『細入村史』に次のような記述がある〔細入村史編纂委員会一九八七　七七七〕。「楡原では盆の準備（中略）七日に神通川の面陀《めんじゃ》の川原で女衆が早朝ムクゲの葉をもんで、洗濯や髪洗いをし、墓に供える石を拾った。墓に石を供える習俗は県内に点々と見られ、二つ供えたり、墓の回りに並べたり、めぐりにまいたりさまざまである。対岸の芦生では、七日子供たちが七夕を流すときに白い石をたくさん拾い、墓のまわりに敷きつめた。楡原では七日早朝、形のよい白い石を三つ重ねて墓に供えた。お鏡のように丸くて平たい石を二つ重ね、その上に縦長の石をおいたのである。もとは二つ、つまり石餅であったのが、一つつけ加えられて三つになったのであろう。（後略）」。この細入村では七夕行事と関連しているが、白い石の形や、置く場所、置く時期に共通性がある。

(三)　県外への広がり

糸魚川市域

新潟県へと親不知《おやしらず》を越えた、糸魚川市でも海岸地域で似たことをしている報告がある［糸魚川市史編纂委員会　二〇〇六　一〇二］。糸魚川市は富山県に隣接しており、この地方も小石の海岸である。盆の前に海から白い石を拾い、墓の前に置くことは、富山県側の入善の海岸沿いの村と似ている。ただ置き方が、白い石をコの字型に並べその中に小砂利を敷く。参りの人はその中に入り合掌するという違いがある。糸魚川の習俗は宗派を問わず海岸沿いの寺地内の墓に見られることから、この地方の古来からの習俗であろうと推定される。しかし、糸魚川も海岸の護岸提ができてから海へ行きにくくなり、すたれつつある。『糸魚川市史』昭和編3では、その白い石について、①廻船業がはなやかな頃に無事帰港のお礼と次回の安全祈願、②土葬時のお棺の上に石を敷きつめた名残り、③盆花や供物は腐りやすいので白い石は団子やお菓子の代わりとした、④白い石を敷き並べ霊場とした、などのことが推定されている。白い石は六～八㎝で扁平楕円のものが多い。とある。白い楕円の扁平な石であること、水辺から拾った石であることなどに富山県下の諸事例と共通性がある。

糸魚川ジオパークの久保雄（一九三三年生、一九五四年から糸魚川在住　二〇一三年一〇月二五日）に真宗大谷派徳正寺に案内してもらい話を聞いた。徳正寺の墓地は海から約二〇〇ｍの場所に位置する。盆の前に海から白い石を拾い、墓の前にコの字型に白い石を置く。前年の石は後ろへよけるが、横に置いた場合もある。コの字はくずれ白い石をいくつも置いた墓や、古い墓には墓地全体に白い石が置かれている。徳正寺のすぐ横の寺である曹洞宗直指院も、徳正寺と同様である。コの字の広さは横長の、三〇×五〇㎝である。白石供養ともいっており、直指院は五〇〇年以上も前からの寺であると言い伝えている。（写真14・15・16　糸魚川）

写真14　糸魚川1

写真15　糸魚川2

写真16　糸魚川3

四　現時点で指摘できる点

(一)　山間地に旧式の墓が伝えられている傾向性

幕末からの全国的なコレラ流行は明治年間富山県にも及び、明治初年に間欠的に大流行し、多数の死者がでた。『富山県史』通史編Ⅴ近代上によれば〔富山県　一九八一　九二二〕、中でも明治十二年、十九年、二十八年の三回が激しかった。明治十二年（一八七九）には県下で死者一万数千人に及んだという。おびただしい死者と感染の恐怖から死体処理もなおざりなこともあったという。

国は明治十七年（一八八四）に公衆衛生と治安維持などの側面か、太政官布告第二十五号「墓地及埋葬取締規則」と内務省達乙四〇号「墓地埋葬取締規則細目標準」を制定した。これにもとづく県の対応として明治十八年（一八八五）「県令乙第二百六号」を達《たっし》して[2]、コレラの大流行を防ぐため、衛生上の対策としても、集落ごとに共葬墓地（共同墓地）を設置するよう強制的に指導奨励をした〔佐伯　二〇〇四　三〕。しかし、山間地では昭和四十年代にあった離村まで、自宅付近の畑地などに、一、二、三軒ずつで共同使用するかたちの墓地であった（下小屋・上刀利）また、下流の山間部では、自宅付近の斜面に何軒かの墓地があった（小院瀬見・立野脇・吉見・嫁兼・道場原など）。これら山間地の墓地には場所のゆとりもあり、旧式の墓と現在の墓とが併設されていることが多く、白い石だけの墓がいくつか残っている（小院瀬見）。西太美、東太美地区では山や崖の斜面に共同墓地があり、平野部では村はずれの川沿いや持ち山にある例がみられる（才川七・竹内など）。また、明治十八年の県令や、昭和四十年代初頭の圃場整備で、共同墓地へとなった地区は多い（嫁兼・天神など）。

明治十八年の県令後も、山間部ほど共同墓地ではなく個人の家の墓地が存続し、旧墓が伝えられていた。

(二)　墓の形状の変化

小矢部川流域の墓地の墓石の形状の比較から、以下の3つのタイプが存在する。川原からの白い石と自然石だけの墓を、タイプ1とする。川原からの白い石や自然石の墓から自然石だけでなく石工の加工をほどこした墓を、タイプ2とする。さらに石工技術の進化により角柱型墓塔を、タイプ3とする。この3つのタイプの存在から、小矢部川流域の墓石については、自然の石の利用から加工した石造品へ、という墓の装置としての石の利用の変遷が想定される。

そして白い石を置く習俗としては、刀利谷のタイプ1—①と、福光地区のタイプ1—②がもっとも古い形状であり、タイプ1からタイプ3までがこの地域の墓石の形状の変化の足跡を示していると推定できる。

タイプ１―①川原の石で作る墓で墓前に白石や砂利を敷いたり置いたりする墓。（水没した刀利村　被葬者は昭和三十年代まで）

②白い石だけが置かれる墓（写真４小院瀬見野地　被葬者は昭和初期まで・写真６岩木１　被葬者は昭和四十年代まで）

③白い石の中に自然石を立てる墓（写真１水口家墓１　被葬者は大正期まで・写真７岩木２　被葬者は昭和四十年代まで）

タイプ２―①白い石の中に切石を立てる墓（写真５小院瀬見１　被葬者は昭和三十年代まで）

②自然石に南無阿弥陀仏と名号を彫った墓（写真８才川七１　被葬者は昭和十年代まで）

③切石がシコロ墓になっている墓（写真２水口家墓２　被葬者は昭和四十年代まで・写真９岩木３　被葬者は昭和四十年代まで　シコロ墓は家により現在も被葬されている）

タイプ３―角柱型墓塔（写真３水口家墓３　被葬者は平成十年代から・写真10才川七２　被葬者は昭和十年代から）

現在日本各地で一般的にみられる角柱型墓塔は、セキトウ（石塔）、ハカイシ・ボセキ（墓石）、セキヒ（石碑）、などと呼ばれて石工業者が日本各地で製作提供してきたものである。[3]しかし、ここで追跡調査してみた民俗伝承の現場からの情報からみれば、そのような墓とは別に、このような自然石による墓と石の伝承が存在していたことがわかる。この富山県下の事例では、タイプ１がそれである。そして、そのタイプ１からタイプ３までの変化形の存在からは、墓石の変遷の過程が想定されてくる。そしてまた、ここで注目されるのは、タイプ２―③の南砺市の福光・城端・井波地区を中心によくみられる「シコロ墓」と呼ばれる墓石である。四角い石柱の上部が四角錐でカサのようになっており「カサイシ・トーボ」とも呼ばれる墓石である。中部が四角柱の中をくりぬいて骨甕を入れる「胴石」（写真11小院瀬見２・写真12小院瀬見

写真８　才川七１
タイプ２－②　名号を彫った墓

写真９　岩木３　タイプ２－③シコロ墓

写真10　才川七２
タイプ３　角柱型墓塔

写真11　小院瀬見２　シコロ墓

写真12　小院瀬見３　シコロ墓

3)、一番下部が基壇、という形状の墓石である。上部の形から、墓石の業者の間では、「シコロ墓」と呼ばれている。この地方に見かける家屋建築の方形《ほうぎょう》に近い寄せ棟、または方形の屋根をシコロと呼んでおり、そのシコロの屋根と墓上部が似ているからである。それは、この富山県西部の小矢部川流域での伝承現場的な石工の工夫によって形成された地域的特徴のある墓石であったと位置づけられる。

(三)　西に向かって拝む墓

福光地域の墓は、白い石だけが置かれた墓の時代から、ほぼ例外なく西に向かって拝むかたちであった。西に霊山の医王山があるだけでなく、福光地域はほぼ全戸が浄土真宗門徒なので、西方浄土に向かって拝むということであろう。また、朝日があたるところを墓の正面にするとよいといわれている所や（小院瀬見）、医王山が見えぬ地域でも西向きに拝む所が多い（刀利村・太美山）。山の地形で西に拝めぬ所は、川の上流（南）に向かって拝んでいる。福光地域は墓場内の道もほとんど南北方向につき、墓は西に拝めるように置かれる。天神では、昭和四十三年頃の圃場整備で移転した共同墓地が東向きに拝む形となったので、嘆いた人が多かった。しかし、福光地域以外の砺波平野の各地区では、ほとんど墓場内の道の都合で、いろんな方向に墓石が置かれているのが普通である。また、西に向かって拝むことにこだわっておらず、福光地域は西に向かうという志向性が強いことが指摘できる。

(四)　盆に墓に白い石を置く理由についての伝承

白い石は凝灰岩でやわらかく川の流れで角が取れて丸くなりやすく、小矢部川の中に見ることができる。しかし、小矢部川は黒みを帯びた石が多く、赤いベンセキやカネイシなどの銘石や小矢部石（黒い安山岩）などの庭石も産出している。そうした中で、盆に拾われる白い石は小矢部川では地味な石である。

①【拾う石の色と形・数】　拾う石ほとんどの地区で白い石を探し、まれに見つかる紙ほどの白さの石が理想である。そんな白い石はあまりないので、白味の水色がかった石を拾う所も多い。しかし、もちろん白い色がいい。刀利村中河内では、上流で清いからと、石の色を白に固守しなかった。臼中や才川七では真っ白い石を探すまで、親から何度も川へ探しに行かされた。白い石が見つけにくくなると、薄い色の石を拾っている所が多い。石の形は例外なく丸く平べったい石を拾う。大きさはこぶし大ほどのところが多いが、それよりも大きいところもある。本来は円形がいい

が、そんなにないから楕円形なども拾う。丸い石は川原から拾った石だとすぐに分かり、川原からの石の印である。先年の欠けてきた石は取り除いて、常に丸い石を墓の前に置く。現在でも墓の周りの石が年月を経て色づんできていても、丸い形で川原からの白い石だとすぐに分かる。拾う数は、家によっても違うが、一個（中河内）・数個（天神・など）・家族数と同じ数（才川七）・十数個（小院瀬見・小坂・遊部など）・百個近く（上刀利）などさまざまであった。

②【拾う日と拾う人】　拾う日は、ほとんど盆の墓掃除の八月十三日、または八月に入って、であったが、十三日までに川で探しておく地区もある。十三日に墓掃除するのは、福光地域は十五日の早朝参るからである。十五日の早朝まだ薄暗い朝飯前に参るのが一般である。町部は十五日なるとすぐ、夜中の十二時に提灯をさげて参りに行った。才川七の堀与治は十五日の夜中一時過ぎに参りに行った。小坂の北村実も早朝三時半に参りに行った。

拾うのは子供が多い。上流で谷が深い吉見などでは大人も一緒に拾う。また中流では子供へ伝える気持ちも含み、大人と子どもが一緒に拾っていた（岩木・遊部・桐木）。また、多くの地区で子供が拾うのは、夏休みに忙しい大人に代わり、水遊びのついでに探す場合が多いことにもよる。昭和四〇年代初頭まで拾っていた所が多く、白い石を拾う村では、今回の調査で筆者の多くの同級生が経験していた。

③【置いていく人と置き方】　置くのはほとんど八月十三日に墓掃除をした大人であり、とくに家の祖母がしている。墓掃除はどこの家でも祖母の仕事であった。男は力仕事に忙しくて墓掃除ができなかったからである。子供が大きくなり慣れてくると、大人の指示で子供も置いている。臼中では、八月十四日夕方、ショウライ（精霊）のたいまつを持った子どもが置いている。置き方は、小矢部川上流の刀利村中河内では白い石を笠石の上に置いた。上刀利では細かな白い石を一〇〇個ほど墓の前に敷いた。下流の太美山からは、多くが墓の土の上に前を中心に、横にも重ねず並べて置いていた。前年の白い石は泥や苔などで汚れてきており、横や後ろによけた。毎年必ず置いたので、墓のまわりは白い石でうずたかく囲まれるようになる。当時墓印がなく、骨甕を土に埋めたら墓がどこか分かりにくいおそれもあり、白い石が置いてあることで墓と分かりやすかったともいわれる。前年の汚れた石は墓場横の石捨て場に捨てた所もあり、白い石を一定量に保ち手入れしていたらしい（才川七・土生・殿・小坂など）。

④【置く理由】　置く理由は、いろんな地区でその意味を尋ねたが、特別なこととは思わず盆に当たり前にするべき事としてきたという人が大半である。その中で、毎年盆の墓掃除に川から拾った白い石を置く理由についての伝承は、大きくわけて三つに分けられる。

一つは、盆に帰る先祖を迎える準備として墓を新しく正し、清らかにしてから先祖を迎えるという、先祖への敬いである（中河内・立野脇・吉見・竹内・荒木・遊部・角田など）。

二つは、白い石は盆の先祖への供えである（臼中・立野脇・才川七・天神・竹内などほとんど）。

三つは、先祖へ自分が毎年盆に墓に参ったしるしであり、来年も参れますようにとの祈りである（中河内・小院瀬見野地・才川七・殿など）。

また、すべての地区で白い石は並べて置き、重ねて置くのではないから賽の川原ではないといっている。

これらのことから、盆に毎年川から新しい白い石を拾ってきて墓に置くことの背景にあるのは、先祖を迎える準備として墓を新しく正すことで、先祖への敬いや供え、また、自分が参ったしるしと来年への祈りであろうと考えられる。

おわりに

以上の伝承からすると、この盆の墓掃除に際して白い石を置く習俗は、墓に対する石塔建立以前の墓参りの習俗と、墓づくりの一つのあり方を伝えている可能性が考えられる。そして、富山県だけに限られていたものではない可能性がある。「はじめに」で述べたように、川原や海辺での死者供養の民俗と水の世界の石を拾っての死者供養の民俗は、これまでも部分的には注目されていたのであったが、残念ながら全国的な視野での調査と情報共有は行なわれてこなかった。そうしている間に、高度経済成長期（一九五五年―一九七三年）を経る中で急速に旧来の民俗伝承が喪失また変貌していき、このような習俗の記憶も物的資料も失われていきつつある。しかし、まだ日本各地に伝えられていたこのような民俗の情報を追跡できるいまのうちに、これらの情報を収集して、その意味を考えておくことも必要であろうと考える。

注

（1）『富山県法規類聚』（自明治十六年七月～至明治二十二年三月）富山県

県令　明治十八年十二月二十八日

乙第二百六号　　郡役所　　戸長役場

永久墓地取定ノ義ニ付テハ予テ其筋ヨリ達ノ趣モ有之候條別紙内規ニ拠リ各部内一般取調ヘ明治十九年三月三十一日限リ出願為致候様取計ヘシ此旨相達候事

墓地取調内規

第一條　墓地ハ一町村以上各一ケ所ニ限ル　宗旨若ハ種族ニヨリ之ヲ別設スルヲ許サス

以下十四条まで略

（2）注（1）に同じ

（3）墓石の形式と呼称については研究者によってこれまでさまざまである。本稿では、谷川章雄　一九八八「近世墓標の類型」『考古学ジャーナル』一九八八―三　No.二八八、同　二〇一〇『江戸の墓制・葬制の考古学的研究』早稲田大学大学院、朽木量　二〇一〇「近世墓標研究の成果と総合的な墓制研究への期待」『墓制・墓標研究の再構築』岩田書院、同　二〇〇四「墓標からみた近世の寺院墓地」『国立歴史民俗博物館研究報告』第一一二集、二〇〇〇『日本民俗大事典』吉川弘文館、二〇〇六『大阪狭山市史』第七巻、などを参考にした。

参考文献

医王山文化調査委員会　一九九三『医王は語る』福光町
糸魚川市史編纂委員会　二〇〇六『糸魚川市史』昭和編3　糸魚川市
大阪狭山市史編さん委員会　二〇〇六『大阪狭山市史　第七巻』大阪狭山市役所
金沢治　一九七四『日本の民俗　徳島』第一法規
朽木量　二〇〇四「墓標からみた近世の寺院墓地」『国立歴史民俗博物館研究報告』第一一二集　国立歴史民俗博物館
朽木量　二〇一〇「近世墓標研究の成果と総合的な墓制研究への期待」『墓制・墓標研究の再構築』岩田書院
国立歴史民俗博物館　二〇〇四『国立歴史民俗博物館研究報告』第一一一集
小松理子　一九七六「新仏の祭り方」『民俗と歴史』3号　民俗

と歴史の会
佐伯安一　二〇〇四「共同墓地の風景」『富山写真語　万華鏡』一五〇　墓標　ふるさと開発研究所
新谷尚紀　一九八六『生と死の民俗史』木耳社
新谷尚紀　一九九一『両墓制と他界観』吉川弘文館
武田　明　一九七一『日本の民俗　香川』第一法規
谷川章雄　一九八八「近世墓標の類型」『考古学ジャーナル』一九八八―三　No.二八八　ニューサイエンス社
谷川章雄　二〇一〇『江戸の墓制・葬制の考古学的研究』早稲田大学大学院
富山県　一九八一『富山県史』通史編Ⅴ近代上　富山県
細入村史編纂委員会　一九八七『細入村史』通史編（上巻）細入村
森謙二　一九九三『墓と葬送の社会史』講談社
森謙二　一九九三「明治初年の墓地及び埋葬に関する法制の展開―祖先祭祀との関連でー」藤井正雄・義江彰夫・孝本貢編『家族と墓』早稲田大学出版部

（『日本民俗学』二九〇号　日本民俗学会　二〇一七年五月）

Ⅲ　東本願寺砺波詰所の成立と、初代主人北村長助について

はじめに

浄土真宗東本願寺は江戸後期において四度の火災にあい、御影堂・阿弥陀堂の両堂ならびに諸殿の再建を繰り返してきた。再建された両堂は、いずれの時も今日の両堂と、ほぼ同じ規模であった。最も重要な建物である御影堂は、南北七十六m（四十二間）、東西五十八m（三十二間）、高さ三十八m（二十一間）であり、世界最大級の木造建築物である。全国の門徒は両堂が大火で消失の度に、再建に向けて多数労働奉仕に上洛した。これら奉仕者が宿泊するため作られた出身地別の小屋が、詰所の始まりとされている。

ここでは江戸後期、東本願寺両堂再建と砺波詰所の成立をさぐり、砺波詰所初代主人として活躍した、南砺市（旧福光町）小坂出身の（北村）長助について述べる。

一　東本願寺の再建と砺波詰所

㈠　越中国の詰所

東本願寺は明暦の造営で、明暦四年（一六五八）御影堂が造営された。また、寛文の造営で寛文十年（一六七〇）阿弥陀堂が造営された。しかし、天明八年（一七八八）一月三十日京都市中の「天明大火」で焼失した。長い再建事業の始まりである。寛政度再建は御影堂が寛政元年（一七八九）三月二十八日の、釿始（ちょうなはじめ）から始まった。

『真宗本廟（東本願寺）造営史』によると、全国各地から手伝いのため本山の焼け跡に多くの門徒が馳せ参じた。再建事業にあたっては、門徒同行が拠点とする寺内小屋が建設された。最初は河内・大坂・伏見・近江・三河の五カ所に小屋建設を許されたという。再建が進むにつれ御小屋は増えていった。

この時、越中の詰所はどうであったろうか。『三河大谷派記録』[1]によると、寛政五年（一七九三）諸国の「京御小屋」が三三カ所、その他にも二四カ所あった。越中国でも、「御小屋」として「拾六番越中講中・三拾二番越中国会所」の二カ所が確認できる。これは越中国全体の詰所であったと考えられる。享和元年（一八〇一）両堂完成により、御小屋は順次解散となった。

しかし、文政六年（一八二三）十一月十五日、両堂はまたもや大火で焼失してしまった（文政大火）。教化運動もあり、全国の門徒達は再建の気運が高まっていった。越中でも城端別院・井波別院を中心として、再建への思いが強まった。文政七年（一八二四）四月には、光教寺（井波）において越中国の詰所について取り決めがなされた。その時の「御本廟詰合定書」（善徳寺史料）は次のとおりである。

史料1

「御本廟詰合定書《ごほんびょうつめあいさだめがき》」　善徳寺史料三冊子（一）一二八四号

一、第一箇条之御趣意得与相守可申事

一、京都詰合之儀は於光教寺ニ集会之席申談候通り一郡より三等

壱ケ寺、飛平二ケ寺同行壱人宛相詰申度事

一、両御坊会所詰合之儀ハ未タ御再建被仰渡茂無御坐候間、先ツ夫迄ハ五月　毎月廿九日定日にて組壱ケ寺宛相詰、諸勘定見届可申事

一、京都詰所親司之義ハ詰合法中同行二ケ月かゝりニ決算見届可申事

尤、無詰方等之同行ハ手代ニ相遣可申事

一、御本山諸志之義ハ大□(辺)ハ旦那割、少分ハ箇所割、併御印之義ハ何寺門徒与御印相願可申事

一、何事ニ不依京都・申来り候事ハ都而決算日於会所ニ相談可申事

一、京都詰合用払之義ハ詰番ニ相当り申者　自分用建可致事

一、上納物御月番会所へ上納可致事

一、当時御普請御急きニ付、為人足料与取集可申事

一、京都詰所并御坊所会所勘定見届可申事ニ候間、住職分并隠居・新発意ニ相限り可申事

一、京都詰所家代銀之義ハ井波御坊ゟ御取集之銀子を以決算相立可申事

右之条々御互ニ致和合度候、為其印形如件

（文政七年）
申四月

十一箇条からなるこの定書は、まず本山の御趣意をとくと守ること。京都詰所は一郡から三等別院（井波別院・城端別院）一ヶ寺、飛平（飛檐《ひえん》、平僧）二ヶ寺、同行一人詰めること。まだご本山から御再建の仰せは無いけれど、それまでまず五月から毎月二十九日を定日として組から一ヶ寺ずつ詰め、勘定も見届けること。京都詰所親司のことは、法中同行二ヶ月がかりに決算見届けること。京都詰合の払いは詰番に当たった者が自分で立替ておくこと。京都詰所ならびに井波御坊、城端御坊の勘定は住職か隠居か新発に限り見届けること。京都詰所の家賃は、井波御坊から集めた銀子で決算すること、などである。京都詰所と両御坊の勘定の見届けが同時に行われており、京都詰所は両御坊のもとで、設置されていた。また、寺院と共に同行が詰めることや、京都詰所親司という役が見受けられ、将来詰所主人へとなっていったことも窺わせる。ここでは同行も寺院と共に交代制である。（二条）また、京都詰所の家代（家賃）ということは、以前から詰所があったことを窺わせる。（十一条）この文書の年は、申年とある。申年は文政の大火直後の文政七年（一八二四）が該当する。

越中国の詰所の史料として、文政九年（一八二六）の「東六条詰所心得」（名苗家文書）があり、詰所滞在者の心得が書かれている（史料2　本稿末尾に収録）。一条に詰所は僧俗が順に詰め、再建取持することを第一とする場であると定めている。詰所には亭主が一人おり、何事も質素倹約を心得、併せて一国の詰所を預かる亭主役であるから、万端平生心がけること。滞在者は私用に外出するなど亭主にことわること、休日は勝手次第であること、万一病気になったら、身分の上下を分けず、実の親兄弟のように看病することなど、亭主の心得と滞在人の亭主への心得などが書かれている。一国ということからも、東六条詰所は越中国全体の詰所であった。

「御本廟詰合定書」と「東六条詰所心得」にのっとって、寺が交代に詰番をしていた史料として「本山詰番のための上京願」（善徳寺史料）がある。一三通あり、文政八年（一八二五）八月十四日から天保四年（一八三三）六月二十日までのものである。

史料3

善徳寺史料二、古文書（二）一三六号

本山詰番のための上京願

乍恐口上書を以奉申上候

一、拙寺儀、御本山詰所番当八月九月弐ヶ月詰番ニ付、当十五日発足之旨上京仕度御座候間、此段御聞届被成下候様奉願上候、尤拙寺留守中慶安寺看司役申付置候間左様御承知被成下候様是又御願申上候、猶更帰寺次第御案内申上候、為其口上

両堂再建と砺波詰所初代主人北村長助　関係年表

天明8年	**（1788）**	**1・30**	**天明大火**	
寛政元年	（1789）		寛政度再建始まる	
寛政10年	（1798）	3	再建完成	
文化6年	（1809）		長助生まれる	
文政6年	**（1823）**	**11・15**	**文政大火**	
文政7年	（1824）	4	「御本廟詰合定書」	史料1
文政8年	（1825）	8・14	「本山詰番のため上京願」	史料3
文政9年	（1826）		「東六条詰所心得」	史料2
文政9年	（1826）	10・20	「再建発始直命」	
文政11年	（1828）	6・28	文政度再建始まる	
文政12年	（1829）	1	「新川郡下半郡詰所分離申上書」	史料4
天保2年	（1831）	1・15	射水郡詰所の初見	氷見市史6
天保5年	（1834）	2・21	長助御直命	史料6
天保6年	（1835）	3	再建完成	
天保12年	（1841）		長助　世話方となる　　長助33歳	史料5
安政5年	**（1858）**	**6・4**	**安政大火**	
安政5年	（1858）	10・21	砺波郡詰所初見	東本願寺『御作事日記』
安政5年	（1858）		忠兵衛（砺波庄太郎）上京	
安政6年	（1859）	2・11	安政度再建始まる	
万延元年	（1860）	8・4	再建完成	
文久元年	（1861）	3・18	親鸞聖人600回忌法要	
元治元年	**（1864）**	**7・20**	**元治大火**	
慶応元年	（1865）	11・4	達如上人死去	
慶応2年	（1866）	3・5	長助死去58歳	史料5
明治13年	（1880）	10	明治度再建始まる	
明治28年	（1895）	4	再建完成	
明治36年	（1903）	6・21	砺波庄太郎死去　　庄太郎71歳	大法名記
大正15年	（1926）	11・20	砺波詰所 大法名記　作成	
昭和25年	（1950）	4・24	長助　井波別院で法要	
昭和28年	（1953）	8・31	長助　砺波詰所として城端別院で永代祠堂経5000円	砺波詰所記録
昭和４０年	（1965）	8・5	長助　砺波詰所で百回忌法要	『砺波詰所先祖　長助殿　百回忌法要記』北村家写真記録

書以御断申上候、以上

文政八年八月十四日

射水郡池田村

永福寺（印）

善徳寺御役僧衆中

瑞泉寺御役僧衆中

これは射水郡池田村（現氷見市）の永福寺が、本山詰所番に八・九月と二か月間上京することの願いと、その留守中は慶安寺に看司してもらうことを承知下されるよう善徳寺・瑞泉寺役僧宛に願い上げている。このような「本山詰番のため上京願」は、いずれも同様の文書であり、砺波郡が七通、射水郡が五通、新川郡が一通残されている。つまり二か月交代で寺が上洛して門徒奉仕者の世話にあたっていた。

また、「京都詰所から帰国届」文政八年十月（射水郡池田村永福寺→善徳寺・瑞泉寺役僧）も残されている。

(二)　越中国の詰所が郡別に分離

越中では「御《ご》本廟《ほんびょう》詰合《つめあい》定書《さだめがき》」三条のように、再建の直命《じきめい》が出される前から、再建の気運が高まっていた。文政九年（一八二六）十月二十日、ついに達如上人は両堂の「再建《さいこん》発始《はつじ》直命《じきめい》」を発令された。それをうけ、文政十一年六月二十八日から文政度再建が始まった。越中からもさらに多くの門徒が奉仕に上京した。

文政十二年（一八二九）「新川郡下半郡詰所分離申上書」（善徳寺史料）では、黒部川東西　惣同行が越中国詰所から分離して下新川郡詰所として分離設立したいと善徳寺・瑞泉寺両御坊に申し上げている。

史料4

善徳寺史料二、古文書（二）一五七番

下新川郡詰所分離再建取持に付申上書

是迄当国三郡一詰ニ而御取持申来候処、今般新川郡之内下半郡相別レ、私共御趣意ニ疎ク罷在候ゆへ執を相改御取持申上奉存候ニ付、乍恐此段御達申上候事

中略

元来新川郡之義ハ如御聞及山を負ひ海ニ逗リ地形幡狭行程ハ廿里余リ大河所々を隔候土地ニ而殊ニ砺波射水之両郡を束候大郡之事一郡之同行さえ御取持之示談行届不候

中略

今般三郡ニ相離レ下新川半郡別詰与相定三郡を去る詰方を狭ク仕又半郡之内ニ而ハ手広ニ参詣人之立入候様ニ仕候

中略

無覆蔵御達申上候此段御憐察之程厚奉願上候以上

（文政十二年）

丑正月　　黒部川西　惣同行

黒部川東　惣同行

両御坊所

御役僧様

下新川郡は遠方であり海山にはさまれ、大河もあり、「今般三郡ニ相離レ下新川郡半郡別詰与相定」として、下新川郡詰所は分離して設立された。この文書が書かれた丑年は、両堂再建や詰所の成立から、文政十二年である。この文政十二年ころから、越中

国の詰所はそれぞれ郡別に分離して設置されていったと思われる。

つまり、文政度再建において「再建発始直命」が発令される前から、越中国の詰所として東六条詰所が設置され、井波御坊、城端御坊、法中や同行が交代制で詰め合った。しばらくは越中国全体の詰所だった。文政九年の「再建発始直命」が発令され、文政度再建が始まり、奉仕に行く人が増えると共に、文政十二年には下新川郡詰所が分離設置された。ほどなく射水郡詰所も分離し、その初見は天保二年（一八三一）正月十五日である。[2] 越中国三郡詰所から下新川郡詰所と射水郡が分離すると、残るは上新川郡と砺波郡だけになる。恐らくそれも別れて砺波郡詰所ができたのであろう。砺波詰所の初見は安政五年（一八五八）十月二十一日であるが、[3] 長助の活動史料からみてもう少し早いと思われる。今後、郡別詰所の記録が出てくることを期待したい。

再建への手伝人夫数は、明治十九年の記録であるが、越中国は全国で尾張に次ぐ。その郡別人数は越中国五三四一人の内、砺波郡三〇七七人、下新川郡七〇〇人、富山組四七七人、射水郡四三四人、魚津（下新川郡）三六九人、上新川郡二八四人である。[4] 砺波郡の人夫は越中国の中で過半数を占めている。おそらくいずれの再建時も同様と思われ、越中国の詰所に詰めていた門徒の多くは砺波郡出身者であった。文政十二年以降郡別に分離していったが、砺波詰所は越中国詰所を引き継いでいったと思われる。

天保六年（一八三五）に両堂が再建された。（文政度再建）

しかし再建から二十三年後の安政五年（一八五八）六月四日、市中の大火（安政大火）で両堂はまたもや全焼してしまった。しかも親鸞聖人六百回忌が三年後に迫っていた。そこで福井御坊造営中の材などを移築し、不足分を寄進で賄うことになった。安政六年（一八五九）二月十一日から始まった両堂の再建は、焼失からわずか二年二か月後の万延元年（一八六〇）八月四日に両堂再建を果たした。（安政度再建）文久元年（一八六一）三月十八日から無事に六百回御遠忌を厳修した。門徒の驚異的な尽力のたまものであろう。

しかし、その堂宇も幕末の動乱期で再建からわずか四年後の元治元年（一八六四）七月二十日に、蛤御門の変で焼失してしまった（元治大火）。天明大火以来七十八年で四回の焼失という悲劇であった。世の中は幕末の混乱期であり、しかも徳川家恩顧の東本願寺は再建が遅れ、世の中が落ち着いてからの明治十三年（一八八〇）からようやく始まり、明治二十八年（一八九五）に再建された（明治度再建）。

二　砺波詰所初代主人　北村長助

(一)　長助　砺波詰所初代主人となる

長助は旧砺波郡小坂村（南砺市福光地域小坂）の六兵衛家（屋号ろくべさ　北村実家《みのる》）の三男として文化六年（一八〇九）に生まれた。[5] 長助は安政度再建時に、砺波詰所初代主人として活躍したと伝えられている。

北村六兵衛家は縁者が何代かにわたり上京していた家であった。この地方は戦前まで十五歳（以下、数え年にて表記）ほどになると、長男以外は奉公に出る人が多かった。おそらく長助も十代後半までには上京した可能性が高い。長助は京都で炭屋に奉公した。いつから上洛したかは分からないが、十五歳なら文政七年（一八二四）、文政度再建の真最中となる。長助が京都で奉公している時、郷里から多くの門徒が再建の奉仕に上京した。福光地域・城端地域を中心とした南砺地方からの門徒が多かったという。門徒たちは郷里出身の親しさから長助を頼ってきた。おそらくは長助が信心深い人であったことや、奉公の炭屋が本山の近くであったのではないかと推察される。次々と上京してくる門徒たちのために長助は意を決し、奉公の職を辞めて詰所の主人となり、生涯独身で奉仕に専念したとされる。東本願寺には長助が亡くなった慶応二年（一八六六）の史料に次のものがある。

史料5

「真宗大谷派（東本願寺）所蔵　御作事日記　第十二冊」

慶応二年三月六日条

書付を以御届奉申上候

越中砺波郡舘村妙教（敬）寺門徒
小坂村
世話方　長助
年五十八才

一、

右之者去ル天保十二丑年ヨリ上京致し御取持申上候処、病気差発ニ付医師相頼□（服）薬仕候得共養生不相叶、昨五日死去仕候段御届奉申上候

以上

慶応二年
寅三月六日

越中砺波詰所
忠兵衛印
詰合惣代
幸蔵印

御作事御役所

この史料によると、長助は三十三歳の天保十二年（一八四一）に取持となっている。取持とは本山の再建作業に従事することを意味する。それまでの越中国の詰所は前述のとおり史料1の善徳寺史料などによると二か月交代で詰番をしていた。天保十二年長助が取持になってから以降、善徳寺史料に寺が詰番に行く記録はない。また、安政度再建時に寺が再び詰番に行く記録もない。それは長助が取持となったからである。長助はこれまでの月ごとに寺や同行が交代する詰番ではなく、主人として詰所に住み込み、奉仕に専念した。

長助は取持になって相前後し、実家から十八歳年下の甥、恒七を呼び寄せ、もとの炭屋奉公の仕事を継がせている。その後長助は仕事の憂いなく、砺波詰所で東本願寺の取持としての道を歩む。その後甥の恒七は名前を常七そして仁十郎と改名し、東本願寺近くの渉成園（枳殻《きこく》邸）のすぐ南、七条内浜で炭屋の店を持った。[6]

天保十二年は、天保六年に両堂が再建されたといえ、その後も諸門や諸堂の再建事業が継続していた。長助が取持ちになったのは、そのような文政度再建事業が継続していた時である。しかしそのさなかに、まさかの安政大火があった。長助はこれまでの再建事業のように寺が詰番をする形に戻さず、詰所の役目を必死に果たし、安政度再建に尽くした。それが長助砺波詰所初代主人といわれるゆえんである。安政大火後に砺波郡頼成から忠兵衛（砺波庄太郎）が奉仕に上京した。

長助の砺波詰所主人としての生活は、「東六条詰所心得」の亭主にのっとったものであったろう。長助の後をついだ砺波庄太郎もまた、それを受け継いでいったものだろう。安政度再建時の砺波詰所は、高辻通新町西入北側にあった。[7]親鸞聖人六百御回忌をめざし安政大火からわずか二年二か月で再建された。この時越中門徒は阿弥陀堂門を寄進している。[8]

『富山県史　現代統計編』によると、全仏教寺院における浄土真宗寺院の割合は大谷派三四%、本願寺派三七%である。そのうち砺波地域でみると、大谷派五八%本願寺派二五%となる。大谷派

は、越中門徒の中でも他郡に比べて砺波郡の割合が高い。砺波郡の門徒の力は大きかったと思える。

安政度再建は急造であったにもかかわらず、現在の両堂に準じた規模であった。全国の門徒が総力あげて成し遂げたことに、東本願寺門徒の信仰心の深さと力を感じる。その一端に砺波詰所があり、長助が奉仕していたのである。

(二) 御直命《ごじきめい》

北村家には長助ゆかりの品として唯一残されているのが、仏壇の奥に大切にしまわれている「御直命」（写真1）である。

史料6

午二月廿一日夜乾刻　於大寝殿

御直命

家中ノ面々役替ノ儀モ七講両同□（堂）へ相談取計ヒ致スヤフニ申付置、猶精勤不出情ノ義ハ見聞次第申出スヤフ萬端勝手向ノ義此度格別厳重ニ取縮リ申付候間、尚不行届ノ処遠慮ナク申出スヤフ、都テ勘定向融通方ノ義ハ一統へ任ス、已后差支ヒナクヤフ執事ノ程厚ク相頼、

右ノ趣ニテハ予カ命スル事トテモ重役共ヨリ頭講ノ者へ内談ノ上ニテ申達スルヤフ兼テ申付置間、是モ相心得置ヤフニ、尚又弥嚮義ノ上報謝ノ実ヨリ□建ノ取持ニ相不替出情ヲ致□、賑々敷明朝ヨリ□致スヤフ相頼事シャ

三月廿六日巳刻

何レモ両堂ノ再建追々果敢取《はかどり》ニ及フ事ハ全ク法徳ノ顕ル事トハ云ナカラ、偏ニ弥陀如来ノ懇情ノ浅カラサルヨリ顕ル処ト深ク満足ス、此上ニモ報謝ノ実ヨリ油断ナク出情ノ執持ヲ致スヤフ、尚亦此度格段省略ノ義命シ及フニ付テハ弥法義相続ノ上ヨリ相不替執持ノ義ヲ相タノム

右両席、格段之事

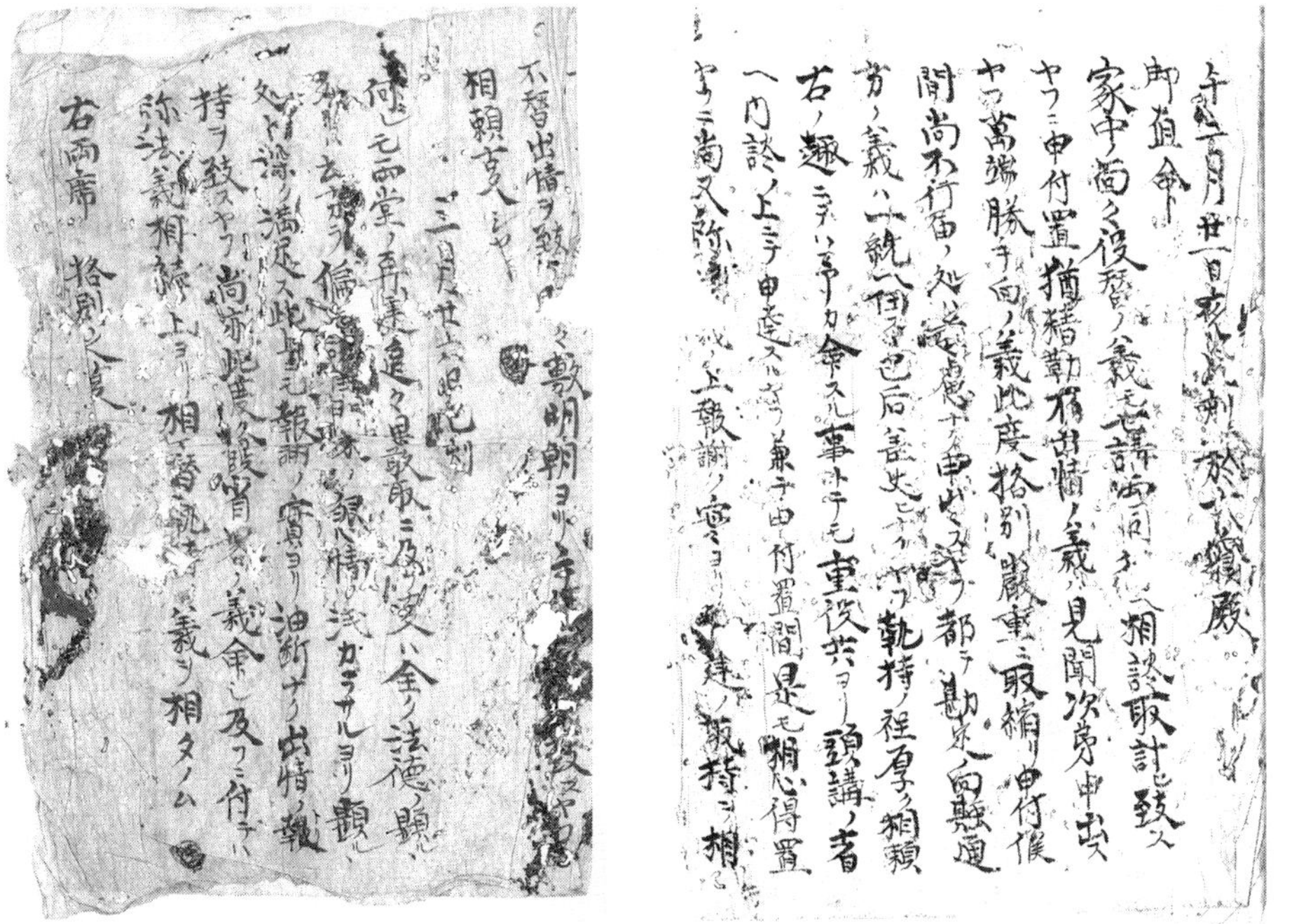

写真1　御直命（北村実家所蔵）

これは門首が門末に大寝殿で発した言葉の筆録で、両堂再建に関したものである。午二月二十一日夜乾刻　於大寝殿での一席と、三月二十六日巳刻での一席である。この史料の最後には「右両席、格段之事」とあり、この直命は特に大切であるとしている。これが書かれた午年であるが、文政度再建をみてみると、天保五年である。内容から両堂の再建がいよいよ大詰めに入ったころである。天保六年に再建されているから、この直命の内容とも一致する。その年、長助は二十六歳である。おそらくすでに上京し奉公しながら、再建へ奉仕もしており、この直命を手にしたと思える。大寝殿で発せられた言葉を誰かが筆録し、筆録されたものが詰所で書写された可能性もある。長助が直接聞いて筆録したか、詰所に流布していたものを手にしたかは分からない。しかし、この筆録を、実家仏壇に大切にしまわれていたことに意義がある。この地方の門徒であったなら、御直命を手にし、長助がいかに感激したか察せられる。この御直命を手にして、後に天保十二年から取持の道へと進んだ、一つの決意が固まったものではなかろうか。長助はこの御直命だけは実家の仏壇に大切において置きたかったのだと思える。

(三)　元治大火と長助の死

安政度再建からわずか四年後の元治元年（一八六四）七月二十日、またもや両堂は兵火で焼失した。四度目の焼失を体験した達如上人は失意の中、慶応元年（一八六五）八六歳で亡くなった。長助もどんな思いであったろう。後を追うように砺波詰所で、慶応二年（一八六六）三月五日五八歳で亡くなった。長助の死についていくつかの記録がある。一つは実家、北村家に残されている長助の法名である。手次寺である、舘の妙敬寺から授けられた法名は釈長證であり、命日の日付、年齢が記されている。また、北村家の家系図、家譜にも同様の記載があり、砺波詰所主人であったとされている。(9)

またこのことは、前述「真宗大谷派（東本願寺）所蔵　御作事日記　第十二冊」慶応二年三月六日条に記載されている。届出は越中砺波詰所忠兵衛と詰所総代幸蔵である。忠兵衛は後に長助の後を継ぎ砺波詰所主人となり、明治度再建に尽くした砺波庄太郎である。しかし長助死去当時はまだ砺波庄太郎を名乗っておらず、詰所の役職もない。長助は「世話方」という役職である。また何よりも、本山にこのような届出を出すこと、また記録されることが、死ぬまで砺波詰所主人であった証である。長助は東本願寺から釈満意という法名が授与された。当時本山から御染筆の法名が授与されることはめずらしく、しかも一般の人には付けがたい法名とされ、(10)長助の本山への奉仕の大きさが窺われる。

(四)　砺波詰所としての長助の供養

砺波詰所では長助を「初代主人」または「先祖」、砺波庄太郎を「中興の祖」と呼び、二人を両祖と呼んで偉業を称えている。(11)砺波庄太郎亡き後、詰番は再び交代制となった。砺波詰所は、長助の死後、明治の激動や明治度再建時の詰所移動、また、戦時中に強制疎開があり、慶応二年に砺波詰所で死去した長助の資料は少ない。しかし、長助のことは何よりも、人々の心に伝えられてきていた。

長助の死後、おそらく供養がなされていたと思うが、移転や疎開などで、戦前のものはほとんど残されていない。その中で、砺波詰所には大正十五年作製の「大法名記」が所蔵されており、筆

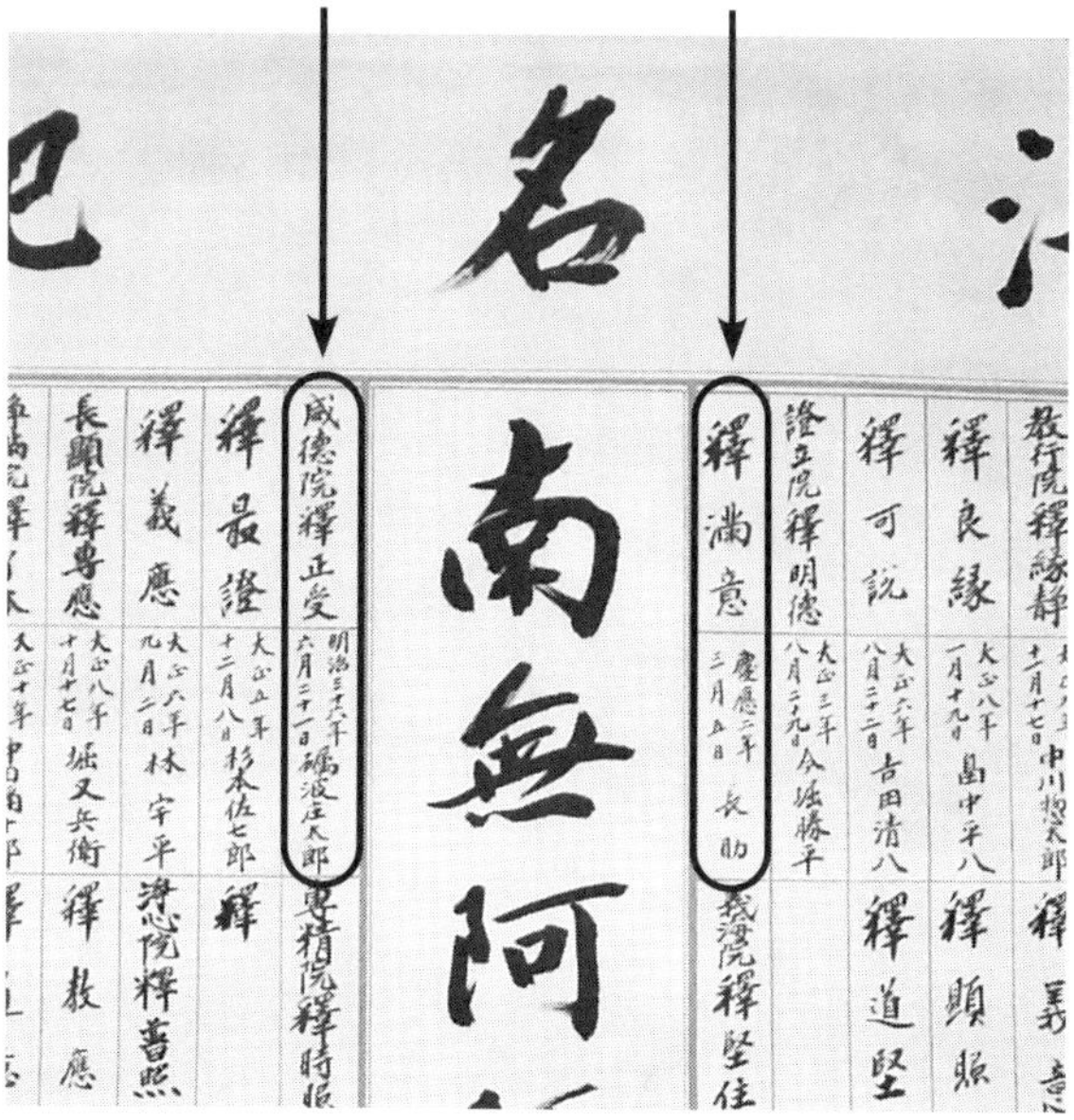

写真3　大法名記（砺波詰所所蔵）

頭に長助の命日と法名「釈満意」と俗名「長助」が記されている（写真3）。

　また、戦後の動乱が落ち着いた昭和二十五年（一九五〇）四月二十四日に、砺波詰所は井波別院瑞泉寺において長助の追善法要を厳修した。[12] また昭和二十八年（一九五三）城端別院善徳寺において永代伺堂経があげられた。[13] これは同年砺波庄太郎五十回忌法要を井波別院瑞泉寺で厳修されたことに合わせて行われたものである。

　さらに昭和四十年（一九六五）には砺波詰所において、長助の百回忌法要が厳修された。このことについては『砺波詰所先祖長助殿　百回忌法要記』（砺波市中野　横山長助記　砺波詰所所蔵）に

写真2　北村長助100回忌法要
昭和40年（北村実家所属）

詳細に記録されている。北村実家にはその時の写真が残されている（写真2）。法要に向けて、当時の砺波詰所ゆかりの大工が二階北側廊下を新築し、二室を改造し、畳の表替えなど諸般の準備がなされている。法要の招待寺院五か寺は佛願寺（砺波詰所の手次寺）、佛願寺伴僧、唯称寺（本山堂衆）東本願寺参拝部から二名の僧侶であった。来賓は生家北村六五郎や砺波詰所近くの知多詰所、砺波詰所顧問の横山和久平で、砺波地方から多くの人々が集まり厳修された。このような丁寧な法要が昭和四十年頃まではおこなわれており、長助もまた人々の心に生きていたのであった。

おわりに

東本願寺は度重なる焼失と再建を繰り返した。再建には砺波門徒のほとばしるような強い奉仕の心があった。その中で砺波詰所は文政度再建時に創設されていった。長助は文政度再建事業継続中の天保十二年に詰所の取持となった。そのさなかに安政大火で両堂が焼失し、安政度再建では砺波詰所の初代主人として再建事業に奉仕した。砺波庄太郎は安政度再建時に上京し、長助亡き後の明治度再建に大活躍をしたことは大須賀秀道著『明治の妙好人　礪波庄太郎』（明治四十二年発行）や、近年の尾田武雄氏らによる復刻で広く知られるようになった。慶応二年に京都の砺波詰所で亡くなった長助はこれまでほとんど知られていない。実家でも謙虚さゆえに家で伝えるだけで決して自ら公表することはなかった。それが砺波地方の、現代まで通ずる真宗門徒の生き方である。

長助は、来年（二〇一五）で亡くなってちょうど一五〇年を迎えようとするが、地元ですらほとんど知られていない。砺波詰所をこのように整え、両堂再建に尽くした長助の事績を記録し、さらなる砺波詰所や砺波門徒の研究が深まることを願う。

本稿を記すにあたり、終始ご指導頂いた佐伯安一先生をはじめ、北村長助実家の北村実様、木場明志先生、城端別院善徳寺様、大村忍様、氷見市名苗織道様に多々ご教示を頂いた。心から御礼を申し上げます。

注

（1）『三河大谷派記録』四八頁　真宗大谷派岡崎教務所　二〇〇八
（2）『氷見市史』6　資料編四　九三二頁　二〇〇〇
（3）真宗大谷派（東本願寺）所蔵『御作事日記』第四冊
（4）真宗大谷派宗務所『真宗本廟（東本願寺）造営史』四三九頁
（5）「越中国砺波郡広瀬舘村小坂北村六兵衛家系図・史料」北村実家所蔵
（6）「明治五年北村仁十郎人別送状・大正十四年手紙（北村菊次郎から北村六兵衛宛）」北村実家所蔵
（7）真宗大谷派（東本願寺）所蔵『御作事日記』第三冊　安政六年七月十三日
（8）真宗大谷派（東本願寺）所蔵『御作事日記』第五冊　安政七年卯月三日条
（9）注（5）に同じ
（10）木場明志先生の御教示による
（11）「礪波詰所先祖長助殿祠堂会執行の件」砺波詰所所蔵　一九五一
（12）北村実家史料　一九五〇
（13）注（11）に同じ

参考文献

大谷大学真宗総合研究所真宗本廟（東本願寺）造営史資料室編『真宗本廟（東本願寺）造営史』東本願寺出版部　二〇一一
福光町史編纂委員会『福光町史』上巻　南砺市　二〇一一

『江戸時代の東本願寺造営』同朋大学仏教文化研究所　二〇〇九
『城端別院　善徳寺史料目録』富山県教育委員会　一九八二

資料2

○東六条詰所心得（『御焼失ニ付御直命等ほか』名苗家文書）

東六条詰所心得

定

一、詰所相開国許ゟ御末寺并同行順番を以相詰御取持奉申上候儀第一、奉休尊慮、尚為御守護与相心得御為筋萬事御損通方之根源ニ奉存度事、

一、公儀御掟之趣能々相心得奉対王法国法ニ疎略無之様、常々相互ニ慎而相守可申事、

一、詰合相互ニ御法義相続専要之御事ニ候、就而ハ佛法之次第非□（儀？）ニ相心得、我執を暮、邪見ヶ間鋪義決而無之様、常々御正意聴聞之心庭互ニ談合可申事、

一、二時勤行不可怠事、
　附勤行之節御手伝人足ニ珠数扇衣ニ而神妙ニ奉拝礼、尤私用ニ決而相止メ壱人茂不可致懈怠事、

一、御佛前香花灯明等参銭を以奉捧候義者相成不申、参銭之分者不残上納仕、御荘厳之儀者詰所用金を以厳重ニ可仕事、

一、詰合之同行毎夜〳〵御法義并被仰出候七ヶ條之趣詰合之寺方より委細ニ承り御法儀与御取持一躰之義忘（マヽ）脚　無之様致度候、依而御法義御物語り之節雑談ハ勿論縦令用談ニ而茂高声ニ不相成様神妙ニ聴聞可致事、

一、三等衆法中同行相詰候儀ハ七ヶ之條目通萬事一致之姿与相成、如水乳相心得、四海兄弟之思より一味之御取持奉申上度、併敬上慈下五常之通、聊以不相背様心得申度事、
　附四郡惣代之外、厚御取持之輩ニ候共詰所ニ止宿致候義堅相成不申候、尤惣代之分定之日限終候得者交代ニ引渡、速ニ可致外宿事、

一、詰所亭主分之儀者万事一分之身ニ引当、何事茂質素倹約越第一ニ相心得可申、併一国之詰所を預、亭主役ニ候得者、萬端ニ付平生心懸宜敷

氷見市史編さん委員会『氷見市史』6　資料編四　民俗、神社・寺院　氷見市　二〇〇〇

取斗可申事、

一、勘定所之義諸上納扣帳送金受納帳諸買入帳諸拂帳萬指引帳惣勘定帳日記与右之通帳相認置厳重ニ相記可申、就夫諸品買入拂方之節万端三等衆中法中相談之上、取斗可申、聊以亭主一己之了簡有之間鋪事、
　附惣勘定者十日廿日晦日与三日ニ致、月々晦日決算帳国元惣会所江差下置申候間、於国中御不審之旨ハ国々会所迄御尋可被下与可申下事、

一、国元江紙面相下シ候節者三惣代篤与致示談三判を相揃可申、尤惣会所ニ相混候得者、寺号を顕シ可申事、

一、詰所諸道具并夜具等少分之物ニ至迄別帳ニ留置当番之亭主是を預り、交代之節者各帳面ニ引合、次番江相渡可申事、
　附り詰所諸道具何ニ不寄私用ニ相用ヒ候義者亭主分たり共一切相成不申候事、

一、惣代御寺方并惣同行詰所用金致借用度、或ハ他借ニ付、詰所之請判相頼候輩有之候共、決而相成不申候事、

一、雖為国元御法中同行御取持茂不申上、私用ニ付詰所ニ逗留不相成事、
　但シ土地不案内ニ而先詰所を相向ヶ上京致候輩ハ其人柄ニ寄、一夜ハ留置宜敷宿指　図致可申事、

一、三度之食事不残信施御用物ニ候得者食事之節食物之善悪、或ハ雑談ヶ間鋪義決而無之様大切ニ相心得、慎而頂戴可致事、

一、多人数寄合之事ニ候得者、宜ニ機嫌相守不和合無之様、睦しく相交、一分之勝手ヶ間鋪儀振舞致間敷事、

一、詰所逗留之間惣而遊奥ヶ間敷儀、或ハ音曲物真似碁将棋高声雑談堅相成不申候、且又念仏行者ニ不似合之物語り致間敷事、

一、詰合人数之儀参詣或ハ私用ニ付何方江罷出候共、亭主江改無之罷出候義可為無用、尤夜行之義者御座参詣之外、堅相成不申候事、
　但シ月々休日ニハ勝手次第ニ候、乍去荒凉ニ相見不申様相心得可申、

其之内不法之者多徘徊致候得者喧嘩口論等仕掛候者茂侭有之候間、
篤与相心得可［　］、

一、御手伝同行多クハ貧窮之者ニ候得者相成丈ヶ雑用相掛不申様可致候、臨時之志并寄進物等荒涼ニ誘引致間鋪事、

一、詰合之内上下を不分、萬一病気重く相成候得者、實々親子兄弟与相心得相互ニ心切ニ宥（マヽ）病致シ可申義者勿論、薬代様之儀茂其振舞ニ寄、詰所より相救ひ申事茂可有之事、

一、詰合之内酒肴を始何ニ不寄無益之費無之様、互ニ相慎可申事、

一、国方之同行与申、致詰合御取持申上度儀相頼共不糺ニ而詰所江入候義堅相成不申事、

但シ御手伝人足之儀ハ慥成証有之候者ニ可限事ニ候得者、何連厳重ニ相糺交代之節ハ詰所之定法篤与為申聞御手伝方可出慎事、

一、火之用心専一之事ニ候得者昼夜申合ニ銘々心を附可申候、尤二階焚出之義者格別心　附可申事、

一、非常之節者被　仰出趣篤与相心得御預ヶ品心附肝要ニ相心得可申事、

一、倘而金銀野菜ニ至迄悉見届無相違上、三等法中同行慥ニ及見聞ニ而請取之表調印相記可申候、若可印ニ而も無之時ハ早速相返シ吟味可有之事、

一、前件之趣急度相心得候上者御手伝方夫々御定之通相心得不惜身命之姿ニ而出精之御取持可申上事、

附御場所ニ於佗之人を見下シ喧嘩口論等聊以無之様急度相心得可申事、

右之條々急度相心得被　仰出候七ヶ之御條目常々不致忘却慎而相守可申候、以上、

月日

右文政九戌年正月廿四日永福寺様ゟ恩借仕写之、

Ⅳ　越中（富山県）の御影巡回　―下新川地方を中心として―

はじめに

東本願寺の寛政度再建が終了した享和元年（一八〇一）三月十五日以降、達如上人は再建事業に特に尽力のあった地域の門徒に、歓喜光院乗如上人の御影を下付された。下付された地域は全国で三六ヵ所とも伝えられている。[1]今も巡回行事を行っている地域は、石川県能登地方の「御崇敬」、滋賀県湖北地方の「乗如さん」「御越年」、富山県下新川地方を中心とした「御影様」、新潟県新井別院を中心とした「墨衣御影巡回」、愛知県三河地方の「御影巡回」などである。御影巡回の先行研究として能登地方は西山郷史氏、湖北地方は蒲池勢至氏、三河地方は安藤弥氏などが発表されている。[2]しかし越中の御影巡回は、全体像がほとんど知られていない。

越中の御影は「越中国門末（ママ）中」宛に下付され、富山県内を巡回してきた。[3]昭和五十年（一九七五）頃までは、県内各地を一年中休みなく巡回していたという。しかし近年地域で休止したり、廃止したりする村が出てきた。筆者の住む富山県砺波市も、長年御影巡回を行っていた。しかし、昭和五十年ごろまでの記録[4]や伝承はあるものの、現在（平成三十年〈二〇一八年〉）は廃止している。今も行われているのは富山県の東部、下新川地方（魚津市・黒部市・入善町・朝日町）であるが、そこでも近年急速に廃止してきている。平成二年（一九九〇）に比べると、現在、魚津市は二六ヵ所から無くなり、黒部市も三五ヵ所が五ヵ所となり、入善町と朝日町は九七ヵ所が六一ヵ所となった。[5]二百年以上の歴史を持ち、富山県全土で多くの人によって行われてきた、真宗の重要な民俗行事である御影巡回が、年々失われていこうとしている。巡回を受け入れていた時期のことを、聞き取りできる最終段階の地域もある。

そのような状況で、本稿ではこれまで明らかにされてこなかった越中の御影巡回を、史資料紹介と、平成三十年に実施した各村での聞き取り調査をもとに、緊急性をもって報告したい。

一　全国各地の御影巡回

御影は全国三六地域に下付されたとも伝えられている。それらの地域の御影は下付された年は同じく享和元年であり、日付が多少違うだけである。御影に書かれた達如上人の讃文も同文であり、裏書もほぼ同じである。能登・三河・尾張・湖北には御書立（御影とともに東本願寺から授与された文書で、法要に際して拝読される）がある。越中には御書立はないが、御影修復後に下付されたと伝える厳如上人消息がある。

能登には羽咋・鹿島郡の門徒中に宛てた乗如上人御影を巡回する「御崇敬」と呼ばれる行事がある。かつては正月を挟んだ二週間に営まれ、乗如上人と共に正月を迎える行事で、宿寺へ大勢が参詣した。また「能登国鳳至郡珠洲郡門徒中」宛の御影もあり、御影巡回もなされていた。湖北は「湖北三郡二十二日講」の保管する御影で、「御越年」と呼ばれる正月を迎える行事と、村々を巡回する「乗如さん」が知られる。北回りと南回りとに分かれて巡回しているが、南回りは一年かけて一一五ヵ所である。三河は「三河国門徒中」宛で、「ゴシンネイサン」と呼ばれ、三河一円を巡回していたという。新井別院を中心とした「墨衣御影巡回」は、二月七日から三月十五日までであったが[6]、現在は一～四月に寺をヤドに新井別院が主催し一日一ヵ所を一五ヵ所巡回している。他にも尾張国の御影が知られる。

これら他地方の御影巡回について全く知らずに、越中の御影は巡回していた。

二　県内の巡回講

富山県内には現在も数多くの巡回講がある。しかし県下全域を一年かけて巡回していたのは、乗如上人の御影を巡回する「御影様」と呼ばれる行事だけである。先行した広域の巡回講として、本願寺派の天和二年（一六八二）頃下付された寂如消息の巡回講があった[7]。射水市・富山市・舟橋村・立山町・上市町の一〇六ヵ所を二月五日から三月中旬にかけ、昭和五十年代後半まで巡回していたという。

大谷派は、井波・城端別院の巡回布教がある。井波別院巡回布教は、明治十二年（一八七九）に本堂・太子堂が焼失してから始まったとされる。一月から三月にかけて、求めにより砺波郡・婦負郡、射水郡、富山市、滑川市、石川県を巡回し、昭和三十年（一九五五）頃は八九ヵ所ほどの巡回地であったが、平成二十三年（二〇一一）は二七ヵ所ほどを巡回している[8]。城端別院巡回布教は明治二十三年（一八九〇）厳如上人の消息が下付されてから始まったとされる。「お講仏様」、「御代様」ともいわれ、歴代影像や蓮如上人影像を砺波郡・射水郡・婦負郡・石川県・岐阜県を六コースに分け、戦前は八百ヵ所ほどの巡回地があったが、平成十年（一九九八）は四三五ヵ所ほどを巡回している[9]。

本願寺派には、高岡市伏木勝興寺の巡回布教がある。始まりは明治以降とされ、昭和三十年頃は、毛織の阿弥陀如来などの法宝物が、六月や十一月に一ヶ月間ほど射水市・氷見市・砺波市などを巡回していた。現在は砺波市の三ヵ所ほどの寺院で行っている[10]。

下新川地方でみると、大谷派御影巡回の興隆の影響を受けて入善町・朝日町の本願寺派寺院が、大正四年（一九一五）に本願寺派二十一代門主明如上人の御影を求め、本願寺派「御影様」の巡回を始めた。七月六日から八月七日にかけて四三ヵ所を巡回していたが、大谷派「御影様」と重なる日が出て、現在日程は短縮している[11]。

三　越中の御影様（御影巡回）

越中の「御影様」は、「越中国門末中」宛であり、昭和五十年頃まで年間を通じて富山県全域の村の個人宅を巡回していた。一日十ヵ所以上を巡回している日があったが、それは広い地区を決められた期間内に巡回するため、日程が詰まっていたからである。

本山は寛政度再建時に、幕府から飛騨国白川村御用林の材木四六七〇本を拝領している。杣人らが深山での伐採、曳き出し、庄川を流下するという、大変な労力を担った。その食糧とする米は、調達を主導した善徳寺へ、越中国中の多くの村々から寄進されている[12]。他国に御影とともに授与されている御書立は「御小屋詰諸国御門徒中」宛である。御影は寛政度再建時、再建事業に上山した僧俗の宿泊所として地域別に設置された「御小屋」（のちの詰所）別に授与されたと考えられている。越中の御影が「越中国門末中」宛なのは、『三河大谷派記録』によると[13]、寛政度再建時、越中の「御小屋」は「越中講中」「越中国会所」と称される越中国全体の「御小屋」しかなく、のちに設置される郡別の「御小屋」

はまだないためでなかろうか。

越中には、能登や湖北のように、正月を御影と迎えるような行事は行っておらず、一年かけて国内を巡回していた。このような御影巡回は地域の真宗寺院の巡回布教に影響を及ぼしたと思われ、明治時代に井波別院・城端別院の巡回布教が行われる一因となったのではなかろうか。

聞き取り調査をした黒部市宇奈月町下立《おりたて》は、黒部川扇状地の扇頂に位置し黒部川左岸の農村集落である。村には曹洞宗寺院があり、真宗寺院はない。村の約八〇%は曹洞宗の檀家である。黒部川を渡るため、左岸の下立と右岸の黒部市宇奈月町愛本に愛本橋が架かる。毎年六月二十一日が「御影様」の法要を勤める日であり、下立は村に巡回してくるいわゆる村お講の「御影様」と、黒部川左岸から右岸へ渡す地域の「御影様渡し（後述）」が行われてきた[14]。筆者は、下立における「御影様」最後の世話役の頭《かしら》であった長谷川久雄氏（一九三三生）から、聞き取りをすることができた。

㈠　巡回法宝物

乗如上人御影一幅（写真1）・乗如上人御裏御作文写一巻・巌如上人消息一巻「(これ以降、「巡回法宝物」と略す)」が巡回している。

乗如上人御裏御作文写　現在の裏書は写しであるが、次のように記されている。

乗如上人御裏写

歓喜光院真影　本願寺前大僧正釋達如上人御判

乗如上人御裏御作文写

天明戊申之春、我本廟罹祝融之災、巍然堂宇忽為烏有、前住上人深悲歎之、興復之企夙夜無忘、衆縁之募旦暮不懈而命也。未幾奄忽化去矣、於是我門末若干追憶其遺思而粉骨砕身盡土木之功、策斧斤之力、僅十有餘季、而殿堂門廡悉復舊観。嗚呼雖是法徳、而亦不人功乎。以是図画前住上人之真容、而以授与于門末某等者也

于時享和元年辛酉四月一日

越中国門末中《(ママ)》

昭和六年（一九三一）ごろは御影巡回について次のように伝えていた。御影を受けたのは大門（射水市）の権四郎で、帰国してからは汝だけでなく他の同行にも拝観させるようにと諭されたという。その後一回巡回したが、信徒の望みから、以来毎年巡回しているという。そのことを魚津町(魚津市)の黒田源太郎(一八七四生）は、昭和六年に書いた『炉辺夜話』の「御影様」で、次のように記している[15]。

伝へ聞く、越中国射水郡大門村の農権四郎なる者、当時本山焼失の報を耳にするや、驚愕措く処を知らず、鍬を畑に棄て、妻子をも顧みずして上洛し、十有余年一意専心、土木の労を勤めたから、彼の奇特な精勤振には誰も感激せぬものとてなかりしに、彼は其竣工に至るも更に帰国の意志なく、目の当り御門跡様の音容に接し、日夜看経の坐席を汚す有難さに、終生本山の労務に奉仕したいと懇請せしかば、法主も其篤信妙行に感ぜられ、前住上人の御真影に親ら御讃を入れて授与し、帰国の上は汝一人のみならず、他の同行にも拝観せしめよと懇論されたので、彼は已むなく之を奉捧して帰国したのが、今の所謂御影様の起源であると云ふことである。それが何時の間にか、自然

に井波別院に保管さることになり、最初第一回は越中国中を巡回して拝観したが、信徒は之を以て満足せず、爾来毎年一回宛巡回さるゝことになった。

また厳如消息下付の由来を次のように伝えている。御影は越中を広く巡回しているために、表装の傷みが激しくなり、弘化四年（一八四七）に本山へ修復を願い出たという(16)。すると、本山では取り扱いを粗末にしていると怒りをかい、渡してはならないとなったという。しかし厳如上人は、傷みの激しいのは越中門徒の信仰心が篤いゆえと修復させ、さらに消息(17)を加えて下付されたと伝えてきた(18)。消息は弘化四年六月三日付で、越中国砺波郡・射水郡・婦負郡・新川郡門末中宛に、御影授与の由来や、退転なく巡回していることなどが書かれている。それから御影は厳如上人の消息と共に巡回している。厳如上人消息は御影の尊厳を更に高めた。

これら巡回法宝物がいつしか井波別院に保管され、昭和五十年頃まで毎年一月二日に井波別院を出て、十二月二十九日に帰った。下新川地方では仏具とともに、「黒フネ」と呼ばれる唐櫃に入れられ、赤い覆いをして巡回している（写真2）。

（二）主催と同行

「御影様」の主催は村の大谷派門徒である。「御影様」は一般の法要ではなく、再建に越中の先祖たちが奉仕したお礼に、乗如上人自らが門徒宅へ回って来られるとされる。御影に付き添うのは同行であり、地域に何人かいて一人で複数の村を担当し、責任を持って法座の指示と懇志の管理をする。順路は決まっているが村の世話役がヤドを決めるので、同行はどの家がヤドか村に行くまで分からず、統一した組織はない。下立では大谷派門徒の手次寺

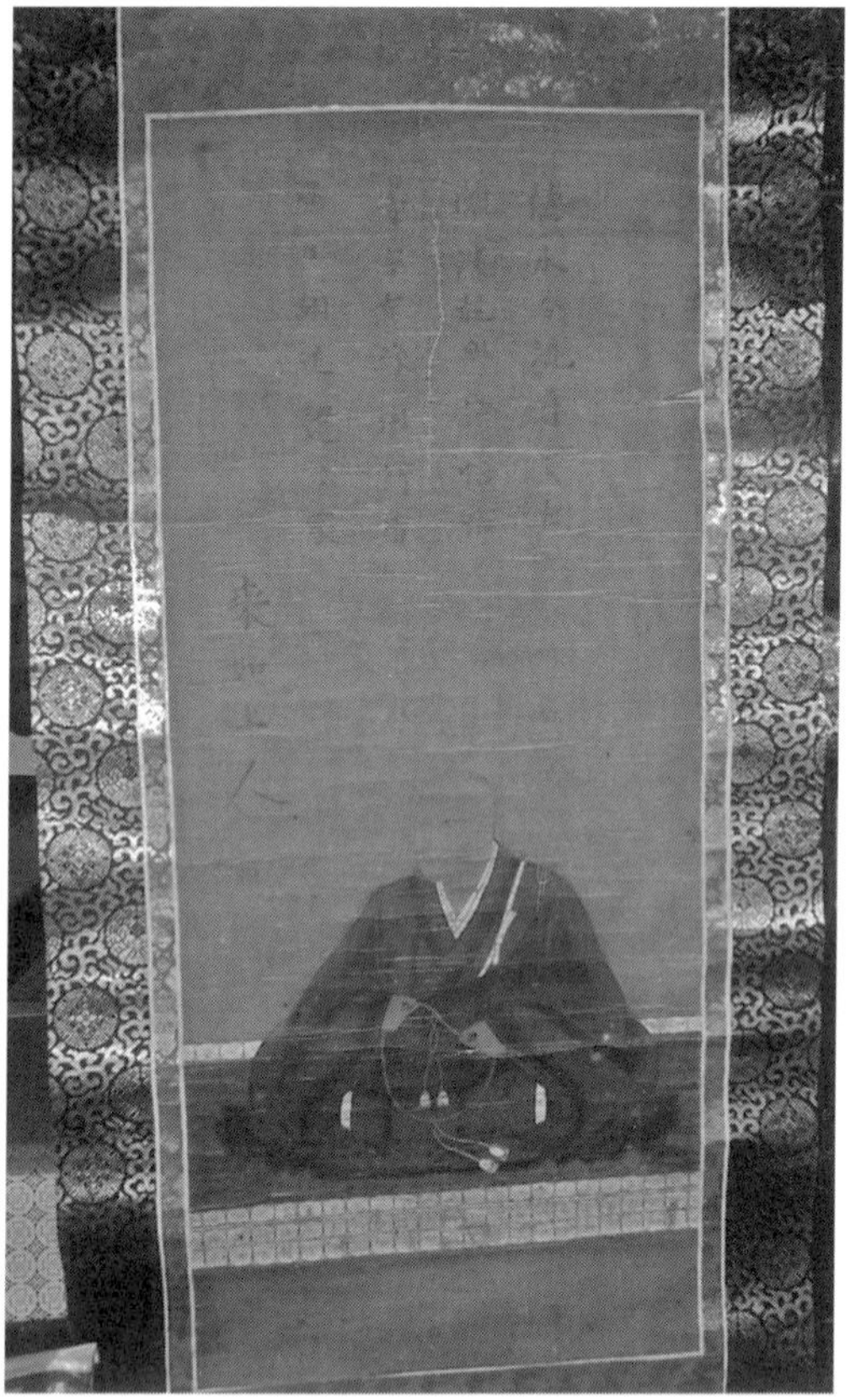

写真１　越中の御影

写真２　巡回法宝物を入れた唐櫃

四ヵ寺の世話役が世話の一環として主催した。

㈢　ヤド

御影は生きた乗如上人そのものであり、ヤドをすることは高貴な歓喜光院を家に迎えることであり、大変名誉なことである。下新川地方では、ヤドは平成十年代（一九九八～二〇〇七）まで個人宅で行われた。新築や慶事[19]があった家で行われたが、それは本山が再建されためでたいことと重なり、それにあやかるためとされた。ヤドでは荘厳に紅白の鏡餅と酒・花などを供えた。下立ではヤドまで「奉迎　歓喜光院御形見御影　真宗大谷派　宇奈月町下立総同行」と書かれた幟旗を三本立て、晴れやかに迎えた。平成十年頃でも曹洞宗の檀家もヤドを望んでしたことがあった。床の間に御影を掛け、右横に「下立六日講会」の厨子を置いた。入善町では昭和四十五年（一九七〇）頃までヤドは地域の旦那衆がしていたが、各家もヤドをしたいので、不公平だと当番制となった。昭和五十年頃まで御影を迎えに行く時、ヤドの主人は紋付・羽織袴、後方に黒フネを担ぐ村人三、四人、道中人として村の代表者、親戚などが紋付・羽織袴で続いた。朝日町羽入《はにゅう》・蛭谷《びるだん》では昭和五十年ごろまでジュンレイマツと呼ぶツガなどの大木を、深山から採取し供えた。ジュンレイマツというのは、採取に行く人が巡礼のように木を探すからではなく、御影が巡回してくるのに供える松ということで付いた言葉である。[20]現在ヤドはほとんどが公民館などとなり、二ヵ所ほどが寺院である。

㈣　法座

法座は村の大谷派門徒が参るが、他宗の人も参る村もある。村の世話役が頼んだ僧侶は、読経のあと御影の讃文、裏書、厳如上人の消息を拝読する（写真3）。消息の拝読は厳如上人の言葉そのものとされる。それから説教（「御影様」の由来、讃文、消息の解説と下付の由来など）がある。鏡餅は法座後、切り揃え参詣者に分けたが、切るのに手間がかかるから、平成十年頃から紅白の丸餅・オケソクになった村が多い。鏡餅を切り分けるのは湖北と共通している。一日に多くの地を巡回するため、基本的に法座は一時間である。次に巡回する村がすでに迎えに来ており、法宝物をすみやかに渡すために、時間的なゆとりがない。

写真3　消息拝読（黒部市願蓮寺）

かつて法座は信仰心に満ちており、昭和六年の魚津町では参詣者が立錐の余地なく集まり、称名念仏の声が耳を劈かんばかりであると、『炉辺夜話』で次のように記している。

偶々去る七月十四日、私の親友で講頭生田豊次郎氏の案内に依り　同じく竹馬の友で　あった講頭鉄田菊次郎氏（魚津町海産商）の御初夜を参詣せしに、香煙立ちこめて名花馥郁たる室内に、二百有餘名の参詣者が、立錐の余地なく門前まで詰め寄せ、彼等の口誦する称名念仏の声は、殆ど耳を劈かんばかりであり、やがて客僧が読経を了へてから、讃文朗読消息披露に次で雄弁に試みた説教には、何れも随喜の涙を流し、渇仰の頭をうな垂れて、蒸し暑い夏の夜の更くるも打ち忘れ、共法悦にひたれる光景は、之こそ実に欣求浄土の表現でなくては何であらうかと、しみじみ感じさせられたのである。

(五) 斎

「御影様」を送り出してから、平成十年頃までヤドでは参った村人や僧侶に料理を振舞った村が多かった。料理は山菜などの煮しめと、刺身、焼魚、トンカツなどの肉類や魚、オセズシ[21]、赤飯など様々である。昭和十五年（一九四〇）頃の下立では、ヤドをした感謝の気持ちから、村人に素麺などを振舞った。僧侶や世話役には、煮しめや刺身などの御膳と酒を振舞った。村人はヤドを祝福した。朝日町宮崎は六月二十七日の「御影様」にオイボ（イシナギ）を釣って供えて食べている。オイボは大きな深海魚で富山湾では宮崎だけで獲れ、漁期が六月十日の解禁から約一ヵ月間であり、高級魚である。「御影様」とオイボの漁期が重なり生活暦に刻まれている。

　これらの料理は所謂精進料理ではなく、祭りや祝いの料理や特別な魚であったりする。「御影様」は法座だが、乗如上人が回って来られるめでたいことなので、食事に規制はないとされる。

(六) 会計

　平成二年頃まで、賽銭を魚津市・黒部市では本山・井波別院・城端別院などへ志納していたようである。その他に僧侶の布施と鏡餅などの供物があり、賽銭で足りない分は寄付でまかなった。下立では平成十年代、同行に三ヵ所への懇志金を一万円余り渡した。「御影様」に合計二万七千円ほどかかったが、下立六日講会が月千円ずつ積み立てた講金全額を経費に充てた。

(七) 日程

「御影様」で記録があるのは「御影様渡し」である。日程は、明治四十二年（一九〇九）の『下新川郡史稿』[22]や昭和六年に記された『炉辺夜話』[23]とも六月二十一日であり、他の市町村史も同様である。廃止となった平成七年（一九九五）まで日程に変動はなかった。つまり、日程は一年という決められた期間に越中国内を巡回するため、巡回が始まった早い時期から固定化していたと思われる。巡回は御影を迎えに行く側に責任があり、送り出してからのことは近在以外知らない。広い地域を巡回する村お講の連合体が越中の「御影様」であり、同行も寺院も全体像を知る人はいない。平成二年ごろは井波別院に『歓喜光院殿御巡化懇志帳』が一六冊保存されていたというが、現在不明であり、昭和五十年頃まで全県下を巡回していたという日程の全容の解明は難しい。下新川地方は、真宗大谷派富山教区の十二組（魚津市・黒部市）、十三組（黒部市・入善町・朝日町）にあたる。現在も十三組は「御影様」の講金を、本山と富山別院へ志納している。十三組は西組・中組・東組の小組に分かれており、その小組ごとに一括して志納金を納めている。そのため、本山も富山別院も志納金から巡回地域の把握は難しい。

　そんな中で岡崎京子氏は、平成三年（一九九一）に提出した、富山大学大学院人文科学研究科の修士論文『真宗の遊行仏―富山県の歓喜光院「御影様渡し」を中心にして―』で、井波別院の『歓喜光院殿御巡化懇志帳』の分析により、昭和五十年頃までの巡回の概要を明らかにしている。各月の巡回地域は次の通りである。

　一月　井波別院附近

二月　旧井波町（南砺市）・旧庄川町（砺波市）
三月　旧砺波市（砺波市）
四月　休み
五月　富山市
六月　滑川市・魚津市・黒部市・旧宇奈月町（黒部市）
六月二十一日から　入善町・朝日町
七月八日から　黒部市・魚津市・滑川市
八月　旧新湊市（射水市）
九月から十一月　氷見市　など

岡崎氏は平成二年の巡回に、ほぼ全日程ついてまわった。[24] 十三組については、朝日町泊の常光寺による平成十年の『御影様（十三組）地区巡回日程表』に詳しい記録がある。

昭和五十年頃から、富山県西部は井波別院の特命住職任命に伴う問題で、巡回を休止した。そのため平成二年の巡回は富山市田中町と、十二組、十三組のみとなった。氷見市は昭和六十年（一九八五）には休止しているという。[25] 現在巡回法宝物は魚津市託法寺の預かりであり、『平成30年度　御影様巡回』の記録がある。現在は過疎化がすすみ、複数の村がヤドを交代にしたり、主催が公民館、町内会、老人会、有志となった村がある。巡回日時が固定しているため土日に関係がなく、仕事上、世話や参りが難しくなった村もある。下立では「御影様渡し」の日に愛本姫社祭りが行われてきた。昭和六十三年（一九八八）から祭りを商工会が盛り上げてきた。その後、ヤドも平成十六年（二〇〇四）まで個人宅でしていたが、その後公民館で行った。人々の関心も祭りに移っていった。このような現状から平成二十一年（二〇〇九）で、下立の「御影様」を廃止した。

四　御影様渡し

「御影様」で特徴的なのが「御影様渡し」で、下立の愛本橋で御影が黒部川左岸から右岸へ無事渡られるよう念願する行事である。「御影様」は、本来は村お講の連合体であるが、「御影様渡し」は十二組から十三組へという地域の真宗行事である。黒部川は暴れ川で幾度となく洪水をおこした。橋のふもとの下立一区には大谷派の家がなく、橋に一番近い本願寺派の橋爪芳雄家が常ヤドを提供した。六月二十一日午後、御影は橋爪家で右岸から迎えに来るのを待ち休憩された。下立には御影の無事を念願する人々が大勢集まった。下立での世話は一切大谷派門徒が行なった。橋爪家での世話は一切大谷派門徒が行なった。

明治時代の「御影様渡し」について、明治四十二年『下新川郡史稿』には「御影様の送迎」として次のように記している。

此に黒部両岸附近の真宗大谷派檀徒によりて行はるゝ特殊の風俗あり、門跡乗如の影像を、六月二十一日黒部の上流、愛本橋に送迎するの式なり、此日は遠近の老若男女、此の盛儀を見んとて附近に集り、送迎の同行衆は双方共に行列して愛本橋畔に至り、影像の授与をなし式を終り、受くるものは恭しく供奉して帰り、年々当番を立て信者に参拝せしむるなり。

また黒田は昭和六年の様子を、『炉辺夜話』で次のように記している。

毎年六月二十一日午後五時―六時、下新川郡黒部川の上流、所謂黒部峡谷の入口なる愛本橋で、内山村から舟見方面、即ち川の西から東への渡御の場面を概説しやう。当日愛本橋を中心に、東西南北凡そ三四里の老若男女が、其送迎の為めに寄り来るもの無慮一万、男も女も仮令一肩なりとも唐櫃を御担ひ申上げたいと、肩代《かたかはり》を競ふさま、又仮令一歩なりとも御伴させて戴きたいと、付き随ふ熱誠さ、其行列半里に及び、中には七十の老爺が『今年で五十度御荷ひ申した』と喜んで居るものさいあった。

このように「御影様渡し」は遅くとも明治中期以前から行われ、御影の無事を願う近在では最大の行事であった。いわゆる「御影様」といえば、この「御影様渡し」のことを示すことも多い。とりわけ唐櫃を担うことに熱烈な思いがあった。昭和六年頃は一万人もの人が集まり、御影の唐櫃を担ぎたいと行列が半里に及んだという。この唐櫃を担うことは大変あらたかなことであり、御利益があるという。多くの人出で賑わい、狭い道に出店が並んだ。下立の近村では、戦前まで学校は半ドンだった。多くの人出の中で嫁探しもした。また晩は、性の解放日で若い男女の自由恋愛が許されたという。(26) このように長年賑わった「御影様渡し」であったが、昭和四十四年（一九六九）に黒部川の洪水により橋爪家が被害を受けて移転した。その後、「御影様渡し」は平成七年でなくなった。

入善町芦崎は黒部川右岸の河口で、海岸沿いの村である。七月八日に御影を芦崎から左岸の黒部市荒俣へ渡す送迎の行事が行われる。下立と同様に御影が無事に渡られるよう願い、左岸の出迎えを受けて御影を盛大に送った。ヤドは、大谷派の個人宅から、現在は本願寺派の宗円寺に変更されている。宗円寺は大谷派門徒が来て執り行なうので、ヤドを提供しているだけである。このことも下立の橋爪家と通ずる。多くの人で賑わったことや半ドンだったのも下立と同様である。このようにかつては川を渡る時、橋がなかったり、暴れ川であったりして、黒部川はもちろん、小河川であっても送迎に無事を願う行事があったという。

戦前の下立で半ドンであった日は、村社である下立神社の春秋の祭りと、「御影様渡し」の時だけであった。しかも下立は曹洞宗の檀家が圧倒的に多い。その村が半ドンだったのは、「御影様渡し」が地域の大きな行事だったからだろう。芦崎の半ドンも同様である。

このように「御影様渡し」は、宗派を超えた地域の行事として行われてきた。

おわりに

「御影様」については幾つかのことが明らかになった。御影には厳如上人の消息が下付され、巡回法宝物となっている。御影が「越中国門末中」宛であるため、昭和五十年ごろまでは越中全土を一年かけて村の個人宅を巡回していた。広い地域を巡回するため、日程が百年以上前から固定している。主催が村ごとに任されており、全体的に統一した組織がない。そのため村の年中行事に組み込まれ、真宗の行事でありながら荘厳や斎などに各地区で特色ある「御影様」を行ってきている。迎える人々にとって御影は、乗如上人その人であり尊厳がある。最大の行事であった「御影様渡し」の記録からは、人々の熱烈な思いがあったことが伝わった。

本稿では近年急速に廃止されてきている「御影様」について、平成三十年時点の現状を報告した。「御影様」の民俗性については今後の課題としたい。これから越中の御影巡回ならびに、全国における御影巡回の研究に活用されることを望む。

注

（1）「歓喜光院御影の下付と御影巡回」『真宗本廟（東本願寺）造営史』真宗大谷派出版部（東本願寺出版部）、二〇一一年、二二四頁。

（2）西山郷史「能登の御影巡回」『蓮如と真宗行事』木耳社、一九九〇年、九一～一一四頁。蒲池勢至「真宗民俗論の方法論的枠組み―御影巡回の民俗を通して―」『宗教民俗研究』第一七号、日本宗教民俗学会、二〇〇七年、九五～一一四頁。安藤弥「近世真宗門徒の信仰・組織・運動―東本願寺寛政度再建と三河門徒―」『同朋大学論叢』第九四号、同朋学会、二〇一〇年、一〇七～一三〇頁。

（3）蒲池勢至「城端別院巡回布教」『真宗民俗の再発見』、法蔵館、二〇〇一年、五三頁。

（4）松崎憲三「真宗地帯における遊行仏の研究」『巡りのフォークロア』名著出版、一九八五年、一四九頁。

（5）平成二年は後述、岡崎京子論文による。平成三十年は『平成30年度　御影様巡回』記録による。

（6）「春夏秋冬」『同朋新聞』第二〇八号、一九七五年三月。

（7）「本願寺派歴代消息」『真宗史料集成』第六巻、同朋舎、一九八三年、四六～四七頁。富山別院開創百周年記念出版『越中念仏者の歩み』編集委員会編『越中念仏者の歩み―講の成立と変遷―』永田文昌堂、一九八四年、一〇七～一一五頁。

（8）『井波町史』井波町、一九七〇年、七二一～七二二頁。松金直美「井波瑞泉寺・城端善徳寺における太子伝会・虫干法会と巡回布教」『福光町史』上巻、二〇一一年、四八四～四八五頁。

（9）木場明志「法宝物巡回布教」『城端別院　善徳寺史』城端別院善徳寺、一九九九年、一五〇～一七八頁。

（10）父親が巡回布教僧をしていた高岡市伏木の入報寺住職、幸塚憲昭氏による。

（11）入善町史編さん室『入善町史』通史編、一九九〇年、六七〇頁。奥田淳爾「黒東地方における真宗講について」『黒部川扇状地』三二号、二〇〇七年、一〇～二三頁。

（12）『越中東方触頭寺院　善徳寺歴史資料調査報告書』南砺市教育委員会、二〇〇八年、一五頁。

（13）『三河大谷派記録』真宗大谷派岡崎教区教化委員会編、二〇〇七年、四五～四六頁。

（14）拙稿「御影様迎え」『下立民俗誌』富山民俗の会、二〇一八年、三九～四二頁。

（15）黒田源太郎「御影様」『炉辺夜話』自刊、一九三三年、三三一～三三七頁。

（16）注（1）同掲本二二三頁によると、三河も同様に御影が傷み、文政四年（一八二一）本山に修復を願っている。

（17）「厳如集」『真宗史料集成』第六巻、同朋舎、一九八三年、五九七～五九八頁。

（18）黒部市生地の願楽寺記録や願生寺記録、魚津市経田の常願寺前住職、波房《なみふさ》恵潤《えじゅん》氏（一九三二生）談など。

（19）慶事は結婚、五十回忌、新しい仏壇を求めたことなど。

（20）森俊「植物を求める旅―富山県朝日町蛭谷におけるジュンレイマツ・ダツ採取習俗」『高志路』三四六号、二〇〇二年。「続・植物を求める旅―富山県下新川郡朝日町羽入のジュンレイマツ・オウレン採取習俗」『高志路』三八九号、二〇一三年。

（21）オセズシは下新川地方の祝い料理。鯖など魚を焼いた身をほぐして入れる寿司。

（22）下新川郡役所編刊「御影様の送迎」『下新川郡史稿』一九〇一

年、四二七頁。

(23)「御影様迎え」『下立村史』下立地区自治振興会 二〇〇四年、二八五～二八六頁。「年中行事の今昔」『宇奈月町史』宇奈月町役場、一九六九年、八四三～八四六頁。など。

(24)岡崎京子氏による平成二年の巡回日程・太字は『平成30年度御影様巡回』による。

2・25 福野町（南砺市）高儀
3・18 井波町（南砺市）院瀬見
5・24 **富山市田中町**（6月中旬 滑川市預かり）
6・13 魚津市町三ケ・新町
14 住吉（角川谷組）
15 室田（角川谷組 池谷・北山・出・湯上・宮津・金山谷・室田）
16 石垣（野方組 石垣新・印田・大海寺新・石垣・大海寺野・友道）
17 東蔵（片貝組 島尻・平沢・横枕・袋・貝田新・道坂・東条・東蔵）・六郎丸（片貝組）・天神野新・蛇田
18 日尾・長引野・黒沢
19 黒部市池尻（池尻・笠破との輪番）・内生谷・尾山・中陣・山田・前沢
20 布施山・十二貫野・山田新・荻生
21 **若栗**・**栃屋**・**浦山**・下立（御影様）・内山・下立（御影様渡し13組へ）愛本・愛本新・入善町墓の木・舟見
22 愛本新・**小森水**・**愛場**・**西中村**・**下山**・**中沢**・**朝日町野中**・**下山新**・高橋・**下野**
23 **大家庄**・**金山**・**三枚橋**・**窪田**・**舟川新**・**草野**・**月山**
24 **殿町**・横水・横道・**藤塚**・**入善町下今江**・**古林**・**上今江**・**朝日町山崎新**・**細野**
25 **花房**・**小在地**・**越**・**坊**・**山崎辻**・**羽入**・**蛭谷**
26 谷・高畠・長野・池谷・笹川
27 **境**・**宮崎**（オイボを食べる）
28 上横尾・大屋・大屋（有磯苑）・**東草野**・**清水町**・泊（常光寺）
29 **沼保**・**小更**・**越**・**竹ノ内**
30 **荒川**・道下・**平柳**・**町南保**・桜町・赤川
7・1 入善町古黒部・**藤原**・**春日**
2 **荒又**・**小杉**・青島
3 **椚山**・**田ノ又**・**八幡**
4 **五十里**・**巴町**・**西町**
5 寺田町・上田・神林・**新屋**・**島**・**浦山新**・小摺戸
6 若栗新・一宿、舟掘・福島・福島新・青木上村
7 青木中南・青木中南・**上飯野新**・**東狐**・**青木下村**・**目川**・**道市**・**吉原**・**木根**
8 神子沢・**下飯野新**・下飯野・**芦崎**（12組へ）**黒部市荒俣**
9 吉田・出島・六天・飯沢・生地①
10 生地②・生地③
11 生地④・生地⑤・中新・掘切新・天神新・三日市
12 牧野・田家・石田
13 魚津市木下新（同行交代）・江口・吉島・経田
14 村木・諏訪町
15 南町（同行交代）
16 枡田・下椿・有山・浅生・吉野
17 川原・川縁 託法寺にて預かり 本来滑川市へ

(25)岡崎による、昭和五十七年の氷見市の巡回順路 三二ヵ所。
磯部→一刎→上久津呂→神代→飯久保→総領→鞍骨→仏生寺

（大覚口、寺中、大窪）↓仏生寺（上中）↓仏生寺（古池）↓鉾根↓触坂↓桑ノ院↓赤毛↓土倉↓坪池↓棚懸↓一ノ島↓岩ヶ瀬↓竹輪↓葛葉↓小久米↓日詰↓日名田↓田江↓早借↓新保↓谷屋↓寺尾↓懸札↓吉懸↓味川

(26) 長津蔦尾「今日は御影様」『ある山男の話』一九六六年、自刊。

【付記】

本稿作成にあたり、黒部市宇奈月町下立の長谷川久雄様、黒部市の岡崎京子様、黒部市宇奈月町浦山の願蓮寺様、朝日町泊の常光寺様、黒部市生地の願生寺様にお世話になりました。心より御礼を申し上げます。

（『宗教民俗研究』第二九号　日本宗教民俗学会　二〇一九年三月）

Ⅴ　刀利村　下小屋の信仰生活

はじめに

富山県の南西に位置する旧福光町（現南砺市）には、石川県境の大門山から富山湾へと注ぐ小矢部川が流れている。町部から十数km上流の最奥村であった旧刀利村（図1）は、川沿いの谷間に、約四kmごとに点在していた五つの小村からなる。各小村の戸数は十戸前後であり、全体で約五〇戸の規模である。刀利村には蓮如上人が巡錫されたと伝えられ、全戸真宗大谷派門徒である。刀利ダム建設にともない、昭和三十六年（一九六一）に下刀利・上刀利・滝谷が解村した。最奥部の下小屋は、町へ出る中継地を失い、昭和四十一年（一九六六）十月二十八日に離村した。昭和四十五年（一九七〇）には中河内も離村し、刀利村はすべてなくなった。

この刀利村から明治十五年（一八八二）二月、上刀利にある白山社の欅の巨木が東本願寺を再建する用材として献木された。[1] 欅は白山社から小矢部川対岸の横谷村境まで曳き上げたのだが、難事であった。機械のない時代、厳冬期に刀利村を中心に、信心一

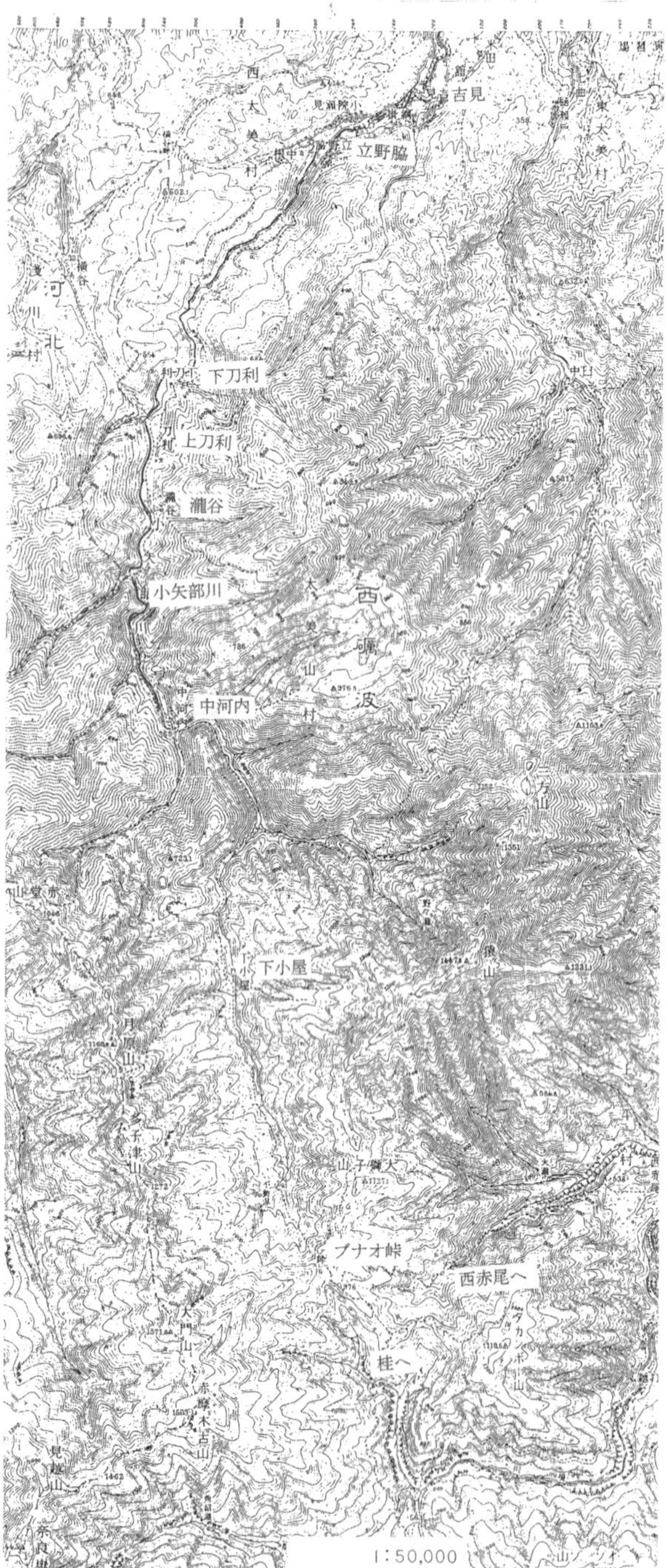

図1　刀利村　昭和5年測図

つで団結し、人力だけで木は曳かれた。

刀利村でなぜそのような難作業を成し遂げることができたのだろうか。当時その根本となった人々の信仰心、そして信仰生活はどのようなものだったのだろうか。蓮如巡錫以来の信仰や、信仰のよりどころとした御書の法座など、昭和三十年代の離村まで刀利村の小村で行われていた真宗行事を基に、人々の信仰生活を記録し、献木をなしえた当時の、心の原動力に触れたいと思う。

本稿では刀利村の中でも最上流であった下小屋の信仰生活を、下小屋出身で現南砺市（旧福光町）田中に在住の宇野秀夫氏（昭和二年生）（写真1）から、平成二十四年（二〇一二）七月と、平成二十九年（二〇一七）十一月に聞き取りしたことを中心に記録する。

写真1　話者　宇野秀夫さん

一　下小屋

標高約五五〇mに位置する下小屋は、刀利村でも最奥の小村で、下刀利から十数キロ、隣村中河内からも六km、町部からは約三〇km離れており、隔絶した山村であった（写真2）。明治初年には十四戸であり[2]、大正期に北海道移住により十一戸となり、昭和初期は九戸、離村時は六戸だった。峡谷の小村のため、江戸期より戸数の増加はなかった。離村後の移住先は、金沢六戸、福光三戸である。冬は三m以上の雪が積もり、五月はじめが雪解けだった。生業は夏の炭焼きで、米の不足はナギ（焼畑）で雑穀や豆を作り、食を補給した。昭和に入ると大門山登山の民宿経営もした。山には山菜や栗などが多く、自然からの恵みは豊かだった。町から離れた山峡であり、自給自足に近い生活を送っていた。

村人は、全てのことに協力して生活してきた。例えば、電気は金沢から上刀利を経由して、昭和二十三年（一九四八）に中河内まで通じた。下小屋には電気が通じていなかったので、昭和三十年（一九五五）に村人の谷口氏が、持ち山の杉を売却して、山の谷水を利用し、自家発電で村に電気を通した。その機械、電柱、電線も谷口氏が村のために奉仕した。

このような協力しあう村人の心を繋ぐのが真宗の教えだった。

写真2　下小屋の集落（昭和30年代後半）

二　蓮如上人の巡錫

文明年間に蓮如上人が福光地方に巡錫された折、綱掛から刀利村に入られ、下小屋からブナオ峠を通り、桂（旧上平村）へ向かわれたと伝わっている[3]。上刀利、滝谷、中河内には道場が建てられ、上刀利、滝谷には道場跡に「ジョウジャ」という地名が残った[4]。中河内には離村まで念仏道場があった。

また次のような伝承もある。蓮如上人は中河内で泊まられた後、越中、加賀、飛騨の国境に近くにあった下小屋の砦の武士であったといわれている宇野三右衛門家で休まれ、桂へと向かわれたと

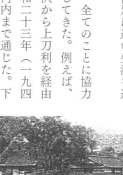

いう。下小屋から桂へは今の県道ではなく、小矢部川沿いに尾根道を通り、約五km先のブナオ峠に着き、右に分かれてからさらに三kmの道程だった。ブナオ峠から桂までは下りで深い谷が多く、道が険しい。アカマッコ（赤摩木古）谷、カイヅ（開津）谷や枝谷をいくつも通り貫け、ようやく桂に着いた。当時の道は「桂へ行く道」といい、幅一mもない狭い道だったが、昭和初期になくなってしまったという。下小屋近くの山道は、どこでも水が出るたびに石が流れ出て、道を常に直さないと通れない。蓮如上人が来られた時のことを、宇野さんの親たちは、次のように伝えていた。

　村人総出で持てる鎌や鍬を持ち寄り、道の草を刈り、近くから石を運び、道に並べて平らにし、坂には石で段を作ったという。小さな谷水や川は荒れているので、簡易の橋を掛けたという。なるべく歩きやすいように直し、来られるという三日前からお待ちしていたという。下小屋へ来られて休まれた後、中河内から二名、下小屋から二名が随行し、桂までの二里の道をお連れしたという。ブナオ峠から途中のカイヅ谷では、橋が流されており、浅瀬を見つけて渡ったという。深い山道なので、お連れする人、道を修復する人がいないと、狭く荒れた道を歩くのは難しいという。桂からも山田家[5]を中心に村人が迎えに来たという。

　宇野秀夫家には、蓮如上人筆と伝える六字名号がある（写真3）。これは、初代宇野甚三郎（甚佐）（一八〇九～八九）が宇野三右衛門家に養子に入り、分家する時にもらった名号である。その名号は、蓮如上人が宇野三右衛門家で休まれた時に書かれたと伝える。甚三郎の妻きよは文化十四年（一八一七）四月十日生まれで、当時は一般的に数え十七歳ごろ結婚したと考えるならば、それと同時に分家したとすると、天保四年（一八三三）ころもらったのだろう。なお、この名号はそれまで本家宇野三右衛門家の本尊だった。この名号は、二〇一七年十月草野顕之氏の鑑定により、蓮如上人筆と判断された。

　かつて金沢の慶恩寺住職は、代々蓮如上人の足跡をたどりたいと、毎年夏に金沢から上刀利を通り、下小屋から桂、そして飛騨国の加須良へと向かったという[6]。その時は宇野三右衛門家で休んだ[7]。慶恩寺でも、下小屋から桂へと蓮如上人が巡錫されたと伝えている。

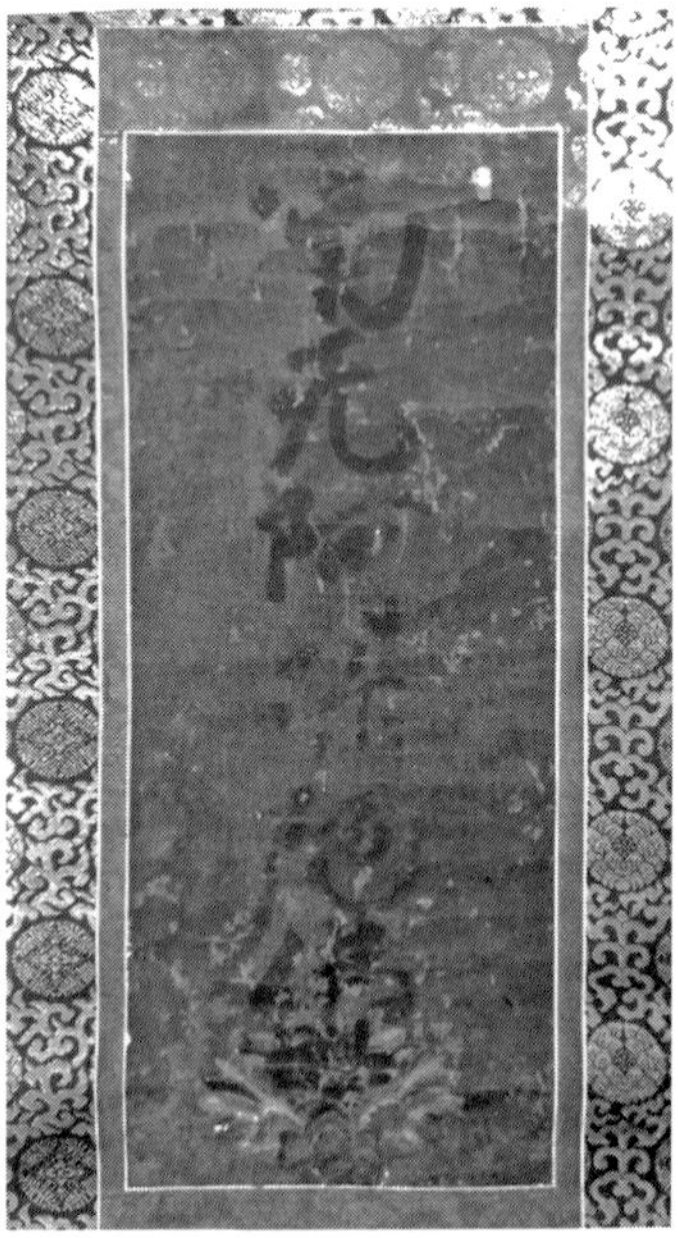

写真3　蓮如上人筆六字名号
宇野秀夫家蔵

三　下小屋の法宝物

(一)　御書《ごしょ》

下小屋は小村ながら、同村講中宛の御書が授与されている。文政九年（一八二六）九月二十五日付の達如上人御書（写真4）と御書免許添状（写真5）が伝わる。御書を村人は「御書様」とか「御伝鈔」と呼んでいた。

　刀利村の各小村には次の日付の御書が伝わる。

・下刀利　文政六年（一八二三）十二月求めた。刀利三カ村（下刀利・上刀利・滝谷）一如上人（高岡開正寺からか）の

写真４　下小屋の御書

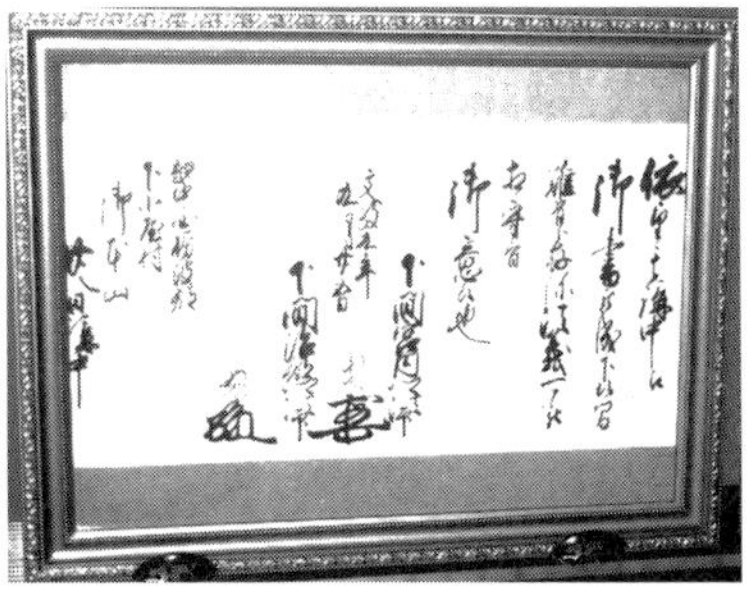

写真５　御書免許添状

御書ともいう。

・上刀利　文政八年（一八二五）四月二十一日
・滝谷　文政八年二月二十一日
・中河内　文政九年（一八二六）十一月二十二日（焼失後筑後国上野町調正寺のから買い受けか不明）中河内は江戸期念仏道場が火災で御書焼失後、求めたとも伝える。

下刀利は文政六年、滝谷、上刀利は文政八年に求めており、下小屋は翌年の文政九年九月二十五日である。これは文政六年十一月の本山焼失後、文政九年十月二十日の「再建発始」に向けて刀利谷の人々が取り持ちをされて頂いた御書と考えられる。下刀利、上刀利、滝谷、下小屋各村が、再建発示の前に御書を求め、授与されており、刀利村の人々の再建への思いが伝わる。消失した中河内の御書も、このころ求めていたと思われる。「富山県高岡教区御消息調査結果　一覧表[8]」によると達如上人が一番多く、しかも砺波郡に多い。ただしこの中に、上刀利宛の御書は刀利として記されているが、下小屋、中河内、瀧谷、下刀利、刀利三ケ村宛の御書は含まれていない。刀利に寺院がなく離村していたためであろう。

御書は次の通りである。

抑、世々の先徳相承血脈する本廟相続の本意といふは

（中略）

あなかしこあなかしこ

文政九年九月廿五日　釈　達如（花押）

越中国砺波郡
下小屋村
本山廿八日講中

添状は次の通りである。

依望其講中江、御書被成下候間、
難有被存、弥法義可被相守旨
御意候也

下間宮内卿法印
頼敏（花押）
文政九年

九月廿五日
下間治部卿法印
頼弼（花押）

越中国砺波郡
下小屋村
御本山
廿八日講中

(二)　大谷派本願寺歴代法主御肖像

下小屋の村人は「刀利三ヶ村（下刀利・上刀利・滝谷）には僧侶が来られる。中河内には念仏道場がある。下小屋にも、もっと仏法の拠りどころが欲しい」というかねてからの願いがあった。明治初期に下小屋近くの倉谷鉱山が賑わったころ、下小屋の谷口家は物資の調達で財をなした。谷口家は私財で明治三十一年（一八九八）、東本願寺版権所から刊行された現如上人筆の、大谷派本願寺歴代法主御肖像（写真6）の軸装を求め、村に寄贈した。それ以後、村では御書のお講に際して披露してきた。

写真6
大谷派本願寺歴代法主御肖像

(三)　御神体

下小屋にある神明社の御神体は勢至菩薩と伝えている。また中河内が阿弥陀如来、下刀利は薬師如来と伝えている。廃仏毀釈の影響は及ばなかったらしい。それぞれ春秋に祭りをしてきたが、古老（中河内の橋場家など）は、「南無阿弥陀仏」と念仏を唱え、参っていた。離村時には、御神体であり、また仏様であるため白木綿でぐるぐるに巻き、敬って背に担いで道まで下ろし、それから宮司の境内である城端北野天満宮へ移された。

四　離村前の法座

(一)　お講様

昭和になると村は九戸だったが、お講のヤドをするのは宇野伊間（秀夫　父）家（写真7）、山村市三家、宇野吉久家、常義家、谷口久孝家の五戸だった。ヤドの順番はないが、交代して行なった。ヤドを決めるのは戸主で、「今度、おらとこ（自分の家）さして下

写真7　下小屋の宇野秀夫家

さい」といって決まった。昭和三十年代になると離村する人がでてきて、お講が執り行われたのは、昭和三十年代後半までである。お講は、約二〇㎞下流の吉見にある教証寺の中島浄専師・実証師の親子二代を迎え、春・秋の二回行われてきた。

春は四月の終わりごろから五月初めごろ、雪がようやく融けて歩けるようになると、中島師が城端別院の巡回布教の宝物を背に担ぎ、中河内での法座の翌日に来られた。昭和三十年代からは井波別院の法宝物も巡回布教があった。在家の同行が随行として三人ほどついて来て、雪崩にあわないよう山の峰を一足ずつ先に歩いた。巡回布教には、基本的に同行（随行）と呼ばれる在家の村人が、次の村まで僧侶と共に行く。これを「村おくり」といった。法座の夜になると、村の中央部にあった宇野吉久家では、納屋に吊るしてあった二mほどの大太鼓を「ドーン、ドーン、ドーン」と三回叩いた。この叩き方は祭りに神主が来村した時と同じである。各家では夕飯を食べ終えると、囲炉裏の火を消して水を掛け割れ鍋をかむせ、村民全員がヤドの家に参りに来た。この様子を昔から「猫と犬以外皆参る」といった。近くに住んでいても普段、日中は早朝から山へ炭焼きなどに出かけており、久しぶりに会うので嬉しかったが、私語は古老が厳格にいさめた。

お講様に参るとき、戸主は全員肩衣を着ていた。ヤドの入り口で手をつき、ツクボウテ（ひざまずき）「こんのしょう（ここの衆、ここのご家族様の意）、今晩ゴッツォさまです。」とか、「お座をして頂き、有難うございます。」とか挨拶してヤドへ入った。

宇野家の場合、奥座敷の右に仏壇があり、床に御書専用の経台に御書を置き、書院に向かって右に城端別院からの法宝物を掛け、左に谷口家から寄贈された大谷派本願寺歴代法主御肖像を掛けた。床の間には、名号や観音様、天女の絵などの掛軸を掛けた。

法座は、中島師がまず仏壇に向かいお経をあげ、次に書院に向かって拝みながら御書を拝読する。御書が長文であることもあり、小一時間かかる。それから中島師の説教がある。ここまでが御書の法座である。ここで一度賽銭を集める。御書の法座が終わってから、城端別院の巡回布教の法座として、万人講[9]と祠堂経を申し込みながら、納金する。書いた帳面を仏壇の前に置き、お経があがる。そして二度目の賽銭を集める。城端別院の万人講と祠堂経の世話をする人と、賽銭を集める人は別人であった。昭和四十年頃、万人講は一人百円だった。下小屋の老女たちは、約四カ月間冬篭りしている間にお金を使うことはなかったため、お金をはずんだ。当時は幼子などを亡くした人も多く、供養のために何人分もする人がいた。このように仏事に対してお金を惜しまなかった。また、本山から輪袈裟などを求めたい人は巡回布教時に個人で申し込んだ。

賽銭は籠に二回集められたが、刀利の中でも下小屋は、大人だけでなく子供も含めた全員がするので籠一杯になり、すべて中島師への布施となった。万人講と祠堂経に対する賽銭は城端別院へ納金した。それらの計算は村人で小学校の先生をしている人などがした。

ヤドで座る位置も決まっていた。宇野秀夫家の場合、奥座敷の仏壇の前に中島師、その後ろはヤドの主人である宇野伊間氏、その後ろに戸主たち、クチノデー（座敷）に若い男性、そして老女、三〇畳の広間上座に子ども達、下座に家族という着座位置だった（図2）。座敷や広間は遮る戸を全部はずし、仏壇が見えるようにした。昭和三十年まで電気が通っていなかった村なので、部屋の真ん中に上からランプを吊るした。しかし薄暗く、後ろからはよく見えなかった。

法座が終わると、女性と子どもは帰るが、戸主だけヤドに残り、広間でネザケ（寝酒）をした。広間は板の間だったが、そこに茣蓙が敷かれた。そしてヤド宅が黒御膳に盛り付けられた料理を振舞った。山芋のワンギリ（輪切りの煮物）、ぜんまいの煮物、アブラゲ（油揚げ）入りの煮物、兎の肉、里芋と小豆のおつゆ、そば、ささげ、栗など沢山の料理と、ドブザケ（濁酒）などである。アブラゲはわざわざ町まで買い出しに行って出すというもてなしである。兎は主人の宇野伊間氏がハンターだったからであり、村人は「あー、このうちくりゃあ（この家へ来れば）これ（兎肉）あって、もったいない（有り難い　嬉しいの意）」といって喜んだ。ドブザケは大寒に仕込んだ美味しい寒づくりであった。それらはすべてヤドが振舞った。ネザケは十二時ごろまで続いたが、話がはずみ大変楽しいひと時だった。ネザケをしたのは村で二軒だけだったが、春のお講だけで秋にはなかった。秋は炭焼きなどで忙しかったからである。僧侶はヤドに泊まり、次の日は下小屋の村人が中河内まで中島師の「村おくり」に随行した。

秋のお講は雪が降る前の、十月終わりごろから十一月初めにあった。雪がないのと城端別院の巡回布教がないので随行はいなかった。中島師が来られると、どんなに忙しくても、皆で参った。そして御書と、書院に大谷派本願寺歴代法主御肖像が披露された。

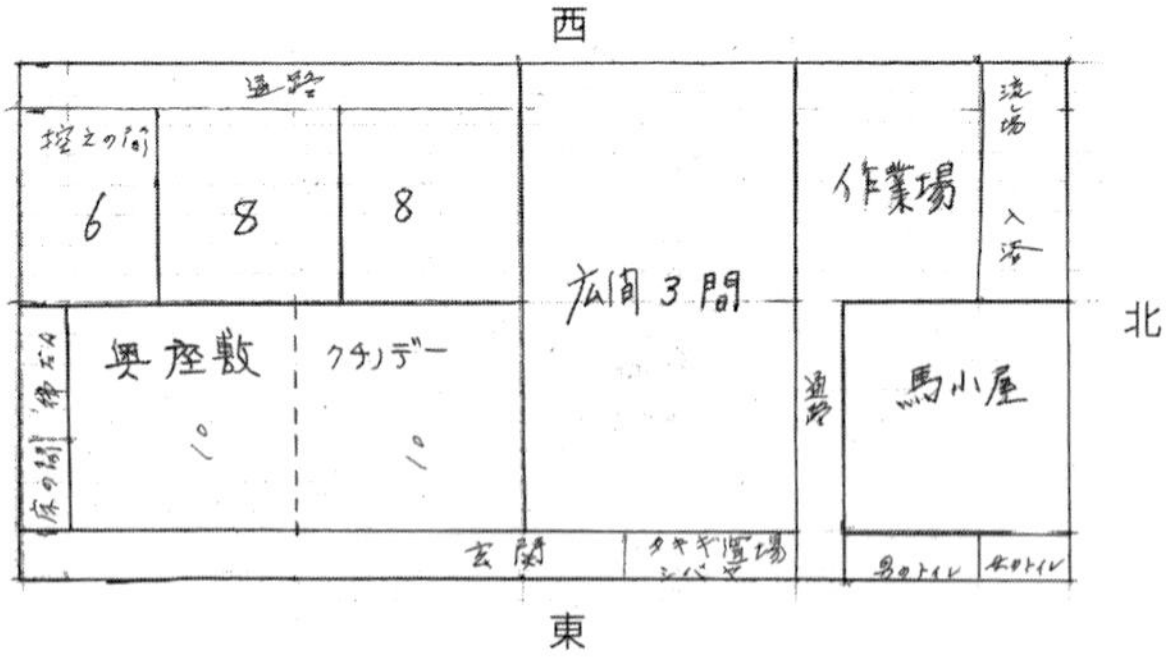

図２　下小屋　宇野秀夫家見取図（宇野秀夫作図）

お参りが終わった後は、御書と大谷派本願寺歴代法主御肖像は、村一番の立派な蔵である、谷口家の蔵に大切に保管された。その世話は谷口家蔵の鍵を預かり、法宝物に詳しい山村市三氏(10)が責任を持って行なった。村の宝であるから一番良い状態で保存されていた。

(二)　御示談《ごじだん》

冬の間、刀利三ヶ村までは僧侶が来られるが、下小屋には来られない。そこで冬の間村人だけで御示談をした。仏法に詳しい山村市三氏が講師となり、小学校にお講のように村人全員が集まり、お茶のつまみに煮物や漬物を持ち寄り、お互い自分が持参したものを他人に勧めたり、栗や干し芋などを食べながら、法話の後、親鸞聖人、法然上人、七高僧などに関する御示談をした。

(三)　報恩講

秋に手次寺の報恩講があった。下小屋の門徒は、金沢の迎西寺（宇野）、金沢の光専寺下であった小院瀬見の即成寺（姫川・倉田）、祖谷の本敬寺（山村・上田・谷口）が手次寺である。報恩講には家族や親戚が参り、山芋、ぜんまいなどの煮物、里芋と小豆のおつゆ、そばや酒を振舞った。茶の子（茶菓子）は、ささげ、栗などであった。寺への土産には、ぜんまいを箱に入れて贈り、喜ばれた。

(四)　月忌参り

下小屋は遠隔地のため、僧侶の月忌参りは平素されなかった。

しかし夏の間、氷見や金沢から僧侶が知らせはなかったが、来て参った。泊まってもらい賽銭をあげた。

五　チョンガレ踊り

下小屋では秋祭りにチョンガレ踊りをさかんに踊った。夕方から、宮の境内や、後には小学校のグラウンドで踊った。唄い手は男性で、各村からの客も訪れ、各々美声を競い合った。踊り手は村人全員で、チョンガレ踊りのために新しく新調した晴着で飾りつけ、唄い手の唄に合わせて深夜まで踊り通した。チョンガレは蓮如上人が伝えたとされ、「目蓮尊者の地獄めぐり」が中心であった。その台本は口伝えで伝承されてきたが、正式には五段あり、唄うのに一時間半から二時間くらいかかった。唄はチョンガレだけであり、いわゆる民謡はなかった。唄う人、踊る人共に日常のすべてを忘れるほどの、大いなる楽しみであったが、それはまた真宗の教義に感謝する喜びであった。

砺波地方では、秋祭りにチョンガレを踊ったが、その中でも旧福光町は中心的な地域で、昭和四十三年（一九六八）に「福光ちょんがれ保存会」が発足し、平成十年（一九九八）に福光町の文化財になっている。保存会は宇野伊間氏も中心となり設立され、後に五年間会長を務めた。

六　家の間取り

一般に砺波地方の家は正面に向かい、右手の奥に台所が作られ、右手前に便所がある。仏間は反対の左手の手前にあった。下小屋では、山からの水を家の飲み水に分け合って使っており、その都合上水を取り入れやすいよう、お互いの家のナガシ（流し　台所）が向かい合った水口《みなくち》側に作り、そのため同様に便所も向かい合った。仏間はナガシの反対方向に作るため、仏間も隣と向かい合った（図3）。この間取りは取水の都合上という立地条件もあったが、狭い平地で自宅の便所と隣の仏間が隣接しないようにという、仏間へのお互いの家同士の敬いであったとも伝える。村全ての家でこのような間取りであったのは、刀利でも下小屋だけだった。

六　離村後のお講

刀利三ケ村がダム建設のために昭和三十七年に解村となり、下小屋は町への中継地を失い、昭和四十一年に離村した。離村時、六戸という小村であり、福光、金沢へと分かれて移住したため、村にいた時のようなお講はできにくくなった。

離村三十年を経た頃、平成七年（一九九五）に宇野秀夫家、平成八年（一九九六）に金沢の姫川家がお講を申した。宇野家でのお講には、金沢へ移住した元下小屋住民はもちろん、元刀利村の人が参った。このときのお講は宇野秀夫さんの母そめ（一九〇八

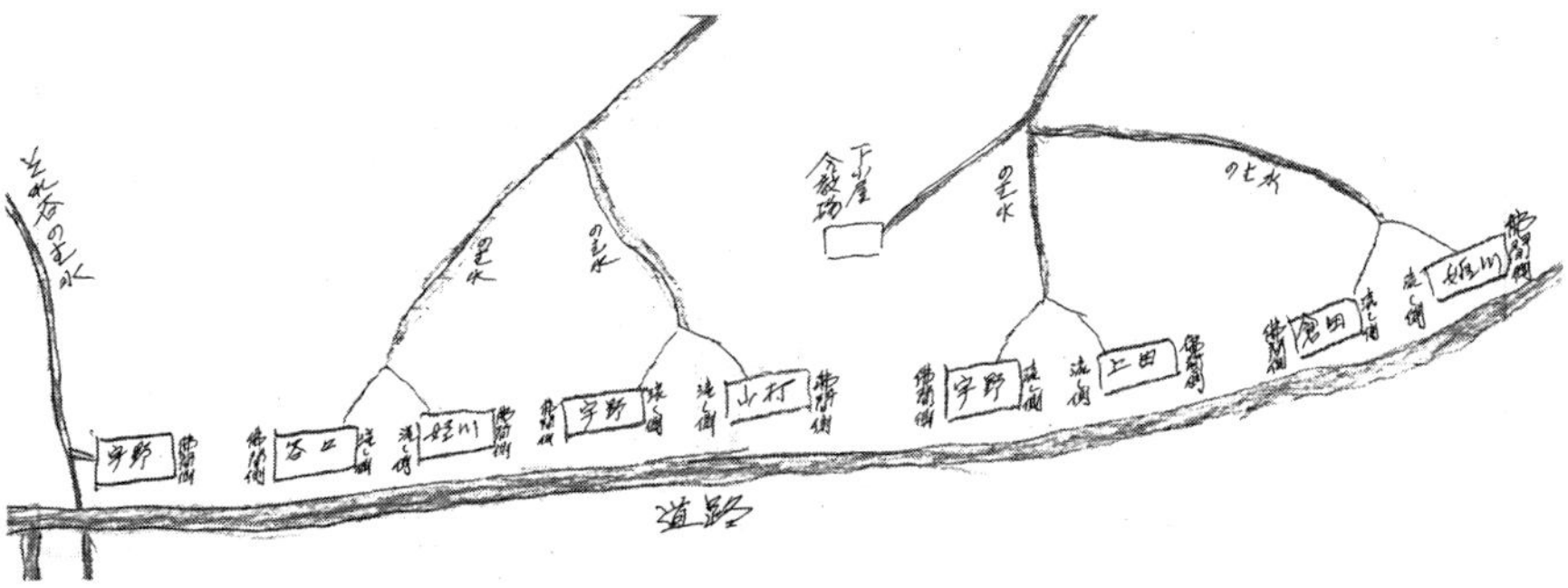

図３　下小屋の各家の間取り（仏間と流し）　宇野秀夫作図

〜二〇〇四）さんが主催者である。参った人もその世代の人たちが中心である。その後、村でお講を主催していた世代の人が亡くなっていき、お講を申すことが難しくなってきた。それから宇野さんはずっと家で御書には毎日オボクサマ（御仏供様）を供えて参ってきた。大谷派本願寺歴代法主御肖像は経年で傷みが出てきたので、自分で平成十六年（二〇〇四）に福光桶谷仏壇店で表装を直した。

離村後約五十年を経た平成二十四年（二〇一二）九月二十三日に、宇野秀夫家で福光の　正円寺を迎え、お講を申した（写真8・9・10）。金沢へ移住した元下小屋住民、刀利村出身者で構成されている刀利会の会長や、離村後の次代も含め、ゆかりの人々が集まって厳粛なお講を勤めた。宇野さんは、金沢へ移住した人々も参りやすいようバスを手配した。元住民は高齢化し、社会情勢や家族構成は変化してきているが、近年でもこのような丁寧な法座をするお講が勤められることで、下小屋での奥深い信仰心を現代にも伝えていると感じる。

六　下小屋の信仰生活

前述のとおり、下小屋は小村で隣村とも六km離れていたため、村人は皆家族という思いで団結し、協力してきた。そうしないと生活が成り立たなかった。

下小屋が文政九年に本山から御書を授与されているということは、それを願う村民の強い思いで申請されたためと考えられる。前述のとおり「高岡教区御消息調査結果　一覧表」には御書を受けた村、地域が記録されている。ただし、下小屋ほど小村で御書を授与されている村はないものと考えられる。刀利村の五つの小村すべてに御書が出されていることも、真宗信仰の篤い地域であ

写真8　下小屋のお講様
御書の拝読

写真9　下小屋のお講様
書院荘厳

写真10　下小屋のお講様
宇野秀夫家（平成24年9月23日）

ったことを示すと考えられる。

かつて近村の古老は「御書様を頂いているということは、村がまとまっていて一人前の村として成り立っている証拠だ」といった。村人の心がまとまっていなければ、求めないし、守っていけない。下小屋は小村でありながら、御書を願い、授与され、お講を申し続けてきたことに意義がある。そして御書は村人にとって、寺院を介さずに本山、そして親鸞聖人と直接に結びつけることを実感できるものであった。

お講を申すということは、ヤドは二、三日前から家中大掃除などの準備をして迎える必要がある。村人はその大変さを何もかも分かっているからこそ、迎えるお講をありがたく感謝し、より固く村人の心を結びつけるものであった。

信仰に支えられた村の生活は、お講も秋祭りも信仰に感謝すると共に、そのことを喜び、共に精一杯楽しむ生活であった。

おわりに

刀利谷には蓮如上人が巡錫した伝承が残されていたが、今回宇野家の六字名号が蓮如筆と明らかになったことで、伝承を裏付ける一つのあかしとなったのではなかろうか。また、文政年間に御書が授与されていることは、本山再建事業に取り持ちしていたのだろうし、御書はその後の村人の信仰のよりどころとなってきた。御書は刀利の小村すべてに授与されており、離村まで熱心に御講を申してきた。

下小屋で御書は、所蔵する蔵や扱う人など、村として敬意をもって扱った。法座は村人全員が参り、生涯を通じて御書から真宗の信仰を深めあった。明治期になって財を成した人が本山から法宝物を願い求め、村へ寄贈しているが、村人の一番の願いが信心の拠り所としての法宝物を願っていたからである。家の間取りは江戸時代からであるが、村全ての家がお互いに、仏間を敬う間取りであった。信仰心が生活の基盤だった。

このような下小屋で暮らしてきた話者の宇野秀夫氏は、平成二十九年の現在、数え九十一歳である。年齢的にも下小屋での信仰生活を記憶している唯一の人だろう。宇野さんは、離村五十年経ても家で下小屋の法宝物を大切に守ってきた。御書には毎日オボクサマを供え、添状は額に入れ、仏間の上に掲げた。守ってきただけでなく、下小屋での信仰生活を何度も書いて、多くのゆかりの人々に送り続けてきた。平成二十四年に数え八十六歳で下小屋のお講を申したことは、次代の人にも下小屋の信仰生活を伝えたいという思いで開いた場でもあったと思う。

御書の紙の裏には手の跡がかすかに残り、村人が何百回とお講を申してきた長い年月を伝えている。村は信心を中心としてまとまり、お互いに敬意を払いながら生活してきた。

東本願寺へ献木された明治十五年ごろは、加賀藩制下の重税からのがれ、村人の生活も安定してきたころと考えられる。上刀利白山社からの献木は、このような村で生きた多くの人々が、ほとばしる信仰を力にして村や地域をあげて一体となり、成しえたのではなかろうか。

注

（1）加藤享子「富山県刀利村からの献木」『真宗本廟（東本願寺）造営史―本願を受け継ぐ人びと―』東本願寺出版部 二〇一一年 第三部一章三節
（2）宇野二郎『刀利谷史話』刀利郷友会 一九七八年 三〇頁
（3）福光町文化財保護委員会編『福光町の蓮如の関係調査報告

書』一九九八年

（4）宇野二郎『刀利谷史話』刀利郷友会　一九七八年　一七九頁

（5）桂の中心となる家で、蓮如上人が泊まられたと伝える。離村のため、建物は川崎市立民家園に移築され、県の重要文化財となっている。

（6）加須良山慶恩寺（真宗大谷派、石川県金沢市）、前坊守小山伝《のぶ》子さん談。

（7）宇野二郎『刀利谷史話』刀利郷友会　一九七八年　二五八頁

（8）真宗大谷派高岡教務所内教区御消息調査委員会編『いしかわらつぶてのごとくなるわれらなり』二〇〇三

（9）身内の亡き人の命日だけを帳面に書いてもらい、読経してもらうもの。

（10）山村市三氏は、離村後金沢へ移住し、大谷派の僧侶となった。

参考文献

城端別院善徳寺蓮如上人五百回御遠忌記念誌編集委員会『城端別院　善徳寺』城端別院善徳寺、一九九八年。

蒲池勢至『真宗民俗の再発見』法蔵館、二〇〇一年。

（『とやま民俗』No.八九　二〇一八年一月）

VI　刀利村の祭り

はじめに

刀利村は川沿いの谷間に下流から下刀利・上刀利・滝谷・中河内・下小屋の五つの小村が離れて点在していた。下刀利・上刀利・滝谷はそれぞれ二㎞ほど離れているが、刀利村の中では近村どうしで「刀利三カ村」といわれ、上刀利を中心としてまとまっていた。中河内と下小屋は六㎞離れているが隣村同士で、まとまっていた。

それぞれの村は小村であったため、戸数は十戸にも満たない村もあった（表1）。そのような隔絶した山間の小村でも神社を守り、祭りを行ってきた。下刀利は神明社、上刀利・滝谷は白山《しらやま》社・熊野社、中河内は八坂社、下小屋は神明社であった。祭りは、どの村も春秋の二回であり、秋祭りが賑やかだった。祭日は下刀利が上刀利の前日である九月十七日、後に昭和十年代に九月十八日となった。上刀利・滝谷は四月十八日、九月十八日であった。中河内は五月八日、九月八日であり、下小屋は中河内の翌日である五月九日、九月九日であった。神主は、下刀利は旧福光町（南砺市）高宮の比売神社の喜志麻氏であり、上刀利・滝谷・中河内・下小屋は旧城端町（南砺市）北野の北野天満宮の利波氏であった。

表1　刀利村の戸数

	下小屋	中河内	滝谷	上刀利	下刀利	刀利村
元和5年（一六一九）						30
寛政4年（一七九二）						52
明治5年（一八七二）	14	18	17	16	8	73
離村時（一九六一）	6	8	9	13	4	40

旧『福光町史』・『刀利谷史話』と聞き取りによる

また、刀利村は蓮如上人が巡錫したと伝え、全戸真宗大谷派門徒であり、篤信の村である。中河内には蓮如上人巡錫以来離村まで念仏道場を守ってきた。また、滝谷、上刀利には道場があったとされジョージャ（道場）という地名とともに、跡地が伝えられている。下小屋には蓮如上人巡錫の折に授けたと伝える蓮如上人の名号が残されていた(1)。また、刀利村は小村ながら、各村に文政年間に東本願寺門首から授与された御書がある(2)。

このような村でどのように祭りを行っていたのだろうか。離村して六〇年近い年月が過ぎ、記憶する人も減少し高齢化してきた。刀利村の祭りについては、刀利村出身の宇野二郎氏(3)（大正七年生）や谷口寛作氏（昭和十四年生）・谷口典子氏(4)（昭和十八年生）などの著作がある。

本稿では昭和十年代から三十年代にかけての刀利村の祭りについて記録する。話者は元住民の方々で、下小屋は宇野秀夫氏（昭和二年生）、中河内は中川秀吉氏（昭和六年生）、上刀利は南源右ヱ門氏（昭和五年生）、滝谷は谷中定吉氏（昭和十年生）であり、平成三十年（二〇一八）の聞き取りを中心として記す。

一　下刀利

下刀利は刀利村の中でも一番小村で、離村時は四戸であり、全戸金沢へ移住したために祭りの全容が分かりにくくなった。祭日が昭和十年代に上刀利・滝谷と同日になったのは、刀利三カ村として、同日の祭りが楽しいということで変更になったという。

二　上刀利と滝谷

標高約三五〇mにある上刀利は刀利村の中心であり、単に刀利とあれば、この上刀利を示すことが多い。金沢から湯涌・横谷を通り刀利に通ずる「刀利越え」は、上刀利から刀利に入った。明治三十四年（一九〇一）に刀利村に初めての学校である、太美山尋常小学校刀利分教所が上刀利に開校した。また、大正八年（一九一九）には共同購入販売所の開設、昭和十二年（一九三七）木炭倉庫開設[5]も上刀利であり、上刀利は刀利村の中心であった。

かつて上刀利と滝谷には熊野社と白山社の神社があったとされるが、いつしか、滝谷の御神体は上刀利の神社に合祀され、両村は上刀利の白山社を神社として祭りを行ってきた。滝谷に神社はなかったが、オガンカベと呼ぶ岩場を遥拝していた。

(一)　オガンカベ

滝谷には村中央部を、村の地名由来となった滝谷川が流れる。その上流の右岸の背後の峰は、巾約一〇〇m高さ七、八〇mほど一面に広がる目立った赤茶色の岩肌の絶景で、オガンカベと呼んだ（写真1）。オガンカベとは「拝む壁」である。オガンカベは西面しており、夕陽があたると燃えるように光って見え、神々しい。かつてそこには天狗が住むと伝えており、誰も近づかなかった。離村時の村落からは村の上流の家からはオガンカベが見え、下流の家からは見えない。しかしかつての滝谷集落は離村時の集落よりやや上流であり[6]、そこからはオガンカベが真正面に見えた。オガンカベから谷を下り、村里に入る所に「屋敷跡」とも「宮跡」とも伝える地があった。そこは滝谷の宮を建てようとした地とされ、三×四間ほどの広さで整地した跡があった。ところが、村人が宮を建立している時に、神様がおられなくなり、上刀利の宮の中におられたという。

写真1　オガンカベ

時が経ち、今度は上刀利集落のすぐ傍で滝谷の神様がおられたということで、再度そこに滝谷の宮を建立することになった。その地は「元滝谷宮跡」と伝え、『刀利谷史話』の地図にも記載されている[7]。しかし宮を建立している最中に、神様はまたもおられなくなり、探すと再び上刀利の宮におられたという。神様は二回とも一日も宮に鎮座されなかったという。滝谷の神様は女の神様で、上刀利の神様は男の神様と伝えてきた。これは夫婦神ということで、上刀利の宮に合祀されることになったという。そのために上刀利では社殿を拡幅しなければならず、約一五〇m南方の、谷を下った地に新社殿を建立した。それが離村時の白山社である。上刀利の旧社殿の地は「宮田」と呼ばれていた[8]。宮田の傍には清水が湧き出ており、水不足の村にとって「御仏供様水《おぼくさまみず》」とか「御宝水《おたからみず》」といっていた。その一帯はハコヤ谷といい、山中に仙人が住んでいたという伝承がある。滝谷は上刀利まで二㎞の距離があるので、平素はオガンカベに向かって祈っていた。しかし、戦争時代に無事を祈ったりするなど大切な祈りは、上刀利の白山社まで行って祈ったという。

これらの伝承から、滝谷のオガンカベはかつての滝谷集落の中心から見える背後の岩山で、古来より神霊がこもる磐座として遥拝されてきた。当初の「屋敷跡」に建立されようとした地は、村から谷を上ると、村の民家をすぎて山に入る所である。オガンカベが仰いで見え、遥拝するには良い地であった。そのため「屋敷跡」の社殿は、拝殿だったと思われ、社殿建立を強く願わなかったのだろう。また上刀利の「元滝谷宮跡」は、滝谷と上刀利の間である。滝谷の宮を両村の宮として移動しようとしたのではなかろうか。

上刀利の白山社からは明治十五年（一八八二）に東本願寺へ欅の巨木を献木している。[9] 樹齢は三、四〇〇年以上とされる。白山社境内はある程度整地もされており、献木した欅も移転当初から生えていた可能性もあるが、境内の木として長年村人に手入れをされてきた木であった。欅の樹齢も考えると、宮田からの移転は相当年月を経ていると考えられる。オガンカベの天狗やハコヤ谷の仙人伝承は山伏の存在を窺わせる。ハコヤは藐姑射と表記されることもあり、地名と仙人の関連はあったのだろうか。宮田の傍に村の貴重な水源地があったことは、興味深い。

村社の他にも滝谷には明治末に不動明王が、上刀利には大正七年（一九一八）頃水天宮が祀られていた。水天宮は不定期だが、天気の良い白山社の秋祭りの日に、利波神主により祭りを行った。三宝、幟、提灯などの神具が今も南源右ヱ門家に残されている。

(二) 祭りと神主様宿

白山社では、神主の宿泊や神社の供物、シデを作る紙、神主への礼など、祭りに関することとは、「神主様宿」がすべて準備した。神主様宿は、上刀利・滝谷の全戸ではないが、二〇戸ほどの家が順番に行った。神主様宿をすることは、光栄とされた。また、神はケガレを嫌うといい、死者が出た家はエンリョといって神主様宿をせず、次ぎの順番の家がした。また、お産があった家はユミ（産の忌）が明けていると、障りなしとした。

白山社の供物は、清酒一升、オコワ（小豆の赤飯を重箱に入れて）、山菜、果物（町へ買いに行ってりんごなど）、魚（干イカなど）、塩、水（近くの水）などである。その他、春祭りに身祝いや結婚の人が酒を一、二升供える。四二歳だけは鏡餅も供える。酒は平素濁酒であり、家での祭りの饗宴も濁酒であったが、供物の酒は戦時中も必ず清酒であった。山菜は山や畑で採れた物を供えるのが基本である。春は独活、蕗、センナ（わさびの葉　茹でて辛味を味わう）など、秋は山の芋や野菜（茄子・ササゲ・小豆など）である。それらの供物は戦後もしばらくは、すべて神主様宿が準備した。

昭和三十年頃になると、神主への礼や供物の一部は村の万雑から支出している。上刀利には昭和三十年（一九五五）八月の「万雑割記録」がある。[10] その支出の部分には、「神社寺院費　神主御礼、一二〇〇円　二級酒一升　四八〇円、塩二合　一〇円、サバ一本　二五円、米一升　八〇円、大根二本　五円」とある。まとめて米一升とあるのは、砺波地方の農村では各家から米を供える所が多いが、刀利村は一括して神主様宿が負担していた時の延長である。大根はこの季節まだ成長しておらず、購入している。おそらく農村からの風習であり、以前は山の幸だったろう。

祭りに際し、神主がシデを和紙・竹（唐竹の細身）・オー（麻）で作る。高さ六〇～七〇㎝幅二〇㎝ほどであり、和紙の先をオーで結わえる。和紙は村の分教場に併設した販売所から神主様宿が購入する。竹とオーは自宅にある。祭りは神主が神主様宿に前泊し、午前十時頃から始まる。その後直会があるが、お下がりである酒を村の成人男女だれもがヨバレル（饗する）。杯は特別の杯で、「アサガオ」・「小盛の杯」といい、宮に三〇器ほど備えてあった。また直会で饗しなかった供物は神主様宿が持ち帰った。

秋祭りには前日の夕方に、「五反引きの大幟旗」と呼んでいた幟旗二本が参道の左右に立てられた。一本は現在南砺市（旧福光町）田中へ移住した南家に保存されており、長さ約一一m巾約一・六mの白い布に「八幡宮観世音菩薩」と揮毫されている。観世音菩薩は滝谷の白山社を表している。五反引きとは巾が五反分であったためである。滝谷から全村民が参道の旧道を通って行列のように参ったという。滝谷の村民は上刀利より丁寧だったといえる。祭りが終了すると、シデや榊は一度頭に頂いて（掲げて）から、生業で用いるススキで編んだ新しい炭俵に入れて包み、縁を縄で縛り袋状にして、そのまま大川（小矢部川）から流し、焼くことはなかった。川へ流すことが、焼くより敬意がこもるとされた。賽銭はすべて神主に納めた。

家での祭りの様子は前日に親類が泊まりがけで訪れ、黒御膳でヨバレをする。酒（濁酒）（写真2）、オコワ（金時豆入り）、おつゆ（豆腐と三つ葉・麩など）煮しめ（薇・蕗などの山菜や里芋、椎茸など）酢物（秋祭りは、茗荷を半分に切り茹でて、熱いうちに酢をかけ鰹節をかける・など）ゴリ・ドジョウなどの卵とじ、焼物（主に土産にした。鯖、鯵、岩魚などの魚）などである。また秋口に塩鯖を柔らかめのご飯と麹でつけてサバズシを作り、春祭りに「焼物」とする家もあった。

写真2　祭りの杯（南源右ヱ門家所蔵の杯）
左「あさがお」直径9㎝　0.8合入
右「小盛の杯」直径7㎝　0.3合入

(三) 神社への祈願

村人は宮へ特別の願を立てることがあった。その願いがかなった時は、宮にお礼の献上をすることがあった。昭和十五年（一九四〇）、南清蔵氏が兵隊へ行く時、宮で神に無事の帰還を願った。帰還できた時、誓い通りに大理石の鳥居を献上した。それまでは木製の鳥居だった。鳥居竣工の秋祭りでは、鳥居の前に一尺ほどの生きた岩魚をバケツ一杯供えた。各家から餅米を集め、紅白の小餅を作り、祝いに餅撒きをした。特別の祭りであるため、神主も城端北野の北野天満宮（利波氏）と城端是安神明宮（山田氏）の二人だった。神主は新しい鳥居の前で神事を行い、後に供物の岩魚は直会で食べた。

昭和十五年当時、村人は利波神主を「海乗寺」と呼んでいた。海乗寺は北野天満宮が江戸時代の山伏寺院であった時の名称である。明治維新後の神仏分離令に際して神職に復飾し七十年ほど経ていても、海乗寺と通称されていたことになる。山間隔絶村であること、江戸末期に生まれた村民も存命していたためであろう。

三　中河内と下小屋

中河内と下小屋は六㎞離れているが、隣村同士で婚姻関係も深かった。上刀利の白山社の祭りと似ており、神主様宿を幾つかの家で順番に世話していることや、供物もほぼ同様であった。その中で中河内では、かつて神主を「土ふまずの位の人」とし、村境から宮まで背負ってきたという。[11] 地面に足を付けさせないことは、神の依代とした古い神意を伝えていたと思われる。また酒は、各家から「カンサマ（神様）徳利」に酒を入れて宮へ持って行き、各々神前に供える。神事が終わると、自家の徳利を持ちながら村人に「うちのお神酒もあがって（飲んで）下さい」と勧め合いヨバレル。他村が神主様宿の世話で一升酒を供えるのと比べ、相違がある。

祭りの宴では、家で親類縁者に酒を勧めるのはもちろんだが、その村から嫁に行った家の婿が来村すると、村にとっての婿だということで敬意を表し、婿を嫁の実家の近所の家々が次々と招待した。婿が行くと一番上座に席が設けてあり、ヨバレた。村として共同体の強さが窺える。中河内には、大正年間旧上平村西赤尾から婿入りした東与之氏が伝えた獅子舞もあった。後に下小屋へも伝えた。子供は「薬師のお祭り」と、昔から伝わる祭りの唄を唄った。唄からは中河内の社名がかつて薬師であったことを窺わせるし、[12] 薬師も祀っていたと思っていた人もいた。

また下小屋の供物は、米、酒、水、魚（干イカなど）、果物（林檎・みかんなど）と山の幸である、大根、山の芋、タンパ（丹波）栗などであった。タンパ栗は、下小屋に自生する実の大きな栗である。それらはすべて神主様宿が準備した。酒は昭和になると一升瓶で供えた。宮には大きな徳利と直径三〇㎝ほどの丸い蓋付きの甕があった。徳利は一升瓶の酒が流通する以前に酒を入れていた。その酒は濁酒であり、甕は濁酒を醸造した容器である。これらは神具として離村まで保存されていた。杉に囲まれた境内の入り口には、左右の両脇に廻り一五尺（約四五〇㎝）、高さ二〇m以上の杉の大木が聳えていた。鳥居建立以前の門杉と思われる。同様の大杉が社殿のすぐ後ろにも一本聳えていた[13]（図1）。

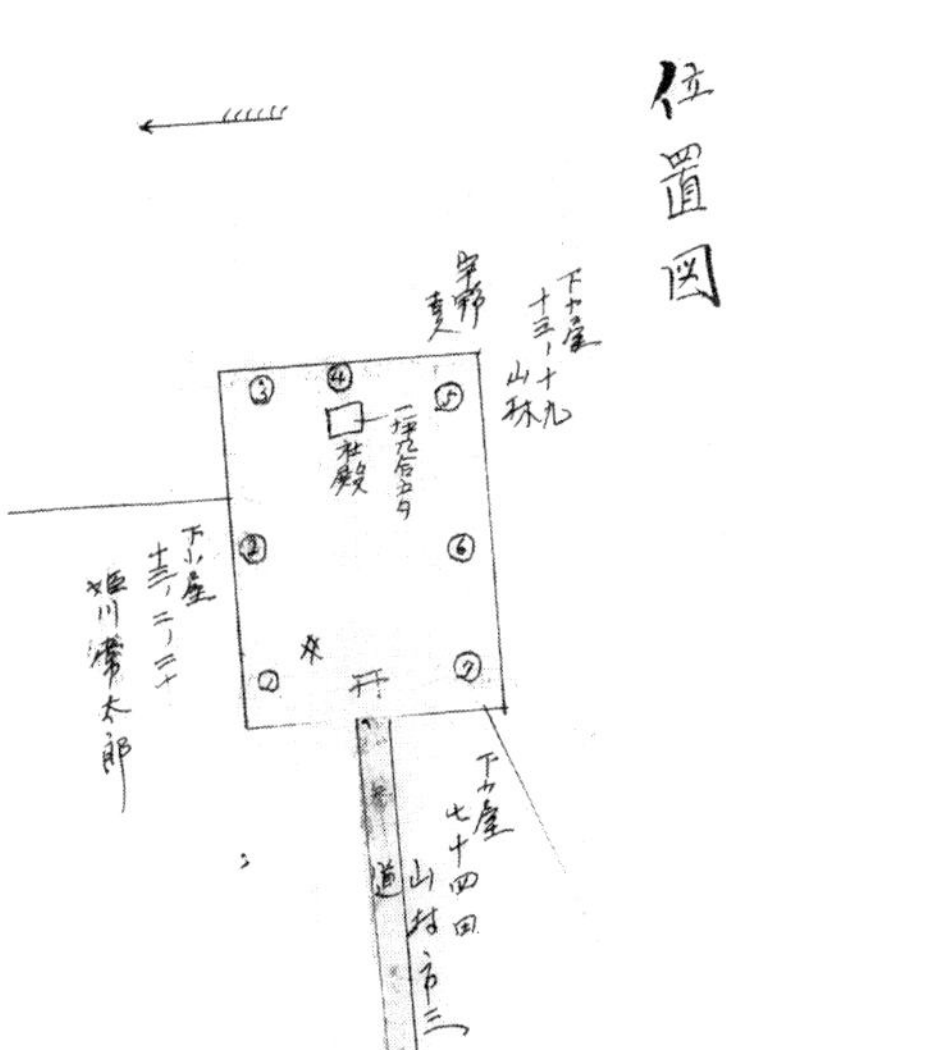

図1　『社寺ニ関スル書類』より
下小屋境内の木調査図
（推定昭和二十年代）

四　神様の移動と敬意

神様の移動に村民は敬意を払った。離村時に下小屋では、神様を白い木綿布で巻き、抱えるのではなく、敬って背に担いで山中の宮から道まで下ろし、移動した。抱えていると、転んだら破損する恐れがあるからであり、山道なので転ばぬよう手を空けておく必要があったためである。また、中河内では昭和十年代に台風の倒木で、神様に傷が付いた。修理するために金沢の塗師屋へ運んだ時、神様は恐れ多く地面に置いてはいけないので、誰かが交代で担ぐ必要のために、二人で運んだ。上刀利では神社の茅葺屋根を二、三十年に一度葺き替えた。その時、神様を外にお出ししてから、息がかからぬ様に手拭で口を覆い、神社の屋根に上がり、行った。

五　離村にともなう御神体の遷座

離村にともない、上刀利白山社の御神体は神主の城端北野天満宮境内に、新たにみかげ石の社殿を建立し、遷座した。旧社殿は金沢市車町へ譲渡した。下小屋・中河内の御神体も同様に北野天満宮に遷座した。社殿は旧平村下出（南砺市）の小谷神社から移転した旧社殿で、昭和四十五年（一九七〇）離村した旧上平村桂（南砺市）の御神体も合祀されている。下刀利は全戸金沢へ移住したので、御神体は金沢市小立野へ社殿と共に移転し遷座した。

祭りの日になると、かつての村民は北野天満宮境内の宮に参り、供物の身祝いの酒は、時に一斗になったという。また下小屋と中河内は平成十五年（二〇〇三）頃まで宮で神主から榊と大麻を頂き祭りをしていた。その後各村とも直会をしていた。現在も初詣に参ったりしている。このように離村五十年を経てもかつての氏神への崇敬の念がある。

おわりに

離村した刀利村の祭りについて記録を試みたが、下刀利は戸数が少なく全戸金沢へ移転したため、ほとんど分からなくなった。滝谷は離村まで磐座を遥拝していた。これは、小矢部川上流域では唯一の村だろう。祭りについては、全村に神主様宿があり、供物や神主への礼などを準備しており、下流の農村にはない風習であった。また中河内には神主を「土ふまずの位の人」とする古い風習が近年まで残っていた。そして、村から嫁いだ家の婿を自宅に招待するなど、村としての一体感が強かった。上刀利で祭りの後、シデや榊を炭俵に包んで川に流すのは、神送りだろう。各村は、離村後も崇敬の念が強かった。なぜ滝谷の宮である白山社が滝谷と上刀利の村社となったかは、今後の課題としたい。

刀利村は真宗篤信地帯であるが、丁寧な祭りを行い、神事と仏事が並存していた。

隔絶された山間地の中で、刀利村は古代からの祀りを残す、重層的な宗教空間であった。

注

(1) 加藤享子「富山県南砺市（旧福光町）刀利村、下小屋の信仰生活『とやま民俗』八九号　二〇一八
(2) 注1同掲稿
(3) 宇野二郎『刀利谷史話』刀利谷郷友会　一九七八
(4) 谷口寛作・谷口典子『ダムに沈んだ村・刀利』時潮社　二〇一〇
(5) 注3同掲本と、村田豊二『一茎百華』刀利会　桂書房　二〇一一年による
(6) 注3同掲本　七二頁
(7) 注3同掲本　七四頁
(8) 南源右ヱ門「刀利谷のあらまし」『ねんりん第九号』六〇頁　福光町あけぼの会　二〇〇一
(9) 加藤享子「富山県刀利村からの献木」『真宗本廟（東本願寺）造営史』三八三～三九六頁　真宗大谷派宗務所出版部　二〇一一
(10) 注3同掲本　五〇・五一頁
(11) 注3同掲本　一七四頁
(12)『正徳二年社号帳（一七一二年）』からは、中河内の社名が薬師と推定される。

（13）『社寺ニ関スル書類』西砺波郡太美山村役場資料　南砺中央図書館（福光）蔵

参考文献

佐和隆研編『仏像図典』　吉川弘文館　一九六二
『砺波市史』資料編4　民俗・社寺　砺波市　一九九四
『富山県史』通史編四　近世下　富山県　一九八三
『福光町史』福光町　一九七一

（『とやま民俗』No.九二　二〇一九年九月）

Ⅶ　刀利小村の社名と御神体

はじめに

小矢部川の最奥村であった刀利は、隔絶した山峡の村で、下流から下刀利・上刀利・滝谷・中河内・下小屋の五つの小村が、二km・二km・六km・六kmほど離れて点在していた。下刀利から四km下流の立野脇に通ずる道は岩場の難所があり、上刀利までの馬車道開通は大正十四年（一九二五）であった。刀利村は元和五年（一六一九）戸数は三〇戸で、[1]中世からの村である。昭和三十年代小村の戸数は下流から四戸、一二戸、九戸、八戸、六戸である。炭焼きを生業とした自給自足の生活が基本であった。現在（二〇二〇）はすべて廃村である。刀利には文明年間に蓮如上人が巡錫したと伝え、[2]全戸真宗大谷派門徒であり、篤信の村である。[3]山間の小村であるが、離村まで神社で祭りを行ってきた。奉仕者は、下刀利は南砺市福光地域高宮　比売神社の喜志麻氏であり、上刀利・滝谷・中河内・下小屋は南砺市城端地域北野　北野天満宮の利波氏であった。両社とも江戸時代は山伏で、それぞれ高宮村　法船寺、北野村　海乗寺であった。

刀利の社名について、これまで旧『福光町史』[4]や、千秋謙治氏「医王山の山麓堂祠と信仰」[5]の発表があるが、社名の小村名までは確定していない。刀利の小村の御神体については、元住民の宇野二郎氏『刀利谷史話』に御神体の写真や伝承の御神体名が記されている。[6]しかし伝承は重視しながらも御神体名の真偽は不明である。刀利は離村から約六十年を経て、元住民の高齢化も進んでいる。

本稿では、近世の社号帳に記された刀利の社名の小村名を確定し、御神体について報告したい。

一　社名

刀利の宮に関する記録は、近世から明治にかけて正徳二年社号帳（一七一二）、宝暦九年社号帳（一七五九）、寛政八年社号帳

（一七九六）、文政七年社号帳（一八二四）、明治初期の神社明細帳などがある。江戸時代の社号帳には刀利村の堂宮として記載はあるが、小村名までは記してない。そのため、これまで社名と小村名が確定していなかったといえる。例えば、正徳二年社号帳には、「一、観音　刀利村　一、薬師　同村、一、神明　同村」とあり、「〆此村々山伏砺波郡北野村海乗寺持分、宮修理之義ハ氏子ゟ仕候」とある。また「一、薬師　同村（刀利村）」「〆此村山伏砺波郡高宮村法船寺持分、宮修理之義ハ氏子ゟ仕候」とある[(7)]。奉仕者から高宮法船寺持分宮は下刀利である。しかし、海乗寺持分宮は小村名が分からない。明治初期の寺院明細帳の社名は、離村時まで続いていた社名であり、小村名が確定できる。時代を遡り、文政七年社号帳は奉仕者から、高宮村法船寺奉仕の神明社は下刀利である。北野村海乗寺奉仕の白山権現は滝谷、祇園は中河内、神明宮は下小屋、熊野権現は上刀利である。寛政八年社号帳については、御神体と村人の伝承により（後述）、海乗寺奉仕の薬師如来は中河内となり、他小村の社名も判明する。同様に、宝暦九年社号帳、正徳二年社号帳に記された社名の小村名がそれぞれ判明する。御神体、社名に関する一覧表は次の通りである[(8)]（表1）。滝谷の白山社《しらやま》はいつからか上刀利の熊野社と祀られていたが、観音は滝谷の社名であるため、文政、寛政、正徳・各社号帳の観音・白山権現は、便宜上滝谷とした。観音・薬師、権現はいずれも仏教と習合した社名である。

御神体	離村後遷座地
雨宝童子（石仏カ）	北野天満宮境内地
薬師如来（木仏）	北野天満宮境内地
千手観世音菩薩（石仏）	北野天満宮境内地
熊野神像（石仏）	北野天満宮境内地
薬師如来（木仏）石棒	金沢市小立野

二　滝谷白山社と上刀利熊野社

滝谷には、村中央部を村の地名由来となった滝谷川が流れる。その上流の右岸の背後の峰は、巾約一〇〇m高さ七、八〇mほどで、一面に広がる目立った赤茶色の岩肌の絶景であり、オガンカベ（写真1）と呼んだ。オガンカベとは「拝む壁」である。オガンカベは西面しており、夕陽があたると燃えるように光って見え、神々しい。オガンカベには天狗が住むと伝え、離村まで禁足地であった[(9)]。かつての滝谷集落は、離村時の集落よりやや上流に位置し、そこからはオガンカベが真正面に見えた。オガンカベから谷を下り村里に入る所に、「屋敷跡」と呼ぶ、三×四間ほどの整地した地があった。

そこはかつて滝谷の宮を建てようとした地とされる。村人は宮を建てようと準備している時に、御神体がおられなくなって、上刀利の宮

写真1　オガンカベ

神社明細帳（明治初期） （社名　祭神 住所 奉仕者　氏子数）	文政七年社号帳 (1824) （社名 奉仕者）	寛政八年社号帳 (1796) （社名 奉仕者）	宝暦九年社号帳 (1759) （社名 奉仕者）	正徳二年社号帳 (1712) （社名 奉仕者）	伝承の御神体名 （離村時）
下小屋 村社　神明社　天照皇大神 太美山村刀利字下小屋 70 利波　直枝　20 戸	神明社 北野村海乗寺	神明 北野村海乗寺		神明 北野村海乗寺	勢至菩薩
中河内 村社　八坂社　素戔嗚尊 太美村刀利字中河内 495 利波　直枝　25 戸	祇園 北野村海乗寺	薬師如来 北野村海乗寺		薬師 北野村海乗寺	阿弥陀如来
滝谷	白山権現 北野村海乗寺	観音 北野村海乗寺		観音 北野村海乗寺	八つ手の観世音菩薩
上刀利 村社　白山社　菊理姫命 無格社　熊野社　伊弉冊尊 太美山村刀利字上刀利 1583 利波　直枝　31 戸	熊野権現 北野村海乗寺	権現 北野村海乗寺	熊野社 北野村海乗寺		仏像
下刀利 村社　神明社　天照皇大神 太美山村刀利字下刀利 1818 喜志麻　進　9 戸	神明社 高宮村法船寺	薬師如来 高宮村法船寺		薬師 高宮村法船寺	薬師如来　石棒

表1　刀利小村の社名と御神体

の中におられたという。その後、上刀利集落のすぐ傍で滝谷の御神体がおられたということで、そこに滝谷の宮を建立することになったという。その地は「元滝谷宮跡」と伝え、『刀利谷史話』の地図にも記載されている。(10) しかし、宮建立の準備中にまたも御神体はおられなくなり、再び上刀利の宮におられたという。御神体は「屋敷跡」、「元滝谷宮跡」と、二度とも一日も宮に鎮座されなかったという。滝谷の御神体は女の神様で、上刀利の御神体は男の神様と伝えてきた。これは夫婦神ということで、上刀利の宮に合祀されることになったという。そのために上刀利ではそれまでの社殿では狭く、拡幅しなければならず、約一五〇m南方の、谷を下った地に新社殿を建立した。それが離村時の滝谷白山社と上刀利熊野社を合祀した、上刀利の白山社である。上刀利の旧社殿の地は「宮田」と呼ばれ、傍には清水が湧き出て、水不足の村にとって「オタカラ水」とか「オボクサマ水」といっていた。その一帯はハコヤ谷といい、山中に仙人が住んでいたという。(11) ハコヤは藐姑射との関連はあったか不明だが、仙人伝承と貴重な水源であったことが興味深い。滝谷は上刀利まで二kmの距離があるので、離村まで平素はオガンカベに向かって祈り、大切な祈りは、上刀利の白山社まで行って祈ったという。

　これらの伝承から、滝谷ではオガンカベを古来より神霊がこもる磐座として遥拝してきた。当初の「屋敷跡」・「元滝谷宮跡」いずれの宮跡にも御神体は遷座しなかったと伝えることから、建築しようとしたのは拝殿だったと思われ、社殿建立を強く願わなかったのだろう。白山信仰が伝わり観音を信仰し、後に御神体として石仏の観音が新調されたのだろう。木場明志氏によると、正徳社号帳には祭場が自然の山野の一角であった形跡が残るが、旧法船寺高宮喜志麻家所蔵文書によると、元文元年（一七三六）から文政七年（一八二四）に至る記録には、堂宮立替、鳥居新設、堂宮新築、本尊新調などが記録され、堂舎が整備されてきたという(12)。同様に滝谷もそのころ本尊が新調され、社殿が必要となり、新築して祀られようとしたのだろう。その年代は上刀利の熊野社が宝暦九年に初見であり、社という記名からそのころには上刀利に熊野社の社殿があったと思える。寛政八年の社名は滝谷が観音、上刀利が権現である。文政七年は滝谷が白山権現、上刀利が熊野権現である。この頃に両社は合祀して、上刀利に新社殿を新設したのではなかろうか。御神体は両社とも石像であるが、石質が同じで、大きさもほぼ同じとされ、同時期新調された可能性もあり、合祀の社殿新築へと至った一因だったのではなかろうか。伝承の夫婦神として祀ったことは、合祀の理由を付加している。新社殿は刀利の中心である上刀利に新築した。しかし、社名は熊野社とはならずに、白山社となった。明治初期の神社明細帳には滝谷に宮はないが、下小屋、中河内、下刀利は村社であり、上刀利は白山社が村社で、熊野社は無格社である。昭和十六年（一九四一）建立の社標も白山社である。前述の通り刀利は中世からの村である。正徳二年社号帳には下刀利、滝谷、中河内、下小屋に宮があるのに、後の上刀利熊野社がない。上刀利は金沢から横谷を経て刀利谷を通り、ブナオ峠を超え西赤尾へぬける「刀利越え」の中継地であり、昔から刀利村の中心であった。刀利村の肝煎も上刀利に住んでおり、刀利村内では刀利といえば上刀利を示す。上刀利の草分けの一軒であった、南源右ヱ門家の脇掛の十字名号と九字名号は、東本願寺第十六代一如（継職　一六七九～一七〇〇）から授与されている。そのような村であった上刀利に、正徳二年当時宮がなかったのはどうしてだろうか。それだけ滝谷のオガンカベの神威が高かったのだろうか。上刀利と滝谷は刀利としては近い隣村で、当初白山社は両村の宮だったのであろうか。しかし上刀利からオガンカベは見えず、拝んだ伝承もないのである。白山社が滝谷と上刀利の村社となる経緯については、不明である。

三　御神体

各村の御神体は『刀利谷史話』によると離村時の伝承は、「下小屋　勢至菩薩、中河内　阿弥陀如来、滝谷　八つ手の観世音菩薩、上刀利　仏像、下刀利　薬師如来　石棒」である(13)。各村とも村人は御神体を仏像と伝えている。『刀利谷史話』には御神体の写真が載せられている。

今回元村民の御好意で下小屋と中河内の御神体を拝跪させていただく機会を得た。下小屋の御神体は、伝承では勢至菩薩とされているが、砺波地方の神明社にも多い(14)雨宝童子である。全体が約五〇cm、台座は二段で約一五cm、御神体は約三五cmである。台座の上段は青っぽく、尾田武雄氏によると、「青ネズミ」とよぶ最高の金屋石に似ている。下段は後年の製造であろう。御神体は台座が石なので石像であろう。製作年代は文政以前であろうとのご教示を頂いた。赤、黒、水色、金色の彩色がほどこされ、美しい。下小屋は小矢部川最上流の村であり、神社は他小村のように集落の峰側ではなく、村上手の小矢部川傍に鎮座している。小矢部川の水の神として祀られたと思える。

中河内の御神体は、伝承が阿弥陀如来とされ、外側は黒塗り、内側は金色の厨子に納められ、全体は約四五cmで、金色の三段の台座の上に金色の蓮台が乗り、その上に約二五cmの木仏が鎮座している。金色の光背が美しい。黒い仏像の左手には、薬壺をのせているので、薬師如来である。かつて中河内集落ほど近くの湯谷には、明治初期まで湯が沸いていたという。蓮如が巡錫した折にこの湯に入ったとされ、効能がよい湯だから薬師如来を祀るよういったと伝えている。[15]元住民の中川秀吉氏（一九三一年生）は戦前まで祭りに「薬師のお祭」と伝わる唄を、唄っていたという。伝承からも御神体からも、正徳二年、寛政九年社号帳の北野村海乗寺奉仕の薬師は、中河内の社名であることが確定できる。寛政九年まで薬師とされる社号が、文政七年に祇園となった経緯は不明である。

刀利村は文明年間の蓮如上人の巡錫から真宗篤信の村となった。文政六年～九年（一八二三～一八二六）にかけて、一〇戸に満たない村も含む五つの小村すべてに、東本願寺第十二代達如から消息を授与されている。[16]「高岡教区御消息調査結果　一覧表」[17]には、刀利小村の消息が含まれていない。刀利には寺院がなかったのと、小村であること、離村したためであろう。この一覧表の中には、刀利小村ほど戸数が少ない村に、消息を授与されている村はないものと考えられる。消息は、刀利が真宗信仰の篤い村であったことを示している。上刀利・滝谷にも念仏道場があったとされるが、中河内には離村まで村民により念仏道場を守ってきた。[18]中河内は以前から薬師が祀られていたと思われるが、蓮如巡錫後、真宗教義とずれるが、蓮如にちなんだ薬師の伝承が入り、その後さらに真宗化して神体名が阿弥陀如来となったのだろう。戦前古老は宮に参るとき、南無阿弥陀仏と念仏を唱えていた人もいたという。

滝谷の「八つ手の観世音菩薩」は「千手観世音菩薩」の方言とされる。上刀利の仏像とされる御神体は高さ四〇㎝巾三〇㎝ほどの石像とされ、『刀利谷史話』の写真からは、熊野神像と思われる。

下刀利の御神体は石棒と木仏の薬師如来である。伝承では石棒が以前からの御神体であるという。薬師如来は、木曽義仲家来の落ち武者が刀利谷に隠れ住み、京都の寺からの仏像を御神体にしたと伝えている。[19]旧『福光町史』には「木彫薬師如来坐像（鎌倉時代）下刀利神明社」は美術的に、優れた作であるとしている。[20]下刀利は離村時に四軒となったが、最後まで木曽家があった。

これらの御神体は離村に伴い、上刀利と滝谷の白山社は祭祀を奉仕していた北野天満宮境内の新社殿に遷座した。中河内・下小屋も北野天満宮境内に遷座した。下刀利は旧社殿と共に元住民移転地の金沢に遷座した。

住民は、いずれの御神体も仏像と伝えていた。薬師・観音・権現は神仏習合の御神体であるが、下小屋・上刀利の御神体の伝承名は仏教化し、中河内はさらに真宗化していった。

四　社名と修験道

山岸共氏によると医王山は薬師如来を祀っていたとされる。[21]白山は十一面観世音菩薩を祀った。奉仕者の北野村海乗寺や高宮村法船寺は、持宮が多い南砺地方の有力な山伏であった。また御神体の名称や社名からは、白山社の観音は白山修験道が、中河内の薬師からは医王山修験道の影響があるのではなかろうか。木場明志氏によると、白山の権威に依りながら、白山修験集団から別個の医王山修験道への発展が、鎌倉～室町にかけてあったのだろうとされる。この中で更に医王山から白山までの山伏の通峯ルートを山伏古道として復元している。その中には、道の状態が悪い地域を避ける場合と、食料補給・休息の場合に、刀利（上刀利）と下小屋二か所の村へ下り、ブナオ峠から大門山へと通ずるサブルートを想定している。[22]

刀利村の西山は、白山、医王山修験道の山伏が通う峰であった。山伏は山頂の尾根沿いを通ったが、実際上刀利のズンノウザン（順尾山）（写真2）など、刀利の西山に連なる山頂はなだらかな峰が続き、冬の雪崩や大雨の山崩れなどの恐れも少なく、安全に通ることができ、古来山伏が白山へと通っていたと伝える。小矢部川源流である不動滝も山伏が名付けたのだろう。村里近いオガンカベの天狗、いくつかある天狗谷、白山社旧地近くハコヤ谷などの地名[23]に残る多くの仙人伝承は、サブルートを通る山伏に関連するだろう。

写真２　順尾山の峰

五　刀利の民間信仰

小矢部川源流の不動滝には小矢部川を守る龍神が住むとされ、近世から福光地方の里村は旱魃時に雨乞い祈願に来た。宝永六年（一七〇九）、山本村の上田玄仙が『上田玄仙祖父留書（写）』で次のように記している。[24]

宝永六年（前略）四月十二日田植、雨降る。五月二十八日迄晴、二十九日より六月二十六日迄雨降らず晦日夜少し降る。同夜より七月二十四日迄雨降らず。昨日夜少し降る。旱魃す。七月晦日刀利へ雨乞いに登る。八月四日安居寺祈祷。同六日医王山にて祈る。此日下□田より雨降り来り、（後略）

この刀利は旧『福光町史』によると不動滝であり、[25]約三〇km下流の山本村からも、雨乞いに来ていたことになる。安居寺は真言宗の古刹である。医王山とは行者場の大池である。不動滝は、行者場のような近在の雨乞い祈願の地であった。

おわりに

近世の堂宮社号帳に記されている刀利小村の社名からは、白山修験道や医王山修験道の広がりと、変容が窺えるのではなかろうか。御神体や伝承の御神体名からは、修験道や、その後の仏教化や真宗化が窺える。滝谷ではオガンカベを離村まで磐座として遥拝していたが、磐座は小矢部川上流域では唯一の村であろう。

社名と御神体は、刀利小村の信仰の特徴と変容を表している。

注

（1）旧『福光町史』上巻、福光町　一九七一　四九〇頁

（2）下小屋宇野秀夫家には、蓮如が巡錫した時に授けたと伝える六字名号があり、草野顕之氏が蓮如筆と判断された。加藤享子「富山県南砺市（旧福光町）刀利村、下小屋の信仰生活」『とやま民俗』八九　富山民俗の会　二〇一八　一一頁

（3）加藤享子「富山県刀利村からの献木」『真宗本廟（東本願寺）造営史』東本願寺出版部　二〇一一

（4）旧『福光町史』下巻　福光町　一九七一　一三六頁

（5）千秋謙治「医王山の山麓堂祠と信仰」『医王は語る』福光町

一九九三
(6)宇野二郎『刀利谷史話』刀利谷郷友会　一九七八　一六九〜一七七頁
(7)『砺波市史』資料編4　民俗・社寺　砺波市　一九九四　七三二頁
(8)寛政七年社号帳・正徳二年社号帳は『砺波市史』資料編4　民俗・社寺　砺波市　一九九四　による。文政七年社号帳・宝暦九年社号帳は旧『福光町史』上巻　一九七一　による。
(9)加藤享子「富山県南砺市（旧福光町）旧刀利村の祭り」『とやま民俗』九二　二〇一九　一七・一八頁
(10)注6同掲本　七四頁
(11)南源右ヱ門「刀利谷のあらまし」『ねんりん』九　福光町あけぼの会　二〇〇一　六〇・六一頁
(12)木場明志「村落寺院としての近世山伏寺院—越中礪波郡山伏法船寺の例—」『大谷学報』五七—二　大谷学会　一九七七　六一・六二頁。木場明志「医王山修験から里の修験へ」『医王は語る』福光町　一九九三　二六一頁
(13)注6に同じ。
(14)『砺波市史』資料編4　民俗・社寺　砺波市　一九九四　六一一頁
(15)注6同掲本　二八〇頁
(16)注2同掲本　一一・一二頁
(17)「高岡教区御消息調査結果　一覧表」『いし　かわら　つぶてのごとくなる　われらなり』真宗大谷派高岡教務所内　教区御消息調査委員会　二〇〇三
(18)注6同掲本　一七九・一八〇頁
(19)注6同掲本　一七一頁
(20)注4同掲本　二三二頁
(21)山岸共「医王山と山岳信仰」『白山・立山と北陸修験道』名著出版　一九七七年
(22)木場明志「医王山修験から里の修験へ」『医王は語る』福光町　一九九三年　二五四頁
(23)加藤享子「廃村した山村の地名—富山県南砺市（旧福光町）刀利の場合—」『地名と風土』一四　日本地名研究所　二〇二〇（四章Ⅱ）
(24)定村武雄「医王山麓の村々と民俗」『医王は語る』三五九・三六〇頁。笠田喜八郎「玄仙祖父留書について」『ねんりん』六　福光町あけぼの会　一九九八　二二・二三頁
(25)注4同掲本、二〇七・二〇八頁

（『富山史壇』一九二号　越中史壇会　二〇二〇年七月）

Ⅷ　天神村　太兵衛家の歴史

はじめに

私は医王山麓の古村、旧西砺波郡広瀬村天神（現南砺市）で生まれた。天神は小矢部川左岸に位置し、旧福光町の南に隣接する。河岸段丘の上に村落が広がり、明治二十七年（一八九四）に改修された才川往来が村を横切っている。明治三十一年（一八九八）には天神小山間の道路も改修された(1)。昭和四十二年（一九六七）の区画整理以前は四〇軒の農村集落だった。

実家は昭和三十六年（一九六一）に亡くなった曽祖父の代まで、代々太兵衛を襲名していた。村では明治以降必ずしも、襲名が続いていたとは限らない(2)。江戸時代は、一農家であるため記録というてもほとんどない。また、五代前の明治初期に「リョウモライ」の新しい血脈で家を存続した。さらに明治二十三年（一八九〇）、家を道沿いまで三〇〇m移転したため、なお残されたものも少ない。

分からない部分がほとんどであるが、医王山麓で生きてきた渡邊太兵衛家の歴史をひも解いてみたい。

一　太兵衛家のはじまり

昔から太兵衛家はオモヤ（本家）がなく、古い家だと伝えられてきた。関西方面から来た武士であったと伝えていたが、いつ、どこから来て住み始めたのか、はっきりしたことは分からない。

昭和三十六年（一九六一）曽祖父太兵衛（幼名　庄兵衛）死去の際、曽祖叔父たちによって書き誌された家譜によると、「砺波山の戦（倶利伽羅合戦　寿永二年　一一八三）で敗れた武士、渡辺太兵衛が天神村に落ち延び、そのまま土着してこの地（但し旧地）を開墾し、住み始めた」という。天神は鎌倉時代天満と称し市が立ち、既に村としての地名があった(3)。

大正二年（一九一三）に当時の広瀬村長、堀文治郎編『郷土誌』(4)によると、天神村について「成立ハ今ヨリ凡ソ四百年前（中略）渡辺太兵衛ハ同村ノ中央部ニ、一ノ茅屋ヲ構ヘテ開墾に従事セリト。是レゾ同村開墾ノ嚆矢ナル由。同家ニハ、其三代目相続者ノ手ニ入リタル、顕如上人御染筆ノ仏像ヲ今尚ホ秘蔵シ居レリ。是レニ依リテ累々同村ノ開墾年代ヲ察知シ得ベシ」とある。曽祖叔父たちは、後年家譜を書いたころ『郷土誌』の存在を知らなかったと言っていた。また『郷土誌』によると、広瀬村の竹内村、山本村、坂本村も敗走武士が開墾した村と伝えられている。家譜に記されている砺波山の戦がいわゆる、木曽義仲との戦いであったかは不明である。砺波山の合戦では、福光から福光城主の石黒光弘が義仲に参戦している。また天神村に隣接する天神町の巴塚は、義仲愛妾の巴御前終焉の地とされており、通称「一本松」と呼ぶ老松がある。

二　戦国時代

戦国時代、当地は一向宗徒が文明十三年（一四八一）田屋川原の合戦で勝利をおさめて以来、大きな力を持っていた。天神村は安養寺領である。

(一) 本尊類掛け物三幅

太兵衛家は幕末に没落して、ほとんどの財を失ったと伝えている。しかし唯一伝えてきたのは、内仏本尊並びに名号である。正面には、本尊　方便方身尊像（阿弥陀如来）が掛けられている。「両脇掛け様」とよんでいるのは、向かって右の十字名号（歸命盡十方无㝵光如来）と、左の六字名号（南無阿弥陀仏）である。六字のうち「阿弥陀仏」の字が傷んで消えかけている。家では六字名号を蓮如上人（八代門首）筆、本尊を顕如上人（十一代門首）筆と伝えてきた。本尊の裏書については、『郷土誌』に「顕如上人御染筆ノ仏像」と記載されていることから、大正二年時は伴っていたと思えるが、現在は不明である。曽祖母（明治二十六年〈一八九三〉生）によると、嫁いだ時（明治四十四年〈一九一一〉）はあったが、大正期表具を修復した時に、失われたという。その修復はおそらく大正八年（一九一九）の高祖父　太兵衛（幼名友吉）没後、法要を行うための修復であったと思われる。

この度、二〇一九年三月に、草野顕之先生に内仏本尊並びに名号を確認して頂く機会を得た。お送りした写真による所見は、本尊は顕如または教如（十二代）門首期（継職　顕如　天文二十三年〈一五五四〉―文禄元年〈一五九二〉、教如〈文禄元年〉一五九二―慶長一九年〈一六一四〉）に本山から免許されたものであろうこと。六字名号は実如（九代門首　継職　延徳元年〈一四八九〉―大永五年〈一五二五〉）筆に間違いない。十字名号は教如筆に間違いないと鑑定して頂いた。(5)

草野先生による太兵衛家の内仏本尊並びに名号に関する所見は、次の通りである。

(1) 御本尊（方便法身尊像）（写真1）

御本尊は本願寺からの公的な免許物であるから、免許した門首による裏書を伴うのが本来の形である。今回裏書が伴っておらず、写真での所見である。

まず本紙に対する阿弥陀像の割合からすると、蓮如や実如期とは完全に異なり小さい。これくらいの割合で描かれるのは、証如期以降、顕如・教如といった門首の時代であろうと、まずは推測される。さらに踏み込むと、証如期の像はやや小ぶりに描かれること、面貌がふくよかに描かれる等に特徴がある。対して顕如・教如期は、像の大きさこそ大きく変わらないものの、全体的にスマートな像容が多い。これらのことから、本像は顕如または教如門首期に免許されたと考えられよう。ただし、御本尊は絹本に描かれるので、その絹質を調べたり、全体的な感触を現品を前にして判断する必要がある。

(2) 御名号（六字名号）（写真2）

墨書の六字名号は、蓮如に始まる歴代の門首が書き、門徒に免許した。多くは草書体の文字で書かれており、誰の筆であるか判断しがたい。近年、『蓮如名号の研究』(6)が刊行され、筆跡が幾つかのパターンに分類され、どの門首の筆であるのかが、かなり明らかになった。

その研究に基づくと、本六字名号は、典型的な実如の六字名号である。実如は父・蓮如の文字を丹念に真似て書いてはいるが、やはり蓮如の豪放な書体と異なり、やや温和しい文字である。一つ一つの文字、それ自体にも実如の特徴がよく出ている。実如の草書六字名号の大きな特徴の一つに、南の字と無の字との間が接近し、無と阿、阿と弥、弥と陀、陀と仏との間がやや開き加減に

写真１　方便方身尊像

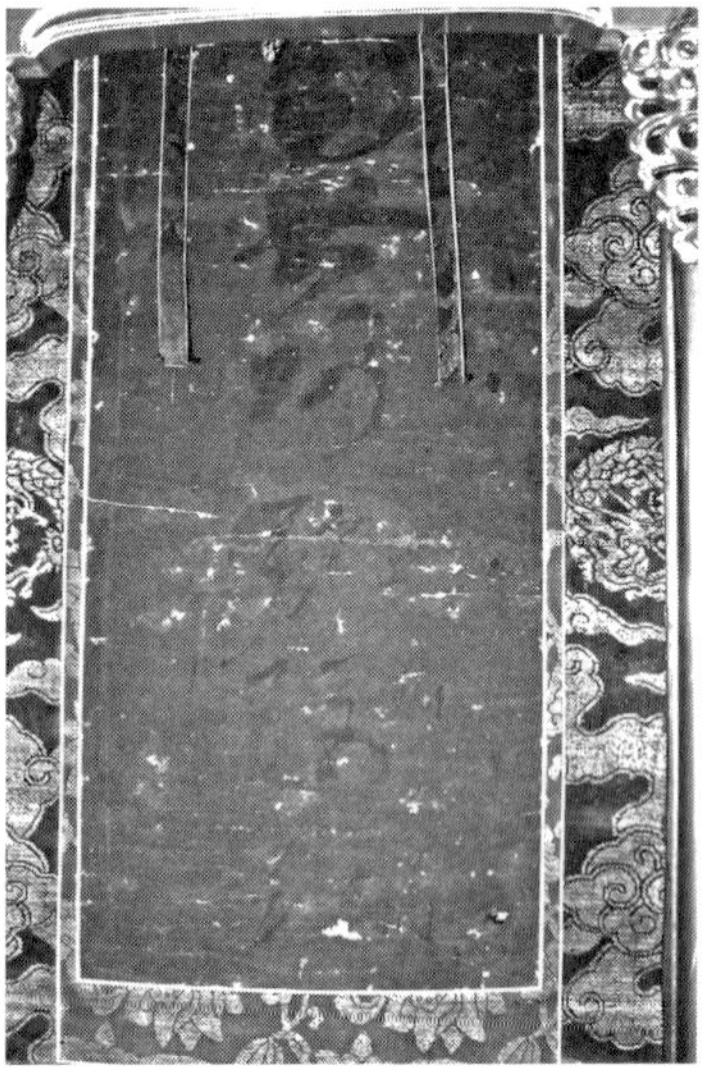

写真２　六字名号

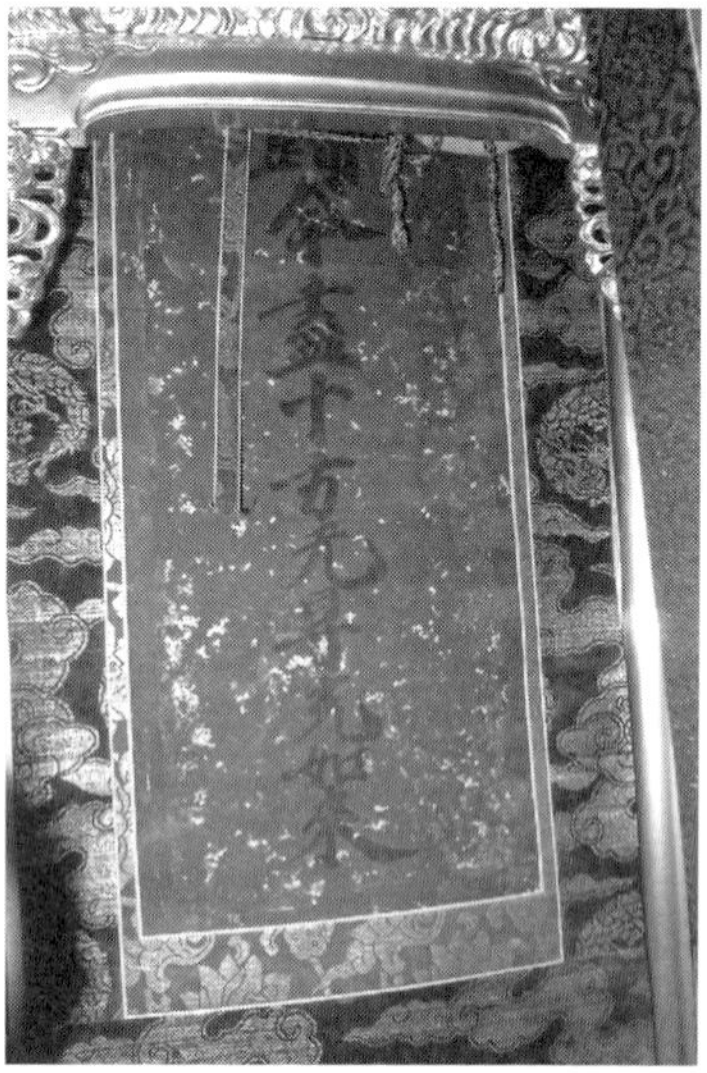

写真３　十字名号

なることが古くより言われている。この名号はそれに相当しており、実如筆に間違いない。

(3)　**御名号（十字名号）**（写真3）

墨書の十字名号も、蓮如に始まる歴代の門首が書いている。十字の場合多く楷書体である。墨書十字名号も先述の『蓮如名号の研究』の研究に依ると、本名号は教如の筆と考えられる。

教如筆と確定できる花押入りの名号と比較すると、十の字の第一画目の力強い筆の入り方、无の字の最終角が左の跳ねと離れて書き始められていることなど、特徴がよく出ており、教如筆に間違いない。

また太兵衛家の場合、在家にあるということに、価値があるとのご教示を頂いた。

六字名号は伝わっていた蓮如ではなく実如だったこと、また本尊は太平衛家で伝わっていたことと、『郷土誌』に記されていた通り、顕如であろうことが判明した。

(4)　**法量**

法量を測定したら、三幅とも一九×四三cmである。蒲池勢至氏によると、真宗では本尊や名号の大きさが一定していて、その大きさを「代」と称している(7)。それによると真宗大谷派の寸法は、三百代が長さ　一尺四寸（四二cm）、幅六寸五分（一九・五cm）であり、太兵衛家の本尊・名号は三百代である。普通、三百代までが在家用で四百代からは寺院用とされている。また三百代の本尊が現在寺院にあるが、元は道場本尊のものであるとされる(8)。

しかし現在太兵衛家の仏壇は、二百代である。本尊並びに名号を改めて見てみると、本尊・名号共に上部で裏を糸で縫い留め縮めてあることが分かった。当然当初は裏を縫い留めることなく、三百代の本尊類が掛けられる仏壇であったと思える。現在の仏壇は昭和三十年頃求めた仏壇であり、漆で朱銭目・金虫喰塗などがほどこしてある。それ以前のものは、同じ天神村のY家に移っている。そのためY家の仏壇を見るとやはり二百代であり、おそらく太兵衛家が大正期に求めたものと思われ、比較的新しい。そのため、大正期以前の仏壇が三百代の仏壇であったか、どの程度の仏壇であったか分からないがそこに掛けたのであろう。ただ、そのY家の本尊は木像の阿弥陀如来であり、太兵衛家から仏壇を譲られたときに、共に移ったと伝えられている。

現在砺波地方の在家で三百代の仏壇は少ないし、仏壇屋も在家用は二百代までの仏壇が売られている。本山でも授与する内仏の本尊・脇掛の標準寸法は二百代までである。近村の僧侶によると、極まれに二五十代の仏壇があるが、本尊・脇掛は、二百代であるという(9)。

太兵衛家の本尊並びに名号の法量がなぜ三百代であるかは、今後の課題である。

当初の仏壇が、どのような仏壇であったかは不明である。

(5)　名号の祭祀

蒲池勢至氏は「名号の祭祀形態と機能―道場から寺院へ―」のなかで、「名号が表装され大事に箱に納められたままの状態ではなく、講会など「寄り合い」「談合」の際に名号は持ち運ばれ、その都度、掛けられたり巻かれたりしたのではないか。また真宗における「本尊」形態の変化は、名号　絵像　木仏という変遷をしている(10)。」とされている。

太兵衛家の本尊類のうち、六字名号だけが傷みが著しいのは、蒲池氏の説かれるように、六字名号が講などに持ち運ばれ、よく使用された証ではなかろうか。後述の六字名号の字が下方から薄くなってきているのも、そのためと思われる。

近村にはほとんどの村に寺院がある。また広瀬村においても、六か村の内五村に寺院や村から移転したゆかりの寺院がある(11)。しかし、天神村には寺院がない。前述蒲池氏の論文には、三百代の本尊が道場本尊であった場合もあったと指摘されており、太兵衛家の名号は、村の内道場的な本尊であった可能性もあったのではなかろうか。

それら法宝物はどのようにして授与されたかは分からない。金龍教英氏は蓮如期に門首の六字名号を授けるには、京都の山科本願寺に出向き、冥加金を添えて申請しなければならなかったとされる(12)。先祖の中には、山科本願寺まで出向いた人もいたのだろう。

当地は文明十三年の一向一揆以来、農民が一揆に加わっている。石山合戦においても善徳寺や松寺永福寺が川上宗徒を率い、参戦している。同じ広瀬郷坂本村の宮には、石山合戦から無事帰国した記念樹とされる木が、三本植えられている(13)。

(二)　白蛇の局伝説

太兵衛家については、一つの伝説が伝わっている。それは、「白蛇の局(14)」や「白蛇になった局(15)」に載せられているが、要旨は次の通りである。

「天正十三年（一五八五）三月二十一日、佐々成政は医王山を越え、石川郡湯涌谷にある前田利家出城の鷹巣城を急襲したが敗退し、医王山中に逃れた。その途中天神村領字、水吐の城ケ山に一時奇遇したが、利家の派兵に攻められた。この地には全く水が無く、近くの明神川から引水して飲料に用いていた。しかし利家派兵のために水源を絶たれ、終に落城した。落城直前に間道から脱けだした奥方や子供、召使いたちはしばらく身を隠していたが、食物が無くなり、途方にくれてしまった。それで奥方付きのある局（奥方との異説もあり）が村方へ出て行き、食料を求めた。天神村のある富豪の家に助けを求め、「どんな仕事でもします。召使いにでも使ってください」と頼んだが断られた。嘆いた局は近くの池に身を投げてしまった。その後局は白蛇になり、その家の天井裏にすみ、梁を伝って現れ家人を見つめるようになった。このためこの家は病人が出たり、争いごとや不幸なことが起こり、ついに没落してしまった」と言う伝説である。この局が身を投げた池が、太兵衛家の池である。

　これは太兵衛家にとって、あまり気持ちの良い伝説ではなく、半ば封印されていたが、秘かに伝えられてきた。私は中学一年生（一九六五年）のころ、複数の曽祖叔父たちから聞かされた。また曽祖叔父たちによると、局を助けなかったのは、太兵衛家にとり、利家の追っ手から逃れるため、家存続にはやむを得ないことだったという。

　さらに佐々成政は、石山合戦で織田信長の武将として、一向宗徒と戦っている。越中に入ってからは、天正九年（一五八一）に瑞泉寺を焼き討ちしている。また、後に手次寺となる水島勝満寺も焼き討ちしている。[16]まさに法敵である。当時太兵衛家は、顕如上人の御染筆とされる方便法身尊像を手にしたところであり、篤い信仰の心に満ちていた。近在も前述のとおり、多くの人が一向一揆に参戦し、真宗の意気が非常に高かった。太兵衛一族の中には文明十三年（一四八一）田屋川原の合戦以来、一向一揆に参戦した人がいたと思える。いくら成政のお局がかわいそうと思われても、とてもかくまう気持ちには、なれなかったと思われる。

　一九世紀初頭まで太兵衛家は、村肝煎をつつがなく務めていた。ただ江戸後期家運が傾き、幕末に没落し血脈が完全に絶えると、三〇〇年余りの時を経て「白蛇の局伝説」が作られることに、人々の記憶の長さを思うのである。

　言い伝えでは、江戸末期すでに六字名号の字が下方から薄くなっていった。そのころ太兵衛家では何か争いごとがあったらしく、「いさかい（争い）するさかい、仏様のけて（逃げて）いくまっしゃる」と言ったという。何か争いごとがあったらしい。

　養子であった五代前の高祖父　太兵衛（幼名　友吉）は、白蛇の局伝説を村人から聞かされ、半ば脅され、旧地がいやになり、明治二十三年（一八九〇）、道沿いの現地に移転する一因にもなった。当時前戸主亡き後の養子は、村落共同体の中で、大変立場の弱いものであった。局が身を投げたとされる池は、曽祖母ゑす（明治二十六年〈一八九三〉生）が明治四十四年（一九一一）に嫁いだ時には、旧地にまだ残っていた。私（一九五三年生）が子供の時には、池はすでに埋められ、蕗畑になっていた。

　なお白蛇というのは、全国では白の聖性や希少性に対する信仰的な心意にもとづき、むしろありがたく、福や吉兆と結びついた「神の使わしめ」という信仰が、根強く残っている。[17]

　近村の広瀬村坂本にも白蛇を敬う信仰がある。坂本を起点とする福光から二俣を通り金沢間の「殿様道」には、二俣まで三三体の観音様が祭られている。山の頂上の観音堂内には、白蛇が住みついていると言われており、村人から「神様の使いの守り神」としてずっと敬われている。[18]

（三）佐々成政の家臣伝承

　家譜のもう一説によると、「天正年間、佐々成政が豊臣秀吉との戦いで敗れた時、佐々の家臣、渡辺太兵衛が天神村に落ち延びた。」とある。

白蛇の局の伝説等から考えると、佐々の家臣をとても家人として受け入れ難い気がする。しかし当時のことである。よく分からない部分が多い。わざわざ佐々の家臣のことを記録してあるところを考えると、時を経て佐々の家臣が、先祖の一人にいたのかもしれない。

(四)『郷土誌』の記述

『郷土誌』には「今ヨリ凡ソ四百年前、広瀬舘村小坂　三郎右衛門ヨリ分家シタル渡辺太兵衛　(以下略)」という記述がある。『郷土誌』が記されたのは、大正二年(一九一三)であり、その時から四百年前なら、一五〇〇年初めごろになる。しかし太平衛家には分家したという伝承がなく、敗走武士という伝承である。また一五〇〇年頃には、すでに実如上人の六字名号が授与されており、ある程度家としての基礎が固まっていたと思える。

『郷土誌』は、本尊の裏書を基に太平衛家の分家について推測したものであるが、本尊の裏書には、下付物・下付者・年号・手次関係表示・裏書地名表示・願主が書かれる。どこからの分家とは書かれない。天神村湯浅総本家の五兵衛家は、戦国時代以前に、小坂から分家している。太平衛家が小坂　三郎右衛門から分家したというのは、おそらく『郷土誌』執筆者による湯浅家との混交である。

どの家からの分家かという伝承は、相当昔のことでも、この地方の家は昭和五〇年頃までは、伝わっていたことが多い。戦後も、葬儀などで本家分家の役割がある場合もある。太兵衛家では、約三〇〇年前の分家伝承も、現在に至るまでお互いの家で伝承している。ましてや隣村小坂からの分家であったならば、確実に伝わっていたはずである。そのため、一五〇〇年頃小坂から分家したというのは間違いである。

三　江戸時代

江戸期のことは、わずかに村史や手次寺、水島勝満寺過去帳の法名に、記録が残されている。

(一)　家譜と作高

高祖父母は江戸末期から明治初期に太兵衛家の養子になっている。家譜の信憑性は吟味しなければならないが、曽祖叔父たちは、ある程度江戸末期の話を聞いていたと思われる。

家譜によると、「郷の肝煎等の公職を兼ね、(中略)作高参百石(約二〇〇町『太田村史』二〇九頁)を越え、作男数名、農耕馬七頭を擁し、毎年田植時には近隣百姓衆相集い、太鼓鳴物入りの盛大な祭りを催すを例とした。」とある。

屋号は現在「タヘイサ・タイサ」であるが、大正期ごろまでは「タイドン」と呼ばれたという。村でドンのついた家は五軒あった。キッチョンドン(吉右衛門)・ゴイドン(五兵衛)・ヤスンドン(安右衛門)・ジョウベドン(十兵衛)・タイドン(太兵衛)である。

父寛(大正八年〈一九一九〉生)は昭和二十年代、近村小山村の古老より、「かつて太兵衛家の田植え時は、太鼓入りの賑やかだったことを、自分の先祖から聞いている。」と聞かされた。佐伯安一氏によると、本来田植えは儀式であり、祭りであった。苗を移植するにあたって神を迎えて、その加護を願う。そこに田植え唄が生まれ、太鼓を叩いて囃したという。[19] かつては天神村でも田植えの儀式が行われていたのであろう。また祖母そとい(大正二年

〈一九一三〉生）が昭和五年（一九三〇）に嫁いだ時には、江戸期に馬が多くいた時のなごりである、「馬洗い石」があった。石は大きめでその上に馬の足を置かせて洗ったという。『富山県史』通史編Ⅲ　近世上　の表「寛文十年水島村など6か村の村高・百姓数・馬数」によると、[20] 馬一頭当たりの耕作石高は、三四・六～五四・五石であり、平均四七・三石である。家譜が伝える農耕馬七頭ならば、作高三百石余は、符号している。

(二)　村肝煎

村肝煎をしていたことは、いくつかの史料で明らかになった。村肝煎は寛永八年（一六三一）ごろから制度化されていった

(1)　元禄十二年（一六九九）六月晦日　土地新開願と免許（史料1）
『廣瀬村郷土誌』十六頁

史料1　土地新開願と免許

一、村ヨリ十村へ

覚

三拾五石元禄四年ニ殿村・天神村・高宮村・福光村・遊部村・桐木村・荒木村領内之内ニ而田屋村四郎右衛門奉願申内
一、四石五斗
此分御見図リ免ヲ以御請可仕候
右私共領之内、小矢部川縁ニ而田屋村四郎右衛門奉願場所、今般地方江可被仰付旨畏申候、
右村中連判ニ而願書付上ヶ可申候
以上
元禄拾弐年六月
天神村肝煎
太平衛
組合頭
市兵衛
同
五兵衛
和泉村
彦三郎殿
宮丸村
治左衛門殿
大西村
善六殿

二、十村が奥書して藩庁へ

殿村・天神村・福光村・荒木村・桐木村・高宮村領新開高三拾五石之内
一、四石五斗　新開
右天神村領此跡田屋村四郎右衛門、新開願上申候場所、今般地方百姓共ゟ奉願候、御定之通当年ゟ弐ヶ年作リ取、三ヶ年四ヶ年御検地之上ヲ以御納所可仕候間、被為仰付被下候者難有忝可奉存候、
以上
元禄拾弐年六月十三日
天神村肝煎
太平衛
組合頭
市兵衛
同
五兵衛

右天神村領新開地方百姓中ゟ書付上ヶ申候ニ付吟味仕候所、何方ゟ茂構無御座候間、右之通被仰付可然奉存候、以上

大西村
善　六
和泉村
彦三郎

三、免許御印

覚

一、四石五斗　新開

右天神村領新開可仕旨望之通申付候条、今年ゟ弐ヶ年作取、三年四年者検地之上見図　免ニ而半納所、至五年目可為本納所者也

元禄十二年九月晦日

毛利又太夫
福嶋浅右衛門
中村四兵衛
堀孫左衛門
根来九兵衛
佐藤仲左衛門
印牧少兵衛
今村源太夫
在江戸　高田作右衛門

砺波郡天神村
百姓中

この史料は、元禄十二年、天神村から十村へ、小矢部川沿いの川原田を開墾するために土地新開願を出して免許されている。旧『福光町史』によると、手続きは次の通りである。まず新開願書をその郡の新開裁許へ提出する（前願）。次に改作所から見聞方申し渡される。その上次のような聞き届けの沙汰書（下し証文）が、改作奉行連名で願入方へ下付される。そして約定通り開拓完了の上は本証文と引き替えにされた[21]。

この原本は不明であるが、昭和六年（一九三一）広瀬小学校編の『広瀬村郷土誌』に写しが載せてある。原本は、昭和四十六年版福光町史編纂時以前に旧広瀬役場の資料として一括して、福光町へ提出したとも伝える。昭和四十六年（一九七一）の『福光町史』にも紹介されており、出典は「渡辺文書」となっている。この中には肝煎として太兵衛の名がある。組合頭の五兵衛は、屋号がゴイドン・ゴイサの現当主湯浅友吉家である。小坂村の湯浅家からの分家で、天神村に現在一四軒ある湯浅家の総本家であり、村に現存では四軒を分家された[22]。もう一人の組合頭市兵衛は不明である。

この文書は小矢部川沿いの川原田を開墾した時のものである。延宝三年（一六七五）村の石高は四六七石であり、肝煎の俸禄は三石である[23]。

(2) 寛政六年（一七九四）八月　砺波郡小山村など郷山割定書
（史料2）『富山県史』Ⅲ　史料編近世上
九九八・九九九頁

史料2「寛政六年八月　砺波郡小山村など郷山割定書」

郷山割定書之事

一、打縄之義、金ノ七尺ヲ壱間ニ相極申候事

一、引山之義ハ山役銀拾匁ニ付弐千弐五拾七歩宛引取可申候、

若引替申度村々御座候ハヽ、壱番割ゟ三番割迄之内ニ而為引
申間敷候、南谷五千歩割ゟ末割之内ニ而引取可申事
一、大谷道之義ハ、留滝割拾本ニ割符鬮取可仕候、勿論以来道
請ニ入作可申候事
一、鬮山之義者、前々振合以高下無之様ニ割立、鬮取可仕候事
一、大谷道之外ハ、山切ニ道作可申事
一、山盗刈仕者万一御座候而、山番見付申節有之候ハヽ、四匁過
銭為出、山主人ニ相渡シ可申事
右定書之通承知仕申候、此末拾五ヶ年委(季)ヲ以割直可申候、為其私
共印形仕申候　以上

寛政六年寅八月九日

小山村肝煎　甚九郎（印）
小坂村肝煎　文右衛門（印）
組合頭　彦右衛門（印）
組合頭　五郎兵衛（印）
同　太郎兵衛（印）
同　甚　助（印）
竹内四ヶ村組合頭　市郎右衛門（印）
祖谷村肝煎　理右衛門（印）
同　権　兵　衛（印）
組合頭　八郎兵衛（印）
天神村肝煎　太　兵　衛（印）
同　与次兵衛（印）
組合頭　五　兵　衛（印）
広瀬舘村肝煎　市　助（印）
同　安右衛門（印）
与合頭　権　助（印）
同　権右衛門（印）

〔西砺波郡 福光町竹内 宮森八郎氏蔵〕

この史料には近村の肝煎にまじり、天神村肝煎太兵衛の名がある。組合頭は五兵衛（前述）・安右衛門（屋号ヤスンドン　ヤッシヨンサ　現当主湯浅誠さん）である。安右衛門家は天神村湯浅家一四軒のうち、五軒を分家された。

(3)　万延元年（一八六〇）五月　肝煎証文（史料3）『廣瀬村郷土誌』

史料3『廣瀬村郷土誌』一七頁

肝煎証文　天神村

書付を以奉願上候
天神村甚三郎義、文化九年六月ゟ肝煎役被仰付、御用相勤来候処、病身ニ相成、安政五年四月退役奉願、御聞届ニ御座候、依而代リ肝煎之儀、右組合頭、吉右衛門江被仰付可下被候、右吉右衛門義、今年四拾年ニ罷成、御高居村ニ而三拾五石五斗七合支配仕、御用可相勤慥成者ニ御座候ニ付、私共一統納得之上、御願申上候、何卒右吉右衛門江代リ肝煎被仰付被下候様、被仰上可被下候　以上

万延元年五月
天神村組合頭　五兵衛
十兵衛
百姓　甚三郎

得能小四郎殿

安右衛門
太三郎
九右衛門
彦　左
仁三郎
伝右衛門
十次郎
紋　吉
甚右衛門
吉十郎
与三郎
太兵衛
甚左衛門
常次郎
三次郎
十左衛門
宅次郎
仁右衛門
八左衛門
伊右衛門
六兵衛
長次郎
彦　市
長右衛門
七右衛門
甚兵衛
市郎右衛門

右砺波郡太美組天神村肝煎之儀、吟味仕候処、書付之通相違無御座、吉右衛門義、組才許小四郎親類縁者ニ而も無御座候、尤御用相勤慥成者ニ御座候間代リ肝煎役仰付可然奉存候　以上

得能小四郎
川合又右衛門
得能覚兵衛
石崎市右衛門
五十嵐佐次右衛門
石崎文太郎
宮丸村　次郎四郎
他　八名

御改作
御奉行所

加藤右門
林　省三

表書之通天神村肝煎同村吉右衛門申付者也

この史料には、文化九年（一八一二）年六月より、安政五年（一八五八）四月まで甚三郎（屋号ズンザブサ　現当主湯浅良悦さん）が肝煎を務めたが病気になり、吉右衛門（屋号キッチョンドン　現当主渡辺諭吉さん）に代える願いを、十村に百姓連名で出している。これにより、太兵衛はその前の肝煎りで文化九年（一八一二）まで務めていたと思われる。

太兵衛家の法名によると、文化八年（一八一一）十二月十六日に釈専了があり、これがその太兵衛である。

「肝煎証文」には村の百姓が連名しているが、この太兵衛は天神

村三二軒のうち一七番目に署名している。石高の多さの順であろうから、このころが、家没落の頃と思える。

(三) 福光新町開始の伝承

一般に新町は慶安四年（一六五一）、砺波郡本江村の阿曽三右衛門が、町立てに関わったとされている。しかし旧『福光町史』にも取り上げてある通り、『近世福光小史』[24]には、次のように書かれている。

一、福光新町開始、
　天和二年（一六八二）天神村伊右衛門、　元祖也。
　肝煎太兵衛也

旧福光町史編纂室（一九七一版）の斉田正雄氏によると、この太兵衛は太兵衛家であるという。天和二年頃の天神村の肝煎が太兵衛であったのだろう。新町開始に関わったのであろうか。これを記した石崎古近は当時のことをよく知る福光村の肝煎である。石崎古今は『近世福光小史』でその時代背景を詳説している。

新町には近村の二男、三男が多く移住してきている。天神村からも移住しており、後に天神村出身の（片山）十兵衛の子孫が文政・天保年間など代々組合頭等をしており、天神村との関連が続いていた[25]。

また『新町神明宮史』[26]にも石崎古近の説を取り上げている。異説として紹介したい。

(四) 法名

手次寺勝満寺の過去帳は延宝元年（一六七三）から記録されている。その一冊目から天神太兵衛の法名が記されている。その過去帳によると、一八〇〇年代に入り、釈専了の死（一八一一没）から続けて何人かの死者が出ている。特に一八五〇年代から一八六〇年代にかけては、六人もの死者が出ている。しかもこれは勝満寺の過去帳からわかる分であって、女、子供は、月忌参りの隣村竹内村真敬寺で葬儀を行われたのも多いと思われる。実際大正・昭和に入っても幼子は、真敬寺により葬儀が執り行なわれている[27]。一八五〇年代の死者は、何か疫病が流行したのかもしれない。また以前にもこのように死者が多い時はあったかもしれないが、遠方の勝満寺を導師に頼まず、過去帳に記載されていないだけかもしれない。

白蛇の局伝説に、人が次々と亡くなったとあるのは、幕末であるこのころを示すのだろう。

(五) 御融通志披露状（史料4）（写真4）

史料4御融通志披露状

　御融通志
（印文〔續〕）
印　拾壱匁
　右令被預候處奇得
　思召御印被成候也

辰五月二日
横田主水
（印）
（印文「頼世」）
下間民部
卿（印）
天神村
太平衛

仏壇の中に古くて分厚い良質の和紙に、一通の文書が残されている。紙は江戸末期の法名より良質だけれど、ずいぶん縁がすり切れている。

この文書を、東本願寺（真宗本廟）の近松誉氏に確認して頂く機会を得た。二〇〇六年二月十五日に届いた近松氏の所見は、次の通りである

この文書は、取次ぎ寺などの名前が一切なく、天神村太兵衛が直接京都へ向かい、東本願寺の宗主へ手許金として、銀十一匁を寄付したことに対し、本山から直接もらった披露状である。「融通志」とあるからには、本願寺宗主手許金についての「融通」であり、教団組織に対する通常の寄進ではないため、このような形での披露状交付となった。江戸後期は前田家では領民が年貢を払わずに東本願寺に寄進するため、門徒の寄進行為を禁止したり、関所の通過を許可しなかったりしたことがあった。時代的に厳しい中、信仰心と行動力で本山まで運んだものである。

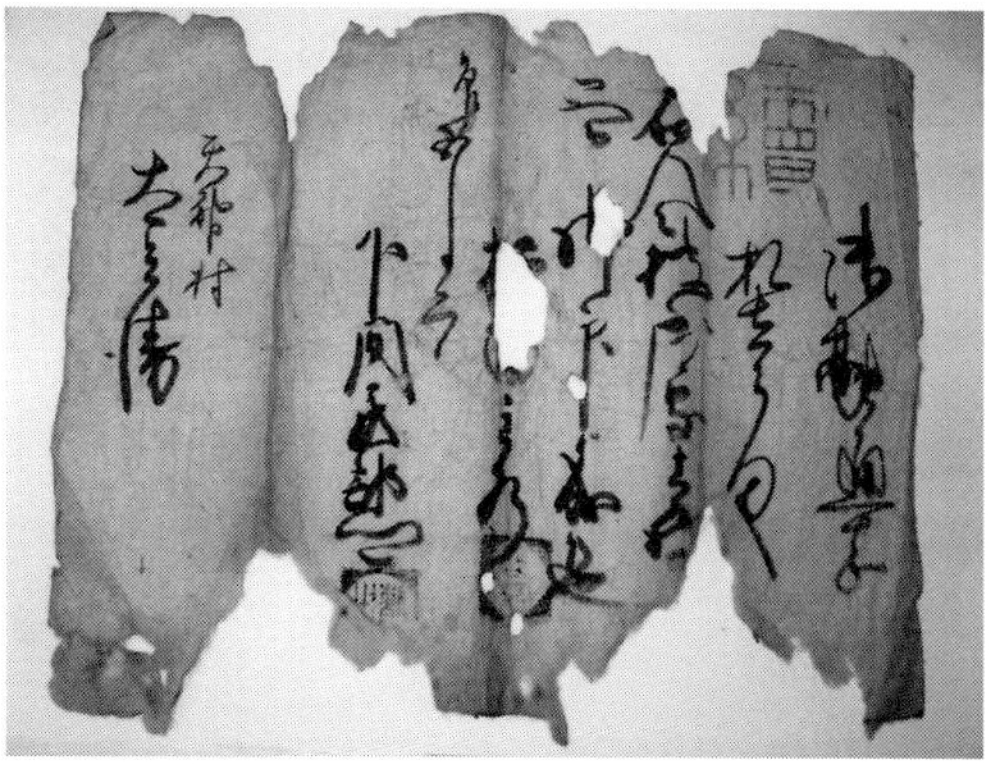

写真４　御融通志披露状

印は「續」であり、これは東本願寺の執務機関のいずれか（上壇間、大中居、菊の間、極印所等）で押される印鑑である。

次に「下間民部卿」「横田主水」であるが、東本願寺の歴史上で「民部卿」を名乗る下間家の人物は、東西分派初期にあたる慶長期と、幕末期の二人である。また「主水」を名乗る人物は、江戸中期以降の横田家歴代のほぼ全員である。従って双方の名乗りが符合する人物がいた時代は、江戸後期である。具体的に該当するのは、「下間民部卿頼世（一八三一～一八七二）」「横田主水是行（?～一八七一）である。文書の印判も民部卿の方は「頼世」と判読できる。「主水」はすり切れているため、判読できないが、問題はない。

二名が東本願寺の執務機関にいた時代で「辰」に当たる年は、安政三年（一八五六）、明治元年（一八六八）の二年である。このころの東本願寺は、何度も焼失に遭っている。また、明治元年は、明治政府に多額の献金をしている年に当たり、どちらも「融通志」を出されるには至当の年である。ただ「融通志」とする再建志納金は事例がなく、文書は安政三年でも明治元年であっても両堂の再建ではなく、宗主の手許金としての融通であったと推定される。文書の体裁、筆致も時代的に符合している。

との鑑定を頂いた。調査には国内に数冊の「東本願寺家臣名簿」の中の「下間系図」を参考にしたとのことである。

鑑定により、この「融通志」をした太兵衛は、明治十二年（一八七九）に没した（法名）釈最勝である。死亡年から京都へ行き奉仕できる体力を考えると、安政三年の可能性が高い。明治元年は神仏分離令が発令されたり、一月に戊辰戦争がおこったりして、社会が落ち着いていない。本山へ行くにはやや困難が伴うと思えるからである。

安政三年の場合ならば、隣村小坂村出身の北村長助（文化六年

〈一八〇九〉～慶応二年〈一八六六〉）は、京都東本願寺砺波詰所の初代主人となっていた。[28] 信仰の篤い土地であり、近在から多くの人が奉仕に行っている。北村家の伝承によると、特に福光城端から奉仕に来る人が多かったと伝える。[29] おそらく太兵衛もその一人で本山へ奉仕に行き、「融通志」をしたのだろう。

　安政三年ならば、五月二日は文政度御再建で両堂は再建されていたが、諸堂などの再建事業の最中であった。[30] 太兵衛は再建された両堂の拝観と、奉仕に行ったのだろう。教団組織に対する寄進の他に、門首へ直接寄進したのだろう。このころの太兵衛家は、多くの田畑も失い、かなり困窮していた。おそらくかなりの無理をして、寄進したと思われる。この太兵衛は曽祖母によると、関西方面へ行ってきたと伝わっている。京都東本願寺へ行っていたことだろう。

　寄進した銀十一匁は、当時の米価からみると米二斗余りであるから、当時としてはそれなりのお金であった。精一杯の志であったろう。

　「御融通志披露状」が書かれているのは良質の和紙であり、しかも一五〇年余りしか経ていないのに、紙の縁が擦り切れている（写真4）のは、門首からの文書がありがたく、ずっと肌身に付けていたためでなかろうか。何度も読み返していたことであろう。「融通志」をした二年後の安政五年六月四日に、両堂は安政大火で焼失してしまった。

（六）分家の伝承

　言い伝えとして太兵衛家は、江戸期に天神村の吉右衛門家（前述）に石高を五〇石（約三町四反）と家を付けて分家した。また祖谷村の渡辺家（屋号マンタロウ　現当主　九代渡辺敏孝さん）も同じく石高五〇石と家を付けて分家した。他にも分家した家があったかもしれないが、今は移転等でなくなった家もあると思える。

　吉右衛門家の渡辺諭吉さん（大正元年生〈一九一二〉）に分家についてのことをお聞きしたら、「その通りに伝え聞いている」と言われた。吉右衛門家の法名によると、初代は宝暦九年（一七五九）に亡くなった方である。そのため一七二〇年代ころの分家かと思われる。前述の通り、吉右衛門家は江戸末期には天神村の肝煎となられ、江戸期から大正年間にかけて、天神村に八軒分家された。吉右衛門家の渡辺喜一郎氏（明治十三年〈一八八〇〉～昭和二十五年〈一九五〇〉）は、広瀬村長をされていた。

　祖谷村の渡辺家は屋号を天神屋といった。当家の渡辺邦子さん（大正十三年生〈一九二四〉）によると太兵衛家からの分家と伝承されており、初代は太郎左衛門氏で、享保元年（一七一六）に亡くなった。おそらく一六八〇年ごろの分家であろうか。初代太郎左衛門氏は祖谷村・香城寺村一帯を広く耕作し、馬二頭に乗り、見回ったと伝えられている。六代目の渡辺敏太郎氏（安政元年〈一八五四〉―昭和十一年〈一九三六〉）は、広瀬舘村初代村長や県会議員、西砺波郡農会長などの要職を務められた。

（七）鎗先川の水源地伝承

　広瀬村を東西に流れている明神川の上流であり鎗先川《やりのさき》（通称鎗先）は、佐々成政が前田利家との戦いで広瀬城に籠城したおり、水不足になり、岩を槍の先で突くと湧き出たと伝える、「水吐《みずはき》」が水源地である。奇岩に開いた直径二尺余りの穴の間から、音響と共に清流の激流が湧き出し、四季を問わず枯れることなく豊かな水量が流れている。この川は字引垂で二つに分かれ、一つは小山の南部、一つは舘へ流れ、南で合流しており、明神川となり、重要な灌漑用水であった。鎗先は、下流になると明神川と称されるため、上流部では明神川を鎗先と呼ぶことも多い。実際「明治十六年明神川字鎗先キ用水苦情ヶ所　見取図」（『医王は語る』三一八頁）には、「水吐」を「明神川水源字鎗先キ」と記している。

清流の豊かな水量は、一日三二〇〇〜七〇〇〇トンの出水があり、大正八年に小山で水力発電所、昭和四十五年には同じく小山で福光町の上水道の水に利用されてきた。また舘の銘酒「成政」は、この水で醸造されている。

この川の水利については、近代に至るまで水争いがあった。舘妙敬寺の位置も水利に関係するとされる。大山喬平「明治の裁判絵図からみた石黒庄弘瀬郷域」（『医王は語る』三二二・三四二頁）によると、山麓から現在の「竹内一の用」用水に到る川は、明治時代の裁判記録などから明神川本流の旧河川とされる。おそらく明神川の旧本流は、更に「竹内一の用」用水へと流れていたとされる。竹内　宮森八郎氏（一九四〇年生）によると、竹内はこの水を一番重要な用水としている。

明神川は水量豊富なゆえに、かつては暴れ川であった。明神川が旧河川そして「一の用」用水から、更に下流の天神へと続く旧河川があったとしても自然な流路と思え、現在天神の北側を流れる深江用水あたりまで流れていたのではなかろうか。深江用水は、責任者がいない川と言われているのは、自然河川だったからではなかろうか。

「水吐」は、いつからか不明だが、昔から現在に至るまで天神領内であり、明治期までは太平衛家が所有していたと伝える。私は子供の頃毎年現地に山菜採りに行っており、曽祖母から聞かされていた。後に天神　吉右衛門家の所有となった。「水吐」近くの山地である、日野々・若宮・中尾・御坊山・大谷・岩崩・市郎兵衛平なども天神領内である。

鎗先川の水源地を、天神村そして太平衛家が所有していたことはどういう意味を持つのだろう。現在天神村は、ほとんどの水源を小矢部川と支流糸谷川から取水している。大山喬平氏は、この小矢部川水系の制御は平安後期と判断されている。（大山喬平「荘園と村落 ―砺波郡広瀬郷―」『歴史公論7　第四巻5号』雄山閣　一九七八年五月）しかし、それ以前は自然の川を利用していたと思える。鎗先の水源を守ってきたのは、天神村にとって重要な水源であったためでなかろうか。天神村そして太兵衛家が「水吐」を所有していたことについては、今後の課題としたい。

六　明治以降

(一) 高祖父　太兵衛（幼名　友吉　安政六年〈一八五九〉―大正八年〈一九一九〉）

東本願寺に融通志をした太兵衛（法名　釈最勝）は、明治十二年（一八七九）に没した。子供がいなかったので隣村の天神町、石崎佐太郎家㉛から養子に次男友吉を迎えた。石崎家とはなんの血縁関係もない。友吉は祖谷から妻りよを迎え、新しい血脈が始まった。友吉は先代太兵衛の死後すぐに、太兵衛を襲名した。天神村では江戸期までは襲名が続くが、明治以降は他家にはない。

私は現代において、何の血縁もない家に養子として入り、しかも襲名までしていることに少し違和感も覚えるが、当時は家の跡を継ぐとはそんなものだったのだろうか。しかも財産とてあまり無く、せいぜい天保六年（一八三五）建てられた家（後述）と、わずかな田畑があるだけである。

(1) 元家の建築年（写真5）

私が生まれ育った元の家を、父が昭和四十七年（一九七二）新

写真５　天保期建築家の大黒柱のほぞ

築するために解体したところ、広間の大黒柱のほぞに「天保六年未六月ヨリ　大工　法林寺屋　弥三□」と墨書してあった。屋号法林寺屋（ホウレンジヤ）は隣村竹内村の、現当主法邑孫太郎家である。墨書は解体しなければ分からない場所にしてあり、当時の棟梁の気概が表れている。建てられた天保六年（一八三五）ごろは、文化八年（一八一一）までしていた肝煎をやめたころである。広間の東側ヒラモンには、槍や検地用のサオを三本ほど掛ける「ヤリカケ」が一対設置してあった。柱は栗材であり、加賀藩の七木の制によるものである。ヒラモン・サシモン・オビキ等は欅であった。家は移転や改築を重ねながら、一三七年建っていた。

(2)　秉燭《ひょうそく》の出土（写真６）

解体中に、仏間跡地から十八世紀末から十九世紀初年の越中瀬戸焼の秉燭《ひょうそく》が、出土した。秉燭は仏間のすぐ下にあった。

出土した秉燭について、二〇〇六年十月、宮田進一氏に確認して頂いた。(32) 宮田氏の所見は次の通りである。

写真６　出土した秉燭

この製品は、越中瀬戸の秉燭である。秉燭とは受け皿に灯油を入れ、中央に灯心を立て火を灯した灯火用具である。越中瀬戸焼の秉燭は瀬戸の影響を受けて成立したと考えられる。瀬戸の編年から比較すると、出土した秉燭は、十八世紀末から十九世紀初年の製品である。底部外面以外、全体に鉄釉がかかっていて、底部外面にも釘穴がある。この製品は富山県内でよく出土している。

とのご教示を頂いた。

小さな灯火用具であり、現在の仏壇の中の電灯もこの形を模したものである。平素の明かりは囲炉裏や、より大きい提灯などを使用していたと思われることから、この大きさは仏壇の明かりに用いたことに間違いない。

この地は、天神村公民館蔵　明治初年の地籍図によると、田である。またその他の出土品はなかった。そのため太兵衛（友吉）が仏の加護を願い、家を移転した明治二十三年に仏具である秉燭《ひょうそく》を仏間の下に埋めたものである。縁にごく一部に欠けた部分もあるが、傷は比較的新しく、出土時に大工・土建屋・近所など多くの人の手により、解体工事をしていたためであろう。

太兵衛（友吉）が養子に来た時は、家は建てられて四〇年ばかりであった。太兵衛（友吉）は田も少なく、子も多く、実家のように商売をしたくて、家を明治二十三年（一八九〇）旧地より才川往来の道ブチ（沿い）に移転した。最初は肥料として灰を売り買いし、そのうち他の肥料を商った。

明治二十三年（一八九〇）に移転するまでの太兵衛家の元屋敷は、今の三〇〇mほど南西の田の中（屋号　タサブサとズンザブサの間の西）にあったが、広い森に包まれ小さいながらも周りは、内と外の二重に、川や堀で囲まれていたと伝えている。曽祖叔父たちはそこで生まれ育ち、子供の頃旧地の大きな切り株が寂しい

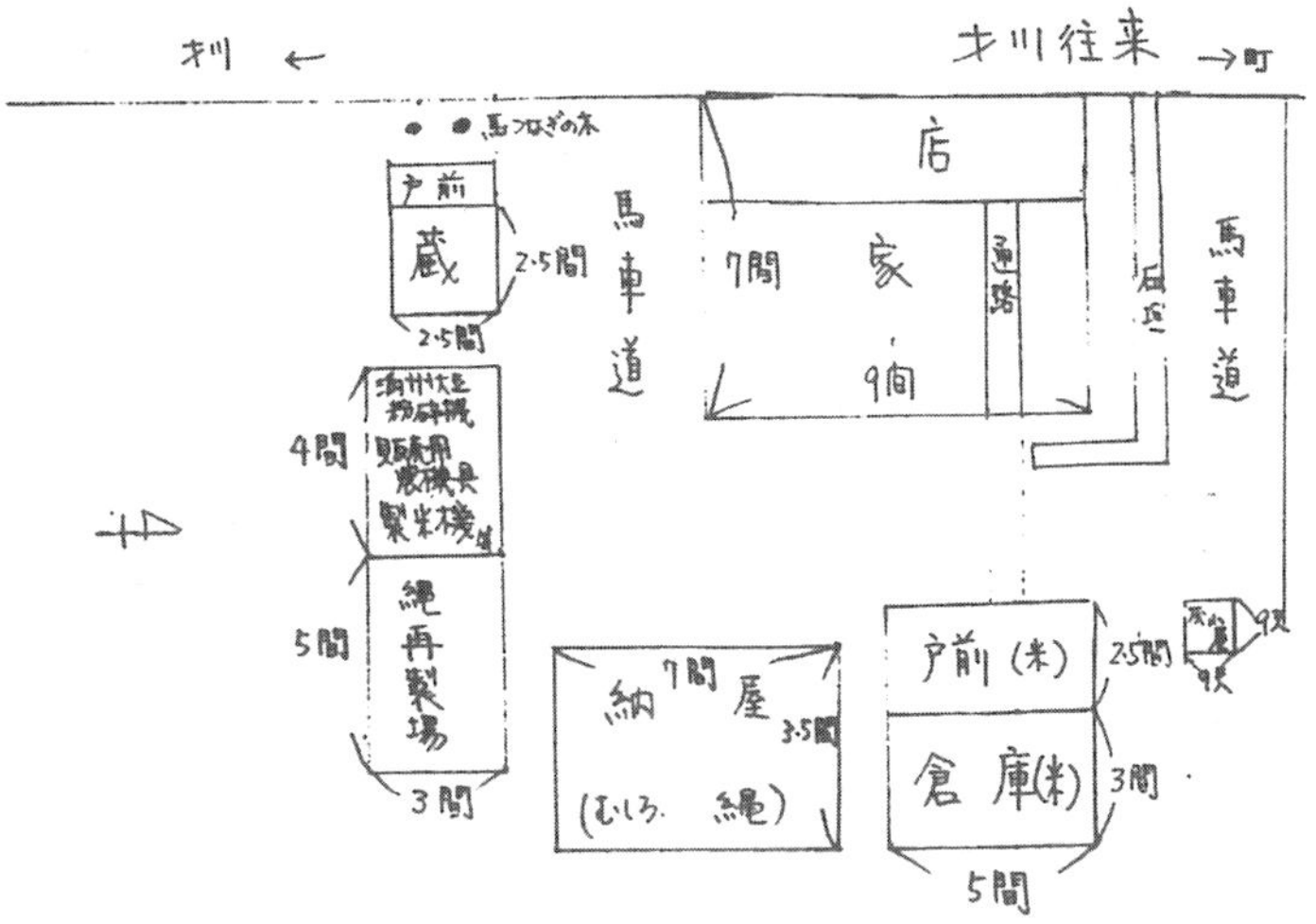

図1　昭和10年　太兵衛家

ような、懐かしいような気持ちだったと言っていた。

(二)　曽祖父　太兵衛（幼名　庄兵衛　明治十五年〈一八八二〉—昭和三六年〈一九六一〉）

太兵衛（友吉）の長男庄兵衛は、明治十五年（一八八二）に生まれた。父の死後すぐに太兵衛を襲名した[33]。商売を少しずつ広げ米穀卸を主業に、藁工品、肥料、農機具などを扱った。近村の村人からの物資は、何でも扱っていた。天神村は、小矢部川上流域からの交易に適した地であった。多くの産物は福光駅から北海道などへ、貨車で移送された。（写真7）

太兵衛が扱った商品は、大正から昭和十年代に経済が統制になるまで、米、雑穀（小豆、イルゴなど）燃料（炭、タクモン〈薪〉など）肥料（化学肥料、干にしん、ハナタネ〈レンゲ〉豆かす、

写真7　太兵衛（庄兵衛〈2列目向かって左より4人目〉）の一族
昭和6年3月

コンカ、生石灰など）藁工品（縄、莚〈城端莚〉バンドリ、モッコ、わらじ、フカグツ、竹の皮のゾウリ、藁のゾウリなど）農機具（縄ない機械、藁打ち機械、莚織る機械）食品（酒、醤油、酢、干ヨモギ、卵など）日常品（電球、石けん、マッチ等）餌（貝殻、荏〈荏胡麻〉）機械油、セメント、など多種だった。縄の再製場もあり、米搗《か》ちなどもした。

（三）渡辺太兵衛商店

太兵衛（庄兵衛）には一人息子栄吉（大正元年〈一九一二〉―昭和十三年〈一九三八〉）がいたが、若くして戦死した[34]。縁戚から父母を養子に迎えた。父は太兵衛（庄兵衛）の死後、親戚から襲名を勧められたが、店の名前に太兵衛を残すことにして、襲名はしなかった。戦前においては正式に渡辺太兵衛商店と言わず、普段は渡辺太兵衛と称して商売をしていた。

父は戦後建築材料を商いとした。渡辺商店にすると、近くの同名商店と郵便などの間違いがおきたりしたので、店名を渡辺太兵衛商店にした。

おわりに

古い家というだけで、いつの世からか太兵衛家は代々襲名してきたが、時代とともに父の代から形を変えた。それでも日常は、店の名前や屋号などに残っている。太平衛家の記録は少ないが、伝承を含め、本尊類や江戸時代からの村の記録、法名などから、少しだが辿れた。昭和四十七年解体した元家の大黒柱ほぞの墨書からは、元家の建築年や大工が判明した。

拙稿をまとめていくうちに、有難くも長年の願いであった内仏本尊並びに名号を鑑定して頂く機会を頂いた。それぞれの授与された時代背景や、三百代という法量であること、在家である太兵衛家に伝わってきたことなど、これからの課題は多い。

また、御融通志披露状についても、御本山からご教示を頂き、感謝の念でいっぱいである。多くの先生方からご教示頂いたことで、太兵衛家の歴史は、この地方の歴史でもあると思い、記録したいと思った。お教え頂いたことをもとに、まだ調べる課題は多いけれど、ここで一旦太兵衛家の歴史の中間的なまとめとしたい。

本稿を記すにあたり、長期にわたりご指導を頂いた佐伯安一先生をはじめ、木場明志先生、草野顕之先生、近松誉様、宮田進一様に多大なご教示を頂きました。また、斉田正雄様、天神村の渡辺諭吉様、渡辺悦子様、湯浅友吉様、湯浅かのゐ様、祖谷村渡辺邦子様など、多くの方々に大変お世話になりました。心から深く御礼を申し上げます。

注

（1）『廣瀬村郷土誌』五三頁

（2）村で江戸期からの名が、明治以降も襲名を続けたのは、太兵衛家だけである

（3）『弘長二年（一二六二）関東下知状』（仁和寺文書『富山県史』資料編Ⅱ七二頁）

（4）堀文次郎編『郷土誌』広瀬村役場　大正二年六月「一、天満、高宮両所市の事」による

（5）草野顕之氏の二〇一九年三月二十一日の所見による

（6）同朋大学仏教文化研究所　研究叢書Ⅰ『蓮如名号の研究』法蔵館　一九九八

（7）蒲池勢至『真宗と民俗信仰』吉川弘文館　一九九三　一一七

頁
(8)(注7)同掲本　一一八頁
(9)砺波地方の何人かの僧侶の聞き取りによる
(10)蒲池勢至「名号の祭祀形態と機能　—道場から寺院へ」『蓮如名号の研究』　法蔵館　一九九八
(11)広瀬村には、坂本(日蓮宗　法雲寺)・山本(真宗大谷派教念寺)・竹内(真宗　大谷派　真敬寺)に寺院があり、開発には道場があったが、元文二年(一七三八)福光新町へ移転した(真宗大谷派　願全寺)。小山には現住地小矢部市西島の光西寺(真宗大谷派)があった。光西寺は『小矢部市史』によると真宗に帰依する前は、医王山の一坊　天台宗実相院であった。現在も小山坊と称している。
(12)金龍教英氏は二〇一〇年八月十四日付け北日本新聞で、蓮如期に門首から六字名号を受けるときのことを述べている。
(13)旧『福光町史』上巻　三八二・三八三頁や、『ふくみつ』広報No.67(一九五九年七月)によると、石山合戦に河上宗徒として正円寺・才川永福寺に従った百二十余人のうち、生還者は七名で、坂本の鉄砲打作右衛門(杉本)が帰還記念に坂本の宮(住吉社)に杉を三本植えたという。その杉の大木は昭和五十年頃までそびえていた。『富山県史』通史編Ⅱ中世九〇六頁にはこの記念樹の伝承を伝承として語り継いだ民衆の意義を記している。
(14)武田吉三郎「白蛇の局」『福光町の伝説を訪ねて』三九　広報ふくみつ　一九五　七年二月号
(15)石崎直義「白蛇なった局」『越中の伝説』第一法規　一九七六
(16)和沢山勝満寺『勝満寺略縁起』　自刊　二六頁　一九九〇年六月
(17)野本寛一「しろへび　白蛇」『日本民俗大辞典』上　吉川弘文館　一九九九　八七六頁
(18)坂本出身、湯浅かのゐ氏(大正八年生)のご教示による
(19)佐伯安一『富山民俗の位相』六九八頁
(20)『富山県史』通史編近世上　一一八八・一一八九頁
(21)旧『福光町史』上巻　六〇九頁
(22)他に北海道に渡った分家がある
(23)「村肝煎給米」『広瀬村郷土誌』広瀬小学校編　一九三一　一三頁
(24)石崎寛『近世福光小史』昭和三十四年自刊
(25)片山忠男『文政年間福光地方住民の慣習』・『天保年間福光地方住民の慣習』一九九七年一月　によると、片山忠男家は初代天神屋三右衛門(一七四七没)であり、天神(片山)十兵衛家を本家とし、文政・天保年間は組合頭など役職を務めている。親類の新町在の片山家も肝煎をしている。冠婚葬祭は片山家と天神村とのつながりが強い。
(26)古木幸太郎『新町神明宮史』　昭和五十三年七月二十一日
(27)大正以降分かっているだけだが、大正六年(一九一七)八月四歳の幼児、昭和六年(一九三一)二月の乳児の葬儀は、竹内真敬寺が導師を務めている
(28)加藤亨子「東本願寺砺波詰所の成立と、初代主人北村長助」『砺波市立砺波散村地域研究所研究紀要』第三一号　二〇一四　による
(29)北村長助実家、南砺市(福光)小坂　北村実さんのご教示による
(30)大谷大学真宗総合研究所　真宗本廟(東本願寺)造営史資料室『真宗本廟(東本願寺)造営史—本願を受け継ぐ人びと—』真宗大谷派宗務所　二〇一一
(31)石崎和善家から分家し、米穀卸商であった

(32) 宮田進一氏は富山県埋蔵文化財調査事務所勤務

(33) 太兵衛（庄兵衛）については、拙稿「南砺市（福光）天神社のバンボツ石 ―力士渡辺太兵衛―」『北陸石仏の会研究紀要』第八号 平成十七年十二月参照

(34) 火野葦平『麦と兵隊』改造社 昭和十三年（一九三八）九月

栄吉は、昭和十三年五月十六日戦死したが、一三〇頁～一五一頁にかけて、壮絶な戦死の状況が記されている。戦死した五月十六日のことは、二二九頁の内、四六頁を占めている。

また富山日報には従軍記者、深山清市氏により昭和十三年七月二日、三日、八月十日にも記載されている。越中新聞には、昭和十三年六月二十八日、大阪毎日新聞には、六月十三日等にも載せられている。

深山篁子『日支楽土 夢幻の碑』支那事変従軍記者深山清市資料と記録 平成八年（一九九六）四月 自刊 三七七頁から三七九頁にも記されている。

参考文献

西砺波郡廣瀬村役場『村勢一班』明治四一年十二月

堀文次郎編『郷土誌』 廣瀬尋常小学校教授資料 大正二年六月

廣瀬小学校編『廣瀬村郷土誌』昭和六年秋

廣瀬村是調査委員会『富山県西砺波郡廣瀬村是調査書』 大正五年

森田柿園『越中志徵』編集 石川県図書館協会 富山新聞社 昭和四十八年復刻版

『渡邊太兵衛家系譜』 平成五年

太田村史編纂委員会『太田村史』太田村史刊行委員会 平成三年十月

（『土蔵』十三号 二〇〇六年十二月）

IX　天神社と天神村

はじめに

南砺市天神（旧福光町天神）には、村の中央に天神社が鎮座している。かつては天満天神社と称され、中世からの宮である。天神社については、江戸時代奉仕をしていた高宮雉真神社蔵の『天神村天満宮略縁記』[1]が残されている。本稿では第一に、『天神村天満宮略縁記』から、天神社の由来や天神村の村名由来などを紹介するとともに、祭神や社紋、神社の向きについて記したい。第二に、天神社の参道に置かれている「オコリ落としの石」と天神社の関係を村民の聞き取りを交え、記録したい。第三に、かつて天満天神社と称したことと、現在天神村に居住する渡辺姓との関係を探りたい。伝承も薄れつつある昨今、天神村に生まれた筆者の記憶も交えながら、天神社と天神村について述べたい。

一　天神村の中世史料

天神村については鎌倉時代からの史料が残されている。宝治二年（一二四八）一一月に作成された弘瀬郷の内検帳[2]（仁和寺文書『富山県史』資料編Ⅱ七二頁）には天満とみえ、神田七反があった。また、弘長二年（一二六二）三月一日　関東下知状には「一、天満・高宮両所市の事[3]」、弘安元年（一二七八）の和与状[4]には「天満之道」が記されている。天満の神田があることから、天神には鎌倉時代から天満という神社か祠があること、また高宮と共に、天神社付近で市が開設されており、天満と称されていたことが分かる。

江戸時代になると、元和五年（一六一九）の家高新帳には天神と記され、以後天神と称されていた。

二　天神村の地名由来

天満から天神となった天神村の地名について、由来は何であろうか。

天神村の地名由来について『郷土誌[5]』によると「古来同村中央部ニ天満天神ノ堂アリシニ依リ天神村ト称セシ由ニテ同村古来深く天満宮ヲ崇敬シ居レリ　後天ノ底立命ヲ氏神トセリ」と記されており、神社の天満天神社が地名の由来としている。また『越中志徴[6]』も、「此村は天神の旧社ある故に称すと」とある。また江戸時代天神社を奉仕していた高宮喜志麻神社である「雉真神社蔵」『天神村天満宮略縁記』（後述）には「霊石を天満宮と称し奉り、社境の辺を神供領とし、処を天神村と号す」と記されている。つまり天満天神社の堂舎名から天神と称した。

三　天神社の神社名

天神社の神社名は、天満・天満天神・天満宮・天神など様々である。宝治二年の弘瀬郷の内検帳には天満、『天神村天満宮略縁記』は天満宮、『郷土誌[7]』・『越中志徴』は天満天神社、『富山県史』は天満天神社としている。旧『福光町史』下巻の神社一覧表[8]によると社名は、『正徳二年（一七一二）書上帳』天神、『寛政八年（一七九六）』天神、文政七年（一八二四）天満宮であり、奉仕者はいずれも高宮村　法船寺である。明治初年『神社明細帳』からは、天神社　奉仕者　石黒貢と記されている。神社名も天満天神社から、天神社となった。

四　天神社の由来

天神社（写真1）の由来については、雉真神社蔵の『天神村天満宮略縁記』（以後『略縁記』と略す）が残されており、その写真を南砺市中央図書館が所蔵している。『略縁記』について安ヵ川恵子氏と富山県公文書館の栄夏代氏に解読して頂いた。ただし、お二方も読み切れない所が一箇所あり、文脈から推定で解読されている所がある。解読文は次の通りである。

写真1　天神社

天神村天満宮略縁記　　（南砺市高宮　雉真神社蔵）

抑当社天満宮の来由を尋奉るに、往昔、此の処に一人の郷司あり、家富栄、殊に仁心已に万人に及べり、故に誰をか敬せざらん者なし、尓爾《のみ》ならず、彼の郷司常に十一面観世音菩薩を信仰し、普く堂塔の下に至りてハ、礼拝供養怠慢なし、然るに郷司獨《ひとり》の女子を得たり、名は紅葉とて、容顔美麗なる事、楊柳の如し、亦意《心》ばへをもやさしく、殊章筆才能をも他に勝る《れ》り、故父母の長愛《寵愛》玉を美《ほめるが》か如し、或時、此女子疫病をなやミ医療望と雖も更に其劫《効》空し、是故に郷司思《おもえ》らく、我常に観世音を信せしも此時なりと、一心　謁《えつ》仰の思へをなして帰命しけるに、或夜夢中に翁な告て曰、汝か一子鬼病を免れんと思せは是ゟ北方ニ当り□斗《ばかり》行なば霊神あり、此神に頼べしと、夢覚ぬ、奇なる思をなし、行て見れハ野田の満草のミ、併《しかし》ながら、松柏四五樹ありける中に鳥居とをぼしき物、朽涯たる側に石あり、尋ぬべき様無故、若《もし》是ならんかと、則深草に膝　を曲置、心に礼を下せば、不思議哉、彼石忽に遍《変》じて唐帝の冠、錦繍の襟、金踏《付カ》ふして　大将一人梅枝持し、欣然として立給へハ、奇をる思をなし眼を開けハ唯石而已《のみ》なり、亦眼を閉れハ先のことく現じ給ふ、如此数度に及べども同事なれハ、郷司も汗涙　腸《はらわた》を湛《たた》へ、一念帰命し奉り、彼の女子も疫病たち処に快気を移し、又父母の喜悦かぎりなし、故に其古松の処に御社を造立し、此霊石を天満宮と称し奉り、社境の辺を神供領とし、処を天神村と号す、雖然、天正の大乱にハ、領地も支配格別となり、今は漸社頭のミ残らせ給といへとも、霊験日々に新なるゝと千歳の今に至る迄、世の人能くし《知る》る処なり、依而略縁記、如件

この史料の意訳文は、旧『福光町史』下巻には次のように略記してある[9]。

むかし、この地に一人の郷士がいて、この家は富み栄えていた。この人は常に十一面観世音菩薩をあつく信仰し、朝夕礼拝、供養を怠らなかった。郷士に一人娘があった。心身ともに美麗優雅にして、その才能も他に優れていた。父母の寵愛は非常なものであった。
しかるにあるとき、この愛娘が流行病に罹って重態におちいった。長者の郷士としては、あらゆる手段をつくして祈祷、医療につとめたが、その効《きき》めが一向に現れなかった。そこで日ごろ信じている観世音の御救いをひたすら祈願した。するとある夜、夢の中に白髪の翁が現れて、「汝の一子を疫病から免がれようと思うなら、これから北の方○○斗《ばかり》行くと霊神がおわします。この神に御頼み申せ」と告げて消えた。夢からさめて、そこへ行って見たが野原の草茫茫の中だった。しかしよく見ると四、五本の松柏の大樹が茂り、その中に朽ちはてた鳥居と思われるものがあった。その側に石が一つあるばかり。もしこれが御神体かと思い拝伏礼拝すると、その石がたちまち衣冠束帯の将軍の姿に変じ、欣然として立ったようだ。頭をあげて眼を開くと、先の石である。かくして数度くりかえして崇敬礼拝、一心不乱に帰依して帰宅してみると、愛娘の難病が忽然として平癒していた。よって郷士親子の喜びは限りなく、この古い松のところに御社を建立し、この霊石を天満宮と称し奉り、社地一帯を神供領として寄進し、ここを天神村と号したといわれる。これが当宮の創建である。

この文書を所蔵している雉真神社は、江戸時代に天神社を奉仕していた高宮村　法船寺　今の比売神社である。『略縁起』は神社名を天満宮と称しており、文政七年書上帳の社名記載から、文政七年ごろに書かれたものであろう。明治時代には石黒氏が奉仕者となっている。

この『略縁記』について、幾つかのことが判明する。

① 郷士の存在　郷士が建立した宮であること

② 郷士は宮を造立する以前から、十一面観世音菩薩を信仰していたこと

木場明志氏は、医王山修験道と白山修験道について次のように述べられている。

医王山は平安期に興隆となった白山修験道の影響を強く受けたと考え、鎌倉期には医王山は白山修験道の圏内にあったが、室町期には白山修験圏から医王山修験が独立したとされる[10]。

白山修験道は十一面観世音菩薩を、医王山修験道は薬師如来をそれぞれ本地仏として祀っていた[11]。郷士は天神社造立する以前から十一面観世音菩薩を信仰していた。つまり、白山修験道の影響を受けており、天神社の造立は鎌倉時代でなかろうか。宝治二年に作成された弘瀬郷の内検帳の天満の神田や、弘長二年三月一日関東下知状やからは、鎌倉期にはすでに宮の造立があり、それらの史料と『略縁記』は符号している。

③ 神供領の存在

前述のように、宝治二年『弘瀬郷の内検帳』には天満とみえ、神田七反があった。『略縁記』の神供領は、この神田を示していると思える。天正のころまであったのだろうか。天正の大乱とは、おそらく佐々成政らによる兵乱だろう。

④ 疫病の平癒と霊石

娘の疫病平癒を十一面観世音菩薩に祈願し、夢告により霊石に祈り平癒したこと。御神体は疫病平癒の霊石であること。これは後述「オコリ落としの石」伝承にも通ずる。

⑤ 郷士の家から北側に宮を造立したこと。

天神村の古くからの家は、いずれも宮の南側に居住していた

⑥ 宮の傍には松柏五六樹あったこと

天神社には昭和五十年ごろまで、高さ二〇m以上の門杉の大樹が二本聳えていた。また、今のオコリ石の傍にも昭和二十年ごろ道が拡幅するまで、宮の門杉と同じ高さほどのヒノキ科の大樹があった。松柏とは、松やヒノキ科など樹齢が長い常緑樹の総称で

ある。『略縁記』が書かれたであろう江戸末期には、天神社付近に常緑樹の大木が聳えていたため、このような記述になったと思われる。

『富山県史』通史中世Ⅱによると、天神町の一本の老松（通称一本松）が、「天満之道」の古い来歴をおのずからに物語っていると[12]される。天神社や、村人が伝える「オコリ落としの石」傍の大木は、鎌倉時代の「天満之道」や「天満市」を示す大木であったに違いない。

⑦　宮を天満宮と称し、天神村と号すこと

宮の名が村名の由来となっている。

五　祭神が天底立神

明治初年の『神社明細帳』によると、祭神は天底立神《あめのそこたちのかみ》である。[13]『日本神名辞典』によると、天底立神は天之常立神の一名で、高天原に坐す神であり、天地の軸のように天地を保つ神で、天神《あまつかみ》七代の神である。

天神社はいわゆる天神信仰の菅原道真を祭神としていない。御神体は隕石と伝承されており、天空的な要素があり、祭神が天底立神になったと思われる。富山県内に天底立神が祭神の神社は、北般若西部金屋村社の西保神社と天神村の天神社だけである。[14]しかし西保神社は、いくつかの祭神を合祀している。旧福光町には天神社が五社あるが、天神村以外すべて祭神は菅原道真である。天神社に合祀の祭神はない。

六　社紋

天神社の社紋は花菱の紋である。花菱の紋は、伊勢神宮の社紋である。昭和三十一年建立の天神社の瓦は、花菱の紋で葺かれている。一方菅原道真を祭神としている天神社は梅鉢紋や梅花紋などの梅紋である。大阪天満宮・北野天満宮・大宰府天満宮の祭神は菅原道真であり、すべて梅紋である。社紋はいつ、どのようにして決められたかは分からないが、祭神からつくともいわれている。

七　神社の向き

天神社の向きは、神社が南を向いた南面している。広瀬・広瀬舘を含め、小矢部川上流左岸のほぼすべての神社は、信仰の山である西の医王山に向かい人々が遥拝するよう、神社は東を向いており、東面している。まれに小矢部川上流に向かって遥拝するよう、北面している。家の神棚もほぼすべて東面している。しかし、天神社だけが南面していることは非常にまれである。『略縁記』には、郷士の北の方向に霊石があったというから、造立したとされる郷士は宮の南に居住していたことになる。このことから、天神社は郷士が北に鎮座する宮へ向かって拝するよう、南面して造立されたのではなかろうか。また、この地方の人々は、神社の神様は村人を守るような向きで造立されていると言われている。つまり、南面している神社は、南側に居住する人を守っているということになる。また、大阪天満宮を始め、関西方面の神社はほぼ南面している。

八　オコリ落としの石

オコリ（瘧）とはマラリヤであり、『砺波市史』資料編4には、砺波地方は明治の中頃まで毎年流行したと記されている。[15]オコリは民間薬や祈祷などで「オトス」といい、治ると「落ちた」といった[16]。

天神社の参道の入り口には、「オコリ落としの石（写真2）」が石垣の上に置かれている。この石は天神社の御神体と同様に隕石であると伝えられており、この石に参ると、オコリが治ると伝えられ、昔から天神社と共に崇敬されてきた。村人は、昭和五〇年代ごろまで、春秋の祭りに、宮へ供える徳利に入れたお神酒を、まずこの「オコリ落としの石」にかけてから、宮へ持って行き、神前の甕に入れた。「オコリ落としの石」は、天神社御神体と兄弟の石とも、天神社の前身であったとも伝えられてきた。天神社の御神体とは同じほどの大きさ、重さであると伝えられている。

「オコリ落としの石」については、昭和六年編の『廣瀬村郷土誌[17]』の地図に、各村の神社と共に位置と名前が記載されている。また、昭和九年刊『郷土研究資料　（口碑伝説[18]）』や、昭和十三年刊『越中郷土研究[19]』などには、近郷で参詣する人が非常に多かったことや、祈願に参る時は酒をかける風習も記載されている。昭和二十七年『医王山』（医王山小矢部峡観光案内）には、「オコリ落としの石」について常に七五三縄《シメナワ》を張って祀ってあること、傍に一本の古桧があること、オコリに罹った時は、この石に供物をして祈ると、直ちに消散するという伝承が記されている。戦後まで多くの人々の崇敬を集めていたことが窺われる。

写真２　オコリ落としの石

(一)　村人の伝承

現在の天神村人は、天神社と「オコリ落としの石」について、どのように伝承していたのであろうか。三人の話者から聞き取りする機会を得た。

話者　渡辺八郎（大正八年〈一九一九〉生　聞き取り　二〇一三年五月二十三日）

「オコリ落としの石」の傍には、ヒノキ科の大木が聳えており、宮の木（門杉）よりも高い木だった。周りは三人でようやく抱えられるほどの大木で、根が近くの道まで広がってとび出ており、ひっかかっていた。その根の広がりや高さから、宮の木よりも古い大木だった。一本松よりもずっと大きく、この辺で一番の大木だった。その大木の木を戦時中、村に詮議することなく、伐採されてしまった。

話者　西村惣作（大正八年〈一九一九年〉生　聞き取り　二〇〇九年十一月十五日　天神社前に居住する　遷座祭の日に）

かつて天神村の太兵衛家の先祖の娘がオコリにかかった。先祖は娘可愛さに治るよう祈り、各地に平癒を求め、苦労して「オコリ落としの石」を見つけ、祈った。すると娘の病は無事治った。石はオコリを治す石だと崇められた。これが天神社の始まりであり、天神社の始まりは太兵衛家の宮だった。

大正十四年（一九二五）頃、石垣の台座が作られた。人知れずにお参りする人が度々あり、石垣の台座の上に、一銭や五厘のお金が置いてあった。

「オコリ落としの石」は天から落ちてきた隕石といわれ、お宮さんの御神体と一緒と言われている。子供のころは確かにもう少し大きかったが、風雨や雪の凍み割れで風化してきており、だんだん小さくなってきている。今年はこの石に菰を被せたい。
春秋の祭りでは、お神酒を「オコリ落としの石」にかけてから、宮へ持参するのが習いである。

話者　湯浅松男（昭和十年〈一九三五〉生　聞き取り　二〇一一年十月二十三日）

現在の「オコリ落としの石」のすぐ傍には、戦前高さ二〇m以上のヒバ（ヒノキ科）の大木が茂っていた。非常に大きな木であり、現在の天神社の杉の大木や一本松よりも高かった。根元が「オコリ落とし石」の台座まで広がっていた。木の周りにはダホと呼ぶ井桁と同様の工法で、ホゾを開けて組み立てた四角の囲いがしてあった。ヒノキ科は年月を経ないと大木にならない。相当に昔からの大木であった。昭和二十年（一九四五）ごろ、道路拡幅のために伐採することになったが、あまりの大木で天神の村人では切れず、他村の木挽きに切ってもらった。

湯浅松男氏は大工であり、工法や樹種について詳しい。

(二)　天神社との共通性

「オコリ落としの石」は、オコリという疫病から全快を祈った石である。村人の伝承からは、娘の病気祈願の石であったこと。全快して宮を建立したこと、隕石であることなど『略縁記』や伝承とも似ている。また、天神社の御神体と兄弟の石であるなど、あたかも御神体が二つあったような伝承である。

いずれにせよ、「オコリ落としの石」は天神社と同一のような伝承を持ち、近郷の人々の崇敬を受け、春秋の祭りや、祈願の時に御神酒や賽銭が供えられていた。

大木は聳えていた地が村有地であること、参道入り口の木であったこと、宮の木より高い木であったこと、ダホの囲いがしてあり大切にしていた木であったことなどから、「オコリ落としの石」と共に崇敬されてきており、「オコリ落としの石」の依り代だったのではなかろうか。

「オコリ落としの石」は、天神社と同じく御神体というような石だったのだろうか。平成十五年（二〇〇三）刊『福光町の石碑』には、「オコリ落としの石」のことを「天神村天満宮建立につながる霊石」と記されている。[20] 由来も『天神天満宮略縁記』を記している。これは村人が、天神社とオコリ落としの石が関連していたことを、ずっと伝承していたことを示している。

九　天満天神社という神社名と渡辺姓

それではなぜ天満天神社という神社名なのだろう。天満天神社といえば、大阪市北区天神橋の大阪天満宮がある。別名に天満天神ともいい、大阪市民からは「天満《てんま》の天神さん」と呼ばれている。天満は大阪北区の地域名であり、大阪天満宮に由来する。創建は白雉元年（六五〇）とされ、菅原道真の霊も祀っている。付近一帯は渡辺津と呼ばれ、渡辺氏発祥の地である。淀川を通る天神橋と天満宮がすぐそばにあり、やや離れて渡辺橋もある。地名に渡辺がつく地も近い。

検証が必要だが、中世に大阪の渡辺の一派が何らかで、越中の西部、倶利伽羅あたりまできて敗走し、この天神村まで来た可能性はないだろうか。その後土着してルーツの地名である天満と称していたのではなかろうか。そしてこの地ゆかりの、白山修験道の十一面観世音菩薩を信仰していたのではなかろうか。その後霊石を祀り、天満という堂舎を造立した。しかしそれは菅原道真を祀ったのではない。もし天満から渡辺姓の人が来たとしたら、ルーツを地名や地名由来の神社名に残しながら、信仰は地元に由来し、この地になじんでいったのではなかろうか。

その後天満天神社と称され、その社名から村名が天神村となった。天満宮と記されている時代もあり、天満と天神は同意語なのだろうか。

現在に至るまで村の古老は、天神社は太兵衛家の氏神であったものが、後に村氏神の神社となったと伝承していた。太兵衛家には、関西方面から来た武士であったという伝承がある。太兵衛家と天神社の関連はあるのだろうか。

天神村は昭和四十年代まで、四〇軒の村であったが、昔からの姓とされるのは、渡辺・湯浅・片山であり、それぞれ一三戸・一六戸・四戸であった。天神村は大正二年の『郷土誌』に記されているように、渡辺を姓とする太兵衛の開墾から始まったとされる。(21)

天満天神社と称した神社であったことと、渡辺姓、そして太兵衛家(22)との関連については再考を要する。

村はオモテムラとウラムラに分けられるが、渡辺姓はウラムラと呼ばれる北側に多い。天神社は村の北側にある。『郷土誌』にいう、そこがかつて村の中央部としたら、今の村域よりも北側が村の中心であった可能性もある。オモテムラと呼ぶ南側には湯浅姓が多い。湯浅姓は南の隣村小坂の湯浅家がルーツである。片山姓は天神の飛び地、小山近くの日野々で山番をしていた旧家があるが、天神村だけでなく、小山、広瀬舘村や新町に多く移住し、多くの分家がある。

天神村もいくつかの集団により開墾されて、現在の村になったのだろう。

おわりに

天神村は中世に天満と称され、古くからの村である。今回『天神村天満宮略縁記』の解読からいくつかのことが明らかになった。天満と称す宮を造立したとされる郷士は、造立する前から白山修験道の十一面観世音菩薩を信仰していたことや、祭神は疫病平癒祈願の霊石であること、神田の存在や、天満宮の社名から天神村と称されたことなどである。

天満天神社の社名と渡辺姓、そして天神村を開墾したと伝える渡辺太兵衛との関係については、これからの課題としたい。

神社と「オコリ落としの石」の関係についても、共通する伝承が多いことや、共に崇敬されていたことなどをふまえ、これもこれからの課題である。

中世からの天神社と天神村については、今後解明が進むことを期待したい。

注

（1）『天神村天満宮略縁記』南砺市高宮　雉真神社蔵　写真南砺中央図書館蔵
（2）『富山県史』資料編Ⅱ七三頁
（3）『富山県史』資料編Ⅱ一〇一頁
（4）『富山県史』資料編Ⅱ一二四頁
（5）堀文次郎編『郷土誌』広瀬村役場　大正二年六月
（6）森田柿園『越中志徴』一二頁
（7）『富山県史』通史編Ⅱ一〇一頁
（8）旧『福光町史』下巻一三六頁
（9）旧『福光町史』下巻一九一頁

(10) 木場明志「医王山修験から里の修験へ」『医王は語る』二四八〜二五一頁
(11) 山岸共「医王山と山岳信仰」、山岸共「白山信仰の成立と展開」『白山・立山と北　修験道』
(12) 『富山県史』通史編Ⅱ一〇二頁
(13) 旧『福光町史』下巻一三六頁
(14) 『富山県神社祭神御事暦』四五〜四七頁　富山県神職会　大正一三年
(15) オコリとはマラリヤである。『砺波市史』資料編4　民俗・社寺六五〇頁
(16) 『日本民俗大辞典』上
(17) 『廣瀬村郷土誌』口絵図
(18) 福光区域教員修養会『郷土研究資料（口碑伝説）』一四頁
(19) 森田清作「瘧落石」『越中郷土研究』第二号第二巻「農民の信仰」
(20) 福光あけぼの会『福光の石碑』九四頁　二〇〇三年一一月
(21) 『郷土誌』広瀬村役場　第三章　広瀬村ノ起源沿革
(22) 太兵衛家に関しては、一章Ⅷ『天神村　太平衛家の歴史』参照

参考文献

堀文次郎編『郷土誌』廣瀬村役場　大正二年六月
廣瀬小学校編『廣瀬村郷土誌』昭和六年秋
福光区域教員修養会『郷土研究資料（口碑伝説）』昭和九年三月
越中郷土研究会『越中郷土研究』第二号第二巻　昭和一三年　昭和五七年国書刊行会から復刻
『日本神名辞典』神社新報社　一九九五
『医王山』医王山小矢部峡観光案内　一九五二
森田柿園『越中志徴』編集　石川県図書館協会　富山新聞社　昭和四十八年復刻版
高瀬重雄編『白山・立山と北陸修験道』名著出版　昭和五二年九月
福光町史編纂委員会『福光町史』下巻　福光町　昭和四六年
富山県『富山県史』通史編Ⅱ・資料編Ⅱ　富山県　昭和五九年三月
医王山文化調査委員会『医王は語る』福光町　平成五年

Ⅹ　天神村の御消息

天神村には、大谷派門首から授与された御消息が三巻残されている。御消息は御書と呼ばれ、昭和五十年頃まで村内の在家を宿にして御講が執り行なわれてきた。

授与された御消息末尾の、日付・門首・宛先は次の通りである。

① 季秋《九月》二日　一如（花押）
越中国砺波郡天神村
十四日講中

② 文政九年三月十五日　釈達如（花押）
越中国砺波郡
天神村
本山廿八日講中

③ 昭和四年十一月三十日
釈闡如（印）
越中国西砺波郡廣瀬村天神
真敬寺三日講中

これらの御消息は、①は天神公民館蔵（写真1）、②・③は天神村の篤信家から、近年竹内真敬寺預かりとなっている。ただし三巻ともに、真宗大谷派高岡教務所が教区御消息調査委員会で調査した『いし　かわら　つぶて　のごとくなるわれらなり　―「御消息」差別問題記載塗布問題を契機として―』には載っていない。村内に寺院が無いため未調査だったのだろう。①の御消息には紫色の布で包まれ、次のように墨書されている（写真2）。

幾度か　ききてもあかぬ法《のり》の道
そむれは出する　信心の色
昭和十四年大□ミの日
僧　唯信書
渡辺い志

渡辺い志氏は吉右衛門家の奥さんである。昭和十四年（一九三九）ごろも大切に御消息の御講を執り行っていた。

授与された年代であるが、門首の継職から退任の期間で、ある程度判明する。①の十六代一如上人は継職延宝七年（一六七九）～退任元禄十三年（一七〇〇）であり、一六〇〇年代後半に授与されたと思える。②・③の日付は記されているが、各々の門首の継職期間は、②の二〇代達如上人は寛政四年（一七九二）～弘化三年（一八四六）、③の二四代闡如上人は大正十四年（一九二五）～平成五年（一九九三）である。

近村には御消息を授与された村が多い。この地方の古老は「御

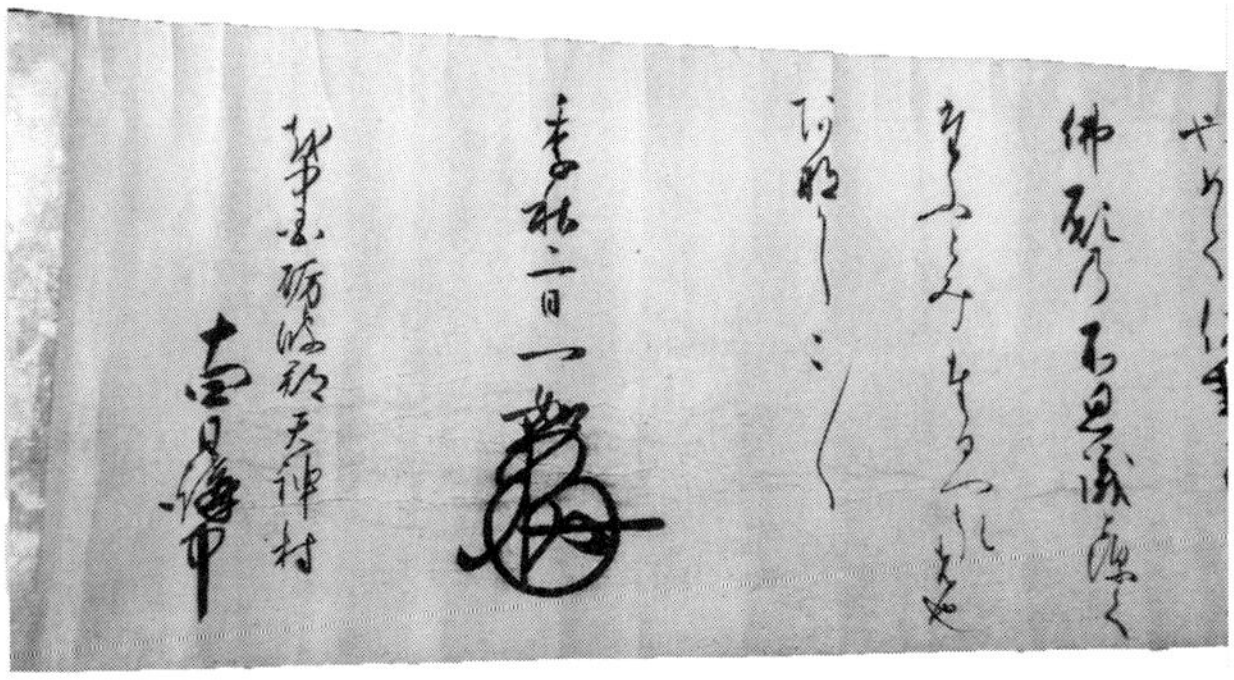
写真1　一如上人の御消息

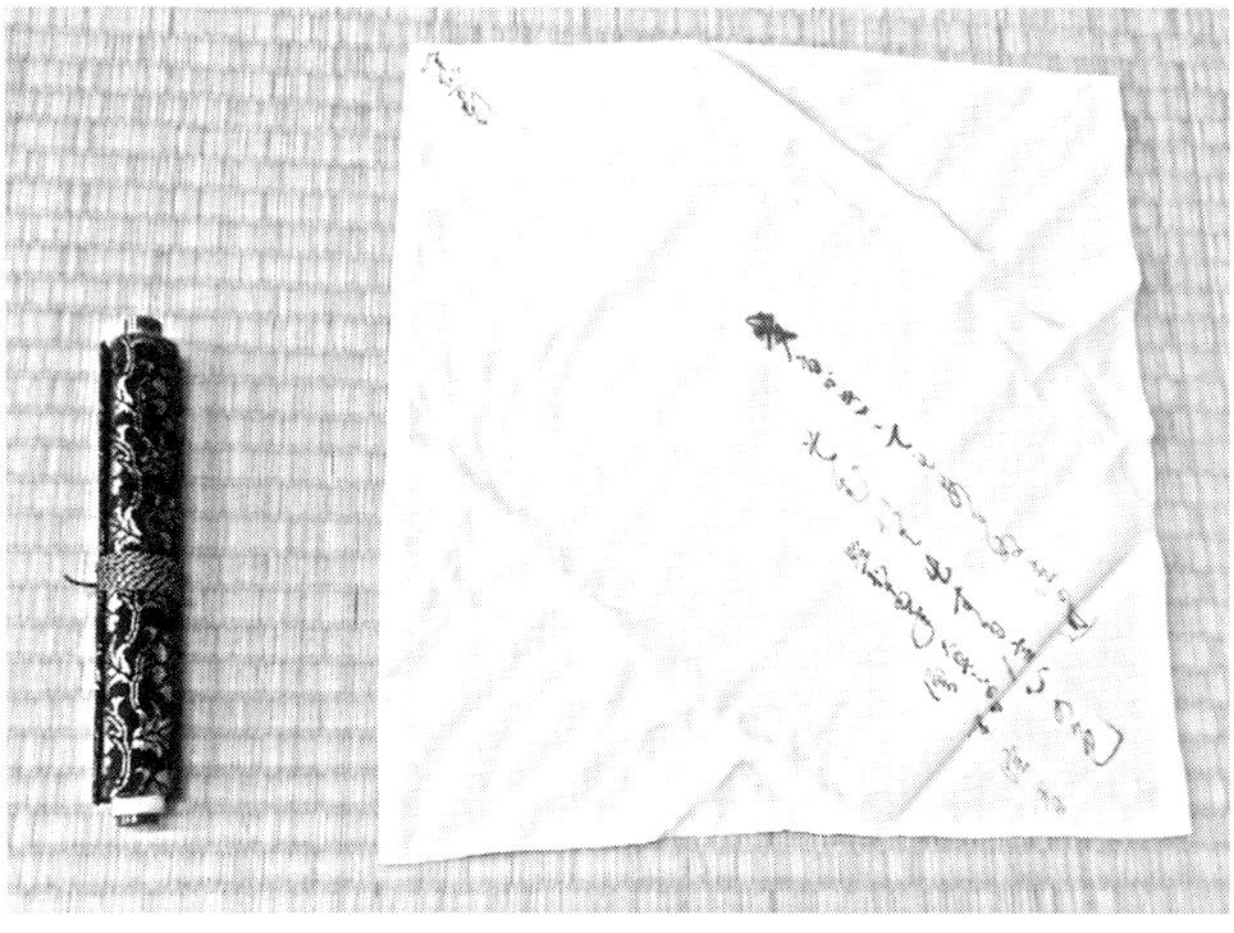
写真2　一如上人の御消息（巻物）と包布

消息を授与されていることは村として一人前になったことである」といわれてきた。村として認識されることの一つとして、御消息授与があったのだろうか。御消息を授与してもらうためには、本山へ一定の礼金を納めていると考えられる。①の御消息からは、一六〇〇年代後半には天神村が御消息を授与されるだけの力を持っていたことを示している。②は本山が文政六年、二度目の大火で焼失した後の「文政度御再建」の気運が盛り上がった頃であり、多くの村が授与されており、文政九年（一八二六）に天神村も授与されたのであろう。なお天神村の家数は、天和五年（一六一九）八戸、延宝四年（一六七六）一四・三戸、明治五年（一八七二）四九戸である。(1) 明治二〇年代は何軒かの北海道移民があった。昭和四十年代は約四〇戸であった。

また宛先であるが、『いし　かわら　つぶて　のごとくなるわれらなり』によると、単独の村宛ては多いが、他に二、三の村に宛てたのや、③のように村の「御講下《おこうじた》」と呼ばれる寺院の講へ宛てたのもある。①・②のように御消息二通を単独の村で授与されているのは、福光地方では立野脇以外あまりないようである。③からは天神村の御講は真敬寺が執り行っていたこと、昭和四年（一九二九）には更に御消息を求めている。御消息から、天神村が一六〇〇年代後半には村としてある程度の力をもっていたことや、三巻求めていることから村人の信仰心が窺われる。

注

（1）元和五年の家数は「利波郡家高ノ新帳」（富山大学蔵川合文書）、延宝四年の家数は「砺波郡肝煎米図り帳」（富山大学蔵川合文書）、明治五年の家数は、藤田培『明治初年の砺波』一九三六年による。

XI　明治時代、山本村から御本山へ毛綱の寄進

福光地方は信仰が篤い土地柄です。私たちの先祖は篤い信仰心を持ち生活してきました。

真宗大谷派（東本願寺）の、御影堂・阿弥陀堂の両堂並びに諸殿は、江戸末期に四度の火災に見舞われました。その度に現在の建物とほぼ同様規模の両堂が再建されました。四度の再建は、数知れぬ全国の門徒の尽力によるものでした。

その中で富山県の門徒はどのような尽力をしたのでしょうか。一度目の火災は天明八年（一七八八）でした。再建事業では、御用林であった白川村の木、三千本を拝領しました。その伐採、曳きだし、流送には、城端善徳寺が中心となり、越中門徒が奉仕しました。また、多くの門徒が本山へいろんな寄進をするので、加

賀藩が固く禁止しています。寛政十年（一七九八）に両堂が完成しました。しかし、文政六年（一八二三）またもや焼失しました。

文政十一年（一八二八）から始まった二度目の再建事業は、天保六年（一八三五）に両堂が完成しました。その間、越中門徒は多くの人々が本山再建へ奉仕に行っています。それは、現在この地方の村に伝えられている御書様（御消息）が、この文政年間の授与が多いことからも、窺えます。

本山へ奉仕に行くと、詰所で宿泊しました。当初の越中国詰所を引き継ぐ形で小坂出身の（北村）長助が初代主人となり、砺波詰所が成立しました。長助は生涯独身で砺波詰所主人の仕事に尽くしました。しかし安政五年（一八五八）六月、またもや焼失してしまいました。

万延二年（一八六一）には、親鸞聖人の六〇〇回忌がありました。そのため、急遽三度目の再建事業が始まりました。一年半という短い期間での再建でしたが、見事に万延元年七月に完成しました。越中門徒は砺波門徒を中心として、阿弥陀堂門を寄進しています。

しかし、幕末に蛤御門の変で、元治元年（一八六四）またもや両堂は焼失しました。

四度目の御再建は明治十二年（一八七九）から始まりました。明治十五年（一八八二）に、刀利村の白山神社から、欅の巨木が献木されています。その曳きだしには、石川県の横谷村や遠く城端大鋸屋などからも、大勢の人が刀利へ奉仕に来ました。欅の巨木は、御影堂の内陣本間北側通り西隅柱という、重要な位置に使用されています。

この明治度再建に、山本村から毛綱三筋が寄進されています。東本願寺所蔵　再建作業部記録「毛綱上申書」には、「越中国砺波郡山本村　本山会所惣同行中外村々」から、毛綱二貫八百目・九貫三百目・八貫二百目の毛綱が伏木港木揚場に運ばれており、手続きはこの地方に詳しい城端の伊藤伊左衛門がしています。

毛綱は大きな建造物を建てる場合、普通の縄では切れて木を曳くことができず、毛綱を用いたとされています。明治度再建では全国から五三筋寄進されています。富山県が最も多く一六筋、新潟県一五筋、秋田県一〇筋、香川県四筋、福井県・兵庫県三筋、福島県・大分県一筋でした。記録によると、髪の毛は十四・五歳から四五歳くらいまでの男女の髪の毛を用いました。一人ごとに「灰水」や「シャボン湯」で入念に洗浄されて、麻などと撚り合わせて編みました。その細い毛綱を何本も撚り合わせて太い毛綱が作られました。

福島県の例では、十八貫の毛綱に約八百人の髪の毛が用いられたそうです。山本村からの毛綱は三筋合わせて二〇貫三百目になります。おそらく千人ほどの髪の毛であったと思われます。福光地方から集まってきた髪の毛を、山本村で作られたことについては、山本村に城端別院の旧跡墓所があり、教念寺が守護してこられたことによると思われます。

毛綱上申書によると、ほとんどが一筋ずつの寄進であることからも、福光地方の信仰の深さが窺われます。

（『光風21』214号　二〇二三年九月）

XII　報恩講

報恩講とは、浄土真宗の宗祖である親鸞聖人の忌日に、宗祖への報恩に営まれる仏事で、真宗門徒・寺院にとって最も重要な仏事である。富山県内では一般的に「ホンコサマ」と呼ばれている。

真宗大谷派寺院は本山が、十一月二十八日までの七日間法要を営むため、本山に参る前の十月に行うことが多い。南砺市の井波《いなみ》別院《べついん》瑞泉寺《ずいせんじ》では、十月一日から三日にかけて報恩講を営む。同市の城端別院善徳寺《じょうはなべついんぜんとくじ》では十一月十日逮夜《たいや》から十五日日中《にっちゅう》まで厳修されている。花は「花講《はなこう》」の人たちが、重要な法要に供えられる「役《やく》花《ばな》」をたてる。真宗本願寺派寺院は一月十六日までの七日間勤行される。高岡市伏木の勝興寺《しょうこうじ》では「ごまんさん」と呼ばれる御満座法要で「デカロウソク」が立てられる。七昼夜にわたり勤行されることから、「おしちゃさま」ともいう。

南砺市福光の知源寺《ちげんじ》では十一月二十二日から二十八日まで報恩講を営む。かつては善男善女であふれ、門前市や見せ物が小屋がけをして、春の祭りにも劣らない賑わいであった。

在家では毎年の行事として、秋の収穫が終わると、「御開山様のご恩を頂き、うちに呼ぼるがじゃ」といい、各家親類を呼び、手次寺の僧侶の読経と法話の後、お斎《とき》につき宗祖を慕った。かつては盆・正月・春、秋祭り・報恩講が、実家に招待される日であり、待ち遠しい日であった。

村ではソウボンコ（総報恩講）といって、かつて二日間にわたり、個人の家で村の報恩講をした。村の亡くなった人の法名を書いた法名軸と阿弥陀仏をかけて、僧侶の読経が勤行された。村内には年代別の集団によるババサボンコ（老婆）・尼講（若妻）や若衆報恩講もあり、信仰と親睦を深めた。土山《どやま》や砂子谷《すなごだに》のある南蟹谷地方では、地区全体の八カ村が持ち回りで春秋の年二回、報恩講を行っている。

このように報恩講は寺や在家、村や地域に今も深く根づいている、真宗行事の代表的なものである。

（『暮らしの歳時記』富山編　北國新聞社　二〇一二年一月）

二章　植物の利用

Ⅰ　昭和三十年代、山村の栗利用
―富山県小矢部川《おやべがわ》上流域の場合―

はじめに

栗はブナ科クリ属の高木で、山野に広く自生する。実は自然に落下し、採取しやすく美味であり、各地で工夫を凝らした保存もなされてきた。木は水に強くて腐らぬ性質から、建築用材や枕木などに利用されてきた。栗が豊富な山村では実や木はどのように利用され、生活を支えてきたのであろうか。

昭和三十年代の山村では、自給自足の生活が営まれており、長年にわたり自然と共生しながら、栗を多様に利用してきた。現在ではその体験者も少なくなった。

富山県の南西部、南砺市福光地域に流れる小矢部川の上流域の山村は、隣村と二～六㎞離れ、隔絶した豪雪地帯の山村である。北向きで湿り気のある肥沃な山地が栗の植生に適していた。昭和三十年代まで各村で多様な栗の利用を伝承しており、実を加工して保存したり、材を建築材や屋根板にしたりしてきた。これらの山村では食料を自給自足しており、積雪のある十二月から四月初めに至る間、栗の実は貴重な食材の一つであったろう。その中で、栗の実や栗材を商品化していた村もあった。

この小矢部川上流域の山村の栗利用と類似すると考えられる事例としては、第一には、山村での栗の実の採取と食べ方の事例である。たとえば橘礼吉『白山奥山人の民俗誌』〔橘　二〇一五　五七三－五七五〕や、今井敬潤『栗』〔今井　二〇一四〕などである。第二には、加工技術の通時代的な継承についてである。たとえば名久井文明は『伝承された縄紋技術』〔名久井　二〇一二　一－一八〕や『食べ物の民俗考古学』〔名久井　二〇一九　一一－二六〕などの研究がある。第三には、栗の実を商品化していた村の事例である。たとえば宮崎県椎葉村、南アルプスの山村などの事例がある〔今井　二〇一四　一二八、市川　二〇〇三　四八－五一〕。第四に、栗林の手入れについてである。自給用としては、栗の実を採るため、実生苗を近くに植林した手入れの事例〔橘　二〇一五　五七三－五七四〕や、栗材を屋根板に用いるための手入れの事例〔今井　二〇一四　九〇－九一〕がある。しかしこれらの事例に、加工した栗の保存量など具体的な事例までは示されていない。また、栗の実と栗材を商品化していた村の事例はみあたらない。

高度経済成長期（一九五五～一九七三）以降、小矢部川上流域の山村でも離村や過疎化が進んだ。また栗は、昭和十年代から全国に中国原産の侵入害虫である、クリタマバチの被害が広がった。富山県でも昭和三十年代以降に広がり、壊滅的な被害にあった。現在（二〇二〇年）はクリタマバチの被害による植生の変化や、住民の高齢化などで、長年栗を利用してきた体験者が減少してきている。

ここで紹介する小矢部川上流域の山村では、栗の実を主食の代用や、加工して保存してきたが、それはどのように加工したか。また、加工した栗は自家で食する他に、地域間でどう用いられたか。栗の実と栗材を商品化していた村があったが、商品化できた理由や、商品化するための栗林の手入れや商品の流通など、栗が地域で多様に利用されていたことについて、探求したい。

そこで本稿では、第一に、栗の実の採取と食用とすること、第二に、栗の実と栗材を商品化すること、第三に、栗の実と栗材を商品化していた村で、自生の栗を栗林に育成する民俗技術について、あらためて具体的に調査した富山県小矢部川上流域の山村の栗利用をもとに、山村の栗利用についての考察を試みたい。元住民へ調査できる最後の機会と考える調査もあり、事例情報の収集と提供という意味もあると考えており、今後も早急にこのような栗利用の追跡調査を進めていきたいと考えている。

商品化していた村では、自生の栗を栗林に育成し、自然資源として有効かつ永続的に利用する技術が伝承されていた。おそらくこれまで全国の山村で行われていた可能性もある、栗林を育てたことについて、一定の情報を提供している可能性もあると考える。

小矢部川上流域の山村での栗利用について述べたい。

一　小矢部川上流域

小矢部川上流域の最上流の村であった刀利は、五つの小さな集落からなり、南砺市の福光町場から十数kmから三〇km上流にかけて小矢部川沿いの峡谷に、下流から下刀利《しもとうり》、上刀利《かみとうり》、滝谷《たきたに》、中河内《なかのこうち》、下小屋《しもごや》が、それぞれ二、二一、六・六kmずつ離れて点在していた。昭和三十年代の戸数は、それぞれ下流から四、一二、九、八、六戸であった。昭和三十六年（一九六一）刀利ダム建設のため、下刀利・上刀利・滝谷が廃村となり、水没した。そのため更に上流の中河内は昭和四十五年（一九七〇）、下小屋は昭和四十一年（一九六六）に離村した。ダムになっている場所は下刀利の下流で、ノゾキの難所[1]と呼ばれる絶壁の岩場で、通行に困難をきたし、福光から刀利の中心である上刀利まで自動車道路が開通したのは、昭和十六年（一九四一）であった。それまでは、福光町場よりも、地形上平坦な道が続く上刀利から横谷を経た金沢市が、主な販売先であった。また下小屋からブナオ峠を超えると、南砺市（旧上平村）西赤尾に通ずる。電気は昭和二十二年（一九四七）に、金沢から上刀利まで配線されたが、下小屋は離村まで自家発電に頼った。

現在は下刀利から四km下流で、福光町場から一〇kmの距離である立野脇が最上流の村であり、昭和三十年代は二〇戸だった。立野脇から下流は道が良くなり、福光町場が主な販売先であった。臼中は刀利の峠を越えた隣村で、小矢部川の支流である打尾川の最上流の村である。昭和五十三年（一九七八）、臼中ダム建設のため廃村となった。昭和三十年代は約二九戸だった。これらの村は、昭和三十年代まで炭焼きを生業としていた。全戸真宗大谷派門徒の村であり、一月下旬から四月上旬まで、各家が宿をする村の御講が行われてきた。

立野脇から刀利にかけての山林は、土質と、標高約二五〇〜五〇〇mの高度地帯が栗の生育に適しており、クリタマバチの被害にあうまでは、百年生を含む大木が生育していた。それより下流は大木が育ちにくかった。栗は実、材、枝、葉、老木、イガなどスサル（捨てる）ところがないとされた。イガは蔵に開いた壁の穴に差し込み、鼠の侵入を防いだ。老木や倒木にはキノコのクリモタセが生えた。

以下、昭和三十年代を中心とした栗の利用について略記する。

二　食用にした栗の実

(一)　栗の実の採取

自然林の栗の実は隔年結果で、表年（成り年）と裏年がある。

全国的に言えることだが〔今井　二〇一四　二二五〕、小矢部川上流域の山村では、栗の実は自分の持山でなくても、どこの山から採取してもいいことになっている。しかし持山に栗の木があるので、多くの家が持山の栗の実を採取した。早く採取しないと、鼠の食害にあった。立野脇・刀利の山には多くの栗の木が自生し、豊富な実を採取した。どの村も、先ず栗の実を拾い、手元の腰袋に入れる。満杯になると大きい袋に空け換え、背負って持ち帰った。

・立野脇（話者：嵐龍夫・一九二八年生・二〇〇九年六月二十五日　以下立野脇の話者は嵐龍夫）

実は、九月下旬から十月末の一カ月余りの間、ほぼ毎日拾った。採取の季節になると、男性は炭焼きが忙しく、拾うのは主に女性達と子供である。午前九時ごろに家を出て山へ行き、午後三時ごろまで拾った。年に一、二回、大風や大雨の後は一面茶色になるほど落ちており、そんな時は、男性も炭焼きを休み、一緒に拾った。持参するのは、荷縄、フゴ（写真1）、ウチガイ[2]である。栗林まで歩いて一時間ほどかかるので、獣の護身用と蔓などを切るために、鎌を腰に挿した。時間が惜しいので自然に落下した栗だけを拾い、イガをこじ開けてまで拾わなかった。拾ったら腰のフゴに入れる。フゴには約二升入り、満杯になるとウチガイに空け換え、背負って帰った。ウチガイには二斗入った。家に運んだ栗はニワ[3]に置き、乾燥を防ぐために莚を掛けた。ニワは北向きの日陰で寒く、栗に黴が生えない。成り年には一二～一三石拾い、そのうち二石三斗ほどを自家の食用とし、残りは商品化した。

写真1　フゴ　立野脇と同型の物
砺波郷土資料館蔵

・上刀利（話者：村井亮吉・一九三〇年生／南源右ヱ門・一九三〇年生／村井幸子・一九三五年生・二〇〇九年四月十六日　以下上刀利の話者は三者）

家の近くの緩やかな斜面に自然の栗林が広がり、山の半分が栗の木だった所があった。主に女性が拾ったが、荷は山中の中継地と、道などの平らな所、二か所に置いた。先ず栗を拾い腰袋（コシヅキ・腰フゴともいう）に入れる。腰袋には約二升入る。満杯になると中継地に置いたウチガイ（写真2）に空け換える。ウチガイが満杯になると、道まで下りて麻袋に開け換える。ウチガイは約一斗入り、麻袋は約二斗入った。麻袋が満杯になると背負って帰った。昭和二十一（一九四六）年、栗が多く落ちた日に炭焼きを休み、成人男性二人で一日一石（一〇斗）拾った日もあった〔加藤　二〇〇四　八〕。年に二石余りを拾った。

写真2　ウチガイ（上刀利）　村井幸子作

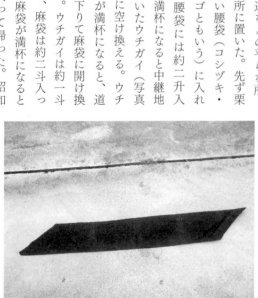

・**下小屋**（話者：宇野秀夫・一九二七年生／宇野光枝・一九三〇年生・二〇〇九年二月十一日　以下下小屋の話者は両者）
主に女性が拾ったが、子供も学校へ行く前に近くの山から拾った。踵で栗のイガを開き、傍にある木の棒を挿して、実を取り出した。または鎌の先をイガに入れて取り出した。先ず腰袋や腰籠に入れて、満杯になると麻袋に空け換え、麻袋が満杯になると背負って帰った。

・**臼中**（話者：村井幸子・一九三五年生・二〇〇九年四月十六日。以下臼中の話者は臼中出身の村井幸子）
主に女性が拾って二升ほど腰袋に入れ、満杯になるとババイズミ[4]（大きいイズミ）（写真3）に空け換え、ババイズミが満杯になると、背負って帰った。

写真3　ババイズミを背負う
緯糸はシナノキの樹皮

(二)　食用にした栗の実

栗は多くを茹でたり焼いたりして食べたが、昭和四十年代まで保存もした。栗の保存には殺虫や発芽抑えなどが必要である。栗には渋皮との間に、ハダンムシ（栗の虫　クリシギゾウムシ）がついた。なお栗の木につくのがクリタマバチである。栗の保存は大きく分けて茹でて乾燥する方法と、栗を埋める方法がある。茹でて乾燥する「ジュズグリ（数珠栗）」は、長期保存にした。栗を埋める「スナグリ（砂栗）」は、冬期間の短期保存にした。

(1)　**生栗**　ほとんどの栗は、茹でて歯で皮を剥いたり、割ったりして食べた。また歯で皮を少し剥いたり、包丁で皮に少し傷を付け、囲炉裏の熱い灰の中に入れたり、五徳の上に網をのせて焼いて食べた。少量だが生栗を、そのまま歯で皮を剥いて食べた。渋皮をきれいに取らないと渋いし、食べるとアクの強さで頭にカッパ（できもの）が出るといい、沢山は食べなかった。噛んでいると甘味が出てきた。

(2)　**ジュズグリ**　大粒の栗を選び、果頂部に木綿糸を通した耳の長く太い針で刺して、約一ｍの長さにする。ぎっしり詰めて輪に縛り数珠状にして、ジュズグリにした（写真4・5）。茹でて乾燥したが、茹ですぎると甘味が抜け脱色する。また、食べるときに皮と実がきちんと剥がれるのが、良い茹で方とされた。その後干して完成したが、ジュズグリのまま容器に入れると、一年間は保存でき、栗を刺すなどの手間がかかるが、長期保存でき、持ち

写真4　ヒアマに吊るした刀利と
同様のジュズグリ
刀利と通婚圏内の上平西赤尾（岩瀬家）

運びに便利であり、贈答品や、正月・真宗行事の御講などの行事食、子供のおやつ、茶菓子などに用いた。食べるときは、歯で皮を剝いた。

・立野脇　栗を採取してすぐに針で刺して一mほどの長さにする。ぎっしりと縛り、数珠状にする。また忙しくてすぐ刺せない時は、ヒアマ(5)（火天）に置いて四、五日乾燥させて刺す。一輪《いちりん》は栗約一升である。数珠状の輪を竹の棒に通して外で二、三日干し、数珠状のまま大鍋に入れて、一時間ほど茹でる。それが殺虫にもなる。それからヒアマに吊るして干す。ヒアマは初秋の天候に左右されずに干せた。栗は堅くなり、さらに熱と煙で虫が付かない。干し上がると長持ちなどに入れて保存する。年に約二斗作った。堅い栗を舐めていると甘い。主に子供のおやつとして、糸を少しずつ切って糸が付いたまま、御講などに渡した。正月には大人も食べた。

・上刀利　大粒の栗を選んで莚などに広げて二、三日外で干す。栗を噛んでみて堅いと、干し上がっている。それから栗を大鍋に入れて茹でる。その時に稲穂を一緒に入れる。穂が弾き出て、ご飯のような柔らかさになることが、茹で上がる目安である。栗が軟らかい内に果頂部を針で刺し、一mほどの長さにした。輪にしてヒアマで干し、干し上がると桶などに入れて保存した。約二斗作り、正月用や、御講の茶菓子にした。

写真５　ジュズグリ
果頂部に糸を通した穴（岩瀬家）

・下小屋　大粒の栗を選び、拾ってすぐ針で刺し、一一〇cmほどの長さにする。輪にしてヒアマで三日ほど干し、大鍋で三〇分ほど茹でる。それから輪のまま莚で五日ほど干す。または天候により、ヒアマで干す。干し上がると、振ればコロコロ音がした。二斗ほど作り、一斗缶に入れて保存した。家ではおやつにしたが、僧侶が十二月に行われる報恩講に来た時の土産や、御講の茶菓子にした。また、正月に子供達が各家へ年始回りに来るので(6)、少しずつ渡した。

(3)　**スナグリ**　スナグリは、生の栗を砂などに埋めて保存する方法である。春になると芽が出るので、冬期間の短期保存である。栗はそのままでは自然と虫（ハダンムシ）がつくが、ある程度湿気があると虫が付かなかった。しかし、湿気があり過ぎると腐敗する。新鮮さを保ちながら栗を保存する方法として川砂などに埋めるスナグリをした。スナグリは鼠からの食害予防にもなり、冷涼な所に置くことで甘味が増すという経験知もあった。スナグリは一七世紀末の『農業全書』にも記載されており〔宮崎・貝原一六九七　一四一―一四二〕、一般的な保存法であったとされる。

小矢部川上流域では、少しの栗でも手軽に行え、昭和四十年代まで山村、農村、町場で広く行っていた。農村、町場では主に正月用に、山村では新旧暦の正月を含めた春までの食材やおやつに用い、生の栗と同様の食べ方をした。栗は砂と一段ずつ交互に入れて、埋けた。山村では山栗を、農村、町場では自家の栗を用いた。

・立野脇　毎年スナグリを約一斗用意し、少しでも新鮮な栗の状態で保存したいので、最後に収穫した栗を用いた。木箱の底にだけ小石混じりの砂を入れて、その上に栗を並べ、さらに栗がみえないほど川砂を入れ、交互に何段か埋めていき、家の前の「アマダレシタ（雨だれ下）」に置いた。この地方の秋は、三日に一度ほど雨が降るので、雨だれが落ちてきて乾燥せず、常に冷たい状態になる。底にだけ小石混じりの砂を入れるのは、砂ばかりだと水分を含みすぎて腐敗する恐れがあるためである。

・**上刀利**　スナグリを二、三升用意し、栗を殺虫のために水に二日ほど漬ける。木箱に川砂を入れ、栗を並べて川砂と交互に埋けていき、アマダレシタに置いて莚を掛け、乾燥を防いだ。

・**下小屋**　木箱にメクラズナ（細かい川砂）を入れ、その中に栗と川砂を交互に埋け、常に水気を保ち濡れた状態にして土間に置いた。また、家の中に芋を保存するための、床下を掘った穴である芋穴に、メクラズナを入れて埋けた。

・**臼中**　スナグリを二、三升用意し、ススキで編んだ炭俵の中に、川砂と栗を交互に入れて埋けた。家の前の日陰になるような所で、アマダレシタになる所に穴を掘り、下に砂を敷き、その上に栗の入った炭俵を入れた。上には莚などを被せ乾燥を防いだ。

・**才川七**　（話者：堀与治・一九二八年生・二〇一九年十一月一日）

　町場から四km上流の農村である才川七では、昭和四十年代まで自家の栗でスナグリを二、三升用意し、カマスに川砂と栗を一段ずつ交互に入れ、上部に籾殻を被せ乾燥を防ぎ、カマスの口を縄で閉じて、常に湿気がある茗荷の藪の中に置いた。カマス二俵に入れて三月まで保存したが、後になるほど湿った味になり、甘味が抜けた。弁当のおかずにもなった。

・**旧福光町**　町の商店主だった石崎彦平（一九〇七年生）は、『耳だんご　福光たべもの歳時記』に「埋《い》け栗」として、正月用に自家の栗を川砂を入れた箱に埋けて保存したことを、記録している〔石崎　一九八八　一〇七〕。

・**天神**（筆者（一九五三年生）の体験）

　筆者は、南砺市福光町場に隣接する、天神という農村に生まれ育った。昭和四十年代まで曽祖母（一八九三年生）は、スナグリを二、三升用意し、木箱に川砂を入れ、その中に自家の栗を川砂と交互に入れて埋けた。砂が手に入りにくい場合は、籾殻で代用した。木箱は家の前の小川傍で、小屋の陰になる所に置いた。筆者は小学生になると、曽祖母にいわれて木箱に毎日川水をかけ、湿気を保つようにしていた。曽祖母は正月用に掘り出してきて、茹でて食べたが、採取した時とほとんど同じ品質であり、甘くて美味しかった。また小矢部川中流域の村である小矢部市西川原に住む伯母の川合きよ（一九〇七年生）も、昭和四十年代まで木箱に川砂を入れてスナグリをしており、正月用の贈答品にしていた。

　ジュズグリは茹でたり、囲炉裏の熱や煙などでいぶし、スナグリは砂の水分や水につけたりして、虫を防ぎながら保存した。

三　商品化された栗の実と栗材

　栗の実や栗材は全国の山村で商品化されていたと思われる。小矢部川上流域では栗の生育に適した山地は立野脇から刀利にかけて広がっていたが、刀利は隔絶した山峡であり、村境のすぐ下流がノゾキの難所だったので、栗の実や栗材を商品として福光町場まで運搬するのが難しく、商品化は少量であった。立野脇は町場まで一〇kmの距離であり、下流から道も良くなる。そのため、まとまった量を商品化できたのは、立野脇から下流であった。ここでは、栗の実と栗材を商品化していた立野脇の事例を中心に記録する。

(一)　商品化された栗の実

　小矢部川上流域では栗の実や、山菜・ススキ(7)など、山の産物の売却金は、女性のお金となった。山麓の幾つかの村では、自家用に食用とする栗の余剰分を町場へ売った。立野脇では、重量のある実を町場まで男性が売りに行った。嵐家は、昭和三十年代まで成り年に約一〇石売ったが、次年は極端に少なく商品化は隔年だった。昭和二十六年（一九五一）にバスが開通するまでは、カマスなどに入れて毎日歩いて福光の八百屋へ売りに行った。カマスには約二斗五升入り、風袋を入れると一二貫ほどだった。量の多寡はあるが、約四〇回売りに行くと、約一〇石になった。売るのは町の入り口の八百屋だった。栗は重量ではなく「盛り計り」であり、一升枡に盛ったカサ（量）で売買された。昭和二十五年（一九五〇）ごろ栗一〇石の売却値段は約四万円で、貴重な現金収入となった。店では、季節柄茹でて子供の運動会や遠足のおやつに売っていたが、福光駅を通る城端線沿いの各町や、高岡の八百屋からも福光の八百屋へ栗を買いに来ており、卸していた。

刀利は、重量のある栗を福光まで歩いて売りに行くことはなかった。まれに、価格の高い金沢へ売った。臼中は山栗を一週間ほど少量ずつ、農村でも山栗や家の栗を少量（才川七）、福光の八百屋へ売った。

(二) 商品化された栗材

栗の木は堅くて腐らず、狂いも少なく、湿気に強い特質を持ち、小矢部川上流域では建築用材、建築部材の屋根板材（後述）、鉄道の枕木などにした。建築用材としては、柱、ネダ（土台）、ソラ道具（小屋組）などにした。かつて山村では持山の木で建物を建立したので、材のほとんどを栗材で建てた納屋もあった（上刀利南家）。栗の木は生では堅いが炭にすると軟らかくなり、火付きは良く炎も大きくなるが、火持ちせず、火力も弱かった。炭としてはカンジャゴ（鍛冶屋用炭）となり、自家用になったが、商品にはならなかった[8]。そのため大木を、木の特質を生かした板葺き屋根の「屋根板」に加工して、商品化した。また栗材は一部枕木や建築用材として、売却した。栗材の売却金は、主人のお金となった。

(1) 屋根板　全国的には板葺き屋根の材料として、杉・栗・松・サワラ・ヒバなどを利用したが、小矢部川上流域では、栗の木を屋根板にした。栗の木は自生の豊富な木であること、耐久性があり、しかも割りやすかったからである。福光地域では、屋根板は主に町家で使った。町家は一m以上積もる屋根雪を下す時、隣に迷惑がかかるので、通りの家の屋根は前に雪が落ちる「マエナガレ」[9]であり、すべて瓦葺となる昭和四十年頃まで、板葺き屋根の家があった。町家に板葺き屋根が多かったのは、第一に、カヤの入手が困難であること、第二に、屋根板は雪が滑り落ちないため、家の前の道に雪がたまらず通行できたこと、第三に、カヤより耐久性があること、第四に、火事になると茅葺屋根は類焼しやすいが、板葺き屋根は茅葺屋根より類焼しにくいことなどで、町屋は板葺き屋根であった。板葺き屋根には屋根板を葺いて川原石を載せた（写真6）。屋根板は風雨

写真６　昭和30年代の福光公民館
『いつついし』より転載

の傷みから、屋根板の良い部分を裏返しにして再利用し、新たな板を加え補修する「板がえし」が必要だった。福光には屋根板を葺く専門職人もいた。屋根板は、節のある所は穴が開きやすく水が入るので、無節でねじれのない部分を使用した。また屋根板は柾目であり、木取りに木の太さが必要だった。大木からは良質の屋根板を作ることができ、量も取れる。また大木は堅いので、屋根板用のカマ（板割鉈）（写真7）を柾目にあてて木ツツ（木槌）で叩くと、平易に厚さが一定に割れる。そのため屋根板は大木から作った。カマは福光の隣町、城端の金物屋で売られており、城端近辺の山村には、屋根板を作っていた村があったのだろう。屋根板作りはある程度の技術と道具が必要であり、商品化する屋根板は専門職人が作った。ここでは、小矢部川上流域で屋根板を商品化していた代表的な村である、立野脇を中心に記す。

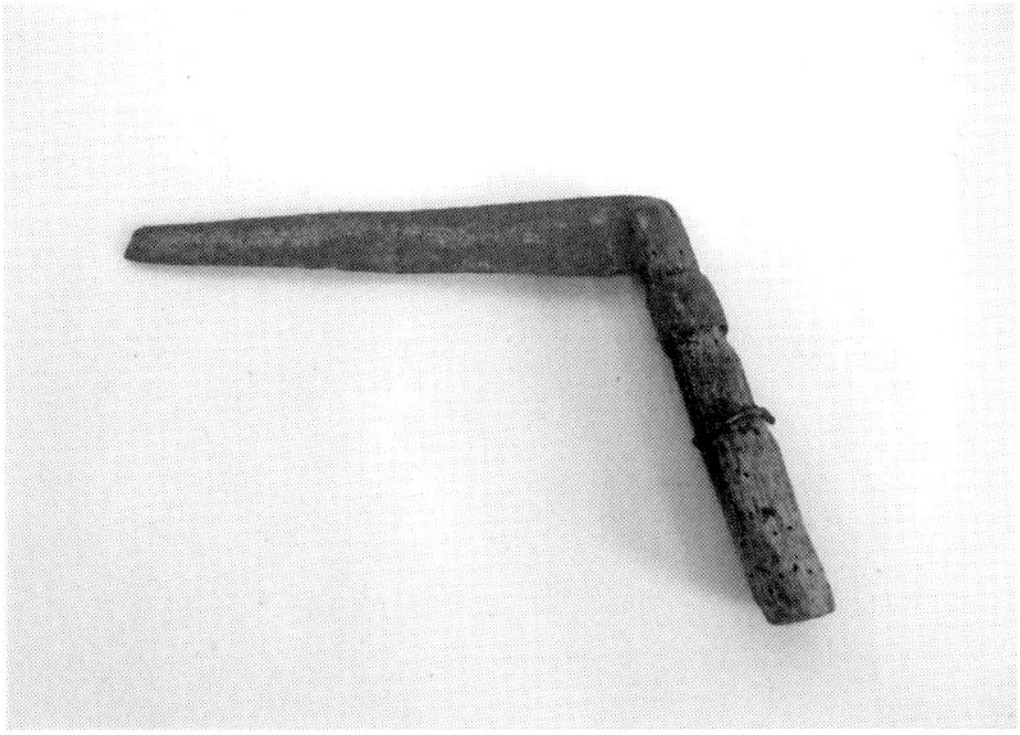

写真7　カマ（板割鉈）立野脇と同型の物
砺波郷土資料館蔵

・立野脇　立野脇では栗の実を商品化していたのは全戸だが、栗材から屋根板を作り商品化していたのは広い山林を所有する三、四戸だった。広い山林を所有していないと、木は炭材としての需要が高く、栗の木を大木まで成育させておく山林の余裕がなかったからである。嵐家は広い山林を所有し、昭和三十五年（一九六〇）ごろまで屋根板を作っていた。大木を伐って、直径が五尺から五寸までの適材部分の幹を、一尺三寸の長さに切る（コロビキ）。カマと木ツツで屋根板が柾目に取れるように、木口を荒割する。長さ一尺三寸、幅は一、二枚合わせて一尺〜一尺二寸、厚さ二分の板にして一組の屋根板とする。一六組で、一把とした。一把の重さは約二貫目であり、大木一本から約三百把取れた。福光町場の山の産物を扱う店や、城端方面、個人宅へ売った。嵐家では明治時代から昭和二十年代まで、毎年ではないが、年に三人ほど能登から職人を雇い、山中に小屋を建てて春から晩秋まで、屋根板を作った。職人はヘギヤと呼んだが、ヘグとは剝ぐことを意味し、剝ぐように割っていった。またヘイだ板は水が木目に沿って流れ、屋根板として良かった。ヘギヤは三人で一日最大二〇把作った。五〇把単位で馬車に積んで売った。

・上刀利　上刀利には一部に自然の栗林があり、大木も生育していた。昭和三十年代まで立野脇下流の吉見から上刀利へ来て、屋根板を作り商品化していた人がいたが、量は少なかった。上刀利は標高が高いので栗材が堅く、歩留まりが良かった。上刀利より上流の村は搬出が難しいのと、栗の木は生育しているが栗林がなく、屋根板を商品化することはなかった。

(2)　枕木　枕木は鉄道交通が発達してきた大正時代からであろうが、上刀利に昭和十五年（一九四〇）頃まで枕木材として岐阜県方面から買いに来ていた。岐阜県の山村では枕木への利用が多く〔今井　二〇一四　六五—七二〕、県境に近い上刀利まで買い付けに来ていたと思える。立野脇には昭和二十年代まで国鉄関係の商人が、買い付けに来ていた。直径一尺余りの三〇年生ほどの木で、真っ直ぐで無節の部分を枕木にした。

四　栗林の手入れ（立野脇）

立野脇では、栗は自生しているので、植林はしない。しかし、栗の実や、大木の栗材を商品化するため、ある程度の手入れが必要だった。ここでは昭和三十年代までの、立野脇の栗林の手入れを紹介する。

立野脇では南向きの山は乾燥し、土が崩れやすい。北向きの山は湿気があり、土が残りやすく、雪崩で押し流されてきた木の葉などの腐葉土も溜まり、肥沃な土壌になり、栗の生育に適している。栗は五〇～八〇年生で目通りの直径三尺ほどの木が最もよく実がつく。百年生までは多産で、目通りの直径四、五尺ほどの太さとなるが、徐々に実付きが悪くなっていき、枝が落下して立ち枯れになる。百年生の木は二〇ｍほどの高さになり、下に雑木が生えぬようになり、森が衰えていく。そのため、約十年に一度百年生を超える大木を伐採し、新しい栗の木の植生をうながした。伐採した大木は、屋根板用材にした。

立野脇には栗ばかり生えた栗林があり、クリヤブ・クリバエと呼んだ。なだらかな山がクリヤブとなった。村の半分ほどの家が立野脇とノゾキまでの山中に、半～四反[10]ほどのクリヤブをいくつか持っていた。炭焼き用の山はどんな地形でもよいが、クリヤブは平坦な地であること、山の向きや土質などの自然条件が良く、家から片道約一時間までの距離でなければならないので、広い山中でも適地はあまり無かった。そのため、山中の仕事中に次のクリヤブの適地を探し、育てていた。立野脇から下刀利までは山林が四㎞続くが、ノゾキの難所があるため、下刀利では所有せず、ほとんど立野脇の所有者だった。

立野脇では草分けの三戸ほどが広いクリヤブを持っていた。草分けの一戸である嵐家の場合、常時四反ほどのクリヤブが二か所で八反余り、時には四か所のクリヤブがあった。四反のクリヤブには実が良くなる木が約五〇本、多いときは百本ほど生えていた。それ以上のクリヤブがあっても、栗の実を拾う時間が取れず不用だった。前述の通り、栗は炭材として不適であるため、生業に価値の少ない栗が切り残され、自然にクリヤブになった所もある。また、代々伝えられてきた適地に、百年生を含む大木が生育しているクリヤブもあった。

上刀利でも一部に自然の大木の栗林はあったが、自給用の栗の実は近くで採取できること、山の傾斜が強かったこと、木炭生産が多忙であったことなどで、手入れをしていない。上流の滝谷になると、自然の栗林がなかった。そのため用木として自家用に、真っ直ぐな栗の木を一本ずつ立ち木で育てていた（滝谷：谷中定吉・一九三五年生・二〇二〇年十月二十九日）。立野脇から下流は、高度が低く大木に育ちにくかったこと、小矢部川沿いに村が続いており、程よい距離に広い山を所有する村が無く、栗林はなかった。

大木にするまでのクリヤブの手入れは、生育に適した自然条件や所有する山林の広さ、栗の実や栗材を商品化できる社会条件が揃う所にしかない。小矢部川上流域では立野脇が栗林を育てた唯一の村である。

㈠　カリタテ（刈りたて）

カリタテは、良い栗の木を伐り残す作業である。斜面の栗の木は雪で根曲がりとなることと、伐採に手間がかかるため育成せずに伐り、平坦地の木を残す。平坦地の木は実を拾いやすく、真っ直ぐに育ち、伐り出しやすい。平坦地の栗の木の中で、栗の粒が大きく、多産で、ねじれず、ナバエず（下枝が出ていない木）、真っ直ぐな木を残し、他の栗の木は雑木と一緒に切り倒し炭などにした。自然と良木だけが残り、大木に育てた。百年生を超える木もあり、長年に亘る手入れであった。しかし百年生以上になると、伐採して屋根板に利用した。枝打ちはしなかった。カリタテは木も実も利用するための手入れだが、どちらかといえば良木を育成するための作業である。

(二) シタガリ（下草刈り）

栗を拾う準備として、稲作の作業が始まる前のお盆過ぎに、三、四日間家族総出でクリバエのシタガリをした。栗の葉が木陰になり、実を拾う十月まで草はあまり生えなかった。

(三) クリヤブ育成の技術と場所

立野脇は生育に良好な山林が広がっていたのと、商品化に広い栗林が必要だったため、家の近くに実生苗を植林して栗林にするのではなく、家から一定の距離までの自然条件のよい自然林を手入れして、クリヤブに育成した。栗林は、毎年雪崩による腐葉土が溜る山地であり、雪崩の堆積物も利用した土地利用である。家からの距離があり、広さもあるクリヤブは、できるだけ手間をかけずに育成する必要がある。自生の栗林に植林はせず、枝打ちもせず、長年の経験に裏付けされた自然知で良木を見極め、間伐して大木の栗林を育成する方法だった。各地の山林の栗林の場所や管理は、どのようであったのだろうか。

五　小矢部川上流域の栗利用の特徴

(一) 栗の実の採取と民具

小矢部川上流域の山村は、いずれも通婚圏内にあり、栗採取の基本は同じである。特別な民具はなく、山菜採取用の民具を適宜使用した。立野脇・上刀利・臼中とも約二升を腰の袋に入れ、さらに大きな袋であるウチガイや麻袋・ババイズミに空け換え、約二斗を背負ってきた。ウチガイは山中で品物を落とさず確実に運ぶための民具であり、砺波平野にはない。大きさは風呂敷の大きさや用途により、各家様々であった。嵐家の場合、全体の長さ一八〇㎝ほどで、栗は二斗入った。村井幸子作のウチガイは、全体の長さ一六五㎝で栗は一斗入った。イズミは砺波平野や山村で使用される民具で、小縄を編んで作るため強度があった。ニゴ縄（藁の芯で編んだ縄）や、シナ（シナノキ）やウリ（ウリハダカエデ）の樹皮の縄で編んだ。かつては用途に合わせて大中小とあった。写真3のババイズミは大のイズミで、村井幸子の実家臼中の高橋家製作であるが、大きいイズミであること、女性が使用するためについた名であり、山菜採りや栗拾いは女性が担ったことを表している。

(二) 栗の実の採取量と保存量

一日の栗の実採取量であるが、小矢部川上流域の山村では、成り年で各村とも一日約二斗であった。岐阜県大野郡朝日村では成り年に一家が一日で五升から一斗拾ったとされる〔今井　二〇一四　二二六〕。小矢部川上流域の山村は、岐阜県大野郡朝日村よりも多かった。年間の採取量は、立野脇では商品化していたために成り年に一二、三石採取していたが、食用は約二石三斗である。上刀利は二石余りである。白峰村の出作りでは最多採取量の家が二石五斗で、平均一・二七石とされる〔橘　二〇一五　五六六〕。食用としての栗の採取量は、白峰の最多採取量の家に近い量であった。生栗は各村約二石食べている。昭和十二年（一九三七）の記録〔川原　一九三七　四〕によると、米の平均収穫量が一戸当たり、下小屋四石、上刀利六石であり、家により、米は三～五割不足していたという。そのため生栗二石は、食材として貴重であった。ジュズグリの量であるが、立野脇・上刀利・下小屋ともに約二斗である。作る手間と一年を通した適量がこの地方では約二斗であったのだろう。皮を剝かずに保存するジュズグリは、この地方の特色である。スナグリは立野脇が約一斗で、他村がほぼ二、三升であるから、スナグリが立野脇の冬期間の自給用食料としての比率が高かったといえる。これは立野脇の採取量が多かったからだけでなく、段丘崖の村で、水田がほとんどなかった村だったからである。

(三)　スナグリの通時代的な継承と特徴

栗を砂の中に入れて貯蔵する方法は、すでに縄文時代早期に存在していることが考古学的に確認されている。各地でスナグリが行われていただろうが、小矢部川流域でも支流の渋江川流域の臼谷岡村遺跡や子撫川流域の桜町遺跡から貯蔵穴が発掘され、栗、栃などの木の実が出土している〔小矢部市史編集委員会　二〇〇二九・一六五―一六六〕。縄文中期から後期の臼谷岡村遺跡からは、谷底から一五三基の貯蔵穴が発掘され、六通りの貯蔵方法が確認されている〔小矢部市教育委員会　一九九五　一二―一三〕。それは土の中に木の葉・砂・礫・枝・樹皮・粘土を敷き、栗を納め、主に砂を充填して保存し、粘土で蓋をする方法であった。谷底は湿気があり、涼しく、冬期の保存用に適していたとされる。

小矢部川上流域に伝えられてきたスナグリは、涼しいところに置き、湿気を保ちながら、腐敗を防いだ。いっしょに埋めるのは、砂・小礫・籾殻などであった。臼中は、離村する昭和五十年代まで穴を掘り、砂を敷き、ススキで編んだ炭俵に砂と栗を入れて穴に埋め、莚を被せていた。保存は、土の穴（臼中・下小屋　共に最上流の村）が地上の入れ物になり、カマス（才川七）や木箱（上刀利・立野脇・福光町部・天神・西川原など）になったと思われる。保存する場所は、谷底（臼谷岡村）から、自然に湿気を保てるアマダレシタ（上刀利・立野脇・臼中）や、湿気のある所（才川七）、さらに水をかける川の傍（天神・西川原）になったと思われる。上には莚（上刀利・臼中）や籾殻（才川七）を被せて湿気を保っていた。埋める材は農村でより身近な籾殻が加わってきたが（才川七・天神・西川原）、調査地域全域で砂を用いることや、名称がほぼ共通してスナグリであったことから、基本は砂であったと思われる。また、山村ではアマダレシタに置いており、雨水を水資源としている。それは、たとえば立野脇は段丘崖の村で村内に流れ込む川がない村であるが、降水量が多く、茅葺屋根からは確実に水が滴り落ちるので、理にかなった置き方である。他の山村（上刀利・臼中）も川が遠く同様である。下小屋は川が近く、取り出しやすい家の中の穴に置いていた。また砂であるが、大量のスナグリをしていた立野脇は、保存に万全を期すため、底に小石混じりの砂を入れた。臼中で砂を敷くのも穴の中で腐敗を防ぐためである。下小屋は屋内で保存するため、湿気を保ちやすいメクラズナを用いている。

このように、縄文時代のスナグリの知恵は、湿気を保つための貯蔵する場所選定や埋める砂、蓋の代用に莚や籾殻を被せることなど、各村で工夫しながら、昭和四十年代まで小矢部川上流域に継承されていたと思われる。

(四) 栗の実の商品化と、売却金

立野脇は町場へ距離的、地形的に重量のある栗の実や屋根板を売却に行ける地であった。嵐家は、栗の実を成り年に約十石を売却し、昭和二十五年頃は約四万円となった。売却金については昭和二十五年頃立野脇近村の香城寺では、一戸当たり平均一町二反（反収二石五斗）の米作年収が約五万円、副業の莚生産の年収が約五万円、町への月給取りの平均年収も約五万円であり〔加藤　二〇一一　九〕、立野脇の栗の実の商品化は、炭焼きと並ぶ重要な現金収入であったといえる。

(五) 屋根板の規格

『日本民俗大辞典』によると、板葺き屋根の板材は二種ある。三㎜ほどの薄板は「こけら葺き」で、サワラ・杉の材で作り、竹くぎで留める。三〜一八㎜ほどの厚板は「クレ葺き」で、栗・落葉松・杉・サワラで作り、石を載せておさえる。小矢部川上流域の屋根板は栗であり、厚さが二分で、石を載せておさえるので、クレ葺きの屋根板である。クレ葺きは信州・飛騨などの山間部の、木材資源が豊富な地域に多いとされ、当地方は飛騨に隣接している。屋根板の大きさであるが、岐阜県大野郡清見村は、長さ三尺五寸で桧科ネズを使用した。岐阜県益田郡は栗材で長さ二尺二三寸、巾五六寸、厚さ二三分であった〔今井　二〇一四　七七―七九〕。岐阜県でも材や大きさの規格は様々であった〔今井　二〇一四　八三・九一〕。富山県では、かつて飛騨系のクレ葺きとして、五箇山・八尾・有峰などに大きく厚いクレ葺きがあった。有峰ではネズ・ヒメコを割り、長さ一七〇㎝、幅一五〜四五㎝、厚さ三㎝ほどであった〔富山県　一九七三　二五〕。これは飛騨同様の、長く太いクレ葺きである。県東部には杉の屋根板もあった〔長澤　二〇〇一　七六〕。これらは自家製の屋根板もあるだろう。

小矢部川上流域で商品化されていた屋根板は、栗材で、長さが一尺三寸、幅は一、二枚合わせて一尺〜一尺二寸、厚さ二分の規格である。これは富山県南西部の山麓が、岐阜県や富山県東部よりも湿った重い積雪で、屋根板の雪の重みを分散するために、短く薄い板を細かく葺く必要があったためであろう。また山地は重い積雪で木は根曲がりとなりやすく、しかも自然林の栗の木は、杉や桧類よりも枝下の長さを取りにくかったためであろう。屋根板の幅であるが、一枚だけでなく、二枚合わせての幅を一組としている。それは第一に、幅が一尺ばかりの屋根板であるとオゴリ（反り返る）やすく、八寸とか他の寸法を混ぜたほうが屋根板の落ち着きがよかったこと。第二に、屋根板には栗の大木を利用したが、どこにでもある木でなかったこと。第三に、この地方の人々は、あらゆることを無駄なく有効利用する特性が、製作者にも消費者にも共通してあったことなどによる。立野脇の屋根板は福光町部だけでなく隣町の城端方面へも売っている。話者嵐龍夫の祖父伊三郎（一八六五―一九五五）は明治三十一（一八九八）年などの城端大火[11]後、大量の屋根板を城端へ売っている。このことから嵐家の屋根板の寸法は、南砺山麓の栗の屋根板の商品として、一定の規格であったと思われる。

おわりに

山村では環境を活かし、自然を利用しつくす知恵を伝承してき

た。隔絶した豪雪地帯の小矢部川上流域の山村では、昭和三十年代まで山と共存した生活であり、栗の実や栗材を自給用や、商品に利用してきた。実は食を補う貴重な食材であり、加工し保存され、生活を支えてきた。加工した栗は自家で食するだけでなく、地域の行事食や贈答品などに用いられた。また立野脇では栗の実や、加工した栗材を商品化しており、売却した店から近隣の市町村に流通していた。小矢部川上流域の栗は、地域の社会生活の中で利用されてきた。

ジュズグリは、ある程度の技術が必要であること、栗を乾燥させるには大きさから山栗が適しており、山村で行われていた。自給生活の中で贈答品となりうる貴重な食材であり、行事食に欠かせず、御講のもてなしや、僧侶への土産となった。スナグリは、技術を要せず、山栗でも自家の栗でも行えるので、山村・農村・町場で行われていた。各村の特性を考慮した保存であり、冬期間の食料となった。刀利では栗の実を、ほぼ自給用に利用していた。

立野脇では栗の実と栗材を商品化しており、自生の栗林を大木に育成する民俗技術が伝承されていた。栗材の屋根板は、昭和三十五年ごろ終焉した。同時に虫の被害が広がり、昭和四十年ごろ栗の実は商品としては、ほぼ採取できなくなった。それまで売却金は、現金収入として生活を支えてきた。クリバエで栗の木を育成しながら実を採取し、実が減少する大木になると、伐採して材を商品化していた。栗林を維持管理し、実から材まですべてを無駄なく利用する生産体制を完成していたといえる。現在は、虫害や、被害樹伐採後の杉植林、栗材を利用しない社会状況、ダム建設による所有権の変更や手入れの放棄、離村などで、百年生を含む大木の栗林は少なくなり、栗林の大木育成や利用も昭和四十年ごろ、ほぼなくなった。民具類も離村時に放棄してしまったものが多く、調査が不十分であった。

現在、刀利は離村して約六十年を経た。立野脇は現在六戸八人の村になった。長年にわたる栗利用についても、近年急速に体験者が少なくなってきている。しかし、まだ各地に伝えられている栗利用について、聞き取りできる今のうちに、追跡調査を進めていきたいと考えている。

注

(1) 下刀利の下流はノゾキの難所と呼ばれ、覗かないと川が見えないほどの、落差一〇〇mのV字形の峡谷であり、その地形と固い岩盤を利用して刀利ダムが建設された。

(2) フゴは藁を編んで作った籠で、口に付けた縄で腰に付ける。ウチガイは風呂敷を三枚に切り、二枚の横を縫い合わせ、真ん中より奥の部分を縦に縫って袋状にした。

(3) 玄関を入ってすぐの土間で、藁仕事などをした。

(4) イズミは小縄を編んで作った袋。

(5) ヒアマは、囲炉裏の上に天井から吊ってある、木や竹で組んだ棚。小豆や栗など食物の乾燥・保存や、冬の濡れた民具の乾燥などに使う。

(6) 刀利の中でも下小屋だけが、村の全戸を家の主人が年始回りをした。子供もした。

(7) ススキを春先に刈り取って葉をむしり、壁の木舞用資材に売る。

(8) 『むかしの西太美の仕事』三九頁 によると、昭和三十年代近村西太美での炭の等級は、「楢丸上・楢並・楢割上・楢割並・雑・栗」であり、実質的に栗は炭に売れなかった。

(9) 瓦または板屋根で切妻平入り、雨だれが玄関の方へ落ちる屋根の型で町家に多い。

(10) 山地の面積は、計測に困難を伴うため、農地の面積より二、三割広い。

(11) 城端町史編纂委員会編『城端町史』一九五九 一七〜一八頁 城端歴史年表による。明治三一年四月一五日大火で焼失家屋二八二戸、三二四棟。明治三三年一〇月一九日西上町大火、約六〇戸焼失。明治四〇年西新田町火事、一〇戸焼失。

参考文献

石崎彦平 一九八八 『耳だんご 福光たべもの歳時記』ふくみつべんの会

市川健夫 二〇〇三 『日本の風土食探訪』白水社

今井敬潤 二〇一四 『栗』法政大学出版局

宇野二郎 一九七八 『刀利谷史話』刀利谷郷友会

小矢部市教育委員会 一九九五 『富山県小矢部市臼谷岡村遺跡』小矢部市埋蔵文化財報告書第四二冊 小矢部市

小矢部市史編集委員会 二〇〇二 『小矢部市史』おやべ風土記 小矢部市

加藤享子 二〇〇四 「刀利の地籍図と山の幸」『富山写真語 万華鏡』一五六刀利 ふるさと開発研究所

加藤享子 二〇〇六 「小矢部川上流域のカヤ・ススキ利用法」『とやま民俗』六六号 富山民俗の会

加藤享子 二〇一一 「城端莚の生産と集荷」『とやま民俗』七六号 富山民俗の会

川原勝仁 一九三七 『小矢部川上流の山間集落の生活』福光高等小学校

橘礼吉 二〇一五 『白山奥山人の民俗誌』白水社

砺波市立砺波郷土資料館 二〇〇六 『砺波の民具』砺波市立砺波郷土資料館

富山県 一九七三 『富山県史』民俗編 富山県

長澤武 二〇〇一 『植物民俗』法政大学出版局

名久井文明 二〇一二 『伝承された縄紋技術』吉川弘文館

名久井文明 二〇一九 『食べ物の民俗考古学』吉川弘文館

西太美むらづくり推進協議会 一九九六 『むかしの西太美の仕事』西太美むらづくり協議会

野本寛一編 二〇一一 『食の民俗事典』柊風舎

福田アジオ・新谷尚紀・湯川洋司・神田より子・中込睦子・渡邊欣雄編 二〇〇〇 『日本民俗大辞典』吉川弘文館

福光自治振興会 一九九二 『いつついし』福光自治振興会

前田英雄編 二〇〇九 『有峰の記憶』桂書房

松山利夫 一八九二 『木の実』法政大学出版会

宮崎安貞編録・貝原楽軒冊補 一六九七 『農業全書』再録『日本農業全集』十三巻 一九七八 農山漁村文化協会

渡辺誠 一九九六 「クリの穴貯蔵」『名古屋大学文学部研究論集』一二五 名古屋大学文学部

(『日本民俗学』三〇八号 日本民俗学会 二〇二一年十一月)

Ⅱ　小矢部川上流地域の麻栽培と加工

——福光町立野脇の場合——

はじめに

麻は日本の各地で、初めは自給用として作られてきた。しかし、今日麻の栽培は、関東の一部地域を除き、麻薬取締法の関係もあって栽培されなくなった。

五箇山でも、明治中期から大正年間が最盛期で、昭和に入ると大変少なくなった[1]。

小矢部川上流の福光町では、昭和三十年頃まで立野脇を中心に、いくつかの村で盛んに栽培されていた。

本稿では立野脇在住で、最後まで実際に麻を栽培されていた嵐龍夫氏（昭和三年生）から、平成十六年に聞き取りしたことをもとに、麻の栽培と加工の工程、副産物の利用について述べたい。

一　立野脇について

立野脇は、福光町から小矢部川ぞいに十km上流の最奥部の村で、右岸の谷間の段丘に位置する。昭和二十年代までは二十軒あまりあったが、現在（二〇〇四年）十軒である。さらに上流には刀利五か村があったが、昭和四十一年（一九六六）、刀利ダムの完成とともに、離村した。

立野脇には水田が少ないので、二km下流の米田《よねだ》で耕作している人が多い。反面、立野脇は他地域に比べ畑が多く、その畑では盛んに麻が栽培された。その立野脇も、昭和三十年頃になると、自然に栽培されなくなった。

二　栽培と刈取り・乾燥

麻の畑は「麻畑」といい、畑の中では土質も良く、肥沃な一番良い畑をあてた。上質のそろった麻をとるためには、表土に石ころがあると、きちんと蒔けないからである。良い畑だから、年貢も水田よりずっと高かった。

麻は一軒あたり平均百坪（三分の一反）ほど栽培した。まず、幅三尺（九〇cm）の畝を作る。種は平蒔きにして、厚く蒔く。厚く蒔くから、草は生えない。肥やしは、小便だけである。大便は強くあたるため、不適である。麻は太さが人差し指ほどで、高さは二～三ｍに成長する。

五箇山では、麻が成長して厚くなりすぎたところを、途中ですぐったりしている[2]が、立野脇では全く行わない。すぐるのは、手間も種も損失であり、いかに無駄なく、すぐらずにすむよう、それでいて草も生えぬほどに厚く蒔くかは、その人の長年の技術だった。

ものの例えに、「麻の中のよもぎ」という言葉がある。これは麻の中に生えたよもぎは、麻と同じように生育し、二ｍにも長くなる。良い環境にいると何でも良くなることを意味した。

麻は細く長いから風と雨に弱かった。大風や大雨では「腰が折れ、寝てしまう」。しばらくしたら、また先端は持ち上がるが、あとの加工作業の時に曲がったところで切れてしまう。こんなことは、十年に一回ほどあった。

半土用（七月二十一日ごろ）になると、刈取りの時期になる。七月中の天気の良い日に鎌で刈取る。密植して栽培されているため、茎はまっすぐにのび、葉は上部に少しついている程度である。

麻の乾燥と選別は次のように行う。

① 麻畑の近くに、竹か丸太で「タテカケ」を作り、（図1）刈取ったら先ず立てかける。簡易的な物であり、移動できるから一組だけ作った。

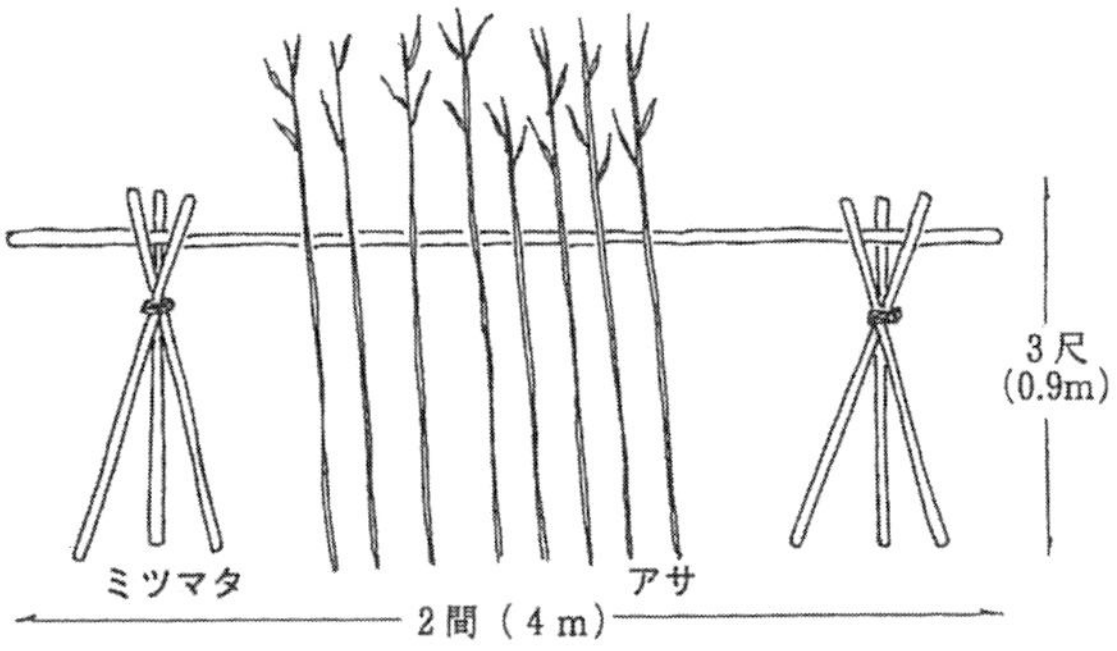

図1　タテカケ

② 立てかけて株を揃え、長い麻からぬくようにして、長さでその家での一番麻・二番麻　・三番麻に選別する。選別しながら枝や葉　をガンド（鋸）の背でそぎ落とし、ズイ（先端部）三分の一ほどで、直径二十cmほどに束ねた。一番麻・二番麻は長さの違いで、品質はどれも同じである。

③ それらの麻を束のまま、畑で直径二尺余り（六十cm）の円錐形に広げて干す。

束をほどいて干せばいいが、時間も場所もないので、一度束にすると「夜干し」するまで束のままだった。

④ 夕方には束を畑に寄せて、倒れぬように円錐状にして、立てておく。束は外側をむしろで巻き、上に合羽をのせ、水が入らぬようにする。干している間二・三日は雨が降った。

その姿を「麻ツブリ」という。「ツブリ」とは物を集めて円錐状に立ててある姿をいう。カヤ（茅）も干す時同じような円錐状にし、「カヤツブリ」といった。

⑤ 良く干せるまで、外で主に家のマエバ（前庭）で何度か広げて干す。束になっているので広げて干しても場所がクワズ（要らず）便利である。このころは暑い日が続くので一週間で充分に干せる。

⑥ 乾燥が完了し取り込む直前の夜で、翌日は晴れるという日を見計らって、マエバに束を解いて広げ、一晩「夜干し」をする。夜露に合わせることにより、青い麻が茶色となるが、麻に粘りがでて苧にした時、強さと弾力が付き艶もついた。昼過ぎには干せた麻を、扱いやすいように、こんどは株の三分の一ほどで、縛りなおす。

⑦ 干せた麻は、一旦アマ（屋根裏）に上げておく。アマでは乾燥がさらに進む。

三　皮むきから苧にするまで

(一) アサドコ（麻床）で蒸す

お盆後になると、麻の甘皮をむきやすくするためにアサドコを作った（図2）。アサドコとは生草をむしろ一枚半ほどの大きさに積んで、その熱で蒸す設備である。水をかける必要から各家のマエバにある池の近くに作られた。そのほかに池のない家のために、在所（村）の真ん中にはナカマ（仲間）の池が、二つほどあった。

アサドコの作り方と蒸し方は次のようである。

① 下に丸太を傾斜させて並べる。

②　その上に竹か板でサンをする。

③　その上に、生草を三十から五十cmの厚さに積み上げる。草はお盆の一週間ほど前から刈取った。

④　その上にむしろを一枚敷く。

麻は細いので、横はむしろの幅で充分だったが、長さが少し足りないのでむしろを継ぎ足す。

⑤　アマに置いてあった麻を下ろし、二十束から三十束重ねて置く。株の方が、下になるようにする。

⑥　その上にさらにむしろを横にかける。

この時むしろは、根株の方には三枚、ズイの部分には一枚かける。何度も水をかけたり熟成させるため、だめになってもいい古いむしろを使用する。

⑦　天気がよいと、上から池の水をかける。

丸太で勾配をつけるのは、上からかけた水が皮の厚い株の方へと流れ、熟成度が均一になるからである。株の方にむしろを三枚かけたのもそのためである。

下に積んだ草が堆肥のように蒸され、熱をおびてくる。朝は湯気がでるほどである。むしろの上から水がかけられ、真夏の天候の中で、大変な熱さと湿度になる。

麻は均一に熟成させないと、皮をむいた時、株の部分がむけなかったり、ズイの熟成が進みすぎて溶けたり、真ん中で折れたりする。アサドコに二晩ほど置くと、充分熟成する。麻の熟成の度合いは、熟練した年配の女の人でないと分からなかった。麻の熟成の遅い株のほうをさわり、手かげんで状態をみる。天気が良いとむしろが干せるので、池の水をかけたり、麻の束をそのまま、池につけたりする。麻床には、二晩ずつ次々に麻の束が入れられる。

この作業は約一か月間各戸で続けられ、夏の村の風物詩だった。男女の仕事の分担は、肥料やりなど力仕事は男がする。アサドコからの刈り取りから麻をアマにしまうまでは男女ともにする。アサドコからの加工の工程は女がした。

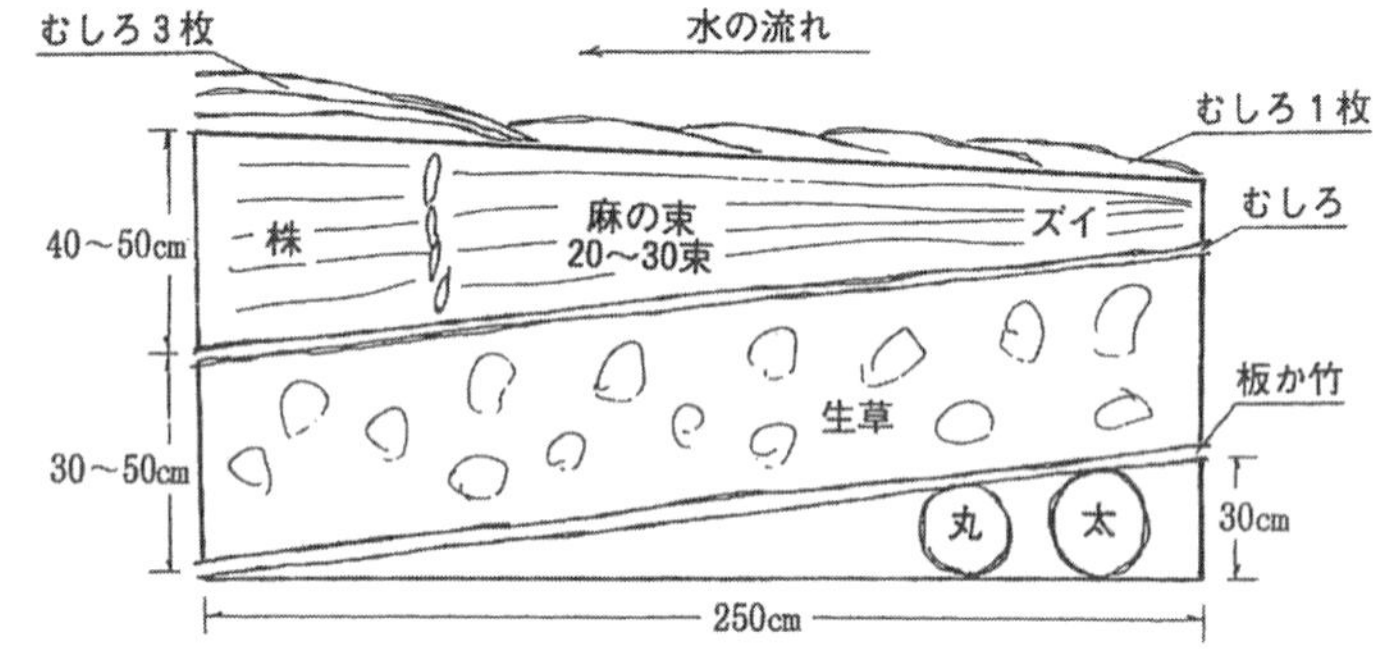

図２　アサドコ

(二)　オーハギ（苧はぎ）

アサドコで蒸された麻は、すぐ甘皮をむいた。これをオーハギという。手順の関係でオーハギができぬ場合は、日陰に置き、濡れむしろをかけておく。

皮は株の方が分厚いし、むきやすいので、まず株をめくるようにむく。むきかたは、株の方を二本ずつ左手人差し指の上に当てるように置き、皮を引っ張ると、自然に中の芯が出てくる。長いので途中一度麻を持ち替える。二本ずつにしたのは、手の大きさと仕事の能率による。むかれた甘皮は、わらで束ねて、たらいに水を張り浮かせておく。皮をむいた芯をアサギ（麻木）という。

(三) オーヒク（苧引き）

次に甘皮の表皮を削り取る。その作業を「オーヒク」といい、麻はようやく、真っ白ないわゆる苧（原麻）となる。

オーハギから連続してオーヒクの仕事ができる場合はいいけれど、できない場合は、苧が乾燥するので、たらいに水を入れ一日か二日浮かせておく。麻は、乾燥させては作業もできないし、何よりも色が白くきれいに仕上がらないので、常に水に浸けておかねばならなかった。オーハギしたら、次の日は一日中オーヒクをする。

オーヒクの手順は次のようである。

① 一番下に厚さ四分（一・二㎝）ほどの杉板を置いた。

② その上にオーヒクで出てくるオクソ（苧糞）を入れる。作業上弾力性を持たせるためである。

③ その上にオーヒク板を置く（図3）。檜の柾目、無節の厚さ三㎜の薄い板である。それ以上厚いと弾力性がなくなる。檜は杉より堅く腐りにくい。また、杢目が荒くないので仕事をする上で、抵抗が少なくきれいに仕上がった。

④ オーヒク板の端を、屑の苧でしっかり縛った。それら一体は幅十二㎝、長さ四十㎝、厚さ五～六㎝ほどだった。

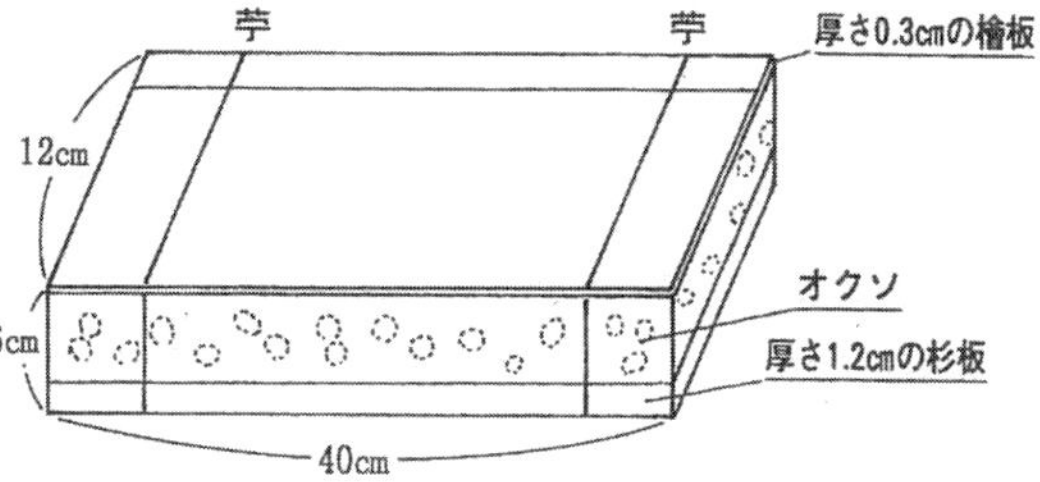

図3　オーヒク板

オーヒク板の上に、オーハギした苧を二枚並べ、オーヒクガネ（苧ひき金）（図4）で表皮を削り取る。オーヒクガネは、包丁のような形をしているが、切れすぎても麻を切ってしまうし、ほどほどの切れ味の道具であり、町に売っていた。

削り方は、株を先に削り指で巻きながら削った。

削り取った屑をオクソという。裏はすでに白いから削らなかった。

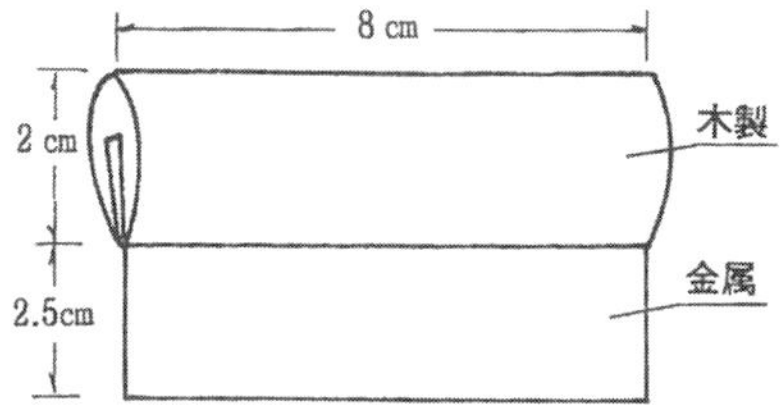

図4　オーヒクガネ

(四) 苧（原麻）

オーヒクガネで削り取った苧は株を縛り、家の前で竿にかけて日向で干す。約三日間で干せ上がる。ようやく、いわゆる苧（原麻）が完成する。夏の間に、この作業までを終える。苧は農閑期になるまで、長持ちの中に入れて保存した。

苧は、何度も水に晒して作られるから清らかであるといわれ、神事に用いられる。榊の枝の元を縛ったり、鳥居のそばに立てかけた竹に注連縄を張ったりするときも、端を縛り、キリサゲ（御幣）とともに、下げてあった。

四　オーウム（苧績《う》み）からカセまでの作業

仕上がった麻は、さらに付加価値を付けるため、換金性の高いカセになるまで作業をした。

(一) オーウム

① まず苧を茹でてしめりけを持たせる。
② 次に「ヒッカケ棒」にかけ、指で繊維を細かく裂く。
③ 細かくなった麻を、指先に唾をつけてこよりを縒《よ》るように端を縒って繋ぐ。それを脇に置いたオボケ（苧桶）に円をかくようにためていく。

この作業をオーウム（苧績み）といい、女の人の仕事だったので、オボケとヒッカケ棒は、大切な嫁入り道具であった。女たちは、どんな時もオーウム手は休めず、話をしている時も手はオーをウンでいた。また、近所へ遊びに行くときも常にオボケを持参し、お互いにオーをウンでいた。

(二) 縒《よ》りをかけカセにする

オボケにたまった繋いだ糸は、糸車で回しながらさらに縒りをかけて、カセにした（写真1）。一カセはヒッカケ棒にかけたのをたばねたもので、長さ一五cm、幅八cmほどである。麻糸とは、このカセになった状態をいう。

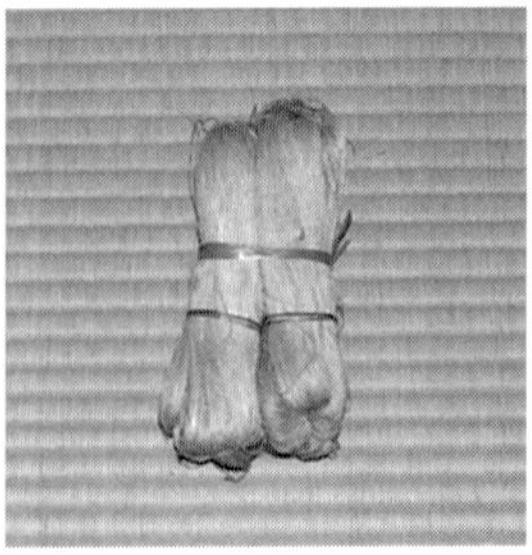
写真1　苧のカセ（束）

カセは十km離れた福光町へ、かついで売りにいった。嵐家では、主に町の入り口近くのアサヤ（麻布の織元）である、天神町の中川商店へ売った。

昭和三十年代の福光町には、アサヤが五軒あった。味噌屋町の舟岡商店、東町の川合商店（カワセン）、西町の瀬能商店、天神町の中川商店、荒木町の村田商店であった。

五　副産物

(一) アサギ（麻木）

オーハギをした麻殻をアサギという。

① 皮をむかれたアサギは、あくを抜くためすぐに池に漬ける。その上に丸太を置き、さらにその上に板をのせて、石で重石をする。一か月ほど水に漬けておくと、あくが抜け真っ白なアサギになる。
② 天候の良い日に池から上げて干すと、一日で干せ上がる。
白いアサギは火がつきやすく重宝した。あくがあると燃えにくいので、充分にあくを抜く。

アサギは次のように利用された。

・いろりの焚きつけ

ヒアマに置かれて、主に炊き付けに使った。日常生活の中で火種は貴重だった。朝、イリ（いろり）では昨夜のオキ（燠）に防火上、たっぷり灰をかむせてあった。丁寧な場合は灰の上に、鍋をうつぶせにしてあった。その灰をよかして、オキにアサギンボ（アサギ）を二、三本くっつけ、口で吹くとすぐに火がついた。

明治二年、立野脇で大火が発生し、水もないせいもあるが、二五軒のうち村の風上だった一軒を除いて、全焼した。原因は、子供がアサギで火遊びして、室内に干してあった苧に火がついたためだと伝えられている。

・屋根ふき用材

屋根ふきの時、茅の下に並べて敷いた。

茅ばかりを葺くと、かやのズイが屋根裏に垂れ下がってくるので、それを防ぐためである。また、見た目にも美しい。これは、五箇山の合掌造りでも広く行われていた。

・子供の遊び

アサギは節さえ無ければ、中が空洞になっている。ふきの茎の両端を曲げて、棒を通して作った水車に、アサギから水を通して遊んだ（図5）。

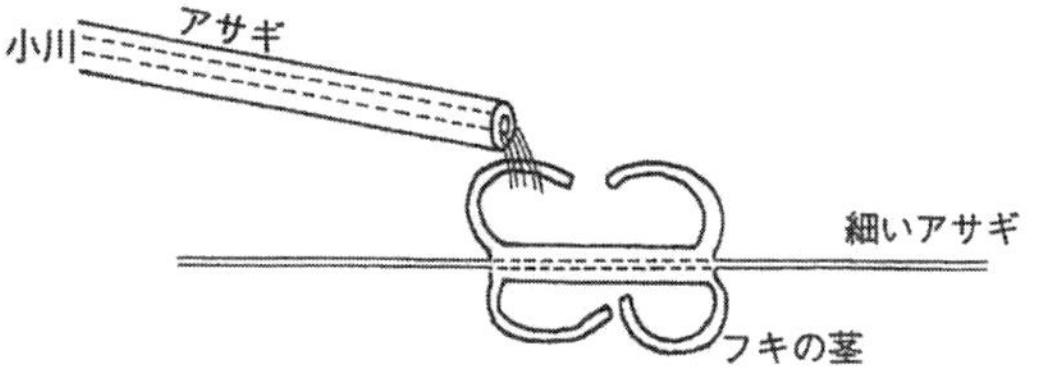

図5　水車

(二)　オクソ（苧糞）

オーヒクガネで麻の表皮を削ると、オクソが残った。オクソは表皮であるから繊維が多く、いろんな不純物も入っており、ねばりのある物だった。多くはオーヒクイタの下に、弾力をもたせるために入れたが、その性質を生かして利用もされた。

・ハルバチ（貼り鉢）（図6）

① ミゾケ（そうけ）の底が破けてくると、底に竹を割って十文字にあてる。

② 竹をナカジン（中の芯）にしてオクソを表と裏からペタンペタンと全面に貼り付ける。特に底に分厚く貼る。粘りがあるので、よくくっついた。

これを「ハルバチ」という。

③ オクソが完全に乾燥し、パンパンになると、その上から柿渋を塗る。これでハルバチの完成である。

柿渋が塗ってあり、黒かったが腐食せず、軽いし強く、ちょっとのことで破れたり、剥がれたりしなかった。オクソが貼ってあるので、そうけの時よりしっかりしていた。だんごの粉やそばの粉など、粉類を入れてもこぼれず、はたくとすぐきれいになるし、粉を入れる道具はあまりないので大切だった。米なら約一斗入った。

柿渋は自家製であった。渋柿もしくは若い柿をもいで、粟やヒエの脱穀用の大きい古いうすに入れて、杵で搗いてつぶす。それを南京袋に入れて絞り、瓶に入れる。黒い液体だった。また、一升瓶で売っていた。柿渋は作ってすぐに使えた。

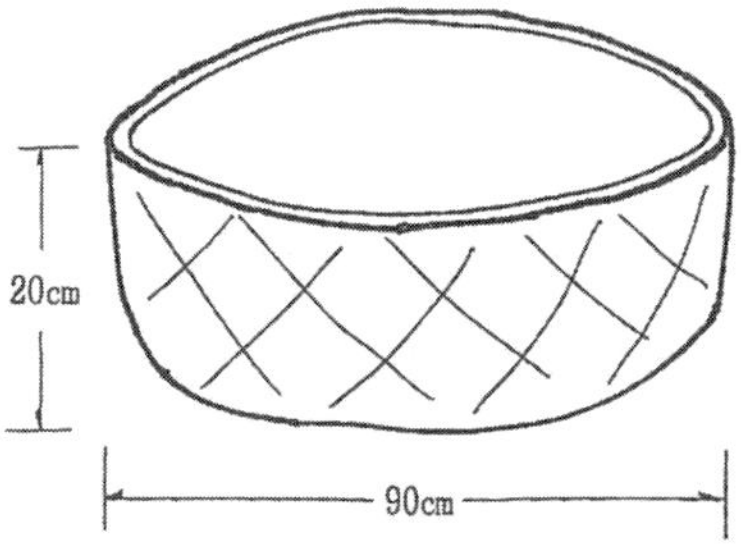

図6　ハルバチ（貼り鉢）

・オクソワタ（苧糞綿）

水が不自由な立野脇ではオクソを、小矢部川まで、フゴ（藁で編んだ袋）に入れて担いで持っていき、「小豆打ち（写真2）」の棒でたたく。外皮の汚い部分が流され、真綿のような綿だけが残る。これをオクソワタとよんだ。

オクソワタは、よく干して南京袋に入れて、座敷の裏の方にでも保存しておいた。仏具の掃除の時、特に真ちゅうを磨くときに、美しく磨けて重宝した。
小豆打ちは、イツキ（山法師）の木で作られ、直径十二センチ、長さ四十センチである。イツキは木目のない木で、叩いても繊維がからまなかった。

(三) アサムシ

麻の茎の中には蜂の子より長い幼虫がいて、アサムシと呼んだ。朴葉やふきの葉に包み、イリに埋んで、焼いて食べた。

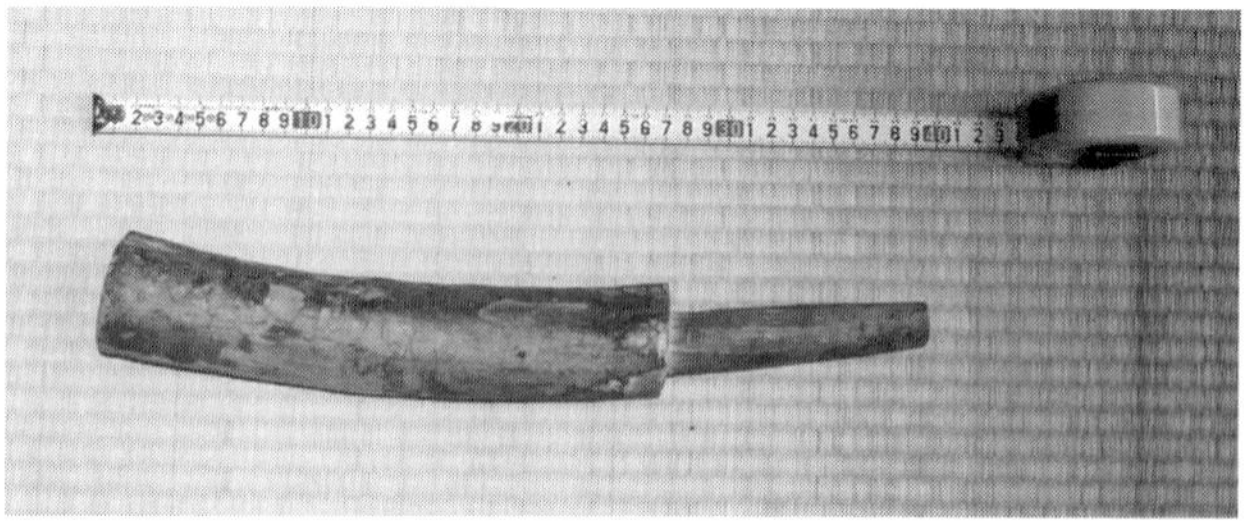

写真２　小豆打ち　材：イツキ（ヤマボウシ）

(四) 三番苧

麻栽培の課程では、皮が厚くて短い規格外の麻ができる。それは同じ麻畑でも栽培する場所による。畝の縁の麻は倒れやすい。また、畑の真ん中でも、株が太くて曲がったり、枝がでて枝で切れたりする物もある。また、株とズイの皮の厚さの差がありすぎた。このような麻は、刈り取った時点で、「三番麻」として別にしたが、麻畑の二、三％だった。

三番麻は、苧にまでするが、オーウムはしない。オーウムは、どこが継ぎ目か分からぬ物でないと商品にならなかったからだ。三番苧は太かったり、細かったり、短かったりするのでして、加工せず、苧のまま売った。まれに、これら三番苧をそのまま染物屋へ持っていき、黒く染めてもらう人もあった。染物屋は福光町の入り口にある、天神町の尾山染物屋で、立野脇の人は染め物というと多くはここを利用していた。

染められた三番苧は、ハバキやミノゴに編み込んだり、オーナワ（麻縄）にしたりした。

・花嫁道具のミノゴの場合

花嫁のミノゴはニゴで編み、背中の上部三〇㎝ほどの部分に横糸に十本に一本ほど、染めたオーナワを入れた（写真３）。端の方は、房のように垂らしておいた。さらに丁寧なミノゴには、前肩にあたる所に、お坊さんの袈裟のように、横に格子になるようなデザインを入れたりした（写真４）。また縦縄は、普通のミノゴは四本ほどであるが、これは細かく十本ほど入れて編んだ。ニゴは雪に一週間ほど晒してあくをぬくので、白さもさえ、黒の苧が目立って美しかった。

このように黒に染めた三番苧は大変貴重で、一生に何回かしか染めなかった。多くは娘が結婚するときに、花嫁道具として持たせるミノゴやハバキに使用された。

また、いくつかに裂いて編んで縄にした。それはホナワ（縦縄）ともいい、ミノゴ・ハバキ・ドウマルなどに使った。

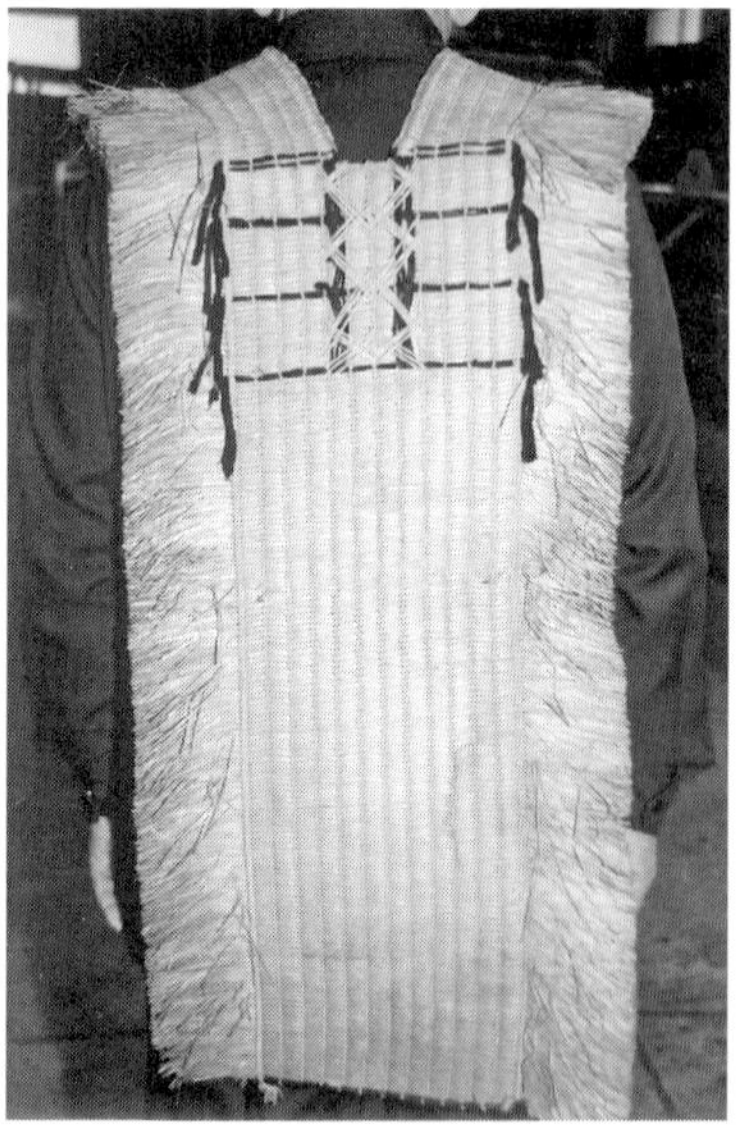

写真３　花嫁道具のミノゴ
嵐龍夫家蔵

写真４　ミノゴの模様拡大（オケサ模様という）

このミノゴは嵐さんの奥さんの初枝さんが、昭和24年に結婚したときの嫁入り道具のひとつ。２斗入りの赤飯のおひつを担いできた人足が着てきて、婚家へ置いていった。普段は使用せず、サツキ（田植）のときの花嫁衣裳や、町へいくときに着た。

㈤　麻の種作りとアサギの粉《コー》

麻の栽培では種も自給した。麻畑で作る麻は、種になる前の七月下旬にすべて刈取られるので、種を作るため専用の畑を持った。それは、農産物用には一般に使用しないような、山の斜面など、つまりナギ（焼畑）の後などに作った。作り方は種を麻畑の厚く蒔くのと違い、パラパラと蒔いた。そうすることにより、麻ががっしりとして、枝を自由にウッテ（広げて）、枝には花が咲き、種が実り、太い麻が育った。

十月に刈取りし、種を採った。一軒当たり一升から一升五合ほどあれば、充分だった。

ふつうの麻畑の麻は、枝を出したら商品価値が下がるので、厚く蒔いて枝を出させず、ただ茎を成長させ、なるべく長く繊維を取った。

・アサギの粉（もぐさ）

山の畑の種を採った後の太いアサギは「アサギの粉」として利用した。アサギは火がつきやすかったので、もぐさとしてたばこの点火に使用した。この場合のアサギは、あくを抜かなかった。水につけあく抜きをすると、すぐ火が出る。たばこには、炎になってはいけないのである。

アサギの粉の作り方は、アサギを燃やし、くすぶりの時や燃え残りを、真ちゅうの胴乱に詰め、上から棒でつついて黒い粉にした。白くなったのは完全に燃えた灰だからもぐさにならない。

たばこに火をつける時は、小矢部川流域では広くカネイシ（金石＝チャート）と呼ばれる硬い石を、火打ち石にした。その中でも白いカネイシが、火が良く付くと重宝された。そのカネイシと、胴乱の横に下がっていたカネ（金）をこすって、火花を出した。その時、きせるに詰めたきざみたばこに、もぐさのアサギの粉をちょっと付けて火を吸うと、すぐに火が付

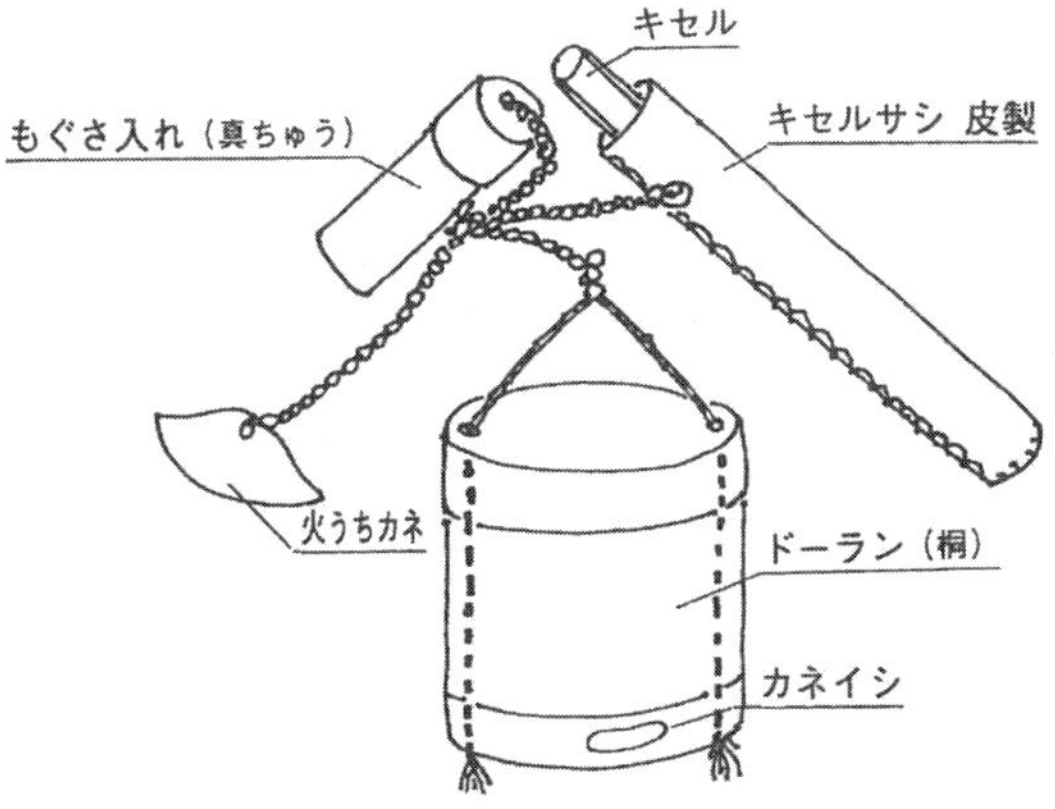

図７　たばこ入れ

いた。嵐さんの祖父の伊三郎さん（慶応元年生）は、たばこを「マッチの火のたばこは硫黄くさてのめん。アサギの粉なら味チゴウ（違う）。うんまい」と言われた。ネツケは、木の瘤や動物（主に鹿）の顎の骨を使用した（図7）。

(六)　麻栽培と干し大根

立野脇では、麻栽培と干し大根作りがセットになっていた。麻畑では四月から七月までは麻を作り、七月下旬に刈り取ると、麻畑の畝をそのまま利用し、必ず大根を作った。畝に穴を開け、コンカ（米糠）と小便とキバイ（木灰）を混ぜて作ったコンカバイを入れて、種を蒔いた。

立野脇の大根は、立野が原の干し大根よりも良質だった。それは①黒色の肥沃土で、しかも水はけが良かったこと。②嵐風といって北風が吹くので、風通しが良く、充分に干せたこと。③標高が高いので涼しく、虫害が少なかったことと、干していてもシンバ（新葉）が出たりして、中がスカスカにならなかったことなどからである。

大根は、十一月二十日頃に引き、ダイコバサという屋根をしたハサに掛けて干した。麻畑以外の畑でも栽培し、多い家では年間五千本の干し大根を作った。

寒漬け用の干し大根として、小正月の一月十五日頃から、厳冬期の二月いっぱいの間出荷した。町の入り口近く、天神の渡辺商店・西村商店や天神町の川上商店・大門屋などへ売りに行った。これらは家庭のほか、工場の賄いに使用された。

大人で百本ほど、力持ちは百五十本も担ぎ、一〇㎞の道を約二時間かけて歩いて行ったが、途中小坂の宮あたりで肩がしびれ、いっぷく（休憩）せずにおれなかった。昭和二十六年（一九五一）、福光・太美山間に国鉄バスが開通すると、干し大根を担いだ人でごったがえし、専用のバスのようであった。干し大根は大きな収入をもたらし、冬期間の一月から四月までの生活費を賄えた。

麻畑は良質の畑であることと、干し大根を作ったから、年貢は水田より高かった。

六　立野脇の麻栽培と加工の特徴

(一)　栽培の特徴

麻は戦前には小矢部川上流右岸の下小屋から刀利、そして立野脇・綱掛・吉見まで栽培されていた。これらの地域は水田が少なく、畑作地帯である。小矢部川左岸の小二又などでは、戦前すでに栽培されていなかった(3)。上流の刀利は畑そのものが少なく、木炭が主産業だったので、麻の栽培の量は少なかった(4)。これに対し、立野脇は畑も多く、全戸栽培されていた。また、麻栽培の二毛作として、収入のいい干し大根作りをしていた。

このように地質的にも社会的条件にも恵まれていたからこそ、昭和三十年頃の最後まで麻栽培が残っていたのである。

(二)　加工の特徴

麻は刈り取った後、苧になるまでいくつかの工程があるが、その性質上蒸して甘皮を剥ぐ作業がある。

五箇山では一週間ほど、カヤを挟んでむしろを掛けて蒸す(5)。むしろを掛けて蒸すのは、大正期まで麻を作っていた一部の砺波地方でも行われていたらしい(6)。また、上市町五位尾では釜で三時間ほど蒸す(7)。氷見も釜で蒸す(8)。

これに対して立野脇では、生草の堆肥の発酵熱を利用する「麻床」によっている。自然活用した方法で、しかも、二日で蒸せるという効率の良さがある。また熟成度を均一に保つために勾配つける方法も理にかなっている。

そして、副産物から干し大根作りまで、麻を中心として無駄のない生産体制を完成していたといえる。

おわりに

麻は加賀藩制下では砺波地方が主産地で、集荷の中心は今石動・戸出から後期には福光町に移った。栽培地も広かったのであるが、今その栽培法や加工法を記憶している人は、立野脇近辺を除いて全くいなくなった。(写真5)

麻とともに生きた、長い間の知恵の結晶である技術が、ほんの四十年ほど前に絶えてしまったのは、惜しまれる。昭和五十七年(一九八二)には、品種改良で無毒性大麻(とちぎしろ)ができたというが、形を変えてでも麻栽培が復活することを、期待したい。

写真5
話者　嵐龍夫さん初枝さん夫妻

注

(1) 小坂谷福治『五箇山の民俗史』昭和四十六年　上平教育委員会
(2)・(5)『平村史』上巻　昭和六十年
(3) 早川武久氏のご教示による
(4) 南源右ヱ門氏のご教示による
(6)『富山県の民俗』昭和三十八年　富山県教育委員会
(7)『五位尾民俗誌』平成二年　富山民俗の会
(8)『柿谷の民俗』平成九年　新潟大学人文学部民俗学研究室

(『とやま民俗』No.六四　二〇〇五年一月)

Ⅲ　福光麻布《あさぬの》

福光麻布は、手績《う》みの緯《よこ》糸を使用した手織りが特徴である。麻の織り方には、ネマリ機《ばた》（いざり機《ばた》・座機《ざばた》・地機《じばた》）と、高機《たかはた》（カチャカチャ）がある。製織までの工程はオーウミ・糸繰《く》り・整《せい》経《けい》・織り手（機織《はたお》り）である。完全な分業で、古くから女性の副業として多くの村で行われた。

一　オーウミ（苧績み）（写真１）

オーの手績みのことであり、非常に熟練と時間と根気がいる。ネマリ機と高機はオーウミの緯《よこ》糸を使用することが共通である。

ヌノ屋でオー（原麻）をもらい、苧績みして加工賃をもらう。原麻は一縛り二〇〇匁《もんめ》ほどで、一疋《ぴき》（二反分）になる。標準では一疋を一〇日で績む。麻布の緯糸となり、縒《よ》りがかけられていないから、「平緯《ひらよこ》」という。二ｍほどの長さのオーを、細かく裂き、端を縫ってつなぐのであるが、つなぎ目が縒りはずれないのが、良質のオーである。

①オーを「イズク」（あくを抜く）

まず、濃いめのニゴシ（米のとぎ汁）を熱くて手が入らないほどに温め、その中に原麻を入れ、そのまま冷めるまで浸す。季節によって浸す時間は異なるが、十分にオーのあくがぬけると、光沢のある美しいオーになる。木綿の布で包み固く絞り、日陰に干す。

②次にヒッカケ棒（苧を束にするときに使う棒）に掛け、指で細かく裂く。細かいほど良質である。

③細かくなったオーを、指先で唾をつけてこよりを縒るように繋ぐ。

④オボケ（苧を績んでため入れる桶）に績みためたオーをウツブケ（逆さま）にする。糸の端が出ている。一縛り（一疋分）ずつそっと風呂敷に包んでヌノ屋へ持って行く。

写真１　オーウミ

オボケとヒッカケ棒は、大切な嫁入り道具だった。女たちはどんな時もオーウム手は休めず、話をしている時も近所へ遊びに行く時もオボケを持参し、お互いにオーをウンでいた。才川のオーウミは「才川よこ」と呼ばれるほど上手だった。多くは秋にヌノ屋の番頭が村々へ原料のオーを配った。

昭和三十年代、ヌノ屋は福光町に五軒あった。味噌屋町の舟岡商店、東町の川合商店（カワセン）、西町の瀬能商店、天神町の中川商店、荒木町の村田商店であった。

舟岡商店には、津沢・砺波・福野・城端に出張所があった。津沢の出張所は、平成六年（一九九四）まで残り、当時一〇〇人がオーウミをしていた。

二　ネマリ機（写真2）

ネマリ機は、機を地面に近く低くネマッて（座して）織る。織り手の腰に腰帯を付け、腰で調子をとり、フミキを踏ふみながら、上糸と下糸を交錯させ、オサと緯糸の入ったサジを同時に動かして織る。織目が真っ直ぐになるのが質のいい布である。

経《たて》糸・緯糸とも手紡糸を使用する。織られた布は、「旧整《きゅうせい》の生平《きびら》」と呼ばれた。分業の工程は、①オーウミ②糸繰り③整経④機織りである。織り手が整経と機織りを行なった。

写真2　ネマリ機

(一)　糸繰り（写真3）

経糸に縒りをかける作業である。オーウミでも特に良質のオーウミの糸だけを選び、糸車で回しながら、さらに縒りをかけてカセにし、経糸に使用する。一カセは、長さ十五㎝、幅八㎝ほどである。

(二)　整経

整経は、経糸を整える工程である。

織り手が自分で整経をする。同時に糊《のり》つけ（写真4）と巻き取りをする。糊はシャンベ（シャム稗）という稗や粟を石臼で挽き粉にして、麦粉とふのりを混ぜ、煮溶かして作る。経糸をササラという竹で作った刷毛《はけ》状の道具で糊をならしてつけながら、チキリ（軸棒）に巻き取る。シャミつけともいい、縒りを固定する。糸を早く乾かすために下に火種（炭火）を置く。粟や稗は自畑で栽培する。ササラも自分で工夫して作る。

(三)　織り手

ネマリ機は、カセにする良いオーウミの糸があ

写真4　糊つけ

写真3　ガンガラマキ（糸繰り）

ることと、技術が優れた織り手がそろってできた。一疋分を織るのに整経と機織りで、一〇日～十五日かかった。工賃は昭和三十年代後半で、一五〇〇円ほどである。

織られた布は、経糸、緯糸（平緯）とも手紡であるため、目方が軽く、柔らかく手触りが良い。僧侶の白い衣や、夏の男用着物（主に紋付）に用いられた。福光麻布の一割がネマリ機で織られていたが、技術の高さからしだいに織り手が減っていった。昭和四十二年（一九六七）までは、川合よく（荒木）がただ一人織っていた。

三　高機

高機はネマリ機から進歩した織り方で、腰かけて織る。緯糸に手紡の平緯を、経糸に紡績糸を使用する。織られた布は「生平《きびら》」と呼ぶ。製織までの分業は①オーウミ②整経③織り手である。

㈠　整経

整経は整経屋がする。戦前は一〇人以上の整経屋がいたが、戦後は二人である。材料をヌノ屋からもらって行う、家内下請け工業である。紡績糸を使用した。一本は一〇疋（一疋は二反）であり、一疋ごとに、織り手の目印になるよう、布に食紅又は青花《あおばな》（水で洗うと落ちる青い色素）で印をつけた。

㈡　織り手

前夜に翌日分のクダ巻き（緯糸を巻いておく作業）をしておく。一日一疋織りが一人前である。嫁兼・荒木に多く、広谷・小二又・川合田、福野在などにいた。

舟岡商店では戦前多くの織り手がいて、一カ月に一、二回、一日に一〇〇疋織ることができた。昭和四三年ごろは、三〇～四〇人の織り手がいた

四　晒《さら》し

ネマリ機・高機とも、織り上がった麻布は紋付・幕地・茶巾など用途により、若干晒した。晒しには三三の工程がある。藁灰と水であく汁を作り、麻布をぬらし、キネで叩き、小矢部川の清流で洗って天日干しをする。それを約二〇～三〇日間繰り返す。

五　用途

福光麻布は手績み糸を使用しているため、吸湿性に富み、柔らかいが腰が強く、素朴で使い心地がいい。蚊帳《かや》・畳のへり・獅子舞のカヤ・神社仏閣の儀式用布・神官装束・僧侶の法衣・祭用幕地・のれん・茶巾・文化財補修などに使用された。カワマキ莚《むしろ》に巻かれ、貨車で輸送された。

伊勢神宮の遷宮では、社の通路を生平で敷き詰めた。昭和三年（一九二八）、昭和天皇即位の礼には、幕地二〇〇〇反が御用達された。平成元年（一九八九）二月二四日、昭和天皇大喪の礼では、二四〇反の福光麻布が装束に使用された。

（『福光町史』下巻　二〇一一年三月　南砺市）

Ⅳ　立野脇のカヤ・ススキ利用法と、土壁資材としてのススキ

はじめに

ススキは原野に広く分布する身近な植物であり、古来より各地で多様に利用されていた。福光地域では、住居の屋根葺き用資材や木舞用資材、牛馬の飼料や生業の炭俵など重要な資材であり、盛んに利用されてきた。また建築の木舞用資材として商品化されていた。しかし、昭和四十年代を境に、そのほとんどの利用法が消えようとしている。

調査した立野脇は、南砺市福光の旧町部より小矢部川沿いに一〇㎞上流の最奥部の山村で、右岸の段丘に位置している。昭和二十年代までは二〇戸であったが、現在（二〇〇六年）一〇戸である。さらに上流には刀利五カ村があった。立野脇は刀利と最も近い村で、通婚圏であり、雪も深かったため、刀利のカヤ・ススキの利用法も伝わっており、山の文化がよく伝承されていた。

本稿では、小矢部川上流域のカヤとススキの利用法について、第一に、カヤとススキの区分、第二に、カヤの採取と運搬・保存について、第三に、カヤの利用について、第四に、土壁資材の商品としてのススキについて立野脇での調査と、ススキを集荷し販売していた商店からの聞き取りをもとに、小矢部川上流域のカヤ・ススキ利用法を述べたい。主なる話者はカヤ・ススキ利用全般については立野脇　嵐龍夫氏（昭和三年生）、土壁資材として商品化されたススキについては天神　渡辺寛氏（大正八年生）であり、聞き取りは平成十六年（二〇〇四）である。

一　カヤとススキの区分

和名ススキは一般にカヤと同義語のように使用されているが、当地方では純然たる区別がある。秋に刈り取り収穫されるものを「カヤ」と言う。さらにカヤはオガヤとメガヤとに分けられる。一冬越して雪解けの後、春に昨秋の枯れたススキを刈り取るものを、「ススキ」と言う。ススキは、土壁の木舞用資材として商品化された。

オガヤはイネ科ススキ属の、和名ススキであり、大ガヤ、雄ガヤ、男ガヤともよばれ、太くて二m以上にもなる。道ぶち（端）や原野に多く自生し、管理したものではないので、山林の所有者に関係なく自由に刈り取ってきてよかった。春にはススキとなった。

メガヤはイネ科ススキ属の和名カリヤスで、女ガヤ、コガヤとも呼ばれた。オガヤに比べて短く、一八〇㎝ほどである。茎もオガヤの三分の一ほどの細さであり、中芯に空洞があった。そのため屋根に葺くと、きめが細かく葺け、水はけがよく、日のあたる時間が少ない山村では、メガヤで屋根を葺いた。メガヤは、標高のある水はけのよい山地にまばらにしか生えていないので、茅場を作り、管理していた。

二　カヤの採取と運搬・保存

カヤ・ススキを刈ることをカクといった。

衣装は、男は上衣にコンザ、下衣はきっちりした木綿のももしきをはき、すねにハバキを巻き、足は草鞋である。手には手甲を

し、頭には手ぬぐいをねじり鉢巻きにした。晴れ間の仕事なので笠は被らなかった。

女は上衣にコンザ、下衣にもんぺ、またはカルサン（もんぺ状で腰の前後から縛る）すねに脚絆を巻き、足は草鞋である。手には手甲の手袱いをし、頭には手ぬぐいをフカブリ（あねさん被り）にした。担ぐ時は男女とも背にミノゴをつけた。雪が降るまでの天気仕事で、男女とも家総出で仕事をした。

(一) メガヤ

立野脇ではカヤの多くはメガヤであり、資材として重要だった。

(1) 茅場

メガヤは管理された茅場に生えていた。[1] そのため、何世代も続いた山の村だけが、メガヤの茅場を持っていた。メガヤは屋根を葺く重要な植物資材であるため、メガヤの茅場は田畑に匹敵する重要な地目であり、持ち主の許可なく一本たりとも、カクことは許されなかった。

毎年晩秋にカヤをカクことが、手入れだった。茅場は放っておくと、一年で雑木やグズバフジ（グズバ　くず）がはびこる。またオガヤがあっても、毎年カクことにより自然とオガヤが絶えメガヤばかりの茅場になった。メガヤばかりであるため、まるで麦畑のように、長くて真っ直ぐな良質のメガヤがぎっしりと生育した。逆に、茅場を二〜三年放置すると、自然にオガヤになっていった。

立野脇では、茅場は家から半里以内の日当たりのいい斜面で、カサ（量）があるため運搬の都合上、道（窯道）[2] に近い便利な所にあった。一軒あたり二〜三か所、合計面積で二反（二〇アール）ほど保有していた。

(2) メガヤの採取

・メガヤをカク

メガヤは十月二五日ごろから、十一月五日にかけてカイた。それ以上早いと青くて重いし、また遅いと枯れてもろくなる。半枯れの山吹色になった頃、天気を見計らいカイて、初雪が降る前に、終えるようにした。

メガヤは谷側へ少し傾きかげんに生えている。カキ方は、茅場の下に立ち、上に向かって傾いているメガヤを膝で受け止め、大きい草刈り鎌でカイた。直径一五㎝ほどになると、腰に付けた藁で、株から三〇㎝あたりと、ズイ（先端部分）から四〇〜五〇㎝あたりの二か所を縛って一把とし、下へ転がした。重さは一〇kgほどだった。

作業はたいてい男女二人でしたが、一日かけ朝八時から夕方四時まで、一人五〇〜六〇把カイた。二人で約一〇〇把になる。平均三日ほどで、三〇〇把以上カイた。

十年に一度ほど、初雪の早い「雪を見た年」があった。初雪の後に晴れても、カヤは一度でも雪が降ると重みでネテ（倒れて）しまう。そんな年は、下からカケないので上からカイた。下方にカヤがあるので、転がせず、その場に置いて作業した。ネテいるのでカキにくいし、濡れているので干せにくい。また質も悪くなっているので苦労が多かった。しかし毎年カクことが手入れなので、カカないわけにはいかなかった。

・「中寄セ」と「丸ニスル」

メガヤはカクと、一把ずつ下へ転がした。平坦地で止まると、「中寄セ」と言って一旦その場に寄せておいた。それから荷縄の上に株をヤリチガイ（交互）にして三〇把ほど置き、二人で締めた。この大きなメガヤの束を下の平（ゆるやかな斜面）まで転がした。

ここまで全体の作業を、「丸ニスル」と言う。

・**カヤツブリ**（図1）

平な所まで転がされたメガヤは、荷縄を解き、一〇～一五把ほどを一まとめにし、円錐状の「カヤツブリ」を二～三か所作った。グズバフジを鎌で二～三本に裂き、縄の代用とし、先端と他、二～三か所縛った。グズバフジはどこにでもあるし、裂くとシナヤコク（柔らかく）メガヤを縛るのに適していた。一〇日間ほどすると風で乾燥し、重さは半分以下の五kgほどになった。

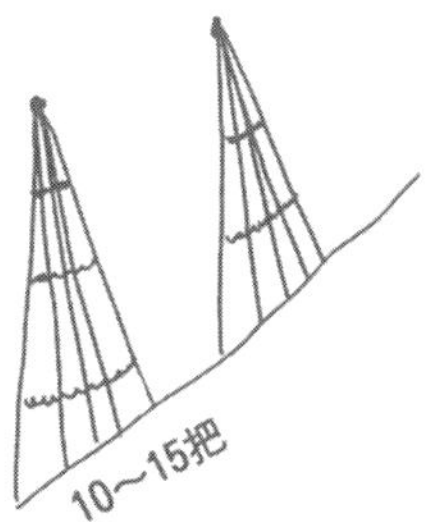

図1　カヤツブリ
最初一番下をグズバフジで縛る。その上に荷縄を斜めにかけて縛り、足場にしてよじ登る。雨が入らないよう、ズイからしっかり縛る。

(3) 運搬

乾燥したカヤツブリを解き、一〇把ずつ背中に担いで家まで運んだ。メガヤは長く重いので、株から三割の所に重心をとって担ぎ、カヤの株側が山手になるようにした。ズイは長く株の方が短いので山にぶつからないよう、安全をはかるためである。カヤは長いため、山道では横になって歩いた。

一人あたり一〇把ずつを午前中に二回、午後から三回運んだ。たいてい男女二人で作業したから、二人で約一〇〇把運んだ。近いカヤツブリからは、午前中一人四回で約四〇把運んだ。三日間かけ二人で約三〇〇把運んだ。

(4) メガヤの保存

・**ユキガキ**（雪囲い）（写真1）

家まで運ばれたメガヤは利用されながら、保存した。時には三mの積雪があるため、家の回りにユキガキにした。それは同時に保存することにもなる。

メガヤを上下二段にし、下段は内側から株を下にして立て、上段はその上に屋根の下から株を上にし、真ん中で重なるようにして当てた。この雪囲いを「逆《さか》ガヤ」という。家の大きさにもよるが、窓の部分をあけ一段に七五把ほどカキツケた。二段で約一五〇把になる。逆ガヤは刀利五カ村・立野脇で行われた[3]。降雪が多いので壁が落ちるのを防ぎ、保温に適した。実に暖かく、逆ガヤをした翌日はぽかぽかして、つい寝過ごすほどだった。

写真1　刀利のサカガヤ（雪囲い）
写真集「刀利ダム」　北陸農政局　昭和42年

蔵や納屋は板で囲いがしてあるし、保温の必要もないのでなかった。

・**アマ**

ユキガキをした後、余ったメガヤはアマに保存された。家にもよるが、約三五〇把ほど置いてあった。

・**カヤニョウ**（図2）

アマに入りきらない場合や、家の屋根を近年直す人は、カヤニョウにして保存した。

下に一間ほどの丸太を敷き、前方に一mほどの間隔に約二mのタテボク（立て木）を二本立てる。約四m後方にも同様に立てる。前後のタテボクは下から四十cmほどの所でそれぞれネソ（まんさく）で縛り、前後のネソはズイどうし真ん中で、から結びに縛る。

そこから一m上部にも同様にして縛る。

屋根はさおに持たせ、メガヤの株を下にして左右から一並びずつ、真ん中に一並びと三並びで葺いた。これは屋根葺きの基本だった。雨を防ぐため、軒は一〇～二〇cm出した。屋根のことを「ニョウノフタ」とも言った。上から縄を掛け、一番下部に五寸の竹の端をカヤニョウに差し込み押さえた。屋根をきちんとしないと雨水が漏れてきて、下が腐っていった。そこに株とズイを交互にしてメガヤを入れ、屋根の部分にはズイから入れた。一つのカヤニョウには五〇〇把以上入り、三年間は保存できた。

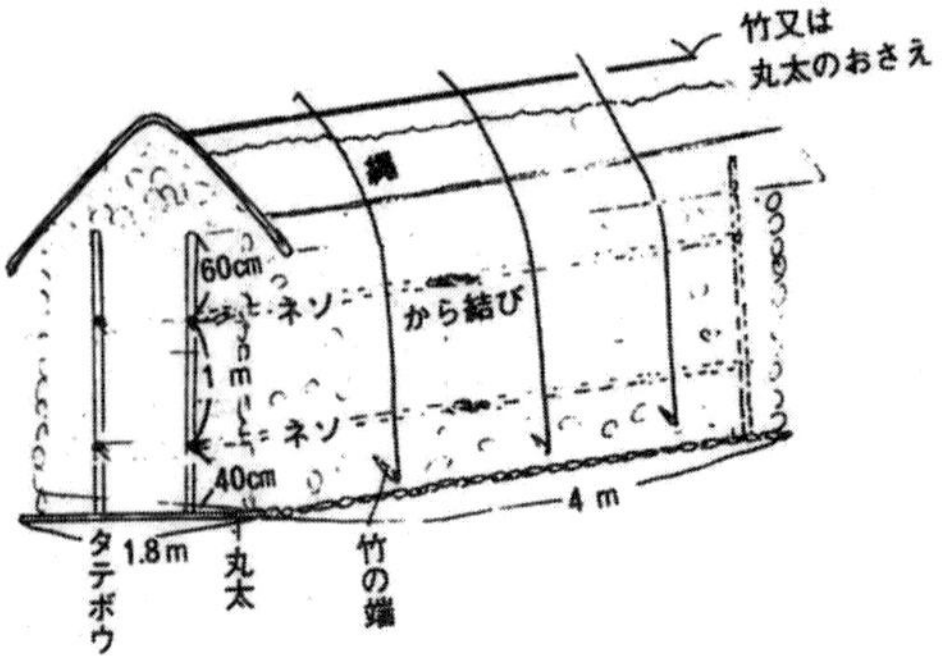

図2　カヤニョウ

屋根の葺き方は、一段目は株を下にして左右から葺く。二段目は、七対三に折り、株を下にして葺く。その上に、ムネつつみとして、カヤを膝で半分に折り、株が交互になるように葺き、丸太か竹のおさえを置く。カヤニョウは、特に雨がもらないように工夫した。カヤを押さえる縄を止める竹の差し込みも、逆水が入らないようにした。

(二)　オガヤ

立野脇では、オガヤはメガヤのようにまとまった茅場は存在しない。(4) 原野や道端に点在して生えている。メガヤと違い管理せず放置すると自然の地力そのもので繁茂し、むしろ良質のオガヤに成長した。どこにでもあるので、必要時その場で調達することも多かった。管理したものでないから、所有者に関係なく自由にカイた。保存の分は運搬の都合上、半里内外でカイた。

(1)　「青ガヤ」と「青刈り」

カヤの利用として一番多いのが、青い柔らかい飼料用のオガヤである。春の芽吹きから八月いっぱいまで大量にカイて、「青ガヤ」と呼んだ。

七月すぎるとオガヤは成長している。炭焼きの時など、資材として現場で屋根などに必要な分だけ青いオガヤをカクことを、「青刈り」と言った。

(2)　秋のオガヤ

一般には、メガヤより早い十月中旬に、天気を見て男女二人で約三日間かけてカイた。自然のものだからいろんなオガヤがあるが、曲がらない良質のものだけをカイた。曲がっていると、カズキ（背負い）にくいし、オーダレなど製品化する時、折れてしまい仕上がりが良くない。また保存に場所がいり不都合だった。

カクとメガヤと同様直径一五cmほどで一把にした。メガヤより長くて芯も詰まっているので重く、一〇kg以上あった。

茅場としてまとまっていないので、丸ニスルこともなかった。

・カヤツブリ

いくつかの束を集めてきて、カヤツブリにした。メガヤと同様、円錐状にしてグズバフジで三か所縛り、一〇日間ほど乾燥させた。干せるとメガヤより葉が多い分だけよく乾燥するが、オガヤのほうが重かった。

(3) 運搬と保存

重いので一人七～一〇把をメガヤのように担ぎ、一日二～三回、大抵二人で一日五〇把担ぎ約三日間かけ家のアマに保存した。炭俵の量にもよるが、平均一〇〇～一二〇把ほどだった。

小矢部川左岸の小院瀬見や小二又では、雪ガキに利用しながら、保存された。

三　カヤの利用

青刈り　ユキガキ　これについては前述した

(一) 家の屋根葺き

立野脇では、家の屋根は主にメガヤで葺かれた。メガヤは細くて中芯に空洞があり、乾燥しやすく軽い。葉も適度に付いているので、ぎっしりとしていて密度が良く、見栄えが良かった。しかし日持ちはオガヤの方が良かった。オガヤばかりで葺くと、目が粗くバラバラで美しくなかった。屋根の東西にもより傷みも違うが、一般には三〇年持ち、一代に一回葺き代えた。普通、両屋根は一日でできず、片ビラ（片屋根）ずつした。五〇〇～一〇〇〇把使用した。たいてい二〇人の人足を頼み一日で屋根を葺き、棟をして、古いカヤを桑畑に捨てるまで、すべてを完了させた。捨てられたカヤは堆肥になった。

屋根にはメガヤを八〇%ほど下に葺いたが、古いメガヤで傷んでいないのも、三分の一ほど見えぬ所に屋根の「場ナラシ」に入れた。その上にオガヤを二〇%上に散らすように葺いた。それは、メガヤだけで葺くと、屋根を縄で締める時、弱いからである。棟はメガヤで左からと右から、真ん中にと三並びで葺き、スイビフジ（えびずる）の綱を五本ほど棟包みにかけた。

軒先から見ると下から、下地のアサギ（麻殻）屋根には、わら束を三〇～四〇㎝、メガヤ、オガヤの順に葺かれた。厚みは一mにもなったが、足で踏み、カケヤで叩き、縄で締めるので、三〇～四〇㎝に締まった。わら束は軒先だけだが、厚みをもたせて見えを良くするためである。自家用でこのような大量のメガヤは調達できず、村で貸し借りをした。

屋根は寄せ棟で、オギノマ（扇の間）約三百把ずつも含め、一軒あたり、約一五〇〇～二六〇〇把使用した。

刀利などでは、裕福な家はメガヤで葺き、オガヤで葺いた家もあった。

また所により、オガヤの茅場がある所とか、メガヤが無い所では、オガヤで葺く地域もあった。

(二) メガヤの貸し借りの単位「ヒトシバリ」

屋根にメガヤを葺いていた昭和四十年代まで、メガヤの貸し借りの単位があった。長い縄に、二間の間隔でタンコブを二つ作る。こぶとこぶが一緒になるまでメガヤの束を入れ、締めた。貸し借り双方の立ち会いで、少しでもゆるみがあると、「もうちょっこ」と更にメガヤを入れた。平均五〇～六〇把でヒトシバリだった。屋根葺きの時の貸し借りの単位にした。

(三) 炭俵（写真2）

昭和十年頃まで、炭俵は藁俵だった。しかし、藁は耕地面積の少ない山間地では不足し、購入していた。昭和十年頃、道路状況も良くなり、大量生産の時代になると、カヤ俵になった。カヤは弾力性があり、炭を保護し、傷めなかった。また、がっしりしているので、遠方まで売りに行くときもかつぎやすかった。小口の「口あて」の小柴も焚き付けに利用された。

炭俵はオガヤでもメガヤでも編まれたが、太いオガヤの方が多用された。アマに保存されたカヤを、アマで冬仕事にアンマタで編んだ。横二尺（六〇cm）長さ五尺二寸（一五六cm）である。オガヤ一把で三俵編めた。半日に三～四枚編むのが基準だったが、上手な人は一日で一〇枚編んだ。アマのカヤが無くなると、雪ガキからホドイテ（はずして）編んだ(5)。多い家は、一〇〇〇俵以上編んだ。大量のカヤを使用するので、家の屋根葺き用のカヤが不足し、屋根が直せないほどだった。

写真2　炭俵

㈣　炭焼き小屋

炭焼きはよほど付近に炭材がある場合をのぞき、炭窯は春の田仕事が落ち着いた頃から、毎年約一か月かけて作られた。

炭焼きには窯のある「窯小屋」、仕事場で窯小屋に続いている「窯ニワ」、ムシカケ（消火までの時間）の時離れられないため、少し離れた所の「寝小屋」、これらを総称して「炭焼き小屋」と称した。また炭を保存しておく「出し小屋」（別名　炭小屋）が出荷しやすい県道沿いに建てられた。これらの建物にもカヤが使用された。

・窯小屋

大きさにもよるが、五〇俵焼き炭窯の場合、屋根はメガヤで一〇～一五把ずつ三段に葺かれ、両屋根で六〇～九〇把、棟に一〇把葺き、合計一〇〇～一七〇把ほど使用した(6)。窯道は人が通れるほどに木を払った狭い道なので、家からメガヤを「立テニシテ」背中に担いできた。一里以上も遠ければ七月初めでも青刈りのオガヤをカイて使用した。

・窯ニワ

窯小屋を約一カ月かけて作った後、二間に三間ほどの窯ニワを作った。このころはオガヤも伸びているので、青刈りも使用した。片屋根に五～六把ずつ二段に、棟にはオガヤを二つに折り曲げるようにして弓型にして五～六把のせて、約三〇把葺いた。前方は谷側なので壁にし、カヤを一〇把余りカキツケ、ススタケ（ネマガリタケ）で押さえた。左右の入り口には莚かオーダレを吊した。合計五〇～六〇把使用した。

・寝小屋（図3）

最後に、少し離れた所に寝小屋を作った。五尺（一五〇cm）の人間が二人寝る場所と、いろりがあればよいので、七尺（二一〇cm）四方の「ナンマンダブツの小屋」（別名　合掌小屋）を作った。屋根が下まであり、壁はなかった。入り口に同じく莚かオーダレを吊した。片屋根に五把ずつ二段に葺き、棟に五把で約二五把使用した。五〇俵焼き窯の窯小屋三棟全体として、一七五把～二六〇把使用した。これらのカヤは、窯小屋の屋根には家から運んだりしたが、多

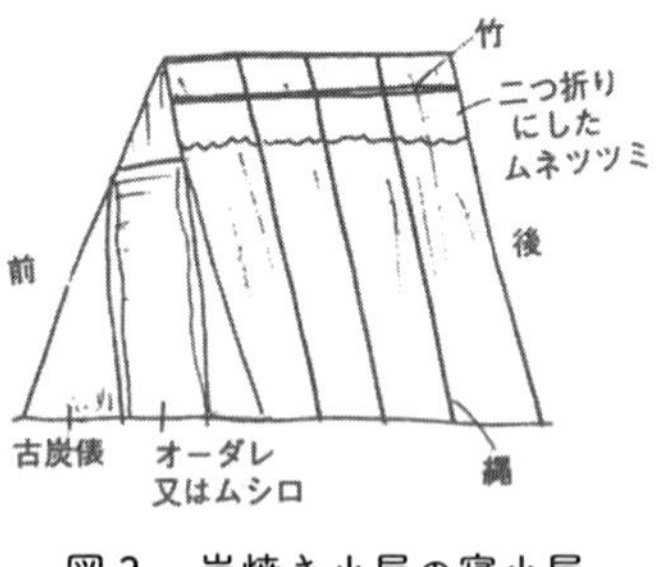

図3　炭焼き小屋の寝小屋
入口はオーダレ又はムシロを吊す。すき間には古炭俵をあてた。後には青刈りをかきつけた。

くは臨機応変に現場で青刈りを調達した。

・出し小屋（炭小屋）

出し小屋は炭俵を入れておく倉庫であり、山から担いで来て出荷しやすい県道端に、昭和四十年代まで各家が連なって建っていた。入母屋作りの二間に二間半の一〇坪ほどで、約一〇〇俵収納した。炭焼き小屋と違い、約五年に一度修繕し永年使用した。メガヤを屋根に一〇把が二段と棟が一〇把、壁は輪竹か丸太をヨコモンにして三〇把をカキツケ、竹で押さえた。入り口には幅三尺のオーダレを吊した。

全体では約八〇把使用した。

(五) ダイコバサ（大根架）（図4）

立野脇の特産として、干し大根がある。大根は十一月二十日頃収穫され、二月いっぱいまでダイコバサに架けて干した。ダイコバサの屋根は厳寒期を越すため、メガヤでは短いし、雪の重みで下がったり、「雪降り風」の強風で折れたりするため、メガヤより五～一〇倍強度のあるオガヤを使用した。家にもよるが、五間の長さにオガヤを二つ折りにし、株を交互にして二重に葺いた。一間に六把必要で、約三〇把を厚さ一〇㎝にほどにして葺いた。屋根は一年ごとに作った。

カヤニョウについては、前述した。

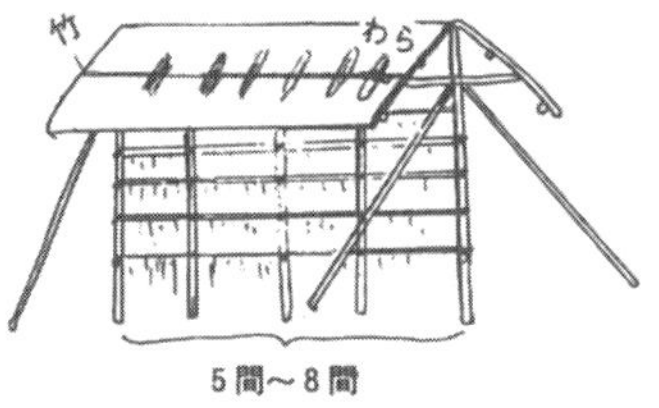

図4　ダイコバサ

屋根はオガヤを二つ折りにして当て竹でおさえ、縄で縛った。その縛り目から、雨がもらぬよう縛り目の上にわら一把を置いた。さらにわらも縄で縛った。立て木は、一間に一本立てた。

(六) バイタニョウとタクモンニョウ

バイタ（薪の割木）は幅三～四尺で、囲炉裏の燃料や商品となり、保存した。バイタは固く曲がらないので、タテボクは前後に一本ずつ約四ｍあけて立て、積んだ。屋根はオガヤでもメガヤでもあるもので葺き、ダイコバサと同様にして左右から葺いた。棟包みはカヤを真ん中で半分に折りかぶせた。一間に六把必要で、約一二把使用し二、三年持った。

タクモンは炭焼きで出た原木の小柴で、年寄りや刀利ではホエといった。太いところが約三㎝で、長さは二五〇㎝あった。主にご飯を炊くのに使用した。

山の中にカヤニョウと似た方法でタテボクを四本立て、タクモンを積み、屋根にオガヤでもメガヤでもあるもので葺いた。長いのでカヤニョウのように左右からと上から三並びに葺いた。一間に九把で約二〇把使用し、二、三年もった。

(七) タクモン引きのそり（図5）

昭和二十年代まで、早春に前年のタクモンニョウをこわし、山から引いて来る時、オガヤをそりに使用した。二月下旬から三月中旬にかけて、運搬上便利なシンズラ（凍みた雪原で、歩いても沈まない）で、天気の良い日に一気に降ろした。家からオガヤを持って行き、半把の株を縄で縛り、扇の形にした。その上にタクモンを一〇把ほど乗せる。荷縄三～四本でしっかり縛り、両方から紐を出しておく。その大きなタクモンの縛りは、前方はつんのめって危険なので、後方に大人や子供が乗る。下が見えないほどの急な崖を、五〇ｍほど一気に降りるが、スピードがつき時速四〇㎞ほどになった所もあった。危ないので上から「行ったぞー　エイホホー」と、よく通るかん高いかけ声をかけて降りた。坂でない所は紐で引き、一〇〇〇mほど離れた村の近くまで持ってきた。雪原は凍みているので、抵抗も少なくそりに適していた。オガヤは一回でぼろぼろになった。

タクモン引きは、天気を見ながら一日で一～三回行い、二、三日で合計五〇～一〇〇把運んだ。タクモンは、これだけあると一家の冬を二～三年越せた。

タクモン引きは、刀利五カ村、臼中近辺、立野脇までの村がした。隣村の綱掛、吉見からはしなかった。

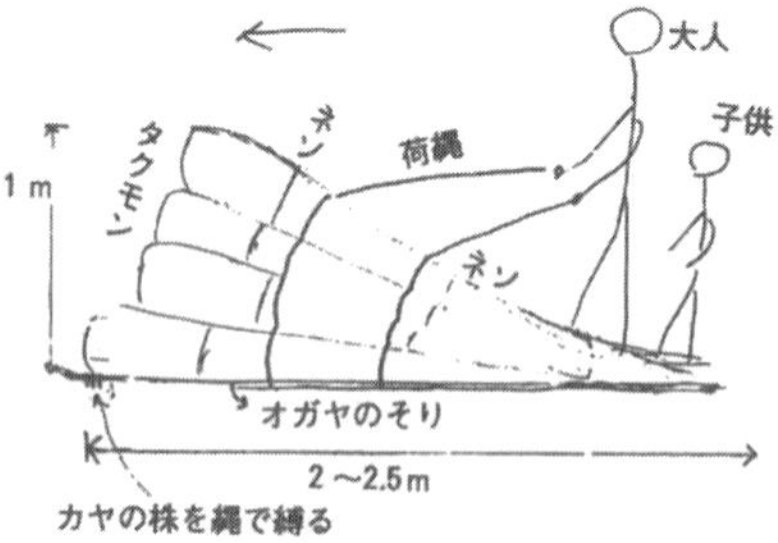

図5　タクモン引きのそり

(八)　すだれ（写真3）

オガヤですだれを作った。莚の大きさに編み、山菜や、桑の葉を干す時など、莚の代用にした。山菜を茹でて干す時、よもぎなどは茎も葉もあるので、オガヤのすだれは、莚より水はけがいいので、良く干せた。

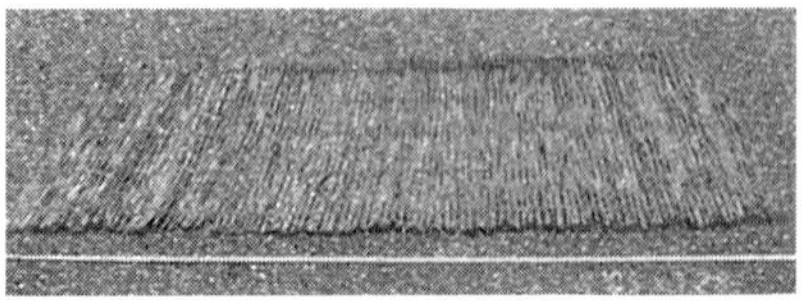

写真3　すだれ

(九)　オーダレ（写真4）

オーダレとは、南砺地方の主に家の雪囲いに使用するカヤで編んだ覆いで、商品にもなった。少し葉をむしって見えを良くし、六尺四方で横に縄一〇本掛けて編まれた。縦に縮まないが、横は乾燥とともに五・五尺ほどに縮んだ。オガヤもメガヤも使ったが、太くて長いオガヤが主だった。少し青刈りのオガヤのほうが、色も美しいし、粘りもあり編みやすかった。立野脇はオーダレを作る十一月は、炭焼きの最盛期で忙しく、自家用だけにしか編まなかった。商品でない場合、規格はまちまちだし、葉もむしらず、現場で手編みすることもあった。窯小屋の入り口などに使用された。使う場所にもよるが、三～五年もった。

写真4　オーダレのユキガキ
（昭和45年ころ）

(十)　ヤマイモ（やまのいも）を包む（図6）

晩秋にヤマイモを掘った時、運搬と保存を兼ね、メガヤ半把ほどで包んだ。小口（横）からヤマイモが見えるようにし、アケビズル・グズバフジ・スゲなどで三、四か所縛った。メガヤは細く扱いやすく、弾力性があるので、柔らかいヤマイモを包んでも、傷がつかなかった。つとのように縛った形は美しかった。荷縄で縛り、家へかついで持ってきた。家ではメガヤに包んだまま、近くの畑に埋めた。竹棒を二本立て目印とし、上を歩かないように注意した。ヤマイモは土中で空気も通り、しかも乾燥して傷むこともなく、保存によかった。ヤマイモは報恩講や正月に使用した。

(十一) 青ガヤ

昭和二〇年代、立野脇で二軒に一軒は、牛か馬が飼われていた。山間部の狭い田畑では、馬で耕すことができない田も多く、飼う主目的は、肥料を得るためであった。肥料の九〇%をまかない、残りは干しにしんやアンモニアを購入した。嵐家には馬がいた。牛は肥育にもなった。牛馬の飼料にオガヤを春先、新芽が出てから八月いっぱい、固くなるまで与えた。オガヤは他の草よりカサがあり、身近に大量に生えていて、翌日になっても、日の当たらない所に置けば新鮮であり、好んで食べた。どこに生えているのもカキ、新芽が出ると、何度でもカイた。多くの家がカクので、「もたもたしとったら、めぐら（周り）にカヤなよんなる（無くなる）」ほどだった。若葉は短いので、カイて直径三〇cmほどで一把にした。一把は約一〇kgだった。五～六把カき、その上にグズバフジを一塊り乗せ、グズバフジで締め、家まで担いできた。使える間はオガヤとグズバフジとだけで、飼料として充分だった。

刀利五カ村や臼中・樋瀬戸・小院瀬見・小二又などの村も農耕や肥料・運搬に牛馬を飼っていた。立野脇は他の生業に忙しく、作っておれなかったが、小二又・樋瀬戸では夏に青ガヤを干し、「ホシバ」にした。[7] 三日～一週間で干せあがり、コロにして保存し、冬の飼料として藁と混ぜて与えた。

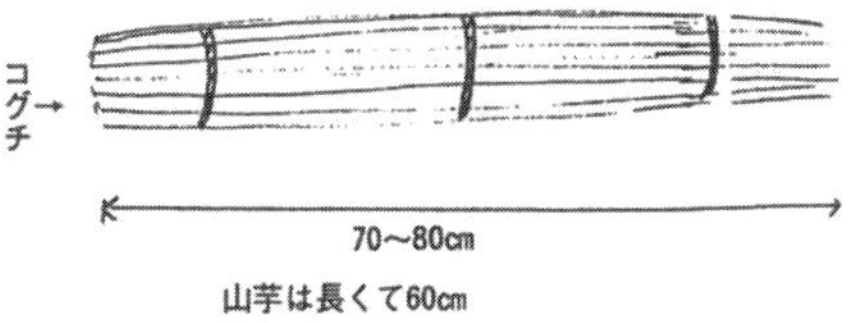

図6　ヤマイモの包み

(十二) 遊びの矢（図7）

太い良質のスス竹を一五〇cmほど切って弓にし、オーナワ（麻縄）一三〇cmほどで弦を張る。矢は太くて真っ直ぐなオガヤを用い、六〇～七〇cmで切り、先のズイ部分に、重しにスス竹の切れ端二cmほど差込む。株の部分で節の所を引っかけた。四〇cmほど引くと五〇mは飛び、雀を脅したりして遊んだ。

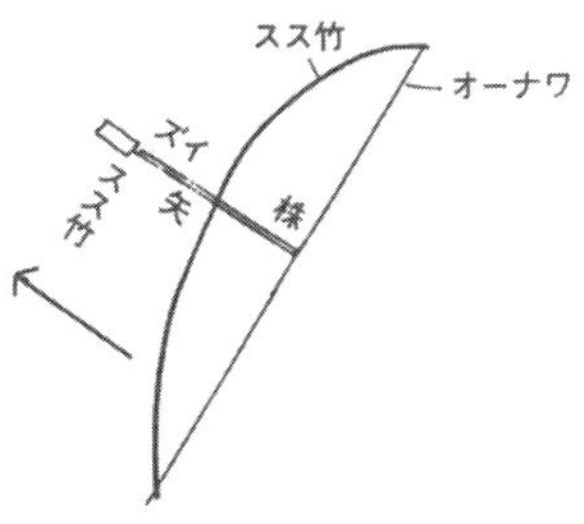

図7　オガヤの矢

(十三) 箸

山の中でオガヤを箸の代用にした。太さも手頃だし、どこにでもあり重宝した。

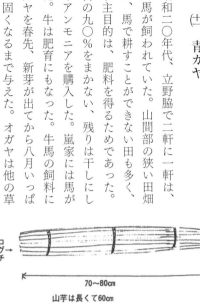

五　土壁資材として商品化されたススキ

前述の通り、ススキは土壁の木舞用資材として利用した。ススキはオガヤが冬越して、春カイたものである。ススキは雪の下で灰汁《あく》が抜かれ、葉も枯れている。しかし芯はしっかりしており、梅雨前にカケば腐っていない。たいていは五月中旬まで、新芽が出る前にカイた。真竹とススキをニゴ縄で縛り、[8] 建築のコーマイ（木舞）に用いた。壁一坪あたり、ススキ一貫目を使用した。[9] すでに藩政期には木舞用資材として利用していたが（後述）、建築が盛んになった戦後から、コーマイが行われなくなった昭和四十年代半ばまで盛んに需要があり、福光町に隣接した天神に集荷する商人がいた。（写真5・6）ススキになるまでのすべての工程は女性の仕事であり、売却金は女性のお金となった。

　話者は、ススキになるまでの工程については嵐龍夫氏、商品化については、渡辺寛氏（写真7）である。

写真5　ススキの集荷（昭和41年ころ）

写真6
ススキの集荷　荷積　渡辺商店
約380貫

(一)　ススキの採取から商品になるまで

(1)　カキ方（採取）

　雪の重みで寝ているススキを鎌で起こすようにカイた。下の層のススキも春先は腐っておらず、皮を剥けばきれいになるので、充分商品になり、総てカイた。雪や雪崩でだいぶ葉が落ちているが、カクとすぐその場でズイを立てるように持ち、鎌の背で叩くと、枯葉はパタパタ落ちた。コーマイに、横に出ている葉は不要だった。しかし全部はぎ取り芯だけにすると、コーマイで壁泥がうまくつかない。また、コーマイの時、ニゴ縄で縛るにも滑ってしまうので、芯の回りには一重ほど、葉が付いておらねばならなかった。また重量で売るから、重さのためにもある程度付けておいた。穂は茎より弱く、コーマイには使用しないが、見栄えを良くするため残した。

写真7　渡辺寛さん 93歳

　ススキは細く真っ直ぐで長いのが良質だった。太く曲がっていると、壁泥が沢山入用で分厚くなり、柱が隠れてしまい不適だった。[10]
　ススキは商品であり、産地では毎年カクと良質で、放置すると二〜三年で太く曲がったものになってしまった。

(2)　縛り、商品にするまで

　カヤと同様グズバフジを裂いて縛った。冬越ししたグズバフジは腐っておらず、充分に使用できた。午前中に大きな一把ほどカイた。ススキを多くカク村ではカヤと同様、ツブリにして立てて乾燥させておき、[11]時間がある時に横にして担いで家まで運んだ。雨にあたると色が悪くなるし、束ねたところから腐ってくるから、納屋に立てて保存した。納屋では仕上げに、一把約三〜四貫の小束に縄で縛りなおした。

(3)　売却

　ススキにするまでの工程は女性が担うので、売却金は女性（主婦）のお金となった。

重さ一貫目いくらの相場で売ったが、多くは町の入り口近くの天神、渡辺商店や西村商店が買いに来た。また女の人が三束（一二～一三貫　約四七kg）ほど担いで店へ売りに行く時もあった。ススキは横に担ぐから長いので、交通の邪魔にならないよう早朝四時に家を出て、一〇km以上先の店に七時頃着いた。その代金で町へ行き、子供の学用品などを購入したという。

産地であるが、ススキは春先東向きで、「朝日当たり」が良く、早く雪崩や雪溶けする地形が産地になった。近くでは小矢部川西岸の小院瀬見、小二又、中根、また支流の打尾川上流の臼中、樋瀬戸、七曲などは東向き斜面が多く大産地だった。臼中・中根は一軒当たり平均三〇〇貫以上生産した。しかし、例えば立野脇は地形上東向き斜面が少なく、あまりススキをカカなかった。

小矢部川西岸の地域では春ススキをカクだけでなく、雪ガキにオガヤを使用し、春にはずして葉をむしり、ススキとして売っていた村もあった。

(4) 規定

小矢部川支流である打尾川流域では、ススキが換金商品の大生産地なので、カクのに規定があり、勝手にカキに行くことを禁じた。大産地であった樋瀬戸　山本花子氏（昭和八年生）によると、解禁日の前日、区長から「明日、ススキ取りやぞ」と「触レマイ」があった。大抵は四月三日ごろにあり、女性達は早朝からいっせいに山へカキに行った。一里以上も離れた山へ行ったが、他村の持山へは行かなかった。

小矢部川左岸の中根では、中根　山本正一氏（昭和初期生）によると、持ち山の茅場のススキだけをカイた。村から一里以上離れると、持ち主に関係なく自由にカイた。

㈡　ススキの需要の移り変わり

文政五年（一八二二）四月の『砺波郡産物之品々書上申帳』には

一、ふきかや　　山方并里方野畔等ニ作り申候

一、葉とりすゝき　　山方ゟ売出申候

と記されている。[12]「ふきかや」は屋根葺き用のカヤである。「葉とりすゝき」は、葉をとったすすきであり、まさしく木舞用のススキである。砺波郡では、ススキを文政年間からすでに商品として山村から売り出していることが知れる。

伏木勝興寺では平成十年から保存修理事業が始まり、江戸時代を通じて建立された建造物[13]の土壁の木舞に、ススキが使用されていたことが判明した。その土壁を落とした中にあったススキは傷みが少ないのと、現代はススキの入手が困難なために、そのまま再利用されることになった。年月を経てもススキは木舞の役目を果たしていたことになる。また以後も利用可能な木舞資材であった。

福光地方では、戦前は建物があまり建てられず、販売量はわずかであった。戦後農地解放で農家の所得が上がり、家のニワ（家の中の土間）でしていた農作業を納屋でするため、まず納屋を建てた。また、家の屋根をオロす（カヤ葺きから瓦葺きにすること）家が急増した。そのため昭和二十三年頃より、木舞用にススキの需要が急増した。最盛期は昭和三十年代から、昭和四十年代初めである。しかし、昭和四十年代後半になると、石膏プラスターの壁が流行してきた。石膏プラスターは固くてネズミも歯が立たない。また高くなってきたコーマイの人件費に比べると三分の一ですみ、コーマイは行われなくなった。また山では離村が進み、ススキを採る人がいなくなった。茅場も荒れていき、ススキはなく

なっていった。

㈢　建造物とススキの使用量

砺波地方では、竹と共にススキを家と納屋のコーマイに使用された。高岡の近くでは、一部竹とヨシでコーマイをカク（木舞で縄を巻くこと）所もあるが、砺波地方は竹とススキでカイテいた。それは、ススキは強度と粘りがあり、壁土を入れても強いこと。壁土の中でも八〇年以上腐らないこと。竹と竹のコーマイは、目が細かくできないので、きれいな壁に仕上がらないことなどによる（写真8）。また、竹ばかりだと、購入費が高くつく。ススキは山に自生しており、手頃な値段であったからである。

写真8　ススキのコーマイをした家
昭和47年　天神

なお、倉と灰小屋は壁を厚くするので、強度上、竹と竹のコーマイである。

集荷されたススキは左官からの注文により、砺波地方全域に配達された。

砺波地方の戦前戦後の建物の平均的な大きさと、ススキの使用量は次の通りである。

納屋の大きさ
戦前　二・五間×四間　高さ一二尺　戸前三尺　ススキ三〇貫ほど
戦後　五間×三間　高さ一八尺　戸前九尺　ススキ六五貫ほど

戦前の家の大きさ
八間×五間　高さ一階十二尺二階アマの場合
ススキ　七〇から一〇〇貫ほど

㈣　村の生産高

商店では春から秋まで、近い村から順に買い付けに行った。昭和三十五年ごろのススキ生産村名・従事戸数・一戸当たりおおよその重量は、次の通りである（表1）。一戸当たりの重量は地形の形状と、山地の広さに関連している。

表1　昭和35年頃の各村の生産高

村名	従事戸数	一戸当たりおおよその重量
竹内	一戸	二〇〇貫
小山	三戸	一〇〇貫
舘	一戸	一〇〇貫
才川	三戸	二〇〇貫
小二又	約七戸（村の半数）	一〇〇〜一五〇貫
小院瀬見	約五戸	五〇〜一五〇貫
中根	四戸（全戸）	三〇〇〜四〇〇貫
吉見	五戸	五〇〜一〇〇貫
下刀利	五戸	一〇〇〜二〇〇貫
樋瀬戸	約八戸	二〇〇〜二五〇貫
七曲	二戸	二〇〇〜二五〇貫
臼中	二〇戸（全戸）	三〇〇貫余り

尚、渡辺商店では、ススキを庄川水系の山麓（隠尾・小牧・長崎などの近辺村）や、氷見市の山麓（熊無など）石川県浅野川水系の山村（熊走・小原など）からも購入している。それらの村々は小矢部川上流域の村と通婚圏の村もあった。これらの村の近隣でもススキを木舞に使用していてススキを出荷したと思われる。

ススキは富山県内に木舞として広く利用していた。隣県では金沢市（高岸寺）や上越の山麓村（上越市安塚区など）でも使用していた。

おわりに

カヤ・ススキは、今や荒れ地の代名詞のようになっているが、かつては生活に深く結びついた大切な植物資源だった。早春の若芽からの青ガヤ、夏の青刈り、秋のカヤはもちろん、翌春のススキに至るまで、建築資材や飼料、そりや遊びなどに、一貫して活用する知恵を伝えてきた。しかし近年の過疎化と時代の流れにより、カヤ・ススキの文化も絶えようとしている。

同じ小矢部川流域でも、その地形、地質によりカヤ、ススキの植生も若干違い、オガヤの茅場、メガヤの茅場を管理している村があり、利用法にも特色があった。

和名ススキを収穫期の違いでカヤとススキに区分しているが、それはススキが小矢部川上流域では商品名であったからである。名前の区分からは、和名ススキで葺いた屋根を、カヤ葺きと呼んだことも理にかなう。

立野脇はメガヤの茅場を保有し、「逆ガヤ」など、離村した刀利村などと共通の利用法をしていた。現在最奥部の代表的な山村であり、利用法も多かった。

ススキは藩政時代からの特産物であり、代表的な大寺院をはじめ、一般の家や納屋の木舞に使用されていた。冬越しした雪にさらされたススキは質の良い木舞資材であったことを、長年の民俗知で伝えられて利用してきた。ススキの売却金は自給生活の中で、女性の貴重な現金収入となっていた。ススキは町場に近い集荷する商人により、砺波地方全域に流通していた。ススキを木舞としていた地域は雪にさらしたものを使用することから、日本海側豪雪地帯であろうが、その広がりは今後の課題としたい。

それぞれの村では自然環境を活かしながら、多様にカヤ・ススキを利用して生活を営んできた。

注

(1) メガヤの茅場は、小矢部川右岸では刀利五カ村・立野脇・綱掛・吉見まであった。左岸では中根にあった。支流の打尾川上流では、臼中にあった。
(2) 炭窯へ通ずる細い道
(3) 立野脇隣村の綱掛からは、雪囲いに上段はわら束、下段はカヤでおおった。
(4) 刀利・中根・臼中などには炭俵やススキなどの需要のため、オガヤの茅場があった。
(5) 刀利では昭和二十年代、二〇〇〇俵編んだ家もあった。
(6) 刀利では、一度に一〇〇から一二〇俵焼く炭窯があり、約四〇〇把使用した。
(7) 小二又　早川芙美子氏、樋瀬戸　宮本敏夫氏による。
(8) ニゴは藁の芯で、ニゴで編んだ縄・細くて強く、コーマイのススキと竹を縛るのに使う。
(9)・(10) 天神　渡辺商店　渡辺寛氏による。
(11) 樋瀬戸では、カヤツブルといった。
(12) 文政五年四月『砺波郡産物之品々書上申帳』『砺波市史』資料編2　近世　九四七頁　平成三年　砺波市
(13) 高岡市教育委員会『越中勝興寺伽藍』四九頁　平成六年　高岡市教育委員会

(『とやま民俗』No.六六　二〇〇六年七月　・『福光町史』下巻（壁材のススキ）南砺市　二〇一一年三月)

Ⅴ　樹皮の利用

はじめに

樹皮は古来より各地で多様に利用されてきた。富山県の西南部を流れる小矢部川上流域の山村では、衣や住そして生業や民具などにさかんに利用され、欠かすことのできない大切な植物資源だった。しかし、昭和三十年代を境に、化学繊維の普及や生活様式の変化、生業である炭焼の衰退、その上、昭和三十年代から五十年代にかけての、刀利ダム・臼中ダム建設による離村で、現在（二〇〇六年）、樹皮はほとんど利用されなくなった。

近年、小矢部川中流域の小矢部市桜町遺跡からは縄文時代の、木を結ぶ細い樹皮の縄など、樹皮の製品が出土している。人びとは縄文時代から、数ある樹木の中から木を知り尽くし、選りすぐりこの地に合った最適な利用法を伝えてきた。危機に瀕している樹皮の利用法を記録する。

話者は、南砺市（福光）立野脇の嵐龍夫氏、自然解説員の堀与治先生、元下小屋の宇野秀夫氏、元上刀利の南源右ヱ門氏、村井亮吉氏、元小院瀬見中根の山本正一氏であり、聞き取りは平成十八年である。

一　樹皮採取の適期と採取法

(一)　適期

一般に木の樹皮は、木に水の上がる六月から八月にかけて剥ぐ。それ以降は樹皮と幹がくっつき固くなって、剥がれないからである。シナ（シナノキ）・ウリ（ウリハダカエデ）・サクラ・コクルビ（サワグルミ）・キワダ（キハダ）・タイカンパ（ウダイカンバ）などである。

蔓性植物の樹皮は、葉が落ちた晩秋から早春にかけて採取する。水が下がり乾いているので固くて強く腐らず、品質がよくなる。また、カチコ（凍みた雪原）の上を歩くと蔓を見つけて採取しやすい。コツラ（マタタビ）・コクボ（サルナシ）・マフジ（フジ）・ヤマブドウなどである。

晩秋にコウズ（こうぞ）を刈り取った。

伐採時を利用して剥ぐのは、大切な用材であるスギである。

(二)　採取法

樹皮は大きく分けて、剥離法と抜き取り法がある。

・縦剥ぎ型剥離法

木の上部に鉈で横に切れ込みを入れ、下まで細長く剥ぎ取る。シナ・ウリである。

・横剥ぎ型剥離法

木に垂直に切目を入れ、そのまま横に輪のように剥ぎ取る。サクラ・キワダ・タイカンパ・スギ・コクルビである。

・蔓性植物の剥離法

蔓性植物は縦剥ぎ型剥離法の変形であるが、蔓を四分の一などに割り、樹皮を縦に剥いだ。コツラ・コクボである。

・抜き取り法
木の幹を外からそっと全面に叩いて、抜き取った。

二　樹皮の利用法

(一)　繊維利用樹皮

(1)　シナ

シナは樹皮の繊維では最も多用され、内皮を利用した。柔らかい木で葉の表裏の色が違い、葉柄が長くパタパタと風になびき、遠方からでも探しやすい。当地方は三mを越える豪雪地帯で、湿気をおびた雪の重みに、木は根元が曲がって育つ。山の斜面で峰側を「オモテ（表）」といい、谷側を「ウラ（裏）」と呼ぶ。木は雪の重みに耐えるように、オモテに木を支える力が付くため、年輪はオモテにウラの三倍の厚みが付き、繊維の質も良い。六、七月にかけて採取するが、葉が出そろった六月が最適期である。樹齢二〇年ぐらいの木で、直径二〇㎝ぐらいの木のオモテを採取する。それ以上の太い木は、繊維の質が荒くなり、バサバサして適しない。

木の根元から手の届くまで二mぐらいの所を、横にナタで三寸ほど切れ目を入れ、タクル（引く）ようにすると剥がれる。根曲がりの部分は、樹皮が厚すぎて加工しにくいから使用しない。剥ぐと木の芯側が外側に曲がり、輪のようになる。一五枚ほどを重ね、三カ所を縄で縛る。八月ごろまで小池に石をのせて浸け、表皮を腐らせる。この場合、流水より溜めた池のほうが腐りやすい。八月末に池から上げ、粘りのある表皮をきれいに洗うと内皮の繊維が残る。天日に二、三日干す。アマ（家の二階）で竿にかけて一枚ずつ陰干し、冬仕事まで保存する。

シナは樹皮の繊維として最高の強度があり、「傷むことを知らぬ」といわれる。茶褐色で光沢はなく、繊維は荒いが弾力性に富み、水に濡れても腐らず耐久性がある。しかし、樹皮であるため、濡れると干せにくい。これらはシナの大切な要素であり、その特質を生かして利用される。

保存されたシナは、編む時に裂く。干せたシナはゴワゴワで編みにくいので、前処理として湿り気をもたせる。口に水を含み、霧吹きのようにシナに吹きかける。三〇分ほどで柔らかくなり、ナタで切れ目を入れ、手で引いて裂く。樹皮は一〇枚ほどが年輪のように重なっており、上下でねじると三枚ずつほどに分かれ、さらに一枚ずつ剥ぐ。樹皮は木の内側は薄く、外側は厚くて質が良い。

利用の用途により、裂く幅は多少の違いがある。ハバキには藁ほどの幅で、できるだけ細く裂く。細く裂くのに手間がかかるが、編みやすくなる。ネコダ・縄・荷縄・バンドリには、やや太く二㎝の幅に裂き編む。荷縄は二枚のまま、綯《な》うこともある。荷縄は藁だけの場合、一年ぐらいしかもたないが、藁にシナを二割混ぜることにより、強度が増し、一〇年近くもつ。藁を混ぜるのは、シナばかりだと綯いにくいし、濡れると重くなるからである。また、藁は水をはじき、乾きやすく、冬の冷たさも防ぐ。シナだけの荷縄は、大変強く貴重品である。しかし、雨に濡れると一〇日も干せず重くなり、むしろ扱いにくくなる。濡れるたび傷みも早くなる。荷縄は主に窯木（炭材）を担ぐのに使用する。

バンドリは藁で編まれる。一番傷みやすいクビギ（首毛。首の回り）や背中にニゴ（藁の芯）を使用するが、ニゴ三本にシナ一本ほどを混ぜて編む。シナを混ぜると広がりが悪くなるが、コタエテ（長持ちして）実用的である。シナだけのバンドリはバサバサでコシが無く、雨は漏るし、肩が重さで傾く。

ネコダは藁を捻って縒《よ》りをかけ編むので、分厚く山仕事に着用する。傷みやすい肩・背・縁・裾などにシナを混ぜて編む（写真1）。

ハバキはシナ・ウリ・ニゴ・ガマ・木綿などで編む。シナのハバキは涼しく夏用である。シナばかりで編んだり（写真2）、ニゴを混ぜる場合もある。シナノキの樹皮を採取した部分は、五、六年すると盛り上がって再生し、樹皮として二度目の利用はできないが、木として他の用途に利用する。

写真１　ネコダ　昭和30年代　南源右ヱ門製作
肩、背、縁、すそにシナを混ぜる

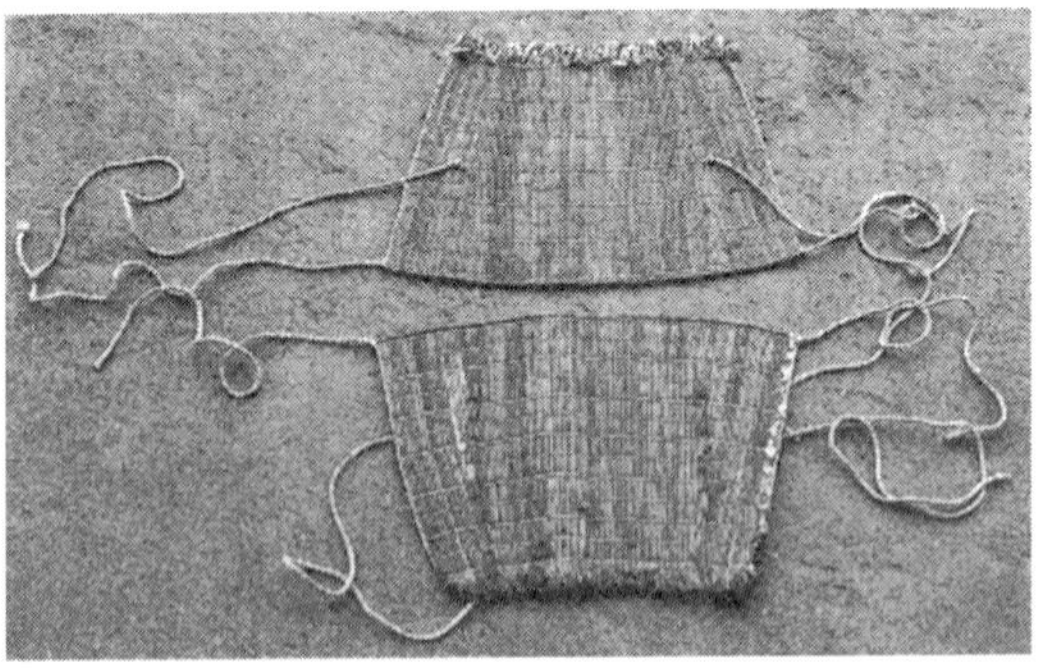

写真２　シナのハバキ　昭和30年代製作
縦糸は苧（南源右ヱ門家蔵）

⑵　ウリ

ウリはシナと同じく内皮を利用し、採取法も適期も加工法も、ほとんど同じである（写真3）。若干の違いは、採取した現地で内皮を採取する方法がある。外皮を外側にきっちり半分に筋目をたてて割って折り、左手で押さえ右手で樹皮全体を、パシンパシンと叩きながら内皮と外皮を、分けるように引いて剥ぐ。衝撃を加えながら剥ぐことにより、内皮はハタハタ（柔らかく）になっていて、何枚かに剥ぎやすく加工しやすい。そのまま干して保存する地域もある（上刀利）。ウリはシナの半分の厚さで、繊維も柔らかく編みやすい。色も薄く光沢があり、上品である。水はけも良くさらっとしている。しかし、弾力性はなく、耐久力はシナの半分である。その特質を生かし細工用に用いる。ハバキに一番多用するが、シナと違い乾きが良く重宝する。バンドリのクビギに編み込んだり、フゴ（籠の一種）を編む。荷縄にはしない。

写真３　ウリ　若木をはぐ
（嵐龍夫氏）

⑶　コウズ

里山では、戦前まで身近なコウズの内皮から繊維を採った。毎年晩秋に鎌で刈り、蒸して皮を剥き表皮を剥いて内皮を干す。何枚かを丸め、布で包んでおいて、ゲタの鼻緒などに使用した。

㈡　薬用樹皮

⑴　キワダ

キワダは谷間の湿り気がある所に生えている。内皮を薬として、里山では自家用に採取したが、山村では富山の売薬原料として大量に採取した。六月から八月にかけて採取するが、七月一〇日から八月一〇日ごろが最適期である。その時期に採取すれば、樹皮を剥ぐと外皮は自然に剥がれ落ち、薬用の内皮だけが採取でき、手間が省ける（写真4）。それ以外の時期は外皮が内皮にくっついているので、鎌で削り落とす。採取法は鉈で縦に八〇cmほど切り目を入れ、横にぐるりと剥ぐ。大きい木は切り倒し、幹から梢まですべて剥ぐ。また、平らな場所の良い木や小さい木は、立木のまま梯子をかけて剥ぐ。木は枯れたが、種から生え、三〇年でキワダは復元する。

写真4　キワダ　外皮をはぐ（嵐龍夫氏）

内皮は、一cmから二mmほどの厚みがある。朝から湿り気の多い内側を上にして天日に干す。夕方になると集め、内側を下にして十文字に重ね夜露を防ぐ。雨に濡れると色が悪くなるので気をつける。天気がよいと一週間で干せ、重さは三分の一になる。また秋に採取する人もいる。皮は剥きにくいが、水が下がっており、乾燥しているので早く干せ、すぐに使える利点がある。

現在、最奥の立野脇では、昭和三十五年ごろまで、キワダの仲買人がいて、大釜で煮詰め、羊羹ほどの固さの黒い製品にして、富山の広貫堂に売却していた。

かつて最奥の下小屋では、昭和三十年代後半に道ができると、宇野秀夫さんが国有林から営林署の許可を得て、大量に採取した。最適期の一か月に一〇人もの人を雇い、山中に飯場を建て、県境を越えてまで採取し、乾燥させて年間三tほどを高岡市中田の共栄製薬に和漢薬原料として売却した。

自家用には、キワダの皮や煮詰めた製品を煎じて胃腸の薬として飲んだり、目薬として薄い煎じ汁で目を洗ったりした。しみるが、ユキメなどに良く効く。

(三)　民具用樹皮

(1)　コクボ

コクボは蔓性植物であり、谷間の湿った植物の茂った所に生えている。あまりない木で、しかも太るのに三〇年ほどかかる。見つけても、茂みや木の上では、採取しにくい。カチコ（凍みた雪原）の時は、木にからみついていても採取しやすい。直径三〜五cmの蔓で、節のない部分を選び、一mはぐるように採取し、内皮を利用する。採取してすぐウチカワ（内皮）を取る。細い木は半分から四分の一に割り、シブカワ（外皮）を鎌でヘギ（削り）、ウチカワを二枚とる。外側の皮が固くて良質である。太い木は鉈で四分の一に割ってから、太い部分を二、三本芯まで切る。残った部分は細い木と同様にして、二枚取る（図1）。幅一・五cm、長さ一m、厚み二mmほどの皮である。干せると固くて折り返す所が編めなくなるから、採取して一〇日以内にナタヘゴ（鉈鞘）に編む。蔓二本余りで一個のナタヘゴが編める。鉈は一日何度も出し入れするから、補強に「小口木《こぐちぎ》」を取り付ける。固い木で天然に曲がったイツキ（ヤマボ

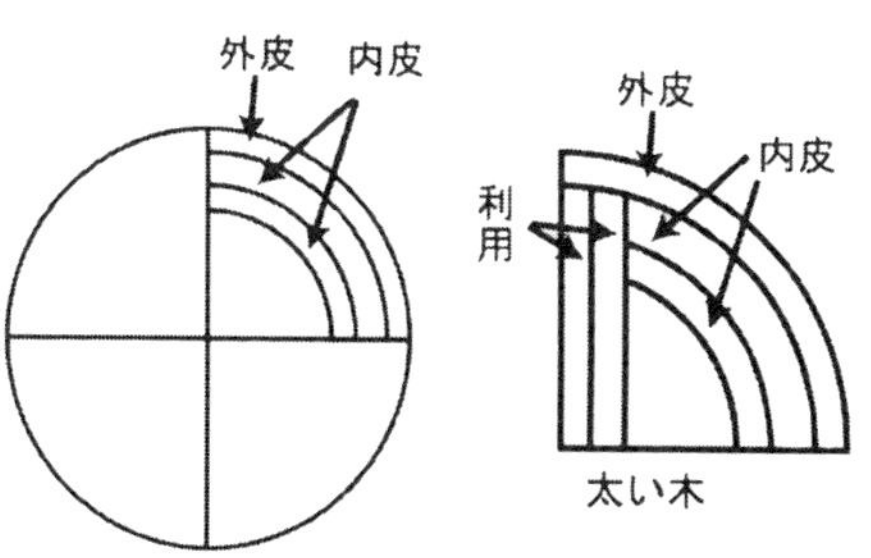

図1 コクボのとり方

ウシ）やシャクナゲを使う。コクボはナタヘゴだけ編むが、乾燥すると固さが増し、しかも縮まず、使うほどにつやが出て、ナタヘゴとしては最高の品質である（写真5）。

写真5　コクボのナタヘゴ　昭和20年代　村井亮吉製作

(2) コツラ

コツラはコクボと同様に内皮を利用し、採取時期も同じである。春から蔓が伸びて夏に太った一年生の蔓を採取する。一年生は真っ直ぐで節もないからである。直径一cm、長さ一mほどの蔓を採取し、四分の一に割り、シブカワを削ってウチカワをヘグ。皮は一枚である。幅一cm、長さ一m、厚み二mmの皮は、ソウケ（竹籠）の縁取りに編む（写真6）。

写真6　コツラでふちどりした籠　昭和初期　南伝右ヱ門（南伝右ヱ門祖父）製作

(3) サクラ

サクラは六月から夏の土用前までに、三〇年齢までの木から採取し、内皮を利用する。縦に二〇cmほど切れ目を入れ、幅四五cmほどの皮を取り、束ねて池につける。シブカワが腐り、内皮が残る。夏の天気の良い日に上げ、三日ほど干して保存する。冬仕事に編むが、固くなっているので水を霧吹きして、柔らかくする。編みやすいように二cm幅に切り、編む。主にナタヘゴに編むが、編む時も霧を吹きかけながら編む。サクラは丈夫で五〇年はもち、使いこなすほど擦れてつやが出てきれいである（写真7）。またホンカゴ（ぼろ布入れ）を編んだり、釣り竿の持ち手に滑り止めに巻いたりする。

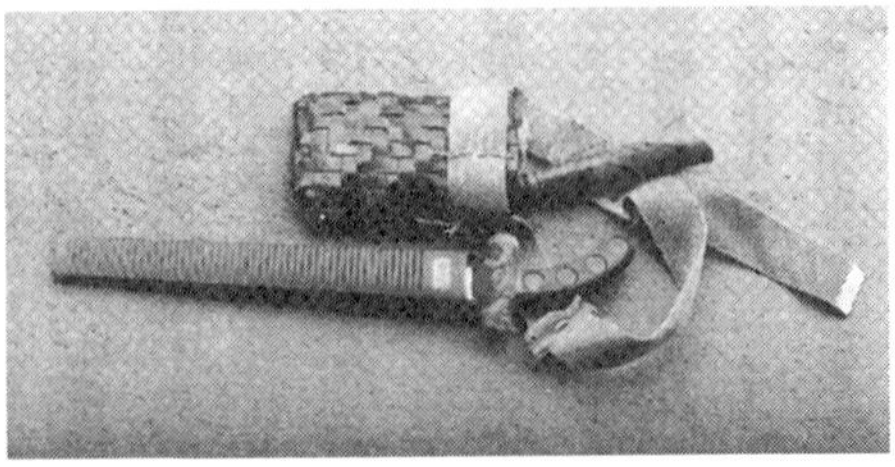
写真7　サクラのナタヘゴ（南源右ヱ門家蔵）

(4) ケヤキ

ケヤキの樹皮は抜き取り法で採った樹皮を、桶として昭和初期まで使用した。直径四〇cm、高さ五〇cmほどである。底板が板で、三か所オーナワ（麻縄）で縛った。オボケとしたり、栗などを入れた（立野脇）。

(5) マフジ

マフジはヨキの背で叩き、外皮を剥がし利用する。木を引く時のハナズル（縄を掛ける輪）にした。また、戦前から昭和三〇年代まで、晩秋になると立野脇へ氷見（論田・熊無）からフジ箕の材料として採取に来た。隔年二人して三日ほど、巻き付いていない真っ直ぐな親指ほどの太さで、長さ一mの無節部分を採取した。直径約二〇cmの束を作ったが、一束約二〇kgだった。六束作って預けていき、後から馬車や車で取りに来た。

(四) 住宅利用樹皮

(1) スギ

スギは建築用材として多用されるが、樹皮もあます所なく利用した。用材であるから伐採したスギを利用し、六尺ほど切れ目を入れ、外皮を横に剥ぎ利用した。台の上に置き乾燥させて保存した。スギの皮は「命知らず」と言われるほどで、一〇〇年以上長持ちする。家の腰板、部屋の壁に貼り付けた。見た目にも美しく、雨があたって土壁が剥がれ落ちるのを防ぐ（写真8）。

写真8　杉皮の外壁
明治期の小学校舎　立野脇

(2) コクルビ

コクルビは、標高五〇〇m以上の谷間に生育している。枝も出ずまっすぐで、早く成長し、大木になりやすい。樹齢五〇年から八〇年の大木が多いが、樹齢三〇年以上の直径四〇㎝ぐらいの木の外皮を利用する。六月から八月に木を倒し、鉈で六尺の切り目を入れ横に剥ぐ。水気が多くすぐ剥ける。一本の木からは、枝がでている所まで何枚でも剥ぐ。枝があるとその部分が穴になる。剥いだ外皮は延ばして重ね、石を置く。二、三週間で干せる。それ以上干すと、空気にあわないので、黴たりして傷む。干せた皮は炭焼小屋の屋根や寝小屋に葺き、竿で押さえる。壁にも使う。当地方の炭焼小屋の屋根は茅が多いが、茅のない岩場などで用いられた。しかし、一年で腐った。

(3) キワダ

薬用にキワダを採取した時の、不用な外皮を炭焼小屋の屋根に茅と混ぜて葺いた。茅は炭俵の資材だったから、茅の節約になった。

(五) 点火用樹皮

(1) タイカンパ

タイカンパは標高五〇〇m以上に生育する。六月から八月に鉈で縦に切り目を入れ、横に剥ぎ、外皮を利用する。雨の当たらぬ所に干して保存する。樹皮は薄く七、八枚ある。点火の時、樹皮を横に細かく裂き、焚きつける。油をかけた紙のように、メラメラと縮みながらすぐに燃える。山中で点火は重要である。炭焼きや、雪上の狩りの時には、貴重な樹皮である。タイカンパでも赤味のある木は、サクラカンパと呼ぶ。

(2) キワダ

薬用にキワダを採取した時、不用な外皮を焚きつけに使う。油気がありよく燃える。

(六) 和紙用樹皮

(1) コウズ

昭和初期まで、五箇山や近隣の石川県二俣の和紙材料として、里山地区でコウズが育てられた。晩秋に鎌で刈り、畦に寄せておくと、専門に集めている人が馬車などで取りに来た（坂本など）。

集荷した家では釜に桶をかぶせて蒸し（殿など）、剥いだ皮を城端へ持って行き、五箇山へ売った。または二俣へ売った。村の共同作業所で同様にしてコウズの皮を剥ぎ、売った所もある。

三　標高と利用樹種

木は標高や地形、地質により樹種が違う。地質的には、西日の当たらない湿り気のある谷間に、ウリ・シナ・キワダ・コクルビが生育する。コクボ・コツラ・マフジも山頂ではなく、谷間の風通しの悪い所に生育する。標高からみると、里山では、コウズ・スギ・キワダが利用された。二〇〇mの地域では、里山の利用樹皮にシナ・ウリ・サクラ・マフジが加わるが、コウズは利用されない。三〇〇mの地域では、二〇〇mの地域の利用樹皮に、コツラ・コクボが加わる。五〇〇mの地域では、三〇〇m地域からさらに、タイカンパ・コクルビが加わる。

おわりに

小矢部川上流域では、かつてもっと多くの樹皮が利用されていた。しかし、フジの裂織のように、消え去ったものも多い。多くの体験者も山を離れており、高齢化している。樹皮は採取してからも再生する、環境にやさしい植物資源である。しかも非常に長持ちする材もある。長い年月をかけ、工夫し利用してきた貴重な知恵を、今のやり方で次代に伝えられないかと願う。山の恵みを生かしその知恵や文化を守ることは、人間が生きていく力になると思う。

参考文献

名久井文明『樹皮の文化史』平成十一年　吉川弘文館

（『北陸の民俗』第二四号　二〇〇七年三月）

Ⅵ　ケヤキの良木育成と用材になるまで　―刀利谷・臼中を中心に―

はじめに

ケヤキはニレ科ケヤキ属の落葉高木で、ツキ（槻）とも呼ばれ二〇～二五mの大木になる。山野に自生し、古くから屋敷林に植えられ、また緑化に公園や街路樹にも植えられており、身近な樹木である。杢目が美しく、磨くと光沢が生じ、堅くて摩耗に強いことから、神社仏閣をはじめ日本家屋の建築用材や工芸作品・家具など木製品全般に高い需要がある。

加賀藩は元和二年（一六一六）より、何度も七木の制を敷いた。木の種類は二〇数種に及んだがケヤキは常に七木に入っており、伐採に制限があった。明治期に入り伐採できるようになると、砺波地方の民家ではケヤキの広間を作ることがあこがれになった。

本稿では小矢部川上流域において、どのようにケヤキを良材に育成するための技術が伝承されてきたか。また、伐採後用材になるまでの手入れを含めて記録する。

一　赤ケヤキと青ケヤキ

ケヤキは深山系の木で早く成長して、光線を受けようとする性質がある。また伐採後は乾燥し枯れるまでの間、大きく反っていくために何年も「寝かせる」必要がある。木は樹木の中心部にあたる「赤太（心材）」と、その周囲の「白太（辺材）」がある。赤太は木の細胞が年を経て活動を終え、沈着物ができ、赤や黒褐色となった部分のことである。虫や細菌を防ぎ、伐採後も腐敗を防止する。木が大きくなると赤太も大きくなる。杉は白太も使用するが、ケヤキはほとんど赤太だけを使用する。

南砺市福光地域の植物研究者、堀与治先生によると、当地方のケヤキは赤赤ケヤキ、赤ケヤキ・赤青ケヤキ・青ケヤキに区分される。一般には赤ケヤキと青ケヤキに区分する。赤ケヤキは心材が赤く杢目が詰まり堅く優良材であり、伐採後のオゴリ・アバレ（狂い・反り）も少ない。色が赤いということに対しても好まれ、高い需要がある。青ケヤキは心材がうす青くて杢目も粗く、伐採後、乾燥するまで時間がかかり、しかもオゴリが生じやすい。建築後もスヤイテくる（隙間ができること）。赤ケヤキはスヤクことは少なく、青ケヤキより品質が高い。

ケヤキは木により赤太と白太の広さが違う。良質なケヤキほど白太が狭く、赤太が広い。赤ケヤキは青ケヤキより赤太が広い。同じ赤ケヤキでも屋敷林の木より、山中の木の方が赤太の色も濃く堅くて広い。青ケヤキでも肥やしけがあるほどよく太るが、白太が広くて赤太の狭い木になる。

福光地域で一般にケヤキで家を建てようとする場合は、ほとんどが赤ケヤキを使用した。赤ケヤキで作られた広間は堅牢で、百年経っても狂いがないといわれている。青ケヤキは柱などにも使用するが、丸太のままソラ道具（梁など）に使用することが多い。

ケヤキは製材して初めて、きちんと赤ケヤキと青ケヤキを識別できる。しかし、山の人たちは伐採する前に、外見からある程度識別している。春の芽吹きは青ケヤキが先で、緑の葉が芽吹く（写真１）。四、五日後に赤ケヤキには赤みを帯びた小柄な葉が芽吹く。それは春の芽吹きの一時であり、一週間もすると同じ緑の葉となり、区別が難しくなる。

写真１　幼葉　左：赤ケヤキ　右：青ケヤキ

秋の紅葉は赤ケヤキが先に赤みを帯びている。青ケヤキは遅く紅葉し、しかも黄色を帯びている。葉は青ケヤキが大きく、赤ケヤキが細かい。春、秋の葉の色であるていど識別できる。

また、樹皮は青ケヤキがすべすべとしている。赤ケヤキの樹皮は堅くごつごつしており、長い年月を経ると小判型の模様が出てくる（写真２）。赤青ケヤキの樹皮は模様で剥がれるが、その下には模様がない。赤ケヤキの樹皮は小判型の模様を剥がした下に、模様が付いている。赤赤ケヤキの樹皮は模様が細かく、ジンガサ

（陣笠）ケヤキとも呼ばれ、きれいな模様がある。良質なケヤキほど樹皮が堅く、さわっても剥がれない。赤赤ケヤキは叩いても堅くて石のようであり、苔さえつかない。

　樹形は青ケヤキの枝はのびのびと広がり大きい。赤ケヤキは全体にこじんまりしている。これらの特徴からほぼ赤ケヤキと青ケヤキを識別できる。しかし本当の識別は伐採してからである。ケヤキは伐採直後に、匂いがする。赤ケヤキはよい匂いであり、青ケヤキはニグサイ（生ぐさい）匂いである。伐採後匂いは消えていくが、錐で穴を開けると匂う。良質な赤ケヤキは一cm成長するのに一〇年もかかるという。これらのことから分かるのは、赤ケヤキの成長度は青ケヤキに比べて遅い。また、赤ケヤキと青ケヤキは最初から決まっていて、太さで決まるのではない。

写真２　小判型の樹皮（小矢部川上流）

　ケヤキは青森から九州まで広く植生する。関東平野の関東材もある。全国的に見れば良材は、福島以北の奥州材と北陸以北の日本海側だといわれる。雪が降り寒さにさらされることにより、成長を止まらせ、じっくりと育つ木になる。「雪がないとボカ（柔らかい）になる」という。しかし、多くのケヤキは切り出され、今や良木が少なくなったといわれている。関東の人は赤ケヤキと青ケヤキを区分せず、従って堅さも同じと認識している人が多い。しかし、当地方では、山の人たち・一般人・製材所・大工に共通して区別し認識している。それは、赤ケヤキと青ケヤキが幼木から違っており、用材としても明らかに品質が異なるためである。当地方では青ケヤキは早く成長するので八〇年生ほどから用材にする。赤ケヤキは三〇〇年生ほどの木から用材に使用できる。銘木の玉杢は五〇〇年生ほどの木である（写真３）。

　標高三〇〇mほどの刀利谷では、青ケヤキと赤ケヤキが四対六ほどの割で自生する。また、青ケヤキは幼木の時に切ってしまうことも多い。五箇山では利賀が昔から赤ケヤキと青ケヤキの区別をせず、ケヤキとする。[1]木を見るとすべて赤ケヤキである。従って区分がないのである。利賀は標高五〇〇m以上であり、これだけの高地になると、赤ケヤキだけが成育に適しているからだと思われる。しかし、平では区別がある。

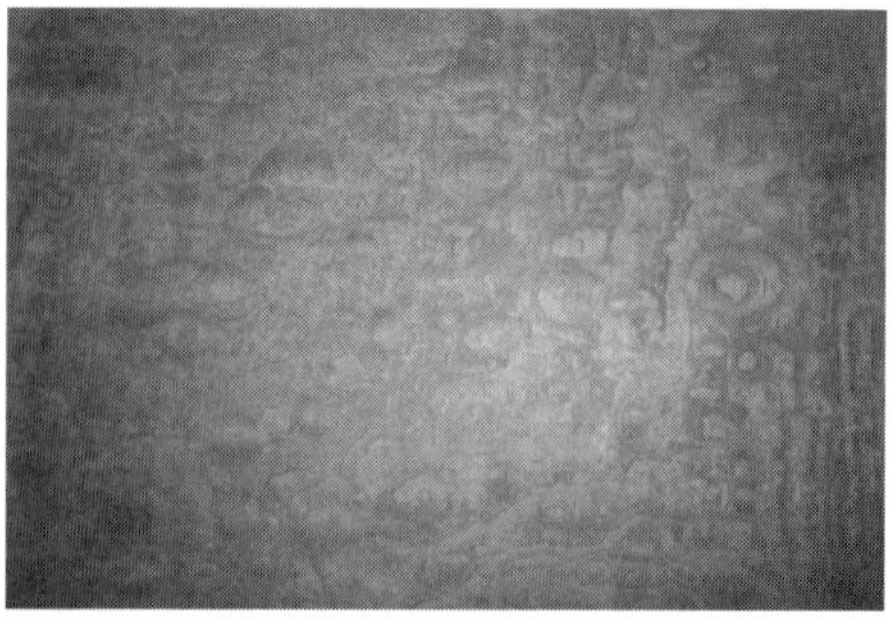
写真３　玉杢　杢目が玉のようになる

二　ケヤキの育成法

　ケヤキは放置しておくと、枝が四方に伸びる性質がある。いかにして用材として、枝下を長くまっすぐに育てるかは、ケヤキ育成の大切な技術である。杉が六〇年で用材に成育するのとは違い、ケヤキは一〇〇年、二〇〇年を見越した手入れがあってこそ、用材となりうる。山の人たちは長い期間にわたるケヤキの手入法を伝承し、適切に育成してきた。

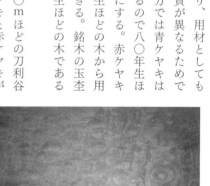

(1) 自然林の場合

砺波地方でケヤキの良材とされる場所は、古くから刀利谷・臼中近辺とされている。[2] ケヤキは本来深山系といわれている。深山は日陰が多く気温は低い。当地方のケヤキは、ほとんどが山中の自然林に植生する。ケヤキ成育に適した自然条件は、乾きすぎず湿りすぎない窪地である。窪地は冬期間なだれで落葉がたまり肥沃であるし、適度な水分もある。また、ケヤキは高地ほど良材である。高地は寒く木がゆっくりと育ち、緻密で堅い木になる。そして白太が少なく赤太の部分が多い性質になる。また、山中の日当たりのいい、ゆるい斜面がいいとされる。

同じ山でも、峰からやや下がった窪地に良木が育つ。峰の頂上は風が強く枝が分かれやすい。谷は水気があり、育成には好条件で早く成長するがやわらかい。また、山の北側は日も当たらず育ちにくいが、木の芯が中心にあり、真っ直ぐで堅い良木が育つ。南側は成育に好条件で成長が早いが、太りにかたよりがあり、曲がりができやすくなる。

岩場もいい。岩には落葉がたまり、しかも腐葉土が少ないので、成長が遅く、堅い木に育つ。刀利谷のケヤキも、岩場のケヤキがいい。石川県では刀利谷の山を越えた石川県側の田島は、戸室石が散在する岩場であり、良材が育つ。ケヤキは成育条件が厳しい所に良木が育つ。悪条件でも育つ力を秘めた木である。

また、森を形成している混合林の中のケヤキであることが望ましい。特に杉との混合林が理想である。ケヤキと杉は競合しながら上へ伸びていく。頂部は同じ高さとなっているが、光が少ないのでケヤキの枝は出てこず、枝下が長い。ケヤキがある程度大きくなると、邪魔になる回りの杉を伐採する。ケヤキは枝を出すことなくそのまま、まっすぐに成長する。

平野部でも見事なケヤキの屋敷林がある。それらはほとんどが杉との混合林である。小矢部市西川原の宇川家は、現在ケヤキの純林のようになっている。しかし、戦時中に杉を供出するまでは杉との混合林であり、杉との競合により枝下の長いケヤキに育った。

(2) 枝のおろし方

ケヤキは枝が出やすい。枝下の長い良材にするためには、一貫して枝をウツ（切り落とす）ことが大切である。一般には枝の直径が一〇～一五㎝になるまでに枝をウツと跡がつかず無節になる。杉の場合枝を下ろすのは幹のすれすれのところでウツが、ケヤキを同じようにウツと、そこから水が入り黒いカタ（跡）がついたり、枯れ節で穴が開いたりする。これはケヤキが急速に傷を治そうとして巻き込み、中にくい込んでいくためである。そのためにケヤキの枝をウツのは、幹から五寸～一尺長くしたところで切り落とす（写真4）。切り方も先端の下方が斜めになるようにする。そうすることによって、水が入らない。切って突き出た枝は幹から巻き込み、節が分からなくなる。そのうちに突き出た枝は巻き込んだ後、自然落下する。

写真4　ケヤキの枝の打ち方（立野脇）

枝に水が入らないように、缶詰の空缶をかぶせてある。

⑶　人工林の場合

ケヤキの植林はこれまで多くなされてきた。県下の森林組合でも、いくつも手がけてきた。しかし、枝が出てきて枝下が短い木になったり、雪で曲がったり折れたりして成功例がない[3]。また、石川県では平成八年から五年間「ケヤキ百万本植栽運動」として三二万本を植林している。その手引書『ケヤキ人工林の育成技術―優良材生産をめざして―』も発刊されている。石川県の場合は、県民運動として植林が行なわれたが、目的は優良材よりも緑化であった。

ここでは福光地域におけるケヤキの植林について、堀与治先生にお聞きしたことを基に記す。まず、苗木は枝を取って小さくしたものを真っ直ぐに植える。これが木の一生を決める。ケヤキの自然林は斜面や崖の岩石のところに多く植生しているので、山中ではそのような所にも植林する。杉は二m間隔であるが、ケヤキは根が広がるので、三～四mの間隔に植える。苗木に支柱を風の向きの反対側に立てる。肥料はほんの少しでいい。肥やしけがありすぎると、木は柔らかく育ち、白太が多い木になってしまう。四～五年経つと高さが四mほどになる。それまでは主幹を伸ばすようにし、横から出てくる芽（枝）をツバエル（むしり取る）。芽のうちに取るので、幹に腐りが入らない。四mほどに育った木はそのままの形で自然と七～八mほどに成長する。これがケヤキ植林の基本である。一〇年生になったころ、小枝をウツ。枝は二〇㎝ほど残して先を、水が入らないように裏側を斜めに切る。そのまま二〇～三〇年枝打ちをしない。ケヤキは枝がないと太らない。屋敷林でもケヤキの植林の基本は山中と同じである。

朝日町蛭谷では、ケヤキは杉の混合林に育て、ケヤキが大きくなったら回りの杉を切る。ケヤキの枝下ろしは二代に一回、つまり五〇～六〇年に一回とされている[4]。

手入れの最大の特徴は、枝のおろし方にある。枝を少し残して腐りの入らないようにすること。樹勢が衰えないよう枝をむやみに下ろさないこと。枝を出さないように杉と混合林にすることなどである。

三　伐採後の手入れ

⑴　伐採時期

ケヤキはどれだけ良材であっても、伐採が適期でないと、後の品質に大きな影響を及ぼす。ケヤキの伐採は木に水が下がっている、十一月～三月が適期である。最適期は寒の内の一月下旬である。また、八専《はっせん》に伐採してはいけない。八専は年六回あり、雨が多いので木に水が上がって、芯くい虫が入り、穴を開けるといわれている。水が上がっている時に伐ったケヤキは、百年後になっても不思議と虫が入る。明治十八年に建てられた瑞泉寺本堂の柱上部に一部虫喰いが見えるのは、適期伐採ではなかったからだと言われる。

⑵　木を寝かせる（期間をおく）

ケヤキは堅い木であり、伐採後すぐに使用すると木がアバレル（暴れる）・オゴル（反る）・狂う（反る）とされる。そのために、用材になるまでには伐採後、木を寝かす充分な期間が必要である。伐採後、樹皮を腐らせ、さらにクサとも呼ばれる白太も腐らせ、赤太だけにする。木の材質によるが白太は五㎝以上ある。白太は腐らせると外見がボロボロで、これが用材なのかと思うほどになる（写真5）。そして残った赤太をようやく製材する。寝かす期間は青ケヤキなら十年ほどであるが、赤ケヤキは三～六年である。

さらに標高三〇〇m以上の刀利では、堅いのでほとんど寝かせず製材する。良質なケヤキほど木が堅くて狂いが少なく、寝かす期間が短い。

写真5　白太のくさり

青ケヤキは乾燥してもアバレルのを止められないが、赤ケヤキは乾燥したらアバレない。

今はダムに沈んだ臼中に居住していた高橋家は、離村の昭和四十年代後半に臼中からケヤキを切り出し、福光町近くの荒木に家を建てた。その木は岩の上で育った堅い良木であった。伐採後すぐに建築用材にしようとする高橋家に、里方の製材所や大工はオゴリを心配した。高橋さんは「このケヤキ、おまえらちゃ知らんがやろ。この木は里の木と違ごとるがじゃ」といった。寝かすことなく建立したが、四十年経た現在もオゴリがない。小矢部川上流の良木は伐採後、すぐに用材として使用できた。

(3) 製材

熟練の目利きの製材所は、立木のままで樹皮や樹形、葉の様子、標高や立地している地形、地質、風光などでケヤキの中の品質を判断した。かつて製材所の木挽きは「木の話が聞こえるようにならんにゃあかん」といった[5]。木を見て、切り、木挽きし、建物になるまでを判断した。

製材所では、堅いケヤキほど製材しやすい。堅いから手間が掛かるように思えるが、木が滑らずきちんと製材できる。また、大工も堅いケヤキほど、仕事がしやすいという[6]。青ケヤキは木に粘りけがあり、ノミを当てると真っ直ぐに入らずかたがりやすい。赤ケヤキは堅いので素直にノミが効く。また建築した後、赤ケヤキは堅くて目減りがしない。

(4) 木取り

かつてケヤキの木取りは、最大限の広さに見せるように工夫した。一本の木からヒラモン[7]二〜四本を木取りした。そのため、裏が半円形であることも多かった。今は長方形の角材に木取る。木口縁板は必ず厚めにあら挽きする。そのまま二〜三年おき、もう一度挽く。見える所を厚くする工夫をし、縁板の裏にダホ（木栓）と呼ばれる木を二本入れて繋いだ。

杢目は白太に近いほどきれいな特質がある。中芯に近くなると、ともすれば幼木の時の節の跡が黒く出てくる。だから白太に近い所をぎりぎりに木取りした。堅い木なので、中芯から割れる場合もあり、見えない所で中芯まで背割りをする。最初から中芯を取り除いて使用することもあった。

(5) 使用場所

明治期に入り七木の制がなくなると、人々は民家に少しでもケヤキを使用することが、一つのステータスシンボルとなった。福光地域では赤ケヤキを民家の一番目立つ所を中心に使用した。主に広間のウシモン（男オビキ・ウシ）・ヒラモン・カガミゲタ（ジゲタ）コヤツカ・コヤヌキ・柱・帯戸、玄関回りの縁板、マルゲタの受け台、座敷の床縁、木口縁板などに使用された。青ケヤキも柱や屋根のドイ（ノボリ）に使用した。

(6) 塗り

縁板は無垢材がわりと多い。赤ケヤキであることを見せるためである。しかし、広間は漆をカケル（塗る）ことが多い。白壁と漆のコントラストが美しい。化学塗料は一回しか塗れないが、漆は何回でも塗り重ねることができる。塗るたびに色と、つやが増して美しい。一般には三回、丁寧なら六回ほど塗る。きれいな帯戸は顔が写るほど光っている。

一般には漆を塗ったら、布でから拭きして埃を取る。広谷の桃野八郎家では、年末に蕎麦を落とした殻付の蕎麦がらを鍋でゆっくり煮だし、どろどろになった汁に布を浸して拭いた。光沢が出て一年間他の手入れは不要だった。同家では家を建てた先祖への感謝と、ケヤキに年末のご馳走をあげる気持ちで行なったという。

また、臼中ではクルミを潰し、布の袋に入れてクルミの油でケヤキの帯戸を磨いた(写真6)。赤茶色に染まり、光沢もきれいである。医王山麓の民家では、杢目が美しい無垢材を縁板に使用し、クルミで磨いた家があった。

写真６　ケヤキ板の帯戸　くるみで磨く
臼中　高橋家

四　明治期、刀利村からのケヤキ献木用材

明治十五年（一八八二）、今はダムに沈んだ上刀利村白山社から東本願寺再建のために、ケヤキの巨木が献木された。その大きさは長さ七間四尺（約一四m）、周り一丈（三m）ばかりであった。

私は、木造文化財建造物について研究されてきた伊藤延男先生から、刀利の献木用材はどのようにして巨木に育ったのだろうかと質問をうけた。伊藤先生によると、木造建造物は百年に一度ほど修復すれば、千年でも保存できる。しかし、現在ではその修復に必要な木の確保さえむずかしいという。特にケヤキは自然林にも少なくなり、人工林も明治末から大正にかけて育林されてきているが、成育法も確立しているとは言い難い状況である。今から、二百年後の文化財建造物修復にむけて、ケヤキの植林が必要であるとされ、清水寺や法隆寺などでも、未来の修復のために山林の土地を購入してケヤキ苗木の植林がなされてきているという。

私はかつての刀利村白山社の自然状況や、ケヤキ育成法を聞き取りした。刀利谷の人たちにとって、ケヤキの育成法はあまりにも当たり前のことであり、だれもが周知している知恵であった。刀利から献木のケヤキは、白山社の境内で、杉との混合林の中で成育した。神社であるため、常に人の目が行き届き、幾世代にもわたり、大切に村人による手入れがなされてきた。標高三五〇mほどで、三m以上の湿った重い積雪がある。そのような自然条件の中で成育し、長い年月をかけて巨木に成育してきたのである。刀利谷のケヤキ育成法は、積雪寒冷地の北陸のやり方である。

おわりに

私はケヤキの育成が日本の文化財建築に差し迫った問題であることを知った。二〇一一年、ケヤキ育成についての講話を聞く機会があった[8]。関東では青ケヤキも赤ケヤキも同様の扱いとする場合や、早く成長させるための技術研究が報告されていた。しかし、刀利谷では幼木から赤ケヤキと青ケヤキとは純然たる区分をしている。また、ケヤキの良木育成法は早く育成するのではなく、むしろ自然条件が厳しいところにこそ良材が育つことや、三百年ほどの期間を見据えた育成法であったことなど、この地ならではの育成法に、あらたな価値を見いだした思いがした。

また今回、明治十五年二月、刀利谷から献木されたケヤキが、寝かすことなく明治十七年三月に柱建できたことも改めて理解した。

激しく変動する現代社会において、ケヤキが成長する三百年という期間は長い。しかし、これまで先人が伝えてきた育成法で、どこかにケヤキの育成がなされていったら、この地に素晴らしい山林ができるだろう。それを密かに願っている。

注

（1）南砺市利賀　中西邦康氏による。
（2）小矢部市山ワ建設　前田隆一氏による。
（3）砺波森林組合　森田義昭氏による。
（4）朝日町蛭谷　長崎喜一氏による。
（5）南砺市（福光）才川七の柄崎製材　元木挽きによる。
（6）南砺市（福光）天神の大工　湯浅松夫氏による。
（7）ワクノウチ造りになった広間に使用されている巾の広い差鴨居。この大きさや材で家格が決まる。
（8）二〇一一年、小田原で「ケヤキの巨木をどう育てるか」文化遺産を未来につなぐ森づくりの為の有識者会議が開催された。

参考文献

『原色日本植物図鑑』木本編　保育社　一九七九
『ケヤキの造林について』資料編　富山県農地林務部林政課　一九八三
『ケヤキ人工林の育成技術』石川県林業試験場　二〇〇三

（『とやま民俗』No.七七　二〇一二年一月）

Ⅶ　ガマ・スゲ・カラムシの利用法
——刀利谷・立野脇・小二又を中心として——

はじめに

古来人々は山野に自生する身近な植物を有効に利用し、生活用品や民具などを作ってきた。多くの植物の中から最も適する植物を選び、使用する知恵を伝えてきた。植物素材として、大木類は樹皮などがある。(1) また、草木類もススキ・ガマ・スゲ・カラムシ・イラクサなどが知られる。スゲやカラムシは栽培され、工芸品としての菅笠やカラムシ織りも有名である。

小矢部川上流域では、自生植物のガマ・スゲ・カラムシを昭和三十年代にビニール類が入るまで、盛んに利用してきた。草木類は毎年採取し、利用できるので、大木類よりも効率的で身近である。ここでは無くなりつつある知恵や利用法を、太美山地区の刀利谷や立野脇、西太美地区の小二又を中心に記録したい。

一　ガマ

ガマはガマ科ガマ属の多年草で、沼や川辺などに自生する。神話に出てくるように、親しみのある身近な植物である。葉は一～二ｍに達し、巾は一～二㎝で分厚く無毛である。

立野脇は昭和三十年代までガマで民具を作った。立野脇の隣村、桶瀬戸では最近までガマの民具を作り、展示会などに出品したり、地元の直売店で販売したりしていた。

立野脇（話者：嵐龍夫・一九二八生・聞き取り二〇〇三年十一月八日　以下立野脇の話者は嵐龍夫）

ガマの品質は、軽くて水はけが良く、雨に濡れても浸みにくく、軽くて温かい。また、うす茶色で美しく、材質もすべすべして清潔感があり、植物素材としては藁、ニゴ・ガマの中で、最も上品とされた。小矢部川上流域では、川淵や沼地に自生していたが、作付けできぬ耕作放棄田に、昭和三十年代までガマを植えた。また田の水口は水が冷たいから米の収穫が少ないため、水口にだけガマを植えた田があった。

㈠　ガマを採取する

採取は真夏の盆すぎで、八月末までに刈る。八月のガマは、一番勢いがあるからである。その後になると衰えていき、葉の先が曲がっていく。ガマは長さが一六〇㎝ほどである。軽く洗い、株から七〇～一〇〇㎝程を四～六株ずつ、葉の先部分を藁で縛って束にする（写真1）。ガマは株の部分が素材として大切なので、株部分が良く干せるよう、広げて干すための工夫である。束は縛った先を三〇㎝ほど残して、先端を切り捨てる。これは、ガマを干していく過程で、細い先端が粉になってしまうからである。

写真１　干したガマ（川端勉蔵）

束をハサに掛けて干す。雨に濡れて色が悪くならないように、ハサには屋根がつけてある。一〇日間ほどでカラカラに乾燥する。そのまま農閑期の冬まで、アマなどに保存する。三～四月に「寒ざらし」を一日だけする。ガマを田に広げ雪をかけると、アクが抜けて白くなる。後は、雪が解けている道などに広げて干す。

㈡　ガマを編む

ガマは農閑期の冬に編む。ガマを株から一枚ずつ剥ぐと、ネギのようにするすると剥げる。外側の葉は厚く、内側は薄い。外側の葉は、株近くの側面横から、一〇㎝ほどの鉄製のクツバリ（靴を縫うような太い針・釘）で、刺し、縦に手で引き裂いて二～四本にし、厚さを揃える。一〇本に一本は花の穂になる芯があり、使用できない。ガマを裂いて均一な厚みにしてから、水を口に含み、霧のように吹きかける。水分を含むと柔らかくなり、編みやすい。

ガマは根のほうが弾力性に富み、肉質も良く編み物として大切である。民具を編むとき、株の部分をショウ（基準）として編み始める。

ガマはアンマタ（編又）（写真2）でいろんな民具を編む。奇数のアミホ（縦縄）の上にガマを交互においていった。ガマの場合は曲げると折れやすいので、編む長さを最初から切り揃えてから編んだ。

写真2　アンマタ（川端勉蔵）

(1)　ハバキ

ガマの民具としては、ハバキが一番よく編まれる。一般のハバキはニゴや山地はシナ（シナノキ）が多いが、ガマは水が浸みず、冬に身につけても温かく重宝である。シナ（シナノキの樹皮）は強いが、濡れると冷たいので夏用である。ニゴは入手しやすく実用的であったが、ガマは色も明るく、格好良さや上品さで好まれた。

(2)　フゴ（**物を入れる籠**）

ガマのフゴは実用よりも、むしろ装飾品である。クチをすぼめたランドセルのような形にして、背にかついだ。編み方はクチをせばめ、マシ（増し目）を入れて編んだ。太美山二五〇軒の中でもガマのフゴを持った人は一〇人もいなかった。かつて山里では背に何かをかずいていないと、ナマクラモン（怠惰）と言われた。仕事しないときに、ガマのフゴをかついでいると、実に軽くて美しく格好がいい。

(3)　ミノゴ（写真3）

ガマのミノゴはフゴと同じく実用的ではなく、体裁用である。最初からガマを三〇cm余りに切り揃えて、アンマタで編む。縦糸は染めたオー（麻糸）である。肩の部分を「オケサ（袈裟）の模様」に飾り縫みした。その部分編みが、荷縄で背中の荷を締めたとき荷がずれるのを防いだ。二寸ほど出たミミは、わざと細かく裂いた。ガマは太いと乾燥したら折れやすい。ミミを細かくすることにより、折れにくくし、厚みも出るので格好がよかった。このようなガマのミノゴは花嫁道具に多く用いられ、また、町へ行くときなど、よそ行き用であった。花嫁道具で大切にされていたから、ガマのミノゴは残されていることが多い。

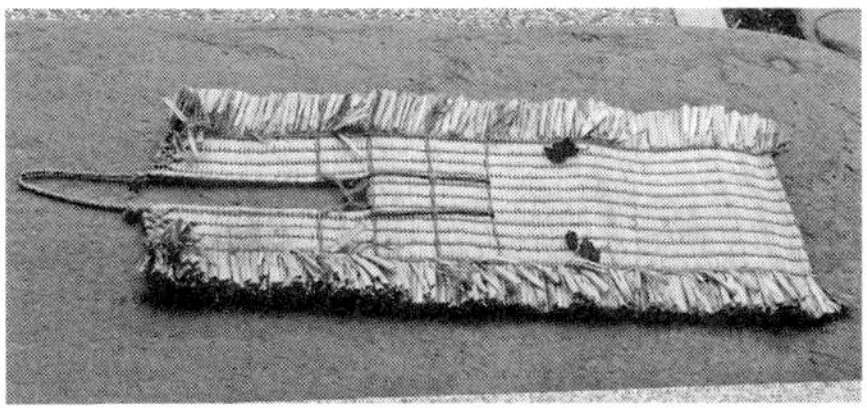

写真3　ガマのミノゴ
（上刀利　南源右ェ門作）

樋瀬戸（話者：川端勉・一九一七年生・聞き取り　二〇一〇年十一月四日）

ガマは子供の頃、小矢部川の川原に多く自生していた。近年は山の堤の跡の水気ある所に生える。自生のガマを二〜四年刈ると、株が痩せ、草に負けて出ぬようになるため、同じ所を刈らないようにして保護する。ガマは土用（七月下旬）になると丈も長くなっており、よく干せるので、花を避け葉だけの株を刈る。長さ一

mほどにして葉先を切り、直径一〇cmほどの束にして、ハサに干す。雨にあたると黄色くなるので気をつける。干せたらそのまま納屋などに、仕舞っておく。大寒に「寒ざらし」をする。干せたガマを田に置き、その上に雪をかける。二～三週間するときれいな色になり、何年経っても変色せず、カビも生えない。その後軒下に吊し、陰干しする。

写真４　ガマの伝道者
川端勉さん

写真５　ガマの民具（川端勉作）
ホイルコとフゴ（右上）

⑴　**ハバキ**

雪がくっつかず温かく重宝である。

・**ホイルコ・ホルコ**（穂入籠《ホイルコ》）（写真５）

大小あり、落ち穂を入れた。大は縦二五cm、横三一cmほどの籠である。今もコケ（キノコ）入れなどに使用する。

⑵　**マルフゴ**

桑の葉をカイテ（摘んで）入れた。

⑶　**ミノゴ**

主に女性が使用した。軽くて温かい。

⑷　**炭俵**

趣味として最近作り出した。本来の炭俵はカヤで作る。ガマは素材が美しく、老人会の展示会に出品して好評を得た。

二　スゲ

スゲは、カヤツリグサ科の多年草で、山地の水気ある斜面の岩場に自生する。当地方では大きいババスゲ（タヌキラン）やスゲ（コタヌキラン）（写真６）をスゲと総称していた。山地は水田も少なく、藁の背丈も短いので、スゲは大切な藁の代用品として利用した。藁よりも青みが美しく、清潔感、冷涼感があり好まれた素材である。

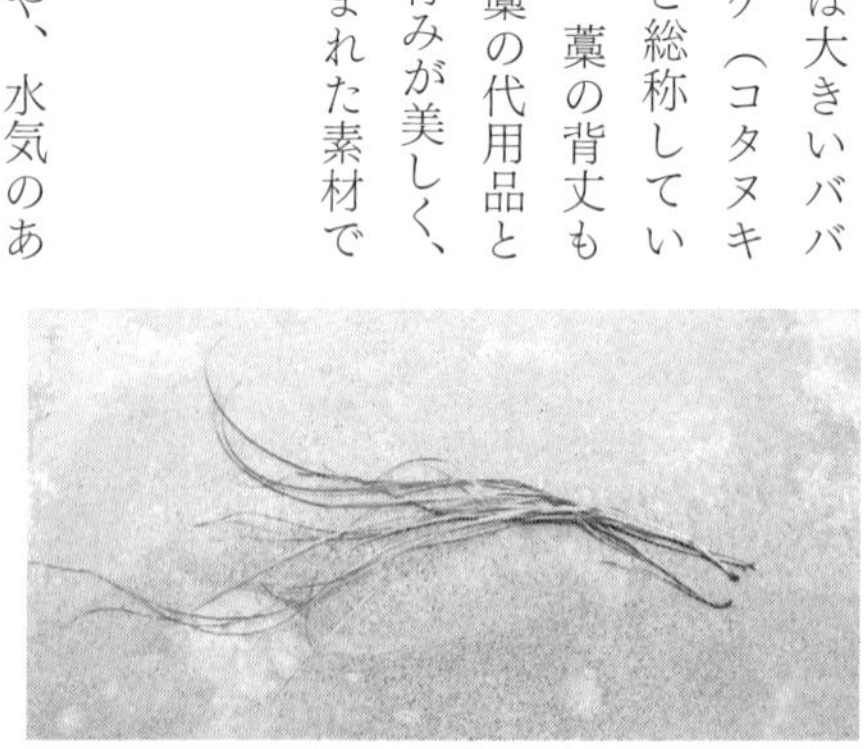

写真６　野生のスゲ（コタヌキラン）

立野脇

スゲは小矢部川の川縁や、水気のある岩場に自生している。八月に一m以上の長さで真っ直ぐな葉だけを刈る。生で三〇kgほどを、背中にかついでくる。長いので下を引きずって持ってきた。刈るのは年に一回だけ一人で行なった。株を縛り、風通しの良いところを選び、ハサに掛け、干せるまで一週間～十日ほど吊す。干せるとそのままアマに上げておき、冬に編む。編むときガマと同様に柔らかくするため、水を口に含ませスゲに吹きかける。湿り気が付くと編みやすい。

(1) スゲムシロ

スゲムシロは、藁のムシロと同じ大きさ、縦三尺横六尺で厚さも同じである。編むのはアンマタでスゲの根の部分一〇㎝ほどを裂いて、二、三本ずつ左右交互にして入れ、編んでいく。縦縄は藁縄である。出来上がると青々としてとても美しい。スゲムシロは一冬に五～六枚編んだ。平素は藁のムシロでも、正月などに囲炉裏の回りに敷くと、正月の気分になった。茣蓙や畳の代用として重宝し、正月までトッテオク（仕舞っておく）事が多かった。また、冬のお講などの参りごとのときに敷いた。大切なスゲムシロだが、藁のムシロのようには日持ちせず、一年限りであった。

(2) バンドリ（丸蓑）

昭和十年頃は、スゲのバンドリがあった。しかしニゴほど強くなく、長持ちしなかった。藁の代用である。

(3) ミノ（バンドリより高級）

スゲを四分の一くらいに裂いて、ふんわりとしたミノがあった。細かいので雨露がしのげた。いわゆる利賀で編まれていた加賀蓑と同様のミノである。後にウダワラ（小田原マント）になった。

刀利（話者：南源右ヱ門・一九三〇年生・村井亮吉・一九三〇年生　聞き取り二〇〇六年八月六日）

刀利谷では正月用にたくさん餅を搗いた。餅を並べるオリが足りなくなるので、代わりにスゲムシロの上に餅を置いて使用した。青々と美しい上、餅もくっつかず重宝した。

三　カラムシ

カラムシは、イラクサ科カラムシ属の多年草である（写真7）。山の陽のあたる所や雑種地、山裾の道ばたなどに自生している。赤色と青色があるが、赤いカラムシは太いから良質だと言われている。古来麻の代用品として、山間地や里方などでさかんに利用されてきた。西太美地区小二又の事例を記す。

写真７　カラムシ

小二又（話者：谷川喜一・一九三〇年生　聞き取り二〇一三年九月十二日）（写真8）

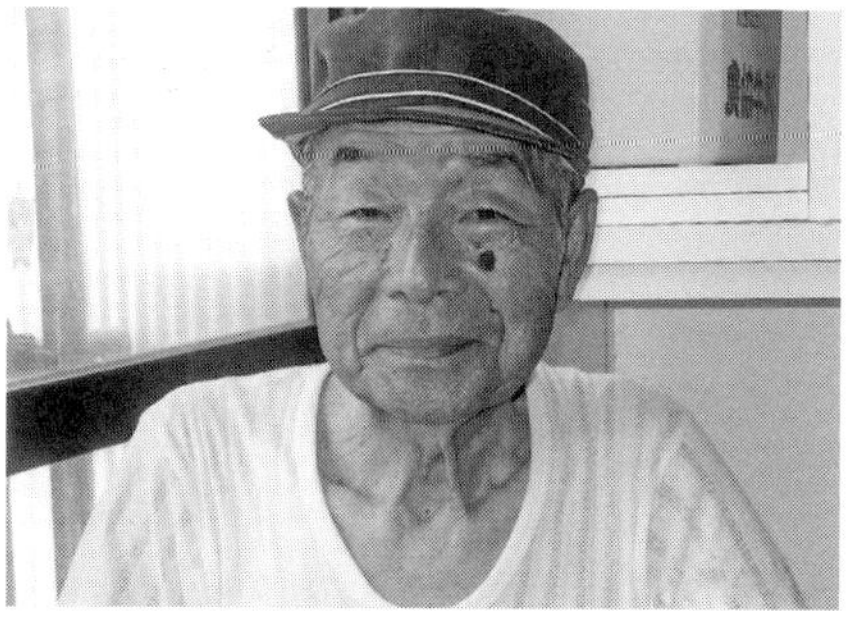

写真８　カラムシの話者　谷川喜一さん

カラムシは八月に入ってから、盆前に女の人が刈る。自生しているのでどこから刈ってきても所有権に障りはない。なるべく長い一m余りのものを刈る。背中にカツギ、家に運ぶ。繊維にするまでの手順はオー（麻）と同じである。

カラムシを家の前庭に積んで、藁をかぶせて発酵させる。カラムシは麻より細かく、水分を含んでいるので水は掛けない。約一週間そのまま置いておく。発酵が進み、柔らかくなると皮と芯が簡単に剥がれる。皮をシューッと剥ぐ。芯は捨てる。木のコロ、板の上で金属製の持ち手の付いたヘラで表面のクソ（表皮）を削り取る。クソは捨てる。天日に二、三日干し、乾燥したら保存しておく。

カラムシの利用は、縄がほとんどである。一本のカラムシをほぐして二、三本に裂いて綯う。またはカラムシとニゴを混ぜて綯う。ニゴだけの縄より強く、ミノゴなど民具の縦糸にした。カラムシだけの縄はハバキの縦糸などにした。

カラムシとオーとの違いは、カラムシは繊維の表面がガサガサしていることや、繊維が雑なことなどである。オーは繊維が緻密できれいで細くて強いし、色が白い。カラムシはオーにはかなわないが、自生しているのでよく使った。昭和三十年代のビニールが出るまで利用していた。

他地区のカラムシと小二又

カラムシは臼中では夏の間に山から刈り取り、バンドリの縦縄に利用されていた。山田地区の竹林などでも道端のカラムシを取り、家業の左官用コテでクソを取り縄にした（昭和三十年代まで　話者　竹林　荒井浩）。しかしカラムシは、親の世代まで利用していても、実際にその利用法を記憶している人は、山村でもほとんどいなくなった。小二又ではオーを昭和三十年代まで自給用に栽培していた人がいたから、基本的に同じ手順であるカラムシの利用法を記憶されてきたのだろう。立野脇はオーの栽培が盛んなので、あまりカラムシを利用しなかった。

カラムシと似たチョマ（苧麻）は戦前、営農指導員によって昭和十年初め頃、立野脇などで栽培されていた。立野脇が麻の栽培地であるからである。これは標準名ラミーでカラムシより大きい。麻の栽培より簡単で、刈り取ると機械で皮を剥いだ。しかし麻よりも値段が半分以下だった。戦時中になると食糧増産のためチョマ栽培は消滅した。チョマは、野生のカラムシを進化させたものである。

四　江戸時代の記録

スゲ、カラムシなどは、植物資材として利用されており、近世の記録に散見できる。

「享和弐年（一八〇二）七月諸色直値段詮儀仕書上申帳、福光村」[2]には「白苧かせ・からむし」が記されている。また、特産物の福光麻布には、江戸時代に縦糸・緯《よこ》糸ともからむし苧を用いた蚊帳《かや》地や、からむし苧を緯糸にして織られた場合もあったという。[3]

文政五年（一八二二）「砺波郡産物之品々書上申帳」[4]によると

一、麻苧　五ケ山并山方・片山方村々ニ而出来仕申候、里方村々ニも少々出来仕申候
一、からむし　村々之内少々宛出来仕申候
一、いら苧　五ケ山之内ニ而少々出来仕申候
一、苧かせ　村々之内開作之手透妻子等出来仕申候
一、からむしうミ苧　右同断
中略
一、菅蓑　小院瀬見村・秋元村・西保新村・西部金屋村・大窪村・石名田村・五ケ山梨谷村ニ而出

来仕申候、右之外ニも少々出来仕申候村方
　も御座候

とある。近世は麻の他に、カラムシもイラクサも績《う》まれ、苧にしていたことが記されている。菅蓑も小院瀬見や各地で作られていた。五箇山の菅蓑は栽培したミノスゲを使って編んでいた(5)。

砺波地方では、江戸時代から山村や農村で野生や栽培の植物を産物に利用していた。

おわりに

かつて人々は自生する植物素材を多様に利用してきた。その一つであるカラムシは縄文時代からすでに利用されていたとされ、貫頭衣の素材もカラムシとされる。世界的にみても韓国のモシ織を始め、台湾の蕃布など各国で広く利用されてきた(6)。自然素材が持つ荒々しい強さと美しさ。それらをほんの五十年前まで利用していたのである。

しかし、今では見聞きした人さえ少なく、実際に体験してきた人は本当に少なくなった。かつて刀利谷の通婚圏でもあった金沢市の南部犀川上流の小原では、主流の麻布の他に、楮布・葛布・シナ布・イラクサ布が織られていた(7)。それらは刀利谷や近村でも織られていた可能性がある。

現在カラムシ織りは福島県会津地方昭和村で、特産品として有名であるが、栽培しているカラムシである。小矢部川上流では野生のカラムシを利用してきたのが特徴である。スゲは耕地が少ない山村で貴重な蒿の代用品となり、藁より強いとされ、青く美しい。今も地方により粽などを縛るのに用いられている。乾燥したガマは福光町方では掛け軸の箱の中に入れ、乾燥剤と軸の保護材として使用されていた。同様にタンスの下に入れ、乾燥剤とした家もある。

これら植物素材として長い歴史があるガマ・スゲ・カラムシの利用法を今一度見つめ直し、今風にアレンジしながら活用し、伝えられないかと願う。

注

(1) 加藤享子「小矢部川上流域における樹皮の利用」『北陸の民俗』第二十四号　二〇〇七
(2) 旧『福光町史』上巻　福光町　一九七一　七六〇頁
(3) 旧『福光町史』上巻　福光町　一九七一　九九八頁
(4) 「砺波郡産物之品々書上申帳」『砺波市史』2近世　九三八〜九三九頁
(5) 『となみの手仕事　五箇蓑・ナタヘゴ』砺波の伝統技術を記録保存する会　二〇〇九
(6) 『草・木の布展』国営アルプスあづみの公園　二〇〇七
(7) 前田佐智子「衣生活における女性の役割」『市史かなざわ』第八号　二〇〇二

参考文献

竹内淳子『草木布』法政大学出版局　一九九五
『自然に生きる生活の知恵』白山ろく民俗研究会　一九九九
長澤武『植物民俗』法政大学出版局　二〇〇一
福井貞子『染織』法政大学出版局　二〇〇四

（『とやま民俗』No.八二　二〇一四年九月）

Ⅷ　キワダ（キハダ）

一　キワダの採取法

キワダは、谷間の湿り気のある所に生えている。内皮を薬として用いるため、里山では自家用に採取したが、山方では富山の売薬原料として大量に採取した。六月から八月にかけて採取するが、七月一〇日～八月一〇日ごろが最適期である。その時期に採取すれば、樹皮を剥《は》ぐと外皮は自然に剥がれ落ち、薬用の内皮だけが採取でき手間が省ける。それ以外の時期は外皮が内皮にくっついてついているので、鎌で削り落とす。採取法は鉈《なた》で縦に八〇cmほど切り目を入れ、横にぐるりと剥ぐ横剥ぎ型剥離法である。大きい木は切り倒し、幹から梢まですべて剥ぐ。また平らな場所に生えている木や小さい木は、切り倒す手間を省き、立木のまま梯子《はしご》をかけて剥ぐ。皮を剥ぐと木は枯れるが、種から生え約三〇年でキワダは復元する。

内皮は、〇・二～一cmほどの厚みがある。内側を上にして、朝から天日に干す。夕方になると集め、内側を下にして十文字に重ね夜露を防ぐ。雨に濡れると色が悪くなるので気をつける。天気がよいと一週間で干せ、重さは約三分の一になる。また才川七などでは、秋に採取する人もいる。皮は剥きにくいが、水が下がっており、乾燥しているので早く干せ、すぐに使える利点がある。

煮詰めた製品を「熊の胆《い》」とよび、胃腸の薬として飲んだり、目薬として薄い煎《せん》じ汁で目を洗った。しみるが、ユキメ（雪に反射する強い紫外線で目をいためること）などに良く効く。

下小屋では、昭和三十年代後半に道ができると、宇野秀夫が国有林から営林署の許可を得て、大量に採取した。最適期の一か月に一〇人もの人を雇い、山中に飯場を建て、県境を越えてまで採取した。谷間に生えているキワダを採取してから、峰まで担いで上げるのに人手がいった。飯場は多子津山、月ヶ原山山中の、水気のある峰近くの山道沿いに建てた。人足は、祖谷・舘・大鋸屋などから農閑期を利用して来た。乾燥させたキワダを年間約三トン、中田（現高岡市）の共栄製薬に売却した（写真1）。当時一日の人足賃は五〇〇円であり、キワダの皮一トン当たり、約一二万円である。一年で立木約八〇〇本の皮をはいだ。

立野脇では、昭和二十年代から同三五年ごろまで、山田吉松がキワダの仲買人をした。臼中・刀利・小院瀬見・立野脇はもちろん、石川県の板ヶ谷など十二kmの遠方からも乾燥した皮を山田のもとに売りに来た。山田はそれを煮詰めて製品にし、富山の広貫堂などへ売却した。

写真1　キワダの集荷　下小屋
（昭和37年8月）

二　製品までの工程

製品までの工程は次の通りである。

①「押し切り」で二寸角ほどに切る

量があるため手間がかかり、年暮れまで作業が続いた。

②①を大釜で煮出す（図1）

三尺四方で高さ一尺五寸ほどのかまどに大釜を置き、その上に直径一尺五寸、高さ三尺ほどで縦に隙《すき》間のある桶をのせる。桶の両側に棒を立て、上にねじの付いたゲートが付いている。ゲートは取りはずせた。大釜の中にキワダと水を入れ、煮出す。煮出した液を桶の中に杓で入れ、ゲートで絞り出す。隙間から黒い液体が出て、大釜に溜まる。

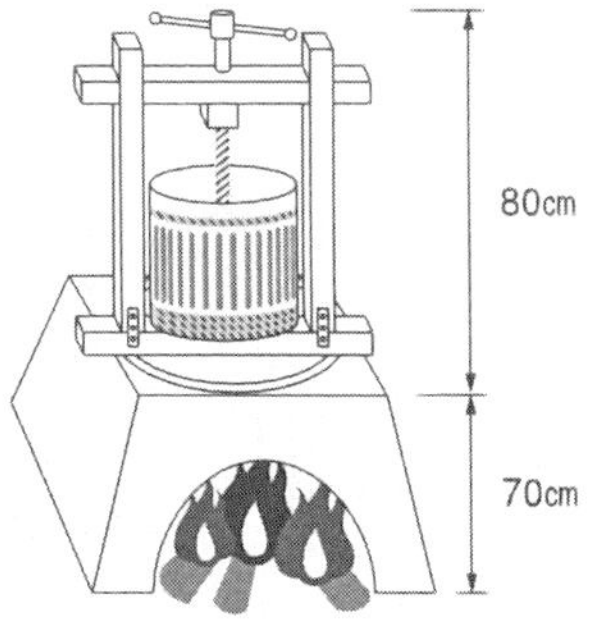

図1　キワダの煮出し

釜に出た黒い液体を煮詰めながら、杓で汲み、桶に入れさらに搾る。その工程を二、三度繰り返す。水分が蒸発していき、焦げ付かぬ程度まで煮詰める。冷めると固まるが、固さは杓でよそえるほどであり、羊羹《ようかん》より固く、コールタール状である。

③二番煎じを作る

桶の中はキワダの搾りかすが残る。いくつか搾りかすを貯めて、もう一度大釜に入れ、同様にして製品にする。

④製品を一斗缶に入れて売却す。

村では、山田から製品を分けてもらったのをお湯で溶かしたり、自分で干した皮を煎じたりして使用した。

刀利など山村では、炭焼きで見つけたキワダを、炭小屋の中で干しておき、炭を出す前に担いできて、立野脇の山田に売った。

吉見では、中村（屋号はんすけ）が代々仲買人をしていた。中村は人に頼みキワダを集め、瀬川薬草屋（法林寺・現川西）へ売却した。

瀬川薬草屋は、福岡の沢川などへ人足を頼んでキワダを採取しに行った。また、臼中など山村から個人の持ち込みも購入した。瀬川では昭和二十年代までキワダを原料に、胃腸の薬や、粉にしてあやまち（けが）の貼り薬を調合して売っていた。後にはキワダを共栄製薬などへ売却した。

三　キワダのそのほかの利用法

下小屋ではキワダを採取した時の不用な外皮を、炭焼小屋の屋根にカヤと混ぜて葺いた。カヤは炭俵の資材にもなるため、カヤの節約になった。また外皮を焚きつけに使う。油気があり、よく燃える。

（『福光町史』下巻　二〇一一年三月　南砺市）

Ⅸ　山村の蔓性植物利用法　――立野脇の場合――

はじめに

山村では昭和三十年代まで、あらゆる植物を利用しながら、自給自足の生活を営んできた。長年にわたって自然と共存し、植物を利用する知恵が伝えられてきたが、蔓性植物もその一つである。しかし高度成長期以降、山村は離村や過疎化、高齢化が進み、社会状況の変化などで、植物の利用法を伝承している人が激減してきた。

そこで本稿では、まだ山村に多くの人が住んでいた昭和三十年代に、蔓性植物をいかに利用してきたかについて、代表的なマフジ（フジ）・スイビフジ（ヤマブドウ）・グズバ（クズ）・アケビフジ（アケビ）・マツフジ（マツブサ）コクボフジ（サルナシ）を、小矢部川上流域の山村である立野脇の事例を中心に記す。話者は立野脇で生涯にわたり、山に関する仕事に従事してきた嵐龍夫氏（一九二八年生）で、聞き取りは二〇〇五年五月である。

一　立野脇の蔓性植物利用

蔓性植物には、方名の語尾に「フジ」がついた植物が多い。それはフジが蔓性植物として最もよく利用されているからで、フジをつけることで、蔓性植物であることを表していた。一般に木の伐採は水の下がった冬期が適期とされるが、蔓性の木本の場合は、「彼岸から彼岸まで」とされ、秋の彼岸から春の彼岸までが採取の適期とされた。ほとんどは葉が落ちた晩秋に採取することが多い。葉が落ちていると、蔓の太さやねじれなどの品質を見分けやすく、しかも採取しやすい。

昭和二十年代に番線（太い針金）が普及するまでは、雨に対する強さ、固さ、柔らかさ、裂きやすさなど、その性質を見極め、物を縛ったり押さえたり、巻いたり、縄の代用に綱として多用してきた。また、葉や樹皮も利用した。

㈠　マフジ（フジ）

マフジは蔓性植物の総称である「フジ」の中でも、真のフジという意味で、マフジ（真藤）と呼んだ。マフジはマメ科の落葉藤木（蔓性の木本）で、蔓性植物の中では最も強度があり、番線よりも強いとされた。採取はいつの時期でもよいが、暮から冬に利用した。マフジの利点は、採取した時に生で使うと強い。繊維は細かくやわらかく、しなりがあり弾力性がある。欠点は、蔓に水分があれば強いが、乾燥したら折れてしまう。また、雨に弱く、採取してそのままにしておき、雨にあたったり蒸せたりすると腐る。そのために、採取して二週間以内に使用した。

また太さで利用法が違った。細い蔓は、芯が邪魔にならず、そのまま利用した。太い蔓は曲げにくいため、皮を剥いで枝のない、ショウ（性質）の良い部分を使った。冬場では、他の蔓やネソ（マンサクなど）が雪の下に埋もれて採取できなくても、マフジは雪上で木に巻き付いているので採取しやすい。そのような性質を活かし、冬場に採取してすぐに雪上で使用することが多かった。[1]たとえば冬に木を伐採した時の曳く綱にした。綱にするには、掴んで引きやすい太さの蔓を使い、蔓の株の部分から約一〇cm残して約二〇cmをヨキの背で叩き、柔らかくほぐしてから（図1）、トチ[2]（写真1）にくぐらせ曲げてカラムスビ[3]で木と結んだ（図2）。また荷縄を引綱にするときは、木に打ち込んだトチと荷縄を結ぶ時に、細いマフジをそのまま何重にも巻いて輪にした（図3）。蔓を巻くと蔓どうしが絡み合い、頑丈になり、強度も増した。それらはワイヤーほどの力があるとされた。また薪など、何でも縛ることに利用した。

写真1　トチ
（『砺波の民具』より転載）

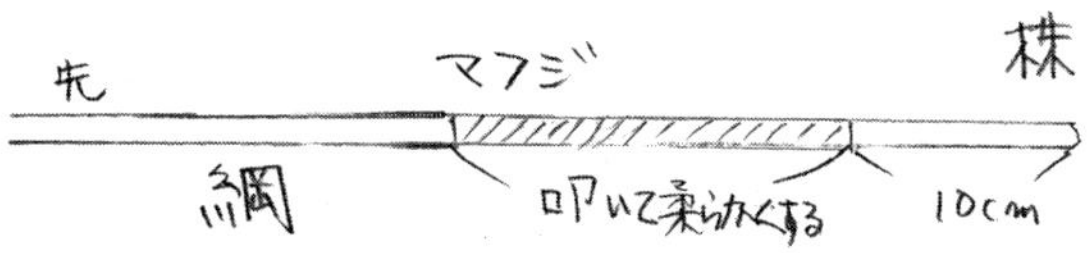

図1　マフジを叩いて柔らかくして、トチにつなぐ（図2部分）

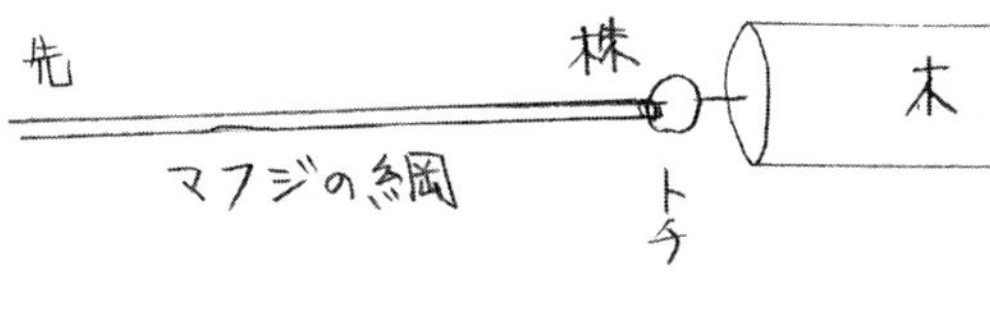

図2　マフジを綱にする

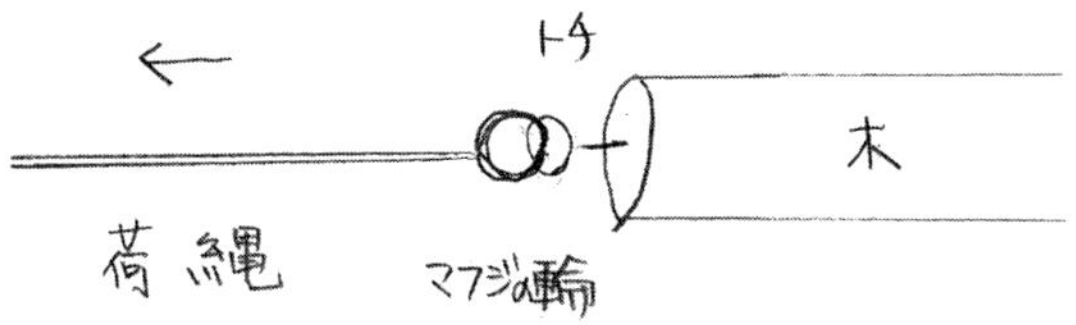

図3　マフジをトチと荷縄をつなぐ輪にする

蔓以外にも葉や皮を利用した。葉は昭和二十年代まで、田の肥料にした。春先のまだ薄茶色の若葉を大量に採取し、荒おこしの後、田に撒いた。肥料分はニシンほどの効能があるとされ、化学肥料のない時代に山の田では、マフジの葉と石灰の肥料だけで稲作をしていた。

皮は、毎年ではなかったが、昭和三十年代後半まで、フジミ（藤箕）の材料に氷見から二人づれが来て、真っ直ぐで節のない部分を三尺ほど切りだしていた。一束二〇kgほどで、五～六束たまると、馬車で運んでいた。

マフジは雑木の中で木に巻き付き、木を枯らしていく。木が枯れるとマフジも枯れて、グズバの原となっていった。

(二) スイビフジ（ヤマブドウ）

スイビフジは山野に多く植生している、ブドウ科の落葉藤木である。採取は落葉した後で、根に近い太い部分を五m以上採取した。太さはマフジよりもやや細い。繊維は荒く、曲げにくいが、雨にぬれても腐らず、そのまま強さを保つ利点がある。そのため、主に春先に茅葺屋根の棟を補修するのに使う。風の強いこの地方では、一番甲斐性のない男は、風雨で棟をまくられた男を指す。たとえば「キンノ（昨日）の風で、ムネまくられたじゃ」というのは非常に恥ずかしいことだった。実際、棟がまくられると雨漏りしていき、家が傷んだ。そのために家屋を守るため、毎年きちんと棟を補修する必要があった。春先に雪や風で傷んだ棟のカヤを入れ替え、上を縄でしっかり縛る。縄だけでは風で飛ぶ恐れがあるため、その上に屋根の三ヵ所ほどスイビフジをかけて、屋根を覆うように縛る。丁寧な場合はさらにその上に縄や針金をかけた。スイビフジは強度があり、雨でも腐らないため、約二年間は補修しないでも、持ちこたえた。

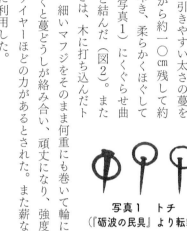

(三) グズバ（クズ）

マメ科の一年草で、蔓としては弱い。しかしどこにでも繁茂し、柔らかく、蔓を裂きやすく、一時的な綱として利用した。しなやかで縛ると締まりやすく、使いやすかった。しかし、一年草なので腐りやすく、保存性はなかった。蔓を四分の一に裂いて利用することが多かったが、むしろ裂かないと、表皮がごつごつして使いにくかった。山中の道は狭いので、ほとんどの荷は背負って運ばなければならない。グズバは一年草なので柔らかく、グズバで縛った荷物を背負う時、背中のあたりがしなやかで、背負いやすかった。

春先なら昨年の蔓も利用した。春先はグズバが伸びていないが、昨年の蔓が雪の下に残っており、蔓の葉が出る前までは、腐っていないので使用できた。主に副業にしていた春先のススキ(4)（壁の木舞用材料）を刈って束に縛る時、四分の一に裂いて使用した。梅雨後は、その年に生えた蔓を、刈った草、薪などを縛る時、縄の代用にした。また綱としてだけではなく、葉や蔓を牛馬の餌に多用した。繁殖力が強く、栄養価も高く、大量のグズバとススキの若葉だけで、立野脇の半数ほどの家が、多くの牛馬を飼育していた。

(四) アケビフジ（アケビ）

アケビフジの蔓は太いのがあまりないのと、繊維が柔らかくないので、綱としての利用はない。飾りの綱として、書院の窓に竹を編むときに使用したが、わずかである。薬草としては、蔓の先端の柔らかい部分を秋に採取し、干して薬草にした。アケビフジは高い所に蔓が伸びていくので、あまり採取できなかった。薬効としては腎臓に良いとされ、一〇数km下流の、石黒地区川西にある薬草屋の瀬川家や、福野からも、キワダ（キハダ）・黄連などの薬草と共に買い付けに来た。

(五) マツフジ（マツブサ）

マツブサ科の落葉藤木で、樹皮が松と似ており、匂いも松のにおいがした。そのためマツフジといった。蔓を刈り取り干して、入浴剤にした。冬の寒い時には身体が温まり、気持ちが良かった。

(六) コクボフジ（サルナシ）

コクボフジは雨にぬれても腐らず、材質が丈夫である。あまりないので貴重であり、綱や民具の材料にした。二、三月の見つけた時に、採取した。綱としてはスイビフジと同様、棟包みの綱にした。コクボフジは強度があるので、強風や大雨でも丈夫だった。民具の材料としては、内皮をナタヘゴ（鉈鞘）に使用し、最高の品質のナタヘゴとなった。

二 立野脇の蔓性植物利用の特徴

蔓性植物は蔓を綱として利用する場合が多い。その中でも植物の特質から、雨に対する強さを判別して利用した。強いと外での使用が可能なので、屋根の棟包みなどにした（スイビフジ・コクボフジ）。弱いと雨に傷む前に使用した（マフジ）。また、繊維が固いと曲げられないので、伸ばしたままの綱で利用した（スイビフジ・コクボフジ）。丈夫な材質であるコクボフジは、その材質を活かして民具を作り、五〇年以上も使用できた（ナタヘゴ）。豪雪地帯である当地方は、雪上で木を曳くことが多い。その時はマフジを綱や輪にしてきたが、そのままでは固いので、端の一部を石などで叩きほぐし、繊維を柔らかくして使っていた。このように、植物の性質を見極めながら、使用してきた。

三　近村の蔓性植物利用

　近村はほとんど通婚圏内で、蔓性植物の利用法も似ている。その中で、民具のメッカイを作る場合を例にとると、材料であるススタケを編んでいく緯糸として、また、周りを縛るのに蔓性植物を使用している。立野脇の上流の村々（上刀利・中河内・下小屋・樋瀬戸）では多少の差異があったので、紹介する。メッカイは山村で日常的に多用し、誰でも作ることができるが、民具としては一、二年の消耗品だった。メッカイに使用していた蔓は、刀利村の下小屋はブドウフジ（写真2）、中河内はアケビフジ（写真3）、上刀利はマフジ、樋瀬戸はマフジを叩いてほぐし、綯って縄にしてから編む、などである。その中でも中河内はアケビフジが地面を這っている蔓を使う。這っている蔓は真っ直ぐであり、木に巻き付いているのは曲がっているからである。円周が七㎜ほどの物を使うが、それ以上太いと縛れないし、細いと切れる。

　山村には、そのような細かな自然知が伝承されていた。他の植物にも、いろんな利用法があったと思える。

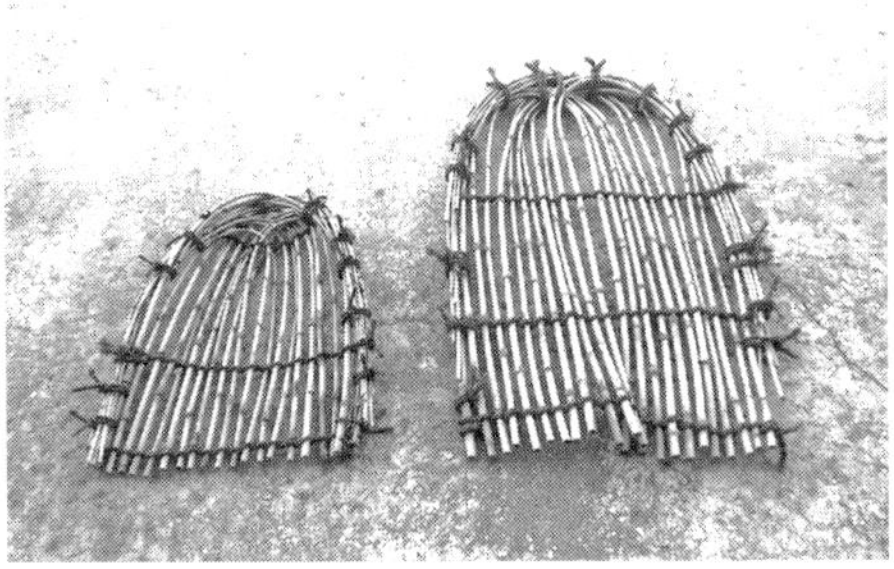
写真２　下小屋のメッカイ　ブドウフジ

写真３　中河内のメッカイ　アケビフジ

おわりに

　山村で生活してきた人々は、あらゆる植物の性質を知り尽くして利用してきた。蔓性植物も、用途に応じて利用してきた。立野脇でマフジは、真冬に行われた木曳きに、綱や輪として欠かせない植物だった。また、マフジは、木を枯らすやっかいな植物であるが、蔓を利用すること、葉を肥料にすることなどで、マフジと共存してきた。他にも蔓性植物は、薬草や飼料、入浴剤、民具の材料や家屋の保全など、多岐にわたって利用され、日常生活と密着していた。

　近村では、標高や植生、生業などにより、蔓性植物の利用も多少の差異がある。このような差異からも、長年にわたる山の民の自然知の深さが窺える。

注

（1）明治十五年に刀利村から東本願寺再建への献木の時には、マフジを輪にして木と綱を結んでいる。

（2）トチは、切り倒した材木に打ち込む杭の付いた金属の輪っか。砺波平野ではカン（環）ともいう。

（3）先端を二度からませて結び、ほどけないようにする結び方

（4）昭和四十年代まで小矢部川上流域では、春先に前年のススキを木舞用資材に採取して、葉を取り、売却した。

参考文献

砺波市立砺波郷土資料館『砺波の民具』砺波市立砺波郷土資料館　二〇〇六

（『とやま民俗』No.九六　二〇二一年九月）

X 「わが心の一冊」『植物民俗』長澤　武著（法政大学出版局）

小さいころから植物が好きで、人間と植物のかかわりについて知りたいと思っていた私は、五年前、ずっと探し求めていた本に出合った。それがこの『植物民俗』だ。

人間はこれまで多くの植物を利用し、共存して生きてきた。利用法は衣食住にわたり、実に奥深い。この本は沖縄からアイヌの人々まで、日本全国で見られる利用法を詳しく載せている。山菜をはじめ、民具や衣類、薬草、染料、年中行事、子供の遊びなど多彩だ。

幼いころ、明治生まれの曽祖母がよく植物について話してくれた。「この草は食べられるから、かじってみられ」と言い、野道で一緒にかじったこともある。また「人間はほとんどの草を食べられるが、毒を持つ草もある。ニワトリに食べさせ、残した草には毒があると親から聞いた」とも言った。

まるで曽祖母の江戸時代生まれの両親が、幾度のききんを乗り越え、生き延びてきた知恵をタイムスリップして私に教えてくれているように思えた。そのころ、区画整理が行われる前の昭和三十年代の農村には、豊かな自然が残り、楽しい遊びに満ちていた。そんな中で私は植物に親しんだ。

このごろになり、曽祖母から教わったたくさんのことを、忘れてしまっていることが気にかかっていた。だからこの本に接し、今は亡き曽祖母に再び会えた気がした。

カーガラナ

各地の方言もまじえた文章からは、土地のにおいまで伝わってくる。立山町や五箇山、砺波地方などの植物利用法も載っていてうれしくなった。こ

れまでどの本にも載っておらず、分からなかった旧福光町の山菜の方言「ガーガラナ」（アキギリ）も紹介されており、長年の宿題が解けたような気がした。

　人々が長い年月をかけて培ってきた植物利用の知恵は、貴重な財産と言える。しかし、ほんの二世代前の人々が持っていたような知恵も、私たちの世代になるとほとんど知らない。環境保護の観点からも、植物がもつ再生可能な利用法を現代に生かして伝えていくことが大切であり、きっと役に立つはずだ。この本は、その手掛かりを教えてくれる。


（「わが心の一冊」北日本新聞　二〇〇七年二月十一日）

XI　樹皮の民具との出会い

　私は旧福光町の村部で、曽祖父の代から山里の産物を商う家に生まれた。子供だった昭和三十年代は、娯楽も少なく父の運転する車の助手席に乗り、集荷について行くのは何よりもの楽しみだった。昭和四十年代の刀利ダムや臼中ダム完成以前、小矢部川上流域には、まだ多くの人びとが住んでいた。父は炭やばんどり、壁木舞用のススキなどを購入していた。父が仕事をしている間、私は山の中で里では見たこともない花や木を見たりして遊んだが、自然の美しさは心に焼き付いた。また山の人々の生きる強さを、子供心に感じた。

　今になり、五箇山よりずっと狭く閉ざされた山村の中で、当時の人々はどのようにして生きてこられたのか、その知恵を知りたく思うようになった。とりわけ人と植物との関わりを教えて頂きたく、既に廃村となった村の方々をお訪ねした。元上刀利出身の南源右ヱ門さんの家では、珍しいハバキを見せてもらった。シナ（シナノキ）の手作りで緻密に編んだものだった。しかもそれは樹皮で作られており、大変に強く、七十年以上経ても少しの痛みもない。私は木の利用と言えば材木ぐらいしか知らなかった。樹皮でこのようなものが作れるとは思いもしなかった。聞けば多くの樹皮を廃村になる昭和三十年代まで、さかんに利用していたという。

　木は、材木はもちろん実や樹皮、若芽、葉、花、小枝そして最後は朽ち果てるまで、すべてを利用していたという。樹皮は木の利用法の一つである。私は驚き、多くの樹皮を教えて頂いた。

　小矢部川でも標高で樹木の生育も微妙に違う。小矢部川最奥部だった下小屋出身の宇野秀夫さん、上刀利出身の南源右ヱ門さん、中根出身の山本正一さん、また現在最奥部の立野脇在住の嵐龍夫さんにお尋ねした。この方々は山の木を知り尽くし、木の生えやすい場所や加工法、利用法を自然のうちに伝承されておられる。

それによると、シナ（シナノキ）、ウリ（ウリハダカエデ）、コクルビ（サワグルミ）、キワダ（キハダ）、サクラ、タイカンパ（タイカンバ）、コツラ（マタタビ）、コクボ（サルナシ）、マフジ（フジ）、コウズ（コウゾ）、杉、欅、竹の皮など実に多くの樹皮が日常生活に利用されてきた。しかもこれらはすべてが自家製であることに二度驚いた。

樹皮の採取には適期があり、一般には木に水が上がる6月から8月にかけて剥ぐ。最適期に剥ぐと、つるりと剥げてくる。また蔓性植物は、葉が落ちる晩秋から早春に採取した。水が下がって木が固いからである。大切な用材である杉は、伐採時を利用して剥いだ。

剥ぎかたも、木の性質を知り尽くし、縦に剥いだり、横に剥いだり、四分の一に割ってから、剥いだりした。また昭和の初期までは、欅の幹をそのまま裂かずにまわりをそっと叩いて、樹皮と隙間をつけてから、すっぽりと筒状に抜き取ったやり方もあった。

キワダのように多くを採取する場合は、木を倒し幹から小枝に至るまで剥いだ時もある。しかしたいていは、木の一部分だけを採取した。木にもよるが、シナは樹皮を剥いで何年かすると、ごつごつとしたもり上がったように樹皮が再生した。再生したものは樹皮として二度目の利用は出来なかったが、木として他のいろんな用途に利用された。自然にやさしい、木を最後まで生かす方法が伝えられていた。

いろんな事をお聞きしていると、遠い山を見つめるように「もったいないことには、山には山の自然のお恵みちゅうもんがあったがじゃ。それをずーっと使わしてもろてきたがいちゃ。これは山のわしらへのお与えじゃ。」とおっしゃった。

小矢部川上流域では、その豊かな自然を生かし、かつてはもっと多様な樹皮利用があったと思われるが、フジの裂織のように消え去ったものも多い。また昭和になり道路が整備されると、生業の炭焼が忙しくなり、手をかけて加工する樹皮の利用をする暇が減っていった。

昭和四十年代になると、ダムの建設による離村や、生活習慣の変化により急激に利用されなくなった。また体験者の多くが高齢化し、今まさに森の大切な文化が消え去ろうとしている。

縄文時代の遺跡から出てくるポシェットに見られるように、樹皮は縄文時代から気の遠くなるような長い年月をかけ、この地に最適な利用法を伝えてきた。この貴重な知恵を今一度見つめなおし、今のやり方で伝承者がお元気なうちに伝え、守れないものかと強く思う。

山の恵みははかり知れず、それを知り生かすことは、人間の生きる力そのものの強さだと思う。

（『万華鏡』176号（樹皮）ふるさと開発研究所　二〇〇六年八月）

XII　樹皮の加工と利用法

　樹皮の利用で、代表的なものにシナ（シナノキ）がある。かつて杉の植林がされる前は、山に普通に生えていた。今は探すのに苦労するほどである。六月から八月の木に水が上がったころ、直径十から二十㎝の木の「表《オモテ》」を利用した。表とはこの地方独特の重い雪に耐え、根曲がりになった峰側の部分であり、年輪に厚みがあり繊維の質もよかった。手の届く所に切目を入れ下にむけて縦に剥ぐと、きれいに剥げてくる。それ以降は木に水が下がり、幹と樹皮がくっつき剥げなくなる。

　剥いだ樹皮を手でさわると水を含みベタベタ濡れている。幹も濡れており、白い木肌を出す。樹皮を十五枚ほど採取して縛り、家の前の池に漬けておくと表皮が腐り、梅雨が明けると取り出した。表皮を洗い、干してそのまま保存しておく。農閑期の冬仕事に取り出してきて、ナタで切目を入れて裂いて編む。シナは樹皮として最も強く、水に濡れても腐らないことが有り難く、利用価値が大きかった。

　シナは、ハバキやネコダ、荷縄やバンドリ、ミノゴなどに、藁と混ぜたりして利用した。シナは傷むことを知らないほど強い繊維と言われ、シナだけで作ったミノゴなどは、

「こんなシナだけで作った強いもんは、もうとも傷まん。シナより人間様のほうが先にあかんようになるかも知れんほどじゃ」と傍にいた方が笑っていわれた。

　シナで作った茶色のミノゴは、藁と似ているが実際に触ると確かに樹皮であり、固い繊維からは、強さが伝わってくる。これを身に付け、激しい山仕事に励んだのだろう。

　コクボ（サルナシ）は蔓性の植物であり、よく早春の凍みた雪原に採取しに行ったという。細工したものはまるで竹のように見える。あじろ編みのナタヘゴ（鉈鞘）は八十年を経ても寸分の狂いも傷みもない。むしろ使いこなされ、汗と油でつやが増している。

　現代の住宅は、なかには三十年も保たぬ家さえあるというが、コクボで編まれた小さなナタヘゴは、本物だけがもつ荘厳さがにじみ出ている。

　キワダ（キハダ）は下小屋の宇野秀夫さんが、年間三トンも売薬会社へ売却し、越中売薬の重要な原料となった。宇野さんは営林署の許可を得て、採取に最適期の一か月間に十人もの人を雇い、山中に飯場を建て、県境を越えてまで大規模に採取した。最奥部の小さな村には、キワダを瓦のように、敷き詰め干してあったという。村人はキワダを熊の胆のように貴重にして、自家用に少し持ち、胃痛時に煎じて飲んだ。

　かつての家は、壁の土壁を保護するため、杉皮をよく用いていた。保護する壁は崩れてきても、杉皮は百年以上家を守り続けている。

　竹は成長するに伴い、五月下旬に外皮を自然に剥がし落とす。それを拾ってきて、ぞうりを編んだ。藁ぞうりと違い、丈夫な上に、家の中で履いてもゴミが出ない。鼻緒もかわいい色で作ると、女の子は喜んだ。山では大切な藁の節約にもなり、重宝した。

　思えば、樹皮は常に私達の生活の中にとけこんでいた。しかも

自然に優しく再生可能な資源を使い、使命を終えると次代のために土となった。

地元福光温泉近くの農林漁業資料館には、まとめて多くの貴重な民具類が保存されている。南砺市になってから閉館され、建物は地元に払い下げになったが、風も通さず、自然物で作られた多くの貴重な民具類は、傷みを増していく。

この地で幾世代もかけ培われた知恵で作られた民具や道具が、梅雨や猛暑の中でただ静かに耐えている姿に、私はたまらない思いがしてくる。久し振りに外気を吸い込んだ民具たちから、多くの先人達の悲鳴が聞こえてくるようだった。

（『万華鏡』176号（樹皮）
ふるさと開発研究所　二〇〇六年八月）

XIII　小矢部川上流域の植物と民俗

小矢部川上流域では山の恵みを最大限に生かし、植物を利用する知恵が昭和三十年代まで数多く伝承されていました。人々は数ある植物の特性を知り尽くし、選りすぐりこの地にあった最適な利用法で使ってきました。山の木で捨てる物は何もないといわれるほど、自然と共に生きてきた、日本人の暮らしの原点がここにありました。

その一つに刀利谷を中心に作られていたコクボ（さるなし）のナタヘゴ（鉈鞘）があります。大変しっかりしており、八十余年経ても頑強であるばかりでなく、使われることによって艶が出て美しさが増します。コクボのナタヘゴは縄文遺跡の小矢部市桜町遺跡から出土した小籠と編み組法や材質が同一であり、長い年月に亘り小矢部川上流域に伝えられてきました。

また麻はかつて福光地域の広い範囲で栽培されていました。麻栽培で出た副産物もすべて利用するという、無駄のない生産体制を確立していました。苧《お》は績《う》まれ、糸繰《いとく》り、整経《せいけい》され、機織《はたお》りして、晒し、麻布《あさぬの》となりました。福光麻布は手績みの緯《よこ》糸を使い品質が良く特産物でした。戦前では伊勢神宮の御遷宮、そして昭和天皇即位の礼、また平成元年昭和天皇大喪の礼に福光麻布が使われました。

これらに関する貴重な民具が吉見にある農林漁業資料館に多数保存されています。その中にシナノキの樹皮で作ったミノゴがあります。樹皮としてシナノキは最強です。初夏に剥ぎ、取り出し編まれました。タテ縄は栽培されていた苧を使っています。上質な苧は売り、残った苧を利用しました。町で黒に染めています。タテ縄は一般に四本ですが、このミノゴは十五本で飾り編みもあり、実に手がこんでいます。このミノゴは嫁入道具として持参されました。

また野生のスゲで編まれた蓑があります。これは江戸時代に加賀藩の上級武士が着用しました。また江戸に持ち込まれ、「加賀蓑」とよばれ着用されていました。

このようにこの地では、自然環境を最大限に生かした植物利用をしてきました。また、しっかりとした素晴らしい手仕事をしてきました。貴重な民具も大切に保存しながら、多くの先人たちの知恵や伝統を、現代風に活用し伝えられないかと願います。

（『光風21』第168号　福光文化協会　二〇一五年十一月二十五日）

三章　生活を支えた民具

I　コクボのナタヘゴ（鉈鞘）づくり

（図・般林雅子）

はじめに

昭和三十年代まで、山村では自給自足の生活が続いており、その必要性から植物性素材を用いて多様な民具を作ってきた。鉈《なた》は山仕事で、木を切り、枝を打ち、粗朶《そだ》を刈り、木を削るなど、生活の必需品だった。鉈を入れる鉈さやを刀利村ではナタヘゴ（剥《へ》いで作った籠《コ》）とよび、コクボ（サルナシ）で作ったものを使用した。刀利村は昭和三十年代にダムに沈むまで、富山県の南西部を流れる小矢部川の最上流部にあった。明治初期、上刀利は約二〇軒あったが、昭和になると一二軒であった。

刀利村は炭焼きが生業であった。炭にするカマギ（窯木）の準備に鉈を多用した。炭俵は一俵一五kgであるが、窯木は重量でその約五～六倍の生木が必要である。それを鉈やヨキ、鋸で切るためにまず、鉈で木の回りに生えている柴や笹などを刈らなければならない。それを「根刈り」といった。ヨキでカマギを倒すと、窯の中に入れるために、五～六尺に切り揃えなければならない。大きい木はのこぎりを使うが、直径五cmぐらいなら鉈で切り揃える。またカマギの枝を鉈で下ろす。カマギに曲がりがあると、鉈でハツリ（削り）真っ直ぐにする。炭窯のクッタキ（口焚き・火付け）用の柴を刈るなどに、鉈を使用した。

鉈は貴重な道具だから、さやで刃をきちんと保護し、また安全にも留意した。当地方は鉈を鉈さやに入れ、腰ひもに巻き、身に付けていた。一日数十回以上も鉈を出し入れしたので、軽くて丈夫なものが求められた。

コクボのナタヘゴづくりについて伝承者は、上刀利出身村井亮吉氏（写真1）であり、聞き取りは二〇〇八年八月である。

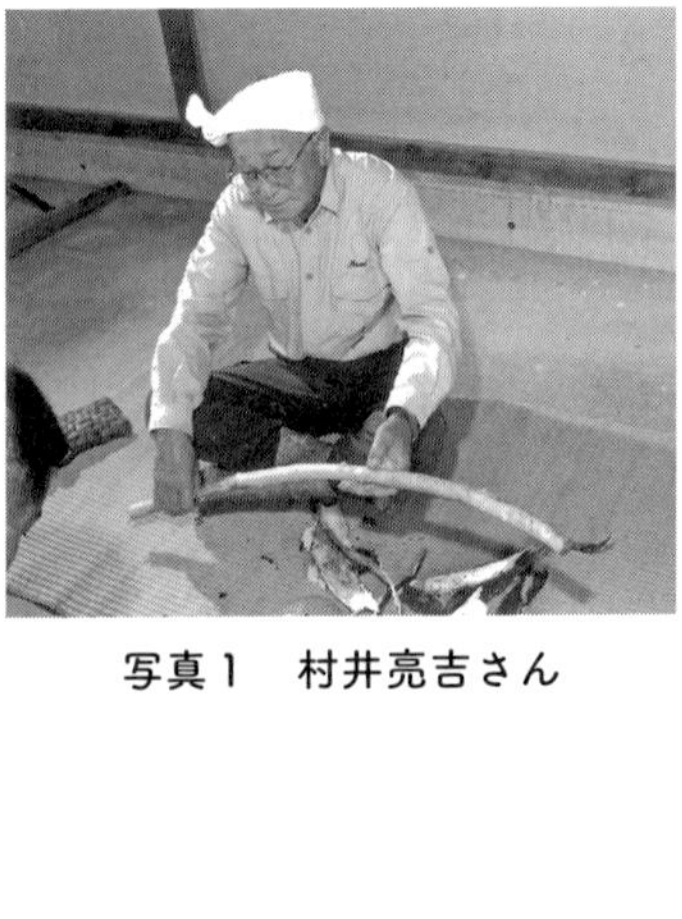

写真１　村井亮吉さん

一　鉈さや

富山県では山村でも平野部でも鉈さやを使用しており、山村では自家製もしくは、近所の人から分けてもらっている。かつてはどの山村でも作られていたと思えるが、昭和三十年代まで確かに製作していたのは、刀利村や富山市八尾町大長谷、朝日町蛭谷などである。また蛭谷や、大長谷出身者は鉈さやを販売していた。これらの材質はほとんどがコクボである。平野部の農家は屋敷林の手入れなどに鉈を使うので、荒物屋で鉈さやを購入している。

（一）ナタヘゴの材質

小矢部川上流域では、立野脇・小院瀬見などでもナタヘゴの材質はほとんどがコクボである。一部に桜の樹皮や藤の蔓が使用されている。桜の鉈さやはめったになく、石畳（市松）組みで色も美しい。しかしコクボほど丈夫ではなく、どちらかと言えば装飾品であり実用品ではない。藤の蔓の鉈さやは、コクボが手に入りにくい里山で作られていた（才川七など）。組み方や木質部を使うことも、コクボと全く同じである。しかし、コクボほど丈夫ではなく十年ほどしかもたなかった。コクボの代用品であったと思われる。里山では「ナタイコ」（鉈入籠）ともよんだ。山村では実用品として、ほとんどがコクボのナタヘゴである。そのうち昭和三十年代になり、それまで持っていたコクボのナタヘゴに傷みがでてきて、新たに作る人がいなくなると、次第に板で作ったナタヘゴに変化していった。

(二) コクボ

コクボは和名サルナシで、マタタビ科マタタビ属の落葉藤本（蔓性の木本）である。少ししめり気があり、根張りのよい斜面に自生する。葉があると蔓は隠れて見えにくい。刀利では一月末から二月末まで行われていたウサギボイ（うさぎ狩り）の時に見つけて取ってきた。コクボの蔓は、下部で木にぐるぐると巻き付き、上部では比較的長く伸びて枝に掛かっている性質がある。成長に時間がかかり、直径四cmほどでも樹齢三〇年ほどである。ナタヘゴには無節で真っ直ぐな部分を使う。節があると、ミ（身）にした時そこに穴が開く。真っ直ぐでないと蔓を真っ直ぐにヘゲ（はがれ）ない。ウサギボイの季節はカチコ（凍みた雪原）で山は歩きやすく、地上より高い。コクボの葉も落ちていて、上部の質の良い部分が見つけやすかった。また蔓には、冬は水が下がっていて固く、割りやすかった。

一個のナタヘゴを作るには、直径四cm以上で真っ直ぐな所が八〇～一二〇cmほど、四～五本必要である（写真2）。コクボはどこにでもある木ではない。ましてナタヘゴの適材はなかなか見つけにくい。山ではいろんな蔓が絡まっている。どれも同じように見え、コクボだと見抜くには、山の植物を知り抜いていなければならない。

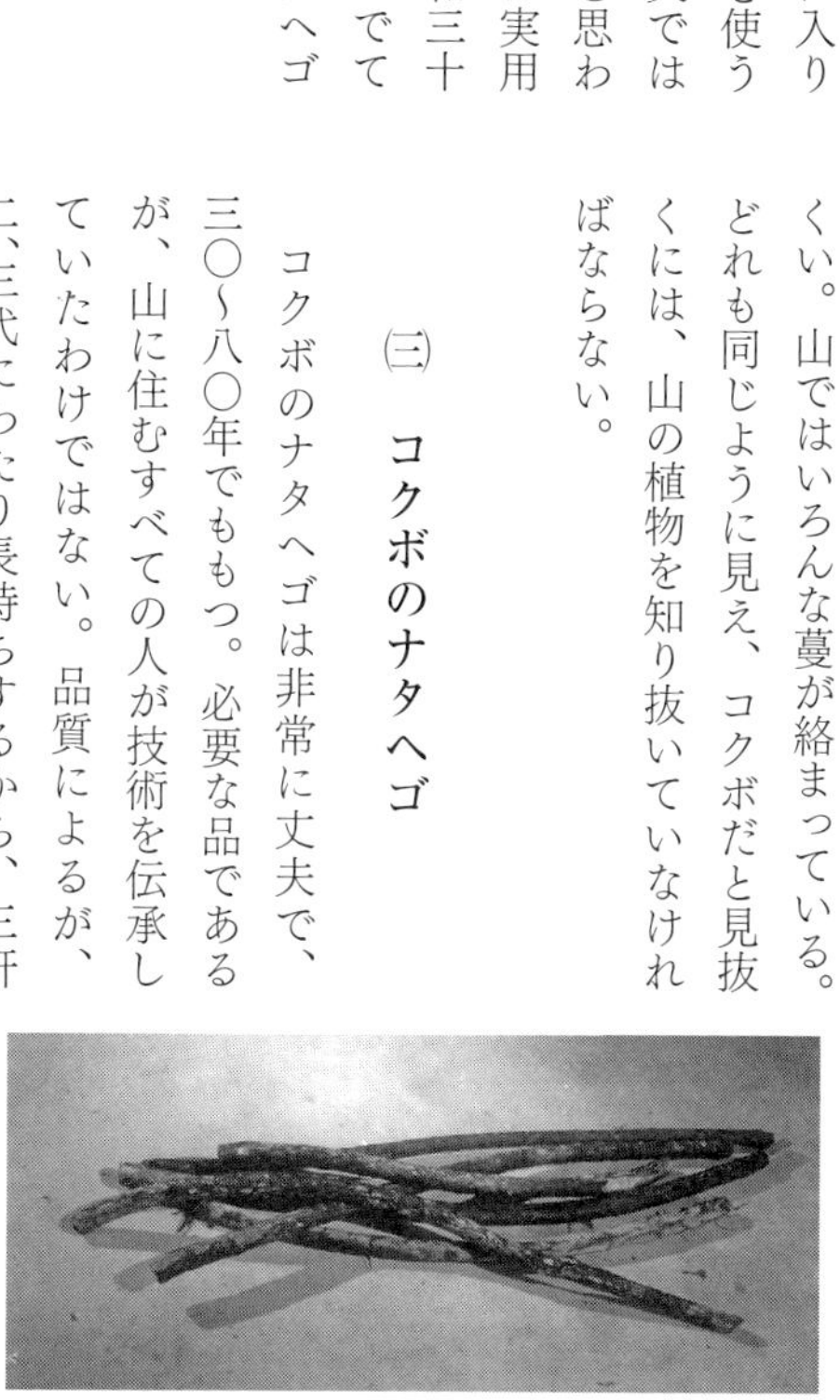

写真2　コクボの組み材

(三) コクボのナタヘゴ

コクボのナタヘゴは非常に丈夫で、三〇～八〇年でももつ。必要な品であるが、山に住むすべての人が技術を伝承していたわけではない。品質によるが、二、三代にわたり長持ちするから、三軒に一人ほど作れる人がいたら十分だった。上刀利で戦前ナタヘゴを作れたのは、江戸時代生まれの古老も含めて一二軒のうち五人ほどである。しかし昭和生まれの世代で作れたのは村井亮吉さんだけである。下流の隣村立野脇では、戦前二〇軒のうち一軒だけ作れる人がいて、ほとんどの村人が分けてもらい使用していた。それで村のナタヘゴは供給できていた。

刀利谷の炭焼きは一家あげて行うため、鉈は家に三～四丁はある。どの鉈もコクボのナタヘゴに入れて仕事をした。山仕事は忙しく、十五分ほどだけ昼寝をした。その時はナタヘゴを枕にして休んだ。へこみもせず大変に丈夫である。

二　ナタヘゴ作りの伝承者、村井亮吉さん

村井亮吉さんは昭和五年（一九三〇）に富山県南砺市（旧福光町太美山）刀利の上刀利で生まれた。村井さんは学校を終了した数え十四歳（以後数え歳）から父親と炭焼きをした。二十歳ごろ

には一家の働き頭であり、年間約二〇〇〇俵の炭を焼いた。昭和三十六年、刀利ダムの建設のために村は解村した。炭焼きは解村まで続けていた。その後、現住地の旧福光町荒木に移転した。

コクボのナタヘゴは、上刀利にいた時、隣家の古老、南伝右ヱ門（安政五年～昭和二十一年）さんが作るものを見て、自然に覚えた。村井さんは元来手が器用なので、二十歳ごろから自分で作るようになった。上刀利にいた時、コクボのナタヘゴを数個作った。

三　ナタヘゴ作りの手順

かつては多くの村人がナタヘゴを作っていたと思われる。各自創意工夫し、型を使ったり、湯に通して柔らかくして曲げたりして作った。ここでは村井亮吉さんが作られた手順を記録する。

(1) コクボを切る

コクボは山を探してどこにでもある木ではない。本来はウサギボイの時に、適木が見つかると取ってきた。現在は山の植生が変わり、適材採取が困難だった。今回は、平成二十年（二〇〇八）七月末の記録的なゲリラ豪雨で、山から流れ出てきたのを見つけて使用した。

(2) カワ（樹皮）をむく

固い木なので見つけると十日以内に作る。すぐに作れない場合は水に浸けておく。一・二月は水が下がっているので、樹皮がくっついており、むきにくく、鉈のセゴ（背後）でむく。そっとむかないと傷がつきいたむ。今回は八月で水が上がっており、ある程度爪でむしりとれた。

(3) コクボを割る

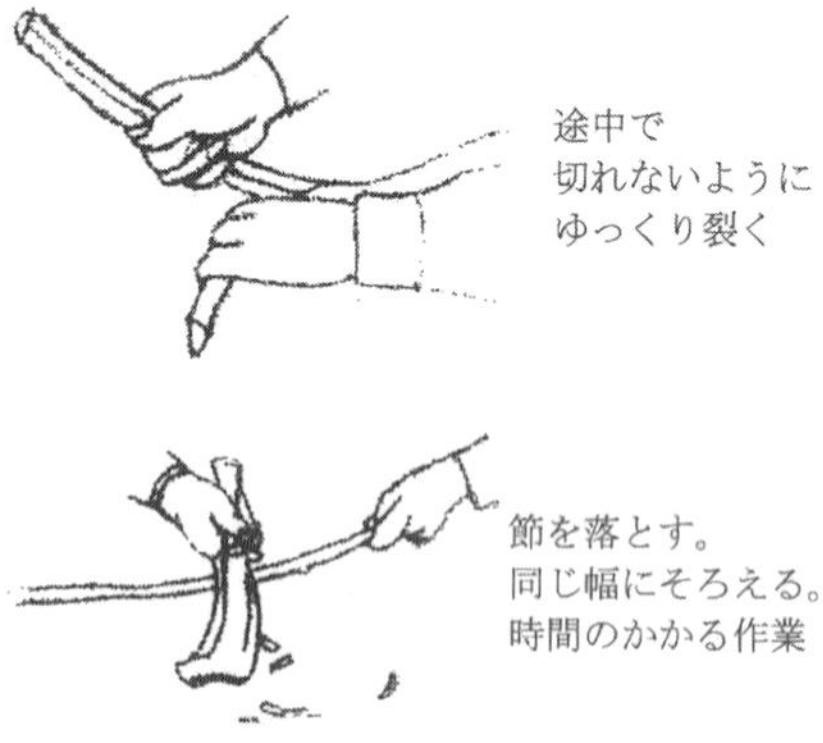
途中で
切れないように
ゆっくり裂く
節を落とす。
同じ幅にそろえる。
時間のかかる作業

図１　コクボを割る

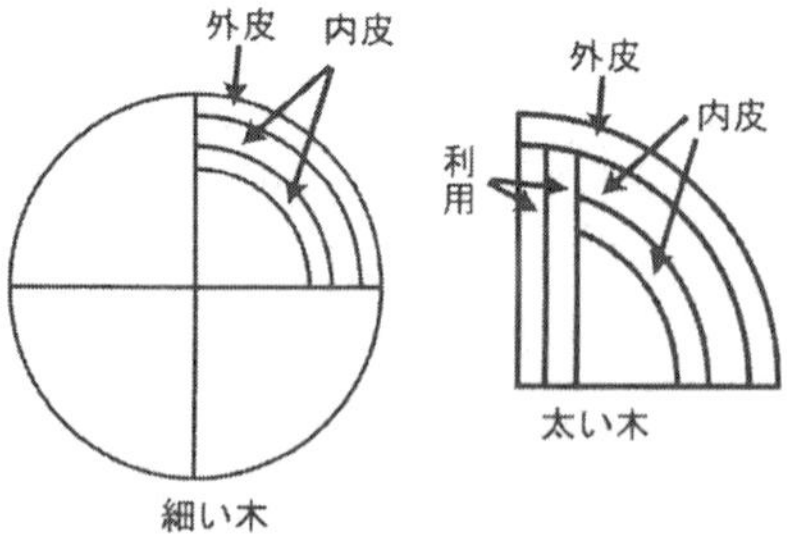
外皮
内皮
細い木
外皮
内皮
利用
太い木

図２　コクボのとり方

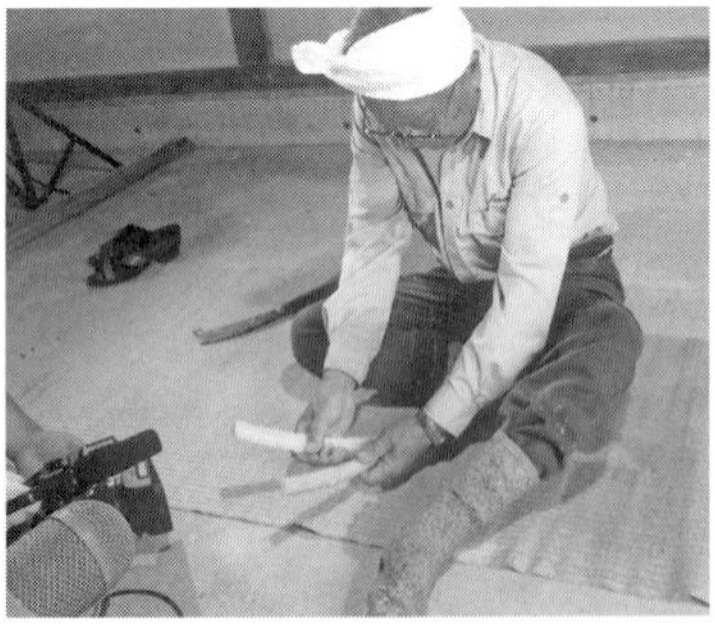

写真３　コクボを割る

カワをむいた木質部に鉈で木口から切れ目を入れ、足で押さえながら手で半分に裂くようにして割る（写真３）（図１）。蔓性植物なので繊維がねじれており、真っ直ぐには割れにくく、繊維に応じ、手で左右の力を加減し、幅が均一になるようにする。かなりの力が要り、手加減に熟練の技術を要する。本来二月は蔓に水が下がっており、固くて割りやすい。今回は八月で蔓に水が上がっており、柔らかくて割りにくい。さらに四分の一に割る。蔓の太さにより、半分だけ割る場合や、四分の一にしてさらに縦に切り目を入れ、いくつかミをとる場合がある（図２）。

(4) 厚さと幅を揃えミ（身）にする

割った蔓を何度も内側へ、ヒゴる（曲げる）。繊維が柔らかくなり作業しやすくなる。蔓を右手で持ち、鉈かナイフで二㎜ほどの厚さになるよう内側から削り、手で裂くようにしてむしりとる。幅一～二㎝ほどに揃える。八〇㎝ほどを一〇本、それより長いのを四～五本作る。節も鉈のセゴできれいに落とす。

(5) ミを組む

鉈の大きさに合わせてミを組む。先に何度もミを内側にヒゴり、柔らかくする。蔓性なのでどれだけヒゴっても割れない。ミは外側に強度があるから外側を下にして並べ、縦芯材とする。今回は十本並べ、幅一五㎝にした。コクボは固い木なので、並べるとはねておさまりがつかず、中央を縄で編んだ。長いミを横芯材とし、端を四〇㎝ほど残して縦芯材の中央から二本ずつすくって入れ、一回り組んでいく。端に残してあったミを一本の縦芯材とし、「二本とび網代《あじろ》」組みにぐるぐると組み上げていく（写真4）（図3）。模様が斜めになり美しい組み方である。初めはゆるく組み、後から鉈の背や木切れで叩いて締める。鉈の長さになるまで組む。今回は一四段、高さ二一㎝に組んだ。組むのは鉈の大きさやコクボの大きさで適宜調節する。コクボは乾燥すると固く締まるので、柔らかいうちにきっちりと隙間なく締める。上手なナタヘゴはすいておらず、ミの幅や厚さが一定である。

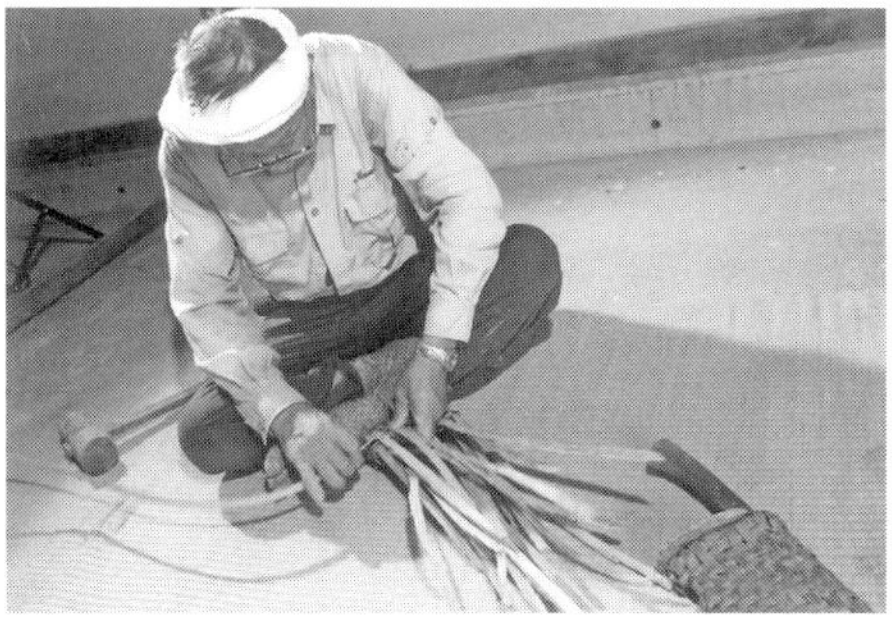

写真4　ミを組む

(6) クチ（口縁）を作る

ミを口縁部分で横に二重巻きにし、入れやすいように先端をナイフで薄く削り、押し込んでクチにする（図4）。縦芯材のミをクチで表側に曲げ、先端をナイフで薄く削る。一～二目くぐらせ緩まないようしっかり引いて締め、ナイフで切る。クチの回りをすべて作業してから木槌で叩き縦の間隔や形を整える。

(7) ミミを作る

ナタヘゴの左右に、腰ひもを通すためのミミを作る。④で用意したミで長さ一mほどのミを、ナイフや手で半分に割り、裏をナイフで薄く削り、幅〇・六㎝、厚さ一㎜にする。ナタヘゴの左右に、ミをクチの外側から入れて四つ下の目に折り込む。少しふくらみを持たせ、五㎝ほどの小さな輪を作り、折り返し二重にして端も入れて三重にしてミ

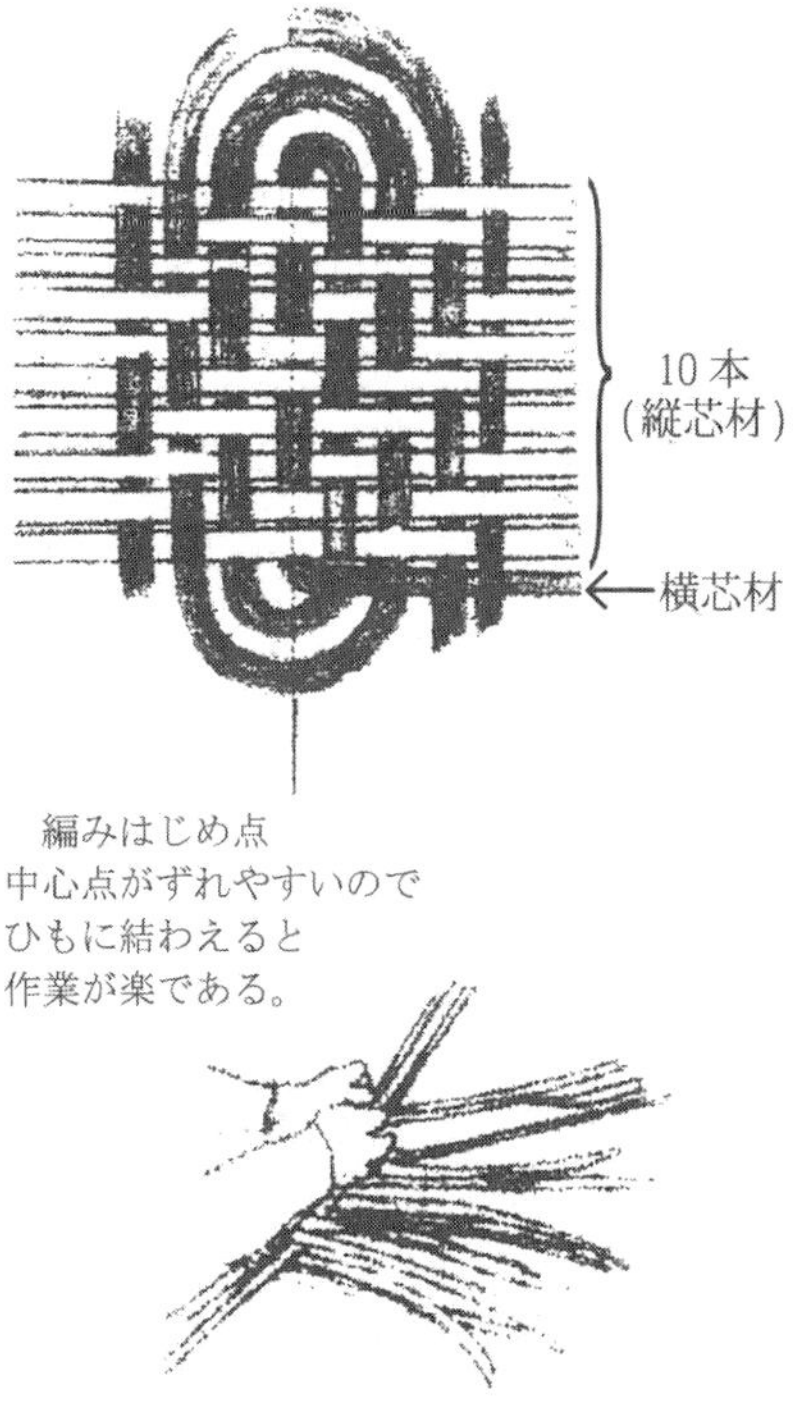
10本
（縦芯材）
横芯材
編みはじめ点
中心点がずれやすいので
ひもに結わえると
作業が楽である。

図3　ミの組み方

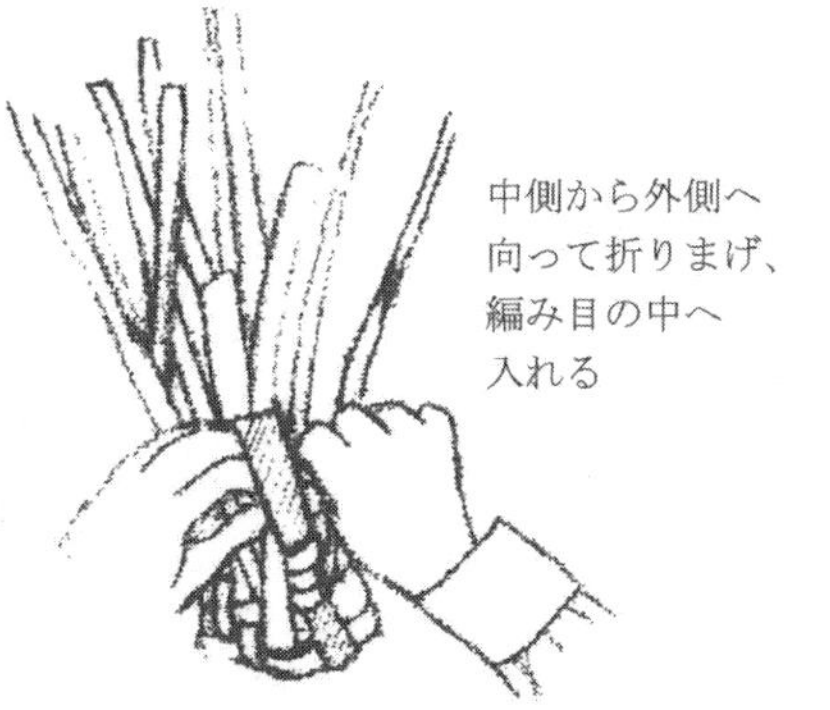
中側から外側へ
向って折りまげ、
編み目の中へ
入れる

図4　クチを作る

ミとする。クチの部分からかがるように輪を巻いて締め、横の目に入れて切り落とす。ミミは左右に作る。

(8) コグチ（小口）木を付ける

鉈は毎日何回も出し入れするため、コグチを守るために、コグチ木を付ける。木は本来ならば割れにくく減りにくい固木《かたぎ》で、自然に曲がった部分をクチに付けた。材はイツキ（ヤマボウシ）や、シャクナゲの木が最適である。コグチ木はコグチの半分ほどの長さで、斜めである。鉈は刃を同じ方向にナタヘゴへ入れるから、刃が当たる部分のコグチだけ、守られておればいいからである。平素山仕事の折に、そのような木が見つかると、とっておいた。自然に曲がった木は、鉈の刃が何度当たっても割れていかない。くり抜いたクチは長年の間に、刃で割れてしまうことがある。今回は自然に曲がった木が見つからず、赤欅の板をコグチにあわせ、くり抜き使用した。四ヶ所穴を開けてナタヘゴのクチとしっかりと固定した。本来はシナ（シナノキの樹皮）の縄を使用した。今回はシナがないのと昭和時代にすでに針金を使用していたので、針金を使った。

(9) 腰ひもを付ける

ナタヘゴを身体に付けるために、腰ひもを付ける。本来ならば、シナのカワ（樹皮の内皮）で作った。シナはこの地方の樹皮で最高の強度があり、濡れても腐らず丈夫である。シナは炭焼きをしたら、その跡地に自然と生えてくる。当地は豪雪地帯で、湿気をおびた雪の重みで山の斜面の木は根元が曲がって育つ。根曲がりの木は、峰側の部分が雪の重みに耐えられるように木を支える力が付くため、谷側より三倍ほど厚みが付く。

シナの樹皮も峰側が厚くて繊維も良質である。わざわざ根曲がりの木を選び、水が上がった六、七月に手の届くほど上から、鉈で幅一〇cmほどに切り目を入れる。下へ引くようにしてタクル（剥ぐ）。水に浸けておき表皮を腐らせてきれいに洗い取り、内皮を天日に干して保存しておく。そのシナを腰ひもに使用した。

今回はシナが見つからず、ウリ（ウリハダカエデ）で代用した（写真5）。ウリはシナと同じく内皮を利用する。採取法も適期も同じである。シナより強度はないが、色は薄くてつやもある。また採取すると、そのまま現地で内皮を採取できる。外皮を外側にきっちりと筋目をたてて割って折り、左手で押さえながら右手で樹皮全体をパシンパシンと叩きながら内皮と外皮を分けるように引きながら剥ぐ。叩くことにより内皮がハタハタ（柔らかく）になり、剥ぎやすい。内皮を薄く五～六枚に剥ぐ。

写真5　ウリの樹皮を剥ぐ

剥いだ内皮は、幅〇・五～一cmほどに細かく裂く。本来は左足親指にはさんで左縄に綯い、さらにもう一本撚りをかけて編み込み荷縄にする。荷縄は三本にすることにより、縄の倍以上に強くなる。また左縄は美しい。一五cmほどの輪を作り「ツボ」とする（図5）。本来はツボからそのまま荷縄に編んでいく。今回はウリのカワが足りず、三本にできないので、普通の二本撚りの右縄にした。腰ひもをツ

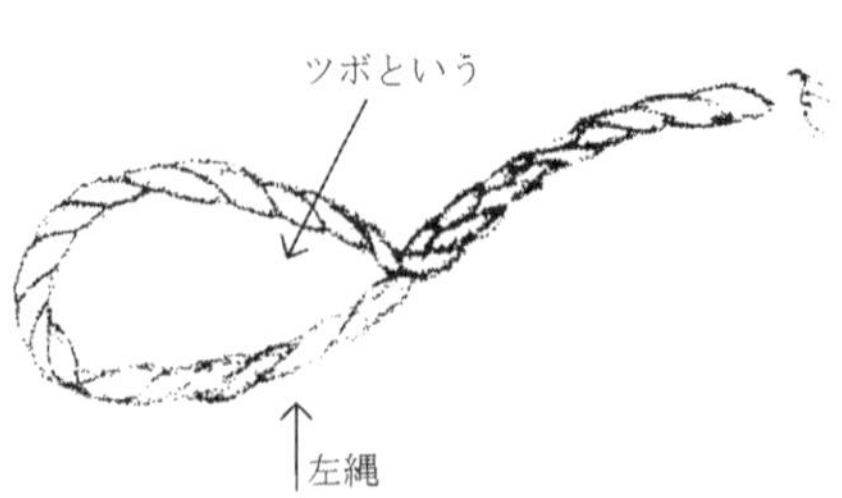

図5　ツボ

ボの部分からミミに入れ、二重巻きして締めてから片方のミミにも同様にする。腰ひもを身体に付け、端をツボに入れて締め長さを決めて、ほつれないよう結び留める。腰ひもを屑縄などでコクリ（こする）、ケバを取り、手が傷まないようにする。

⑽　ナタヘゴ作りの道具

ナタヘゴは日常使うものであり、売買するものではないから、普段ある道具を利用して作った。ナイフのかわりは、鎌の柄の折れたものの端にぼろ切れを巻きつけて持ち手とし、使用することもある。また、四つ鍬の折れた刃をとっておき磨《と》いで薄くし、組んだ目にはさんでミを差し込み入れた。針金を切りミを引っ張るには、釘抜きやハサミを使った。今回はペンチを使った。

四、編み組み法と材質の連続性

三内丸山遺跡から出土した有名な縄文ポシェットは、「二本飛び網代」組みで作られている（図6）。また小矢部川支流の縄文遺跡の桜町遺跡からも、「二本飛び網代」組みで作られた籠の一部が出土している（図7・8）。ナタヘゴも「二本飛び網代」組みで作られている（写真6）。しかもいずれも網代組みでも緻密に組んだ技法である。

また、桜町遺跡の籠の材質は、二〇〇七年に、マタタビ属の蔓性植物を剥いで組まれたものであることが判明した[1]。この地方の山村で利用されてきたマタタビ属の蔓性植物はコッツラ（マタタビとコクボである。しかし、コッツラは一年生の延びた蔓しか使わな

図6　三内丸山遺跡から出土の縄文ポシェット
（青森県教育員会　パンフレット）

図7　桜町遺跡から出土の小籠
北日本新聞社『小矢部桜町遺跡』より

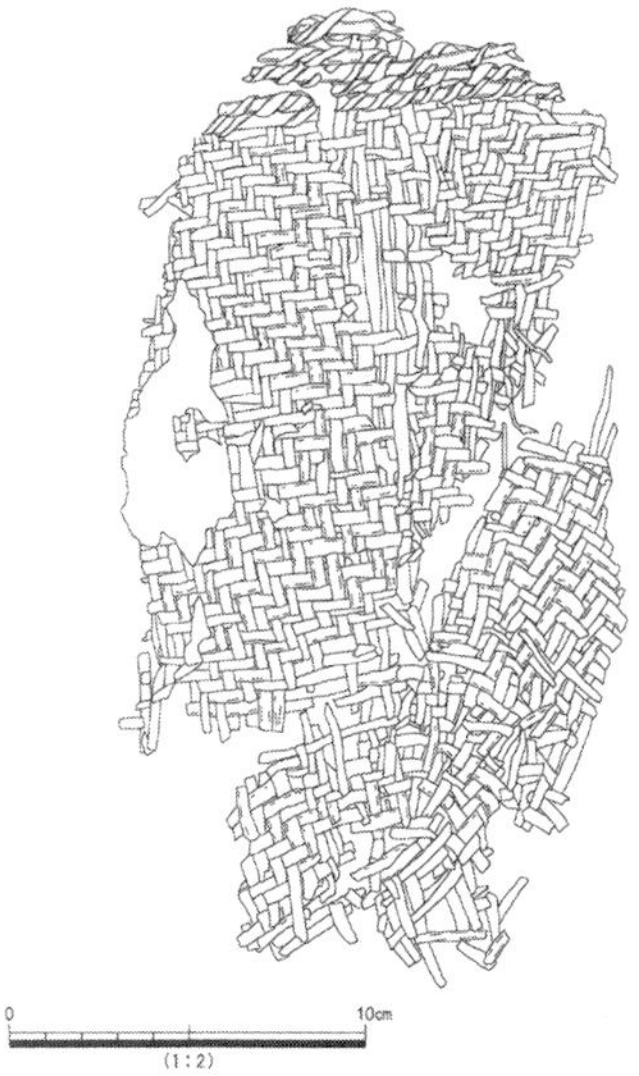

図8　桜町遺跡から出土の網代組みの破片
（桜町遺跡発掘調査団2001）

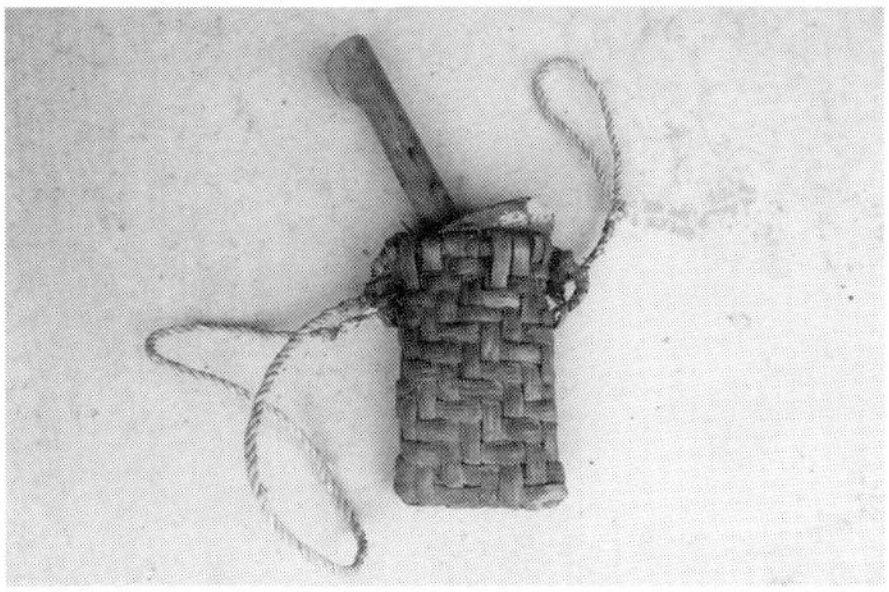

写真6　本来のコクボのタナヘゴ
（昭和20年頃　村井亮吉作）

い。そのためコクボほど丈夫ではない。遺跡から出土したのは長年使用する籠であり、材質はコクボであろう。

コクボは縄文時代から小籠に利用され、現在まで受け継がれてきたと思える。

おわりに

富山県の山村の鉈さやはほとんどがコクボである。コクボは成長に時間がかかる分、固くて粘りがある。ナタヘゴを作るには、コクボを細く剥ぎ、組む必要性がある。粘りがあるため、作る時に曲げても折れず、干せると固く締まる。また腐りにくく、大変丈夫である。使うほどに表面につやが出てとても美しい。山村ではこれまでずっとナタヘゴを使う必要性があった。人びとは多くの好適自然素材を知り尽くし、その材質に合った技法が伝えられてきた。

桜町遺跡から出土した小籠がマタタビ属であることからも、コクボはこの地方で籠製作の好適材として長い年月にわたり、利用されてきたのだろう。

写真7　ナタヘゴを身につけた村井亮吉さん

コクボのナタヘゴには、材質の民俗知・材料の採取法・ミにするまでの手順・組み方・腰ひもの採取法から編み方・小口木など、すべてに長い年月をかけた山の民の知恵と美意識が詰まっている。山を下りた今も、先祖が作ったコクボのナタヘゴは、現役の民具として大切に使用されている（写真7）。

注

（1）小矢部市教育委員会『富山県小矢部市桜町遺跡発掘調査報告書』60冊　五〇頁・61冊　八六頁

参考文献

小矢部市教育委員会『富山県小矢部市桜町遺跡発掘調査報告書』小矢部市埋蔵文化財調査報告書　60冊・61冊　二〇〇七

加藤享子「小矢部川上流域における樹皮の利用」『北陸の民俗』二四号　二〇〇七

『桜町遺跡』　学生社　二〇〇一

『三内丸山遺跡』　東奥日報社　一九九四

森俊「富山県下新川郡朝日町蛭谷の人と動植物」『とやま民俗』六一号　二〇〇三

名久井文明『樹皮の文化史』　吉川弘文館　一九九九

名久井文明「民俗的古式技法の存在とその意味」『国立歴史民俗博物館研究報告』第一一七集　二〇〇四

（「砺波の伝統技術を記録保存する会」編『となみの手仕事　五箇蓑・ナタヘゴ（鉈鞘）』では記録と共に、ＤＶＤも製作されている。）

（『とやま民俗』No.七二　二〇〇九年九月）

Ⅱ　昭和三十年代　木を割る技術と民具
――富山県南砺市刀利・立野脇を中心として――

はじめに

高度経済成長期（一九五五―一九七三）以前の山村・農村においては、衣食住の多くを自給していた。富山県南砺市福光地域では燃料に、薪・木炭・藁などを使用していたが、町部では薪や木炭を購入し、山村や里山の村では薪を自給していた。また山村では、木炭、割り木（薪）を商品化していた。木炭生産には木を割って炭材であるカマギ（窯木）を作った。里山では薪を作っていた。そのため、木を割る技術は日常生活に必要な技術であった。またカマギは、木炭の品質のために、ある程度真っ直ぐに割っていくことが必要であった。このようなカマギを作るには、木をどのようにして割ったのであろうか。

木を割る技術や民具については、名久井文明[1]の研究がある。

昭和三十年代半ばまで、小矢部川上流域の山村である刀利や立野脇は、木炭生産が生業であり、大量の木を割っていた。筆者（一九五三年生）の生まれ育った小矢部川沿いの農村天神では、昭和三十年代後半まで燃料は薪であった。しかし、高度経済成長期以降、燃料革命に伴う炭焼きの衰退、社会の変化による山村の過疎・離村、高齢化などにより、木を割る技術や民具は、急速に失われつつある。

本稿では、昭和三十年代に炭焼きを生業としていた、富山県南砺市（旧福光町）刀利（上刀利・滝谷）・立野脇を中心に、カマギを作ることを通して、木を割る技術と民具について述べたい。

一　刀利の木の割り方

㈠　刀利の木炭

刀利は福光町から十数～三〇㎞離れた小矢部川の最上流の村で、小矢部川沿いに五つの小村が点在していた。昭和三十年代は三九戸であったが[2]、昭和三十七年（一九六二）、刀利ダム建設のために離村した。標高は三〇〇～一〇〇〇ｍと高く、木はゆっくりと育ち堅いので、炭も堅い。刀利の全戸が炭焼きをしており、緻密で良質な木炭を生産していた。

刀利村は寛文十年（一六七〇）の村御印の小物成が「鍛冶炭役」「炭窯弐枚役」「山役」であり[3]、宝暦十四年（一七六四）二月の『砺波郡草木土石産物道橋川渕深沼所等書上申帳』には「堅炭」・「鍛冶炭」、また文政五年（一八二二）四月の『砺波郡産物之品々書上申帳』に「炭」が刀利村の産物として記されている[4]。耕地が少ない山峡の村であり、藩政時代から炭焼きが生業であった。明治期の炭俵は一俵六貫、大正期は五貫、昭和になると四貫であった。木は炭になると重量が生木の五分の一～六分の一になる。そのため木炭生産には大量のカマギが必要であった。炭焼きに関して刀利全体が習熟した技術を持ち、昭和三十年頃には、一度の炭窯に二二〇俵ほど焼き、年間二二〇〇俵ほど製炭した家もあった（上刀利　村井家）。

㈡　木の特徴とカマギの割り方

刀利は三ｍを越す豪雪地帯で、湿気を帯びた雪の重みで木の根元が曲がって育つ。木は雪の重みに耐えるよう、木の斜面の峰側の部分に支える力が付くため、谷側の部分よりも二倍ほど厚みが付く。そのため、木の峰側の部分から割ると真っ直ぐに割れていく。木は立ち木の状態が真っ直ぐでも、枝があるところは節になっている。性質のよい木はズイ（先端）から割っても株まで真っ直ぐに割れるが、それはごく一部の木である。木はズイから割ると枝の方へ曲がって割れていく性質があるため、必ず株から割る。また木の性質によって外見は真っ直ぐでも木の繊維がねじれていたりする。大木ほど繊維がねじれているが、ねじれのある木は、むしろ緻密で良質な炭になる。また土質によって木の堅さが違う。岩山の木は堅く割れやすい。土の山の木は柔らかく、割れにくい。肥料分がある地質で育った木は早く成長するが、柔らかい。大木は直径二尺（六〇㎝　話者からの聞き取りでは尺貫法であったため、尺貫法で表記する）以上になる。これら、あらゆる種類の木の堅さや太さ、ねじれた部分や節の部分を、いかに真っ直ぐ均一の太さに割っていくかは、長年にわたって伝承されてきた技術を要した。

カマギは木を伐って枝を払い、まず長さ六尺（一八〇㎝）の丸太にした。丸太を横倒しにして木口から楔を打ち込み、木口の一辺が五寸（一五㎝）ほどになるまで寸法を揃えて割って作った。それ以上太いと炭にした時、炭化しない部分が残ることもあり、良質な炭にならなかった。また、カマギは真っ直ぐなことが求められる。そのために、カマギの太さの寸法を揃えて真っ直ぐに割っていく技術は、炭の品質に直接影響するので、炭焼生産のために重要な技術だった。木は木口を半分ずつ割っていくのが基本である。

木を割る作業はすべて山中で行われるために、手軽に持ち運びができる、カナヤ（鉄製楔）、キーヤ（木矢。モクヤともいう。カナヤを補助する自家製の木製楔。）、ヨキ、鉈、カケヤ、鋸などの限られた民具だけで行われた。

㈢　刀利の木の割り方

刀利の男性は、ほとんど十代半ばから炭焼き仕事に従事しており、木の性質を見極めながら、カマギを作ることに長けていた。話者の南氏と村井氏は、隣家で同級生である。カナヤは刀利のほぼ全戸が町の入り口にあった同じ鍛冶屋で注文して作っていた。村井家は村の中でも大量の炭焼きをしていた一軒である。表記の民具は一人分である。ヨキで木口の中央に割れ目の筋を付けることを、「アトを付ける」といった（図1）。

各家のカマギにする手順を記す。

図1　木口の中央にヨキでアトを付ける

話者　南源右ヱ門

（上刀利：一九三〇年生、聞き取り二〇一七年十一月十一日）

民具　カナヤ（大三～四丁・小二丁）・キーヤ（二～三丁）・ヨキ・カケヤ・タテビキ（縦挽き鋸）・鉈など。大木を割る方法である。

①株の峰側の部分から、木口の真ん中にヨキで割れ目のアトを付ける。

②アトを付けた木口の角に、木から三〇～四五度の角度に手でカナヤを力いっぱい入れ、静かにヨキの背で叩いて入れていく（写真1）。静かに入れていくのは、木が堅いのでカナヤが飛び

出るのを防ぐためである。少し入ってから、カケヤで叩いて入れていく（写真２）。

③木の側面に割れ目が開いてくるので、割れ目に二本目のカナヤを入れ、ヨキの背で叩く（写真３・４）。

写真１　カナヤを木口の角から入れる（南氏）

写真３　二本目のカナヤを入れる

写真４　二本入ったカナヤ

④さらに割れ目が広がるので、そこに三本目のカナヤを入れる。三本目を入れると、二本目は脱落する。同時に反対の側面の割れ目にもカナヤを入れる。順々に割れ目にカナヤを入れて、割れ目を広げていく。

⑤キーヤは大木をカナヤで割っていく時、カナヤが木に締められて木の中に入ってしまう時があり、その割れ目にカナヤよりも大きいキーヤを入れることで、カナヤが木に食い込むのを防ぐ。キーヤを入れることで更に割れ目が広がり、直径二尺以上の大木も割れていく。

写真２　木にカナヤを入れてカケヤで叩く

カナヤとキーヤを適宜組み合わせて、基準の太さに割っていく。

カナヤは刀利で三、四丁使用していたが、現存は二丁である（写真５）。一つは頭部が五×三・五cm、長さ二〇cm、頭部よりも矢の部分が広がっており、頭部三・五cmの面の矢の部分は四・五cmである（実在の民具は、メートル法で計測した）。表裏にくぼみをつけ、くぼみの中に一一cmの太い筋が二本陰刻してある。くぼみは「空気ぬき」といい、刀利の堅い木を割るため、カナヤが摩擦で飛び出るのを防いだ。もう一つは、頭部が五・五×四cm、長さ一八・七cm、同様に頭部が四cmの面が四・五cmに広がっている。表裏にくぼみをつけ、くぼみの中に一一cmの筋を一本陰刻してある。注文品なので同型ではな

写真５　南家　大のカナヤ

い。小のカナヤは、鍛冶屋の既製品である（写真６）。大きさは頭部が長方形で、三×一・八㎝、長さ九㎝である。南家では主に木を伐る時に使用した。キーヤはイツキ（ヤマボウシ）で、毎年鉈で作った。大きさは頭部が直径四寸（一二㎝）以上の楕円形で、長さは一尺（三〇㎝）以上の楔型であった。

写真６　小のカナヤ（南家蔵）

話者　村井亮吉
（上刀利：一九三〇年生
聞き取り二〇一一年二月十五日）

民具　カナヤ（大・小　合わせて四～五丁）・キーヤ（二、三丁）・ヨキ・カケヤ・タテビキ・鉈など。カナヤは大も小も使用した。

村井家は大量に木炭生産をした家であり、村の何軒かが持つ特別大きなカナヤも使用していた。大木を真っ直ぐに割る方法である。

①割れ目が枝を通るように、枝の筋目に沿う株の部分から、木口の真ん中にヨキで割れ目のアトを付ける（図２）。

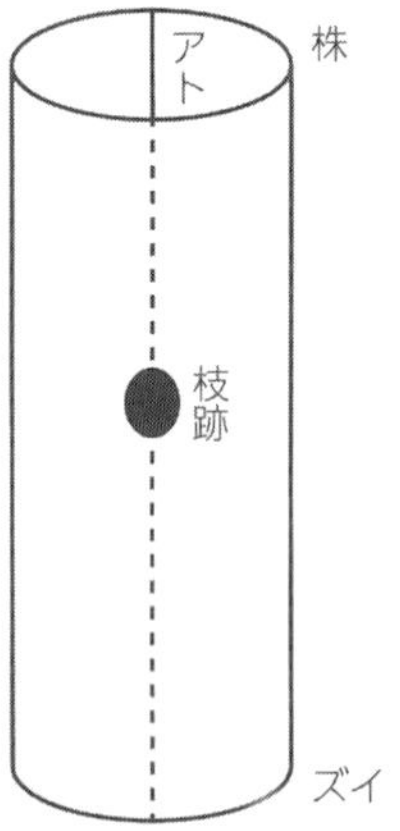

図２　枝の筋目を通るようにアトを付ける

②木口のアトの二カ所に小のカナヤを入れ、入るだけカケヤで叩いていく。木口が開いていくと、小のカナヤと小のカナヤの間にキーヤを入れる。キーヤは静かに入れないと、木とキーヤが滑り、キーヤが飛び出てくるので、注意深く入れる。

③木口に割れ目ができてくると、木口の両側面にも割れ目ができてくるので、そこへ大のカナヤを左右に入れていく。

④枝の部分で曲がらず、真っ直ぐに割れていく。半分に割れたら、下に丸太をあてて割っていく。

⑤ある程度割れたら、タテビキで木の中のねじれた繊維を切る。

⑥同様にして木の一辺が五寸になるまで割っていく。直径二尺ほどの木なら、半分ずつ割り、八等分にしてから、更に芯部から（図３）のように順に割っていく。

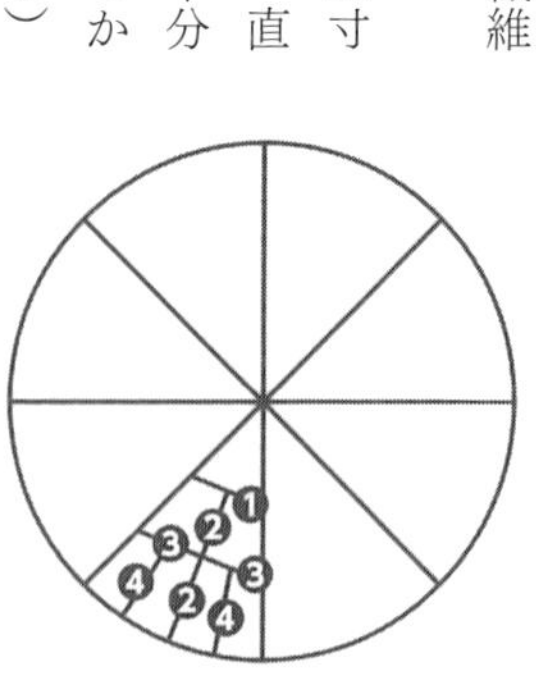

図３　大木を割る順序

村井家のカナヤは現存していない。大のカナヤは頭部二寸（六㎝）四方ほど、長さ一尺（三〇㎝）であった。小のカナヤは頭部二寸四方ほど、長さ七寸（二一㎝）ほどであった。キーヤはサルスベリ（ナツツバキ）で自作する。頭部が直径四寸ほどの楕円形で、長さが一尺余りの楔型であり、南家とほぼ同じである。必要時に鉈で作った

話者　谷中定吉
（滝谷：一九三五年生　**聞き取り二〇二〇年十二月二十八日**）

民具　カナヤ（三、四丁）・クサビ（小型の鉄製楔　二、三丁）・モクヤ（木製楔　二丁）ヨキ・カケヤ・鉈・鋸・金槌など。

木を割る基本的な方法である。

①木口の真ん中にヨキでアトを付ける。

②アトを付けた木口の角に、クサビやカナヤを入れて金槌で叩く。

③割れ目ができた木の側面に、カナヤを入れて金槌で叩く。

④木の中に筋があるなどして割れない時、割れ目にモクヤを入れてカケヤで叩くと割れていく。木は三〇～四〇年ごとに炭材とするため、直径一尺以上の木は少なく、この方法でほとんどの木が割れる。

写真7　大のカナヤ〔上〕小のカナヤ〔下〕（谷中家蔵）

カナヤの現存は一丁で、頭部三・七×四・五cm、長さ二〇cm、重さ一・五kgである（写真7）。頭部三・七cmの面の矢の部分が四・三cmである。表裏に長さ一一cmのくぼみがあり、中に一本筋が陰刻してある。矢の先が鋼になっており、鋼は表裏には矢の先から六・五cmまで、側面には四・五cmまでで、本体の地金にV字状にはめ込んで鍛造してある（図4）。鋼を使用したのは、堅い節などを割るためである。家には父　孫三（一九一三年生）の分を含めて五、六丁ほどあった。小型の鉄製楔をクサビと呼び、頭部三×一・八cm、長さ九・五cm、重さ〇・二kgであり、全体が鋼である。頭部から一cm下方の中央に穴があり、紐を通してナタヘゴ（鉈鞘）のミミ（脇の穴）に吊るした。クサビは父が木の細工物を作る時にも使用していた。大小の鉄製楔は、鍛冶屋で注文した。木製楔はサルスベリで作り、モクヤと呼んでいたが、自作なので自分で名前を付けていた。大きさは南家と同じである。一年で傷み捨てるので、腐ることを意味する「一年クサ」と言った。頭部が円形で直径四寸ほどなのは、カケヤ（自作）の叩く部分が八角形の円形で、直径四寸ほどであり、モクヤとカケヤのアタリ（あたるところ）を同じほどの大きさにして、力を集中させるためである。

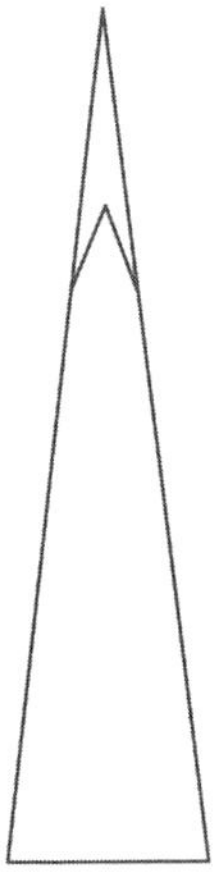

図4　カナヤの鋼の部分

二　立野脇の木の割り方

立野脇は下刀利から四km下流の山村で、刀利と通婚圏である。刀利が昭和三十七年に離村してから小矢部川最上流の村で、昭和三十年代は二〇戸であった。標高は二〇〇mほどで、炭焼きが生業であった。福光町まで約一〇kmであり、刀利より町に近いため、炭だけでなく、重量のある割り木も作って町へ売却していた。

話者　嵐龍夫（一九二八年生　聞き取り二〇一〇年五月十二日）

民具　カナヤ三丁・ババヤ（木製楔　一～二丁）・ヨキ・カケヤ・タテビキ・鉈など。

山村の割り方である。

基本の割り方は、木口の真ん中にヨキでアトを付け、カナヤを先ずアトに入れてカケヤで叩く。木の太さにより、横にもカナヤを入れて割っていく。カナヤだけで割れない場合にババヤを使った。木の太さにより割り方が違った。直径五寸以下の木は炭の等級が高くなるので[5]割らずに丸太のまま焼く。五寸以上の木は次のように割った。

・直径五寸～一尺の木は、アトにカナヤ二丁を入れてカケヤで叩くだけで割れる。

・直径一尺～一尺五寸（四五㎝）の木は、アトにカナヤ二丁を入れてもカナヤが入っていくだけで割れずに詰まってしまう。その時は、カナヤとカナヤの間にババヤを一本入れる。それでも割れない時は、ババヤを側面の割れ目にも一本入れる。それらをカケヤで叩きながら割る。
・太い木は、木口のアトにカナヤを三丁入れてカケヤで叩く。割れ目ができるとババヤを側面の割れ目に入れてカケヤで叩く。

写真８　嵐家　カナヤ

カエデやナラ、クリなどの広葉樹は、直径一尺以上になると繊維が交差して割りにくく、繊維をヨキで切りながら、カナヤとババヤを入れて割る。
カナヤは、頭部が五×三・五㎝、長さ一七㎝、重さ一・一kgである（写真８）。頭部三・五㎝の面の矢の部分が四㎝である。表裏の中央部に、矢にむかい三本の筋が陰刻されている。この陰刻は、固い木に入っていく時、割れ目から飛び出さないよう摩擦となった。カナヤは鉄工所で求めた既製品である。隣町井波の野鍛冶のカナヤが良品だと有名だった。
ババヤはイツキで自作した。必要時に鉈を使い三〇分ほどで作るので「鉈細工《なたざいく》」といい、一年限りの消耗品だった。頭部を四角型にして先端を楔状に尖らせた。頭部は三寸（九㎝）四方で長さは六～七寸（一八～二一㎝）である。

三　天神の割り方

話者　渡辺寛（一九一九年生　聞き取り二〇一七年一月五日）
民具　ヤ（鉄製楔）三丁、ヨキ、鋸、鉈、鉞、金槌、カケヤなど。
農村の薪の割り方である。話者は筆者の実父。
天神は、南砺市福光地域の町部に隣接した四〇戸の農村である。村のほぼ全戸が約二㎞離れた山麓に持ち山があり、昭和三十年代後半まで、山から木を伐り出し、自家用の薪にしていた。薪は商品ではないので割れればよく、太さを揃える必要はない。直径一尺ほどのナラなど、炭にするような堅い木を選んで鋸や鉈で伐り、丸太にして五～七尺（一五〇～二一〇㎝）ほどに切り揃え、荷車で家に運んだ。家で丸太の側面からヤを金槌で打ち込み割る。ヤは三本使ったが、木を割るのに一番難しい所に打ち込むのが基本で、鋸で切れぬところ、ねじれた所、株などに打った。一番目は木の真ん中に打ち、二、三番目はそれぞれその左右に打った。木はヤを打ち込むと、半分に割れていく。それでも割れない時は、株の太い部分にヤを株側と横から入れて、金槌で叩くと割れた。手ごろな太さまで割ると、一尺ほどに切り揃え、鉈や鉞で割った。このような薪採りを年に四～六回して、家族八人分の薪を自給していた。ヤは現存していないが、既製品であった。

四　木を割る技術と民具の特徴

(一)　木を割る技術の特徴

(1)　木の割り方の特徴

福光地方では六尺の長さのカマギを、鉄製楔と木製楔を使いこなして割っていった。刀利では、カナヤの使い方は隣同士の同世代でも差異があることから（南家・村井家）、家ごとに多少の違いがあった。刀利・立野脇とも、木口の真ん中にヨキでアトをつけるのは共通している。木の割り方として大木の場合、カナヤの入れ方を木口の角にカナヤを入れていく方法（南家・谷中家）や、木口のアトにカナヤを二か所入れ、その間に木製楔を入れて割れ目を広げて割る方法（村井家・嵐家）がある。また、割れ目の広げ方であるが、両側面から広げていく方法（村井家）や、片方の側面から広げていく方法（南家・谷中家・嵐家）など様々であった。各家とも、木は半分ずつ割っていくことが基本である。天神では木口からではなく、側面からヤを入れて割ることが山村と違い、簡易な割り方であろう。

(2) 真っ直ぐに割る技術

カマギは真っ直ぐの方が良質の炭になる。三十～四十年毎の炭焼きで、山に大木は少なかったが、大木は大量のカマギがとれるため、曲がりを防ぎながら、カマギにした。真っ直ぐに割る技術は次のとおりである。第一に、株から割ること。株から割るのは、維管束の繊維など、木の特性に沿った割り方である。第二に、根曲がりの木の峰側の部分から割っていくこと。厚みのある峰側の部分から割ると、真っ直ぐに割れやすい（南家）。第三に、木口の中央にヨキで割れ目のアトを付けること。アトを付けることでアトの割れ目に沿って木口が真っ直ぐに割れていく。同様の方法として「こけら」を作る割り方がある。「こけら」を作る時、木口の中央に厚い包丁でひびを付けている〔名久井　二〇一九　七四～七五〕。「こけら」も真っ直ぐに割ることが求められ、木を真っ直ぐに割る技術として共通性がみられる。第四に、枝の通る筋目が割れ目になる方向に、アトを付けること（村井家）。第五に、木口に割れ目ができたら、木口の左右の割れ目に同様の大きさのカナヤ・木製楔などの楔を入れていくこと。左右に均等に力が入り、真っ直ぐに割れていく（村井家）。第六に、曲がりそうなねじれや節の部分に鉄製楔や木製楔を打ち込み、曲がりを防ぐこと。第七に、木の中のねじれた繊維を、割れ目から切ること。これらの技術を駆使して真っ直ぐに割っていった。

（二）民具の特徴

福光地方では、大の鉄製楔も木製楔も木を割ることだけに使用した。鉄製楔の入れ方は、堅い木との摩擦で飛び出るのを防ぐため、ヨキの背や金槌で叩いて入れてから、カケヤで叩くなどの工夫をした。木製楔も同様である。

(1) 鉄製楔（カナヤ・クサビ・ヤ）

鉄製楔は木に割れ目を作る民具であり、刀利・立野脇はカナヤ、天神はヤといった。カナヤが正式名称であろう。一人分の大の鉄製楔は、刀利は三～五丁、立野脇では三丁であるが、天神もヤを三丁使っていた。木を割るには鉄製楔三丁が必要だった。頭部はやや長方形で四角錐の楔形をしていたが、長年の使用により、頭部が潰れているものもある（嵐家）。刀利では、大と小があった。村井家の大のカナヤは、村に何軒か持っていた特別大きなカナヤであった。村井家の小のカナヤは、南家・谷中家の大のカナヤとほぼ同じ大きさであり、刀利の大のカナヤの範疇に入ると思える。小のカナヤは既製品（南家）や注文品（谷中家）があった。頭部よりも矢の部分が広がっている（南家・谷中家・嵐家）。カナヤの大きさは、南家・村井家・谷中家・嵐家ともに、頭部はそれぞれ五㎝内外であるが、長さが違う。村井家の大のカナヤが一番大きく三〇㎝ほど、南家・谷中家は二〇㎝ほど、嵐家は一七㎝ほどである。重さも谷中家大のカナヤが嵐家のカナヤより重い。側面は刀利のカナヤはくぼみがあり、筋を陰刻している（南家・谷中家）。嵐家のカナヤは、くぼみはないが、筋を陰刻している。くぼみも筋も木との摩擦を避けるためである。材質であるが、鉄製（南家・嵐家）と、矢の先が鋼のカナヤ（谷中家）があった。鋼を使用したのは、矢の強化のためである。また、カナヤとカナヤが木の中でぶつかることがあり、そんな時サッカケ（先が欠けること）になるので、刀利では、ほぼ毎年鍛冶屋で修理していた。カナヤの製造・修理は、刀利では町の入り口近くの、尾山鍛冶屋であった。尾山鍛冶屋は刀利のカナヤ製作に、熟練の技があった。他、ヨキ・鉈などの刃先も同鍛冶屋で修理していた。刀利では堅い木を大量にカマギにするため、大きさやくぼみ、鋼の使用など、より性能の良いカナヤを注文して使用していた。刀利は注文品であったが、立野脇は既製品であり、天神も既製品である。立野脇のカナヤは隣町井波で作られていた。山麓の里山が広がる砺波平野の南部、福光地方の山村（立野脇）や農村（天神）では、木はカナヤで日常的に割られており、既製品が流通していた。しかし、砺波平野部の民具を中心に、五十年以上にわたり収集している砺波郷土資料館には、カナヤが収蔵されていない。今後収集される可能性はあるが、砺波平野部でカナヤの使用は少ないと思える。

二〇〇一年に作成された『上平村民俗資料館民具一覧』(6)には、鉄製の「金矢《カナヤ》」が一丁記載されている。長さ一九㎝　巾五・七㎝である。上平は炭焼きが生業ではない。伐採時や薪割りにも使用したとされる。長さは立野脇のカナヤよりも大きく、刀利の大のカナヤよりもやや小さい。幅は側面だけであるが、刀利よりも大きい。山村にはいろんなカナヤがあったことが窺える。

(2) 木製楔（キーヤ・モクヤ・ババヤ）

木の割れ目を作るのは鉄製楔であるが、その割れ目を広げてカナヤを補助するのが木製楔である。大木を割る時に、カナヤが木に締め付けられ動かなくなる時があり、カナヤより大きな木製楔を入れることで木を割っていった。上刀利はキーヤ、滝谷はモクヤ、立野脇はババヤといった。自作であるため、自分で名前を付けたともいう。必要時にその場で作ったが、一年ほどの消耗品であり、残されることはなかった。天神では使用しない。

刀利・立野脇とも、イツキやサルスベリで作り、刀利二、三丁、立野脇一、二丁持っていた。形は刀利の頭部は楕円型の楔型であり、立野脇の頭部は四角形の楔型である。カナヤの大きさに比して、刀利の木製楔が立野脇よりも大きく長く、使う数量が多い。イツキは木目が無く滑らかで、緻密で強い粘りがある。サルスベリは外見が真っ直ぐでも繊維がねじれている。共に堅くてねじれのある木なので、カケヤで叩いても折れたり割れたりすることがない。木肌は滑らかで、木製の楔に適材であった。いずれも山中にあまりない木なので、見つけた時に切り取り、炭窯などに保存しておいた。

おわりに

昭和三十年代まで木を割る技術は、山村や里村で身近な技術であった。しかし現在その技術を伝える人は激減した。

かつて刀利・立野脇は木炭生産に励み、カナヤや木製楔を使いこなし、あらゆる木の性質や太さ、堅さなどを考慮しながら、カマギを真っ直ぐに割ってきた。鉄製楔と木製楔を合わせた数量は、刀利が七、八丁、立野脇が四、五丁で天神は三丁である。数量の多さはそれだけあらゆる種類の木を割っていたからである。また、刀利のカナヤには、表裏に空気抜きや太い陰核など木を割る時の摩擦を防ぐ工夫がされていた。矢の先に鋼を使用しているのは、管見の限り、刀利の他に見当たらない。また各村の木製楔は、山中の数多い樹種の中から、楔に適応する木を選びぬいて作られてきた。木を割ることは、技術も民具も長年にわたって培われてきた民俗知であった。

三九戸の刀利は、離村して約六十年を経た。立野脇は二〇二一年現在、六戸八人の村となった。カマギの作り方を記憶している人は、本当に少なくなった。木製楔は現存しなかった。鉄製楔は離村時に破棄した人が多く、話者の民具も一部しか現存していない。その限られた情報の中で、昭和三十年代までおこなわれていた木を割る技術と民具について、カマギを作ることを通して記録することも必要と考える。

注

（1）名久井文明　二〇一一「「木を割った磨製石斧」と、その後継器種」『東北芸術工科大学東北文化研究センター』研究紀要10、同　二〇一二「木割り技術」『伝承された縄紋技術』吉川弘文館、同　二〇一九「木割り楔の時空間的展開」『生活道具の民俗考古学』吉川弘文館

（2）刀利は小矢部川沿いに下流から、下刀利・上刀利・滝谷・中河内・下小屋の小村が、二・二・六・六㎞ずつ離れて点在していた。戸数はそれぞれ四・一二・九・八・六戸であった。

（3）宇野二郎編　一九七八『刀利谷史話』刀利谷郷友会、二一頁

（4）砺波市史編纂委員会編　一九九一「砺波郡草木土石産物道橋川渕深沼所等書上申帳」「砺波郡産物之品々書上申帳」『砺波市史』資料編2（近世）砺波市　九一七・九四七頁。

（5）『むかしの西太美の仕事』によると、昭和三十年代、当地方の炭の等級は、上から順に「楢の丸上」・「楢の並」・「楢の割上」・「雑」・「栗」であった。丸は丸太、割は割ったもの、雑はクルミ・キハダなどの柔らかい木の炭

（6）上平村編　二〇〇一『上平村民俗資料館民具一覧』上平村

参考文献

岩井宏實監修　二〇〇八『絵引民具の事典』河出書房新社
砺波市立砺波郷土資料館編　二〇〇六『砺波の民具』砺波市立砺波郷土資料館
富山県編　一九七三『富山県史』民俗編　富山県
西太美村づくり推進協議会編　一九九六『むかしの西太美の仕事』西太美村づくり推進協議会
日本民具学会　一九九七『日本民具辞典』ぎょうせい

（『民具マンスリー』第54巻10号
神奈川大学日本常民文化研究所　二〇二二年一月）

Ⅲ　城端莚の生産と集荷
――旧福光町香城寺を中心に――

はじめに

砺波地方において昭和三十年代までの農家は、自家用に多くの藁工品を作っていた。莚・こも・俵・かます・縄・荷縄・草鞋・フカグツ・バンドリ・ミノゴ・ワラガイ・モッコなどである。その中でも、莚は昭和四十年代まで日常生活において敷物としてだけではなく、農用の籾干しにムシロダテとしたり、豆類の乾燥などに広く利用されてきた。また、間仕切りや日よけ、梱包にも使用されてきた。古くなった莚は四つに切り、水田のミトジリ（水戸尻・水を落とす所）にあてて水を開閉し、大切な肥やし泥が流れるのを防いだ。農家において莚を織ることは、冬期間の大切な仕事であった。

　また、いろんな用途に利用できる莚は自家用だけではなく、商品としても広く流通した。

　南砺山麓で織られた莚は、集荷の城端にちなみ「城端莚」[1]（写真1）と命名され、明治期から昭和三十年代末に至るまで、北海道へ大量に移送されてきた。しかし、昭和四十年代に入ると、

写真1　城端莚（南砺市天神　渡辺商店）
左：ミミを切った製品（地元用）
右：ミミを残した製品（出荷用）

需要がすたれ、長い伝統を持つ城端莚は終焉の道をたどった。

　本稿では、戦後城端莚の代表的生産地の一つであった香城寺集落を中心に、昭和初期から昭和四十年ごろまでの生産と、それを集荷し、北海道へ販売していた商人のことを中心に記録したい。

一　城端莚

　明治後期になると、農村社会にも肥料や農具の購入などに貨幣経済が浸透してきた。そんな中で、家計の安定化を図るために副業が発達していった。富山県は年間雪日数、降雪量が多く晴れ間が少ないので、米作が安定した収入源となった。そのため、水稲単作であり、豪雪地帯のため、水稲の副産物として冬季の藁工品が発展した。[2] その代表的な産物が南砺山麓地域では莚であった。

　城端莚は当初城端山麓の村で生産され、城端商人が明治三十年代から北海道へ移出したのが始まりである。[3] 品質の良さに定評があり、後に南砺山麓の各地で生産されるようになった。城端莚は旧城端町近郊の北野・蓑谷・井口などが生産の中心であったが、大正期ごろから旧福光町の香城寺・広谷も代表的な生産地になった。第二次世界大戦後の復興期においても盛んに生産され、北海道へ移出された。

　城端莚の正式名称は「五八特殊農用莚」である。城端莚は縦六尺・横三尺の規格の枠で織るが、[4] 織り上がると縦五尺八寸・横三尺なのでその名称が付いた。一般に分厚く目が詰まっている莚は、農作物を干す時に地面の小石が作物と混じらず、しかも土からの

湿気を帯びずに乾燥させることができる利点がある。(5) 北海道で城端莚を使用したのは、その分厚さが豆類の乾燥をはじめ、農用に適していたためである。

㈠　砺波地方近世の莚

近世、寛政元年（一七八九）越中砺波地方の農事を記録した、宮永正運の『私家農業談』は次ぎのようにある。

一、十一月下旬頃、稲も扱すまし御収納も斗仕廻へハ、土の間を莚にてかこひ寒風を防きて翌年の農具農馬の道具、或ハ縄俵などをはしめ農業に入用の物を拵る也。小農ハ作り出したる藁にて莚、菰を織、又ハ草鞋を作りて駅家へ出し売て多情にする也。

二、莚ハ一日に大概、弐枚宛織也　但長六尺。壱枚ニ付縄六十尋、藁六把ほと入もの也、是ハ農家に遣ふ下僕の冬作に織当り前也。小農の職分として織ものハ、朝ほのくらきに起て、朝昼の食物も座に不着して入情に織ものハ一日に五六枚も織也。

『私家農業談』には、農民が莚を織り町へ出して売り、収入の足しにしていたことが記されており、以前から農民の賃稼ぎであった。また、縦六尺の莚一枚に付き縄（縦縄）六〇尋《ひろ》、藁六把ほど入用だとある。縦縄は一枚当たり今も六〇尋《ひろ》ほどである。藁一束《そく》が一二把の単位は、今も江戸時代と変わらない。戦後の城端莚は縦縄も含めて「一枚あたり一束」からそれ以上といわれている。縦縄は今も二〜三把で六〇尋綯う。藁は一〇〜一一把使う。寛政元年頃の莚より分厚くなってきている。北海道へ移出する莚は商品の価値をあげるために、より分厚くなっていったことが窺える。

㈡　城端莚の変遷

莚は多くの地域で織られていたが、城端莚は大正十二年（一九二三）の『東礪波郡要覧』によると「その品質の善良なること、他に其類を見ざるところなり」いわれた。また、『城端町北野郷土史』によると「明治三十年ころから城端商人により北海道へ移出されていく」ようになった。前述『東礪波郡要覧』によると「産額未だ多からず、生産の区域又郡内の一部に止り、前途発達の余地不少、されば製莚縄共に近時最も奨励に主力を傾注し、漸次普及の傾向を呈しつつあり」とある。大正十二年の時点ではまだ手織り（写真2）で量産はできず、生産の区域は限られており、普及の段階であった。

そんな中で、大正十四年（一九二五）に、香城寺の長谷川清三郎が足踏式製莚機（写

写真2　昔の莚のハタゴ（散居村ミュージアム）

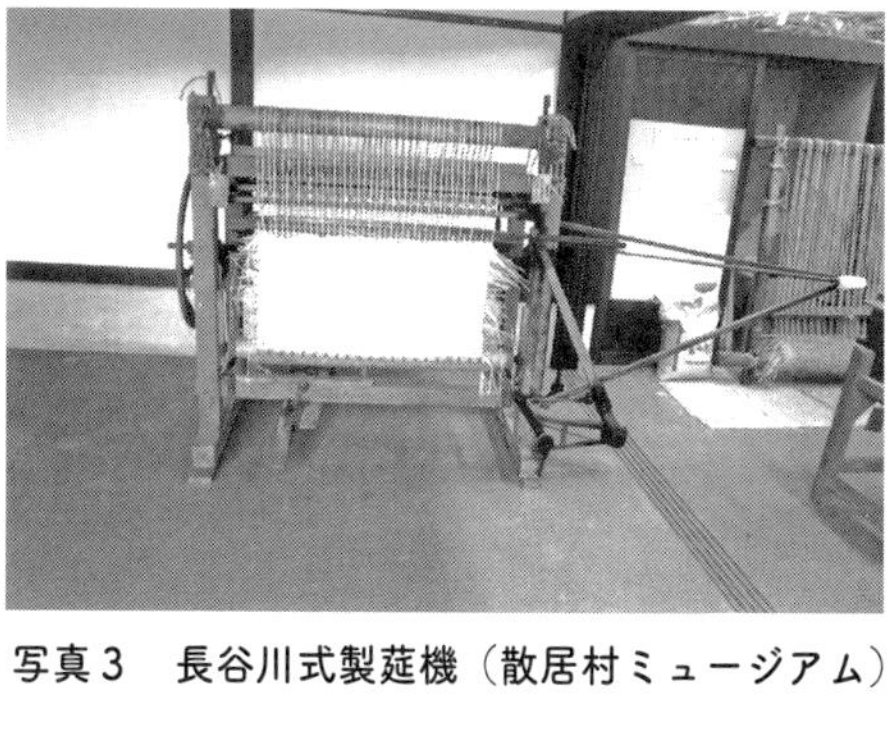

写真3　長谷川式製莚機（散居村ミュージアム）

真3）を製作すると、莚の生産量が格段に増大していった。

二　莚の生産

莚は生産の時期により、春莚と夏莚がある。春莚は冬の農閑期に織り、三月中旬から四月中旬に出荷する。莚のほとんどが春莚である。また、夏莚は七月中旬から盆前にかけて織り、八月末から九月初旬にかけて出荷する。夏は品薄になっているので、代価は春莚より一～二割高い。夏莚を生産する家はごくわずかで、福光では、香城寺・祖谷・高宮などの限られた家であった。

ここでは春莚の生産を香城寺の片山昌夫さん（昭和二年生）と才川七の掘与治さん（昭和三年生）からの聞き取りを中心に記録する。

㈠　稲藁の材質と保存

莚を美しく仕上げるためには、何よりもカラが長くて太く強い稲藁が必要である。モチ藁は粘りがあり、腰が強く曲げても折れず、その上長く、藁工品に適している。また、水温の低い田ほど藁の品質が優れる性質がある。(6) この地方の品種としては、「大正もち」の藁が使われた。大正もちは藁が長いために、稲が倒伏することが多い。しかし、当時はすべて手で刈り取るため、倒伏してももち米の収穫や藁の品質に差し支えなかった。また、長い藁である晩稲も利用した。

香城寺は医王山麓直下の山沿いに広がる三八軒の集落である。一軒当たりの平均反別は一町二反であるが、耕作地の約三割に大正もちを作付けした。一般に当時近辺農家の自家用餅米作付面積は三～五％内外であり、面積では半反ほどであるから、香城寺における大正もちの作付面積の多さが際だっている。また、平均反別が多いから、うるち米の他に、もち米を多く作付けできた。

香城寺で広く大正もちが作付けされた理由は、医王山直下で「ニガ泥」（上泥の下部の土質）が粘土質で、特別美味しいもち米が生産できたからである。もち米はうるち米より収量は少ないが、高値で売却できるために経済性が高い。良質のもち米は福光町の餅屋などと契約耕作している農家が多かった。また、福光町には良質な餅米を主原料とする「かきやま」の米菓会社もある。昭和三十年代になると品種改良されて、倒れにくい「新大正もち」が作られるようになった。新大正もちの稲藁も良質である。

良質な莚を生産するためには、薄青色の稲藁に仕上げるよう稲藁の管理をした。藁は雨に濡れると茶色になるので、雨の日は「タツニョウ・カタメニョウ」にワラガイをかぶせ、雨から藁を守り、天気の良い日だけジボシする「天気ボシ」とした。

香城寺では各家大量の莚を織るため、藁も大量に必要だった。一般に農家は藁をアマ（茅葺き屋根の家の二階）で保存するが、香城寺ではそれだけではとても足りず、ほとんどをワラニョウで保存した。ワラニョウは直径三～四mほどで高さは三～四mほどである。一〇〇束（一〇〇〇枚）の莚には一〇〇〇束（一二、〇〇〇把）以上の藁が必用である。一つのワラニョウに一五〇束以上を保存した。

片山家では莚一〇〇束（一〇〇〇枚）織った年もある。ワラニョウは六～七個作られた。莚一枚に藁一束以上必要といわれている。一把は稲の太さによるが、八～一一株である。六把で一コロで、二コロで一束という。莚一〇〇束、つまり一〇〇〇枚織るには一〇〇〇束以上の藁が必用であった。一冬分の藁を家のすぐ前の田に、人が通れるほどの隙間をあけて六～七個作られた。西太美地区のワラニョウはほとんど同じ大きさである。村ではワラニヨウの数の多さは田が多いということで、ステータスシンボルでもあった。

井口の場合はワラニョウが直径四ｍほど、高さが一・五ｍほどであった。ワラニョウは六〜七個であった。その藁の量で年間三〇〜四〇束の莚を織った。一つの藁ニョウは六〇〜七〇束ほどであった。香城寺のワラニョウが高くて大きかったことが窺える。

ワラニョウの作り方は、下にナル（ナリ・足場用の丸太）を何本も格子状に敷く。その上に藁を株が外側になるようにして二五〜三〇コロを円形に敷き、直径一〇尺〜一三尺にする。中心部を平らにするため中にいくつかコロを入れ底とする。積み上げていくうちに、ニョウがカタガル（傾く）ので、「ナカズミ（中積み中心部を詰める）」をきちんとする。大きいので傾きやすく、主に子供が「カタガル（傾き）」を見る。また、下から一ｍほど積み上げると、四分縄でニョウの廻りを巻きながら締めていき、固く積み上げる。同様に一ｍ積むごとに縄で巻きながら締めていく。それでも「フンバリ」（横から藁がでること）が出ると倒れるので、しっかりと縄で締めて積んでいく。専用のはしごをワラニョウに掛けて一〇尺まで積み、頂部を円錐状に積み上げ一一尺ほどにする。上部にワラガイ（わらを積み上げた上にかぶせるわら製の蓋《ふた》）を三廻りほどかぶせ、頂央部には三把ほどのワラの穂先を縄で縛り、株を広げて「シャッポ（帽子）」とし、雨除けにする。頂部から一〇尺ほどの縄四〜六本の先を縛って垂らし、下に俵型の石かバイタ（棒切れ）を縛って重しとする。そのたて縄にさらに横に縄をかがるように「縄カケル」。冬期間の積雪が太陽の向きで融雪の度合いが違い、ワラニョウが傾きやすくなる。そのため、左右から六尺ほどのバイタを「ツッカエ（支え）」にする。

また、冬に藁をぬく時は、ニョウがくずれないように細心の注意をはらった。下から一尺ほどの所から、七〇〜八〇㎝四方の穴を開けて藁を抜き取った。穴の中に入り下を足で踏みつけ、上に二〜三尺の板をあて、下から上に向かってぎゅっと持ち上げるようにツッカイ棒を差し入れ、穴がくずれないようにした。藁を抜く場所もニョウのバランスを考え、東側を抜くと、次は西側、オモテ側（南側）を抜くと、次はウラ側（北側）というふうにした。上手に抜くと、そのうちに上から自然に埋まっていった。最後にワラガイをかぶせた頂部から取った。

（二）莚の織り方

加賀藩下では、莚を一日一枚織ることを一人前の仕事量としていた。[7] かつて手織り莚の時はすべてが手作業であった。莚織りの手順はスベ（下葉）を取り、藁を打ち、ムシロダテ（タテ・縦縄）を綯ってハタゴに掛け、莚を織る。それからミミを切り、ケバを取る。

スベ取りは主に老人と子供の仕事で、右手で穂先を一回ねじ曲げて持ち、左手で藁を下にコイデ（引くようにして）すぐり落とした。また、砺波平野部では穂先を持ち、ワラスグリ（千歯扱き）で株の方をコイて取ることもあった。コイたスベはカンショバ（大便所）で落とし紙の代用にしたり、フカグツ（深沓・雪沓）の中に入れて暖にしたり、冬に桶の中にスベを入れて餅を保存することに使用した。不要な分は囲炉裏の燃料にしたり、田で燃やした。

藁打ちは主に大人の男の仕事である。昔は、石か固木の上に藁を置き、ツツ（木槌）で打った。やがて手動のローラーの藁打ち機が普及した。さらに電動（農電）ローラーになった。穂先から入れて三〜四回打ち、縄を綯うよりヤコク（柔らかく）打った。藁が固いと織っているときに藁が切れ、柔らかすぎるとクタクタして織りにくく、その加減も大切だった。

香城寺では藁打ちを水車で行なった。昭和三十年代始めまで三八軒の村に水車が五台あり、一台を七～八軒が共同で使用した。藁打ちは半日ずつの「当番」で使用できた。一回に莚三〇枚分ほどの藁が打てた。当番は三～四日に一度回ってきた。つまり三日で三〇枚ほど織っていたことになる。香城寺の川は山麓から流れ出しており、水量が豊富で冬期間も涸れることはなかった。高低差のない川では螺旋水車を使用した。近隣の村にも水車が設置されていた。昭和三十年代後半になると、電動のローラーで打つようになった。

ムシロダテ（縦縄）は手で綯っていたが、後に細縄専用（二分～二分五厘）のナワナイキ（縄綯機）で綯った。香城寺では、子供も手伝うが主に大人の仕事である。藁を一本ずつ入れ縄にして、タイコ（一玉）にした。上手に綯わないと莚を織っている途中で切れることがあった。そんな場合はうまくつないで織り続けた。しかし莚の等級が下がった。莚一枚にはタテを莚の倍の長さにし、片方を輪にして二二本掛ける。これが莚の目になる。

莚は主に大人の女性がムシロバタゴで織った。大正時代までは木の枠に、まずムシロダテをはる。それから、竹で作った先が鈎状の「サシタケ」に、藁を一本ずつ株と穂先を交互に加えて縄の間を通し、手で押さえた。後に重い木製のオサで押さえるようになった。織るのは一日一枚であった。自家用には一冬一〇枚ほど織った。

大正十四年、香城寺の長谷川清三郎が足踏式長谷川製莚機を開発し、出町（砺波市）で工場を作ってから、各地で生産量が飛躍的に増大した。香城寺では一軒に二台の織機を立てる家が七～八軒もあった。早朝三時半や四時から夜遅くまで各家競争するように一家総出で従事し、一冬に一〇〇束織り上げる家もあった。

ムシロバタゴを織る時、「シュー、カッツアン」という音がした。シューはひ（杼）のさお（サシタケ）で藁を通す音であり、カッツアンは上からオサで押さえる音である。その音の速さとリズムで莚織りの様子が外から分かった。「上手にシュー、カッツアンしてやじゃ」といいあった。機械の莚織りは一時間に一枚が基準であった。一日一束、十枚は早朝から十時間織っていたことになる。

莚は織りながら、ミミのタテを二本ずつ一回ごとに組んで仕上げていく。それをミミグン（ミミ組み）という。一回ずつていねいに組んで織るのが城端莚の一つの特徴である。簡略な莚であるカワマキ莚は同じ製莚機でタテを、一〇本ごとほどに二本ずつほど組んで織るものである。

莚が織り上がると機械から片方だけはずし、ムシロダテとムシロダテをカラゲル（組み結ぶ）。もう片方はムシロダテを輪にして織っているのでカラゲル必用がない。

織り上がった莚のミミを屋根フキハサミで二寸ほどに長く切りそろえる。「ミミキリ」という。自家用や一般市販用の莚は商店が、ミミを五分に短く切る。城端莚は北海道まで移送する間に、ミミが擦れて短くなるため長目にするのも特徴である（写真1）。また、織った莚を「寒サラシ」にする家が村に一軒ほどあった。雪に晒すとアクがぬけ、虫がつきにくくなる。しかし、色が抜け、材質もシナシナ（柔らかく）になる欠点があったので、主に自家用に使われた。

次ぎに織られた莚のケバを取った。冬期間織られた莚は春先三月初旬の天気の良い日に外に出して干した。三時間ほど干し乾燥させたら、戸板の上に莚の表と表を合わせて二枚置き、二人して左右から交互に十五分ほど押しながらこすり合わせる。フゲ（ヒゲ・ケバ）が取れてきれいになる。この作業を「シッタイ」（出来＝仕上げ）という。ほこりが出るので必ず外でした。莚は乾燥しないとこすってもフゲが取れないので、天気の良い日を見計らい四月中旬まで行なった。時に「ケヤキ（毛焼き）」といい、フゲをきれいにするために、スベを燃やした上で莚のフゲを軽く焼く場合もある。しかし、どうしても焦げ目が付くので自家用に多かった。ケヤキした莚を納屋に積んで火事になったこと（嫁兼）もあった。

　でき上がった莚は表を外にして四ツ折りにした。「四つ折り莚」という。莚は全国的に見ると東北地方など、巻いてかたづける場合が多いが、城端莚は分厚くて巻くことができないので、四つ折りにした。一〇枚を縄で二カ所横に平行に縛り、一束とした。一束は六・八貫〜七・二貫である。

(三)　村の特徴

　同じ城端莚でも村により若干の特徴があった。昭和二十五年『富山県市町村勢要覧』によると、西太美村の生産数量が多いことが分かる（表1）。西太美村でも香城寺がその中心である。香城寺では全戸で織られ、一軒当たり一〇〇束（一〇〇〇枚）の家もあった。また、医王山麓近隣の広谷・才川七・祖谷・舘・小坂なども主産地であり、一軒あたり五〇〜七〇束織った。小矢部川右岸では東太美村の土生・土生新・殿村も六割以上の家が織った。小矢部川上流部、太美山村の桶瀬戸・嫁兼・道場原も七割以上の家が織った。中でも桶瀬戸は一軒当たりの枚数は二〇〜三〇束と少ないが特別丁寧な織りで、莚の検査で滅多に出ない特等（後述）も出た。その品質の良さは目がきちんと詰まり丈夫で、立てても曲がらず、板のような固さであったという。高宮・吉江・吉江中・竹林・大西・小山・竹内・天神・開発などでも何軒かが二〇〜四〇束ほど織った。井口村でも三〇〜四〇束であったといわれ、一〇〇束を織った集落は香城寺くらいである。莚織りは、医王山麓の村ほど多く織られた。

　香城寺で莚が大量に織られた要因として、土質が良く、莚織りに最適な大正もちの藁があったこと、もち米を買う商店や産業があったこと、水量豊富な川が流れ水車が設置できたこと、村平均の耕作反別がその地区としては広いこと、村出身者による長谷川式製莚機が発案され使用したこと、村全体が特産としてお互い励み競い合って織られたことなどである。

三　莚の集荷商人について

(一)　集荷の予約

　莚は戦前、主に製作者が商店へ運んで売却することが多かった。戦中戦後は統制となり、自由に販売できなかった。戦後は統制期間を含め、各戸で織られた城端莚は各村の農協や福光や城端近在の商人により集荷された。福光の商人は天神　渡辺太兵衛商店・天神　西村惣作商店・荒木　片岸米店・荒木　得能縄店であった。ここでは渡辺太兵衛商店の渡辺寛さん（大正八年生）の聞き取りを中心に記録する。

　冬期間織られる莚は、商人が正月すぎから約一ヶ月の間に、買入予定の家を一軒ずつ歩いて予約を取ってきた。予約には手金（手付金）を置いてくる。昭和二十年代莚一束の代金は約五〇〇円だった。手金はその約一割で一〇束なら五〇〇円、二〇束なら一〇〇〇円だった。しかし、一〇束以下であっても手金が五〇〇円以下ということはなかった。

　また、当時は交通・通信の便が悪く、商店から遠方の村には代理で売買の世話をする「カイコ（買い子）」がいた。電話が一般農家に普及しはじめたのは、昭和四十年ごろである。カイコは橋が少なく交通が不便な、特に小矢部川右岸の村に多かった。カイコはその商店の代理として村人から注文を聞いて回り、手金も渡し、予約を取っておいた。商店はカイコに前もって手金のお金を渡しておき、後に注文を聞いて回った日当を渡した。日当は大工賃ほどである。電話がない時代、カイコは大切な存在だった。

（二）集荷と運搬

予約した莚は各家から、三月末から福光の四月祭り（四月十五日）まで集荷された。昭和四十年代の基盤整備されるまで、農家の家の前には人が通れるほどの道しかついていなかったので、莚は馬車や荷車が通れる道まで人が運んだ。一束（約八貫）の莚を二束ずつ荷縄で背に担ぎ、二〇〇m～五〇〇mほど先の道まで出した。昭和二十年代までは、二五束（約二〇〇貫）ほどを荷車に付けて商店まで運んだ。重荷の時は一人が荷車を引き、一人が荷車の先に縄をかけて引いた。また、三月はまだ雪がある場所が多く、時にズル（そり）につけてきた。ズルは大型と小型があり、大型は四八貫（一八〇kg）ほど、小型は一三貫（約四九kg）ほどつけた。ズルの上に長さ七寸（二一cm）、厚さ三寸（九cm）ほどのサンを、間隔を開けて数本置き、荷台の幅を広げ、その上に防水用の莚を敷いて乗せてきた。二〇貫以上の荷を引くときは、荷を後方に置いた。前に置くと雪の中にくい込み、力がいるし、沈んだりする。後方に置くと、前方が浮き、少しだが軽くなった。

村として莚の集荷がまとまっている所は、馬車を頼んで運搬した。馬車は六〇束～七〇束つけた。当時馬車を扱う人が二村に一軒ほどはあった[8]。しかし、各家の出荷の日はバラバラであり、道も悪く馬車が入れず、荷車が多かった。そのうち三輪自動車を購入し、集荷するようになった。しかし、道まではやはり荷縄で運んだ。

（三）莚の検査と買入代金

富山県は大正十二年（一九二三）、「藁工品検査規則」を公布し、販路拡大と品質の向上をはかるため、検査による規格統一を行なった。

戦後、商店に集荷された莚は一定量たまると、農林省富山食糧事務所石動支所福光出張所の検査員によって、一束ごとに検査された。公務員であるため、検査の報酬はいらなかった。井口のように村の共同倉庫がある所は現地で検査した。しかし、ほとんどは集荷した各商店で検査員が出張検査した。

「わら工品生産荷造検査申請書」が富山県西砺波郡広瀬村天神渡辺太兵衛商店に残されており（資料1）、富山県県知事高辻武邦あてにわら工品の検査を申請している。種別も城端莚は、「五八特殊農用莚」である。また等級は、「特上・特・一等・二等・三等・等外」であり、「一等・二等・三等」をそれぞれ「上・並・合格」と記載していることから、通称が分かる。また、特上・特・等外に通称がないのは、ほとんどなかったからである。富山県知事高辻武邦の在任期間は、昭和二十二年五月から三十一年九月までである。廣瀬村は昭和二十七年五月に福光町に合併している。そのため、おそらくこの申請書は統制解除後の昭和二十五年九月（後述）から二十七年五月まで使用していた申請書と思われる。その後も昭和三十年代半ばまで各商店で検査が行なわれた。

昭和三十年代後半になると、農協が生産農家で莚の検査をするようになった。

莚は目が細かく詰まり、藁が太く色が青く美しい製品が良質である。検査の等級は主に特等・一等・二等・三等がある。特等は滅多にでない。一等が九割を占める。二等は一割で、三等はほとんどない。特等一束の重さ七・五貫ほど、一等一束の重さは六・八～七・二貫ほどであった。検査終了後、検査印が押されたが、一等は「丸一」、二等は「角二」、三等は「三角」と呼ばれ、色と形ですぐ等級が判別できた（図1）。

検査は一回に百数十束ずつ行われ、盆まで何回も行なった。同じ等級の莚を三束コネて（縛って）機械で締め、横に四分縄を四カ所かけて「一《ひと》コロ」とした。一コロは約二〇貫～二二貫である。また、たまに「移出検査」といって、三束になった一コロをほどき、他の等級の莚が混ざっていないか検査をした。

莚の出荷には集荷商人により「願書」が作成された。願書は一五cmほどの正方形をしており、県税証書を販売している家から買った。右から縦書きで、上部に生産者の名前、下部に束数と等級を一五人～二〇人分書いた。莚の枚数で県税証書を貼った。一束につき一円～三円ほどであった。出荷の際にはその願書を付けることで、莚の等級と枚数の証明になった。

莚購入の代価は一等を標準とし、等級によって若干値段が違った。一束五〇〇円のころで、特等は一等より一束あたりで六〇円

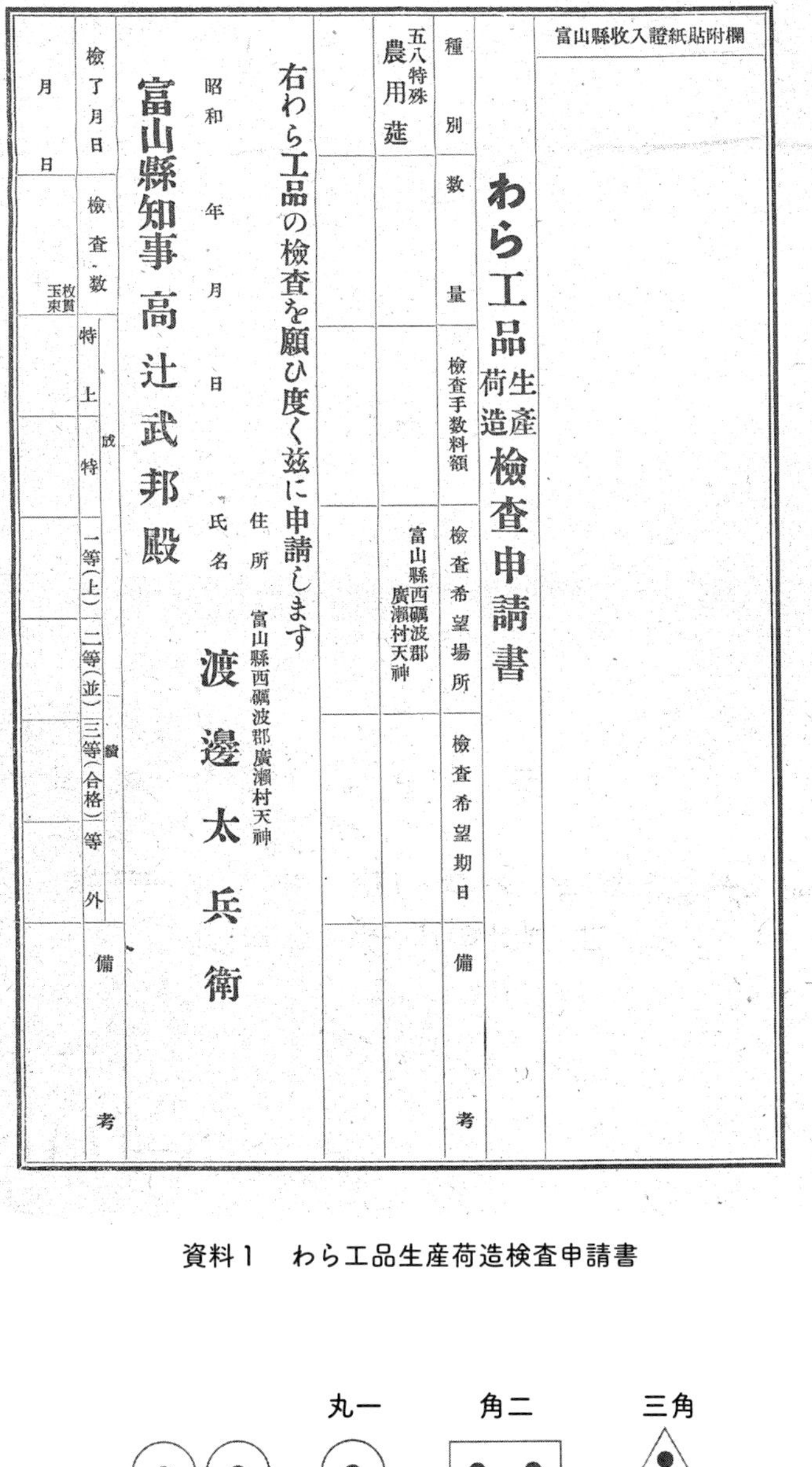
富山縣收入證紙貼附欄

わら工品生産荷造検査申請書

種別 五八特殊 農用莚
数量
検査手数料額
検査希望場所 富山縣西礪波郡廣瀬村天神
検査希望期日
備考

右わら工品の検査を願ひ度く茲に申請します

住所 富山縣西礪波郡廣瀬村天神
昭和 年 月 日 氏名 渡邊太兵衛

富山縣知事 高辻武邦殿

検了月日 月 日
検査数 枚貫 玉束
成績 特上 特 一等（上） 二等（並） 三等（合格） 等外
備考

資料1 わら工品生産荷造検査申請書

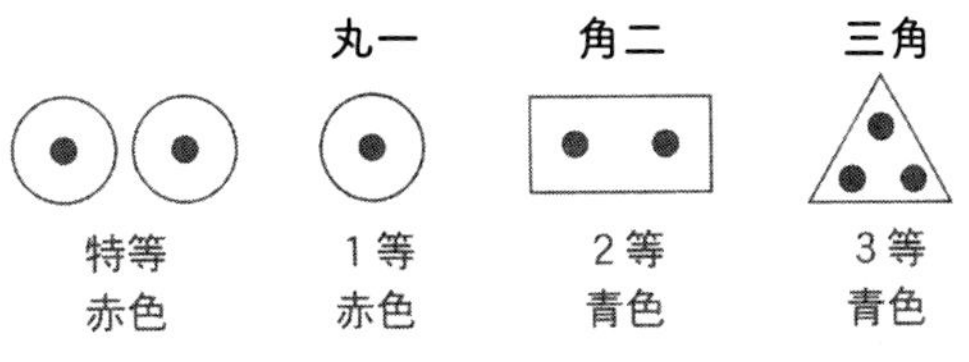

図1 城端莚の検査印

ほど高く、二等は一等より六〇～七〇円低かった。莚一束の値段は昭和二五年ごろ五〇〇円、二十七年ごろ五五〇円、昭和四〇年ごろ八〇〇〇円ほどであった。

昭和二〇年代香城寺では、一〇〇束織る家が何軒かあった。一束五〇〇円として五万円である。当時香城寺では米作の年収が五万円ほど（反収二石五斗）であり、町への月給取りの年収も五万円ほどであったといわれているから、冬期間の莚織りは副業というより、米作と並ぶ大きな現金収入源であった。

(四) 商店からの出荷

商店では、検査された莚が貨車一台分、三〇〇～三二〇束たまると、前もって運送会社である丸通に貨車を申し込んでおき、貨車が来たら丸通が取りに来た。昭和二十年代は馬車で、三十年代になるとトラックで取りに来た。

戦前は、各商店が北海道の商人と自由に売買の契約をした。生産農家からは、購入単価を自由に決めて契約した。戦争の激しさと共に莚も昭和十七年（一九四二）に統制品となった。昭和十八年に統制機関である農業会が設立され、富山県は福岡町の島田七郎右衛門が会長に任命された。莚は軍用に使用されたといわれている。戦後、農業会は昭和二十三年（一九四八）八月十四日までに解散することになり、一方、昭和二十二年（一九四七）に農業協同組合法が制定され、富山県は昭和二十三年に設立した。設立当初の農協は、藁工品などの副産物を扱う例が多かった(9)。

戦後も莚の売買には統制が続いていた。しかし、食料品でなかったために統制はわりとゆるかった。統制品であるため、売買には鑑札が必要だった。農協は富山県販売連合会（県販連）として農協の組織全体で鑑札を持っており、各農協が莚を売買していた。

昭和二十三年十二月、呉西の藁工品を商う商人たちが鑑札を取得するために、「越中藁工品株式会社」を設立した。農業会が解散し、農業協同組合が設立された直後である。富山地方法務局には登記番号八二〇号にその記録が残っている。目的は

一、藁工品の販売並びに仲立及製造
一、前号に付帯する一切の業務

である。大量に藁工品を商いし、正当なルートで販売し、藁工品業界に貢献するということで、農林省から会社に鑑札取得の認可がおりた。無検査の藁工品の移出や、ヤミの売買を防ぐことにもなった。

会社は戦前衆議院議員で県農会長を務め、昭和二十三年当時は福岡町長であった島田七郎右衛門や、福岡町の名家酒井仁十郎らを名誉役員とした。実質の代表者は高岡市守山の種理吉である。当初島田七郎衛門の地元である福岡町で設立されたが、本店はすぐに呉西の中心である高岡に移転した。株主は福岡・高岡・氷見・射水郡・津沢・福野・戸出の業者と共に福光地方の西砺波郡広瀬村天神　渡辺太兵衛・西村惣作、同吉江村荒木　片山光一などである。記載されている氏名は二七名である。当初の資本金は一五万円であるが、設立直後に八五万円になり、株主が急増している。呉西の藁工品業者が軒並み参入したようである。会社の株券譲渡や裏書には取締役会の承認が必要だった。まだ統制品であり、商人もまた株主に限られていた。

会社設立当初の取締役は島田七郎衛門他二人であったが、昭和二十四年十一月三十日に島田七郎衛門他二名は取締役を辞任し、代わって八名が就任している。その中には城端莚を扱う旧福光町の渡辺太兵衛、片山光一の名がみえる。また昭和二十五年九月

三十日に会社を解散した際の清算人五名の中にも代表種理吉の他四名に渡辺太兵衛の名がある。会社は島田の力をかりて設立し、じきに商人が運営していたことが窺える。

城端莚を扱う商店は一律二万円で株主となり、藁工品を売買するための鑑札を取得した。城端莚を扱うのは福光の渡辺太兵衛・西村惣作・片山光一の三商店であり、城端にはいない。渡辺商店と西村商店は縄も買入れた。片山商店は米屋であり、渡辺商店も戦前は米を商っていた。城端は主に農協や福光の商人が買入れた。福野には縄、福岡・高岡にカワマキ莚の商人がいた。氷見には氷見莚を扱う商人がいた。他にもカマスなどの商人がいた。

莚は主に、越中藁工品株式会社が北海道購買農業協同組合連合会（北購連）へ売却する形をとった。北購連から北海道のどこに送るかという「指示書」が北購連の印を押して、郵送で来た。会社から各商店へ指示書が送られ、その指示書に従い城端莚を送った。昭和二十五年九月、統制が解除となり自由に売買できるようになると、会社は解散した。その後は、北購連の直属の職員であるカイコ（支所の意）に、旧福光町坂本在住の杉本さんが着任した。杉本さんは福光・城端地区の各農協・商人から注文を取り、莚購買の世話をした。杉本さんが北購連に連絡すると、北購連から指示書が来て、それに基づき各商店が莚を納付した。納付先は帯広周辺が多かった。主に豆類の乾燥に用いたといわれている。納付した後、代金はすべて北海道拓殖銀行の約束手形で送ってきた。

北購連がなかった戦前は、小樽に宮下商事など大商人がいて、その指示で納付先に送った。戦前は、貨車で送る事が多かったが、伏木から船積みでも送った。当時は伏木まで二t自動車なら四〇〜五〇束ほど積んで行った。納付先までの送り賃は買い付け商人の負担であるので、貨車より運送費が安い船積みも多かった。宮下商事は戦後も莚を商った。

また戦後、北海道から福光（山本など）出身の人が郷里へ帰ったおりに、直接莚を一貨車分購入の依頼をする人もいた。納付先は砺波地方から多くの移民が住んでいた、沼田町隣町の和寒《わっさむ》であった。

戦前から、ごく少量であったが、飛騨高山・古川の荒物屋へも送った。莚を七〜八枚、表を中にして縄で縫い込み袋状にし、その中に莚を一コロ（三束）入れた。莚の中には統制品でなかった藁草履・竹草履を一〇〇足以上入れた。草履が多いほど納付先に喜ばれた。

井口では、福野の大歳の市に二束ずつ背負って運び、売る人もいた。それは年暮の風物詩であった。

㈤　数量と価格の推移

莚は全国で生産されていたが、その生産高は大正十二年、昭和六年（一九三一）、十六年（一九四一）、二十六年（一九五一）のいずれの年も富山県が全国一位である。(10)

城端莚はその品質のよさで他の莚よりも高値で購入されていた。『富山県統計書』によると、大正十四年（一九二五）、昭和元年（一九二六）、昭和八年（一九三三）とも莚生産額は東礪波郡が西礪波郡より高く、城端莚の中心は東礪波郡であった（表2）。莚一枚の価格は、昭和二年には三円ほどであったが、七年の大恐慌の折りには一円ほどとなった。(11)戦後昭和二十二年（一九四七）は二一円ほどであったが、昭和二十五年（一九五〇）には五〇円ほどになった。『富山県統計年鑑』と『農林水産業調査概要』（富山県総務部統計課）によると東礪波郡と西礪波郡の数量・価格が記載されている（表3・4）。東礪波郡の産地は城端近郊であるし、西礪波郡の産地はほとんどが福光近郊であった。一部石動の後谷で生産されていたものの、品質は城端莚より劣り数量もごく少なかった。それによると昭和二十四年～二十八年の資料では概して枚数は西礪波郡が多いが、単価は東礪波郡が高い。それだけ品質が高かった。莚が同じ等級でも産地が城端近辺だと北購連は高く買った。莚生産枚数は戦後も東礪波郡が中心であったが、昭和二十六年（一九五一）以降西礪波郡の生産枚数が多くなっていった。また、富山県の莚生産の枚数は昭和二十九年（一九五四）がピークであり、城端莚もそれと同じ傾向である。その後、次第に生産は減少していった。そんな中、昭和三十七年（一九六二）からは西礪波郡より東礪波郡の生産枚数が多い。昭和四十年（一九六五）になると西礪波郡の生産枚数は三四一〇〇枚であり昭和二十九年六二一六九〇枚の一八％となってしまう。

　そのうちに、昭和四十年代に入ると、高度成長の時代となり、南砺地方の農地は基盤整備によって、大型機械が入り、藁の入手が困難になり莚は生産できなくなった。同時に、北海道でも機械化により農用莚の需要がすたれ、長い伝統を持つ城端莚は終焉の道をたどった。富山県統計課の記録も四十年で終了してしまった。

表１　旧福光町の莚生産量

（昭和25年）

福光町	8,200 枚
石黒村	−
南蟹谷村	−
広瀬村	−
広瀬舘村	28,000 枚
西太美村	35,000 枚
太美山村	6,800 枚
東太美村	−
吉江村	1,464 枚

資料：富山県市町村勢要覧

表２　戦前の莚生産額

単位：枚

年＼郡	東砺波郡	西砺波郡
大正 14 年	65,688	58,519
昭和 元年	65,793	54,012
5 年	51,226	42,843
8 年	28,590	21,993

資料：富山県統計書

表３　東西砺波郡の莚生産量

単位：枚

年＼郡	東砺波郡	西砺波郡
昭和 29 年	283,603	621,690
30 年	23,800	413,920
31 年	253,800	363,020
32 年	225,380	412,900
33 年	251,510	388,030
34 年	246,920	331,580
35 年	194,600	344,740
36 年	158,870	251,900
37 年	101,260	85,400
38 年	100,700	96,680
39 年	58,920	56,960
40 年	41,480	34,100

資料：富山県統計年鑑

表４　富山県の莚の生産数

	地域	数量 枚	価格 円	単価 円
昭和24年	東砺波郡	236,110	11,498,092	43.7
	西砺波郡	670,230	28,211,257	42.1
	氷見郡	1,923,540	40,906,260	21.2
昭和25年	東砺波郡	380,243	17,138,454	45.1
	西砺波郡	321,395	10,863,873	33.8
	氷見郡	2,066,340	45,387,550	22.0
昭和26年	東砺波郡	378,651	18,431,842	48.7
	西砺波郡	421,945	14,495,665	34.4
	氷見郡	2,121,680	6,365,040	3.0
昭和27年	東砺波郡	89,895	4,911,225	54.6
	西砺波郡	479,112	18,586,360	38.8
	氷見郡	1,918,630	46,938,480	24.5
昭和28年	東砺波郡	317,690	20,265,225	64.0
	西砺波郡	409,299	16,347,265	40.0
	氷見郡	1,785,210	51,030,646	29.0

資料：富山県統計年鑑

(六)　氷見莚や他の莚との相違

北海道では城端莚がその丁寧な織り方で定評があった。他には佐渡の莚が城端莚に準じたといわれている。しかし、佐渡の莚は城端莚より厚みが薄かったといわれている。

図2　氷見莚の検査印

呉西では氷見が莚の大生産地である。一般に氷見莚は農作物の乾燥にも用いるが、ニシンの梱包に使われたといわれている。梱包には薄地でなければならず、いわゆる「カワマキ莚」もあったと思われる。越中藁工品株式会社の記録には氷見の商人の名が四名ある。また、前述『富山県統計年鑑』によると氷見莚は両砺波郡の莚生産より群を抜いて多い（表4）。しかし、その一枚当たりの凡その単価は、昭和二十四年（一九四九）二一円、昭和二十八年（一九五三）では二九円であり、砺波郡の莚に比べると約半値である。しかし生産枚数は両砺波郡を合わせたより多い。氷見莚は数量が城端莚より多いが、その品質は城端莚が良質であったといわれている。また、莚の検査は、『柿谷の民俗』[12]によると等級の印は城端莚と異なる（図2）。また、出荷の荷造りについて一束は一〇枚で同じだが、一コロは五束である。城端莚は三束が一コロである。出荷は一コロ単位であり、荷物には重さであるていどの規格があったろうから、城端莚が分厚かったことがわかる。

氷見莚の藁は晩稲の稲やモチ米の「愛国」が使用された。愛国は節がそろっていて細く打ちやすかったといわれる。城端莚はカラが太い大正モチを使用しており、頑強に製作されており、評価が高かった。

呉東でみれば、昭和二十七年の統計では中新川郡の莚生産は、数量は両砺波郡より多いが、一枚当たりの価格は約半値である。また、入善町の莚は漁業用として北海道へ移出されていた。農用の城端莚とは違いがあった。

おわりに

城端莚は明治末から農村の貨幣経済の浸透とともに、当初城端山麓の村で生産され、後に南砺山麓農家の大きな副収入源になった。その中で香城寺集落は、良質な藁材である大正もちを耕作できる土や水の自然条件と、その大正もち米を売買できる社会条件がそろっていたこと、また山麓としては水量のある川が何本も流れており、水車を設置できたことなど、地域の環境を最大限に活かして、大生産地になった。村全体が莚織りに励み、莚織り機械を製造する人を輩出したほどである。

城端莚を集荷する商人は町部ではなく、町部に隣接する村部の店であったことも当時の生活を示している。戦後統制の時には、戦前呉西の藁工品商人が売買の権利である鑑札を取得するため、統制機関の長であった人を役員とし、会社を設立していたことは興味深い。

大正期から昭和二十年代に至るまで莚生産全国一位の富山県において、城端莚は時代の流れを敏感に取り入れ、土地の環境を最大限に利用し、実直に生産して、北海道へと販売していたのである。

注

（1）『城端町史』　城端町史編纂委員会　一九五九　八三七頁

(2)『富山県史』近代下　富山県　一九八二
(3)『城端町北野郷土誌』北野地区振興会　一九七七　一五九頁
(4)　用途によりいろんな規格の莚があった。
(5)宮崎清『藁』Ⅰ　法政大学出版局　一九八〇　二四四頁
(6)注5同掲本　法政大学出版局　一九八〇　五九頁
(7)『富山県史』民俗編　富山県　一九七三　二三四頁
(8)昭和二〇年代、福光の馬車引き

山本　中山正造　香城寺　大間
竹内　中川清治　才川七　久保
小山　嶋崎久太郎　小二又　小山
　　　片山隣四郎　嫁兼　吉尾
祖谷　上田市兵衛　樋瀬戸　滝口
舘　　中川　　　殿　　高島
小坂　常本伝四郎　　　天池
　　　林

(9)『富山県史』現代　富山県　一一七頁　一九八三
(10)注5同掲本　一九四頁　一九八頁
(11)『井口村史』下巻　井口村史編纂委員会　一九九五　九三三頁
(12)『柿谷の民俗』新潟大学人文学部民俗学研究室　一一〇頁

参考文献

宮永正運「私家農業談」『日本農書全集』6　農山漁村文化協会　一九七九
宮崎清『藁』Ⅰ　法政大学出版局　一九八〇
『東砺波郡要覧』富山県東礪波郡役所　一九二三
『福光町　才川七郷土史』才川七郷土史編集委員会　一九九五
『富山県史』通史編近代下　一九八四
『井口村史』上巻　井口村史編纂委員会　一九九五
『氷見市史』6資料編四　民俗、神社・寺院　氷見市史編さん委員会　二〇〇〇
『柿谷の民俗』新潟大学民俗調査報告書第3集　一九九七
『入善町史』入善町　一九九〇
『私たちの姿』福光町中央農業協同組合　一九八七
『砺波の民具』砺波市立砺波郷土資料館　二〇〇六
『魚津市史』下巻　魚津市役所　一九七二

（『とやま民俗』No.七六　二〇一一年九月）

Ⅳ　砺波市鷹栖の桶・樽職人　宮島良一

はじめに

昭和三十年代まで、桶・樽は日用品として生活の中に深く息づいていた。容器のほとんどが桶・樽で作られるほど多様に発達し、まさに産湯の盥《たらい》から、棺桶にいたるまでが桶・樽であった。日常的に絶えず必要とされ、各地で熟練の技が脈々と伝えられていた。

しかし、社会生活の変化などで桶・樽は姿を消しつつある。砺波でも桶職人である宮島良一さん（写真1　以下敬称略）が平成十七年四月に急逝され、旧砺波市における長年の桶・樽製作の技術は、消滅してしまった。

聞き取りを中断せざるをえなかったが、宮島の桶・樽製作について記録を残すことにした。

一　宮島良一の経歴

宮島は昭和八年、旧東砺波郡鷹栖村（現砺波市鷹栖）に生まれた。父親は冬期間だけ竹で苗籠などを作る竹職人であった。鷹栖村は大正十年から職工会があるほど職人が多い村であり、付近には製材所や大工、建具屋、木挽き、カベヤ（左官）、畳屋、カンジャ（鍛冶屋）、ヌシヤ（塗師）、瓦屋（瓦職）、指物屋、板金屋などがあった。特に大工が多く八割以上を占めるなど、材木に関する職人が多かった。

自宅は旧国道三五九号線沿いの街村に位置し、隣が製材所、向かいが大工、隣にカンジャがあった。宮島は当時の村にまだ桶屋がいないことに目を付け、桶と樽を作る桶職人になる決心をした。元来手が器用なことや、父親が竹職人であり、小さい時から竹に親しんでいたことにもよる。家の背戸には竹も生えていた。

誰かが桶屋になる前に、少しでも早く一人前になろうと思い、十五歳（以下数え年表記）になると出町（現砺波市）の南町（現表町）の桶職の親方、本田に弟子入りした。当時桶職の修行は四年間だった。親方には何人かの弟子がいたが、宮島は九人目の弟子だった。しかし、宮島以後弟子は入らなかった。出町の天野や明道は、ずっと前の兄弟子である。二十歳までに一人前になろうと必死に修行した。昔の職人は誰も技術を直接教えてくれないので、人の仕事を見て盗むように覚えた。最初は桶の柄杓を毎日十個以上作るのが課題だった。それからようやく他の桶も作り始めた。

写真1　タガを削る宮島良一さん
（平成16年）

ある時、自分が精一杯作った桶に、親方が外側板に錐で何本も疵を付けた。そのことに対して親方は何も語らない。宮島はなぜ疵を付けられたか考えた。そのうち外側板がまだ分厚く、外側をもっと薄く削れという指示だと気付いた。そのようにして作り方を覚えていった。親方は宮島のことを思い、早く一人前にしてやろうとしてくれたが、それを知らない兄弟子は時に厳しかった。

一人前になると半年間お礼奉公をした。昭和二十六年、十九歳で桶職人として自宅で独立した。当時は旧砺波市内で十数人の桶屋があり、組合もあった。

二　桶・樽について

(一)　桶の形態

桶とは底と八枚以上のクレ（胴部分の側板）で作られ、竹や金属のタガで強く固定した容器である。底板は必ず三枚にする。一枚ならヒヨリ（反る）長持ちしない。つなぎは竹釘と糊を使う。強度が求められる桶には、底に桟を入れる。蓋は、木が厚いと溝を彫ってはめ込み、薄いと竹釘を入れ接着させる。クレは、用途により真っ直ぐにしたり、ふくらみを持たせる。ふくらみを持たせた桶は技術が難しい。アシは底板より下方部分をいう。アシの三カ所に飾りの削り込みを入れる。

(二)　桶と樽の相違点

桶・樽の結い物はクレや底板・タガで作られた共通点がある。相違点として、樽には必ず密閉した蓋（鏡板）が入る。桶にも蓋があるのがあるが、取り外しできる。底板は、クレとの接着部を、桶は下だけ削る。樽は上下削る。樽の底板はタガで締めると、クレに食い込み漏れない。アシは、樽の方が桶より長い。樽が装飾的であることから意匠に重きを置くためである。また液体を下から離して置く意味もある。

タガは、樽が桶より本数が多く、幅も広い。タガを厚くし、組み輪にすることによりさらに意匠を凝らす。タガの本数は七回ほど巻く。理由は伝えられていないが、樽はすべてガッチョ輪（左ネジリ輪）である。

クレは、桶が柾目を使うのが多いのに対し、樽は板目だけを使用する。板目は液体がしみ出ないし、柾目より長期間使用し続けられるからである。

桶屋の樽は酒造用ではなく、ハレの場で使用するツノダル（祝樽）や小型の農具が多い。酒樽は酒樽専門の職人が作ることが多い。

三　桶・樽の材料

(一)　木

桶・樽には漏れないよう木目が細かい良質の木を使用する。戦前まで砺波地方には家の回りや山に良材の巨木が豊富にあり、樹木を選んで使用した。乾燥のために丸太材として一年置き、製材してから、さらに一年ほどねかせておいた。木の特徴として、家の回りの木は木目が細かく一番良質であり、山の木は木目が粗い。外材は木目が粗いうえに、はっきりと分かりにくい。

ヤコイ（軟らかい）木は、サワラ・ヒバなどで、堅い木は、アテ（アスナロ）・桧・コーチンなどである。中間の木として、杉などがある。この他にも胡桃・桐などが使用された。乾燥はヤコイ木が早く、堅い木は遅く、木の厚さでも違った。

サワラは水を良く吸い込む性質がある。ターライ（盥）・オヒツ・ボッケハン（お仏供笥様）洗いなどを作る。ヒバは黄色味があり、サワラより堅い。木が少ないので大型の桶は作れない。オボケ（苧桶）・ボッケハン洗い・オマル・ターライなどを作る。アテは味噌桶・漬け物桶・寿司桶・馬盥・壁屋の壁泥を運ぶ桶、泥合わせ桶・井戸のつるべ桶などである。杉はどんな桶にも使う。桧は風呂桶に使う。コーチンは和名チャンチン（香椿）であり、中国原産の落葉高木である。堅い木なのでヒヨる（たわむ）と元に戻らない性質がある。削ると赤味を帯びている。耐久・保存性が高く、塩分を通さないので、味噌桶に使用された。また杉などと違い建築用材としての取引がないので、雑木として扱われ、価格が安く手ごろだった。かつては砺波地方の屋敷林や畔に多く植栽されていたが、現在は少ない。コーチンを味噌桶に使用したのは、この地方の特色である。

(二) クレの木取り

木は乾燥するとき縦に縮まないが、横に縮む。木取りは木の性質を考えて利用する。

・柾目

クレの表面を柾目にとると側面は板目になる。板目どうしをくっつけると、スワイて（隙間ができる）液体がしみ出る。それを避けるためには、上部か下部をシボメ（縮め）た。一般的には上部を広げた形が使いよいから、下部をシボメた。その場合は漏れないようにたくさんタガを入れて締めた。柾目は見た目に美しいから、多くの桶が柾目で作られた。ターライ・漬け物桶・ハンゾ（半切桶）[1] 手桶・タゴケ・馬盥などである。

・板目

板目の側面は柾目で、タガで締めるときっちりくいこんでくっついていく。板目は固く丈夫で、しかも液体がしみ出ない利点がある。桶は柾目も板目も作るが、味噌桶だけは必ず板目で作る。味噌は三年余りかけて作られるため、その間にしみ出てこないようにするためである。樽は液体が漏れぬよう必ず板目で作る。

(三) タガ

タガ材としては、主に竹が用いられるが、金属もある。

・竹

竹は木の伸び縮みに呼応するように、ある程度伸び縮みする。また水や塩分・煤に強く錆びず腐らない。あま色になると末代長持ちし、金属より強いといわれる。柔軟性があるので桶を締めるのにも都合が良い。宮島の家にはかつて竹林があり、その竹を利用した。竹林がなくなってからは農協から購入した。竹は主に五〜六寸の太い真竹を使用した。太い竹は一束の本数が少なく数が取れないが、身が厚くタガに適する。竹は皮側が強く粘りもあるので皮部分を使う。竹を割って裏を削って使う。細い竹は身が薄く、削ると中がへこんで使えない。竹の伐採は十一月から冬にかけて切ったものが良質である。中でも三年生の竹が固さも粘りも最高である。若い竹は腐らないけれど、カビが生えやすい。若い竹ほど節の下に白い色が付いているので何年生かは区別しやすい。桶・樽は多くが食関係に作るから、カビは厳禁である。

竹の割り方は次の通りである。

株の木口を鉈で割り、「四ツ割」を入れて鉈の背で叩くと四ツに割れていく。さらに細かく割っていく。桶の大きさにより幅は、四ミリから二四㎜ほどの種類がある。割った竹の内側の身を鉈で山型に削る。曲げてガワ（輪）にしておき、三年ほど乾燥させてから使用する。タガは三重以上にしないと締めが戻ってしまう。一般には最低四重になっている。意匠を凝らす場合は七重にもする。そのため竹は桶にもよるが、五間（九ｍ）ほどの長さが必要である。

ある。大きな桶は七間（一二・六m）使う。

組み方には「ネジワ」（ねじり編み）と「クミワ」（組編み）がある（図1）。ネジワはタガを右にねじるようにして何回も巻いて締めていく。また、「右ネジリ」と「左ネジリ」を合わせたタガ（矢羽根）があるが、この場合は二組で一対とし、幅も広くなり、タガとしてはクミワと同じ意匠を持つ。ネジワは緩まないよう厚く巻く。

クミワは組むのにネジワより高度の技術を要する。また、ネジワと違い、始めから組んでから、桶にはめる。意匠も美しく、タガ全体の幅が広い。主に婚礼用や贈答用など、ハレの場の桶や樽に組むことが多い。また大型桶は、強度のためタガの幅が広くしやすいクミワが、桶の中央部に多い。

桶・樽に漆を塗る場合は、塗りが良くなるようタガの上皮を少し削る。ベンガラの場合は削らない。

・金属

金属のタガとして真ちゅう・アカ（銅）の針金、鉄のバンドがある。金属は錆びやすいので、塩分のない桶に使用する。真ちゅう・アカの針金はネジ組みで、オヒツ・ターライ・風呂桶などに使う。鉄のバンドは真ちゅうより幅の広い帯状のもので、大型の桶に使う。市販の桶のタガは竹で作る手間を省くため、金属のタガが多い。

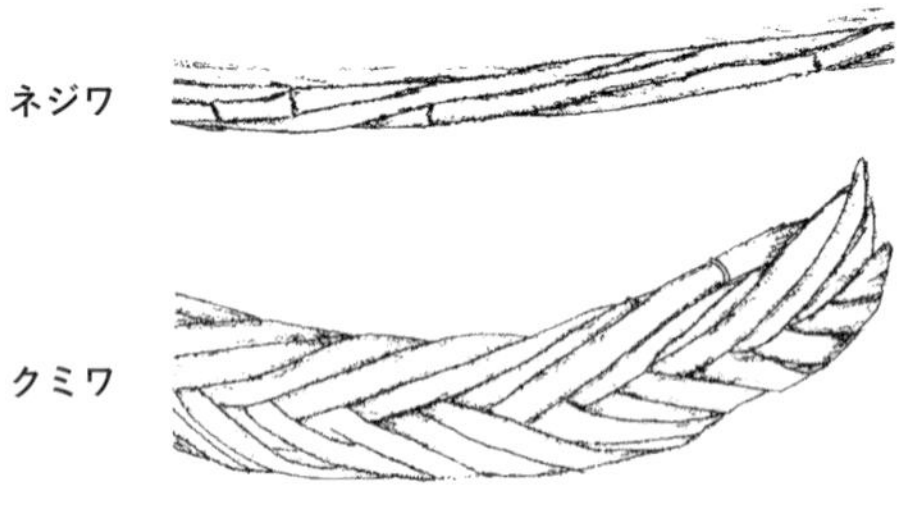

図1　タガの組み方

㈣　接着用材

桶・樽は「竹釘（写真2）」や糊で繋ぎ合わせる。

・竹釘

宮島は数多くの竹釘を前もって自分で作っておいた。形は「小の釘」・「大の釘」の二種類である。大きさは桶に合わせ多様である。

小の釘は竹の節がない部分の両端をけずる。桶のクレ、底に使用する。大きさは長さ三〜七cm、幅〇・二〜〇・五cm、厚さ〇・一cmほどである。大の釘は竹の節の部分を入れて、片方だけ削る。カベヤ（左官）がコーマイ（木舞）に使用するウグイス（竹釘）と同じ形である。強度があり、桶の蓋の桟に使用する。大きさは長さ三〜一二cm、幅〇・五cm、厚さ〇・五cmほどである。

竹釘の使用法は次の通りである。

クレの上部に一カ所穴を開ける。大きい桶なら二、三カ所開ける。穴は、もとは三本錐（刃が三角形の錐）で開けた。今は電気ドリルであける。糊を接着面に付け竹釘を刺す。クレとクレを合わせて組み立てる。

竹釘はクレと呼応して延び縮みする。鉄釘は長年のうちに水分で錆びて腐っていく。竹釘を入れることによりクレは強度と接着度が増す。現在流通している多くの桶には竹釘が入っておらず糊だけなので、年月が経つとすぐバラバラになる。

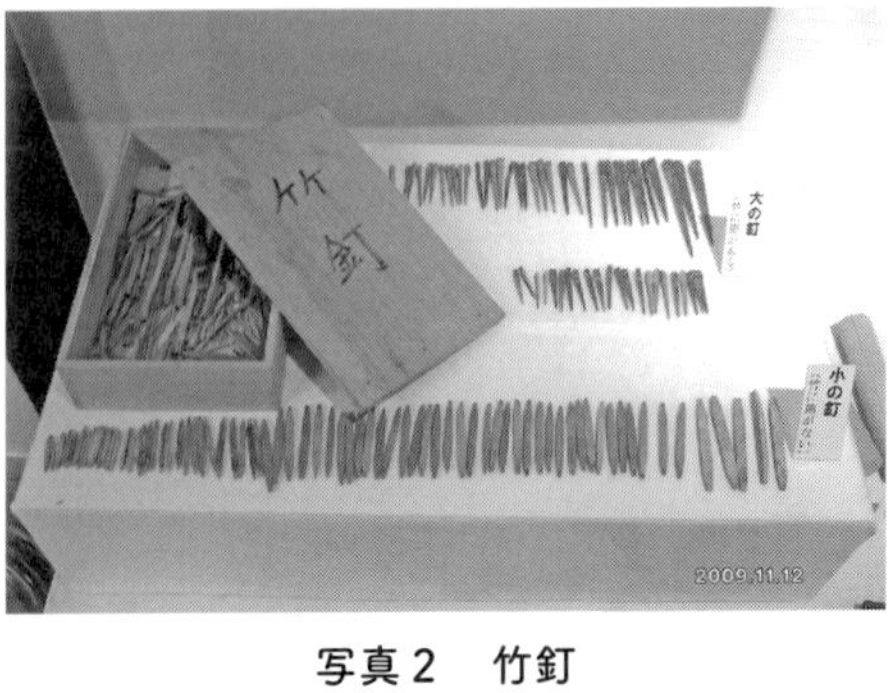

写真2　竹釘

・糊

糊は昭和に入ってから使用されたと言われている。主にオヒツに使用する。

「オシノリ」といい、糊板の上に炊いたご飯を置き、板切れでよく練り、糸を引くほどにして使用する。桶は食品を入れる場合が多いので、ご飯を糊にする。サクラ糊は戦前からあり、食品用でない桶に使用した。オシノリとサクラ糊は接着した後、鉋で削れる。ボンドで接着させると、後で接着部分を鉋で削れない。また、食品用に使用できない。

四　修理

桶・樽は長年の使用で傷む。木は乾燥すると縦には縮まないが横に縮む。タガがはずれたり、クレがスヤイ（すき間ができること）たり、底板が反ったりするので、常に修理された。タガを入れて締め直す修理が一番多い。クレは削り直す。底板の反り返りは木目にそって丸みの部分に少しだけ切り目を入れる。水に浸けてから木槌でたたくと真っ直ぐになる。どんな木でもそのようにして反りを直す。

使用できなくなった桶も回収して新しいクレを混ぜて修理したり、クレを削り小型の新しい桶に作り替えたりした。宮島の作業納屋には修理用に多くの木、桶、タガがある。傷んだ桶は何度でも修理し最後まで使い通し、捨てることがなかった。

砺波地方には、物を大切にし、家の道具として長年にわたり修理しながら使用続ける精神風土も存在していた。かつて宮島は出職として道具類を持ち、家から家へと修理して歩いた。各家では家にある板や竹で桶を作ってもらったり、修理してもらったりした。平成十六年は自宅で修理のほうが多かった。

五　種類と特徴

桶には大型桶と小型桶がある。大型桶の特徴はタガを何本も入れることである。タガの位置は上部に二本、中央よりやや上部に一本、底部に二本が基本である。底には仕上げの「泣き輪」が入れられる。泣き輪は桶も桶屋も泣いていれるほど堅い。切れると漏れるので大切なタガである。小型の桶はタガが上下にあるが、本数は少ない。代表的な桶を紹介したい。

(一)　味噌桶

砺波地方の農家では、昭和四〇年代まで味噌は各家で作っており、味噌桶は必需品だった。味噌桶は土間に長く置くので腐らず堅いアテ・杉・コーチンが用いられた。杉は大木で木目の細かい木が、味噌がしみ出さず適材である。アカタ（芯材で赤い部分）が特に良い。味噌桶の多くは屋敷林の木で作った。必ず板目で作る。板目は水を通さず側面の柾目が塩気でよりくい込んでいき、スヤかない。タガは六本入れる。クレはタガがゆるんでくるのを防ぐために、中央部にややふくらみを持たせる。使用上の注意は、洗わずに拭くことである。洗うと塩気が抜けてスヤき、クレがくっつかなくなる。またクレが変形するのを防ぐため直射日光に干さない。使用中にスヤいたら、クレの間に大豆をつぶして入れ、漏れを防ぐ。洗わずに使用続けることは桶に麹菌を育てる。しかし、夏のダニ防止の手入れが面倒で、現代人に味噌桶の使用が少なくなった一因にもなった。

(二) コーコ桶(漬け物桶)

かつて砺波地方の農家には、厳しくて長い冬越し用に、コーコ桶が二、三個置かれていた。杉・アテなど何の木でも作られ、いろんな大きさがあった。直径一〜二尺、高さ二〜二尺五寸であるが、二尺が多かった。板目でも柾目でも作られ、タガは五本入れた。

(三) オヒツ

オヒツは昭和四十年代まで必需品であり、数多く作った。蓋があり、丁寧な品にはさらに「かぶせ蓋」も付けた。既製品は杉が多い。宮島はサワラの柾目で作った。サワラは水気を吸い込む。柾目も水を吸い、オヒツに好適材だった。作り方は次の通りである。

底は三枚の板に竹釘を刺してつなぐ。クレをカタに合わせて作る。クレの上部に穴を開け、糊と竹釘で合わせて組み立てる。仮輪で桶を組み、三日ほどおいて、接着させる。乾燥してからクレの内側と外側を鉋で削る。底にケビキで印を付け彫る。底を入れ、本輪(タガ)を三本入れる。タガは真ちゅうの針金で、延び縮みしない。蓋は厚みがあるので竹釘ではなく、溝を彫り、桟を入れる。

初めて使用する時に沸いているお湯に浸けると、木のにおいが取れる。使用頻度が多く、修理も多かった。漆を塗るオヒツは糊付けをしない。

(四) ツノダル(祝い樽)

砺波市の一丸紙店には、宮島が昭和四十五年に作ったツノダル一対があった。漆塗りの素晴らしい品だが、長年の使用で漆がはげてきて一度塗り直した。しかし、しっかりと入れられたタガは三十年間一度も外れず、現在(二〇〇九年)まで使用されていた。タガは七本で幅も広く、厚さは一・八㎝で厚い。タガは漆が塗りやすいよう、少し削ってある。さらに昭和五十三年にもう一対注文している。

(五) タゴケ(肥桶)

下肥を町に汲みに行くときに使った。昭和初期のクレは真っ直ぐだったが、後年丸みをかけ口がすぼみ、こぼれぬ形になった。上に藁で三つ編みした「ゲンゲ」をのせてこぼれぬ工夫をし、木の蓋をした。直径一尺五寸、高さ二尺、タガ五本が標準である。二日ほどで製作する。下肥のアクで腐らぬように、ベンガラかシブ(柿渋)を塗ることもある。

(六) 手桶

水を汲むのに使用する。直径八寸、高さ八寸で、テは一尺五寸ほどが標準である。ツマンテ(横桟)が付く。半日余りで製作する。壁屋用の手桶も作った。鷹栖は職人が多くカベヤも何人もいた。

(七) 壁泥を運ぶ桶

壁屋が泥を運ぶための桶。壁泥は重いのでしっかりした作りにする。杉やアテで作り、テの上部に穴を開けて棒を入れた。直径一〜一尺五寸、高さ八寸、テは一尺が標準である。

(八)　泥合わせの桶

壁屋が壁泥と藁のツタ（すさ）[2]を入れて足で踏み合わせるための桶。底がぬけないように、底には裏から桟を入れて頑丈にする。小判型で長径三尺、短径二尺、高さ一尺ほどで、タガを三本入れる。杉や他の木でも作ったが、長持ちさせるため主にアテで作る。

(九)　つるべ桶

鷹栖は庄川扇状地の扇央部で地下水が深く、つるべ桶は二〇から二五ｍほど落下するので、丈夫に作る。水に強いアテが多かった。クレは一寸の厚さで、直径約八寸、長さ約一尺ほどである。底板がバラけ（外れる）ないようにするため、クレの下部に溝を彫り、底板を、他の桶と違って下から叩き込んではめ込む。タガは外れぬように、カンジャで鉄のバンドを作ってもらい、二本入れる。

(十)　寿司桶

寿司桶は最後まで需要や修理があった。見栄えを良くするため、アテの柾目で作る。口のタガは七回巻き、意匠を凝らした。

(十一)　一斗ビツ（ハンダラビツ）

結婚式やタチマイ（建前）など、お祝いの時使用した。主に嫁の実家からおこわのおにぎりを入れて持ってきた。蓋に米粒がくっつかないように、藁で編んだゲンゲ（三つ編）の輪をのせ、その上に蓋をした。杉などで作り、ベンガラを塗った。まれに漆を塗った。蓋には桟を二本付ける。楕円形で、長径一尺四〜五寸、短径一尺、高さ八寸ほどである。木の材料がないので、作ると一〇万円はする（平成十六年当時）。

(十二)　風呂桶

ヘソブロともいう。風呂桶があればどこにでも移動ができ便利だった。町家の需要が多く、アテ・桧で作った。小判型で長径二・五尺、短径二尺、高さ二〜二尺五寸ほどでタガは五本入れた。一週間ほどかけて作った。火を焚く口には「ヒワダ」といって、桧の樹皮の内皮を、火口と風呂桶のすき間を埋めるために入れた。ヒワダを縄に綯い、二、三まわり入れ、くさび型の竹を当てて、叩いて入れた。ヒワダは時が経つと細かい粉状になり、ぎっしりした。また、樹皮なので風呂の水分を含んでいき、風呂桶を火から守った。ヒワダは風呂釜がある金物屋や荒物屋に売っていた。

(十三)　ボッケハン洗い桶

当地方は信心深い真宗門徒が多く、オボク様を盛るボッケハンは専用の桶に入れて洗った。ヒバ・サワラの柾目で作り、漆を塗ったりした。楕円形で長径八寸、短径五寸、高さは四寸、アシは三〜四寸で、タガは三本入れる。

六　道具

宮島の家には、桶職人の貴重なすべての道具が揃っていた（写真3・4・5）。道具の正確な名称や使用方法などを聞き取りたかったが、亡くなられ、とても残念である。元来器用な方で、多くの道具類を手作りされた。大工道具の多くは在所のカンジャで作ってもらった。また、当時桶屋が多かったので市販もしていた。鉋（三〇種類以上）・鉈・カマ・カナベラ・カタ（桶用定規。桶の直径やクレの傾きを割り出す。三三種類以上・自作）・糊板（自作）・四つ割（大小二種類・自作）・金槌・木槌・錐・ケビキ・アシのカタ（アシに三か所溝を彫る場所を割り出す。五種類・自作）・ケバ取り（槍鉋・四種類ほど）砥石（鉋に合わせ形を自作・中が出た砥石、窪んだ砥石、平らな砥石）セン・ワリナタ・シメギ（締め木）・尺・墨壷・ミズボウキ（自作）などのほか多くの道具類があった。桶屋専用の鉋である、「丸鉋」（デマル鉋ともいう）平鉋・ダク丸（抱き丸）があった。

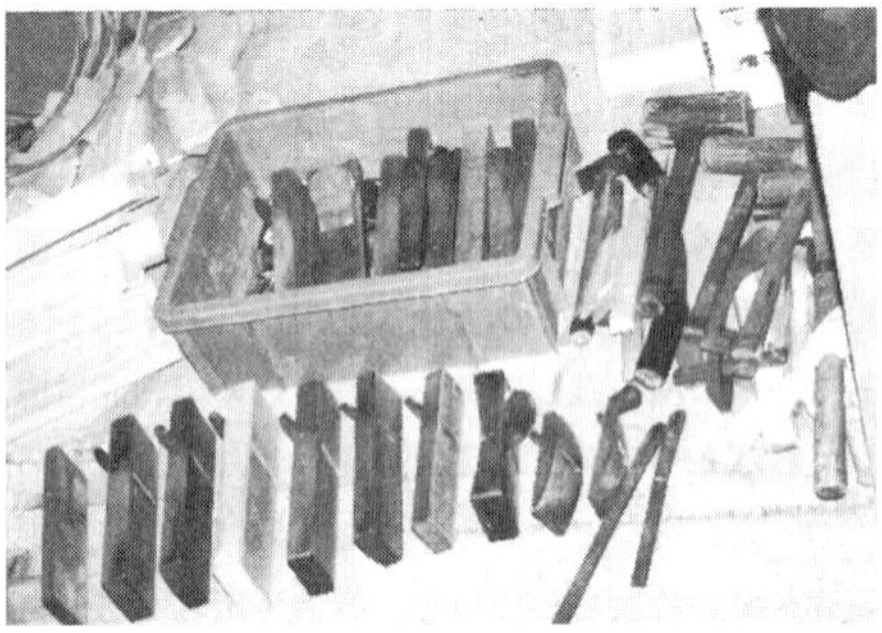

写真3　桶大工道具

写真4　作業納屋の様子

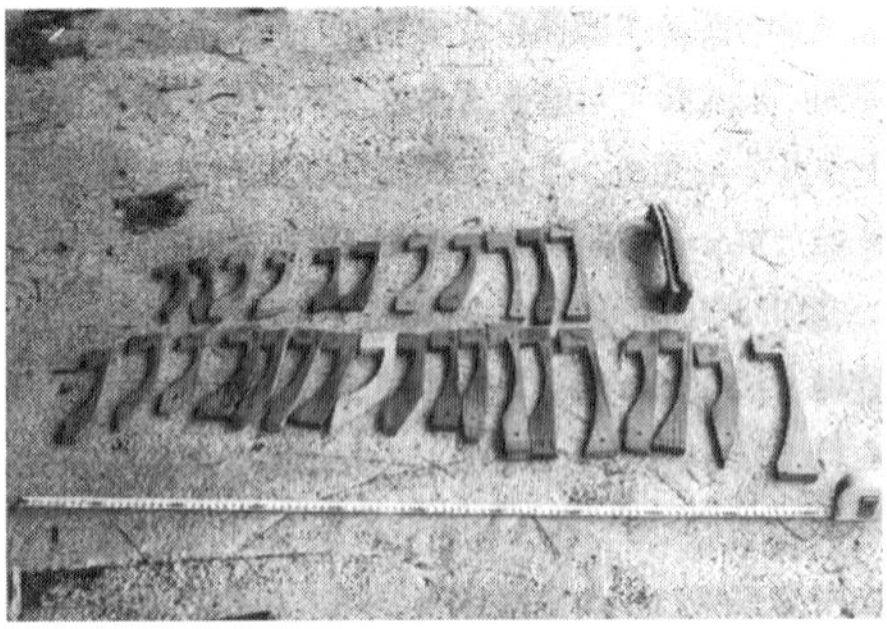

写真5　カタ（桶用定規）

七　楮蒸し桶の製作工程

平成十六年二月に五箇山和紙の里の注文で、楮蒸しの大桶（直径八〇㎝、高さ一六〇㎝、クレの厚さ五㎝）を杉のアカタで製作した（写真6）。その工程を地元の宮下久志が録画しているので紹介したい。

1、底を作る。

2、クレを作り、底板に合わせる。クレの外側を削り、内側を削る。カタにあて、断面の傾きを見て丸みを決めていく。クレの水平（側面）を見る。

3、クレに竹釘を木槌で叩きながら入れる。形は小の釘である。

4、タガを入れる。仮輪をした桶にタガを入れ取り出し、タガの大きさを決める。タガを何回も組んで巻く。ミズボウキでクレをぬらし、すべりを良くしてタガを入れる。タガを小型のケバ取りできれいにする。木槌でクレやタガを叩き、落ち着かせる。

写真6　楮蒸し桶（宮島良一作）
平成16年秋、平「和紙の里」

5、クレの内側・外側を、大型の鉋とケバ取りで、手でさわりながら特にクレのつなぎ目をきれいにする。
6、底を上部から入れる。
7、口を削る。
8、泣き輪を入れる。大桶なので向かいの大工　瘧師と、二人がかりである。

完成した桶は板目でクレの側面は年輪まできちんと合っている。つなぎ目は年を経てくい込み締まっていく。和紙の里で長く使用されるだろう。

八　宮島製作の桶の種類と、地理的広がり

(一)　時代性と地域

宮島には昭和二十六年独立した時の桶価格表の写し（表1）や、昭和三十二年の価格表、並びに昭和四十八年から亡くなるまでの平成十七年の「注文・修繕帳（写真7）」などが残されている。それを基に桶製作の種類と地域を探りたい。

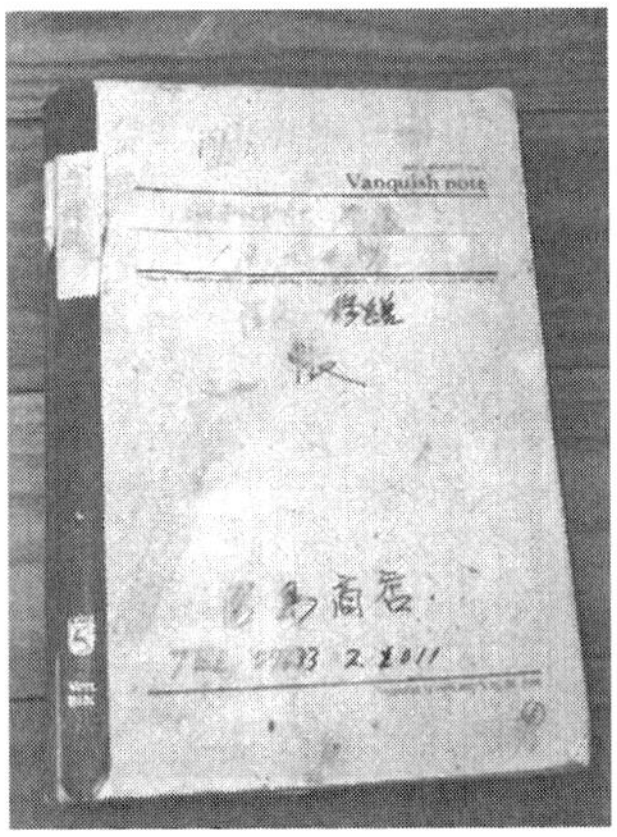
写真７　注文・修繕帳

開業の昭和二十六年ごろは、まだ日常生活に多くの桶が使用されていた。価格表に表記の桶はすべて作られていたと思われる。また、聞き取りによると多様な桶を製作している。昭和四十八年は高度成長期で、次第に生活様式が変化した頃である。帳面には、ハンゾ・肥料桶・馬桶・とうふ桶・飯櫃・一斗樽・二斗樽・四斗樽・鮓桶・七尾樽・漬物桶・長櫃など多くの桶の修理が記載されている。主にタガの締め直しである。持ち込みの範囲は鷹栖からはもちろん、水島・小島・若林・出町・下後丞・東野尻などである。また、地域の祭りであるヨタカの行燈に使用する竹割もしている。鷹栖・出町・五郎丸や、福野（上町・辰巳町・浦町）などである。さらには、村の獅子舞の胴に入れる竹も割っている。桶だけではなく、竹割もまた仕事だった。

昭和三十年代から、若鶴酒造の桶のタガも修理していた。若鶴酒造には専門の樽職人がいたこともあり、しばらく休止していたが、後年、職人の高齢化に伴い、平成十五年頃からまた再開している。

昭和四十年代からであろうか、砺波地方だけではなく、加賀のいくつかの温泉や、群馬県草津温泉の湯汲み桶を近年まで製作していた。「草津温泉浴業・桶製造」の名刺も残る。湯汲み桶も残されている。日常の桶作りの合間に、湯汲み桶作りを行っていたと思える。

プラスチック製品の台頭など、時代とともに桶使用が減少していき、宮島は昭和五十年代後半までヤクルト販売や、サッシ関連会社勤務など兼業していたが、その間も桶製造は一貫して続けていた。

昭和五十八年の記録では、味噌桶・風呂桶・ハンゾ・鮓桶・漬物桶・飯櫃・一斗樽・七尾樽などの修理を行っている。「七尾樽」とは鉋は使わず、セン(3)だけで削って作った樽である。主に醤油や酒・焼酎を入れた。七尾樽専門の職人が作り、修理を桶屋がしていたともいわれている。また、このころ民家ではまだ味噌や漬物が手作りされ、飯櫃も使用されていた。肥料桶は汲み取り業者の進出のために無くなっている。

地域の桶職人の減少から神島・柳瀬・津沢・富山・石動など広範囲から修理がくるようになった。

そんな中で桶を新たに製造するのは、民具としてより商売の道具として本物志向の桶や樽である。昭和五十三年の出町の一丸紙店や、昭和五十四年の鷹栖　寺島商店のツノダル製作や、出町や津沢の寿司屋の桶、うどん屋の桶などの製作や修理である。これらの道具は、本物の木の桶でないと使えなかった。

残念なことに、平成六年から十五年までの記録が抜けている。平成十年ごろになると県内の桶職人が著しく減少していき、呉西を中心に各地から修理がくるようになった。平成十五年では魚津市・高岡市・福光町・福岡町・高岡市戸出などからきている。こうした状況から平成十五年からは兼業を止めて、桶屋に専念している。平成十六年冬、五箇山平・和紙の里からの楮蒸し桶はこの時代のものである。帳面には寸法・材料の金額・工料などが記録されている。同じく平成十六年八月からは若鶴酒造の桶（大桶・中桶・小桶）のタガを締め直している。若鶴酒造では大吟醸は今でも木の桶を使用しており、タガの手入れが常に必要だった。

宮島は、砺波地方唯一の桶職人として、食文化、地域の行事、婚礼行事、祭りなどを支えてきた。

(二)　価格

この帳面には修理の価格が記載されている。板やタガなどの材料費や工賃をきちんと区別して記録してある。昭和二十六年当時、鷹栖村の一日当たりの大工の平均賃金は三百円である。昭和四十八年は三千八百円、昭和五十三年は一万円、平成七年は二万円になった。それに呼応して桶の工料も暫時値上がりしている。

例えば、昭和二十六年肥料桶の一本の輪替え代価は一二〇円、昭和四十八年は七〇〇円、昭和五十三年は一六〇〇円である。

表1　昭和26年1月　出町区域桶職組合　価格表

品　名	代　価	輪替代価	品　名	代　価	輪替代価
風呂桶	2500円	450円	飼馬桶	650円	100円
飯櫃	400円	45円	肥料桶	1000円	120円
並タライ	600円	80円	肥料運搬桶	1000円	100円
大タライ	1300円	170円	肥料担桶	900円	100円
鮓鮨桶	450円	70円	大柄杓	120円	50円
浴場小桶	400円	40円	小柄杓	75円	30円
味噌桶	2200円	350円	七尾樽		80円
手桶	650円	55円	四斗樽		150円

（宮島良一「記録帳」より）

(三)　製作の特徴

桶を製作する際に「板もってくる」と記載されているのがいくつかあり、屋敷林の木を持ち込んで桶を作っていたことがわかる。それは味噌桶やハンゾ・風呂の蓋・漬物桶などである。全国的にみて珍しいコーチンの味噌桶は、このように屋敷林の木を利用し、使用されたものである。
また、M家の場合、風呂桶は宮島により、昭和三十七年ごろ作られ、昭和五十年代まで、毎年のように修理して使用していたことが記録されている。家の道具として修理しながら大切に使い続ける精神風土の一例である。

おわりに

桶は身近な木を利用し修理しながら、最後まで使用続ける環境にも優しい民具である。砺波地方では杉やアテ・コーチンやタガのタケなど屋敷林の木も桶に使用し、生活の中に根付いていた。宮島は十九歳から五十一年間にわたり、生涯桶を作り続けてきた。職人の多い地域なので、木の材料や道具も入手しやすかった。また壁泥用の桶など、職人の桶の需要も多かった。桶使用上の注意として味噌桶を洗わないことや、隙間には大豆をつぶして入れること、オヒツは初めて使用するとき湯に浸すことなど、桶屋ならこその知恵も豊富だった。暇な折に作られていたいろんな大きさの竹釘は、まさに芸術品のようである。一番の望みは誰か後継者がいないかということだった。

桶職人の大工道具も、最後まで現役の職人だったから、すべての道具がそろっていることに大きな特徴がある。

となみ散居村ミュージアムでは、平成二十一年九月から三か月間にわたり、企画展『「暮らしを支えた桶・樽展」～砺波の桶職人宮島良一さんの桶づくり人生から～』が、開催された。それが機縁となり、神戸市にある竹中大工道具館の目にとまった。これだけ桶大工道具が揃っているということで、竹中大工道具館はその価値を高く評価した。遺族の方はそれにこたえ、すべての道具、桶などを寄贈された。竹中大工道具館は国の登録博物館であり、その中で唯一の桶大工道具として、今後永久に大切に保存されることとなった。この地をはなれることは寂しいが、全国、世界へと宮島良一の道具が研究され、羽ばたいていくのを見守りたい。

本稿作成にあたり、娘さんである鎧塚良美氏、塩崎邦子氏に快く協力して頂きました。桶屋だった砺波市中野の横山粂氏、小矢部市道林寺の福塚隆三氏、旧福光町天神町の山本三郎氏、入善町の山下由弘氏にご教示を頂きました。深く御礼申し上げます。

注

(1) 団子をこねたり、つきあがった餅をちぎったり、蒸し上がった赤飯をあけたりするのに用いた。
(2) 壁土に混ぜて、亀裂を防ぐつなぎとする繊維質の材料
(3) クレの内側、外側、底板などを削って滑らかにする桶屋の大工道具

参考文献

石村真一『桶・樽』Ⅰ・Ⅱ・Ⅲ　法政大学出版局　一九九七
砺波市立砺波郷土資料館『砺波の民具』第一・二集　一九九八
砺波市立砺波郷土資料館『砺波の民具』二〇〇六
砺波の伝統技術を記録保存する会『となみの手仕事　酒樽づくり』二〇〇八
鷹栖自治振興会『鷹栖の歴史』二〇〇八
小泉和子『道具と暮らしの江戸時代』吉川弘文館　一九九九
石川県立歴史博物館『祝樽』一九九六
奈良県立民俗博物館『木を育て　山に生きる』二〇〇七

(『砺波散村地域研究所研究紀要』第27号　二〇一〇年三月)

V　南砺地方の雪囲い、オーダレの生産と集荷

―福光・井口地域を中心として―

はじめに

南砺地方は、富山湾からの湿った重い雪が降る。家などの建物を、落雪や圧雪、風雪から守るために雪囲いをした。一般に雪囲いのことを、ユキガキ（雪垣）といった。南砺地方の農家では多くの家が、雪囲いにオーダレを使用した。また、サカガヤ(1)、ワラガイ(2)、竹簾も使った。

オーダレとは、カヤ（秋に刈り取りしたススキ）を、一〇本の縦縄で編んだものである。砺波平野部の農家はカヤ、カヤズとも言った。主に家の前口の雪囲いに使用した（写真1・2）。南砺地方の規格は六尺四方であるが、編み機からはずすと、縦縄で編んだ部分が五尺五寸ほどに縮んだ。オーダレは南砺山麓地方の農家や、五箇山の合掌造りに使用されていた(3)。冬だけの使用なので、大切にすると十年位はコタエた（もった）。一般には自給品であるが、商品としても戦前から流通していた。

昭和五十年代になると、自給用のカヤ不足や採光のために、雪囲いはビニールの波板が使用されるようになり、さらに風雪に耐えるサッシ戸が普及すると、オーダレの使用は激減した。そのころカヤ場も消滅し、オーダレを編む人も少なくなった。

写真１　オーダレをした民家　福光・竹林

オーダレは基本的には冬だけの使用で、副業としての存在も見過ごされやすく、記録が少ない。

本稿では南砺市福光・井口地域を中心として、消えつつある南砺地方の雪囲い、オーダレの生産と集荷を記録したい。

一　自給用オーダレの編み方

オーダレは昭和四十年代まで、自家用に手作りしている人が多かった。ここでは、お父さんがオーダレを編まれ、自らも編まれたことがある南砺市（福光）才川七　堀与治氏（昭和三年生）からの聞き取りを記録する。

オーダレはカヤを刈って、干し、縦縄を綯ってから編む。カヤは近くを流れる小矢部川沿いにカヤ場があり、十月に刈って、しばらく立ててかけて干す。縦縄は二分縄か、

写真２　オーダレをした民家　福光・才川七

ニゴ縄を使う。二分縄はムシロダテ（莚の縦縄）よりもしっかりした縄で、藁の株部分はガサついて弱いため、一〇㎝ほど切り捨て、「ジョーボ石[4]」の上でツツ（藁打ち槌）で丁寧に打ち、柔らかくする。それから普通の縄よりぎっしりと綯う。

木の自然な曲がりを利用して作られたマタに、目盛りがついたアミタボーで編む。アミタボーの印の所に、一〇本の縦縄をかけ、縄の両端にツツノコを付ける。カヤを二、三本アミタボーの上に置き、両端を曲げながら編んでいく。座りながら編むので、編んだオーダレを足で押すように前方へずり動かしながら、編んでいく。一回に一〇枚ほどを、五年おきほどに編む。

オーダレの縦縄は使用するうちに端からほどけてきて、傷む。端の縦縄だけを編み直したり、縦縄全部をはずして編み直したりすることもあった。

戦前のオーダレはカヤを刈ってハカマ（葉）も穂も付けたまま切らずに混ぜて編んだ。出来上がると、分厚くカヤのステコワイ（こわばった）固さで巻けぬほどであった。小矢部川上流域のオーダレは家の前口にだけ使用したためか、次第に体裁を重んじ、カヤのハカマをむしって、茎が見えるほどの美しいものへと変化していった。

オーダレの雪囲いは、軒先にナリ（小丸太）を立て、カヤが縦になるように当て、竹を横に二〜三本置き、縄で縛り固定した（写真3）。雪囲いは十一月下旬から三月中旬までしていたが、春になって天気が続いて干せた時にはずし、アマか納屋に保管した。

写真3　ユキガキの骨組み（ユキガキボウ）　井口

家の横や、後方はカヤを束のまま隙間なくぎっしりと立てかけ、竹できちんと縛った。これらのカヤは冬の間に乾燥し、春になるとカヤニョウにしておき、屋根葺きに使った。雪囲いをすると採光は悪くなるが、すきま風が入らず、家の中が暖かく気持ちよかった。

オーダレの編み方には、戸外でハシゴを両脇に立てかけて丸太棒を渡し、編む方法もあった。

福光辺では家の出入口の防雪のため、オーダレを縦に巻い

写真4　御堂のユキガキ　井口・蛇喰 正覚寺

写真5　鐘撞堂のユキガキ　井口・蛇喰 正覚寺

写真6　御拝のユキガキ　福光・舘 妙敬寺

て脇に立てておき、吹雪の時は横に広げて入口を防いだ。砺波の平野部では当て方が違い、カヤ簾を横に巻いて、出入口の上から吊るし、吹雪の時は縛った縄をほどいて下げるようにしていた。

オーダレは雪囲いだけではなく、立野脇では炭小屋の入口に、戸の代わりに莚やオーダレを吊るし、昼は巻いて明かりをとり、夜は下ろした。炭小屋のオーダレは炭小屋の大きさに合わせて現場で編んだ。

農村では野菜の干物作りに、莚の代わりに敷いた。通風がよいので、莚よりよく干せた。福光近在では、村の地蔵祭りの小屋の囲いなど、簡易な壁や仕切りにも用いた（天神・小坂・祖谷など）。また、昭和五十年代まで干し柿の柿ハサの屋根や覆いに、莚や菰などとともに、多くのオーダレを使用した。柿の乾燥に必要な風が通り、しかも雨をしのげ、好適品であった。傷んだオーダレは樹木の雪囲いや、畑の堆肥の蓋代わりにも使用した。

二　商品としてのオーダレ

オーダレは自家用に製作されたが、商品として南砺地方を中心に流通していた。その産地は、南砺地方の「ヒガシヤマ（東山）」と呼ばれる、井口・城端山麓地域である。これらの地域では和名ススキを暮にカイて（刈り取り）カヤを利用し、オーダレを編んで副業としている。それに対して、「ニシヤマ（西山）」の医王山麓や小矢部川上流域は、春先にカイて葉をとり、土壁の木舞の資材である「ススキ」として出荷してきている。山野に自生する和名ススキの資材としての利用も地域により、時期や産物に違いがある。

オーダレの中心は戦前から井口地域である（写真3・4・5）。井口は後背に山地があり、カヤの採取に好適地であった。また、城端莚を編む地域でもあり、縦縄を綯う機械がある。井口全体で編まれていたが、中でも山麓地域の蛇喰・川上中・東西原などが中心である。

ここでは川上中の中山友治氏（大正十三年生）（写真12）、蛇喰の吉田みゆき氏（大正十四年生）、蛇喰の金道武雄氏（昭和十四年生）からの聞き取りを記す。

オーダレは戦前から井口地域の暮方までの大切な副業であった。すべての作業に男女とも従事したが、編むのは女性がやや多かった。莚編みが女性であったことと似ている。

カヤは秋仕事が終わった十月下旬になると、近くの山のカヤ場からカイてきた。カヤ場には所有権があったが、一里以上離れた奥山は共有地なのでムラの人はだれが刈ってもよかった。一把直径一八～三〇㎝ほどを縄で縛り束にした。近くに生えている山の杉木の回りにカヤの束を立てかけ、上部を縛り、半月～一か月置いた。半

写真7　ヤゴシ（屋腰）のカヤ　井口　2012年

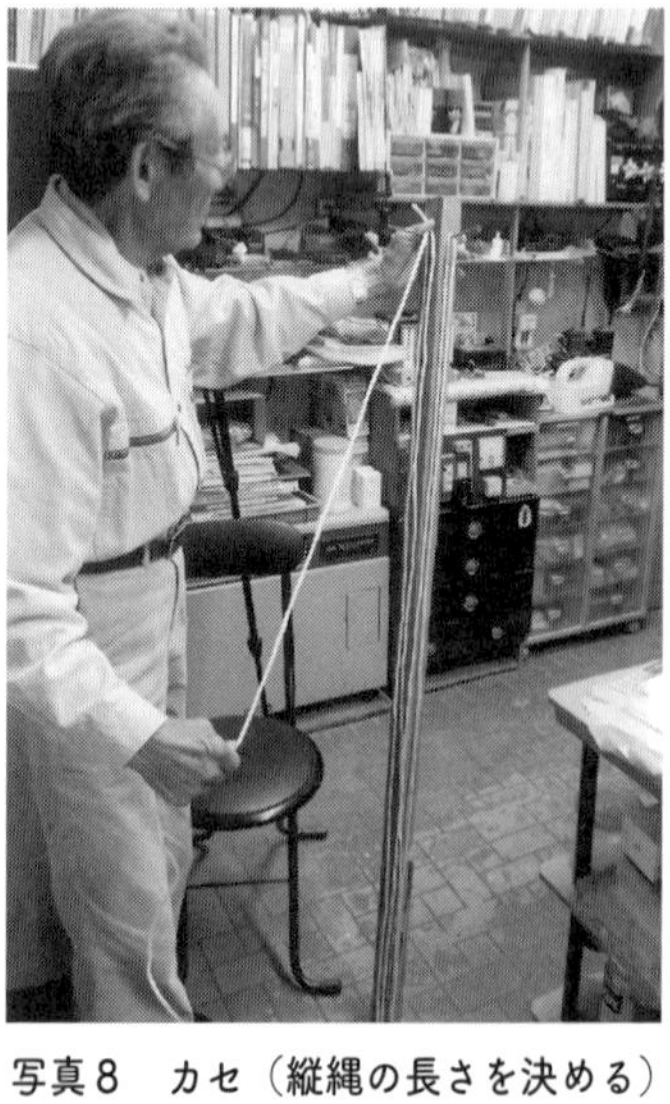

写真8　カセ（縦縄の長さを決める）

乾きになったものを二束ずつほど担いで家へ運び、屋敷の木に立てかけ、縛っておく。また、納屋や蔵のヤゴシ（屋腰）に立てて保存する（写真7）。干せたカヤはニワ（土間）に入れる。

ナリを両脇に立て、オーダレ専用のアミタンボーを（写真9）縛り、印の所に一〇本の縦縄をかける。縦縄は、初期は手で綯ったが、後に機械で綯った。太さは莚の縦縄と同じほどで、一分五厘～二分ほどである。長さはカセ（桛）にかけて計った（写真8）。縦縄の両端に楢や杉で作ったツツノコ（写真10）をかけ、四〇㎝ほど残して巻く。

アミタンボーの両脇にカヤを置き、二人で編むことが多い。一人がアミタンボーの上にカヤを置いている間、一人が端を曲げたりして作業がはかどった。手順よくすると、一枚三〇分で編んだ。オーダレは表裏があるが、編む時に表にハカマが出ないようにして編み、表はすべすべしていた。仕上がると（写真11）、表を出して三つ折りにして縛り、五枚で一束《そく》とした。一日二〇枚編んだ家もあり、家により年間五〇～一五〇枚編んだ。

写真9　アミタンボー

写真10　ツツノコ

写真11　でき上がったオーダレ（中山家）

写真12　井口　中山友治さん（88歳）

売却には商人が買いにきたが、自分たちで福野の歳の大市（十二月二十七日）へ担いで売りに行った。男は一〇枚以上、女も七枚ほど担いだ。また、城端、福光の荒物屋へ担いで売りに行った。昭和三十年代まで川上中では七割以上の家が編んでいた。オーダレを編み終えると、冬の副業である、城端莚を編んだ。

井口はオーダレの産地なので、多様に利用した。雪囲いはもちろんであるが、越冬用野菜の下地にオーダレを敷き、その上に莚を敷き、野菜を置き、またその上に莚を置き、苗代で使ったビニール、そしてワラガイをかぶせ、一番上に重しの石か木を置いた。また、春先は苗代のビニールの上に置いて縄をかけ、保温した。他にも日よけとしたり、半分に切って畑の畝回りに置いて風よけにしたりした。

三　集荷と販路

オーダレは主に城端・福光の荒物屋が販売していた。ここでは南砺市福光地域天神、渡辺太兵衛商店の渡辺寛氏（大正八年生）から、昭和二十～五十年代までの集荷と販売の聞き取りを記す。

昭和二十年代、通信手段が発達していなかったので、渡辺商店には井口の川上中にカイコ（買い子・世話人）がいて、村人の集荷の取りまとめを行っていた。オーダレは厚みがあり、四ツ折りにするとコロつくので、三ツ折りにした。五枚で「ヒトシバリ」とし、三か所を縄で縛った。カヤの乾燥の度合いにもよるが、ヒトシバリは六～七貫であった。

一五〇～二〇〇枚集まると、馬車や車一台分になるので、集荷に行った。それが年暮れに五～七回あり、一〇〇〇枚以上集荷した。オーダレの値段は一枚あたり、昭和二〇年代は三〇～三五円で、順次値上がりしていった。当時莚は一枚五〇円ほどであり、井口ではオーダレも大切な副業であった。

集荷した商店では、オーダレを個人用に販売するほか、高岡の工場の雪囲い用に貨車積みして移送した。また、福野・砺波の荒物屋や、津沢在の各農協、土建業者から注文があった。農協は各家の雪囲い用として販売していた。土建業者は現場の仮小屋の囲いに用いた。

四　現在のオーダレの作り方

オーダレは平成二十四年（二〇一二）現在も、多くの寺院や少数の個人の家で使用されており、需要がある。また、なんと農協では今も水稲の苗作りの時に、保温や遮光にオーダレの使用を勧めている。(5)

福光地域ではただ一人、南砺市福光地域小山の嶋崎清氏（大正十五年生）（写真14・16）が、平成二十三年（二〇一一）までオーダレを作っていた。島崎氏は六十歳をすぎたころから、販売用のオーダレを作り始めた。嶋崎氏からの聞き取りを記す。

オーダレに使うカヤは、現在カヤ場の喪失や山の荒廃で大変少なくなってきている。二mもする、まっすぐで太い良いカヤを求め、夏の間にどこに生えているか石川県までも車で下見する。十月十日すぎからカヤを刈り取る。しかしこの時期に刈り取るのは少し早く、全部刈り取ると、来年カヤが弱って細くなり、育たないので、株を痛めぬよう、間引きするようにポツポツと刈る。十月二十日ごろになると来年用の株が育っており、全面的に刈り取っても大丈夫である。刈り取ったカヤは縛り、直径一五cmほどの束にする（写真13）。オー

写真14　センバコキでカヤのハカマをコグ

写真15　センバコキと取ったハカマ

写真13　材料のカヤ束　小山 嶋崎家

ダレは三束で一枚編める。

　収穫の終わった田にハサを作り、カヤを立てかけ三週間くらい干す。雨に濡れるとカヤは赤くなるので、上にシートをかけて覆いをする。干せると納屋に運び、穂をはさみで切る。穂が落ちると、種になり、田仕事の邪魔になるからである。

　納屋では、木の棒に長い釘を打ち付け、センバコキの代用とし、カヤのハカマの部分をコグ（取る）（写真14）。茎の横に付いてる枯れ葉や曲がった葉などが取れ（写真15）、真っ直ぐで美しくなる。棒を立てかけアミイタを縛り、縦縄をかけツツノコ（写真17）を付ける。縦縄の長さは、オーダレの長さである六尺の三倍である。アミイタの上にカヤを置いて編んでいく。一枚編むのに約三時間かかる。編んでいくうちに、縦縄がカタガル（片寄る）ことがある。そんな場合は、マチを入れて増目をし、形を整えていく。

　一年に一二〇枚ほど編み（写真18）、平成十二年（二〇〇〇）ごろ城端別院へ一〇〇枚ほど売ったこともある。平成二十年（二〇〇八）は四〇枚であった。

写真16　オーダレを編む嶋崎清さん（86歳）

写真17　ツツノコ

　嶋崎氏は五枚のヒトシバリではなく、すべてバラである。それは、かつての井口のように村あげて多くの人が編んでいたのではなく、販売先も個人の家が主であり、ヒトシバリにする必要がないからである。

写真18　でき上がったオーダレ

おわりに

　南砺の冬は、家の前口をオーダレで雪囲いされ、その中でじっと春を待った。家とオーダレの隙間の空間は小さな小屋のようであり、冬には欠かせない大切な空間だった。その上部は洗濯物が干され、下部には大根、白菜、ネブカなど、冬の越冬用野菜が置かれていた。また、信心深い真宗門徒の冬用の仏花にするため、花を乾燥させ、花を吊るす場所でもあった。入り口近くには除雪用のスコップやコースキなどが置かれ、厳しい冬に向かう人々の最前線でもあった。小さな空間ではあるが、冬をのりきるための、大切な役割を持っていた。

　しかし、家の建築様式の変化でオーダレをしている家はまれになった。それでも寺を中心に民家で根強い需要がある（写真4・5・6）。オーダレは通風がよく、木造建物の換気に良いからだといわれている。

一時波板やトタン板で雪囲いされていた五箇山相倉の合掌造りも、伝統的な景観を復元するため、平成二十年からオオダレの雪囲いの復活を進めてきている。

身近な植物であるカヤを利用することは、宮崎清氏の説かれる「ワラの文化」以前から存在した「植物桿利用文化」の一つとみていいだろう。[6]また、同じ南砺地方におけるススキの換金産物としての利用に、医王山麓の「ススキ」東山の「オーダレ」と地域性がみられることも特色である。

編む民具は、当初砺波地方に広く使われていた丈の低いアミマタであったろうが、井口ではオーダレ専用の、背の高いナリを設置し専用のアミタンボーで編んでいる。オーダレが特産物であったからである。

この地に伝えられてきたオーダレに囲まれた家を見ると、自然と共に生きた人々の知恵が伝わってくる。

注

（1）加藤享子「小矢部川上流域のカヤ・ススキ利用法」とやま民俗六六号　平成一八年

（2）ワラガイをそのまま三段にあてる。ていねいなものは、上部をコモ状にホナワ四本に編んで、穂先を垂らしたワラガイを三段にあてる。福光の医王山麓では、このようなユキガキをする家もあった。

（3）五箇山相倉のオーダレは、縦七尺、横六尺、縦縄が六本である。

（4）藁を打つ台にするため、ニワに据えつけてある大きい平たい石

（5）広報JAなんと九七号　平成二十一年四月

（6）宮崎清『藁』法政大学出版局　昭和六十年

参考文献

『五箇山の四季とくらし』五箇山自然文化研究会　二〇〇一

『砺波の民具』砺波市立砺波郷土資料館　二〇〇六

（『とやま民俗』No.七九　二〇一三年一月）

Ⅵ　山の運搬用民具、メッカイ　――刀利谷を中心として――

はじめに

昭和三十年代まで、刀利谷では自給自足に近い生活をしていた。そのために身近な自然素材を有効に利用して、必要な民具を作ってきた。燃料革命以前、刀利谷の生業は炭焼であり、その生産に必需品であった民具の一つがメッカイである。メッカイはススタケ（チシマザサ）を編んで箕の形にしたもので、刀利谷や臼中ではメッカイ、太美山北部（立野脇）ではミッカイといった。

メッカイは炭焼小屋や家で日常的に使用され、当地の男性はだれでも作った。また、日用品であるがために消耗品であり、民具として残されることがわりと少ない。

本稿では、今回メッカイを復元して下さった元下小屋住民の宇野秀夫氏（一九二七年生　写真1）と元中河内住民の中川秀吉氏（一九三一年生　写真2）からの聞き取りを基に、山の生活を多様に支えたメッカイを記録する。

写真１　宇野秀夫氏
（下小屋出身）

写真２　中川秀吉氏
（中河内出身）

一　材料と工法

㈠　材料

メッカイの材料は身近にあるため、必要時にどこででも作られた。材料はススタケと縄である。ススタケは春なら二、三年生、秋なら一年生の竹を使った。これら若竹は枝が出ておらず真っ直ぐで、しかも柔らかく曲げやすい。ススタケは年数を経ると枝が出て太く固くなり不適である。ススタケの色や枝で区別し適材を一～一・五ｍの長さに鉈で切る。編む縄は、アケビの蔓（中河内）、シナ（シナノキ）の樹皮（上刀利）、ブドウフジ（ブドウの蔓　下小屋）、フジ（刀利谷）などである。アケビの蔓は地面を這っている蔓を用いる。これは真っ直ぐで細く縛りやすい。木に巻きついている蔓は、太く曲がっており、縛れない。また、蔓の円周が七㎜前後の太さが適していてそれ以上太いと縛れないし、細いとススタケの強さで切れてしまう。フジの蔓の場合は、皮を剥いで干し、石か棒で叩き柔らかくしてから一㎝ほどに剥いで縄にして使った（樋瀬戸　山本花子　一九三三年生）。

㈡　工法

メッカイの大きさは様々であるが、基本の工法は同じである。大小の大きさに応じて必要な長さにススタケを節で切り、必要な本数を揃えて置く。半分に曲げて作るので大は一・五ｍから、小は一ｍほど。ススタケを揃えた下から組むように一本ずつしっかり締めながら横へと編んでいく。一般にこの地方で民具を編むにはアンマタ（編み台）を使うが、ススタケは固いのでアンマタで編むと緩みが出てしまい、一本ずつ手で組むように編んでいく。そのようにして間隔をあけて、三段編む。編んだススタケの上部で、真ん中の二本ずつを次々と左右に振り分けながら曲げていく（写真3）。両脇に曲げたススタケをまとめながら、上から下へ左右とも五か所ほど縛り、上部もまとめて縛る。メッカイの両脇はススタケや葉が付いたしっかりしたものを束にして持ち手となり、出来上がる。

メッカイの大きさは用途により様々である。基本は「大」は長さ一ｍほど、「小」は長さ五〇㎝ほどである。どちらも多用するので、作る日は一日に四個くらい作った。上手に使うと五、六年は持ちこたえた。

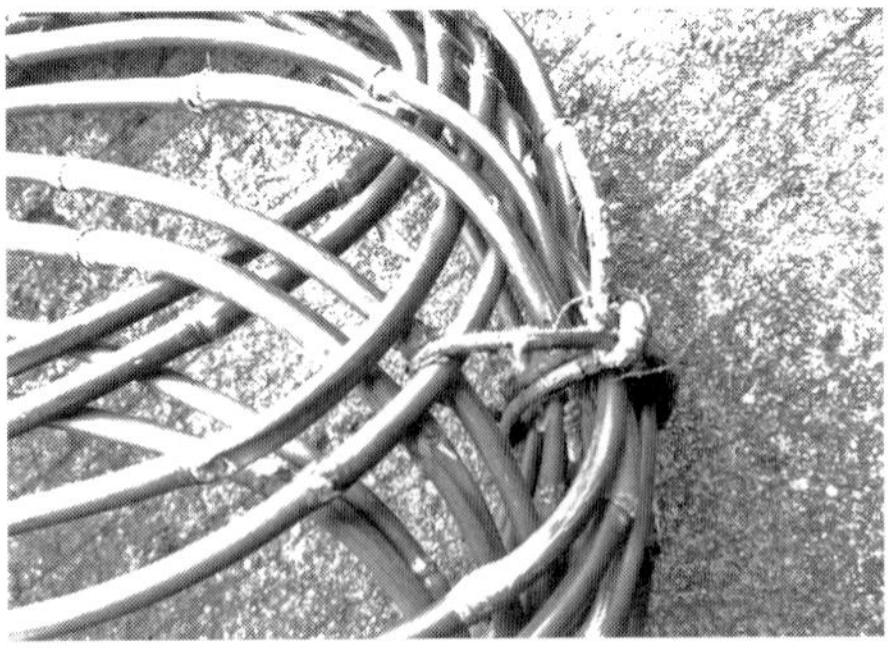
写真３　編み方の部分（中河内）

今回宇野秀夫氏は二三本のススタケで長さ七〇㎝のものと、やや細い一九本のススタケで長さ四一㎝のメッカイを作って下さった（写真４）。また、中川秀吉氏は二一本のススタケで、長さ七六㎝のものと、二四本のススタケで、長さ八四㎝のメッカイを作って下さった（写真５）。二人とも良質のススタケを元住所の中河内まで行って採取し、完全なるものを作って下さった。二人のメッカイの大きさは七〇～八〇㎝であり、これくらいが便利だったのだろう。

二　利用法

メッカイは身近な民具であり、大まかに大、小のメッカイを一組として、家、納屋、炭窯、小屋などに置いてあった。メッカイは軽く、水はけが良く、何でも運べ、変形してどんな形にしても使える。それでいて耐火性もあり、丈夫で、大変便利な必需品だった。刀利谷で

写真４　下小屋のメッカイ　小・大

写真５　中河内のメッカイ　大

は、ほとんどのものをメッカイで運んだという。

炭窯では、大のメッカイを炭窯から炭を出す時に使った。メッカイは竹なのでしなりがきき、メッカイの先口をまげ、炭窯の中に入れることができる。出来たての炭は手で持てないほど熱いが、メッカイは炭をのせても耐熱性があり、大丈夫である。また、炭を窯から早く折らさずに出す時に、メッカイは炭をこわさずにそのまま出して運ぶことができた。箕としての利用である。小のメッカイには、炭窯から出た規格外の炭をのせて振るうと、上にコズミ（小さな炭）、下にゴバイ（粉炭）と区分できた。メッカイの編目を篩《ふるい》として利用したのである。コズミは藁俵に入れて売却したり、自家用とした。ゴバイは自家用にした。

家では外仕事に、小のメッカイに堆肥を入れて田んぼへ運んだ。野菜など何でも入れて運んだ。また、山の田は泥が抜けやすく、畔の抜けた所に泥を入れて運んだ。川では土砂を取るとき、細かい砂と水が下に抜け砂利が残り、便利だった。また家の中仕事では、春先の大切な副業である、ぜんまいやスタケなどの山菜[1]を茹でるときに使った。下に馬たらいなどの大きなたらいを置き、上に大のメッカイを置く。その上から茹でた大量の山菜を開けて冷まし、後で皮などをむいた。笊《ざる》としての利用である。メッカイは竹なので清潔で食品にも利用できた。

このように刀利谷ではあらゆる品をメッカイで運び、箕や篩、笊として利用した。

三　他地域との比較

県内でも小矢部川上流域のメッカイとほとんど同じ民具を使用していた。文献から紹介する。

『ふくみつ地方の暮らしに生きる「方言・ことわざ」集』
「ミッカイ」柳や竹で箕のように編んだ土砂運びの道具

『砺波民俗語彙』
「メッカイ」①河原で砂利を採るときに使う小さい木の箕。②細い竹で編んだ箕。炭を窯から出すときに使う。（太美山村臼中）

『上平村民俗資料館民具』
「ミッカイ」ヤマダケを折り曲げて編んだ箕。炭窯で炭屑をかき出して入れるのに使う。長さ四六cm。ヤマダケ二六本炭焼きの時山で作る。一窯に二つ作る。

『砺波の民具』
「ツボドロを出すミ（箕）」五〇〜六四cm。細い柳の枝を折り曲げて編んだもの。

『日本のまん中富山弁』
「ミッカイ」竹で編んだ箕（五箇山）。

『ふるさとの民俗』
「みかい」炭焼用の窯をつくるとき、土や石を運ぶために使うもので、川原に自生する柳の枝で編まれている。後略（朝日町）。

いずれも形は同じで、材料も竹や柳である。

全国的にも同様の民具がある。

『日本の民具の造形』二五頁
「箕」穀物を選別したり、運搬したりする道具のひとつ。細い割り竹

写真6　朝日町蛭谷
ミカイ　柳製

や丸竹、藤、桜なども使われる。(新潟　水原町ふるさと農業歴史資料館)

『民具入門事典』六一頁

「エブザル」肥運びに使う。目が粗いため、細かい土や砂がこぼれ落ちる。(秋田県)

このように名称はいろいろであるが、メッカイは県下でも全国でも広く使用された民具である。材質は竹、ヤマダケ・柳の枝などである。刀利谷はすべてススタケであり、柳の枝よりずっと強度があり、清潔感が増している特色がある。用途も大のメッカイは炭出しに使用している。これは耐熱性のあるススタケでないとできない。刀利谷は良質のススタケの大産地であり、その材質の特質を知り尽くした山の民の知恵が詰まった民具が、刀利谷のメッカイといえよう。

おわりに

メッカイは山に暮らす人々の必需品であり、一家に常時六個くらいはあった。その地に身近にある材料で、手軽に誰でも作れる。軽くしなやかで、重いものを入れても丈夫であり、しかも耐熱性があり、生業の炭焼きには特に必需品であった。しなりがきくので、形も固定したものでなく、用途に合わせ丸めるように、自由に変えられる。適度な隙間は篩や笊としても使用できる。このように多用に使用できるメッカイは、生活に欠かすことが出来ない重宝な民具である。よく使うために消耗品であり、残されることが少なく、刀利谷でも昭和三十年代の離村時に捨てた家が多い。

しかし、このような身近な民具こそ見直され、自然にやさしく便利で身近な民具として、現代にも伝えてほしいと願う。

注

(1)『福光町史』下巻九六頁　福光町　昭和四六年

参考文献

金本登『ふくみつ地方の暮らしに生きる「方言・ことわざ」集』自刊　平成十一年
佐伯安一『砺波民俗語彙』国書刊行会　昭和五一年
『砺波の民具』砺波市立砺波郷土資料館　平成十八年
蓑島良二『日本のまんなか　富山弁』北日本新聞社　平成十三年
漆間元三『ふるさとの民俗』黒部市　平成元年
日本民具学会編『日本民具辞典』ぎょうせい　平成九年
宮本馨太郎『民具入門事典』柏書房　平成三年
川村善之『日本民具の造形』淡交社　平成十五年

(『とやま民俗』No.八四　二〇一五年一月)

Ⅶ　吉見バンドリ

はじめに

吉見は古くからバンドリの産地で、「吉見バンドリ」とよばれており（写真１・２）、主に農作業用に使用された。形態は丸蓑で、前あて（腰蓑）はついていない。表のクビゲ（首毛）にニゴ（藁の芯）を使用しているため、肩が広がり大きい。またニゴは水をはじき、雨が漏らない。胴は短く、田仕事用に最も適する。胴が長いと腰を曲げる農作業時にすそがぬれ、編み目から腐る。背中の裏（内側）の部分は、縒《よ》りをかけて編んであるため、風通しが良く、汗をかかない。農作業の雨具や日よけはもちろん、山仕事でも、炭材をかつぐとき、背中当てとして、また防寒用に使用した。休憩時には敷いて寝ころんだ。大切に使用すると、五年くらいもった。

バンドリは、莚などの藁工品と違い、特殊な技術を要し、誰でも編めるものではない。里山方では編まれたが、町近の里では購入した。福光では吉見バンドリを販売していた。

バンドリを編むときに、ニゴや藁をツツで打つ。ニゴを人力で打つには、三〇分以上かかるが、水車は二本のきねで一度に二把ずつ打つことができる。

吉見がバンドリの特産地になったのは、村の中央部に吉見用水（現嫁兼用水）が流れていたことによる。この川は水量が多く、川幅も広い。しかもほどよい傾斜があり、水車の設置に都合が良かった。吉見には戦前から昭和三〇年ごろまで、三台の水車があり、共同で使用した。吉見より上流は山が深くなり、水量がなく水車が設置できない。また下流では谷が開けて、水田が多くなり、田仕事が忙しかった。

最盛期は昭和一〇年代で、村の戸数二七軒で一冬に二〇〇〇枚

写真１　吉見バンドリ（表）

写真２　吉見バンドリ（裏）

編んだ。一軒あたり、四〇～一〇〇枚である。その後、戦中は炭焼きが本業となったので編む人が減りだした。戦後は物不足で大量に編まれた。合羽の普及とともに一時減少したが、合羽は汗が出て中から濡れるので、バンドリの人気が復活した。その後、良質な合羽の出現で減少したが、昭和三五年（一九六〇）頃まで編まれた。上手な人は、前工程（後述）してあると、一日二枚編んだ。

一 材料

バンドリは藁とニゴとオー（麻苧）で編んだ。オーは自畑で作った。バンドリの善し悪しはニゴで決まるため、細くて長いニゴの入手に苦労した。戦前は北野、井口（久保）[1]へ田仕事の一段落した、十一月から十二月にかけて、ニゴを年二回ほど歩いて買いに行った。集団で立野原を横断し城端を通り、十五㎞ほどの距離を一日かけて、買いに行った。たいてい毎年買いに行く家を決めてあり、一〇～十三貫を担いで帰った。

表に使うニゴは長いほど良い。ニゴの長い品種の次郎左衛門・早高屋・大正もちなどを使用した。ニゴを買いに行けない人は、城端・福光の荒物屋で買った。また戦後は、荒物屋から大量に運搬してもらった。

バンドリは男の仕事で、冬の十二月から二月末まで編んだ。大量のニゴ縄がいるので、夜なべ仕事に一把ほど綯《な》った。また、若者は近所で集まって楽しみながら、ニゴ縄を綯ったり、「編み板」を置いてバンドリを編んだりした。村の寄り合いも、ニゴ縄を綯いながら進めた。戦後はニゴ縄を、縄ない機で綯う人もいた。

二 編み方

前工程として縦縄のニゴ縄を綯い、藁を打ち、麻縄を綯った。

①左肩を編む

編み板で、着用して左側の端から編み始める。最初表のクビゲのニゴと、裏のニゴを二段ずつそろえて七筋編む。次の筋より、裏は切り藁になり、八筋ごとに一段ずつ長くしていく。切り藁が六段目まで肩になる。

②胴を編む

切り藁が七段目から胴になる。胴の裏は切り藁ではなく、縒りをかけ捻《ねじ》って編む。

胴に縒りのマシ（増し目）を入れる。胴の半分までマシを入れる。一本に二本かけ、倍の目数に増やす。バンドリの長さの半分までマシを入れる。それ以上はすそが広がりすぎてしまうから入れない。すそは藁が寄らないから、縒りではなく切り藁を三段入れる。藁は縒りをかけることにより、倍の強さになり、切れず、抜けず長持ちする。しかも通気性が良く、働きやすい。

③右肩を編む

左肩と同様に編む。

④肩編み・肩カエシをする

カシラ縄（頭縄）を入れてニゴを裏に回し、表と裏を合わせて折る。次に首の部分をニゴでミッツ（三つ）編みにする。首の回りはニゴで強い。

⑤カザアミ（かざりあみ）をする

表のニゴを押さえるため、オー縄で首の回りを二本カザアミをする。肩の部分だけ、クビゲがずらぬよう、二本の間にもう一本編む。三本編むことにより、バンドリを着て荷物を担ぎ荷縄で縛る時、肩の部分に荷縄がつかえ、寄ったり切れたりするのを防ぐ。

カザアミは、あとで何枚もまとめて編むことが多い。

⑥右端の首縄を仕上げる

バンドリの右端につける首縄は、三本の右縄を合わせて左縄に綯う。一本はカシラ縄であり、二本は編み縄である。末端にこぶを作り、バンドリ左端の、輪になった「つぼ」に引っかける。長さは四二cmほどである。

着用する時自分の身体に合わせ、左右に腰縄を付ける。

三　商品になるまで

①アクぬき

冬の間に編んだバンドリを、吹雪が収まった二月末から四月一五日の町の祭まで、吉見用水に一〇日ほど浸け、アクをぬく。川の近くの立木に縄をかけ、バンドリを五枚～一〇枚ずつほど縛ったものを、流されぬよう石で両肩を押さえ、連結して二連から七連ほど連ねる。用水は各戸のバンドリで埋まる。アク抜きにも用水は不可欠である。アクを抜くと倍強くなり、白くなる。

②干す

川から揚げ、表を外側にしてハサに掛け、朝夕出し入れしながら、一〇日ほど干す。

③縛る

仕上がったバンドリは、首の部分を両肩から表が外側になるように巻いて、中央まで丸め、左右から藁の一部を取り出し、腰の部分で藁を捻じりまとめる。その形から「ミミズク」という（写真3）。

四　売却

ミミズクの形のバンドリを、一〇枚ずつ縛り、主に福光・城端の荒物屋へ担いで売りに行った。また、広瀬・石黒などの農家へ、女性が十五枚ほど担いで売りに行った。また、小院瀬見から中根を通り、横谷を経て金沢へ売りに行った。刀利から横谷を通っても行った。金沢では腰蓑の付いた「湯涌バンドリ」があったが、仕事中に腰蓑が邪魔になるので人気がなく、吉見バンドリが売れた。金沢から仲買人が買いに来ることもあった。

売値は昭和一〇年（一九三五）頃、一枚五〇銭ほどであった。昭和二五年頃は一〇〇円ほどであり、三五年頃は三〇〇円ほどであった。

写真3　バンドリを縛り「ミミズク」にする

おわりに

吉見は村中央に水量の多い吉見用水が流れていたので、わら打ち用に水車の設置ができたのと、バンドリのアク抜きに利用できた。

バンドリの品質を左右する細くて長いニゴは、一五km も離れた旧井口村久保まで買いに行っていた。

耕地面積の少ない吉見では、豊かな用水が流れている環境を活かし、良質な吉見バンドリが作られてきたのである。

話者の吉見　中島貞雄さんに感謝申し上げます。

注

（1）井口村久保はニゴの産地で、「吉見バンドリ」の材料に用いられた『井口村史』上巻　五九二頁

参考文献

井口村史編纂委員会『井口村史』上巻　井口村　一九九五

（『福光町史』下巻　二〇一一年三月　南砺市）

Ⅷ　勝木《かつき》箸

正月の雑煮や小正月の小豆雑煮を食べるときに使う箸を「カツキ箸」という。

形は「削りかけ」といい、カツキの表皮を薄く途中まで幾重にもそぎ削り、花のようにした。カツキはウルシ科ヌルデの方言名で、谷や川の淵に多く生えている。勝木箸は江戸時代には小院瀬見や小二又で作られて、城端や金沢の町へ売り出されていた。

元禄七年（一六九四）の『農隙所作村々寄帳』（加越能文庫）／（農文協『日本農書全集第五巻』所収）に「白箸」「勝木箸」があり、小院瀬見・小二又の産物として記されている。また、寛保三年（一七四三）の「砺波郡之内ニテ且又売買仕品書上申帳」[1]には、

一、白箸之義、小院瀬見村、小二又村にて少々出来仕、金沢、城端へ持出し百膳にて壱匁八分より壱匁迄、箸善悪より売渡申候

とあり、白箸（勝木箸）一〇〇膳で一匁八分より一匁の値で金沢・城端に売られたとある。

勝木箸の商品としての生産は無くなっているが、現在正月行事にその姿をとどめている。広谷の桃野八郎家には「豊作箸」、「稲穂箸」と呼ばれ伝えられている。農民が豊作を祈願するために作る箸である。また勝木という名称は、今年も勝つぞという気持ちがこもる。

写真１　勝木箸　桃野八郎作　2009年

一　作り方

暮れの大掃除が終わった後に、一年生か二年生の若い木を使い作る。ウルシ科なのでかぶれやすいが、暮れは木の水が下がっているので、かぶれにくい。

①鉈で木を切り、小刀か鎌で表皮を削る。柔らかい木なので削りやすい。白い木肌になるまで削る。

②白くなった木を先端は箸に削り、元の部分を逆削りにくるくる巻くように何段も削り、稲穂にたとえる。上は短く、下は長く削る。箸の大きさは大・中・小三種に作り、長さが十五〜三〇cm、太さは周りが四〜六cmである。

③茶の間の鴨居の上に差して乾かす。

二　使用法

勝木箸は家族全員の分を作る。年長者は太い箸で花がたくさん付いた物を使い、子供は細くて持ちやすい箸を使う。働く人は稲穂が長いことを祈願し、長い箸を使う。

一回目は一年の豊作を祈願し、正月の雑煮で使う。使用後は茶の間の鴨居の上に差しておく。二回目は小正月の成木責めの時に使う。すべての成り木に使用後、なげしに差しておく。日が経つと、豊作箸はいろりの煙ですすけていく。秋に稲の収穫を終えると、一年の豊作に感謝し、いろりで燃やされる。近年は年暮に作り、地区や家ごとに違いがある。一年を通じ豊作を祈願する箸である。

三、カッキの他の利用法

西太美地区では箸のほか、いろいろな農具に細工された。白く削ってから、平鍬《くわ》、こまざらい、ラチ打つ鍬（苗の行間を板鍬で打ちかえす鍬）、鎌、鉈、ヨキなどが作られた。神様棚に二月九日の山祭まで立てて飾られた。

また、正月用には同様にして六寸ほどに木を切り、三分の一まで削り、神棚に榊のかわりに「神様の花」として立て、これも山祭まで飾った。

注

（1）『福光町史』上巻　八六〇頁　福光町　一九七一

（『福光町史』下巻　二〇一一年三月　南砺市）

Ⅸ　ネマリ機《ばた》

富山県の西端には、山沿いをぬうように小矢部川が流れている。その上流、南砺市福光地域の山裾に、「福光町農林漁業資料館」が建っている。そこには、この地ならではの生活を支えた民具が、数多く展示されている。

福光地域は藩政時代から麻織物の中心として栄えてきた。麻は人間が栽培し、衣料材料とした最初の繊維である。綿・絹の繊維技術もこの麻の経験を土台にして築かれた。福光麻布《あさぬの》の始まりは古く、平安遷都の延暦年間に勅命で御霊場建立のため、進物用として福光近辺で織らせたとも伝えている。

福光麻布は、手績みの緯《よこ》糸を使用した手織りが最大の特徴である。手績みの糸とは、巾広い苧《お》を細かく裂いて績み、糸にすることであり、女たちの数少ない稼ぎだった。麻の糸は細い。その糸の端を手で縒《よ》り、時に唾をつけながら太さを均一に繋いでいく。非常に熟練と時間と根気がいった。糸はオボケ（苧桶）にためられていく。女たちはオボケを持って嫁入りした。どんな時も苧を績む手は休めず、話をしているときも近所へ遊びに行く時もオボケを持参しお互いに苧を績んでいた。

展示民具のなかでも、ひときわ目をひくのはネマリ機である。これは麻の織機で、ネマッテ（座して）織るからこうよばれた。一般の高機《たかはた》よりも古い形で、織り手の腰に腰帯をつけ、腰で調子をとりながら織るという、高度な技術が必要だった。高機は緯《よこ》糸を手績み糸、経《たて》糸に紡績糸を使用したが、ネマリ機は緯糸はもちろん、経糸も手績み糸だけを使用した。良質な績み糸がなければ、経糸にはできない。この地方には、誠実に績み続けた確かな手仕事があったからできたのである。

ネマリ機で織った麻布はふんわりとして柔らかく、ほほに当てても肌触りがやさしい。それでいて腰が強く、素朴で使い良い。麻布として最高級品だ。福光麻布でもネマリ機は一割ほどだった。それも昭和三十年代には、織り手は荒木の川合よくさん（明治十六年生まれ）一人になってしまった。文化庁では貴重な技法を保存しようと、何度か調査されていた。

その後、川合さんが亡くなると（昭和五十八年、数え百一歳で没）、織元である舟岡商店の主人が、川合さんの家を訪ね、ネマリ機を譲ってもらわれた。当時、織機は織り手が亡くなると、不要で場所もとることから、燃すことがほとんどだった。晩年の川合さんは、高齢になってから織られていなかったので、ネマリ機は分解されていた。それを舟岡商店ではきちんと組み立て、農林漁業資料館に寄贈されたのだった。

県下でもネマリ機は少ない。あってもほとんど分解されており、いくつかの木片は、どこの部分か見当さえつかないことも多い。また、木片なので少しずつ他用されていった。ネマリ機に組み立てるのは、織る技術を熟知していないと至難の業である。舟岡商店では当時、高機の織り手がまだ何人もいたので、組み立てることができた。そのため、県下では、完全なものはこのネマリ機しかないのではないかと言われている。舟岡商店の、福光麻布に対する篤い思いがあったからこそ、保存されたのである。

日本において、麻布は紡績糸の麻布がわずかにあっても、手績みの糸を使用した麻布は本当に少ない。昭和四十年代には福光麻布と、奈良晒だけであった。

福光麻布は手績みの麻糸だけを緯糸に使い、品質の良さで京阪・東京方面の寺社儀式用布、神官装束、のれん、蚊帳、畳へり、獅子舞カヤ、文化財修復用などに使用された。中でも伊勢神宮の遷宮では、社の通路を福光麻布で敷きつめた。戦前まで、遷宮の年にはカワマキ莚にくるまれ、貨車ではもったいないというので、客車で大量に移送された。その光景は、大変盛大なものであったという。

また昭和天皇即位の礼には、幕地二千反が御用達された。平成元年、昭和天皇大喪の礼には、二百四十反の福光麻布で装束が作られた。雅な京都の祭りでも使われ、家々の軒を飾るのれんは、福光麻布ではためいていた。それは想像するだけで晴れやかだ。

このような歴史のある福光麻布だが、時代とともに苧を績む人がいなくなった。舟岡商店では、品質を守るため、あくまでも手績みの糸を使用し、紡績糸にしてまで織りついでいこうとは思われなかった。福光麻布は藩政時代、六万疋（十二万反）も織られた。舟岡商店では、戦前に一日一〇〇疋も織られた日があったという。今、多くの女たちの手から手へと繋いできた福光麻布は、ついに消えようとしている。

南砺市になってから閉館されたままの農林漁業資料館では、自然素材で作られた民具が風も通さず、ゆっくりと風化していく。福光麻布の原点であるネマリ機を見ると、虫食いの穴がまた一つ増えていく。それは遠い昔から連なってきた数知れぬ女たちの、風化を惜しむ涙の跡に見えてきた。

（『万華鏡』252号（道具もの語り）
ふるさと開発研究所　二〇一三年一月）

X　散居村ミュージアム「民具館」の宮島良一展

民具館の一室では、二〇〇九年九月から三か月間にわたり、「暮らしを支えた桶・樽展」の企画展が開催された。そこには先年宮島さん（砺波市鷹栖）が亡くなる直前まで使ってこられた桶職人専用の珍しい道具が展示してあった。鉋にしても丸い形や凹んだ形、もちろん平らな形の鉋《かんな》もある。また、鉋の原型であるヤリガンナと言って、今や桶職人だけに伝えられてきた鉋もある。砥石も鉋に合わせて、中が丸いのや窪んだのがある。これらの道具は宮島さんが、昭和二六年に独立したときから使ってこられたものである。

昭和四十年代まで、容器といえば多くが桶や樽であった。台所には多くの桶がひしめき合っていた。長くて厳しい冬を越すために大きな漬け物桶は二～三個あったし、毎日の食を支える味噌桶もおいてあった。三度のごはんはオヒツからよそった。ふるさとの味であるカブラズシは専用の鮓桶で作った。カブラズシは桶で作るからこそ水分がほどよく抜けていくので美味しい本物の味になった。かつての嫁入り道具であった洗濯盥《たらい》も桶だったし、風呂も風呂桶だった。納屋へ行くと、田仕事に欠かせないタゴケ（肥料桶）、柄杓《ひしゃく》、馬盥《うまたらい》などがあった。産湯も桶だった。その他テオケ・オコワビツ・オボケなどいろんな桶があった。

桶は、傷むと桶屋さんに手軽に何回でも修理してもらい使ってきた。年月とともにゆるんでくるタガを締め直したり、底板の反りを直してもらったりした。また、クレ（側板）がバラバラに壊れてどうしようもなくなってしまった桶でも、クレに竹釘を入れ直し、きちんと接合していくと、不思議なほどに元の桶によみがえった。宮島さんは、古いクレを利用し削って小型の桶にしたり、新しいクレを付け加え、全く新しい桶に作り変えたりすることもある。だから板切れ一枚とて捨てることなく大切に保存してあった。すべての材料を無駄なく最後まで使い続ける桶は、エコロジーな民具であった。また、当時は民具を家の道具として大切に使用するという精神が息づいていた。宮島さんには昭和四十八年から修理注文の帳面を残している。それを見ると、近所の人が風呂桶を何度も修理に出され、使い続けていたことがわかる。また、屋敷林の木を持ってこられ作った桶もいくつかある。家の木であるから桶に作って、愛着があっただろう。

宮島さんは器用な方だった。いくつかの道具も自分で工夫して作られた。クレの角度を見るカタ（カイカタ）は三十三種類あるが、すべて自作である。きっちりした角度、確かな道具から、宮島さんの息遣いが聞こえてくるようだ。このカタの数々をうまく合わせ、すべての桶を作ってこられた。

宮島さんは信念を持ち、生涯にわたり桶を作り続けられた。地元の酒造会社の大桶のタガも締め直してきた。また地域だけでなく、加賀温泉や草津温泉の湯汲み桶も作った。婚礼行事で華を添えるツノダル（祝い樽）も作った。そのツノダルは頑丈に作られていたから、三十年以上経ても寸分の狂いがなかった。あまりによく使用したので、色が少し落ち、漆を塗り替えたが、桶そのものは傷まず修理することはなかった。このツノダルはこれまでどれだけ多くの人の門出を祝福してきたことだろう。本物の樽の持つ美しさとともに、華やかな飾りが心を浮き立たせる。

宮島さんの桶は、今も現役の民具としていろんな所で生きている。しかし、宮島さんが亡くなった頃、砺波地方の桶屋はあっという間に姿を消してしまった。

民具館には、宮島さんが作りためておかれた二～一二㎝ほどの竹釘が数多く並べてある。いろんな桶のクレにさして接合しようとして、何種類もの形に作ってある。小さな竹釘一つにしても竹の向きや長さ、幅、厚みなどに、手を抜くことなく、きちんとした仕事をやりぬいてある。その確かな技術に、宮島さんの一生をかけた強い心意気が、ぐいぐいと伝わってくる。

（『万華鏡』215号（民具館）
ふるさと開発研究所　二〇〇九年十一月）

XI　向井國子さん手仕事をつなぐ

向井さんの手は忙しい。藁獅子に魅せられ、復元を大きな目標としているからだ。昔から写真が趣味である向井さんは、結婚して間もない昭和五十四年に、村の秋祭りに神社に奉納された、古い珍しい藁獅子を夢中で撮った。夕陽で逆光となったころ、舞う藁獅子の頭は、あたかも柔らかい毛のように光っていた。写真を撮りながら、その美しさにすっかり魅せられた。

そして時が経ち平成十四年ころから、家の前の道路の拡幅で、機械が入らない田の、手刈りの藁が気になるようになった。そしてその頃あの藁獅子は、婚家の義祖父が誰かに依頼して作ってもらい、村へ寄進したものであったことを知った。しかし、今やその作り手はいない。この時、「いつか自分で藁獅子を作り、この向井家から再び寄進したい。必ずや作れるようになろう」と決心した。

それからの向井さんの行動はすごかった。藁獅子を作るために、いろんな藁細工をすべて作れるようになろうと思った。といっても生まれは非農家で、縄綯《なな》いさえしたことがない。近くの公民館祭に出品された藁草履を見て作者に出会い、草鞋や深ぐつの作り方を習った。技術を学ぶうちに、藁細工をするための藁打ち機の重要性が分かった。藁打ち機を自由に使用させてもらうことをきっかけに、砺波の「えんなか会」にも入った。そこでは年配の会員に学びながら、莚も織った。とにかく藁細工を教えてもらう人を探すのに精一杯だった。

そんな時だった。平成十八年二月の北日本新聞で、五箇蓑の最後の伝承者、利賀の山田勇正さんの記事に釘付けになった。その日のうちに教えてもらえるよう手紙を書いた。心良く許されると雪融けを待ち、山田家へ朝六時に出発した。五箇蓑はミノスゲで作る雨具で、江戸時代は「加賀蓑」とよばれていた、武士の高級蓑である。藁とは一味違い、ミノスゲが持つ、ふんわりとした柔らかさ、しなやかさがある。そして何よりも内側が全部網になっており、とてつもなく手が込んでいる。広げれば上品な孔雀の羽根のようだ。その素晴らしさに息を呑むが、いざ作るとなると、その難しい技におじけついてしまうほどである。この途方もない五箇蓑を作ろうと思った、その強い志を支えるものは何だったのだろうか。向井さんはもともと手が器用であったことにもよるが、「人が作ったもんだから、私も作れる」と信じたことだ。

夜は一時過ぎまで製作に打ち込む日もあった。慣れない細かい作業は、果てがないほど延々と続く。しかし、どれだけ大変であろうとくじけない。教えて下さいと頼み、教えて下さった山田さんへのお礼と責任感が向井さんを支え、四か月かけてついに五箇蓑は完成した。それはどんなに達成感に満ちたものだったろうか。江戸時代から続いてきた五箇蓑の技術は、こうして向井さんに受け継がれたのである。

以後、今にも消えそうな手仕事の技を教えてくれる人を必死で探した。根を詰めすぎて手を傷めたこともあった。しかし、手を休めている間も惜しみ、道の駅や古物店などをめぐり、見本となる民具を買い求めた。また民具の基礎を学ぶため、『砺波の民具』（砺波郷土資料館発行）を手にし、目を皿のようにして学び、民具の名前を覚えた。今もその本にはびっしりと印が付けられ、猛勉強ぶりが伝わる。

ゆるぎない藁細工への情熱は、材料の藁へも向けられた。機械化で今や藁は希少品となった。まして民具に適する長い品種の藁は、手に入りにくい。そこで向井さんはいろんな店を見ては、生花材として売っている古代米を買い、その種を一粒ずつ取り出して、自宅の田に植えた。ニゴの長い品種、穂が赤や青の品種などと増え、現在二十種近くにも及ぶ。

藁細工への情熱は竹細工やナタヘゴ（鉈鞘）など、藁以外の手仕事にも広がった。どれも最後の伝承人から受け継いだものばかりである。向井さんは今や、貴重な伝承人である。この受け継いだ技を伝えようと、四年ほど前から自分で藁を持参して藁細工を教え始めた。それは自分が学んだことを、いつか誰かが伝えてくれないか、その一念である。

向井さんは藁細工をしているうちに気づいたことがある。長い年月をかけて伝えられてきた物には、どんな環境の時代になろうと生きていく力を持っている。いつか必ず役に立つだろう。手仕事の技を絶やしてはならない。そのことを深く胸に秘め、向井さんは藁を見つめ、手は今日も何かを作り出している。

（『万華鏡』268号（高志の群像　向井國子）
ふるさと開発研究所　二〇一四年五月）

四章　山の生活

Ⅰ　立野脇用水史

はじめに

立野脇は南砺市福光地域の町部から小矢部川沿いに約一〇km上流で、右岸の段丘地に位置する山村である。刀利が廃村になった昭和四十年代以降、小矢部川最上流部の集落であり、村には文明年間（一四六九～一四八六）に蓮如上人が巡錫したと伝える古道や池がある。明治初年は二五軒で、一六七人が住んでいた。以後昭和五十年代まで約二〇軒であった。小矢部川上流域は固い岩石による地質で急峻な渓谷となり、もともと水を蓄える森林が少なく林相も悪く、水不足の村が多かった(1)。その中でも立野脇は、村内に流れてくる川がなく、しかも段丘崖であるため特に水の便が悪く、昔から水に苦労してきた。

明治元年（一八六八）には、大火で風上の蔵一つを残して村が全焼するという悲劇にみまわれた(2)（立野脇大火）。それから特に村に水を引くことが悲願となった。また昭和三十年代まで、村内には多くの家が平野部の馬耕の預かり馬を飼育しており、馬の水も必要だった。このような水不足の村で村民はどのように飲料水、生活用水、農業用水などの水を求め、生活を営んできたのだろうか。

本稿では、立野脇が明治元年の大火以来用水を求め、村人自身が自分たちの力で測量し、開削し、次から次と起きる難題にどう対処してきたのか、また、昭和三十六年（一九六一）以降の刀利ダム建設や、平成十年代の電力会社送電工事の受諾条件として、どう水利を確保してきたかを記録する。

筆者は立野脇の用水について最後の話者、嵐龍夫氏（昭和三年生）から、平成二十二年（二〇一〇）に聞き取りする機会を得た。砺波地方の山間地における水不足を克服した村の事例として、紹介したい。

一　立野脇について

立野脇は江戸時代砺波郡太美郷に属する村であり、明治二十二年（一八八九）に砺波郡太美山村立野脇となった(3)。人口は江戸中期二二軒一一一人であり(4)、江戸後期は二五軒一四五人、明治初年には二五軒一六七人であり(5)、古くからおおよそ二〇軒といわれていた。江戸後期の主な稼ぎは、かせ・蚕・抄柴・独活《うど》・ぜんまい・す竹ノ子・薯蕷などである(6)。戦前の主生産物は苧・干し大根・炭・山菜・栗・胡桃などであった(7)。

幕末や明治初期の資料がないが、江戸初期の正保三年（一六四六）八月『利波郡高物成田畠帳』によると、立野脇は「土地柄　ほへ山　本高二九石七五〇　田方二反　畠方一町七反八畝一二歩」であり(8)、圧倒的に田より畑が多い。これは水が不足しやすい近くの山村でも特に立野脇は畑作の比率が大きい。このように立野脇は江戸初期から水が不足し畑作が行われていた。産物も畑作で作る産物が多かった。麻も畑作である。

(一)　江戸時代の水利

江戸時代から明治時代にかけての飲料水や生活用水は、自宅の

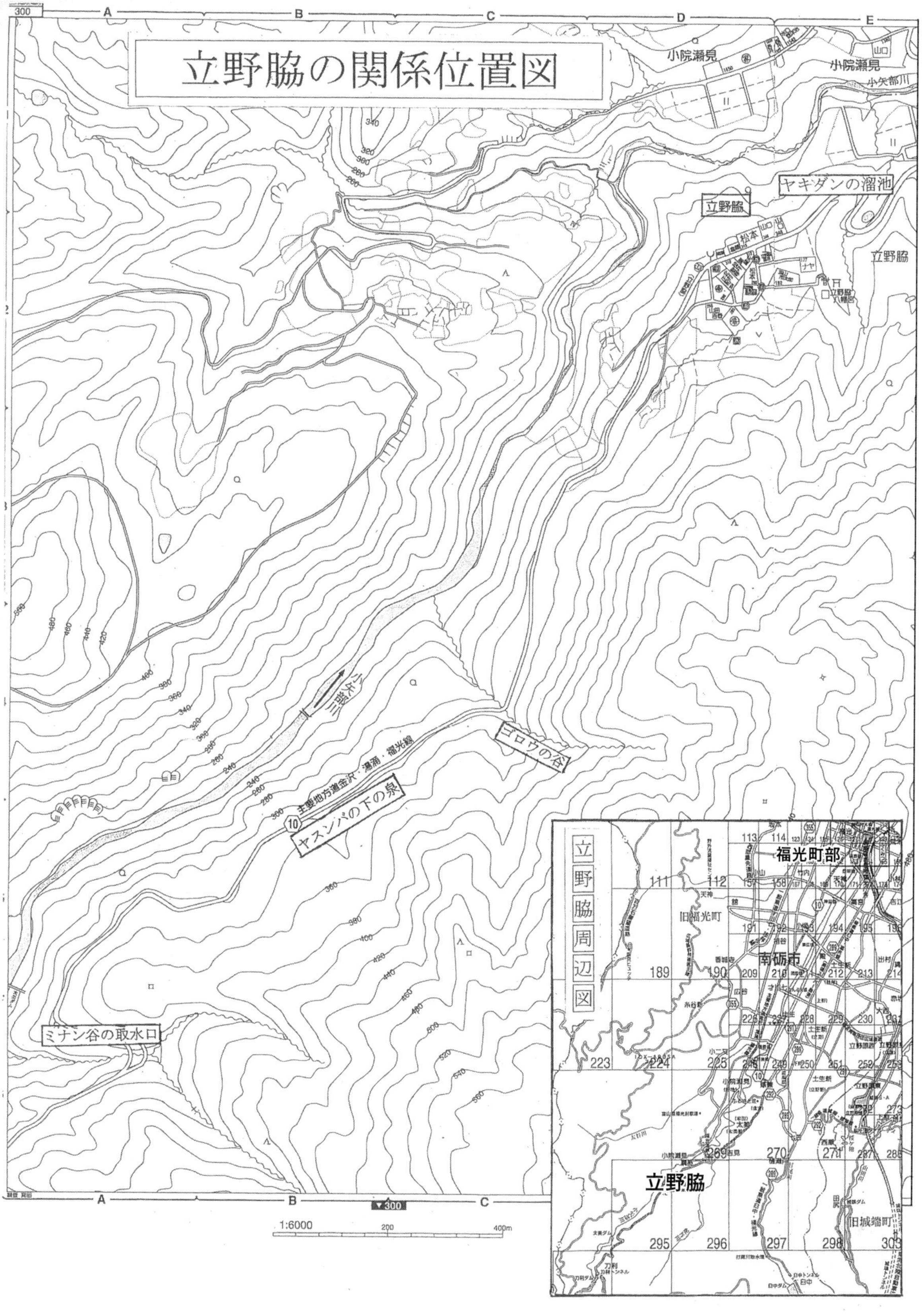
立野脇の関係位置図
小院瀬見
小矢部川
ヤキダンの溜池
立野脇
松本
ゴロウの谷
主要地方道金沢・湯涌・福光線
ヤスンバの下の泉
ミナン谷の取水口
1:6000
200
400m
立野脇周辺図
福光町部
旧福光町
南砺市
立野脇
旧城端町

井戸水と、村の上手にある自噴の清水である「蓮如清水」、宮の横から流れる細い川である「ヤキダン」の水だけであった。段丘崖の村なので井戸水も蓮如清水、ヤキダンの水量も少ない。何軒かの家の前に雨水を溜めた小さな池があったが、濁り水だった。

(1) 井戸水

立野脇は村内に水が流れる谷がなく、村に水気が少ないので井戸は水源が深く、[9] 約七m掘り下げた。それ以上掘るとガスが出て掘れなかった。その井戸水も量が少なく、出たり出なかったりした。また、井戸を掘っても水が出ない家が三軒ほどあった。

(2) 蓮如清水（写真1）

蓮如清水は、「惣池」、「弘法清水」とも呼ばれ、村では代々「命の水」といわれてきた。蓮如清水は、山村ゆえ雪崩から村を守るために木を伐らぬ規定となっていた惣山、イケモチ（雪持ち林）を水源とし、イケモチの麓に自噴している池である。恐らく村が開闢以来の水源だろうといわれている。実際水が不足しているこの村ではこの清水が唯一の水源ともいえ、この水があったから村を開いたとも伝えられていた。また、昭和四十年代まで井戸を掘っても水が出ない三軒の大切な飲み水となり、村の貴重な生活用水だった。広さは約二間四方で深さは九尺であるが湧き出る水量は少なかった。横に地蔵が祭られている。

写真1　蓮如清水

(3) ヤキダンの水

ヤキダンは宮のすぐ後ろの谷で、かつてその谷に桧が自生しており、大風が吹いた時に木と木が揺れてすれ、摩擦で火が出て火事になり、ヤキダン（焼谷）といわれるようになったという。水は二方向に流れ、本流は村から歩いて五分ほどの下手にあるフヤ（古屋）へ流れ、村内に流れるのは支流だが、一般にヤキダンの水はこの支流を指す。その水は宮の後ろから流れる約三〇〇mの用水で、チョロチョロと流れる程度で水量が少ない。少しでも水量を確保しようと江戸後期に村人総出でこの川を掘った。途中一枚岩のところが一〇〇mほどあり難工事だったが、つるはしで溝を掘り、水を伝わせた。しかし川には冬のなだれで雪やごみや石が入り詰まる。そこで用水のところどころで四角い岩の蓋を作って被せ、ごみを防いだ。蓋の隙間からは、水の流れ具合を見た。流れてきた水は一滴も無駄にしないように、用水の出口に桶などを置いた。少しずつ流れる水に洗濯時は川を掘り水溜りをつくって濯いだり、手や野菜などを洗ったりした。しかし村はヤキダンの水では到底足りなかった。

(4) 自宅の池

村内の何軒かの家には自宅前に、掘った池がある。嵐家の池は大きさが約二・五m×一・五m深さは現在約五〇㎝である。流れてくる川がないので、雨水を溜めた池であり濁り水であった。この池は、村内全戸の重要な副業であった麻栽培の加工時に必要としたが、[10] この作業は、きれいな水でなくてもよかった。それでも村内には池のない家があり、村には麻加工用のための共同池が二箇所あり、三軒ずつほどで使用していた。

(5) 谷間の清水

昭和十年代の夏に、井戸水・蓮如清水さえ枯れたときがあり、村の上手の谷間にある小さな清水の水を汲んできたこともあった。

このように村内は水が少なく生活用水にも支障をきたした。

(二) 立野脇の水田

立野脇は水が不足しているので、村内で稲作はごく少ししか作れずほとんど畑作であり、水田は村はずれや他村で耕作した。

(1) 村内の水田

村内にはヤキダンの水を利用した小さな田が五、六枚、合計一反ほどあったが、そこは苗代田であり、一枚を三人ほどの仲間田で使用した。それでも村内に苗代田を持たない家があった。

(2) フルヤ

フルヤは低い峰を越えた所でヤキダンの本流があり、そこから流れる水を溜めた一〇×一〇mほどの堤（写真2）があった。この堤は江戸後期に村人総出で作られ、昭和三十年代まで春先に水を抜いでスコップで泥を上げ、水が溜まるように手入れをしていた。作業は村の男女総動員のヒラブ（平夫）で行った。[11] その水を利用して水田を作った。

写真２　ヤキダンの溜池

(3) 他村の水田

フルヤの水田ではとても足りなかったので、歩いて三〇分ほどかかる下流の村、吉見・米田などで主なる田をもつ家が多かった。

このように立野脇は用水がないため水田が少なく、他村に行って稲作をしていた。

二　立野脇大火

明治元年（一八六八）八月二十日、立野脇では子供が火の付いたアサギ（麻木　麻の皮をむいた芯・麻殻）の棒を振り回して遊び、家の中に干してあったオー（麻苧）に火が移り、あっという間に茅葺屋根の家に火が回り、次々と焼けた。その季節は立野脇の主なる副業であった麻栽培で、オーを干す最盛期だった。立野脇は当時も村内全戸が麻栽培をしていた。またアサギは火付材であるため、火の回りが特に早かった。全戸茅葺屋根で燃えやすく、屋根に火が移った時にバケツ一杯の水があればその火を消せるという家が何軒もあったという。しかし、火事がおきた季節には、そのバケツ一杯の水さえ不足しており、ついに風上の蔵一つを残して三二棟が全焼した。それからは立野脇の人々にとって水を引いてくることが悲願となった。

三　明治時代からの用水路

(一) ゴロウの谷（写真3）からの引水

大火の後、生活用水としてヤキダンの水では足りないので、村では約一〇〇〇m上流で水量の多いゴロウの谷から水を引くことにした。ゴロウの谷にしたのは、水量がヤキダンの約三倍あること、村より水位が高いことと、村から一番近い谷であることからである。ゴロウとは岩場で岩がゴロゴロとあるというので付けられた地名である。その水源は今のゴロウの地蔵が安置されているところから、約二〇〇m峰側である。大火の後、村では家を建てると同時に、ゴロウの谷から水を引く工事を始めた。家は不自由でも凌げるが、水は毎日の生活に必要で、工事を始めるにあたり村中の家が建つのを待てないからである。そのため、年に一軒ずつ建て始めるのと同時に用水の工事を始めた。作業は春先の農閑期を利用し、雪が融けるころ除雪しながら、雪の多く溜まっていない所までした。時節的にはだいたい三月二十日ごろから四月十日ごろまでで、四月十五日になると種籾を撒かねばならず、農作業の時期に入ってしまうからである。しかも水不足の村だから苗代田が村内にない家もあり、下流の吉見などにある家は、行き来にも時間や手間がかかった。作業はたいてい一軒に一～二人ずつ出た。

写真3　ゴロウの谷

村ではエー（結い）で家を建立するため、春先に一軒ずつ建てた。他の家はしばらくサシカケ（掘っ立て小屋）だった。土地柄所有の木はあったが、金銭的なことは「頼もし講」[12]で、した。山村なので木があるから当時米一〇石（一五〇〇kg）あれば家が建つといわれていた。

(1) 測量

元々ゴロウの谷までは人が歩けるほどの山道はあった。しかし山道は窯道[13]で、山の形状に沿ってでこぼこし、上下左右にくねっていた。水を流すために水路は真っ直ぐでなければならず、保全するための道も必要だった。そのために先ず測量を行った。

測量は距離と方位だけでできることである。夜に小矢部川を挟み、対岸である小院瀬見と立野脇双方で蝋燭を立て、立野脇の蝋燭を小院瀬見側から水平器（分度器　象限儀）で測量した。見晴らしの良い所を基準にして水平器で傾斜を一定にし、水が同じ勢いで流れるように何回も測量した。三〇～五〇mほどずつ移動して測量したという。小院瀬見とは小矢部川の川幅が一〇〇～二〇〇mほど離れていたが、夜なので蝋燭の火がよく見えたし、大声で話せば聞こえた。これらの測量など、すべての作業は村人の手で行なわれた。

測量の技術については、寛文十三年（一六七三）に完成した山田新田用水でも夜に提灯の明かりの高低で測量したとされる[14]。立野脇から山田野へ入植した家もあったことから、明治初期にそのような測量技術が伝承されていたと思える。

(2) 道つけ

ゴロウの谷まで水路を作ると同時に、水路を見回るために横に道が必要だった。測量したらすぐに「道つけ」をした。鍬やつるはしで水路を掘り、出た泥を川の横に上げて道にした。村からゴロウの谷まで約一〇〇〇mの川が掘られ、道も約三尺の幅員に作ったが、これも人が歩けるほどの広さだった。いよいよ用水路を作るわけだが、村人は工夫を重ねた。

(3) 土の側溝

掘られた用水路の壁面は岩や泥が混じったがらがらのものだった。それでは水が漏れるから、きちんとした側溝を作る必要があり、まず土の側溝を作った。測量が終わると、水路を鍬やつるはしで掘り、粘土を持ってきた。粘土は水路の付近では村とゴロウの谷の中間部分に出土しており、そこからモッコや石炭箱に担いで作業現場まで運び、粘土を小豆バイ[15]で叩きながら固めて用水路の内側全部に張りめぐらし、土側溝の用水路を作った。粘土の厚さは二～三寸であったが、用水路の場所により水が抜けやすい岩場は粘土がたくさんいる。粘土が出土する所の地主には、村が地番のない地であったところを贈与し、粘土の土地を村の所有として利用した。

川の幅員は約二尺、深さは一尺のU字形に仕上げていき、約一〇年かけて土側溝の用水路がようやく完成した（明治十年代）。しかし天気が続く渇水期には水量が三分の一に減った。また、完成から四年目ごろから、土側溝に蟹が棲みつくようになり、梅雨時になると蟹が出てきて土側溝に穴を開けていった。穴を埋めても開けるので、だんだん水が来なくなり、村人は困窮し、新たな対策を練った。

(4) 板の樋（側溝）

土側溝の用水路は蟹に穴を開けられ水が漏れるので、穴を開けられる部分だけ板の側溝にすることにした。木は真っ直ぐな大木が必要で、しかも村に近くなければ運ぶ手間がかかる。合議の末、宮の杉の木を使うことになった。宮の木はよほどのことがないと伐らない。しかし、真っ直ぐである程度の長さのある木はそんなになかった。[16]今はそのよほどの時であり、宮の樹齢三〇〇年以上たった杉の木を三本伐った。立野脇は腐葉土が多く杉に適する土質で、標高がありゆっくりと育ち、平地よりも固く良質である。

村民で木を挽き、長さ約二間の板樋を作った。底は八寸、横は高さ五寸の樋に作り、水が漏れていく蟹の所と岩場の所を中心に配置した。二、三尺ごとにサン（蓋）を置いて木の樋が開かないように工夫した。

約五年かけて板の樋が出来上がった（明治三十年頃）。しかし、これも一〇年ほどすると木が腐り始めた。杉は水が流れていると腐らないが、滞ると腐る。また木のアカタ（芯材）は腐らないが、シラタ（辺材）は腐りやすい。特に底の板と横の板の間にごみが詰まったり、冬に雪で傷み、梅雨に腐り、木と木の繋ぎ目部分が一番先に腐っていった。そこから水が漏れるので、春先になると腐った所にボロを鎌で押し入れた。このように杉の側溝も維持に人足がかかった。

(5) 石の樋（側溝）（写真4）

杉板の側溝は腐りはじめて維持が大変だということで、村は百年経っても腐らぬ側溝をと考え、いっそのこと永久的な石の側溝にしようと決心した。幸い村には村人でも切り出せるオノサキ石と呼ばれる一枚岩の凝灰岩が、村の下方一〇〇mほどの所に産出していた。[17]昔から立野脇の囲炉

写真4　石の樋

裏、土台、墓など生活用の石である。大正時代に入った頃から、石の用水路を作り始めた。三月初旬ごろ石切り場に隣接した所に、カンジャバ（鍛冶場）の小屋を建てた。これまでの作業と同様に約一ヶ月間だけ作業をした。石を切る作業手順は次のとおりである。（写真5）

i石の筋をみて、つるはし、ノミなどで小さい穴を掘る

ii穴に、ヤ（矢　鉄製のくさび）を三寸間隔ほどに入れる。ヤは一〇本ほどあれば、充分作業ができた。

iiiヤを大ハンマーで、叩くと石が割れる。

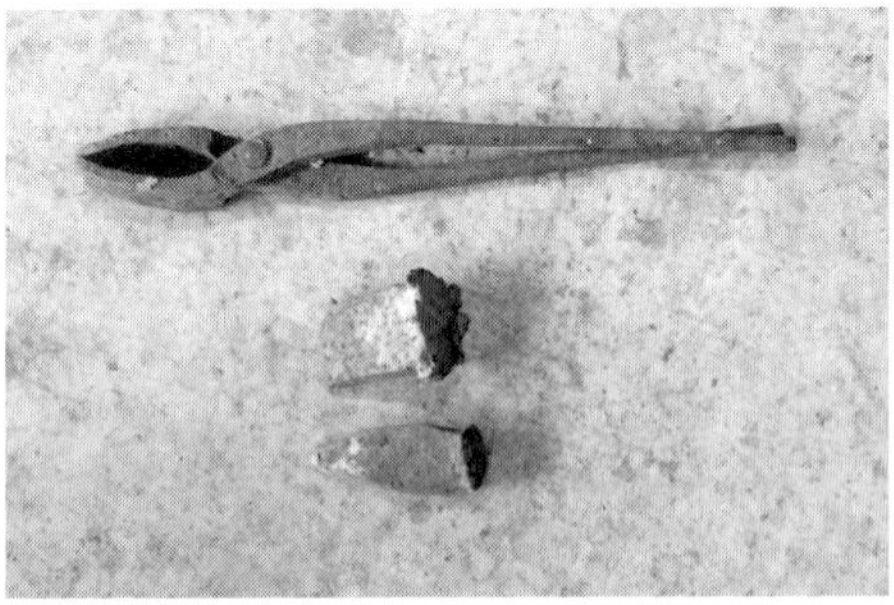

写真５　石工道具（嵐家蔵）
上：ヒバシ　下：ヤ

　原石は巾約一尺七寸角で、長さが三〜六尺である。樋の内側はきちんと刳ってあるが、外側はでこぼこしていた。このような石の樋を作業小屋の中で作った。また、石切り場で傷んだ道具をふいごを使い野《の》鍛冶で直した。その時使う炭は普通の炭ではなく、すぐに火が付き、火力が強い柔らかい炭、いわゆるカンジャゴ（鍛冶屋粉）である。その炭も村人が生産した。原石を切り出して樋を作るのは難作業で、技術力や腕力などが必要だった。二〇軒という村の限られた人数で行うにはその人の得意分野の仕事をした。例えば技術力がある人は原石の「仕上げ」で中を刳る。技術力が苦手な人は原石を「アラボリ」して切り出す。また力がある人は原石の運搬をする。大きい石は縄で縛りカタネンボウ（担ぎ棒）で担ぐ。小さい石は背にネコダ[18]を着て石をタテカヅキ（縦にして担ぐ）で運んだ。これは石を横に担ぐと重心がずれ、重みで人が反り返るからである。

　これらの作業は村人総出であり、女性も出られる家は出た。女性は石切り場の現場へ行けなくても、石の粉を片付けたりする雑作業や整理、通うための雪道踏みなど、できる仕事をした。それぞれが自分の能力を生かして、村一丸となり作業を行った。

　でき上がった石の樋は、村からゴロウ谷から村まで約一〇〇〇mにわたり設置された。その工事は約二十年かかり、昭和初期にようやくでき上がった。

(6) 石の樋の補修

ようやく完成した石側溝の用水路であるが、いろんな問題が起きてきた。

i　シミワレ（凍み割れ）

　せっかくでき上がった石の樋であったが、原石は一枚岩であったため、切り出した石は岩の内部の石なので風雨に晒されていない。石は長年風雨にさらされていると、その環境になじんでいるが、切り出されたばかりの石は、冬に表面がシミワレしてきた。石の表面が環境になじむまで時間が必要だった。石の樋を設置した初年度、石の樋の内側や外側は水や土で保護されているが、石の上部は風雨にさらされており、そこに水が浸み込み、冬に水が凍みてくるとピシンピシンと音を立ててシミワレしてきた。そこから石が欠けてきて石面が半分になるところもあった。樋の部分は水が流れているのでシミワレしない。そこで割れる石面を保護するために、石面の上に粘土を盛り保護することにした。土側溝の時と同様、村とゴロウの谷の中間地から粘土を運び、石面に高さ二寸ずつ盛った。これは結構面倒な作業だった。石も三年ほど経つと風雨になじみシミワレは少なくなった。

ii　水漏れ

石の樋はしばらくすると、繋ぎ目から水が漏れた。それで七月ごろの渇水期に各家からボロを持って繋ぎ目に鎌で押し込んだ。年一回村のフレ（触）が出ると、一斉に行った。修理すると水量は倍流れた。この石の樋の用水路は、昭和初期から昭和四十二年（一九六七）刀利ダム完成まで、四十年間余り村の用水路として使われた。

(二) ミナン谷《だん》（南谷）からの引水（写真6）

ゴロウの谷はヤキダンの水より水量があるが、夏など渇水期に水量は三分の一になり、補修し維持するのも大変だった。村はもっと多い水量源を探すようになった。そんな時大正十三年（一九二四）、金沢の陸軍第九師団の連隊が金沢から福光・城端の立野ヶ原陸軍射撃演習場へ行くために通る道を作った。金沢から湯湧を通り、横谷を経て刀利村を抜け、立野脇を通り立野ガ原へと通ずる道であった。そのため上流の刀利から立野脇にかけて馬車道が開通した。真っ直ぐな馬車道が出来上がったので、村はこの機会にゴロウの谷の上流約一〇〇〇mのミナン谷に、水源を求めた。ミナン谷はゴロウの谷の約三倍の水量がある。しかも馬車道があるのでゴロウの谷のときのような測量の必要がなく、しかも傾斜がよかった。また岩石ワラ（原）が少なく作業も容易である。そこで昭和初期、村は総出でゴロウの谷からミナン谷へと工事を始めた。ゴロウの谷の時と同様に鍬、つるはしで水路を掘った。ミナン谷からゴロウの谷まで土側溝の用水路を作ったが、また問題が生じた。水は流れてくるが、泥の用水路なのでゴロウの谷の手前付近で水が無くなってしまった。いつもミナン谷とゴロウの谷の中間距離の地点である「竹の平」で、水が吸い込まれ消えていった。村ではせっかくの水もゴロウの谷までは来ないが、竹の平までは来るからと、その水を利用して段々畑から水田にした。一軒当たりわずかだったが、竹の平全体では二反半になり、昭和三十年代まで耕作していた。それでも村は水が足りなかった。

写真６　ミナン谷の取水口

四　昭和三十年代以降の用水路

(一) 刀利ダムにともなう取水

昭和三十七年から刀利ダムの建設が始まるのに伴い、立野脇から刀利までの道路は幅員三mの馬車道から、ダンプが通れるように四・五mのトラック道に拡幅されることになった。またダムに関するトンネル工事のために水を必要とし、県の水道局がゴロウの谷の水を半分使用したいといってきた。それらのことに関して、村として全面的な協力をすることとなった。屋敷地に道が通り、蔵を移動した家もある。そのような献身的な協力をする代わりに、村は県にミナン谷からゴロウの谷まで水路を作り、側溝を継ぎ目のない現場打ち四〇㎝角のコンクリート製にすること、全戸に水道の蛇口を付けることを条件にした。またゴロウの谷から村までの水路は、工事に伴う泥捨て場を村が受け入れた保証金を充て、現場打ち三〇㎝角のコンクリート製で施工した。ゴロウの谷からは傾斜があるので、側溝幅員がミナン谷からのものより狭くても大丈夫だった。この水路が完成して、生活用水は格段に豊かとなった。

この水はフルヤの水田に使われた。フルヤは後に圃場整備で田を広くし、段々畑を水田にするなど整備された。村の上手には、四〇tの貯水タンクを設置した。昭和三十八年七月、全戸に水道の蛇口が設置された。しかし水は流水であり清水ではないので、雨が降ると水道に濁り水がそのまま出た。そのため雨の日は井戸水に戻した。濁りを防ぐために、貯水タンクの出口に一mほど川砂を入れ、下部に木炭を一mほど敷き、水を漉した。しかし、三年目あたりから貯水タンクに泥が詰まりはじめ、泥を取り除く手間もかかりだした。

このため、今度は飲料水の新たな水源を探した。

(二) ヤスンバの下の泉から取水（写真7）

昭和四十年代半ばごろ、村ではきれいな飲料水を求めてゴロウの谷から四〇〇m峰側のヤスンバの下の泉（以後「ヤスンバ」と略記）から取水することが提案された。ヤスンバは清水なので飲料水に適している。ゴロウの谷からは水路があるので、ヤスンバからゴロウまで四〇〇mほどの工事であり、村人足が二日ほどかけ完成した。ヤスンバに直径約一m、高さ二mの貯水タンクを設置し、一インチのパイプで村に通水した。しかし天気が続き渇水期になると二〇軒分の水が足りなかった。村の中でも高低差で高い場所にある家は水が出ず、村内でもめたという。

写真７　ヤスンバの下の泉

(三) 中畑《なかばたけ》から取水

これまでいろんな取水工事をし、生活用水は足りるようになったが、飲料水が足りない。そんな時、平成十年頃、中部電力が立野脇地内の山林に五〇万ボルトの鉄塔を三本建てる計画があがった。その鉄塔を立地させる条件として、村では一番近い鉄塔で民家から一〇〇〇m離すこと、[19]作業道路は一〇t車が通れるような道に拡幅すること、中畑の水源地からヤスンバまで二インチのヒューム管を通すことを条件にした。

中畑はヤスンバからさらに八〇〇m峰側の清水で、この村内では最高の水質であり、昔から濁酒を作ってもいたまぬ（腐らぬ）といわれたり、死に水に飲みたいといわれるほど美味しく、しかも水量が多い。各家にわたる飲料水としてはこの谷の水の利用しかなかった。かつて昭和四十年代に、旧福光町の上水道としてこの中畑の水を使用したい案が町からあったが、水の不便な村が一貫して断り、水源を守ってきたいきさつもあった。それほど水質がよく、水量が豊富だった。

中部電力が中畑に貯水タンクを設置し、二インチのヒューム管を八〇〇m下流のヤスンバまで通した。そこからは村が一四〇〇m二インチのヒューム管で村まで通した。この時初めて村の各家に、充分な飲み水がゆきわたったのである。立野脇はついに生活用水、飲料水ともに豊かな村になった。現在（二〇一九年）は冬の消雪は、生活用水を道に大量流しっぱなしにしている。飲料水は充分にある。水が不便であったからこそ、水を求め続けてきた村の歴史であった。

おわりに

人間は水なしでは生きていけない。その水が不足し苦しんできた立野脇は、長い年月にわたり生活用水・飲料水と絶え間なく良き水源を求め続けてきた。明治元年の立野脇大火以降、水の確保は村の悲願となり、工夫を重ねながら用水を作った。測量・工事もすべて村人だけでやりとげた。今のような公的工事に頼ることは考えもしなかったし、自分の村は自分たちが守る心であったという。二〇軒の村が測量・用水路掘り・土盛り・木の切り出し・木挽き・大工仕事・石切・石工仕事・維持管理などすべてを行っていることに、当時の人々の技術力の高さと、村一丸となった結束力の強さをみることができる。当時の生活は衣食住のあらゆるものを手作りしていた。また村には木挽きや大工がいたし、石切などにおいても、村人誰もがある程度の技術力を持っていた。

工夫を重ねた用水であったが、常に困難が持ち上がる。しかし村人はそのたびにくじけることなく補修をし、工夫を重ねた。そして外部からのチャンスがある度、水利を確保することにつなげ、現在のような水の豊かな村にしたのである。生活用水は蓮如清水・ヤキダンの水からゴロウの谷、そしてミナン谷へと求めた。飲料水は井戸水・蓮如清水からヤキダンの水、そしてゴロウの谷、ヤスンバさらに中畑へ求めた。しかし近年の過疎化の波で二〇一九年現在、村は約六軒八人になった。

前出の嵐龍夫氏は昭和三年生まれで、家は村の草分け三軒のうちの一軒であり、本尊類の名号は江戸時代初期の一如上人(20)である。父市蔵氏や祖父伊三郎氏は村の要職にあり積極的に用水工事に携わり、日々の暮らしの中で村の用水の歴史が語り伝えられてきた。嵐氏が育った戦前の立野脇は、ゴロウの谷から石の樋の用水が出来上がっていた。しかし村内は渇水期など大変水が少なく、村や親の苦労を見て、子ども心にも水不足解消にかける気持ちが高まったという。嵐家にはこれまでの立野脇の用水路に関する杉の樋や石の樋などが保存されている。

砺波地方でも、かつて多くの地で水が不足し、どの村でも人々は苦労を重ねてきたと思う。しかし具体的なことがだんだん分からなくなってきている。今を生きる者は水に不自由のない生活を送っている。しかしこれは、先人の絶え間ない努力と工夫の積み重ねがあった上でのことである。その最も典型的な村の一つが立野脇であろう。

注

(1)『小矢部川上流用水』小矢部川上流用水歴史冊子編纂委員会　平成二十四年　一〇頁

(2)富山測候所編『富山県災異史料』昭和十五年　九頁
西砺波郡太美山村　明治元年八月二〇日午後一〇時一〇分
晴後曇　南ノ強風
出火原因　洋燈ノ転倒　焼失戸数　三二　死傷者
傷六
鎮火日時　二一日午後九時二五分

(3)寛政四年(一七九二)川合文書『覚帳』による。旧『福光町史』上巻　福光町　昭和四六年　五〇六頁

(4)天保(一八三〇〜一八四三)前後。旧『福光町史』上巻　五一五頁

(5)藤田培『明治初年の砺波』砺波図書館協会　昭和五十七年　五五頁

（6）旧『福光町史』下巻　九六頁
（7）嵐龍夫氏による。
（8）『利波郡高物成田畠帳』正保三年八月『砺波市史』　資料編2　近世　砺波市史編纂委員会　平成三年　九七五頁
（9）立野脇の一〇km下流の村、天神の井戸の深さは四～五mだった。
（10）加藤享子「小矢部川上流域の麻栽培と加工―福光町立野脇の場合―」『とやま民俗』　六四号　平成十七年一月
（11）ヒラブは平等に課せられた夫役の意で村総出の仕事に出ること。
（12）家ごとにお金を出し合い、融通すること
（13）窯道は炭窯へ行くための、けもの道のような細い道
（14）『きょう土のすがた　福光』福光教育センター　平成十六年、『山田新田用水史』山田新田用水土地改良区　昭和三九年
（15）小豆など豆類を収穫した時、殻を打って豆を取り出す棒
（16）宮の木は村人の手入れが行き届きやすく、真っ直ぐな木になる
（17）『医王は語る』福光町　平成五年　三六九頁
（18）物を担ぐ時に着る藁で作った背中あて
（19）高電圧の鉄塔は、風の音が民家まで響いてくる
（20）真宗大谷派一六代門首　継職・延宝七年（一六七九）退任・元禄十三年（一七〇〇）

参考文献

『富山写真語　万華鏡』一七六号樹皮　平成十八年八月　ふるさと開発研究所
『あかいしの里』太美山公民館広報第三〇号　平成二十二年七月　太美山公民館
嵐市蔵『自分史』　平成五年　自刊

（『砺波散村地域研究所研究紀要』第37号　二〇二〇年三月）

Ⅱ　廃村した山村の地名

——刀利の場合——

太古より祖先が開拓し住み続けた村も、昭和三十年代の高度経済成長期以降、過疎化が進み、山村に廃村が増えた。かつて山村は衣食住の多くを自給し、生活領域は今と比べようもないほど山村全体に広がっていた。山は生活と密接に結びつき、生業に関する自然物採取やナギ（焼畑）などの適地や危険個所、地形や土質はもちろん川水の温度に至るまで山中全域を熟知し、地名で伝え利用してきた。しかし廃村となって年月を経て元住民が高齢化すると、地名も次第に分からなくなってきている。

富山県南砺市刀利は、昭和三十六年刀利ダム建設に伴い廃村となった。刀利の地名については元住民の宇野二郎氏『刀利谷史話』、南源右ヱ門氏『ねんりん』、谷口寛作・谷口典子氏『ダムに沈んだ村・刀利』、旧『福光町史』、『小矢部川峡の自然』などに記載されている。[1] しかし全村的な地名の記録がない。廃村から六十年近い年月が経ち、戸数の少なかった刀利は、[2] 令和元年の現在、地名について聞き取りできる最終段階である。旧『福光町史』には七一の小字が記されているが、十一の位置は現在不明となった。

本稿では廃村した山村の事例として、刀利の地名を元住民から位置と由来を聞き取りし、地図に落として記録したい。話者は元住人の方々で、下小屋は宇野秀夫氏（昭和二年生）、中河内は中川秀夫氏（昭和六年生）、上刀利は南源右ヱ門氏（昭和五年生）である。

一　刀利村

富山県の南西部には、石川県境の大門山を源流とした小矢部川が旧福光町を通り、富山湾へ流れている。刀利は小矢部川の最奥村で、旧福光町部から約十数kmから三〇km上流にかけて小矢部川沿いに、下刀利・上刀利・滝谷・中河内《なかのこうち》・下小屋の五つの小村がそれぞれ約二・二・六・六kmずつ離れて点在していた。総じて刀利五カ村という。昭和初期の戸数は全体で約五〇戸だった。昭和三十六年に刀利ダム建設のため下刀利・上刀利・滝谷の二七戸が廃村となりダムに沈んだ。のちにはさらに上流の中河内・下小屋も離村した。移転先は半数以上が金沢である。それぞれの村は一〇戸に満たない小村である。藩政時代から炭焼きを生業とした自給自足の生活が基本だった。

金沢から湯涌を通り、横谷を経て刀利に通ずる道を「刀利越え」という。そこから小矢部川沿いに遡って中河内・下小屋を通りブナオ峠を超えると、五箇山の旧上平村西赤尾に出る。さらに白川、高山へと通じており、飛騨への間道であった。かつてこの地を蓮如が巡錫し、ブナオ峠から旧上平村桂へ向かったと伝えられている。そのため全戸が真宗大谷派である。また江戸時代は、五箇山から金沢の土清水《つっちょうず》へ塩硝を運んだ「塩硝の道」でもあった。

地形はダムができるほどの急峻な山並が続いている。小矢部川右岸は岩肌が突出した地形も多い。それに比べると左岸はなだらかな地形もあり、土質が良い。

現在の地図にはかつての小村名さえ記載されていない。刀利という地名は刀利村の中では上刀利を指し、他地域からは刀利村全体を指す。これは刀利村の中では上刀利が刀利越えの中継地であり、初めて尋常小学校が開校し、共同購入販売所、木炭倉庫の開設など、刀利村の中心であったからである。南砺市福光地域に移住した南源右ヱ門家には、明治初期に画かれたと思われる地籍図が残されている。縦七五cm、横五五cmの紙片を一二片貼り合わせた、縦三〇〇cm、横一四四cmの刀利全図である。地図には村の大部分を占める山林の地番がすべて記載され、谷、山などの他に、雪止林・鳥飼・宮・道場跡などが記されている。また、下小屋には宇野秀夫氏が山・川・田・家など細かく書いた下小屋集落図がある。

刀利の地名は谷の地名が多い。それは急峻な山で谷が多いのと、人が谷から入っていたことを示している。

二　特徴のある地名

(一)　刀利

刀利の地名は語源がはっきりしない。かつてアイヌ語説もあった（旧『福光町史』）。刀利には戦国時代に武士の刀利左衛門が刀利谷に居住したとされ(3)、戦国時代以前からの地名であったことは確かである。江戸時代になり寛文十年（一六七〇）の村御印も刀利村であり(4)、ずっと刀利の字が使用されてきた。また、古来より金沢から刀利越えで飛騨への間道であり、上平への「通り」であったとも伝える。実際寛政四年（一七九二）の大西村十村（大庄屋）加兵衛の『覚書』には上刀利を「町」と記している(5)。また刀利の字を使うことに、仏教の宇宙観にある天上界の一つである忉利天からきている説もある。刀利県境の山々は、泰澄大師の時代から医王山と白山を結ぶ山伏の通峯ルートであるが、その先の山伏古道には、仏教に関係する地名の山があることも注目すべきだろう。元住民が忉利天由来を想起するのは、現在に至る仏教への深い敬信の念の表れでもあろう。

(二)　ノゾキ（覗）からオガンカベまで

刀利にはいくつかの目立った岩が屹立している。刀利はノゾキの難所から始まる。ノゾキはのぞかなければ、川が見えないというほどのV字形の峡谷である。その地形を利用して落差百mの刀利ダムが建設された。ノゾキは難所であり、越えるのが大変で、福光町部へ出るより、平坦な道が続く上刀利から横谷を通り、金沢へ出ることが多かった。そのため刀利は金沢の縁者が多い。ノゾキから南へ向かうと、下刀利の背後の山は「アカカベ」であり、赤い礫累層の斜層がある。上刀利の「立岩」は、山中に大きな一枚岩がポツンと立っている。さらに鋸の刃のような岩の尾根「ノコギリオ」へと続く。滝谷のすぐ背後の磐は「オガンカベ」（写真1）で、「拝む壁」である。絶景で西日が当たると神々しい輝きを放つ。古来天狗が住み、神霊がこもる磐座として遥拝してきた。磐座を遥拝していたのは小矢部川上流域ではオガンカベだけであろう(6)。そのすぐ麓にはかつての拝殿跡も伝えられていた。

写真1　オガンカベ

㈢　横谷峠

横谷との峠を刀利の人々は横谷峠とよんでいる。一般に地図上の横谷峠は、近くの小院瀬見から中根を通り、横谷へと向かう峠である。刀利ではその峠を枯れた谷という地質から、「カレ谷の横谷峠」と言って区別していた。そのため刀利では横谷峠が二か所あったことになる。明治十五年、京都東本願寺再建に上刀利白山《しらやま》社《しゃ》の欅の巨木を献木した時に、宮から横谷峠まで曳いたのは、刀利の横谷峠である。(7)

㈣　トリゲ（鳥飼）

南家の地図には上刀利から小矢部川を渡ったすぐ対岸の刀利越えの道中に、トリゲ（鳥飼）がある。地図には赤字で記され、重要な地名であったことが分かる。トリゲは鳥が好む朝日当たりのよい小高い丘で、離村までトリカマエ（鳥狩）が行われた丸山に近く、鳥を飼うには良い地である。江戸時代に、加賀藩主の鷹巣見役である森理左衛門は刀利谷に住み、その下に鷹の餌にする小鳥を捕獲する餌指（鳥指）も刀利谷に住んでいたという。(8)鷹狩には生きた鳥だけを餌にするので、餌指は常に生きている鳥を持参する必要がある。野生の鳥がいない場合に備え、鳥を飼い養っていたとも伝える。刀利には餌指の民謡も伝わっている。(9)トリゲは上刀利村落に近く、しかも藩政時代は横が肝煎（庄屋）宅である。金沢まで道の便が良く、鳥を飼う自然条件と交通条件、社会条件などを鑑み、トリゲは餌指が鳥を飼っていた地と推定できる。

㈤　冬道

刀利は豪雪地帯で、三、四ｍの降雪がある。しかも急峻な山並みで雪崩が発生しやすい。そのため春から秋は川沿いの道であるが、冬期間は冬道があった。基本的に冬道は雪崩が発生しないように山の尾根を歩く。中河内上流のマガラ（曲ヶ原）は急峻な岸壁なので冬期は川沿いの道が通れず、山越えのコイト（越処・越人）を通って下小屋へ行った。同様に滝谷と中河内の間も小高いヒコノを通る。立野脇と下刀利の間はタカツムリ山越えの道である。同様な冬道が富山県東部の山地にもあった。

㈥　水地名と信仰

刀利は川・水の状態を表す地名が多く、水の温度や川音を伝えている。川音が天狗のガンド（大きな鋸）を削る音（ガンドタニ）や、天狗の太鼓のように高音が聞こえる（テンゴタニ）のは、急流で岩が多い谷からだろう。それらの谷はいずれも天狗や仙人が住んでいた伝承があり、近づくことに軽い禁忌がある。また地形的に滑りやすい岩場で、気味の悪いぞっとするような谷である。道に迷う人も出た。

㈦　山の地名

刀利を囲む山は、左岸は泰澄大師が白山と医王山を結ぶ山伏古道であった。刀利は横谷峠から順尾山《じゅんのうざん》→大倉山→赤堂山《あかんどうやま》→月ケ原→多子津山《たこづやま》→大門山《だいもんざん》を経て白山へと続く。これらの古道は尾根道であり、順尾山はなだらかな尾根が四㎞以上続いており、どこが山頂かわからない。山頂は水害で道が傷むこともなく、雪崩の心配もない歩きやすい道で、安全性が高かった。修験者が通っていたという伝承も残されている。多くの人が通り、道は平たくなっていた。右岸の奥山には大獅子山《おおじしやま》、猿ケ山がある。シシ（獅子）はカモシカを意味し、肉・皮・骨はすべて利用した。猿ケ山には獣が多く、猿の脳みそは焼いて漢方薬にした。代々の熊が使用している穴も多くあった。それらの獣はすべて山の恵みであった。

（八） 共通の地名

刀利には村内にいくつかの共通の地名がある。

⑴ ミズカミ谷

ジョウジャ（念仏道場）や、宮の近くを流れる川（滝谷・中河内）であったり、貴重な灌漑用水（上刀利）であったり、村の重要な水の谷名である。

⑵ シンノ谷

小矢部川に注ぐ支流の中での本流を、シンノ谷という。シンノ谷はいくつかの谷にあった。

⑶ ハバ

ハバは傾斜地や段丘面を示し、南砺地方に広く使用されている。姓や屋号（福光）となった家もある。主にハバの下の平坦面を示す時に使用し、「下ハバ」と使う（福光）。ハバは城端では坡場と記す。五箇山（平）の羽馬家はハバの地形から付いた姓である。

（九） 村発祥の地

刀利五ケ村は、離村時は小矢部川沿いの小盆地に居住していたが、発祥の地は様々である。上刀利はジョウノコシ付近といわれ、離村まで草分け三家の持ち山であり、墓地もあった。滝谷はジョウジャヤシキ（道場屋敷）があった付近が発祥地とされ、そこからは磐座のオガンカベが遥拝できる。後に平地であるやや下流へ移ったと思える。中河内は近江から来たという木地師が、山中で木地屋をして開いたとされ、水源の川沿いに旧宮が建立された後に、山中から移った定住地に新しい宮を建立したと思われる。離村まで木地師の子孫である大見《おおみ》家があった。滝谷のジョウジャヤシキ、中河内の旧宮を流れる谷はミズカミタニである。下小屋は豊かなソレ（草原）が多く、ソレタニが発祥地と伝わる。下小屋城を守っていた子孫とされる宇野本家だけはソレタニの水を飲料水にしていた。下小屋は広い原野が広がり、ナギが食生活を支えていた。墓地や宮、道場、谷名、水源などから村の発祥と成り立ちが推察され、山に人が住み始めた始まりが窺える。

（十） ヨコミチ

ヨコミチは下小屋からブナオ峠までの、塩硝の道である。上平から刀利への本道や脇道を含む道であり、脇道ではない。塩硝の機密性を守るため、隠れて運んだという意であろう。

（土） シコスケタニ

刀利は全村にわたり薇やススタケ（ネマガリタケ）の宝庫である。それらの山菜は町まで運んで売買され、生業以外の貴重な現金収入源となり、主婦のお金となった。干し薇は僧侶や客の贈答品となった。冬期間は大量の山菜の漬物を食してきた。耕地の少ない刀利では、山菜は大切な食材である。左岸のオコタニ・ウソタニは土質が良く、特に薇の宝庫だった。親指ほどの太さの青い良質の薇が、花を咲かすように白い綿を一面に広げていた。コスケは薇を取る時のイズミ（藁縄で編んだ腰袋）一杯を示し、シコスケは四杯を示す。つまりオコタニ上流のシコスケタニは四杯分の薇が採れる所であり、四杯は満杯の代名詞であり、山菜の宝庫を意味する。手前のウソタニは沢山の薇に「こりゃうそや」と言ったとも伝える。オコタニは薇が満杯だから「これで採るのをオコウ（止めよう）」といったともされる。それほど薇の成育に恵まれた地であった。収穫量から付いた地名は珍しいといえる。

㈩ カクベイ

上刀利の柴切山であったカクベイは、そこだけが各家の細かな地番となっていた。そのような細かな地番の柴切山は、里山にもあった。

㈫ ユキドメ林

豪雪地帯である刀利には雪崩を防ぐユキドメ林があった。ユキドメ・イケモチともいう。滝谷には小矢部川を挟んだ村の対岸にユキドメがあり、欅の巨木などで構成された大きな林だった。ユキドメは村の共有林（滝谷林ともいう）で、伐ることを禁じた。それでも小矢部川を超えなだれが家を襲う時もあった。上刀利にもユキドメはあったが、村有林ではなく個人の家のユキドメが家の上方にいくつも続いていた。下刀利は雪崩の心配がないので、ユキドメはない。

㈬ 不明な地名

最上流の下小屋付近では由来の不明な地名が出てくる。集落の上手で多くの家の水源であった「トビット」、村の共有原野で、共同作業でナギをした「ショブケ」、塩硝製造場所であった「ホイショ」などである。方言で「ショバケ」は、形見分け、遺産の分配を意味する。共有で相続した地の意だろうか。

㈭ 表記の変化と誤記

村人から聞いた地名を地図に表記する時に、誤記と思われる個所がある。ノノダキは国土地理院の地図にも「野々滝」と記されているが、ノノは布を示し、住民はノノダキ・ヌノダキ（布滝）と呼ぶ。猿ヶ山頂直下の垂直の岩壁から出水する落差四〇mほどの滝で、水量が多くなく、長い布のようにゆらゆら風に揺れる。三方谷に入るとすぐ見える名瀑である。ユルイダイはユルイ（ぬるい）谷であるが、ヨロイダニと記され、更に鎧谷と表記されているのもある。ニシイタニは西の谷の意であるが、西井谷・ニセ谷と記されてもいる。また、コワショウズタニは、川ショウズ谷とも記されている。コワイは「強い」の意であり、強い冷たい清水の谷である。ナルベラタニは、ナタ平谷とも記される。ナルイ（緩やかな・簡単な）谷であるからこそ、登山口になっている。

住民から地名の聞き取りはなまりもあり、表記するのは困難だが、これらの地名は由来からは誤記と思われ、あくまでも口承地名を重視すべきであり、漢字に表記するのは注意が必要である。

三　刀利の小地名一覧

タニの発音はすべてタン・ダンであるが個人差があり、表記はタニとした。一般に漢字で谷と使用されている場合は谷と表記する。

地図には104まで落とした。105から142は細かい地名なので地図に記載しない。

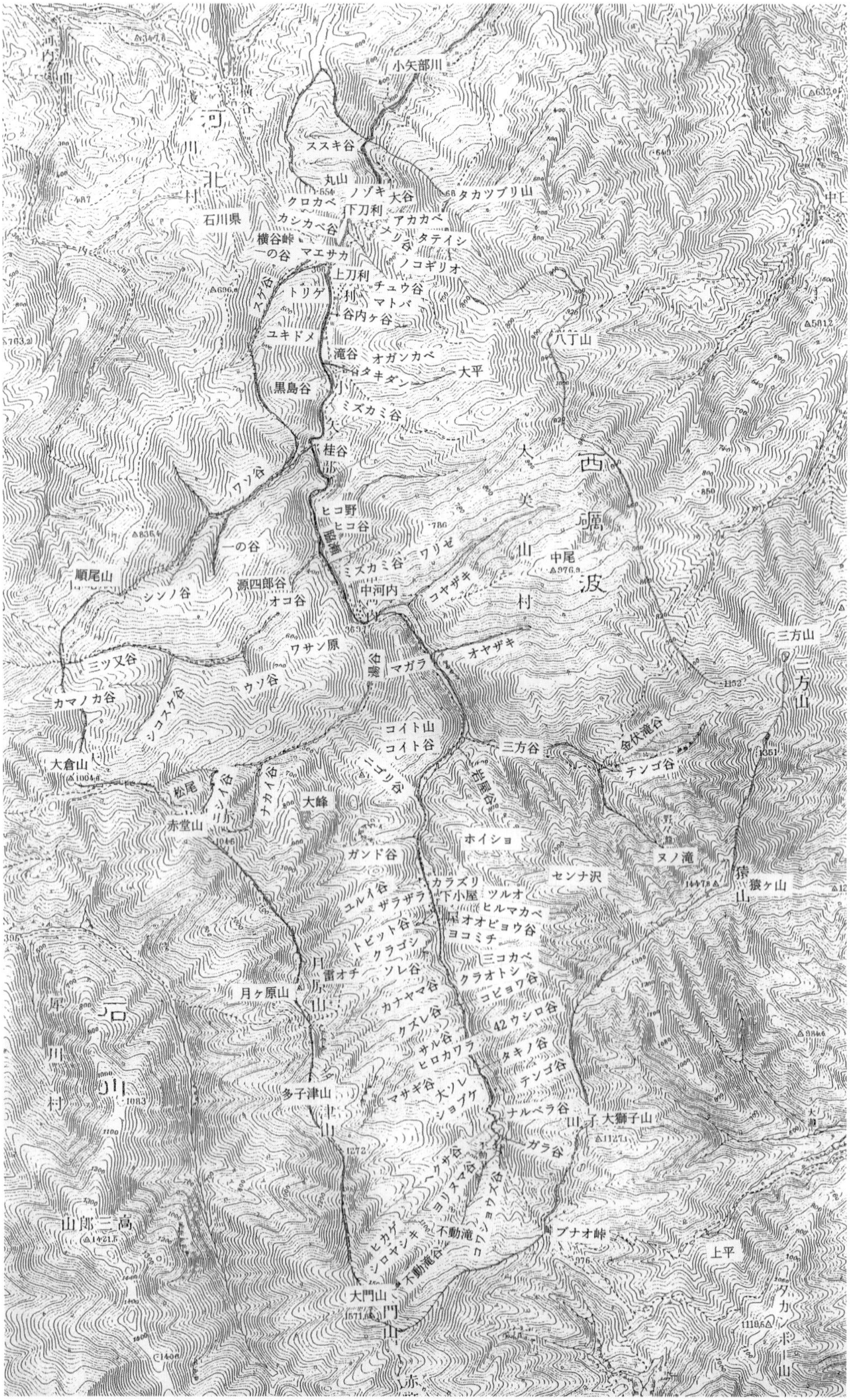

刀利の地名（国土地理院　五万分の一地形図　下梨（昭和二十一年）を加工）

105～132上刀利　133～134下刀利　135～139中河内　140～142下小屋地内である。
旧『福光町史』の小字で位置不明地名は、143助作　144ゴロ谷　145下津山　146場々小屋　147日野平　148シメ原　149切ドメ　150長嵐　151三蔵　152二倉オトシ　153メメズガ谷であるが分類に加えた。

岩地名

1　ノゾキ　覗かなければ見えないほどの峡谷、難所だった。
4　クロカベ（黒壁）　黒い礫累層の斜層が露出した岩壁
5　カシカベタニ　樫の木がある壁の谷
10　黒島谷　黒い石の谷
45　三コカベ　岩壁が三個続いている
49　岩屋谷　岩の谷
69　アカカベ（赤壁）　赤い礫累層の斜層が露出した岩壁
70　タテイシ（立石）　山中に突然一つの石が立っている
71　ノコギリオ（鋸尾）　岩が鋸のように立つ
74　ヒルマカベ　昼間にならないとお日様が見えない岩の壁
75　雷オチ　雷が落ちたように赤い岩原。雷ブチともいう
85　大倉山　大きな岩の山
99　クラオトシ　岩が落ちるような所
120　アカイバ　赤い岩（アカイワ）。小学校の付近に、水止め石としてあった
152　二倉オトシ　位置不明　大きな岩が落ちる所か

形状地名

3　丸山　丸い山
30　クズレタニ　いつも崩れている谷
38　ガラタニ　平素は石でガラガラの谷。雨が降ると川になる
39　ナルベラタニ　ナルイ（緩やかな）平な谷。登山しやすい谷
43　コビョウタニ（小屏谷）屏風を立てたような谷
44　中尾　尾は山の尾根
46　ヒロカワラ（広川原）　広い川原。江戸時代塩硝を作っていた。石垣跡もある
47　オオビョウタニ（大屏谷）　大きな屏風を立てたような谷
48　ツルオ　鶴の頭のような丸くて平坦な尾根。下小屋の全景が見える
54　オヤザキ（親崎）　大きな岩場が立ったような谷
55　コヤザキ（小屋崎）　オヤザキより小さな谷
62　ヤチガタニ（谷内ヶ谷）　谷間の谷　谷内氏がいた
65　ナリタニ（成谷）　ナルイ（緩やかな）谷
66　大谷　大きな谷
68　タカツブリ山　ツブリは丸い意　丸い山　タカツムリともいう
87　オオジャラ（大平）　大きな平な地
91　ワリゼ（割瀬）　岩が割れて屏風のように立っている
95　オオミネ（大峯）
96　マガラ（曲ヶ原）　曲がった原
101　ザラザラ　下小屋集落の地　石がザラザラ
103　ヒカゲ　下小屋の奥で、大門山に向かい北側。深山で日陰
104　脇瀬　中河内のヒコタニの瀬
111　ショウズベラ（清水平）　貴重な清水が湧いている
113　ソバツブヤマ（蕎麦粒山）　山の形が蕎麦の実のように三角形
114　ナカンジャラ（中平）
117　横平
119　アカサカ（赤坂）　付近の赤い石が坂になっている

130 イケンダナ　行けない棚の地
132 ドスガワラ　悪地であろうか
135 ヨセガセ　中河内の瀬
139 戸屋野　中河内の昔の宮の上
140 クラゴシ　下小屋集落川向の大きな山。鞍越と記されるが、クラは岩であろう
144 ゴロ原　位置不明　石がゴロゴロした地
147 日野原　位置不明
148 シメ原　位置不明

水地名

19 ユダニ（湯谷）　湯が湧いた谷
24 ニゴリタニ　水が常に濁っている
25 ガンドダニ　天狗がガンド（大きい鋸）を削るような川音がする
26 ユルイタニ　ぬるい（温かい）水の谷　鎧ではない
35 ヨリヌマタニ　沼があった谷か
36 不動滝谷　不動滝から流れている谷
37 コワショウズタニ　コワイは強いの意　冷たい清水が湧き出ている谷
41 タキノタニ（滝谷）　滝のような谷（下小屋）
51 ヌノダキ（布滝）　垂直な岩の中から細長い布を垂らしたような滝
53 金伏滝谷　滝から流れる谷
56 ミズカミタニ（水上谷）　中河内の旧宮があった所の谷
60 ミズカミタニ（水上谷）　滝谷のジョウジャ（道場）があった所の谷　村発祥の地
61 タキダン（滝谷）　村名の由来になった（滝谷）
125 ミズカミタニ　村にとり重要な田の灌漑用水の谷　（上刀利）

方位、位置地名

8 一の谷　支流の中で一番目の谷（上刀利　スゲ谷）
13 一の谷　支流の中で一番目の谷（ワソ谷）
14 シンノタニ（芯の谷）　支流の中では本流の谷（ワソ谷）
17 ミツマタタニ　三つ又になった谷
20 ナカイタニ　中の谷　ナカノタニともいう
21 ニシイタニ　西の谷　ニシノタニともいう
42 ウシロタニ　村の後ろにある谷
50 三方谷　三方に分かれている谷
64 チュウタニ　下刀利と上刀利の中間にある谷。中谷とも宙谷とも記す
78 三方山　三方（刀利・臼中・上平）の境界の山
109 ソラヤマ　村のソラ（高いところ）の山
115 キタノウラ　北村家のウラ（北側）
116 マルタ　丸い田
117 ヨコビラ　横平
131 マエサカ　上刀利から横谷へ行く村の前に見える急坂　転がり落ちる（舞い落ちる）ほどの斜面で舞坂ともいう

動植物地名

2 ススキタニ　ススキが生えている。ススキは屋根葺き用材、炭俵などに利用
7 スゲタニ　菅が生えている
11 ワソ谷　和苧谷と表記される。苧はカラムシであろうか
13 マツノタニ（松の谷）　尾根に松の木が細々と続いている。松

18　シコスケタニ　コシヅケ（腰袋）一杯をコスケという。四杯の木谷ともいう
31　サルタニ（猿谷）　猿が住んでいた谷（下小屋）中河内にも分の山菜が採れる所
32　マサギタニ（正木谷）　良質の木が生えていたらしい
34　ヘクサタニ　ヘクサンボがいる谷あった
59　カツラタニ　桂が生えている谷
76　オオソレ（大ソレ）　ソレはナギ（焼畑）の地　大原野
79　サルガヤマ（猿ヶ山）　猿がいた山。猿の脳みそは漢方薬にした
80　オオジシヤマ（大獅子山）　獅子はカモシカの意。肉、皮、骨を利用した
81　ブナオ峠　ブナが生えている尾根で県境の峠
89　センナザワ　センナ（ワサビ菜）が生えている
90　ワサンバラ　ワサビが生えていた原
105　クズヌマ　葛沼
106　ムジナンジョウ　貉が穴籠りする岩がある
107　アワラ（粟原）　粟を作っていた
137　マツオ　松尾　中河内の松が生えている尾根
142　ネコタニ　飼い猫を放して野生化した猫がいた谷（下小屋）中河内にもあった
153　メメズガ谷　位置不明　メメズはみみず

鉱物地名

29　カナヤマタニ（金山谷）　鉱山があった谷。
84　アカンドウヤマ（赤堂山）　赤い金属鉱石が産出した山。付近は鉱山が多い

交通地名

22　コイトヤマ　越える処の山。冬に川沿いの道が通れず、山越えの道を通った
23　コイトタニ　コイトの谷
57　ヒコタニ　滝谷と中河内間の冬に通る道。
58　ヒコノ　ヒコタニの野
73　ヨコタニトウゲ　横谷への峠
110　ヤスンバ　休憩地点

信仰地名

40　テンゴタニ（天狗谷）　天狗が住むと伝え、谷の水音が天狗の太鼓に聞こえる
52　テンゴタニ（天狗谷）　40と同様
63　サンマイタニ（三昧谷）　三昧は土葬、火葬した地。墓があった
72　オガンカベ（拝む壁）　滝谷の背後に聳える山で遥拝していた
97　ジョウジャヤシキ　ジョウジャは真宗道場。道場があった所上刀利・滝谷
128　ハコヤタニ　仙人伝承がある谷
108　ミヤタ　旧宮があった所の田（上刀利）
136　昔の宮　中河内の旧宮地

生活利用地名

9　ユキドメ林　豪雪地帯であるため、雪崩止めの惣林。雪持林ともいう

28 ソレタニ　焼畑をした原野　元下小屋があった所
76 大ソレ　大原野。ナギ適地
93 カマノカタニ　炭窯の入り口に適する横長の石が産出した。カマンタニともいう
112 キリハタ（切畑）　切り開いた畑。良い田となっていた
124 クイモンザワ　センナを植えてあった沢
129 カヤバ　上刀利の萱場　各村にある
133 ハリキバ　ノゾキの難所を通り抜けて気が晴れた地か。清水湧き安堵し休んだ
146 場々小屋　位置不明　ナギの小屋であろう
149 切ドメ　位置不明　開拓してそこで止めたか
150 長嵐　位置不明　アラシは原野　ナギの適地

人名地名

94 源四郎谷
122 カクベイ（覚兵衛）　上刀利の村近くの柴切山
143 助作　位置不明
151 三蔵　位置不明

政治・歴史地名

6 トリゲ（鳥飼）　藩政時代に餌指が鳥を飼っていただろう場所
82 ダイモンザン　かつて下小屋に砦があり、その大きな門があったという
88 ガセンダ（合戦田）　刀利城にちなむ
92 マトバ（的場）　刀利城にちなむ
98 ヨコミチ　下小屋からブナオ峠までの塩硝の道。隠れて運んだ地名
121 フルヤシキ　上刀利左岸にあった肝煎の旧宅
126 ジョウヤマ　刀利城（砦）があったという
127 ジョウノコシ　城山の腰（中腹）
118 ホーキ　武士が何かを放棄した地と伝える。小矢部川の両岸に広がる
138 長者屋敷　中河内の宮の上
141 シロヤシキ（城屋敷）　大門山中腹にある城跡

由来不明地名

15 オコタニ　山菜の豊富な谷
16 ウソタニ　山菜が豊富でウソのようだといったともいう
27 トビットタニ　下小屋のほとんどの家の飲み水となっている
33 ショブケ　下小屋の一町歩ほどある共有原野で、共有でナギをした
67 八丁山
77 ホイショ　下小屋近くの塩硝製造場所
86 順尾山　ジュンノウザン・ズンノウザンと呼ぶ。山伏古道の峰道
83 タコヅ山（多子津山）　下小屋の上手
100 ヨシミズリ　下小屋　「吉見ズリ」と表記されることもある
102 カラズリ　下小屋の田　下小屋にズリが幾つかあるが意味は不明
123 トーキリヤマ　頭切山とも刀切山とも表記される
134 バンドジマ　チュウタニから本流へ注ぐ河口付近
145 下津山　位置不明　多子津山の下であろうか

おわりに

刀利の地名は、形状地名のオ・ヒラ・ハラ・ハバ、交通地名の

ヤスンバ、生活地名ソレ・カヤバなど五箇山平と共通の地名もある(10)。しかい圧倒的に多いのは、自然状況を示す地名である。それは平地が少ない山峡の地であり、山を最大限に生かすため、的確な地名で伝え、生活を営んできたためである。刀利は高地で稲作が困難であったため、藁が少なく、ススキは生業の炭俵を編んだり、屋根ふき用材として重要な植物資材であった。スゲも同様で藁の代用に使った。全村山菜が豊富であったが、中でも豊富な谷をシコスケ谷としている。収穫量を示す珍しい地名である。カマノカタニは炭焼窯の入り口上部に使う横長の石を産する。あまりない石なので貴重だった。このように生活上必要な資材を産する地は、地名で伝える必要があった。また、ユキドメ林や冬の道は、豪雪地帯の山村の地名である。信仰地名からは、古来からの磐座の遥拝や、山伏伝承、蓮如巡錫による真宗道場の存在などを伝えてきた。今回聞き取りにより、地名を地図に落とすことで、より生活が見えると同時に、村人が十㎞ほど離れた地でも日常的な生活圏であったことを実感した。一の谷、シンノタニと、村人は数多い谷の位置を確認しながら山へ入ったのだろう。

まさしく刀利の地名は、自然と共に生きた人々の、暮らしや歴史を伝えている。廃村になった現在、歴史地名から戦国時代の城跡が解明された(11)。地質、地形、植生なども伝え、地名は総合的で貴重な資料となっている。

多くの廃村も、地名の由来や位置が不明となる前に、記録する必要性があると思える。

注

(1)宇野二郎『刀利谷史話』自刊、一九七八。南源右ヱ門『ねんりん』九・一一・十九号、福光町あけぼの会、二〇〇一・二〇〇三・二〇一〇。谷口寛作・谷口典子『ダムに沈んだ村、刀利』時潮社、二〇一〇。旧『福光町史』福光町、一九七一。福光町教育委員会『小矢部川峡の自然』一九七一

(2)離村時の戸数は下刀利・四戸、上刀利・一二戸、滝谷・九戸、中河内・八戸、下小屋・六戸である

(3)旧『福光町史』上巻、三八二頁

(4)『刀利谷史話』二一頁

(5)旧『福光町史』上巻、四六三頁

(6)加藤享子「富山県南砺市（旧福光町）旧刀利村の祭り」『とやま民俗』№.九二、二〇一九

(7)加藤享子「富山県刀利村からの献木」『真宗本廟（東本願寺）造営史』、真宗大谷派宗務所出版部、二〇一一、三八三～三九六頁

(8)旧『福光町史』下巻、六七三頁

(9)福光町教育委員会『福光地方の民謡集』、一九七七

(10)佐伯安一「山村の生活領域と小地名―富山県東砺波郡平村大島を例に―」『北陸の民俗』第2集、北陸三県民俗の会年会記録、一九八四

(11)『福光町史』上巻、南砺市、二〇一一

参考文献

富山県福光町医王山文化調査委員会『医王は語る』一九九三

（『地名と風土』第14号　日本地名研究所　二〇二〇年三月）

Ⅲ　マムシの民俗　――刀利谷を中心として――

はじめに

マムシは毒蛇であるが、里山に生きる人は危険を避ける知恵を持っている。毒蛇として恐れ嫌われその利用には抵抗感が強い。しかし、山間部ではむしろ生きる知恵として咬まれる危険を恐れず捕獲し、様々に利用してきた。

本稿では刀利谷を中心とした、マムシの民俗を記録したい。

話者は刀利谷出身の村井亮吉氏（写真１）、南源右ヱ門氏、滝田君子氏、立野脇　嵐龍夫氏、才川七　掘与治氏、福光町　松村薬局　松村寿氏であり、聞き取りは二〇〇九年である。

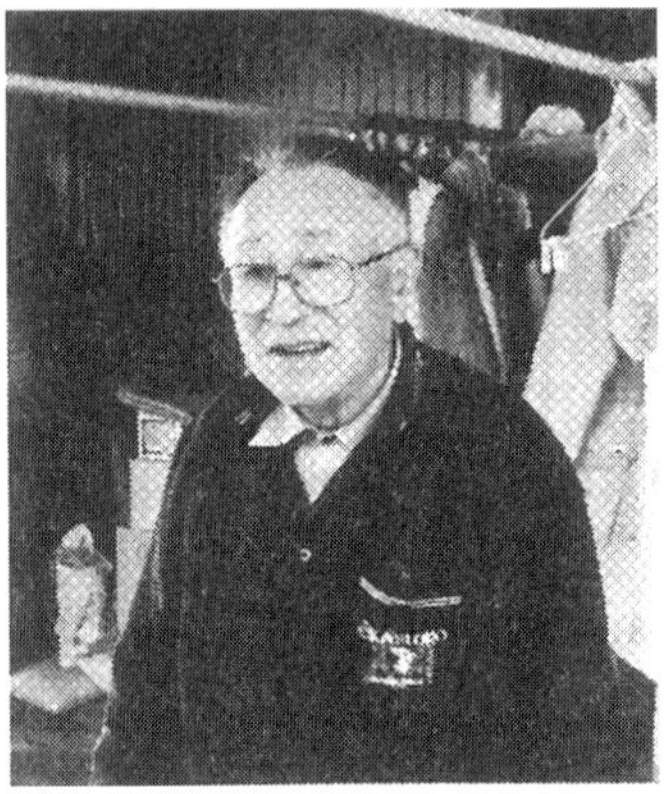

写真１　話者　村井亮吉氏

一　マムシの種類と性質

マムシはクサリヘビ科マムシ属の毒蛇で、全長に対して胴が太く、頭は三角形で尾はプツンと切れるような形で短い（写真２）。胴には約二〇対の銭形模様があり、卵胎生である。里山ではマムシの危険を避けるために、頭・胴の紋や形・尻尾などの特徴を子供の頃からしっかりと教え込まれてきた。マムシは腹の色や大きさでいくつかに区別されている。

・**赤マムシ**　色が赤いマムシで、山や奥山に多い。体長が短く二〇～三〇㎝であり、効能が良質である。

・**黒マムシ**　山間地でも、田や川のそばや近くの里に多い。赤マムシより大きく長い。

・**コノハ（木の葉）マムシ**（三寸マムシともいう）　小さい赤マムシで、一〇匹ぐらい大木の穴にいる。

マムシの性質はおとなしい。しかし脅かすと鎌首を持ち上げたり、飛ぶこともある。マムシの例えに、「マムシは侍じゃ。待て、といえば行かぬ」・「マムシは侍じゃ。待て、待てというと待つ」という。これは性質がおとなしい事を示しているが、毒蛇で相手に対して自信があり、ゆっくり動くのだともいわれる。よほど近づかない限りマムシからは咬みつかない。

写真２　マムシ

胴が太いために、動くとガサガサと音がする。一般に蛇は胴が細くて素早く動くため、音がしないので、音でマムシと見分けられる。マムシが多い時期はススタケ（ネマガリタケ）を採る頃（五月中旬～下旬）・コケ（キノコ）を採る頃（十・十一月）である。ススタケの藪では草が生えておらず、捕まえやすい。

約三〇年間隔で伐採して行う炭焼きでは、窯道を作るために山中を刈ると、たいてい窯道にマムシが出てくる。古い木の穴にもいる。山中ではマムシが多く、蛇はむしろ少ない。

二　捕獲法

山中では見つけると、すぐに捕獲する。あらかじめ捕獲する準備をしていないので、その場にあるものを利用する。一般に、マムシの番をする人と棒を探す人二人で捕獲する。

(1)　棒二本使う場合

マムシより長い六〇cmほどの棒を二本準備する。できたら棒の先が分かれているのがいい。まず、棒で背中を押さえ動きを止めて、もう一本の棒で頭を押さえる。それから、石・棒・鎌の柄などで頭の形が無くなるほどに叩き殺す。または鎌で頭を切り取る（刀利女性）。道では、毒キバを他の人が踏まないよう、切り取った頭は穴を掘って埋めたり（刀利）、遠方へ放り捨てる（才川七）。

(2)　マタボウ（木の先が又になっている棒）一本で捕まえる場合

右手のマタボウでマムシの頭を押さえ、マタボウを左手に持ち替え捕まえる（才川七）。

(3)　棒を突き刺す場合

枝を半分に折り、折り目の尖った先をマムシめがけて上から突き刺し、ゆっくりと枝を広げる。マムシに枝がくい込み、動けなくなる（才川七）。

(4)　棒が見あたらない場合

足で踏みつけ、ぼんのくそをつまみ捕まえる。

三　処理法と運搬

マムシは一般に殺してすぐにその場で皮を剥ぐ。マムシの口を開き、爪で喉のあたりをむしるようにして剥ぐ。柔らかくてすっと剥げるが、尻尾から一〇cm位のところに穴があり、引っかかりちぎれやすいので気をつける。剥ぐと皮と身になる。皮は剥いでも三〇分はくねくね動いている。皮を剥いでおかないと、後で身が干せにくいし、蟻が来る。皮も利用できる（刀利）。また、マムシに「動くな」といい、右手の人差指と親指で頭をつまむと口が開く。左手であごをつまみ、右手で皮を口から裂いていくと、簡単に裂けていく（写真3）。右手に皮、左手にハラワタ（内臓）と身がキバを付けて取れてくる（才川七）。

・イ（胆嚢）はその場で生のまま食べる。小豆ほどの大きさで赤黒く、噛むと苦いが甘酸っぱい。噛まずに飲み込む人もいる。身体に良いと言われ、マムシを捕まえる目的の一つでもある。虚弱な人が好んで食べる。女性も食べる（刀利・才川七）。

・ハラワタは白い。その場でそそり込むように食べる。とろとろとしており滋養がある。捨てる人もいる（刀利）。

運搬は殺したマムシの場合、大きい葉、蕗、笹（ネマガリタケ）、または、ケヤキやリョウブなど葉のある木の小枝で葉が出ている所でくるむ（刀利）。または、頭に棒を刺して巻いて葉に包み持ってくる（刀利女性）。それから、葉で包んでツトにして、上を蔓（あけび・

写真3　マムシの皮を剥ぐ

藤など）で縛る。強く縛るとマムシが曲がってしまうから気をつける。
生きたまま持ち帰る場合は、袋に入れたり弁当箱に入れる。

四　効能と利用法・保存法

マムシの身は滋養によいとされ、特に目に良い。皮は傷に効き、毒を吸い出すとされる。身は骨だらけでにおいも味もしない。

(1)　身を生で焼いて食べる。

タケ（ネマガリタケ）に刺して囲炉裏で焼いて食べると美味しい。また、ワタシ（囲炉裏で使う足の付いた針金製のあぶり台）の上で焦がさずにじんわりと焼いて食べる。実に香ばしい。強い効能なので、五㎝ほどに切って食べる。

(2)　身や皮を干し、身を切って焼いて食べる。または、干せた身をちぎってそのまま食べる（才川七）。

(3)　保存法

家の軒下に身を紐で頭を縛り干す。皮も縛ったり（刀利）、タケを中に通して干す（臼中）。縛っておかないと鳥や猫が食べていく。天気がいいと四～五日で干せる。また、タケ串に刺して、ヒアマ（囲炉裏の上の棚）で干す（刀利）。また、炭窯の上に刺して置くと、身も皮も焦がさずに、じんわり干せる。窯が熱いと二日間、ムシカケ（炭窯で炭を蒸す作業）なら四日ほどで干せる（刀利）。

(4)　皮の利用

皮は生でも干した皮でも利用する。傷にあてるとよく効き、あてたところの肉が下の傷そのものよりも先に治り、肉が盛り上がったという。マムシに咬まれたら、捕まえてその皮を貼ると毒を吸い出し治るという。皮が生なら、皮にいくつか穴を開けて皮の内側を傷口に貼り紐で縛る。干せた皮ならそのまま傷口にあてて紐で縛っておくと、汗などで湿り気が出てしんなりし、そのまま治っていく。

(5)　粉にして長期保存

粉にすると干したマムシより長期に保存できる。効能に優れ当時不治の病だった肺病（肺結核）も治ると言った。粉なので子供にも与えやすい。そのままでも甘い味がする。

蒸し焼きにして粉にする場合は、殺したマムシの皮を剥がず、キバ（毒牙）も取らずに缶に入れる。藁か小枝の中に置き、ゆっくり弱火でクスクスと約一時間かけてくん炭の状態になるまで焼く。形のままくん炭になる。焼く時に灰にならないよう気を付ける。火を出さないようにすれば、うまくできる。ガーゼか布に包み棒でそっと叩くと、黒い粉ができる。米粒の一粒か二粒ほどずつを舐めたり、水飴に混ぜて子供に舐めさせる（刀利）。また、下流の小坂で作っていた、「薬用やつめうなぎの練薬」に混ぜて飲む（立野脇）。蕗の根、ドジョウのくん炭を作り、混ぜて練り薬にして、寒の内に水にのばして飲む（刀利）。

また、干して粉にする場合は、マムシの皮を剥ぎ、身を丸く輪にしてニゴか蔓で巻き、陰干しする。パリパリになるまで干して、潰して粉にして飲む。白い粉で甘い味がする（才川七）。

(6)　マムシ酒（写真４）

マムシ酒は最も長期保存できる。十年でも大丈夫である。滋養のために飲んだり、やけど・切り傷・打ち身・歯痛・熱さましなどに塗るとよく効く。山ではいつでもマムシが捕れたので、マムシ酒にしておく必要性がなく、あまりしなかった。離村してから里にマムシがいつもいないので、いつでも利用するために作るようになった。マムシは無味無臭であるが、マムシ酒だけは臭いが強い。酒は甘い味である。

作り方は、マムシを生け捕りにして持ち帰り、一旦外に出して背中を押さえ、ハサンバ（挟み棒）などで瓶の口へマムシの頭を向かわせ入れる。

それから、瓶に水を七分ほど入れ、マムシを水に浸す。瓶の口に小枝か針金を入れて、マムシにつながらせて息をさせる。一カ月間毎日水を取り替えて、マムシの内容物を出させせきれいにする。その間マムシは生きている。中には、子を産み、子も生きていることもあった。次に水を捨てて、三五度の焼酎を入れる。マムシは二～三時間で死ぬ。そのままにしていると、一年以上経って皮が浮いたようになったころ、マムシを外に出して皮を剥き、また入れる。マムシは死んでも脱皮するかのようである。マムシ酒は

写真４　マムシ酒（村井家蔵）

一年経つと飲める。一年を待たずに飲むとマムシのアザ（銭形）が蕁麻疹のように出てくる。

(7) 病よけ

重病人の枕の下に、マムシの干したのを布に包んで入れる。皮を剥いでも動いているマムシの生命力の強さにあやかろうとする（才川七）。

五　売却

マムシの干した物を、町の薬局や山菜を売る時に欲しがる人に売却した。マムシは牙が付いていないと売れない。蛇と区別できないためである。売却用のマムシは、殺してから皮を剥ぎ、頭だけ皮を付けたまま干したり（臼中）、牙を付けて干した（刀利）。また、丸く輪にして縛り薬局へ売却した（才川七）。薬局では粉にして調合した。古来滋養強壮剤として、今も人気がある。漢方ではマムシの乾燥品を「反鼻」といい、滋養強壮の生薬である。またイ（胆嚢）も生薬で「蛇胆」といい、熊の胆よりも効能が高いといわれている。

六　マムシの害の治療法

(一)　マムシの害

マムシは明らかに咬まれた場合と、咬まれた覚えがないのに、咬まれたのと同じような症状がでる場合があり、後者を「マムシのハリ」と言った。山ではマムシに咬まれて死んだ人はほとんどいない。しかし、重傷なら目が上がり死にそうになった。里山で

は時に死者が出た。昔から「マムシに強い者は蜂に弱い」（刀利）とか、「マムシに強い者はムカゼ（ムカデ）に弱い」（才川七）といった。

マムシは子を産む時に口から産むとされ、子を傷つけぬように毒牙を抜くといった。それが草むらなどに残されていると、咬まれた覚えが無いのに噛まれたより、ひどい症状になり足が腫れ上がった。それを「マムシのハリ」という。他の虫か、マムシのハリにやられたかを見分ける方法として、患者に生の大豆を食べさせた。普通は生臭くて食べられないが、生臭くなかったらマムシのハリとした（刀利）。その場合治療法としては、四里ほど離れた城端の林道温泉のお湯に、温めずに浸せば、毒が出て治ると言った。実際昭和二十二年頃、南源右ヱ門氏の父親がマムシのハリにやられた。南さんは当時十七歳ほどで、一升瓶を六本風呂敷に包み担ぎ、幾山も歩いて越え林道温泉へ行き、お湯を汲んで来て、父親の足を浸した。そのうちに父親は回復した。林道温泉は炭酸温泉でちくちくする。また、まじない師に治してもらうこともある。（後述）

マムシに咬まれた場合はいくつかのやり方で対処した。すぐに絞り出す・赤い絹糸で傷口を縛る・林道温泉の湯に浸す・売薬を飲む・まじない師に治してもらうなどである。

(二) まじない

まじない師は老爺で石川県の横谷（谷川家）や下流の嫁兼（影近家・東家）にいた。マムシに咬まれた人の治療や、マムシのハリを取った。噛まれた足の下に半紙を敷き、床屋用のカミソリにハアーと息をかけ、患部を丁寧に左右から三〇分ほどなでながらあてた。下に黒い物がポツポツと落ちた。「マムシのハリが飛んだ、落ちた」と言って治療が終了した。落ちた黒い粉にカミソリを近づけると実際パチンパチンと紙の向こうへ飛んだ。

また、里山では山に行くときマムシよけに、涅槃団子を持っていった。お釈迦様が十二支を決める時、マムシがお釈迦様の手を咬み、十二支に入れられなかった故実にちなむ。特に山菜を採る春に持って行った。この地方に多い浄土真宗の寺では作らないので、福野安居寺の涅槃団子をわざわざ準備する。（里山地区）

(三) 呪文

福光の西山はヨーゼン（医王山）と呼ばれ、古くから修験道が興隆していた。ごく最近までその流れの人々が、まじないを行っていた。その中にマムシに咬まれた時のものがある。刀利谷で行われてきたまじないと共通するところもある。

福光地方の呪文を紹介したい。

『秘伝覚』（辻野権右衛門）（南砺市舘　湯浅直之家蔵）

「まむしにくわれたるとき歯おろし」

・ひがし山ちぼへのしたのかきわらび　壱寸五歩のまんだらアビラウンケン

右のうた三へんしらかみにとなへこみ　その紙をまむしくひたる所にあてるなり

すなわち歯おちていたみなし　奇妙也

「マ虫ノ針オロシ」

・東山。コウケノハラノ。赤マムシ。カゲワラビノオン　ワスレタカ

同

・クネ〳〵ノ。神ノ子トモカ。アツマリテ。ヨロズノ虫ヲ　ト

リタヤス

同

・正常ト云鍛冶ノウチタル小刀ヲモツテマムシノ針ノトコロヲナテレハ針ヲルヽナリ

同

・マムシノハリノトコロヲ紙ニテマキテ。其アトサキヲ。シツカリトクヽリテ。湯湧ノ湯ヘイルレハ。ハリオルヽナリ。

則　余ノ所ヲ前ハリノトコロ後ニイレルナリ　妙ニオツルナリ

同

・マムシノ針ニテモクワレタルトキモ其所ノアトサキヲ絹ノ糸ヲ以テクヽレハソレヨリ外ヘ出ノナリ

カイコノ糸ハ一切ノマムシ恐ルヽモノナリ

『魚津市史』下巻（近代のひかり）七三四頁によると「つぼいが原の赤マムシ、ワラビの恩しょう忘れたか、アビラウンケン」と同じような呪言を記し、ワラビの恩についてつぎのような伝承を紹介している。「マムシが眠っている間につぼい（ツバナ）が伸びてきて、マムシを刺した。身動きできなくなったマムシを、ワラビが出てきて、ツバナからはずしてくれた」

県下には同じようなまじないがあったと思われる。氷見でもマムシに咬まれると、まじない師はまずワラビのホトラ（葉）で患部をなでたという（氷見市長坂　寺岡清氏の祖父）。

また、『Weblio辞典』の「豊後林」によると、奥豊後（大分県）の言葉で「ひがしやま　こうかのしたの　かぎわらび　むかしのごおんをわするるな」と三回唱えるとマムシに咬まれないという。これは「マムシよ。おまえが東山の合歓《こうか》の木（ネムノキ）の下で昼寝をしていたときに、下から芽を出そうとした蕨が、まっすぐに芽を出せばおまえの腹を突き破るしかなかったのに、おまえがあまり気持ちよさそうに寝ているので遠慮して脇から地上に出てきた。そのお陰で今生きていられるのだぞ。それを有難いと思えば、人を噛んだりするでないぞ」という意味である。福光地方の呪文と似しており、全国的な広がりが窺える。

おわりに

マムシは毒蛇であるが、日本各地で利用されてきた。小矢部川上流域では身近で大切な薬効のある貴重な蛋白源で、山に生きる者として誰もがその生態を熟知しており、その捕獲技術や利用法、保存法が伝えられてきた。女性も毒蛇という抵抗感がなく、男性と同じく進んで捕獲してきた。女性も「マムシはなーん（何も）おとろし（怖く）ない。それより蛇はニョロニョロしとっておとろしい」という。刀利谷ではマムシは自然からの大切な恵みであった。そして恐ろしいものではなく、兎やハチノコと同じ感覚でいた。厳しい炭焼き仕事を元気に行えるよう、強くなりたい一心で百匹以上マムシのイ（胆）を食べた人。今もマムシの効能を利用したくてマムシ酒にしている人。マムシの養殖を試みた人（井口）。福光を代表するヨーゼン（医王山）では山頂のヒュッテで、マムシうどん（マムシの切身入りのうどん）を売り、名物になっていた。山から離村してもマムシの利用法は伝えられている。人と自然との深いつながりの中でこそ続いてきた、マムシ利用の知恵である。その知恵を今日に即したやり方で、次代に伝えられることを願う。

参考文献

医王山文化調査委員会『医王は語る』福光町　一九九三

魚津市史編纂委員会『魚津市史』魚津市　一九七二
砺波市えんなか会『砺波地方のまじない言いつたえ』砺波市えんなか会　一九八三
中村健二『医王山物語』北国新聞社出版局　二〇〇五
『虫と人のくらし』仙台歴史民俗資料館　二〇〇二

（『とやま民俗』№.七四　二〇一〇年九月）

Ⅳ　山境の決め方　――立野脇・刀利の場合――

はじめに

山は一般の人が見ると、どこまでも続いており、どこに境があるか分からないが、厳密に境が守られ所有者が決められている。木々の成長や土砂の流失など、景観や地形の変化があり、山の形相も変化していくが、これまで幾世代にもわたり、正確に伝えられてきた。明治初年には地籍図も作られ、昭和六十年頃までは、村の誰もが山の所有者を認知していた。山は昭和三十年代まで生業である炭材・薪材をはじめ建築資材や用材、また山菜など生活の糧を産出した。所有地の境は接する当人たちだけでなく、村人に公的に認められていた。山境が判別できるよう、地形や石などの自然物、また、人工的に木や炭で境にした。

ここでは刀利・立野脇を中心とした山境の決め方を記す。

話者は立野脇　嵐龍夫氏、上刀利　南源右ヱ門氏であり、聞き取りは二〇〇六年である。

一　地形・地物による境

山境は主に自然の地形・地物を利用した。

㈠　谷境・川境

谷境と川境は同義語であるが、境として分かりやすく、山境の五〇％近くは谷境・川境である。

㈡　峰境・尾根境

峰の分水嶺を境にする。これも分かりやすく、山境の五〇％近くを占める。刀利では主に尾根境と言う。

㈢　溝境

溝境は山境の五％ほどであるが、土砂の流失や溝の移動などで埋まりやすく、不明瞭になる難点がある。

㈣ 横境・マブ境（図1）

山の地形は一定ではなく、ダナ（山中の平らな所）もヒラ（山腹の傾斜面）もある。平地と斜面の境を、立野脇では横境という。刀利ではマブ境と言う。山境の五％ほどである。長年の地形の変化で、削り取られやすく、不明瞭になることがよくある。

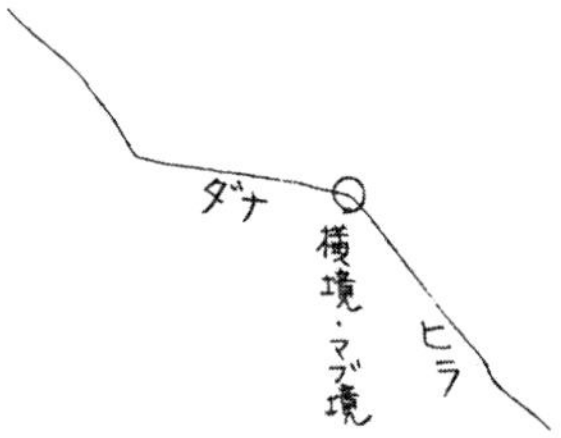

図1　横境・マブ境

㈤ 石境・岩境

石を境にする石境がある。境としては五％ほどである。山中に深く埋まった自然石を利用する場合がほとんどであり、移動不可能で境として適している。また穴を掘り石を埋め、上部だけ表出し、境石とする場合がわずかだがある。刀利では、大きい岩を境とする岩境がある。

㈥ 道境

長年人々が通った跡は中央が窪み、はっきり道と識別でき山境とする。道は尾根道が一番重要であり、広くてジョウザカイ（村境）になる。よく通うので掘り込まれ、そのうちに水が流れ谷のようになる時もある。そんな場合は背中に物資をかついて通れないので、横に新道を作り通った。しかし、旧道を道境として代々伝えた。また畑には畑道があり、山中には幅三〇～五〇㎝のでこぼこな窯道があり、それぞれ道境になる。窯道は時として炭焼き用の私道があったが、その場合は道境にはならなかった。

㈦ ニブサガリ（二分下がり）

ニブとは山の斜面全体を一〇分とし、対する二分で二〇％を意味する。刀利の最奥部、県境付近であるオコ谷の奥のカマン谷だけには、「ニブサガリ」と言う境がある。これはマブより越中側へ、少し下がった所で分かりにくい境である。所有者立ち会いで境木のムスビギ（後述）をすることが多かった。なぜ越中側が少し下げられたかというのは、明治の初期に境を決める時、加賀の押しが強かったのではないかと言われている。

二　人工による境

地形上の境は長年の内にずれて不明瞭になる場合があり、それを補うものとして、境木や境炭がある。

㈠ 境木（写真1）

山境には木を植えたり、また自生している木を境木とする。境木にはネソ（マルバマンサク）・ハナノキ（ヤマモミジ）・イツキ（ヤマボウシ）などがある。また異種の木を植えたり、巨木を境木にする。

ネソは、「捻《ネ》り粗《ソ》朶」で、木と木を縛ったり、屋根の小屋組を縛ったりするのに用いる柔らかい木である。水はけの良い所に生育し、根元から多くの枝を出す。春先新芽が出る前に柔らかい小枝を一本だけ「の」の字に縛り「ムスビメ」を作る。木はそのまま成長し、ムスビメの中がくっつき、あたかも瘤のようになる。三〇cm以上ほどの太さにもなり、「ムスビギ」と言う。ネソは日陰でも育ち枯れず、瘤も一〇〇年ほど形態を保ち、根元が取れても三～四年は腐らない。枯れそうになると、新しいムスビメを作り次代の境木とする。どこが境か分からない時、木の根元を探すと瘤ですぐに判明する。境木の七〇%はネソである。

写真1　境木（滝谷　谷中定吉家）
ハナノキのムスビギ

峰境は風が強く乾燥するので、大木は少ない。ネソは乾燥に強く、自生しており主に峰境に用いられる。峰で目立ち、境木としての利用度が高い。また横境にもネソが用いられる。

ハナノキは二種類あると言われている。立木となるハナノキと、ナバエギ（ナバエルは下に垂れ下がる意）のハナノキがある。立木のハナノキは、日陰でも真っ直ぐに成長し、病気にも強く、一般の木より三分の一ほどのスピードでゆっくり成育し、樹齢は長く三〇〇年ほどとも言われている。一代や二代で巨木にはならず、樹勢は衰えず境木に適する。境木の一五%はハナノキである。山の中腹に成育し、地質的には、ネソとイッキの中間の場所に用いられる。秋には同じ楓のイタヤカエデなどと違い、赤く紅葉し分かりやすい。

刀利ではナバエギのハナノキが多く、直径二cmほどの若木を、直径二五cmほどの輪にしてムスビギにした。長い年月形状を保ち境木に適する。

イッキは日陰でも水分がある所に成育する。山中にあまりない木で、成長はハナノキよりさらに遅く、雑木の五分の一から一〇分の一であり巨木になりにくい。炭焼き歴二〇年の南さんでも、直径二五cmの太さのイッキを見たのが最高の大きさである。水分のある所に生えるのを利用し、溝境にイッキを植える。溝は土砂が埋まり、不明瞭になりやすく、境木として重要な役割を果たす。境木としては、一五%ほどである。

異種の木を境木にするのは、戦後一斉に杉の植林がなされたところで、境が分かりにくいからである。異種の木の、アテ（アスナロ）などを植えた。

刀利では巨木も山境にした。境付近の巨木を立木で残した。二～三代にもなると、その木だけがさらに巨木になり、そのうえ瘤や穴ができて異形の木となり、境木とした。栂が多かったが、欅、栃、ブナなどもあった。

(二)　境炭（図2）

山境は長年の間に不明瞭になる。特に溝境などでは、土砂の流失や地形の変化があり、問題がおきることがある。このような場所には、所有者立ち会いのもとで、境にゴバイ（くず炭）をミッカイ（ススタケで編んだ箕）に二杯（炭俵一俵）ほどを埋め、境炭とした。境炭の上には泥を被せ、さらに、石を置いたりした。へこんでいる溝に盛り上がっているので、境だと一目瞭然で判明した。ゴバイは一〇〇年経っても腐らず、後年問題が起きた時、所有者立ち会いで掘ると、炭が出てきた。境炭は境が二軒で接している場所はしないが、三～四軒で接している場所にした。境炭は大正時代に終わり、昭和に入ると行われなくなった。しかし山中では今でも境の役割を果たしている。境炭をするのは、境として一番わかりにくい所であり、ごくわずかである。

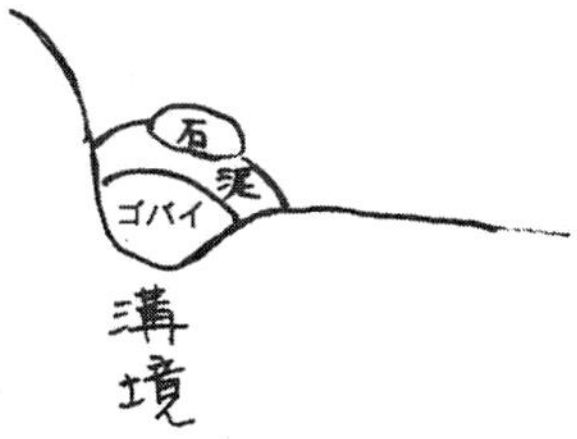

図２　境炭

おわりに

山境は、孫の代一〇〇年後のことまでを考えると言われている。境木も日陰でも育ち、一〇〇年は保つ成長の遅い、虫害のない樹勢の良い木を利用している。境炭も一〇〇年は保つと言われている。分かりにくい溝境には水に強く山中にあまりないイツキを植え、さらに境炭をして、境を守った。滅多にないがそれでも問題が生じ「サカイクジリ」、刀利では「キリコミ」があると、村全体が所有者を認知しており解決した。山の面積は当然のことだが近いほど狭く、遠いほど広い。

福光地方里山の山境も、境木など多くの共通点があり、広く用いられた山境であろう。

山は計り知れない恵みの源である。人々は長い年月大切な山の境を、地質と木の性質などを熟知し守ってきた。山の境は山に生きた人々によって伝えられてきた、生活の知恵の結晶である。

（『とやま民俗』No.六七　二〇〇七年一月）

Ⅴ　奥山の橋の作り方　――下小屋の場合――

はじめに

昭和三十年代の奥山で暮らす人々は、生業や採取などのために、山中をくまなく歩いて利用してきた。山村ではあらゆる物を手作りしており、日常生活において、誰もが多くの技術を有していた。それらの技術については、生業や民具製作、家作りなどに関しての記録は多いが、橋の作り方の記録は少ないと思える。奥山の川は深くて危険な場所もあり、道は狭い。また、戸数も少なく、手軽に作れて丈夫な橋が求められる。奥山の橋は、どのように作られていたのだろうか。高度経済成長期以降多くの山村が廃村となり、奥山の橋の作り方を伝承する人は、現在（二〇二〇年）少なくなってきた。

本稿では、奥山の橋の作り方の一例として、小矢部川最上流の村の、南砺市刀利下小屋で昭和三十年代まで作られていた橋の作り方を記録する。話者は元下小屋住民の宇野秀夫氏（一九二七年生）で、聞き取りは二〇一三年一月十日である。

一　下小屋

標高五五〇ｍの下小屋は、刀利村の小村の中でも、最上流の村である。下流の隣村、中河内から六km、福光町部から約三〇km離れた奥山の村である。炭焼きを生業とし、衣食住の多くを自給自足していた。昭和初期の戸数は九戸、昭和三十年代は六戸である。道は、昭和十年（一九三五）に、福光から下小屋まで林道が開通した。しかし林道以外のほとんどの道は、離村までいわゆる人が荷を担いで通れるほどの窯道《カマミチ》[1]であった。それらの道にも川にほとんど橋が架けられていた。

地形的には、深い渓谷である刀利村でも、とりわけ下小屋付近からは谷が深くなっている。下小屋から四km上流の小矢部川源流である不動滝付近までは、小矢部川へ多くの支流が流れ込んでいる。それらの山々は険しく、地質は岩場であったり（ガラ谷　ガラは岩がガラガラの意）、崩れやすい山（クズレ谷など）や崖（大屏山・小屏山など）であったりした[2]（地図1）。谷は深く、橋が架けてないと通れなかった。そのために刀利の中でも下小屋は橋を多く架けていた村であった。

山で道の歩き方といえば、隣村などへは山の上の尾根を通る。近くまで来ると下りて、沢と尾根を交互にぬって通る。例えば下小屋の隣村でも同じ刀利村の中河内へは、川沿いの道をぬって通って行ける。しかし旧上平村西赤尾へは尾根道を通って行く。西赤尾までの尾根道は容易に通れ、牛馬も通った。また地形により、同じ隣村でも旧上平村桂へは谷と崖が続き困難な道であったため、尾根をジグザグにするような谷を渡り、多くの橋が架けられていた。

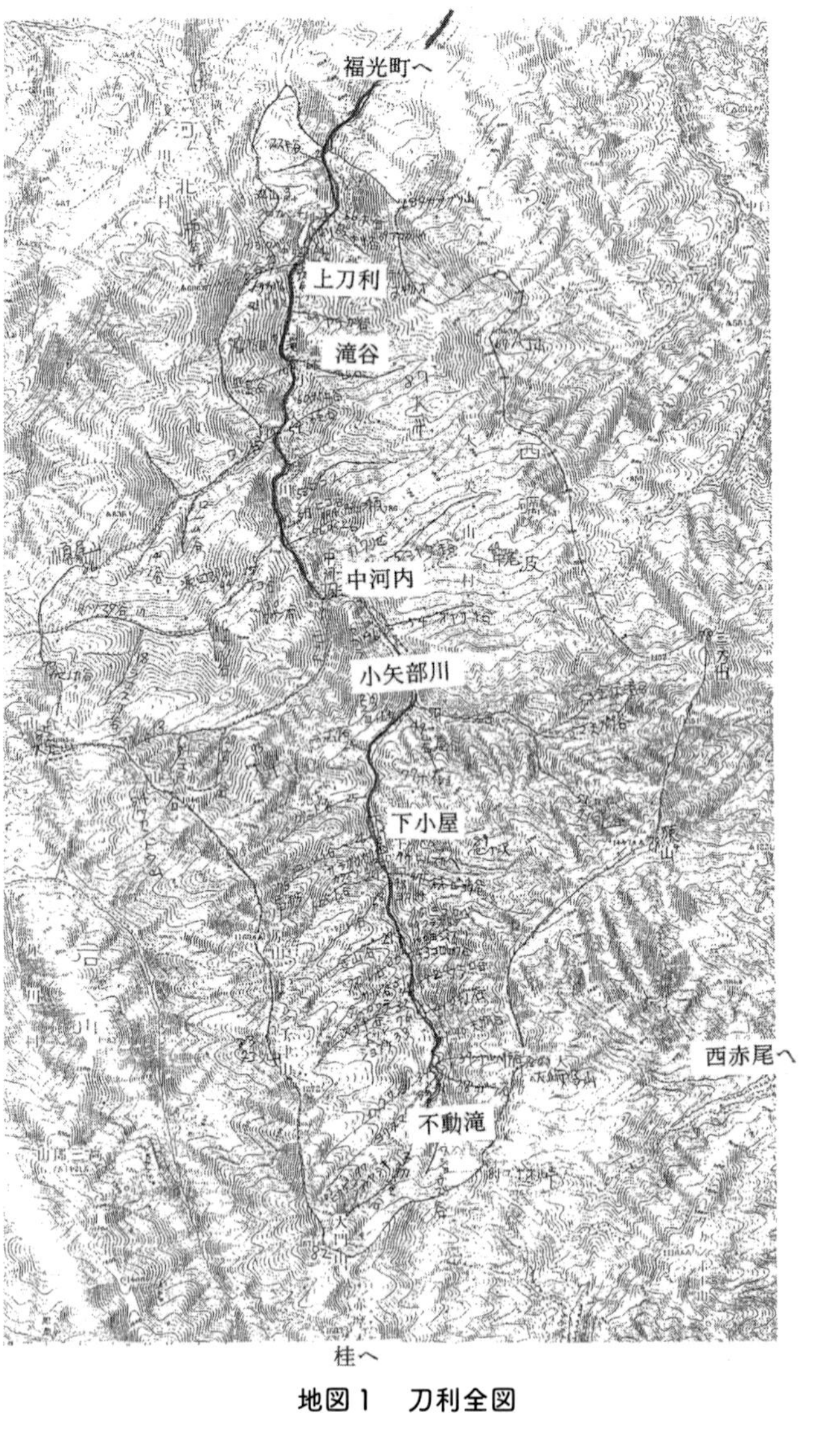

地図1　刀利全図

二　橋の作り方

下小屋は戸数も少なく、橋は山中の身近な材料で作った。橋の作り方は次の通りである。

㈠「三本又」の足場を作る

軽くて扱いやすいハナノキ（ハウチワカエデなどの、モミジ類）やミズノキ（ミズキ）などの手ごろな木を三本伐り、約二mの長さに切る。上部をネソ（マンサク）でネリ（捻じり）、広げて三本又にする。三本又は安定した形である。その中に満杯に石を入れて固定させ、安定性を高める。その周りをブドウフジ（山葡萄の蔓）やマフジ（フジ）で中の石が落ちないようにグルグルと巻いて保全する（図1）。三本又は、両岸に二か所平行になるように作る。

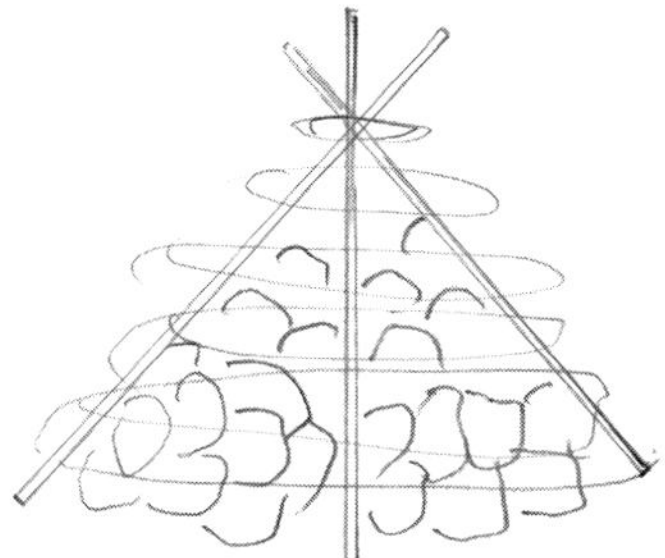

図1　三角又　宇野秀夫氏作図

㈡　橋を作る

サワグルミを三本ほど伐り、川幅をわたる長さに切る。サワグルミの上部をヨキで荒削りし、更に鉈できれいに削る。削った三本ほどのサワグルミの横を、ネソでしっかり締めて固定させる。サワグルミは山中の川や湿った地に生える落葉高木である。川の傍に生えていて手近な木であり、真っ直ぐでしっかりした材質なので、橋に利用した。

㈢　手すりを作る

下小屋の川は谷が深く、道や橋の幅が狭いので、荷を担いで通るため危険防止に手すりを付けた。手すりにはホオノキなどの軽くて扱いやすい木を使い、三本又の上部にネソで縛って付けた（図2）。

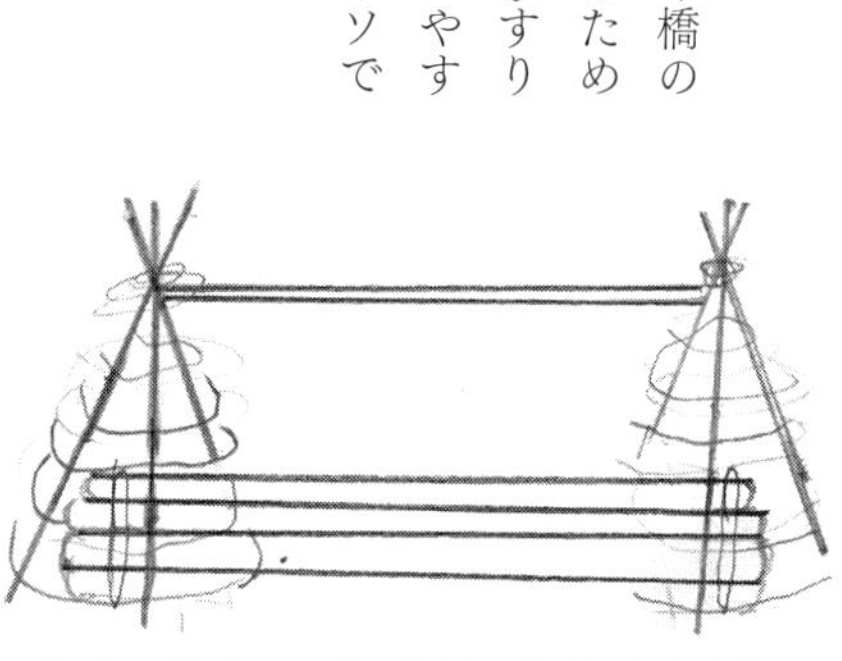

図2　下小屋の橋略図　宇野秀夫氏作図

㈣　大きい川の場合

小矢部川本流のような大きな川には、三本又を中間の川原の中にも立てて、三ヵ所の三本又を作り、橋を架けた。

㈤　橋の補修

せっかく架けた橋も、岩石が多く、崩れやすい地質、豪雪多雨のために常に壊れた。冬には四m以上雪が積もり、雪で橋が傷み、雪解け水で壊れた。そのため春先に毎年作り直した。また降雨ですぐに川が荒れ、岩石が山から川や橋に落ちてくる。直さないと通れないので、雨の度に修理を繰り返していた。小矢部川本流など、大きな川の場合は、春先に毎年一回、村が総出で作った。また平素も、三本又の中の石が川水で削られたら、石を入れて補強した。個人の窯道の橋は、それぞれの家が直した。

実際、下小屋から桂への道は常に岩が落ちてくる険しい道であり、橋を直しながらでないと、通れない。かつて文明年間に蓮如上人が下小屋へ巡錫し、桂へと向かった折には、村人が鍬などを持って道や橋を直しながら、桂まで送ったという伝承が今日まで伝えられている(3)。

三　下小屋と同型の橋の広がりと特徴

橋は、刀利村でも支流が多い下小屋に多い。刀利村でも下流になると下小屋より支流が少なくなり、橋も少ない。しかし刀利村では、窯道には離村まで下小屋と同型の橋が架けられていた。例えば下小屋から一二km下流の滝谷のワソ谷の橋は、下小屋と同型の橋であり、三本又を作り、杉の丸太をわたし、竹の手すりが付けられていた。本流は板を置いた「板橋《いたばし》」と呼ばれる橋となり、橋の幅も広かった。(滝谷：谷中定吉・一九三五年生・聞き取り二〇二〇年十月二十九日)。また、上刀利の「刀利橋」は、昭和十年代は三本又を作り手すりを付けた丸太の一本橋だったが、その後水害で橋がながされないよう堤防を高くして固め、板橋となった。刀利橋は刀利村で代表的な橋であり、かつて下小屋と同型の橋であったことから、下小屋の橋の作り方は、刀利村の橋の作り方の原型であったと思われる。後に本流は、下小屋よりやや広い川幅になる上刀利や滝谷で、昭和二十年代ごろから板橋へと架け替えていったと思われる。刀利村の下流、立野脇になるとこのような橋は作られていなかった。

下小屋と山を越えた通婚圏であった旧上平村桂について、昭和二十八年刊の『岩波写真文庫「飛騨・高山」』に共に奥山の、越中桂と飛騨加須良を結ぶ丸木橋が載っている(写真1)(4)。その橋は丸木であるが、両岸に三本又が組まれ、中には石が入れられており、手すりも付いており、下小屋と同型の橋である。

五箇山でも旧平村入谷では、木を何本か並べて川にわたした橋であった(入谷：山本鐵太郎・一九三六年生・聞き取り二〇二〇年十一月十一日)。それは入谷が奥山ではなく、平地も下小屋より広く、道も広いからだろう。下小屋と同型の橋は、桂・加須良など、深い渓谷の奥山で作られてきた。

おわりに

奥山であった下小屋の橋は、安定性のある三本又を作り、手すりを付けた橋であった。

特徴として、第一に、支流が多く幾つもの橋が必要な奥山で、身近な材料で手軽に作れたこと、第二に、三本又を足場に作り、狭い道を炭俵などの荷物を担いで通れる安定性のある丈夫な橋であったこと、第三に、橋の幅が狭いので、危険防止のために手すりが付いていたこと、第四に、岩場や崩れやすい地質であったが、橋が壊れてもすぐに修理できる橋であったことなどの利点があった。同型の橋は滝谷などでも作られていたが、杉の丸太の橋であり、手すりは竹であった。その地に適した材を用い、臨機応変に作られていた。

下小屋の橋は、奥山の限られた人手で、地形や地質や植生などを考慮しながら作られた、民俗知が詰まった橋であった。奥山に住む人々は生きる上で多くの技術を伝承してきたが、簡易で

写真1　桂と加須良を結ぶ丸木橋
『岩波写真文庫「飛騨・高山」』より

丈夫な橋を作る技術も、その一つである。

注

(1)炭焼窯に通うための、山中に広がるけもの道のような狭い道

(2)加藤享子「廃村した山村の地名—富山県南砺市(旧福光町)刀利の場合—」『地名と風土』14、日本地名研究所　二〇二〇

(3)加藤享子「富山県南砺市(旧福光町)刀利村、下小屋の信仰生活」『とやま民俗』八九号　二〇一八　一一頁

(4)『岩波写真文庫一〇六　飛騨・高山』岩波書店　一九五三　五頁

参考文献

寺崎満雄『さようなら、桂』桂書房、二〇〇四

(『とやま民俗』No.九五　二〇二一年一月)

VI　落とし紙以前

はじめに

あたりまえのようだが、用便の後に落とし紙として今日ではトイレットペーパーが使用されている。砺波地方でトイレットペーパーが使われるようになったのは、昭和四十年代水洗便所の普及に伴い官公庁や学校から始まった。一般家庭が使うようになったのは昭和四十年代後半から五十年代にかけてであろう。それまで家庭では、薄墨色の再生紙で融けやすい「便所紙」を落とし紙として使用していた。それ以前は新聞紙を切って揉んで使っていた家庭も多い。しかし、新聞が普及したのは昭和になってからであり、新聞は紙として手軽に物を包んだり、敷いたりいろんな用途に重宝した。また、字が書いてあるので落とし紙に使うのがもったいないと、はばかれた家もある。では紙が貴重であった時代に、人は何を落とし紙の代わりに使っていたのだろうか。

本稿では戦前を中心に、小矢部川上流域の落とし紙以前を述べる。

一　砺波地方の落とし紙以前

砺波地方で落とし紙以前に使われたものは、多くが藁のスベである。[1] 砺波地方は稲作単作地帯であり、稲藁が豊富にあった。その藁を利用し、副業の藁工品が多く産出された。その過程で出る

スベ（藁の袴）を利用するのが基本である。しかし、山間地など地域によっては稲作の少ない所もある。小矢部川上流域でも、地域差がある。スベが不足する季節には、草も利用している。それらを準備するのは女の朝の大切な仕事であり、子どももよく手伝った。

戦前の落し紙以前を、農村として旧福光町才川七石坂、山村として刀利谷と臼中の事例を記す。聞き取りはすべて平成二十七年（二〇一五）十一月、話者の年齢は数え年である。

㈠　才川七石坂　堀与治　昭和三年（一九二八）生　八八歳

才川七は小矢部川左岸に位置する農村地帯で、旧西太美山村の中心であった。東に小矢部川が流れ、西に医王山麓が広がる。石坂は才川七の小字で、小矢部川沿いの村である。落とし紙以前はスベが基本だが、草も使った。使用した草について特別な名称はなく、「便所のクサ」あるいは単に「クサ」といった。これらは柔らかく痛くなく、紙よりすっきりできたほどだった。

⑴　スベ

才川七は冬に副業として大量に莚を生産した。その生産過程で出るスベを基本として使った。藁を水車で搗《か》ち、少し柔らかくなってから、スベを取る。たくさんのスベを直径五〇㎝ほどの玉にして莚のタテ縄で縛る。それを家のニワにいくつも置いておく。便所にスベがなくなると、スベの玉をほぐしカイキリ（藁を切る道具）で一五㎝ほどに切る。便所には左隅に「便所の箱」といった巾一五㎝四方ほど、深さ二〇㎝ほどの木箱があり、きちんと揃えて入れておく。箱から左手で取り、右手に持ち替えて使う。これは右手はいろいろなことをするから、左手で先ず取るのだという。

⑵　クサ

藁スベがない春から秋は主に草を使った。堀家の近くには小矢部川が流れ、草は豊富にある。また持ち山にも近い。田んぼの畔には必ずアゼマメ（大豆）が植えられていた。そのアゼマメの草取りの草を多く利用した。まず朝に草を刈った時、その中で柔らかく痛くない草を選んで家へ持ってきて乾かしておく。昼までにはシナヤコク（柔らかく）なる。はたいて泥を落としてカイキリで一五㎝ほどに切り便所の箱に入れる。

蓬が一番使われたが、他の草も柔らかい草なら使われた。春先など草が多い時は刈ってからグズバ（クズ）の蔓で一玉三〇㎝ほどに縛り、家に持ち帰り、広げて乾かした。一玉で三～四日ほどあった。

・蓬

蓬が一番多かった。蓬は薬草であり、消毒でき、しかも草に虫がたたずきれいである。また柔らかく使いよい。蓬は山でなくてもどこにでもあり、刈っても柔らかいのが秋まで次々と生えてくる。また夏から秋にかけ大きくなったのも柔らかい葉をちぎって乾かし使った。つまり蓬は春から秋まで一番よく使った。

・蕗

蕗は葉が大きく干すとシナシナ（しおれたさま）になり、柔らかくてよい。しかし里ではノブキ（野蕗、野生の蕗）はそんなにない。家にあるのはツクリブキ（育てている蕗）で、葉は取ってはいけない。たまに使う程度である。

・ツバナ（チガヤ）の葉

子どもは若芽を食べ、なじみのある草である。藁と同じイネ科なので、肌触りが似てしっかりしていたからか。

・うどの葉
若芽を食べ、大きくなって食べられない葉を使用した。

・しだ（リョウメンシダ）（写真1）
この地方ではシダ類を「ヘービのゴザ（蛇の莫蓙）」と総称し、あまり区別しない。しかし使うのはリョウメンシダである。一般にシダ類は裏側に胞子がありごわごわしている。このリョウメンシダは名前の通りに両面とも、つやつやしていて表面のように見え、しなやこいし、長さが四〇cmほどあって採ってきやすい。シダの仲間でも見分けて使った。

写真1　リョウメンシダ

・グズバ
山野に大変多く繁茂し、葉も多いのだが、この地方では牛馬やウサギなど家畜の飼料の補助にする。それで家の回りのグズバは便所用に使わない。山へ行って大量に採ってきて、使った。

・ゲンノショウコ
薬草でもあり使った。

⑶ 大根の葉
これら多くの草々は、柔らかいものなら何でも使った。ただススキは肌が切れるから使わない。またスイコン（スイバ）は肥料となるため刈ったら田に撒き、使わない。

大根の葉を干し、柔らかくなった葉で赤ちゃんの赤くなったお尻を拭いたのが、一度だけあった。薬用であろう。

⑷ 便所の蛆退治の植物
便所に使う植物として、用便の時に使うのではないが、蛆退治の植物がある。汲み取り式の便所には蛆がわいてくる。退治にはウジゴロシ（ハナヒリノキ[2]（写真2）大木類　ツツジ科）を便所に入れた。山から枝葉を二〇〜三〇cmに刈って結わえてひと抱え担いでくる。便所に全部さらいこむ（一挙に入れる）と蛆が見事に一匹もいなくなる。この葉を揉んで鼻に近づけるとピリピリする。この葉は毒ではないので、後の肥やしに毒するものではない。

写真2　ハナヒリノキ
『樹木2』冨成忠夫
山と渓谷社より

㈡ 刀利谷
刀利谷は渓谷なので、農村よりも稲作の面積は少ないが、生業の炭焼きの炭俵（ススキ製）のタテ縄綯《な》いなどに藁を使った。その工程でスベがあった。

初夏から晩秋までは、早朝から暗くなるまで炭焼きのために山で働く。山仕事では用便時蕗の葉を使った。山ではどこにでも蕗が生えていた。

(1) **上刀利　南幸子　昭和十二年（一九三七）生　七九歳**

家で使うのはスベがほとんどである。藁がなければ農村から買う人もいた。スベだけでは足りないからスベと藁を混ぜた家もあった。それらはきちんと切って便所の箱に入れられた。春先は蕗の葉を生のまま箱に入れて使った。

(2) **滝谷　龍瀧外茂子　大正十四年（一九二五）生　九一歳**

一年中スベを使っていた。スベは冬に縄などを綯うのでたくさんあり、アマに保存してあり、オシギリ（押し切り）で切って使っていた。また、冬などに村のお参りごと（お講さま）があるときなどは、藁をきれいに揃えて手に持てる長さ、一〇㎝余りに切って便所の箱に入れた。藁は打ってないが、しっかりしていて使いがいい。平素のスベではなく、藁ということが客人へのもてなしであり、あらためるという敬意を表した。

(3) **中河内　東文子　昭和四年（一九二九）生　八七歳**

中河内は上刀利からさらに上流の村である。そのため新聞は上刀利まで来るが中河内までは来ない。村では小学校の先生をしていた大見家が一軒だけとっていて、三日ごとほどに上刀利まで取りに行っていた。その新聞は三日分ずつほど村人に配られたが、紙として貴重なので、餅を包んだりして宝物のように大切に使った。

便所には基本的にスベを使った。オシギリで切り、便所の桶に入れておいた。春から夏は草を使った。草は痛くない草なら種類を問わず何でも使えた。女性が朝、アゼ豆を植えた畔の柔らかい青草を刈り、ヒワヒワと干しておくと、昼にはシナシナになる。それを便所の桶に入れた。準備するのは女の大切な仕事である。草はスギナや蕗の葉が多かった。山地なので蕗は身近にどれだけでもあった。紙は肥やしの害になるといい、使わなかった。草がよい肥やしになるといった。便所の人糞は、春先に全部出して積んでおいた。畑の肥やしに使い、ジャガイモや麻の追肥にした。

(4) **下小屋　宇野秀夫　昭和二年（一九二七）生　八九歳**

便所には基本シベ（スベ）を使う。夏は柔らかい草を何でも使う。男性であるため草の準備はしないが、山中で炭焼きの時に自分で準備した。

炭焼きの時は柔らかい草を何でもちぎって使う。蓬はしなやこいし、グズバは柔らかい。また、木の葉を使うが、松のような針葉樹でないかぎり、落葉広葉樹は何でも区別なく使う。ブナ・カエデ、アジサイ、ナラなどを使った。

二十代（昭和二十年代）のときに、岐阜県飛騨へ父親と炭焼きに行った。飛騨では木片を使っていたが、刀利谷に元々そんな風習はない。

(三) 臼中　村井幸子　昭和十年（一九三五）生　八一歳

臼中は刀利谷の山を挟み、小矢部川支流である打尾川最上流の山村である。村井さんは臼中で生まれた。

臼中の家では、冬は藁とスベを切って便所の箱に入れてあった。春先から秋は、刈った草で柔らかいものは何でも使った。忙しくて草をヨットル（選んでいる）暇がない。蕗の葉も忙しいので干す暇もなく、生のまま便所の箱に入れた。

二　小矢部川上流域の特徴

小矢部川上流域では戦前までスベが主流の所が多かった。それは副業として藁工品を作るので、副産物としてスベが大量に出るからであり、その有効利用である。またスベは後に人糞を肥料とする時に良質の肥料となる。スベを使う家でも客人が来られる日には、敬意を表して藁を使うのも、その家の心を表している(3)(滝谷)。

スベが不足する春先から秋までは、草の葉が使われた所も多い。傷をつけない柔らかい草で、しかも手間をかけずに身近で用意できる草が選ばれた。草は朝に田のアゼマメの下を刈った草から選んで家まで運び、昼まで乾かしそのまま、または切って箱に入れて使った。草の種類は農村では蓬が一番多い。多く生えているのと薬用や使いよさによる。リョウメンシダを使うのもこの地域の特徴である。リョウメンシダは農村にはあまり植生がなく、河岸段丘がある才川七石坂だから植生している。リョウメンシダについては、斎藤たま『落し紙以前』に岐阜県や宮城県なども全国的に使われていたことが記されている(4)。

また、農村では蕗の葉は蕗を食用にするためあまり使わない。一方山村では蕗はどこにでもあり、蕗の利用が一番多い。グズバも繁茂する草だが、農村では家畜の餌に利用するために、あまり使わない。山村では豊富なので使う。

山村では山仕事の時に蕗を使った。また下小屋では落葉広葉樹の葉も使ったことが特徴である。宇野さんは岐阜県へ炭焼きに行かれた時、岐阜県では木片を使っていたことも記憶されている。そして刀利谷では木片を使わなかったことも分かった。

木片は考古学でのステギ、チュウギの類と思われる。チュウギは西井龍儀氏によると、富山県内では遺跡からあまり事例がないそうである。下小屋と近い山村の岐阜県白川村加須良では、近年までチュウギを使っていた事例が報告されている(5)。小矢部川上流域では元々使われなかった地域なのだろう。

蛆退治にウジゴロシの枝葉を使うのは、その方言名があるということで、広くこの地方でおこなわれていたことを示す。倉田悟『植物と民俗』の越中黒部地方の「植物名方言集」・「越中五箇山桂の植物名方言」にもウジゴロシの方言が記載されている(6)。また、越後、信州北部でも呼ばれている。この植物で蛆退治がこれらの地で広くおこなわれていたことを示す。

おわりに

私の曽祖母(明治二十六年生)は、私が小学生だった昭和三十年代後半に、毎年一緒に山へ山菜採りに出かけた。曽祖母は山で用便をする時があり、その時は必ず蕗の葉を使っていた。そして「山では山のゾーズ(野草)をつこ(使う)もんや」と言っていた。身近な草を使うのは、一般的であった。

生業の稲作で出た藁を副業に使い、その時出たスベを基本に使う。スベが不足する季節には地域に合った草を利用していた。草の利用は、稲作が充分出来なかったころのことを、伝えていると思える。そして準備するのは、女性の大切な仕事だった。また蛆を殺すウジゴロシの方法も長年の経験知を積み重ね、自然を巧みに利用したやり方である。

このように、落とし紙以前は、それぞれの地域に合った副産物や植物を使用していた。そしてその後はそれらを共に肥料にするという完全なる持続可能で循環型の生活をしていたのである。

注

(1) 佐伯安一「便所」『富山大百科事典』八一九頁
(2) ハナヒリは古語でくしゃみのこと
(3) 藁はスベよりしっかりしているため、客人へのもてなしとされた。

（4）斉藤たま『落し紙以前』論創社　二〇〇五　三一頁
（5）浅野弘光「チュウギ文化の意味するもの（その一）」『郷土研究岐阜』第九九号　岐阜県郷土資料研究協議会　二〇〇五
（6）蛆殺しの方法は、黒部地方は枝葉を便所に入れる。五箇山桂は煎じて入れる。小矢部川上流域は枝葉を入れる。

参考文献

佐伯安一「便所」『富山大百科事典』北日本新聞社　一九九四
黒崎直『水洗トイレは古代にもあった』吉川弘文館　二〇一一
浅野弘光『厠考』教育出版文化協会　二〇〇二
牧野富太郎『学生版　牧野日本植物図鑑』北隆館　一九七四
倉田悟『植物と民俗』地球社　一九六九
北村四郎・村田源『原色日本植物図鑑木本編』保育社　一九七九
冨成忠夫『樹木２』山と渓谷社　一九七九

（『とやま民俗』№.八五　二〇一六年一月）

Ⅶ　刀利の地籍図と山の幸

上刀利元住民の南源右ヱ門さんの家には、明治初年に作成された刀利の地籍図が残されている。十二片を貼り合わせた地図は幅一四四㎝長さ三〇〇㎝にもなり、かつて刀利五か村の山の番地が、県境の大門山からノゾキまで通し番号で書かれている。また、入り組んだ多くの谷や山、原なども書かれている。

刀利の地名はノゾキから始まる。名の通り「上からも、下からも覗かにゃ見えん」という険しいＶ字峡であり、交通の難所だった。ノゾキがあるので、刀利は小矢部川の下流と長い間隔絶されていて、むしろ平坦な石川県の横谷から湯涌を通り、金沢へ交流することが多かった。

上刀利に入ると、麓に城山という小さな山があり、谷内彦左衛門の屋敷跡と伝えられている石積みの跡が残っていたそうで、砦の跡であったと思われる。その横はサンマイ谷であり、奥にはガセンダ（合戦田）がある。近くには的場という地名もあった。この地は下流から越中軍勢、小矢部川を挟み加賀の横谷からの軍勢が見渡せ、守りに都合のいい軍事上の要所であったと思われる。かつてこの地で戦いがあったことを窺わせる。

瀧谷には村社の境内はあるが社殿はない。伝承によるとご神体が留守になり、度々、上刀利で発見され、そのため夫婦神として上刀利白山社に合祀されてきたという。その村社跡の背景山はオガンカベヤマ（拝壁山）である。これまで瀧谷の人は、白山社まで一・五㎞もあるので、平素オガンカベヤマに向かって拝んでいたといわれている。

中河内の上流はマガラ（曲原）と呼ばれる急峻な岩壁なので、別に冬期間だけ雪崩を避けるための冬道があり、コイト（越処）と呼ばれた。山村にはこのような冬期間だけの道があった。

下小屋まで来ると、谷はいよいよ険しくなる。川と共に上がってきた魚も、急な滝をそれ以上あがれず、ヨドメまたはイオドメ（魚止め）の滝と呼ばれた。このような滝はすべての谷にあり、岩魚もそこで産卵し一生を終えた。獣も多くいて、猿谷・猿ケ山があり、また、大獅子山の山名はカモシカを意味する。猿の脳味噌は漢方薬に、カモシカの肉や皮や骨もすべて利用し、大切な山の恵みだった。

刀利にはいくつもの「シンノ谷」があるが、これは「芯の谷」であり、小矢部川へ流れ込む支流の谷を意味する。人は山へ谷から入り、その地を谷の名前で伝えてきた。たとえばウソ谷には親指の太さほどもある良質の青いぜんまいが、一面白い花を咲かせるようにニョキニョキと生えていて、「こりゃウソや」と笑い話に言ったという。

自然の恵みは多かった。昭和二十一年の秋、南さんはあまりの栗の多さに、生業の炭焼きを一日休んで父子二人で拾ったら一石、つまり二俵にもなったという。これらは茹でてヒアマに干して保存した。刀利の山は半分が栗の木だった所もある。この他にも、季節を通じて桑の実、ぐみ、木苺、あけび、さるなし、はしばみ、山葡萄、胡桃、がまずみ、山法師など数えきれないほどのおいしい木の実があった。ぜんまいをはじめ、山菜は豊富で、ススタケは一か月も採り続けた。村近くでは、自然の地力だけで作る無肥料のナギ畑（焼畑）があり、そばや粟、稗、小豆や絶品の味がする大根、かぶらなどを作った。

刀利は道に沿うと南北に十数㎞を越える。その一つ一つの谷や山など、地形や地質をくまなく知り尽くし、衣食住の多くを自給して生活する知恵を、地名と共に伝えてきた。

地籍図には、山のすみずみまで朱色の線が走っている。窯道（炭焼き道）である。この地を愛し、強い信仰に支えられ、平和に助け合って生きた人々の、文字通り足跡を伝えている。

（『万華鏡』156号（刀利）ふるさと開発研究所
二〇〇四年十二月）

Ⅷ　白峰村の食文化を味わう

平成十九年十一月十日、十一日の両日、石川県民俗文化会議で、白山市白峰の伝統料理体験と平泉寺見学会に参加した。白峰望岳苑での食体験は、私の長いあこがれがいくつも詰まった、夢のような体験だった。まず、昼食に頂いたのはアワ飯である。白米に黄色のアワが混じり、ブツブツと食感がよく、上品な旨味がある。汁はアザミが入っていて、いい香りがする。そのうちにコビリになり、「カマシの炒り粉」と「平泉寺青豆入り堅豆腐」を調理体験した。橘会長の説明では、カマシは遥か東アフリカから伝播し、日本では縄文時代からすでに栽培されていたものだという。炒って赤茶色になったカマシを石臼で挽き、粉にした。

カイて食べたが、その素晴らしい風味はたとえようがない。蕎麦より深みがあり、食感や味が落雁に似ている。手軽に食べられ、コビリにはもってこいである。こんなにおいしいものなら、毎日食べたいほどだ。健康にも良く、現代にもっと広く見直されてほしいと願う。堅豆腐も大豆より甘い青豆で作られ、どっしり本物の味がする。

夕食は白山伝統の報恩講料理である。立派な輪島塗の赤御膳に、多くの御馳走がよそわれ、見るだけで心が伝わってくる。ご飯はうず高く盛られ、椀がちょこんとのっている。煮物には椀からはみ出るほどの、大きな三角の油揚げがのっている。引き物には、山の幸が詰まっている。こごみやぜんまいの胡麻和えや、シロゴケも初めて食べた。ウドの煮物は色、香り、歯ざわりといいまるで生のようで、生よりまろやかでおいしい。お鉢の料理に、なんとナナギの大根の煮物が回ってきた。私はどれだけあこがれても、ナナギの大根を一生口にできないと思っていた。それが目の前にある。私は今、食の文化財を口にしようとしているのか。勿体なくて、すぐには口にできない。貴重なナナギの大根は、本物だけが持つ大地の恵みが詰まっていて、とろけるほど柔らかく甘い。

すべての料理が報恩講のために、手間をかけ食材を吟味して用意され、丹精込めて調理されている。深い山里での生活は厳しくても、仏の教えを支えに心豊かに生きた人びとのことを思うと、一品一品が有り難く、私はしぜんと南無阿弥陀仏と唱えていた。

（『加能民俗』12の9 №151
加能民俗の会　二〇〇八年三月）

五章　地の利を活かした食生活

Ⅰ　南砺地方のかぶらずし

はじめに

かぶらずしとは、年末に大かぶらに塩さばの切り身を挟み、米麹と米で漬け込み発酵させた郷土料理である。おせちの特別な一品として、富山県や石川県で親しまれている。石川県では金沢を中心とし、富山県では主に県西部で作られており、富山県の中心は南砺市福光地域である。

南砺市のかぶらずしは、内陸地で長い冬の間、生魚に乏しく、塩さばを美味しく保存する方法として生まれてきたといわれている。なれずしの一種であり、漬け込まれた味は甘味と酸味が混ざり合い、何ともいえない旨味がある。長い年月をかけて各家で大切に受け継がれ、正月はもちろん、冬の食卓の楽しみの味として親しまれている。

本稿では、南砺地方の古刹に伝わる「さばずし」との関連や金沢のかぶらずしとの違いを明らかにしながら南砺市福光地域に伝わるかぶらずしについて述べたい。

一　日本のすし文化の成り立ちとかぶらずし

すしといえば、現在にぎりずしやいなり寿司、ちらし寿司などが考えられ、酢飯を基本とした寿司が思い浮かぶ。これらは江戸中期に発達してきた。日本のすしの成り立ちは、八世紀の文献に見れば米と塩で醸し、熟成したら食べるという、「なれずし」であった。それが室町時代から戦国時代にかけて、「生なれ」の飯も食べるように変化していった。それが更に江戸中期になると、ご飯に酢をかけて酢飯にして食べる、今日の「はやずし」へと変化していった。

なれずしは、米を生産してきた人々が古くから作っていたもので、米飯を利用して魚を保存する方法である。魚をご飯に挟み、桶に漬け込み、重石をのせ熟成させる。その間ご飯に酵母が発生し、ご飯が糖化する。糖は乳酸発酵し、その酸度のため、有害細菌の繁殖が妨げられ、魚が熟成していく。

なれずしから更に米麹を使い漬け込んだのが、「いずし」である。いずしは魚とご飯と野菜を、米麹を用いて漬け込み、乳酸発酵させたものである。麹を使うことにより、早く発酵し、甘味が付加される。かぶらずしは、現在は米麹を用いるので、いずしに分類される。

いずしは、発酵に氷点下を下らないと腐敗が発生するため、北海道や日本海沿岸地域に広く分布している。北海道石狩地方のニシンのいずし・鮭のいずし、青森津軽地方の鮭のいずし、秋田のハタハタずし、山形のかゆずし、新潟の鮭のいずし、岐阜飛騨地方の大根ずし、美濃地方のねずし、などが知られている。なれずしに比べ低温で、麹を使うことにより漬ける期間が短縮し、香りがおだやかで、米の甘味と乳酸発酵の酸味のバランスが良い味となる。

(一) 南砺地方の古刹に伝わるさばずし

富山県には昭和四十年代まで黒部川布施川流域などに、なれずしの「鮎のくさりずし」があった。また、はやずしの「富山の鱒ずし」は有名な特産品である。

南砺地方の古寺である、井波別院瑞泉寺と城端別院善徳寺には、「さばずし」が現在も作られている。両寺は富山湾から三十～四十km離れた内陸地に位置している。両寺とも真宗大谷派の古刹で、瑞泉寺は七月二一日から二九日にかけて太子伝会が、善徳寺は七月二二日から二八日にかけて虫干法会が催される。両寺ともお昼の斎《とき》にさばずしが供される。よく漬け込まれ、チーズのような芳香がしておいしい。さばずしは地元の魚屋組合や、同行が二カ月漬け込む。しかし、その製法に若干違いがある。善徳寺は塩さばを、立塩（濃い塩水につけ、よくほぐし、すくいあげたご飯）のご飯だけで漬け込む。瑞泉寺では塩さばを、ご飯と米麹と清酒（塩・山椒の葉・とうがらしを適宜入れることもある）で漬け込む。[1] つまり、善徳寺はなれずしであり、瑞泉寺はいずしである。

真夏の一週間に、昭和四十年代まで多い時は十万人が参詣したとされている。両寺ともさばずしは斎として、調理に手間がかからず、魚や米を使うという贅沢でおいしい一品として、参詣人の楽しみとなった。

真宗寺院である井波別院が太子伝会でさばずしを斎の一菜としたのは、仏事ではなく、聖徳太子を神格化して、神事として受け止めたのであろうとされる。[2]

(二) 福光地域の麹を使った魚食文化

福光地域は内陸地であるため、かつては生魚が入手しにくかった。干魚や塩魚が多く、それをいかにして旨く保存していくか工夫を重ねた郷土料理が発達した。昭和三十年代までは農村・山村で、どぶろくや甘酒が作られており、米麹と米の使い方は習熟していた。ニシンは米作の肥料として、北海道から俵詰めで大量に移送されてきた。身がしっかり付いたものも混ざっており、それを食用に用いた。季節の野菜との煮付けはもちろん、保存用に加工した。「ニシンのコンカ漬け」は、ニシンを米ぬかと米麹、塩で漬けた。「ニシンの麹漬け」はニシンをご飯と米麹と塩で漬けた。米麹を買う余裕がない場合、米麹の代わりに味噌を代用する場合もあった。これらは秋の田仕事の忙しい時、大切なおかずとなった。

いわしは春先に富山湾で大量に獲れた。そんな時、「いわしの麹漬け」や、「いわしのコンカ漬け」を作った。また、さばは「さばの生き腐れ」ともいわれるほど腐りやすい。においも強いので移送には獲れてすぐ、かなり強い塩をつけて塩さばにすることが保存のこつである。南砺地方は内陸なので塩さばが移入する。塩さばとご飯と米麹で「さばの麹漬け（さばずし）」や、さばと塩、ご飯で「さばのままずし」を作った。いずれも保存食として発達してきた。小矢部川上流最奥部の刀利谷や臼中では、一斗樽にさばずしを漬け、切り身にせず一匹のままで秋祭りのお頭付きの魚にした。

二　福光のかぶらずし

福光地域では昔からおせちの逸品として、かぶらずしが作られた。その製法は時代と共に変化してきている。十一月下旬で雪がぱらつき、平均気温が十度を下回った頃から作られる。

現在の基本的な作り方は、大かぶらの株元と根本を切り、皮を

図　かぶらの切り方

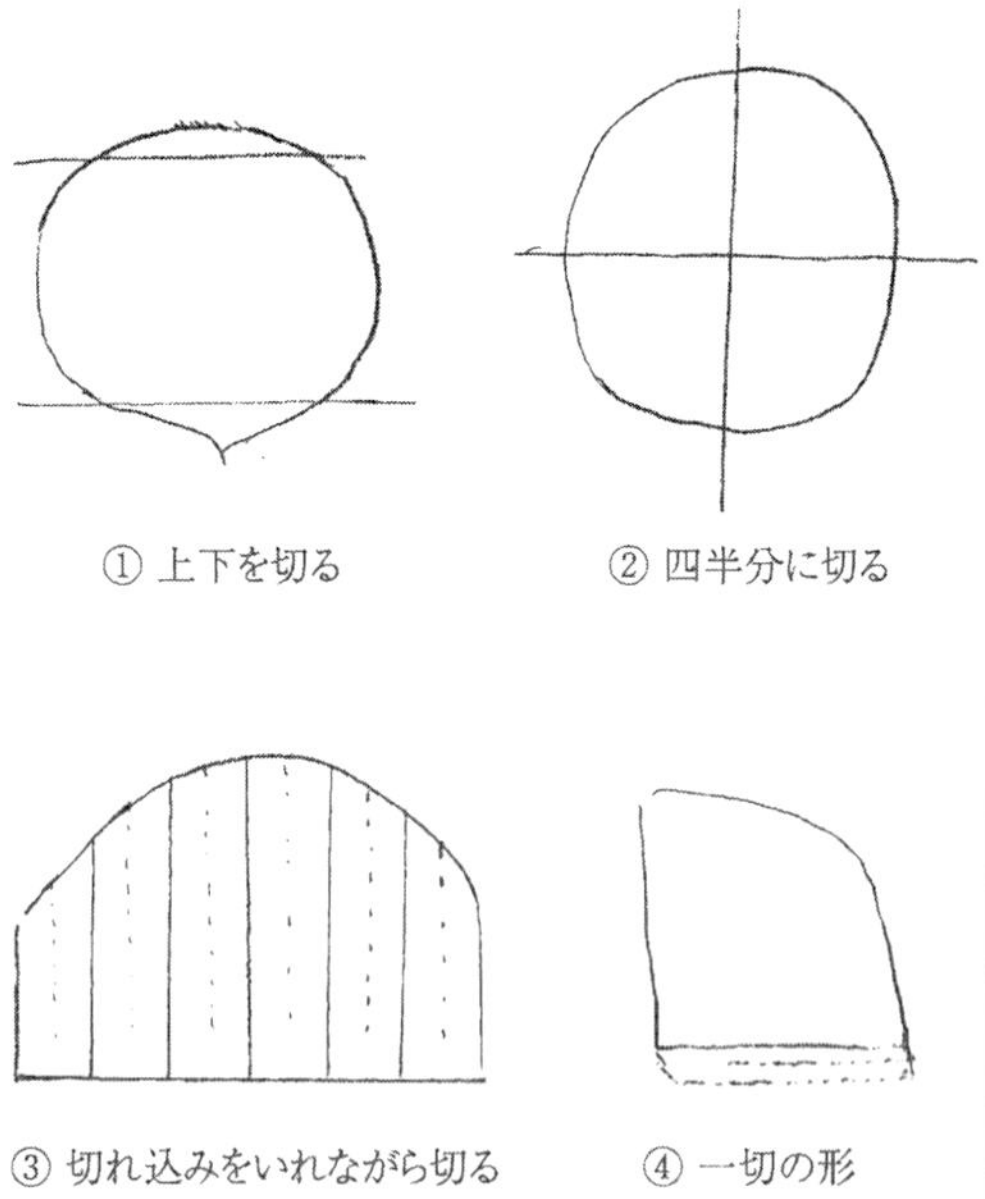
① 上下を切る
② 四半分に切る
③ 切れ込みをいれながら切る
④ 一切の形

むき、縦に四半分に切る。厚さ二㎝ほどの切り身にし、中に切れ込みを入れる。（図1・写真1）かぶらの重量に対して三％の塩をふり、よく混ぜ合わせる。二日ほど漬け、しんなりさせてから、ざるにあけ、水気を抜く。

塩さばは、酢に半日ほど浸す。これを酢で「コロス・酢ジメ」という（写真2）。こうすることにより、さばの脂が出て、身が締まり、傷みを防ぎ、生臭さも取れる。酢に浸すのは、なれずしの魚が、乳酸発酵の作用で作られていたことの発展である。酢ジメされた塩さばは、そぎ切りして、かぶらの切り身に挟み、桶一面に並べる（写真3）。モト（甘酒）（写真4）をかけて人参などをちらす（写真5）。同様にして何段か積み重ねていく。オトシブタ（中蓋）をして重しをし（写真6）、冷暗所に置いて発酵を待つ。一週間で汁が上がってくる。重しを取り、蓋を下にして桶の上に重しをのせて、一日「逆重《さかおも》し」をする（写真7）。逆重しを取り、開けて食べる（写真8）。食べ頃は一週間といわれる。

福光地域では、おせちにほとんどの家がかぶらずしを作っていた。また、魚屋も各店ごとにかぶらずしを作り、自慢の味を売っていた。魚屋のかぶらずしは贈答品に使用されることが多かった。

ここでは福光町部の西に隣接し、昭和四十年代まで四十戸の純農村であった南砺市（福光）天神に伝わる、かぶらずしの作り方を紹介したい。天神は町と近く、魚屋のかぶらずしの製法や味の違いも身近に周知していた。また、全戸が真宗大谷派（東本願寺）であり、多くの人が瑞泉寺や善徳寺へお参りし、お斎でさばずしを食べ、旨味を知り、製法も伝え聞いていた。

かぶらずしは全戸で作り、作った時には近隣に分け合い、我が家の味を情報交換し、味の向上に努めてきている。話者は大正八年（一九一九）生まれの湯浅かのゑさん、昭和四年（一九二九）生まれの片山みよ子さんである。

㈠　材料

材料は大かぶら・塩さば・米麹・米である。大かぶらはかぶらずし用の聖護院（聖護院かぶ）・早生大かぶである。聖護院は大きくなると一kg以上にもなる。身はきめ細やかで柔らかく甘い。それに比べ、早生大かぶは、やや固めである。富山県は水利がよく、かつて九〇％以上が水田という、米単作地帯であった。そのため畑は狭かったことが多く、平素の野菜をのぞき、遠方で栽培することがあった。昭和三十年頃まで、天神では二㎞ほど離れた山沿いに畑を持ち、そこで作る場合も多かった。また、秋野菜は越冬用の大根・白菜・ネブカ、そして葉物野菜が中心であり、大かぶらを作ることさえ、贅沢とされた。山沿いの畑には、肥やしを荷車に積んで運ばなければならず、手間がかかった。当時、大かぶ

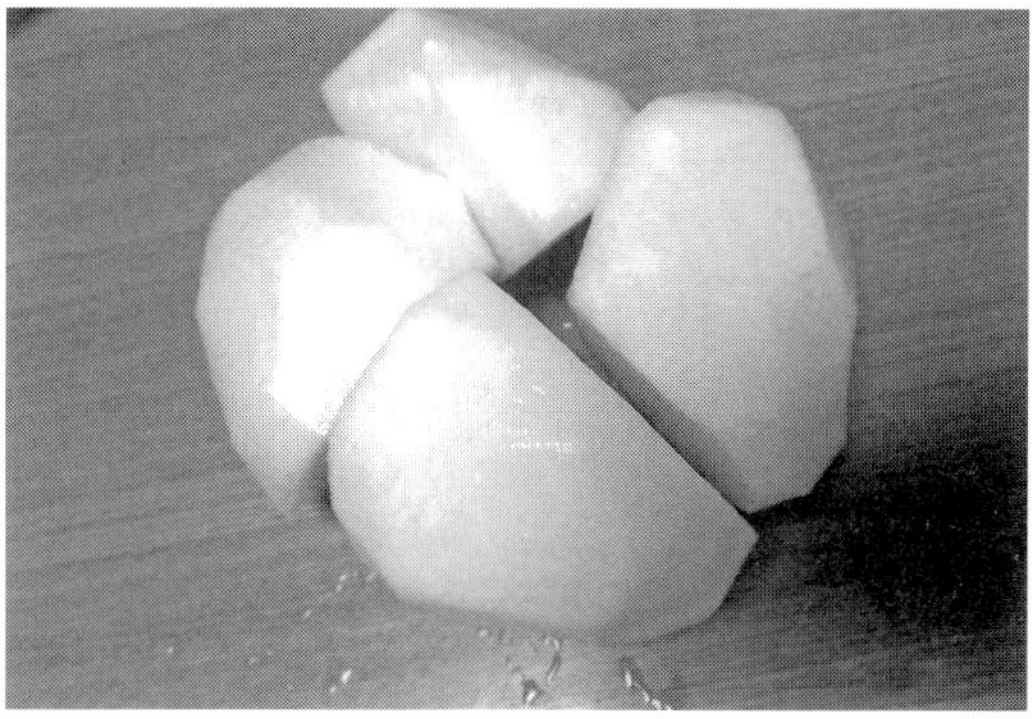

写真１　かぶらを四半分に切る

写真２　塩さばを酢でコロス

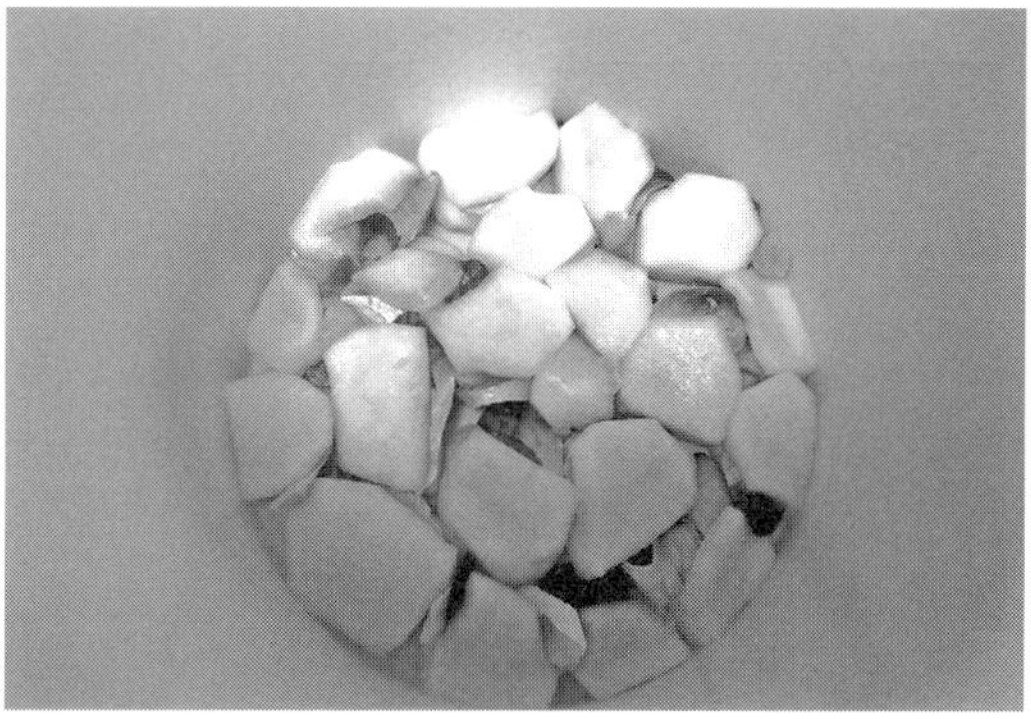

写真３　かぶらずしを桶に並べる

写真４　市販の甘酒

写真５　モトをかけ、人参などをちらす

写真６　オトシブタをして重しをする

写真７　逆重しをする

写真８　できあがり

らは越冬用野菜としては「ス」が入り（乾燥して空くこと）、不適だった。

塩さばの塩は濃いめであり、いかにして濃い塩味のさばを美味しく食べるか工夫が重ねられた。米麹はかつて、一等米一升と米麹一枚と交換した。昭和四十年頃まで、農村においては、お金で購入するということは贅沢であった。かつて米の品質の比率は一等米二〇％、二等米八〇％ほどであり、一等米は貴重で、平素は二等米かくず米を主食としていた。

かぶらずしを作るには、いろんな手間がかかる。暮の忙しい時に手間をかけることが贅沢だった。このように材料や手間という贅沢を集めて、かぶらずしは作られた。

(二) モト（甘酒）の作り方

かぶらずしを漬けるモトは前述の通り、日頃甘酒として作られてきた。モトの出来具合により、かぶらずしの味や風味が変わるので、注意深く作られた。モトはかつておひつや鍋、甕に、米麹一枚と冷やごはん三～四合混ぜて、おひつ布団に丸めて炬燵に入れたり、イリ（囲炉裏）のそばに置いて、一晩保温して作った。今は保温機を使い数時間で作る。

福光地方は冷やご飯を利用して作る人が多く、砺波市近辺は温かみのあるご飯を使って作る人が多いと言われている。また、近年はモトを作らず、手軽に市販の甘酒（五〇〇g・一kg）を使う人が多い。その場合、モトだけで漬ける人もあるが、増量にモトに柔らかめのご飯を混ぜ、しばらくおいて使ったり、甘酒にご飯と味醂を混ぜ、柔らかさと甘さや風味を保持して使ったりする。かぶらの切り身の大きさや、各家のやり方で甘酒の使用量が違うが、かぶらの切り身の重量の半分の量の甘酒を使う場合やかぶら一〇〇切れに対して市販の甘酒大袋（一kg）を使用する場合など、家によっていろいろである。

(三) 重し

重石はかぶらの重量ほどである。天神村境を流れる小矢部川が産するカネイシ（正珪石・砡《ぎょく》石）を使用する。形はほとんど楕円形であり、緻密で固く重く、表面は滑らかで洗いやすく、漬け物に使いよい石である。

(四) 各家のかぶらずし

ここで、湯浅かのゑさんと片山みよ子さんの、かぶらずしの作り方を紹介したい。

湯浅さんは天神と同じ旧広瀬小学校区の坂本に生まれ、戦前天神に嫁した。実家や実家の本家で作られていた、戦前のかぶらずしの作り方や、天神に伝わるかつての製法を記憶されている。かつて天神では、昭和四十年代まで米麹を使わず、ごはんだけでかぶらずしを一ヶ月ほど漬け込んだ家があった。固めのかぶらずしであり、保存がきいた。また、米麹を買わずにすみ、節約にもなった。米麹を使わぬことは善徳寺と同じやり方だと湯浅さんを含め、天神の主婦は周知していた。なれずしである。かつての天神A家や、湯浅さんの実家近くの家などもこの製法である。

また、昭和四十年代まで天神では、米麹を使ったモトでも今のように甘酒ではなく、ごはんと米麹を直接パラパラと混ぜて、一ヶ月ほど漬ける家が多かった。重しも重くした固いかぶらずしで、馴れたあっさりした味になった。これは瑞泉寺と同じ製法のいずしである。町部のB魚屋もこの製法で作っていた。現在は甘酒で一週間漬けるのがほとんどである。

現在、湯浅さんの製法は次のとおりである。かぶらを切って塩と酢を入れ混ぜ合わせ、桶に入れる。酢を入れることによりかぶらが白くなる。むいた皮や端は捨てることなく、大切に酢物にして食べる。甘酒は米麹一枚に米三〜四合炊いて混ぜて作る。湯浅さん実家の母親は、米麹一枚にもち米二〜三合炊いて混ぜて作った。貴重なもち米を使うことと、米麹の比率が多いことにより、甘酒は大変甘く贅沢な味になった。当時はこの甘さがごちそうであった。塩さばは酢でコロスが、味醂を少し入れると旨味が増す。現在正月用には九百切れほど漬け、縁者に分けている。冬の間、かぶらをビニールの袋に入れて密閉すると鮮度が保たれる。かぶらがある間は、何度でも作る。

写真９　伝承者の片山みよ子さん

片山みよ子さん（写真9）は天神に生まれ、同村に嫁した。古くからのこの村に伝わる製法を知っている。かぶらは聖護院を使う。大きければなるべく有効利用するよう、縦に切ったあと、頂部を横にも切り一つのかぶらから十切れは取る。かぶらをざるに入れ計量し、桶に入れて3％の塩を入れてよく混ぜる。中蓋をしてかぶらの重量より重い重しを二日間する。たくさんの汁が出るが捨てる。

塩さばは酢に五時間以上漬けておく。一晩漬けてコロスのが一般である。塩さばをざるに上げ、漬けた酢をとっておく。桶の底に広い昆布を敷いて下に甘酒をヒチャヒチャ（薄く）と並べる。かぶらに塩さばを挟みながら漬けていく。甘酒を置き、千切りした人参をまぶす。それを何層か繰り返す。かぶら百切れに対して、市販の甘酒一kgを目安として漬ける。途中にも昆布を敷く。かぶらを全部漬けたら最後に昆布をのせて、蓋のようにする。塩さばをコロシタ時の酢を少し蒔くように入れる。中蓋をして重しをしっかりする。昔は台所の目皿のあるところに置いたが、近年は住宅事情と暖房を避けて、納屋の冷暗所に置く。

一週間「本漬け」をすると、汁が上がってくる。逆重しをせずに、桶を横にして、重しを棒でツッカエ（支え）にして一晩汁を流す。逆重しをしないのは、桶の横から米麹が出て旨味が逃げるからである。また、汁が蓋の代わりとなり、傷みを防ぐ役割もする。桶を戻してかぶらずしを出す。パックに詰める時も、昆布をかぶせる。水分を吸って蓋をするようになり傷みが遅くなり、しかもかぶらずしに昆布の旨味が移る。

天神では、全戸でかぶらずしを漬けている。かつては手間や金がかかるので大量には作れず、正月に三十切れほど小さな鮓桶に作った。今は正月用に二〜三百切れほど作る。冬の間かぶらがなくなるまで百切れずつほど何度でも作る家が多い。

かつてはかぶらと塩さば、米麹で漬けたが、昭和五十年代から風味に人参・ゆず・しょうが・ナンバなどを切って、米麹の上に散らすようになった。ナンバは傷みを抑える作用もあり、粉・輪切り・一本と入れている。また、漬ける時に焼酎をまく家もある。これも傷みを遅らせる。瑞泉寺の鯖ずしも清酒がまかれている。主婦たちは常に情報交換し、味の向上に努めている

(五) 魚屋のかぶらずし

福光では魚屋が各店ごとにかぶらずしを作り、店伝来の味で売っていた。南砺地方で魚屋がかぶらずしを作って売っていたのは福光だけである（福野　新山魚店・井波　脇本魚店などによる）。城端は善徳寺と同じ製法のさばずしを売っていたが、かぶらずしは売っていない（城端　南幸魚店）。福光の魚屋では塩さばを売ると共に、かぶらずしの製法を教え、甘酒も一緒に売っている。昭和四十年代になると、福光に魚屋起業のかぶらずし食品会社が設立してきた。

(六) 塩さばの作り方

昭和五十年代、砺波市出町の魚屋がかぶらずし用に作っていた、塩さばの作り方を記録する。この魚屋の塩さばは、各家で自家用のかぶらずしに使用された。話者の加藤しげるさんは、一九二四年生まれの魚屋の奥さんである。

十一月初旬になると、富山湾で捕れた鯖で、普通の大きさ、三五㎝ほどの鯖で作る。大きすぎると脂くさくて不適である。

①脂ぬき　鯖を三枚におろし、水に半日ほどつけ、ざるに上げる。

②塩を付ける　鯖の両面に濃いめの塩を付ける。

③桶に漬ける　身の内側を上にして桶にきちんと並べて漬け、板を置いて石の重しをする。二～三週間冷蔵庫の中で漬け込む。汁はあまり出ず、身が締まりピンとする。水分が抜けることにより、旨味が増す。

④売却　一匹ずつ出して皮を剥ぐ。塩で固くなっており、剥きやすく、首のところからオブラートのようにスーと剥ける。身の表面（皮）からそぎ切る。

三　福光と金沢のかぶらずしの違い

金沢と福光では、かぶらずしをおせちとして食べられているが、多少の違いがある。表にすると、次のとおりである（表1）。

先ずかぶらの品種は、福光が白く柔らかい「聖護院かぶ」や「早生大かぶ」であるのに対して、金沢は固くて青い「青かぶら」である。大きさは、福光は直径二五㎝内外のを使用するが、金沢は直径一一㎝内外である。かぶらを福光は皮を剥く。金沢は剥かない。それは、白かぶらは大きくしてから使うため、皮に根などが付き表面がきたないところが出てくるので皮を剥く。金沢は青かぶらは若いのをとるので、表面がきれいであり、皮を剥かないのである。福光はかぶらからできるだけ数をとり、四つ切りにして縦に切り、一個から十切れほどとる。金沢は輪切りで、一個のかぶらから二切れだけである。塩漬けも固さの違いで、福光より金沢が長い。漬ける魚は、福光が塩さばを酢でコロシて漬けるが、金沢は高級魚の塩ぶりを酢でしめずに使う。本漬の日数も福光は一週間であるが、金沢は二週間～二十日間である。青かぶらは固いので漬けてもくずれない。好みの味も、福光は白かぶらを生かした、甘さやしっとり感であり、現在食品会社では砂糖を添加していることがある。金沢では青かぶらのパリパリ感が好まれてい

る。かつて井上雪の『金沢の風習』では「かぶらずしは、かぶらが主で魚が従」と記している。[3] かぶらの漬け物としての食感が好まれたことを意味する。

福光のかぶらずしは、現在冬の間数回作る人が多い。福光ではスーパーにかぶらずしコーナーがあり、塩さば・米麹・甘酒などと共に、各店のかぶらずしが陳列されている。金沢では手作りする人が減り、ほとんど購入している。金沢では家庭でかぶらずしよりも、大根ずしが作られている。福光には全国的にも珍しい種麹屋があり、味噌の米麹とは別の、かぶらずし専用の米麹を作っている。米麹がおいしいのは、米そのものの品質がよく、糖分が多いからだといわれている。

表1　福光と金沢のかぶらずしの違い

	福　光	金　沢
かぶらの品種	白いかぶら（大きい） （聖護院かぶ・早生大かぶ）	青かぶら（小さい）
かぶらの切り方	縦に切る（大きければ横にも） 皮を剥く	輪切り 皮を剥かない
厚さ	2 cm	3 cm
かぶら1個からとる数	直径 20cm 位で 10 切れ	直径 11cm 位で 2 切れ
かぶら塩漬けの日数	1～2日	3～4日
魚	塩さば	塩ぶり
本漬けの日数	1週間	2週間～20 日
好みの味	甘さ・馴れた旨味 しっとり感	馴れた旨味 パリパリ感
作る回数	一冬に数回 店にかぶらずしコーナー	正月に一回
米麹	種麹屋がある かぶらずし用の米麹	
作る食品会社	魚屋起業が始まり	漬け物屋・醤油屋が始まり

作る食品会社は、福光は最初は魚屋起業であるが、金沢は漬け物屋、醤油屋などである。そこからは、福光は魚をご馳走としてかぶらずしが発達し、金沢は漬け物として発達したのではないかと思われる。近年砺波地方では大かぶら生産組合や漬け物屋、麹屋など多業種がかぶらずしを作り販売している。冷蔵システムが整い郷里の特産品として広まってきている。価格は大きさの違いはあるが、二〇〇二年現在、一切れは福光が百円あまりで、金沢は千円あまりである。

このように、金沢では贅沢な材料で作った豪華なおせちであるが、福光では質素に材料を有効利用しながら作っている。

四　おわりに

南砺地方のかぶらずしは、なれずし・いずしであり、鯖の保存食品として発達してきた。そこには南砺の古刹の斎として、鯖ずしを供してきた鯖の食文化がある。内陸部で塩さばをおいしく食べようとしてきた食習があった。かぶらずしは貴重な米や魚、麹を使い、ぜいたくに食べるおせちの特別な一品として作られてきたが、近年はおいしい郷土料理として広く作られるようになった。福光の魚屋や麹屋でも、売る時に作り方を教えている。また郷土料理教室で教えている。

近年福光の食品会社では、金沢のように輪切りの切り方で塩ぶりを漬けた商品もある。しかし、本来伝承されてきたかぶらずしは、家庭の味としてこれまでのやり方で今も工夫を続けながら、作られている。

注

（1）中川眸「越中の古寺に継承されている鯖の馴れずしの食事史的研究」『調理科学』第七巻第一号　調理科学研究会　一九七四

（2）中川眸「日本のすし・富山のすし」『味噌・醤油・酒の来た道』小学館　一九八七　二〇三頁

（3）井上雪『金沢の風習』北国新聞社　一九七八

Ⅱ　干柿

福光の山里には古くから渋柿の木が生えており、干柿をつくっていた。元禄八年（一六九五）の産物書上に、西勝寺村の串柿のことが出ており、これが文献ではもっとも早く、菊池文書「旧記元禄初終十年（一六九七）六」以後の産物書上に頻出する（『福光町史』一九七一年版　上巻七八九頁）。干柿は金沢の三社《さんじゃ》に住む商人に買い取られ、後にこの地名が「三社柿《さんじゃがき》」という品種名になった。全国では富山県の福光、城端だけで栽培されている。現在こ

参考文献

中川眸「享保年間における越中国（富山）の鮎ずし」『富山大学教育学部紀要』第二三号　一九七五

中澤佳子「郷土料理の地理学的研究：かぶらずし・大根ずしを例として」『お茶の水地理』第二五号　一九八四

北野綾子・高野悦子『北陸の漬けもの誌』北国出版社　一九八六

『聞き書　石川の食事』農山漁村文化協会　一九八八

『聞き書　富山の食事』農山漁村文化協会　一九八九

（『北陸の民俗』第三〇集　北陸三県民俗の会　二〇一三年三月）

の地方の干柿は平核無《ひらたねなし》も多少あるが、三社柿がほとんどである。

一　三社柿の特質

干柿は渋みである水溶性タンニンが、乾燥で非水溶性に化学変化することで、甘くなる。三社柿は実が大きく、果肉がきめ細かく、干しても歩留まりが良い。一般の渋柿より二〜三倍の水溶性タンニンを含有し、渋みが強いが、その分干柿にすると、甘みが

濃く、旨味とコクがありおいしい。

柿はほとんど接《つ》ぎ木（割接ぎ）をする。かつては、自然に生えていた木を台木としたものが多かった。また三社柿の木に、接ぎ木をした。台木の品種として、山柿や市兵衛が良いとされた。台木が実の大きい木だと、接ぎ木した三社柿の実も大きくなる。今は広島で三社柿の苗を作っている。

柿は樹齢が長く、接ぎ木した木は一五〇年はもつ。落葉病、炭素病、ナベスン（カメコロウムシ）、シナンタロウ（イラガ）、コジョ（刺さない毛虫）、最近はアメリカシロヒトリなどの病気や害虫もいるため、防除や草刈り、肥料など健康に育つように管理する。

二　干柿の加工

㈠　柿の収穫

三社柿は柿の色付き具合を見ながら、十一月上旬～二〇日頃までに収穫される。柿が青いと未熟で実が固く、甘みも乏しく、干柿にしても色よく仕上がらない。完熟した柿は干柿の色も味も良い。また遅すぎると熟柿となり干し柿にできない。

柿を吊す時に、糸をツクシ（果梗）にかけて干すため、ツクシが取れぬよう気をつけて収穫する。

㈡　皮むき（写真1）

柿を収穫して二日以内に皮をむく。皮むきは主に女性の仕事である。まず、へたの回りをきちんとがくを取ってむく。次に右手でナイフを柿に当てて固定し、左手で柿をぐるぐる回しながら、元から先端に向かって、ほとんど両手の手首を動かすようにしてむく。皮を残さぬよう、角がつかないよう丸くむく。熟練者は一時間に一四〇個ほどむく。二〇〇個むいた人もいる。昭和三十六年（一九六一）から皮むき機の導入により、約三～五倍の早さでむくようになった。今はさらに機械化が進んでいる。

写真1　柿の皮むき（昭和20年代　土生新）

㈢　糸つり

糸つりは女性の仕事である。柿は傷付きやすいので、皮むき後すぐに行う。四〇㎝ほどの糸の両端に、柿のツクシを縛る。「いちりん」（一連）と呼ぶ。糸はかつて福光で盛んだったハタの糸（機場の麻糸）や、カナ糸（木綿糸）を毎年繰り返し使用した。今は衛生上の問題もあるので、干柿組合から使い切りの、統一の糸を支給している。

糸は再利用しやすい縛り方をした。地区や年代に違いがあるが、主に「カングクリ」である。カングクリは巻いて縛るため早く縛れ、しかも柿の重さでさらに締まるのでほどけにくい。平均五分間に二〇個以上縛る。また、最初から縛る箇所を輪にして、ツクシを輪に入れる、「ムスビ」と呼ぶ縛り方もある。この縛り方は、農閑期に縛り目を準備できる利点がある。柿の数が少ない家にムスビが多い。また、いちりんでも、片方がカングクリとムスビの場合もある。これを竹竿（長さ一八〇㎝、直径四㎝）に二五〜三〇りん吊るした。今は実が大きくなったので、二三〜二五りんほどである。

㈣　硫黄燻《くん》蒸

かびを防ぐのと色つきを良くするため、硫黄燻蒸を一回行う。技術は以前からあったが、昭和二十四年（一九四九）頃から広まった。天候や柿の大きさで加減したが、今は基準に基づき実施している。硫黄燻蒸はかけすぎると、仕上がりが黄色くなったり、渋みが残ったりする。自家用の干柿は、硫黄燻蒸を行わない。

㈤　天日乾燥

硫黄燻蒸した柿は昭和五十年代まで、南向きの日当たりや風通しの良い所に柿ハサ小屋（後述）をつくって干した。つくられた順に、奥から前（南側）に向いて吊るす。これは長年の経験である。最初は奥に吊るしても太陽光線が届き乾燥するが、順に前に吊るすことにより、適時柿に光が当てられ、薄皮を張らせて、かびや腐敗の発生を防ぐ。太陽光線が当たりすぎると、干し柿は脱色したり変色したりする。また、最初の頃は気温も高く、奥にあっても乾燥しやすい。乾燥は日光も大切だが、むしろ風で干せていくので、風通しが重要である。

約二〇日間かけて天日乾燥し、この間に渋味が取れる。渋味の取れ具合は、食べて確認した。天日乾燥に日数がかかるため、正月贈答用には遅くても十一月中旬までの収穫が必要であった。

現在は柿バサによる天日乾燥は、ほとんどされておらず、硫黄燻蒸後すぐ機械乾燥や、あら干しして機械乾燥する場合が多くなった。火力は電気・ガス・灯油・練炭などである。かつては炭も用いられた。風を当てるため扇風機も用いられている。

⑴　干柿のひねり（手もみ）

乾燥して渋味が抜けるとひねりをする。渋味が抜けてからでないと、渋い干柿になるので、十分渋味が抜けてから、ひねることが重要である。一回目のひねりは「中の芯を切る」もので、種と実をほぐして食べやすくする。

⑵　休み（休乾）と乾燥

休みとは火力乾燥が終了した柿を、室内で休ませることである。柿バサの時も練炭や炭で乾燥させていた。乾燥した後休ませると、中の水分が表面ににじみ出てくる。水分が出たら再び乾燥させる。水分が出なくなると、コー（白粉）がふいてくる。コーがふいてもきちんと乾燥させる。今は三二〜三五パーセントの水分になるまで乾燥させる。

⑶　コー出しと整形

コーが出てから、二回目のひねりをする。中央部をくぼむ程度におさえ、先端を出すように形を整える。

㈥　仕上げと出荷

干柿を竿から降ろし、糸とツクシを切り取って一個ずつ計量し、等級別に分けて出荷する。昭和二十年代までは半箱（石炭箱の半分・木製大平箱）に藁を敷いて、包装せずバラで出荷していた。昭和三十一年（一九五六）からセロファン包装となった。昭和三十年代は、十二月一〇日から翌年二月まで出荷した。今は十一月下旬から一月十五日まで出荷している。

三　干柿づくりの障害と対策

(1) かび

かびは商品として大敵である。気温が一〇度を超えたり、二日以上連続の雨や、柿バサ干し後四～七日後の雨は、かびが発生しやすくなる。また地形では、霧が発生する低地はかびやすい。柿バサ内部でも風通しの悪い中央部にかびが発生した。かつて十二月は寒くて雪があり、かびは発生しにくかった。

(2) 色

色も商品として大切な要素である。乾燥ばかりだと、色はあせていき、表面がパサつく。色には乾燥と、ある程度の湿気が必要である。柿バサの場合、三日に一日雨が降るほどが良い。柿の色は赤い柿から乾燥とともに白っぽくなり、ひねりで赤くなり、最後にコーがふいてくる。

四　柿バサのつくり方

柿を吊るして干す小屋を柿バサ（写真2・3）という。掘っ立ての片流れの小屋で、南向きの風通しの良い場所に建てた。昭和五十年代まで干柿生産農家の全戸が設置していた。各家の生産規模にもよるが、間口は五～十五間くらいであった。五間バサで約二万個吊るすことができた。建てる時、屋根部をつくるために上に男二人の人手がいる。一般には家族四人ほどで一日で建てた。一〇間以上の柿バサは、仲間（共同）で建てた。田仕事が終わり、柿をもぐ直前の休日である、十一月三日に建てる家が多かった。設計図も基礎もなく、長年の勘で建てた。

五間の柿バサの建て方は次の通りである。

①柱を間口の両端に建てる。柱には両脇から三ツ又を結わえて支える。

②棟木《むなぎ》を縛る

③中間の柱を①と同様にして縛る。

④後ろの支えをする。「後《うしろ》ヅク」となる。

⑤前の支えをする。「前《まえ》ヅク」となる。

⑥筋交いを入れる。柿バサの強度が増す。

⑦三ツ又をはずす。

⑧ヤナカ（屋根）を竹二本ほどで重ねながら継いでいく。棟木より上に四段、下に一〇段作る。

⑨「ウデ」（柿バサの前後に入れる板で、その上を歩く）を前ヅクと後ヅクと柱に縛る。三角形が固定し、更に強度が増す。

⑩ワラガイ（藁苫《とま》。藁一握りずつ株の方で編んだ二間ぐらいの雨

写真2　柿バサ内での作業（昭和20年代　土生新）

写真3　柿バサ（平成18年　土生新）

よけ材。三年ほどもつ）を一段に五丁ずつかきつける。一丁の長さは二ひろ半で約九尺。ワラガイは計十四段する。

⑪ソデ（両脇）に五段かきつける。上三段は藁、下二段はワラガイをかきつけることが多かった。ソデと柿の間には風雨よけに菰《こも》か、オーダレ（カヤで六尺四方の雪囲い用に編んだ、長い菰状の物）を吊るした所もある。のちにビニール合羽もあった。

⑫前側に雨よけに菰を巻いて上から吊るした。五間バサで十三枚ほど吊った。菰は毎朝上げ、夕方下げた。

⑬雨や霧の日は、下から三尺ほどの竹にオーダレを結わえて立てかけ、湿気を防いだ。

二月まで出荷していたころもあるので、解体は雪のある間はずせず、四月に入ってする場合が多かった。しかし、雪の重みで屋根が傷むので、毎年使えるように、ワラガイだけ先にはずしておいた。

柿バサはヒトマ（六尺）に約七〇〇〇個吊るした。昔は腐りが一番困るので、藁や菰《こも》かオーダレを使い、風通しを一番に考えてつくった。しかし、風が強いと、つぶれたこともあった。昭和二十五年（一九五〇）十一月十九日の大風が記憶に残っている。

柿バサは材料の藁不足や、設置・解体の人手不足、倒壊の恐れなどから、昭和六十年頃からほとんど建てられなくなった。ガラス張り乾燥棟が建てられ、さらに機械乾燥へと変化してきている。

五　柿の入手法

農家は水田耕作が重要だったので、柿は家の敷地内や、畑地、畦畔《けいはん》、川縁などに植えられていた。木は放任樹であり、実がよくなる表年と、ならない裏年があった。表年は実は多いが細かく、目方で売るため等級が落ちた。生産農家は自家の柿では足りず、多くを買い求めた。干柿を作らぬ地区なら、遠くは福野、嫁兼、蔵原までも行った。昭和三十年代まで、荷車にハサンバル（柿を取るための竹竿）大（二間）小（七尺）を二本と、籠二個を付けて取りに行った。取りにくい大木は登って取った。竹で編んだ四角い籠に、約三〇〇個入った。

山手の柿は、木は大きいが実が小さかった。広瀬地区、荒木地区は、標高が低く、早く完熟し、実は大きく、しかも距離的に近いので争って入札した。条件の良い地区の木は、手付金（予約金）を正月明けるとすぐに、遅くても六月までに払った。二〇年齢ほどの成木には、二〇〇個ほど、五〇年齢ほどの木には、三〇〇～五〇〇個ほど実る。大人一抱えほどの大きさの木には、二〇〇〇個ほど実る。

代金は昭和三十三年（一九五八）頃天神の大木一本に、四〇〇〇円ほどが相場だった。天神の柿は土質がよいので、大粒で質が良く、干しても目減りしない。また、一〇日ほど早く完熟するので、自家の柿仕事前に作業が始められる利点があったからである。天神は町に近いので干柿をする人が少なかった。同じ町近でも、荒木には柿の木が少なかった。

昭和四十年代、福光全域で圃場整備のために、多くの放任樹が伐採された。本数は二万本とも言われている。圃場整備の後、樹園地に苗木を植えたが、柿は十五年経たぬと成木にならず、その期間は干柿生産が減った。平成五年（一九九三）頃から、安定した収穫ができるようになった。干柿の生産は昭和四十年初頭に、二〇〇万個に減少したが、平成十八年（二〇〇六）は六〇〇〇万個であった。栽培面積は約一六〇ヘクタールであり、そのうち三社柿は一五二ヘクタールである。本数は約六万本であり、売上は年間七億円を超える。

干柿の盛んな地域では昔から、米作には凶作の年があるから、換金樹木である柿の木を大切にするよう言われてきた。

六　産地の条件

干柿は福光町部より上流の地域でつくられていて、東太美・山田など小矢部川右岸が本場である。この地は左岸に比べて高台で寒く、風通しが良いので霧がかからず、湿気も飛び、霜も降りない。十一月下旬「医王山おろし」の西風が吹くと、気温は下がり、柿は乾燥が進む。反対にあいの風（北風）が吹くと、日本海の湿気が流れてきて悪条件となった。

七　自家用の干柿

福光では生産農家でなくても、多くの家に渋柿が植えてあり、自家用の干柿を作る。皮をむいて糸吊りをし、いろりの上に吊るした。乾燥は進むが、ススで黒くなった。外で干すには家の東が玄関で、十一月下旬に雪囲いをするから、ここでは干せない。多くの家に倉があり、倉は雪囲いしないので、倉の東側の「腰」にハサを作って吊るす。昔は家族も多いし、鏡もちも多く作るから、鏡もちを飾る干柿は多く必要だった。保存のおやつとして、甘い干柿は貴重だった。

干柿は昔から風邪や胃腸、特に二日酔いに良いとされた。また食物繊維やビタミン、タンニンが豊富に含まれている。高血圧の予防にもよいとされている。むいた皮を天気の良い日に莚の上に三日ほど荒干して、さらに室内で干すと皮にもコーがふく。たくあんの甘みに入れる。

八　串柿

串柿とは柿を竹や萩の棒を串にして、連ねて刺した干柿である。麻糸で両端に一個ずつ吊した一般の干柿（吊し柿）とは、製法に違いがある。

串柿は「串柿の五ざし」（図1　写真4）としてつくられた。柿を五個ヘタのすぐ下を萩の棒で刺して干した製品であり、干柿とはいわない。主に鏡餅の飾りに出荷した。柿を刺す棒は、竹なら割る手間がかかるし、生竹はカビが生えやすい。萩は近くの立野ガ原に多く自生しており、細く長く真っ直ぐなので利用された。九月に入ると、刈って干しておいた。それを約二七㎝に切り、小さい柿の実を皮をむき、五個刺した。一個目と二個目の間、四個目と五個目の間を少し開けておき、そこにひもを掛け竿に吊るし、自然乾燥で製品とした。硫黄燻蒸は行わないが、色を出すためひねりを行った。串に刺してあるため、両端が棒にくっついており、形は丸くならないで三角形に近く、厚みはあまりなく平たい。粉がふいてくると製品になる。串の空いた部分二カ所を横にずらし、並べるように

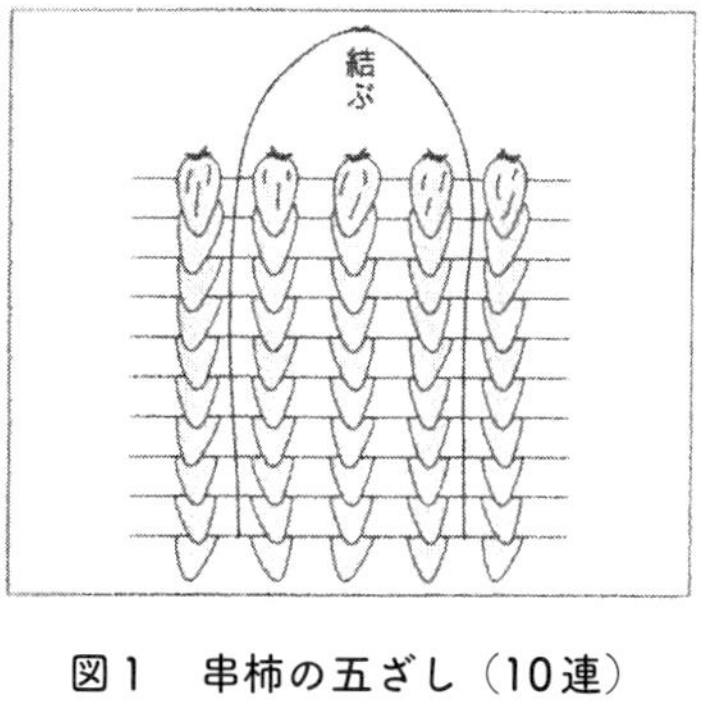

図1　串柿の五ざし（10連）

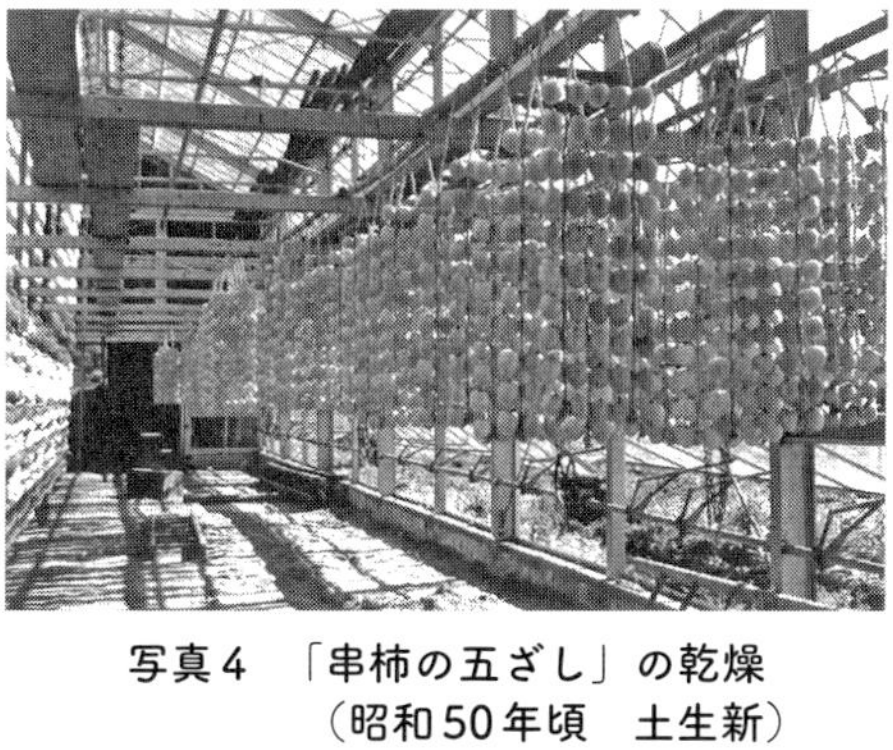

写真4　「串柿の五ざし」の乾燥
（昭和50年頃　土生新）

して縄や紐で編み束ね、上部で縄を結び持ち手にした。包装はしなかった。元禄年間から史料が頻出する串柿の原型と思われる。

昭和三十年代後半までは、一シーズンに一万本（五万個）ほど生産した。干柿の一％ほどである。現在は生産していない。

その後「串柿の一〇ざし」に変わった。これは、干柿になったものを一〇個さしたものである。小さい干柿を商品化しようとして作られた。三五～四〇㎝の割竹の串に、三個目と四個目、七個目と八個目の間を少し開けて刺した。空いたところを五本ずつ束ねる。主に大阪へ出荷した。昭和三十年代～六十年代まで生産していたが、現在は生産していない。

九　あんぽ柿

あんぽ柿は、干柿を作る過程でできる、水分が約四〇％の干柿である。外側は乾いているが、中は半生《なま》風に軟らかく仕上げた商品である。製法過程は糸吊りまで干柿と同一だが、あとは連続の機械乾燥で脱渋を経て、製品となる。干柿生産は長期間を要するので、作業の分散を考慮して、生産期間の短いあんぽ柿が作られるようになった。また、半生製品であるため、品質保存のための脱酸素材の普及も大きい。三社柿でも早く実る品種や、平核無、刀根《とね》早生《わせ》などを十月初旬に収穫し、約二〇日間で製品とし、十月二十日から出荷している。平成に入って一シーズンに約二万個の出荷を始めたが、年々増えて平成十八年は、約五〇戸で約八〇万個出荷している。

一〇　俚言とわらべ唄

・「ツロス・ツルス・ツルシ」

干柿の方言である。ツルスが一番多く使われてきた。

・「柿の木から落ちると大けがをする」

枯れ枝と生の枝の色が同じで分かりにくいので、枯れ枝につかまったり乗ったりすると折れるからである。

・「柿の木から落ちると中風になる」

柿を盗むことへの、戒めである。

・「コーフク・ツロス・ツルス」

自慢する人を言う。干柿のコーは外から付けるのではなく、実の中から（自分で）ふくからである。「あいつはコーフクや」と言う。

・「正月さま　正月さま　どこまでおいでた　くりから山の下まで
じゃ　おみやげなんじゃ　みかん　こんぶ　だいだい　ゆずりは」

かつてこの地方で一番甘味があるのは干柿だった。

干柿は大変に貴重品であり、正月や来客用菓子に使われ、生産農家でも、正月でもなければ食べられなかった。

特に商店は「客をかき入れる」とした。

（『福光町史』下巻　二〇一一年三月　南砺市）

III　どじょうのかば焼き（写真1）

明治二十年代すでに、新町や本町にどじょうのかば焼き屋があった。本町なかほどにあったみのやは、店員を雇い毎日焼いていた。みのやが廃業した後、昭和五年（一九三〇）に杓子屋が店を開いた。杓子屋はみのやの職人であり、みのや直伝の味である。同じ頃、また、遊部屋や井波の福光屋も、みのやの職人であった。同じ頃、川原町の厚田、天神町の清水も店を始めた。

かば焼きのうまさは、焼き加減とたれで決まる。福光のどじょうのかば焼きは、金沢に比べて焼きがしっかりしていて、甘みがある。地元の客の希望により味が向上し、名物になっていった。贈答品としても評判が高い。

一　つくり方

さばき方は関東風の背開きで、焼き方は関西風で蒸さずに焼く。たれは醤油を基に砂糖・水飴を徐々に入れ、継ぎ足していく。焼いたどじょうやうなぎをたれに浸けていくことで味がさらにうま味を増し、秘伝のたれとなる。

写真1
どじょうのかば焼き

どじょうは捕ってきてから、しばらく水に泳がせ、泥などをはかせて腹の中をきれいにする。

つくり方は次の通りである。

㈠　目打ちで打つ

まな板の上で、どじょうを左手でつかみ、中指と人差し指の間に入れる。目打ちを首の部分の急所に打ち込む。どじょうは静かになる。一発でしっかり打たないとあばれる。

㈡　どじょうを切る

目打ちでどじょうをまな板に固定しながら、名古屋包丁で頭から背開きにする。一般には三切れ（頭・身・尾んび（尾））にする。大きさにより、二切れ（頭・尾んび）、四切れ（頭・身・身・尾んび）にして、大きさをそろえる。

㈢　竹串に刺す

一串に四切れ刺すが、基本は先端が身になるように刺す。一～一匹半で一串になる。

・身・頭・頭・尾んび　基本形
・身・尾んび・頭・尾んび　基本形
・頭・尾んび・頭・尾んび　二匹で一本

今は四切れずつであるが、かつてはどじょうが不揃いで細かいどじょうがおり、そのままへしまげて一匹のまま焼くこともあった。

竹串は、冬の暇な時に手作りしたり、山の人に作ってもらったりした。

㈣　焼く

特注の石の七輪の上に並べ、炭で焼く（写真2）。炭はじんわりと焼けるので、中までよく火が通る。炭の灰（アルカリ性）が、たれ（酸性）と反応して独特の味を醸し出す。福光の小矢部川上流は、木の質も良く、炭焼きの技術も高い。昭和四十年頃まで、良質の炭を産出した。楢炭がほとんどで、堅くて火持ちがよい。柔らかい炭は火力の調節に使う。

焼き方は素焼きで、皮を先に焼き、焦げめが付くと裏返し、十五分ほど十分に焼く。

写真2　どじょうを焼く

㈤　たれをつける

たれは二回つける。一回目は素焼きの後につけて、表裏五分ぐらいずつ「本焼き」をする。たれをつけると、表面がパリッとしてくる。そのまま店頭に並べておき、売る時もう一度たれをつける。

二　いろいろなどじょう

かつて付近の人が持ってきたどじょうには、いろんな大きさのどじょうがいた。それぞれ工夫した食べ方があった。

・ガマどじょう

昭和四十年代初めごろの圃場整備以前は、二五㎝ほどもある大きいどじょうがいた。「ガマどじょう」と呼ばれ珍重した。背開きしてから骨を抜き、頭を取り二つに切り（二匹で四切れとなり）、四本の串をうなぎのように横から刺して焼く。身は厚く大きく大変においしかった。当時かば焼きは高級品であったが、ガマどじょうのかば焼きは、三倍ほどの値段で、主に町の食通の人が特別注文して食べた。結婚披露宴でも用いた。

・素《す》煎り

かば焼きにできぬような小さいどじょうは、薄い塩味でさっと茹で、素早くざるに上げ水を切り、団扇《うちわ》であおぎ、「素煎り」として売った。

・いりつけ

醤油と砂糖で煎りつけて売った。

三　仕入れ方法

圃場整備以前は、小矢部川へ注ぐ支流や、田や沼にどじょうを始めとした多くの川魚がいた。近くの子供もどじょうをひいて（捕獲して）、かば焼きやへ持ってきた。多くはどじょうひきを専門にしている人が、あちこちの村にいて持ってきた。直径一尺五寸、深さ一尺ほどの竹籠に、三分の一ほど入れて来た。それ以上入れると、重さで下のどじょうが死んでしまう。一籠は四貫（一貫は約一升）ほど入った。どじょうの大きさを大・中・小に分け、三籠重ねて持ってきた。

どじょうは肺呼吸であるため、新鮮な空気が必要である。かば焼き屋では、どじょうをみそ桶ほどの大きさの桶にあけ、近くの豊富な清水を汲んできて、朝、昼、晩と水を換えた。今はモーターで酸素を入れている。

どじょうひきは大正時代より、福光近辺のみならず、小矢部川水系の津沢・石動方面へも行った。小矢部川水系は川魚が多く、よく食べた。圃場整備以後はどじょうがいなくなったので、主に東北から仕入れている。一斗缶に氷を入れ、駅に貨車で運ばれて来る。東北からは以前からも、仕入れていた。

四　どじょうの食習

小矢部川水系では、川魚を食べる習慣がある。人びとは海の魚や肉が手に入りにくいから、身近なたんぱく源として古くからどじょうを利用した。かつてどじょうはどこにでもいた。夏の行事やお盆、日常のおかずに食べられた。どじょうは大きいのが好まれた。また器用な家では、どんな魚もかば焼きにして食べたりした。

どじょうは保護のため、一つの川筋をひくと、二年休ませ、三年目にひくというのが一応自然の常識となっていたが、なかなか守られなかった。ツボ（台所の流し水を溜める小さな池）には腐養分があるため、どじょうが肥え、がまどじょうが多くいた。

⑴　熱送り

村を回った後、酒の肴《さかな》にどじょうの卵とじや醤油の煮付けを、一品にしていた村が多い。ふだんは各家でも食べた。

⑵　お盆

お盆に食べるそうめんのだしに、どじょうを用いた。お盆用にわざわざどじょうをひき、大小不揃いのどじょうやゴッツン、もくずがにもいっしょに、鍋に入れそうめんのだしを取った。玉ねぎを入れると、甘みが出る。だしを取った後、どじょうはそのまま食べた。

⑶　暮れのカクセツ(1)（村の慰安会）

カクセツとは、暮れに農家が一年の労働に感謝し、慰労のため互いに食料を持ち寄り、一堂に会して飲食する一地区単位の集いである。才川七石坂では小矢部川で小魚の習性を利用した特別な捕獲法を用いて小魚をとり、カクセツをした。バケツ二杯とり、大きな鍋に醤油を入れ煮て、男女が一人一皿と野菜の煮物を食べ、酒と唄で楽しく過ごした。川魚は一〇種類以上いたが、どじょうが一番多かった。小矢部川は清流なので泥沼の川魚ではないから、泥を吐かせずそのまま洗ってすぐに食べられた。

五　その他の川魚食

かば焼き屋にはどじょうのかば焼きの他、うなぎのかば焼きはもちろん、ひいてきたどんな川魚もかば焼きにした。また煮たり焼いたりして売られた。

・うなぎ

川にわずかにいたが、ほとんど浜名湖産を仕入れている。秋から冬にかけて油がのり、おいしい。さばき方はどじょうと同じ背開きで、骨を抜きかば焼きにする。骨は残り火でヤダ焼き（十分火の通らない生焼き）にならないよう、ゆっくり何回にも分けて焼き、せんべいのようにする。

・**ふな**

背開きにして、三匹並べ串二本刺し、かば焼きにする。大きいのは腹わたを出し姿のまま、尾からえらに向け斜めに串を刺してかば焼きにする。小さいのは飴だきにした。

・**なまず**

背開きしてかば焼きや、照焼き（焼魚に醤油味をつける）にする。みそ汁にもした。

・**やつめうなぎ**

姿焼き（丸焼き）のかば焼きにした。薬効があるといい、珍重された。

・**ゴッツン（ごり）**

かば焼きとしては高級品である。また姿焼きにしてから、醤油と砂糖で飴だきを作る。小さいゴッツンは、みそ汁の身やそうめんのだしにした。

・**スナクジリ（スナヤツメ）**

かば焼きにした。醤油と砂糖で煮た。

・**うぐい**

四、五月ごろ、鮮やかな赤い線が付くころは、桜うぐいと呼ばれ卵を持ちおいしい。かば焼き・姿焼き・色ツケ（切り身にして、醤油タレをつけながら焼く）・酢物・刺身・吸い物などにした。

・**あまご**

焼いて食べる。柔らかくておいしい。

・**アカザシ（あかざ）**

煮て食べる。

・**黒鯉**

冬、池の鯉を刺身にした。夏はぶつ切りにしてみそ汁にする。お産の後、みそ汁を飲むと乳が出るというので、実家が持って行った。身体の弱い人や大病をした時に、生き血を飲む。

・**あゆ**

焼いて食べる。

石崎彦平の『耳だんご』にも川魚の食べ方がいろいろ出ている。

・**あゆの「グズバ焼き」**

川原で火をたき、いくらかおきができる頃、川原の葛《くず》の葉をちぎり、あゆを包んで、おきの中に入れる。葉がある程度焼けた頃、取り出し葉をむしり、塩をつけて食べる。葛の葉の香りが移りおいしい。

・**岩魚・やまめ**

焼いて食べる。骨酒にもした。

注

（1）「各出」　中世用語

（『福光町史』下巻　二〇一一年三月　南砺市）

Ⅳ　薬用やつめうなぎ

小坂村の百姓長兵衛（川原家）が代々伝えた家伝の薬うなぎ業は、享保年間（一七一六〜一七三五）に創業されたものといわれる。先祖は長兵衛で、代々襲名するにつれ長平というようになった。分家の忠平は始まりを「享保年間に一夜の宿を貸した旅僧があり、そのお礼にこの秘薬を伝授した」と自叙伝『一筋の道』の中で記述している。別に「長兵衛に助けられた河童《かっぱ》がそのお礼に製法を授けた」という伝承もある。

薬用やつめうなぎは、身体虚弱な人、貧血、視力の衰えなどによいとされる。やつめうなぎに自然の薬草を配合した奇薬である。薬草は車前子《しゃぜんし》（オオバコの実）が多く、朝鮮人参、半夏《はんげ》（カラスビシャク）忍冬（スイカズラ）山薬《さんやく》（ヤマノイモ）沙参《しゃじん》（ツリガネニンジン）羌活《きょうかつ》（シシウド）イカリソウなどが用いられたのではないかと想像される。（文政・元治年間薬草記録より）やつめうなぎは小矢部川に多く産し、手ぬぐいでつかみ取りできるほどであった。この薬を福光松村薬局・吉崎薬房で販売し、毎日そこへ運ぶ人が雇用されていた。大正から昭和に入り小坂村常本幸蔵も売り人として働いた。

昭和に入り、国内は北海道から九州まで販売し、遠く海外では満州・沖縄・樺太まで送付された。

製薬所では昭和に入り柄崎精一・北吉直次郎・川原孝市など四名が製薬に従事した。製造量の記録はないので分からないが、需要が年々増加し、小矢部川のやつめうなぎが不足し、北海道石狩川産を仕入れた。そこで積荷したものを汽車や船の便で福光駅に運び、ここから人足を立てて、夏場は背でかつぎ、冬はそりで運んだ。柄崎や北吉などもこれに携わった。

製薬所玄関には「家伝　鰻屋之房」なる看板を取り付けた。奥の室には縦九〇cm、横三〇cmの掛軸があり、その絵は河童が稲穂を口にくわえて立っているものであった。一月八日は薬師講の日で事業の発展を願う日であった。

川原家は十五代にわたって続き、約二〇〇年余り続いた薬うなぎ業は、昭和十九年（一九四四）太平洋戦争中に営業困難となり、終えることとなった。

薬うなぎ業

⑴　**串刺やつめうなぎ**（図1）

材料：やつめうなぎ、車前子（おおばこ）、朝鮮人参、薬草各種、調味料

製法：薬草を乾燥して細砕し、調味料と練り合わせ、これを約二cmに切ったやつめうなぎを串に刺したものにぬりつけて炭火で焼いてつくる。

⑵　**練薬缶詰**（図2）

やつめうなぎと薬草を細砕

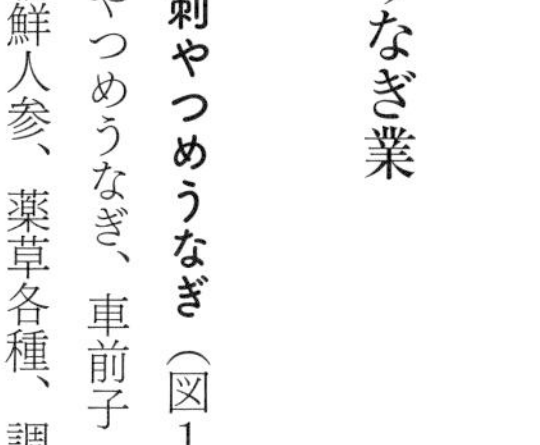

図1　串刺やつめうなぎ

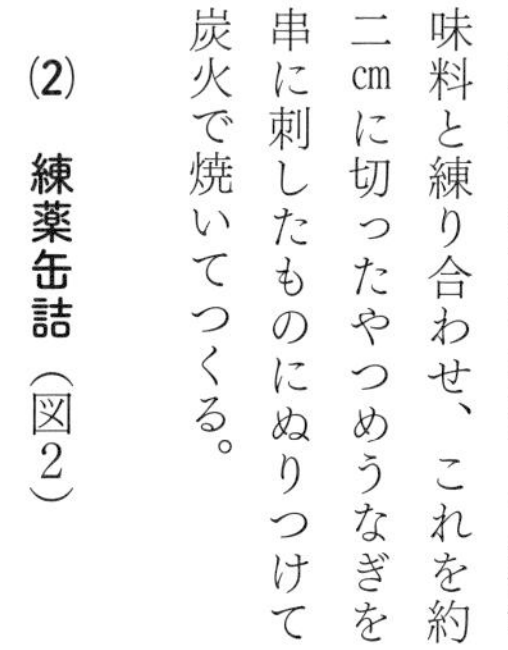

図2
薬うなぎの練薬を入れた缶

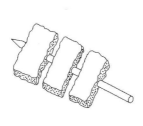

し、調味料を入れて煮詰めて練薬とし、缶（直径一〇㎝、高さ五㎝）に詰める。

(3) 用い方（効能書）

串は一日一本食する。練薬は一本箸などで巻き付けて食する。

味はどれも独特の匂いがあり、おいしいものではなかったが、健康になるためすこしずつ食した。

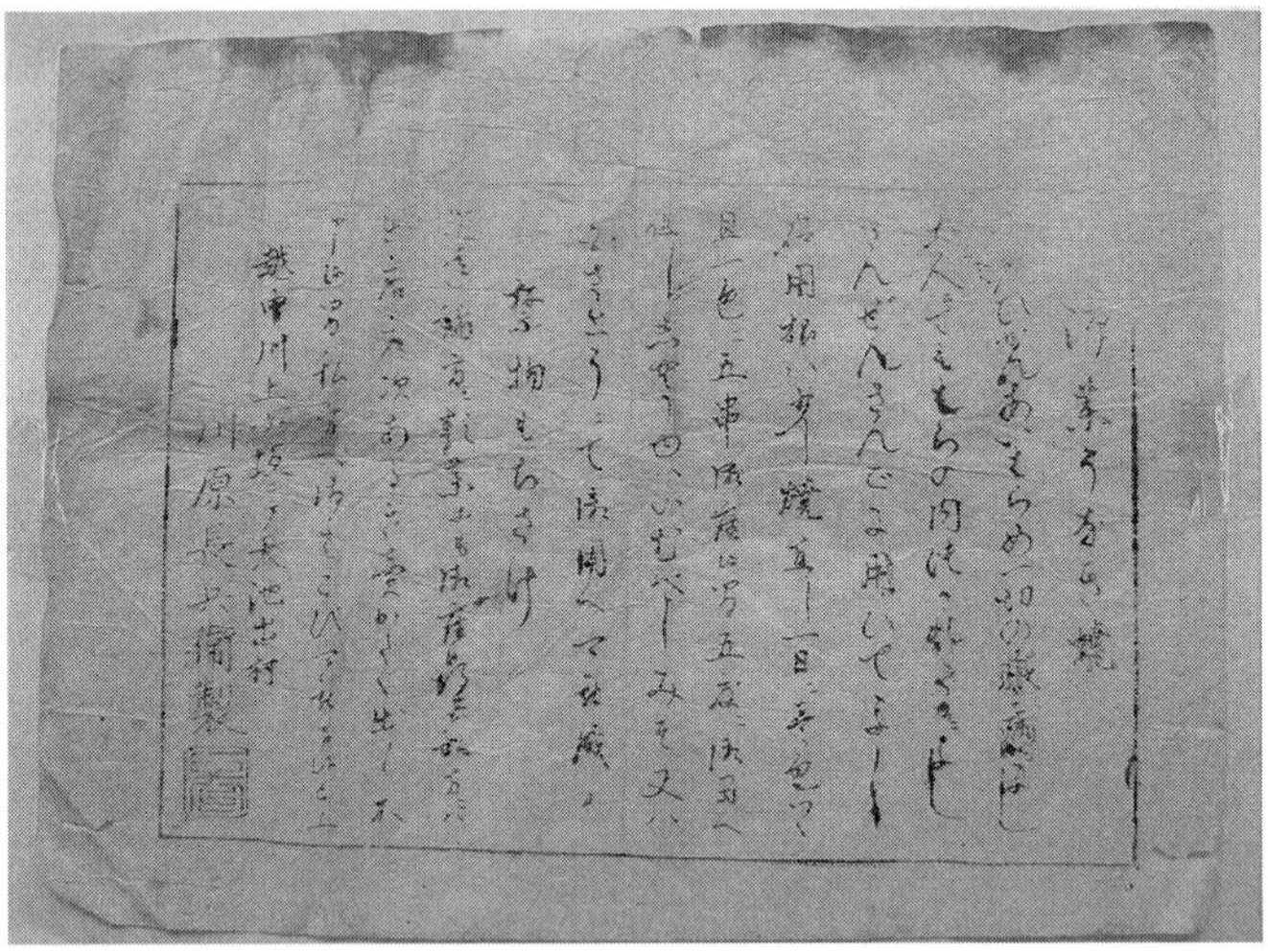

写真1　効能書

（効能書）
御薬うなぎ焼

小児ひかん①あいはらめ②　一切の眼病ニよし
大人ニても　はらの内　つかれたがニよし
さんぜんさんごに用いてよし
右　用様ハ少し焼直し　一日ニ壱包ツヽ
且一包ニ五串御座候間　五度ニ御用へ
但し　しやう油ハ　いむべし　みそ又ハ
白さとうニて御用へ可被成候
　禁物　もち　さけ
近年緒方ニ類薬等も御座候得共、私方ニハ
出店取次あるき売　かたく出し不
申候間　私方へ御はこび可被下候　已上
越中川上小坂ニテ天池出村
　　川原長兵衛製　（印）

注①　脾疳《ひかん》。腹の病。
注②　母の懐妊によって早く離乳した幼児が、固形物を摂取しすぎて起こす消化器障害。

（『福光町史』下巻　二〇一一年三月　南砺市）

参考文献

『福光町「才川七郷土史」』才川七村方　一九九七

Ⅴ　米菓（カキヤマ）

米菓はもち米を主原料とした「あられ・かきもち」と、うるち米を主原料にした「せんべい」がある。福光の米菓は「あられ・かきもち」である。大正末期にあられ職人から技術を学び、製造したのが始まりである。この地方では一般にカキヤマと呼ばれている。

古くよりこの地方には、大寒にもち米をつき、薄く切って縄で編み吊し寒風に干した「コリモチ・カンモチ」が家庭で作られていた。またもち米は、コシがあり、粘りが強く、甘みのある「大正もち」が山間部で作られていた。あられ製造に欠かせない炭は、小矢部川上流一帯で盛んに焼かれていた。そして、広葉樹の山から良質の水が流れ出していた。米菓はこれらを活かした産業である。

昭和に入ると、津沢や富山などでも次々と米菓産業が出てきた。

昭和三十年代には、倒伏しやすかった「大正もち」に代わり、品種改良で「新大正もち」が誕生した。奨励品種として指定を受け、原料米として今も使用されている。

福光米菓の特長

米菓は、素材のおいしさを強調する商品である。富山県だけで栽培されている新大正もちは、コシ、のび、粘りがあり、甘くておいしい。一般に米菓は、関西は薄味で関東は濃い味である。また、新潟県以北はうるち米のせんべいが主流となる。

福光米菓の味つけは、基本的に関西風で薄味である。もち米の持つ甘さと、焼き色を付けた焦げの香りでおいしさを引き出している。厚さも薄く細かいのが多い。

つくり方

かつての米菓会社は住居が同じ屋根の下にあり、多くの従業員が住み込みで働いていた。

昭和三十年代、手作業の製法は次の通りである。

(1) 洗米

一俵六〇kgの米を洗う。

(2) 蒸米

四斗樽ほどの釜に、せいろを六段重ねて蒸す。燃料は堅木の薪である。

(3) もちつき

臼《うす》は石臼で、杵《きね》は半自動で上下する。手返しは水分が多いと柔らかくなり、少ないと固くなるため工夫がいる。今の機械も杵で搗く。

ついたもちは六〇×三五cm、厚さ八cmほどの四角の木箱のオリ（型枠）に入れる。一箱は一〇kgほどで、木箱を積み上げる。細長い斗棒《とぼ》の型もあった。

⑷　冷蔵

もちは五度にならないと固まらないので、冷蔵庫で三日間冷やして固める。戦前の冷蔵庫がない時代は、夏につくらなかった。

⑸　切断

オリから取り出し、大きいかんな状の刃が付いた道具で、もちを左右に動かし切断する。二五㎝ほど積み重ね、定規を当て包丁でさいの目に切る。上から下まできちんと同じ大きさに切断するには、熟練の技を要した。また短冊や鳥・桜・市松・菱形などの型でも取った。

斗棒もちはそのまま輪切りにした。

⑹　乾燥

むしろの上に並べて、天日干しをする。一～二日で干せる。晴れた日は近所の宮などでも干した。天日で水分が六割ほどになると、あと四割を室内でゆっくり干した。均等に干せるよう、朝五時～夜一〇時まで何回も裏返した。冬は冷えているので水分が抜け乾燥しやすいが、さらに釜の上に置き、余熱で自然乾燥させた。乾燥したらきれいに落ち着くように、二日ほど休ませる場合もあった。

⑺　焼き上げ

昭和四十年頃まで、れんが積みのかまどで炭火を使い、手焼きした。福光の楢炭は豊富で、しかも良質だった。手焼き金（あぶり金）の上にのせ、何度もひっくり返して焼いた。広がり、焦げ具合、ふくらみ、焼き色の付き具合などに熟練の技が求められた。火力の調節や返し方にコツがあり、入ったばかりの職人は、三年ほどは焼かせてもらえなかった。

⑻　味付け

かめやたらい状の容器に入れて、味付けした。醤油味で砂糖・ごま・しょうがなどを使用した。何回分か味付けしたのを鍋に入れ、かき混ぜてつやを出し、同時に味のむらを出さないようにした。

⑼　乾燥

手焼きしいている釜の上に並べ、余熱で干した。

海苔は手で一枚ずつ張り付けた。

販売

昭和三十年代まで、一斗缶に入れてバラ売りした。店ではガラスの容器に入れ、紙袋に入れて計り売りをした。富山・高岡・金沢の問屋へは、一品ずついくつも入る見本箱に、三段ほど重ねて持って行き、注文を取った。注文があると一斗缶に入れ、厳重に蓋をしてから、湿気が入らないよう蓋の隙間をかなづちで叩き、紙で目ばりをした。一缶は約三kgだった。昭和三十年代後半からスーパーマーケットができて、袋売りになり、売りやすくなった。

写真１　米菓製造
（昭和30年代　日の出屋製菓産業（株）提供）

（『福光町史』下巻　二〇一一年三月　南砺市）

Ⅵ 昆虫食 ——刀利谷・立野脇を中心に——

はじめに

昆虫を食べる食習慣は、古来よりずっと継承されてきた。現在も東南アジアを中心に広く見られる。日本でも中部地方を中心にハチノコをヘボといい、郷土料理の高価な食材として利用されているのは有名である。富山県はほとんど調査がなされていないが、先行研究に『五箇三村の民俗』(富山県教育委員会・昭和四五年)の報告がある。しかし、山間部や河川沿いを中心に、五箇山はもちろん、立山地方、砺波地方、小矢部川上流域など、全県下で昭和三十年代まで広く食べられていた。

その後、急激な都市化で魚肉の入手は容易になり、食生活は変化した。また、人びとの離村や、護岸工事や基盤整備による環境の変化、農薬の使用や人工林の増加による植生の変化で昆虫は減少し、昆虫食は今まさに忘れ去られようとしている。現代人はとかく昆虫に害虫の観念や抵抗感がある。また、昆虫食を、げてものとさえ思っている。しかし、かつては大切な動物蛋白資源や民間薬として利用していた。また、ミツバチによって作られたはちみつは、古来世界各地で利用されている。

本稿では昭和三十年代の刀利谷や立野脇を中心に、自然の恵みと共に生きてきた、多様で豊かな昆虫食文化を紹介したい。

話者は、立野脇　嵐龍夫氏、上刀利　南源右ヱ門氏・村井亮吉氏、下小屋　宇野秀夫氏、才川七　堀与治氏であり、聞き取りは二〇〇八年秋である。

(1) クリムシ(カミキリムシの幼虫)

クリムシは栗の木の中にいる幼虫である。

才川七では、初冬、栗の木に粉がふいている所を鎌でほじると、白くて三~五㎝ほどのクリムシがいる。イリ(いろり)にそのまま埋ずみ、こんがり焼いて食べた。ハチノコほど甘くないが、少し甘く、おいしい味がする。クリムシは平野部の栗の木にいるが、標高三〇〇mの刀利には寒くていない。

(2) ヤナギノムシ(名称不明。カミキリムシの幼虫か)

ヤナギノムシは、比較的大きな川沿いの柳の中にいる幼虫である。

刀利では、春先に柳から粉がふいているところを斜めに切ってほじくり出しり、イコ(小型の籠　入籠《いこ》)に入れて持ち帰る。リューマチの薬や病弱な子供の滋養剤とした。鍋で煎ったり、濡れた新聞紙にくるんで、イリの中に入れ、ゆっくり蒸し焼きにしたり、網の上で焼いて食べた。こうばしく美味しい。また、岩魚の餌にした。

(3) アサムシ(名称不明)

アサムシはアサギ(麻木、麻の中芯)にいる幼虫である。小矢部川上流の山間部では、立野脇を中心に、昭和三十年代まで麻を栽培していた。麻を刈る七月末に、茎にいる幼虫を捕ってくる。朴葉や蕗の葉に包んでイリ(囲炉裏)に埋ずみ食べた。

(4) イナゴ

主に戦時中、学校で利用された。女学校では農家の子供が宿題でイナゴを捕獲し、学校へ持参した。手ぬぐいを半分に折って袋に縫い、竹竿につけて振り回して捕った。当時イナゴは多くいたので、すぐにいっぱいになった。学校では大釜で茹でて干し、すり鉢ですって粉にする。給食で煮干しの代用品にした。福野農学校では戦時中、イナゴの佃煮を瓶詰めにして売った。生徒は放課後イナゴを捕り、一日おいて腹の中を吐かせた後、醤油で味付けした。

(5) ヒョーロ（蚕のさなぎ）

農家では戦前まで蚕を飼育していた家が多かった。各家で繭を茹でて、糸を挽いた。あとに残るさなぎは莚に広げて干し、自家用の鯉の餌にした。また町では餌に売っていた。

(6) ハチノコ（蜂の子）

蜂の巣の中にいる幼虫やさなぎを、ハチノコと呼ぶ。蜂の種類は多いが、どんな蜂のハチノコでも食べる。また巣の中におれば、幼虫はもちろん、あと一〜二日で羽化しそうなさなぎでも、すべて食べる。美味しいのは終令幼虫だが、さなぎの羽根もこうばしい（写真1）。

写真1
防御の服を着てハチノコをとる（南砺市中河内）

巣の形態はスズメバチが丸く、中は何段かの層になっている。捕獲のやり方は蜂の種類や地域で若干の違いがある。蜂は毎年新しい巣をカケる（作る）。九月ごろコが多く、一〇月中旬になると、コは巣立っていなくなる。蜂に刺されると危険なので、蜂の目が見えない夜に捕ることが多い。「月夜はコおらん。月出とらん日の闇夜がよい」と言われる。蜂は、月夜で明るいと攻撃してくるからである。捕ってきた巣から皮膜を破り、針でコを取る。食べ方は生で食べるとピチャとしたが、噛みつぶすほどに甘くて、元気が出ると言われる。

刀利谷はあまり生で食べない。蕗、朴の木の葉で包み、アッパイ（熱灰）・ヤコバイ（細かい灰）の中に埋め、ゆっくりと時間をかけて中まで蒸し焼きにする。甘くてこうばしく、とてもおいしい。またイリの鉄鍋の中でカラカラに煎り、醤油や砂糖で味を付けて、一升瓶に入れておいた。一般にハチノコは保存せずに、人にあげたりして食べきる。ハチノコは、山間部はどこでも捕った。里山でも炭焼きの人が、木にある巣を捕ってきて、食べた。

①オーバチ（オオスズメバチ）

大型の蜂で気性がとても荒く、腹に縞模様がある。門番の蜂は羽音も大きく、近づくと威嚇し、刺されると危険である。木の皮のような表面で、丸い大きな巣を高所に作る。蜂の勢力によるが、大きさは直径五〇㎝になるものもある。

上刀利では、大人が九月中旬に防備の服を着て、夜に巣の下でススキの束のたいまつを焚く。門番の蜂がすぐに襲ってくるが、羽を火でこがすと、蜂はもろいもので、パタパタ落ちていく。蜂が出なくなってから、巣を取る。巣は一段ずつの層になっており、一段ずつパンパンと叩くと幼虫やさなぎが落ちる。落ちないのを針で丁寧にほじる。大きい巣は一〇段もあり、一〇リットルほど取れる。朴葉にくるみ、イリのゴバイ（くず炭）に埋める。鉄鍋で煎ると固くこちこちになる。こうばしくて甘く美味しい。佃煮にすることもある。

②アカバチ（キイロスズメバチ）

オーバチよりも小型で、腹がやや赤く縞模様がない。木の洞や家の軒下に丸い巣をカケる。この地方では、一番捕りごたえのある蜂である。巣を取った次の日は、付近に蜂が騒いでおり、通れなかった。

立野脇では、戦後茅葺きの家が屋根を下ろしたり新築すると、三年以内に軒下に巣をカケた。最初は大屋根の妻飾りの部分に一年でカケ、次には右か左の軒下に交互にカケた。巣は一尺以上の大きさになる。大人三人以上が誘い合い、九月に日没と同時に捕る。一人はカケヤや木づちを持ち、建物の中から巣の場所へ行く（A）。一人は四～五メートルの竹竿の先に、直径一尺ほどに丸めた藁を縄で縛って団子状にする。その上にセメントの紙袋や米俵をかぶせて縄でしばり、その上に薬局から買ってきたとりもちを、たっぷりと付けたものを持つ（B）。一人はアサギを縛ってたいまつにしたものを持つ（C）。Aが建物の内側からドーンドーンと叩くと、蜂は警戒していっせいに出てくる。Bは下からとりもちを巣に近づける。蜂は手近なものを敵と思い、とりもちにくっつく。竿の先は黒くなるほどである。それをCの所へ持って行くと、羽が焼けてポトンと落ちる。同じようにして三回ほど繰り返すと、外の蜂がいなくなる。南京袋を持ち梯子を立てて登り、巣にかぶせる。巣は剥がれにくいので、揺さぶってこわさぬように取り、すぐ袋の口を縛る。巣の中にいた蜂が出てきて暴れている。重さは約二～三貫ある。イリで五升鍋に湯を沸かし、沸騰した中に南京袋のまま入れ、五分ほど茹でるとハチノコは死んでいる。鍋から出して巣を一層ずつ剥がし、コを針ですべて取る。醤油と砂糖で煮て食べる。甘くてこうばしく大変においしい。ハチノコは村人一〇人ほどに分ける。

下小屋は、民家が少なく自然が豊かである。たいていの巣は、木の幹と枝にくっついてカケられている。茅で直径六〇～八〇㎝ほどの束を作り、夜たいまつにして巣の下から、ある程度勢いよくボーボーと燃やす。巣の外側が燃え、中の層だけになる（写真2）。合羽や眼鏡で身なりを整え南京袋を持ち、巣を取る。一層ずつはがし、巣の皮（皮膜）をむき、上から叩くと子がボタボタ落ちる。鉄鍋に入れて低温で煎る（写真3）。さなぎは羽があると、なおこうばしい。どぶ酒の肴に最高である。近年は殺虫剤で蜂を殺して巣を捕った。

上刀利では、オーバチに準じた捕り方をする。

・コガタスズメバチ

木に多くいて、四〇〇～五〇〇個のハチノコがいる。食べ方は同じである。

写真2　外側の皮をとったアカバチの巣

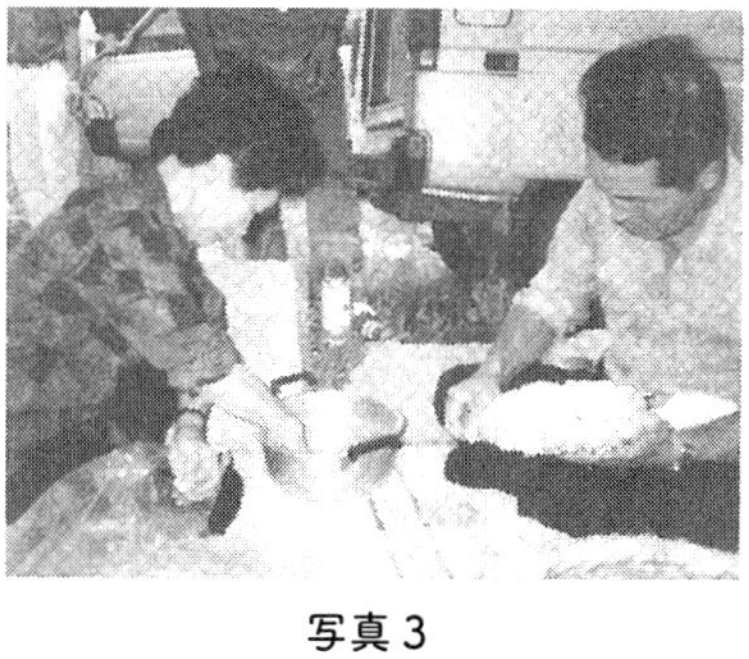

写真3
ハチノコをとり出し、イリナベで料理する宇野秀夫さん光枝さん夫婦（平成10年ごろ）

・ドロバチ・ジガバチ（クロスズメバチ）

クロスズメバチを立野脇・上刀利ではドロバチというが、下小屋ではジガバチともいう。地面の中には、もぐらの穴などの空洞がある。ドロバチはその中に何層かの丸い巣をカケる。色は黒く、アカバチやアシナガバチより小さくて、攻撃性も弱い。刺されてもあまり痛くない。どこにでもいて、わりと簡単に捕れ、いつも食べる。味もおいしい。

上刀利では、山の段々畑や路傍、ハサの所などにいる。わりと毎年同じ所に巣をした。草の中を出入りする穴を見つけ、日中に鍬でほじり巣を取る。また、夜に茅を二・三本束ねて、巣の穴で燃やし煙を入れると、蜂が苦しがり出ていく。その後、鍬で巣を取る。巣は大きくて直径二〇㎝ほどで、四～五層になっている。家で取り出し、から煎りして醤油で味付けして食べる。

立野脇では、蜂の出入りで穴を見つけ、巣を鍬で取る。出てくる蜂を草で叩き落とす。巣は小さいし壊れていることも多い。少ないのでその場で巣を手で割り、ハチノコを出して蕗の葉に包み、蒸し焼きにして食べる。子供の遊びだった。

下小屋では、茅の束を作り、たいまつにして煙を穴に入れた。巣は壊れやすいので丁寧に手で掘りだして、食べた。茅のたいまつは土の中で消えやすいので、戦後になると棒にぼろを巻きつけ、石油をしみこませたものを使った。

・ミツバチ

野生のミツバチは蝿とアブの間ほどの大きさで、比較的小さい。スズメバチと違い、性質はきわめておとなしいので、日中に捕る。巣は層になっており、直径一〇～一五㎝ほどである。木の根や穴の洞や、軒下、石垣や墓の隙間などに巣をする。毎年同じ所に巣をカケることが多い。

上刀利では、秋に木のウロ（穴）の中にある巣を取る。蜂蜜とりが主であるが、ハチノコも食べる。蜂蜜は赤飯を蒸す時に使う目の粗い白布で巣ごと絞る。一回目は巣の蝋や蜂が混じっているが、三回ほど繰り返すと、とろりとした蜂蜜になる。貴重な甘みだった。熊も蜂蜜が好きで、木をくじってかぶりついて食べた跡が多くあった。

立野脇では、宮の二階に毎年巣を作っており、夏から秋になると、子供たちが直径一〇～一五㎝の巣を取った。蜂を小枝で払うようにして落とし、巣を取る。巣はその場で三～四切れに分けて巣ごと蜜をヒッシャブル（しゃぶる）。甘くて頭が痛くなるほどだった。ハチノコは食べない。墓の穴の中に巣をしていると、当時は二段の小さな墓だったので、墓の上部を少しずらして巣を捕り、墓を戻した。

・アシナガバチ

どこにでもいる蜂で、スズメバチより性質は穏やかである。木や小枝などしっかりしたものに小型の巣を作り、巣は横に延びている。九月になると巣が大きくなる。子供が日中に捕ることが多い。巣にさわると、蜂は二㎞以上でも追いかけてくることがある。

上刀利では、巣の前にいる二～三羽の門番役の蜂を、下からたいまつで羽を焼いて落として巣を捕る。ハチノコは多くて三〇～五〇個ほどである。

立野脇では、門番役の蜂を小枝で払い巣を棒で叩き落とす。ハチノコを蕗の葉に包み、イリのアツバイ（熱灰）に埋んで食べる。

下小屋は、捕り方は立野脇と同じである。巣からハチノコを取り出し、生でも食べた。するすると喉ごしもよく、おいしかった。

・ウラバチ（ホソアシナガバチの一種）

アシナガバチより小型の黄色の蜂で、穏やかな性質である。アシナガバチと違い固定したものに巣をカケず、揺れ動く葉裏に巣をする。笹の葉の裏に巣をカケるのが多い。捕り方や食べ方はアシナガバチと同じである。

おわりに

小矢部川上流域の昆虫食は、ハチノコが主体である。ハチノコを捕るのは、ほとんどが大人である。ドロバチやミツバチ、アシナガバチは子供も捕る。中部地方では、ハチノコといえば地中にいるヘボ（クロスズメバチ）をさすが、この地方ではアカバチに重点をおいている（写真4）。それは味のよさ、量の多さと大きさなどによる。人びとはハチノコのおいしさを追い求め、廃村になって三十年以上経っても、わざわざ旧村まで出かけて捕り続けて食べた（中河内・下小屋）。

写真4　アカバチの巣
高さ38cm

ハチノコは中部地方などの特産物だが、地元でもごく最近まで食べられていた。これは旬の食材を楽しむ特別なごちそうで、秋の忙しいひとときを休んでも、刺される危険をかえりみず行う。それはあたかも自然の恵みを頂く狩猟のような、心沸き立つ楽しみであり、季節の大切な風物詩だった。人びとは蜂の習性を知り尽くし、多様な捕獲法を用い、協力しあいながら捕ってきた。昆虫食については、まだ未調査のところが多い。

近年環境負荷の少ない昆虫食は、動物性蛋白質の食材として注目されている。

人と自然の深いつながりの中でこそ続いてきた昆虫食文化を、今一度見直したい。

参考文献

野中健一『虫食む人々の暮らし』ＮＨＫブックス　二〇〇七
松浦誠『スズメバチを食べる』　北海道大学図書刊行会　二〇〇二
『虫と人のくらし』仙台歴史民俗資料館　二〇〇二

（『とやま民俗』No.七一　二〇〇九年一月）

Ⅶ　刀利谷で造られていた、ドブザケの製法

はじめに

どぶろくとは米などの穀類を発酵させただけの白く濁った酒であり、古来より造られてきた。酒類としては最も素朴な形態で、日本酒の原型であり、おそらく稲作など穀物栽培と同起源であるといわれている。昔から収穫された米を神に捧げる際に、どぶろくを供え来年の豊作を祈願する地域がある。それらは白川郷のように、神社でどぶろく祭りとして今も伝えられている。

刀利谷ではどぶろくをドブザケ、またはドブと呼んで楽しんできた。どぶろく造りは明治年間の酒税法により、違法である。しかし、日本各地の山間地で密かに造られていたように、刀利谷でもダムで離村する昭和三十七年（一九六二）まで、各家でドブザケを作って飲んでいた。

福光地域の里山では、以前造っていたと思われるが、昭和になると造っていなかった。

刀利谷は隔絶された山間地であり、食は自給自足に近い生活をおくっていたので、酒も自給で造っていた。また、清酒は山間地まで運ぶ手間が大変だったのと、高価だった。かつて人足賃は安く、戦前は一日働いて清酒一升が日当という相場であった。それらのことにより、ドブザケは離村まで造られ続けていたのである。日常生活の楽しみとして、祭り、仏事、婚礼、炭焼きの骨休めなど、なくてはならないものであった。離村後ドブザケを造ることは、もちろんない。

本稿では、かつて刀利谷で造られていたドブザケの製法を、平成十四年（二〇〇二）二月から二〇一三年八月にかけて、当時造り方を見聞きした人からの聞き取りを記す。

一　ドブザケの種類と製法

刀利谷ではドブザケを、穀類の米・米とアワ・アワ・イナキビで造った。その中でほとんどは米のドブザケである。アワのドブザケは薄黄色になる。イナキビのドブザケは歩留まりが良くなかったが、黄金色になった。アワやイナキビのドブザケは、米のドブザケより辛かったといわれている。また、まれに麻の実で造った人がいて、意識がもうろうとしたといわれている。

造り方は季節的に、大寒に造る「寒づくり」、平素造る「今づくり」があった。寒づくりは、今づくりよりも香りや旨味がよく、アルコール度が強かった。酒飲みであっても、飯茶碗一杯で動けなくなったという。今づくりはそれだけ強くない。爺、婆などが造り、長年の経験で、各家でやり方のこつがあった。

寒づくりは、大寒の八日目、大抵一月二十八日ごろに造る。八日目に造るので「ヨウカサマ」ともいい、寒づくりの代名詞だった。米一升、麹一升、水一升の割合で造る場合が多かった。麹は米麹で、町へ行き一等米一升と麹一枚を交換した。それで麹一枚のことを一升という。以後麹に関しては、その単位に準ずる。刀利谷は正月を旧正月で祝ったので、二月一日にむけて、一月二八日に餅をついた家が多かった。餅米を蒸すとき、一緒に米を蒸して造ることが多かった。

米と水一升ずつの割合は変わらないが、麹は好みで入れ、五合入れると辛味のすっきりした味となった。七、八合なら甘くなり、一升なら香りも出て最高であった。ドブザケは甘味があり飲みやすいが、アトデキクといい、後で酔いが回るほど強かった。

造り方は、米をカチバの「米カツキカイ」で搗《か》ち、寒の水で、にごり水が出なくなるまでよく研ぐ。それから良い水で一日ヒヤカス（浸す）。良い水とは清水や小矢部川の水である。次に白米を強わ目に蒸す。または炊く。蒸さると、ご飯が固くならない三十分以内をめどに、ご飯をオリ（木の枠）や莚に敷き、あら熱をさます。その上に麹をほぐしパラパラと撒き、素早く手でしっかりと混ぜる。それを桶に入れて水を入れ、さらによくかき混ぜる。三十分以内にしないとご飯が固くなり混ぜにくくなる。

桶は杉のアカタ（赤太・心材）がよい。新しい間は、杉の香りが移って良い。また同様に、檜の桶も香りが良かった。杉の桶は沈まないように「引っかかり」を二本付けた木の蓋で、しっかり密閉する。桶は高さが七〇～七五㎝で、二～四斗造った。

造ったドブザケは適宜保温する所に置いた。A家はアマに置き、回りをスベで囲む。下の囲炉裏で火を焚くので適度な暖かさが保たれた。B家は、台所近くのイモ穴に入れた。ここは冬温かく、夏涼しい。しかし、「いきって汗かいとるがならあかん（熱くてほてっていたらだめだ）」といわれた。そのまま絶対にイラワン（さわらない）ことが大切である。春先になると沸いてきて匂いがしてくるが、そこはぐっと我慢する。

五月中旬か六月になると初めて開けた。ドブザケは三層になっている。上は二～三㎝の麹が、青カビ状のカワ（皮）・バン（板）になっている。味噌造りと同じでカワは蓋となった。下は二層になっている。上層は二～四割ほどであるが、スイスイ（透明）の上澄みで赤味がある。下層は白いドボドボで、初めて開けた時、麹がポコポコ沸いて上がる。麹を噛むとピシャピシャ融ける。できたドブザケはカワを捨てる。上澄みは高級品であり、客人にしか出さない。一般には下のドロドロが残らぬように、毎回棒で上下にかき混ぜて、汲んで飲む。

雪が降った時、川にみぞれが浮いているような濃さが、出来がよいとされた。

寒づくりは酔いやすく旨いが、足りないので寒づくりがなくなる盆（八月十五日）すぎから、少しずつ今づくりを造った。今づくりは、夏でもいつでも造り、家により一か月ほどで早くでき、年に二、三回は造った。造り方は寒づくりと似ているが、材料の比率が違い、水を少なめにした。米一升・麹五合・水八合ほどで、米は寒づくりの時より、さらに強わ目に炊く。釜の米に、水がかくれるほどが水量の目安である。強わ目のご飯は水を吸い込みやすく、早く麹や水を混ぜる。容器は寒づくりより小さめの甕に造った。二つほどの甕に交互に造った家もある。

保存は川ぶちの木の根元などに、莚など何かをかぶせて置いた。涼しいので出来がよくなった。また、臼中では、家のナガシ（台所）に置いた家もある。やはり涼しいからである。

ドブザケは、炭焼きの疲れ直しに飯茶碗で飲んだ。古老は「極楽のあまだれ」、「あまだれのしずく」といい、晩酌を楽しんだ。刀利谷や臼中の祭りでは、親類でなくとも、家に来た人には、誰にでもドブザケをお茶代わりに振る舞った。また平素でも、客にお茶を出すことは滅多になく、ドブザケを出した。鍋に入れて熱くして（カンをして）出すこともあった。正月、冬のゴボ参り（真宗の参り事）には、足が立たぬほど飲む時もあった。結婚式をする年は特別に多く造った。

気をつけて造るが、それでもうまくいかない年もある。不出来なドブザケは麹が発酵しない。バンがなく、上がスイスイでも下に麹が沈んで沸いていなかった。沈んだ麹を噛むと固くゴシゴシした。酸っぱくなっており、ホッカル（捨てる）のももったいないから、煮物に入れたり、みそ汁に入れて飲んだ。

不出来になる原因は、ほとんどが水の清浄さであった。雑菌が入るとたちまち不出来となる。だから、雑菌が最も少ない大寒に、寒づくりを行ったのである。また、どの谷の川水がよいかなど、経験が伝えられた。隣村立野脇ではゴロ谷の水が良く、ドブザケが腐らないと近隣で言われた。

また、密造酒であるため、税務署の取り調べに気をつけた。昭和初期に検査官が来て、蔵に隠したドブザケを見つけた。その家の人は、桶をかついで砺波税務署まで持っていったと伝えられている。C家が長男の結婚式のために大量にドブザケを造った昭和二十七年に、「税務署の検査官が里から上がったぞー」と村の有線放送があり、あわてて隠したこともあったという。また、検査官が来たときの用心のために、ドブザケのそばに大量の塩を置き、来たら塩を桶に入れ、「ドブザケではありません。味噌でありま す。」という準備をしたという。しかし、ほとんど検査官は来なかった。

二　文献のドブザケ

ドブザケは明治期から密造酒であったため、その製法は固く秘密とされてきた。おそらく昭和初期までは里山でも造られていたと思われるが、記録は少ない。

その中で、『刀利谷史話』の粟酒の記録と、『白山麓の焼畑農耕』から白山麓の濁酒を紹介したい。

粟酒『刀利谷史話』二一七頁

小屋（出作り小屋）の真ん中には手ごろな穴が掘ってあって、その穴の中には、桶が埋めてあり、五箇山の人たちが秋の残り粟を煮て、麹といっしょにその桶に入れて、春になると畑を耕しつつ、一ぷくのお茶代わりとして仕込んでいった粟酒があった。粟は穂のまま煮て、麹菌はその表皮を破って桶の底には極楽の雫がすき通ってたまっていた。

濁酒『白山麓の焼畑農耕』四四一頁

まず、コマカビキしたヒエノミだけの飯を炊く。米麹と酒粕を混ぜ、桶か瓶で発酵させてドブザケを作る。積雪期に作るほうが良く、夏に作ると、酸っぱくなったり苦くなったりすることがあった。容器は、桶のほうが良くなったという。ヒエのドブザケは、米のドブザケよりもうまく辛いとされている。ちなみにアワのドブザケは、ビールの苦味をもつという。

これらの記録から、米以外のドブザケの造り方が窺える。また、五箇山のドブザケは穀類と麹で造るところが刀利谷と似ている。秋に造るから、今づくりである。また、白山麓は米麹に酒粕を加えているという違いがある。季節的には、刀利谷と同様に寒づくりと今づくりをしていたことが分かる。

『日本のスローフード』には宮崎県椎葉村のどぶろく造りが記されている。酒米、麹、寒の水で造っており、寒づくりである。水は一㎞も先の山水を汲むという。

このように、かつては穀類が作られていた各所でどぶろくは造られていた。しかし明治期からの酒税法で、ほとんど造られなくなった。刀利谷は隔離された山間地であったからこそ、離村する昭和三十年代まで造られていたのである。また、山を挟んだ臼中でも同じくダムで離村する昭和五十年代初頭まで造られていた。

おわりに

どぶろく造りは今も酒税法で禁止されている。しかし、市販の本にも作り方が載る時代になった。その製法は刀利谷の製法とは違い、イースト菌を使ったりする場合が多い。また造る手順は複雑でむずかしい場合が多い。

二〇〇二年、地域振興の関係から行政構造改革によって、どぶろく特区がもうけられ、富山県でも氷見市や南砺市が特区となっている。南砺市では利賀の民宿が、富山県農林水産総合技術センターの食品研究所で製法を学び、年間四〇〇ℓ造って宿泊人に出している。どぶろく特区の製法は地域興しが目的であるから、穀物や麹も含め、必ずしも伝統的な製法ではない場合が多い。

今、いろんなどぶろくが造られているが、刀利谷は穀類と麹、水だけでしかもあまり作業手順をふまえずに造るという、貴重な古来の製法であった。清い水を求め何キロも探し、試行錯誤した人々。寒水が清いから寒造りをし、同時に寒水が身体に良いからと飲んだ人々。米や麹、水の混ぜ具合や、保存場所などにも工夫を重ねた。

今回、米のドブザケの製法だけで、残念ながらアワ・イナキビのドブザケは飲んだ経験だけで、製法はよく分からなくなっていた。イナキビは、蒸してさましてから造ることだけ伝わっている。かつてはヒエも含めあらゆる穀物で造られていたと思える。

刀利谷のドブザケは、離村するまでささやかに伝えられてきた、伝統的食文化であった。

合法的に、刀利谷のドブザケが復活することを望みたい。

参考文献

宇野二郎『刀利谷史話』刀利郷友会 一九七八

飯田辰彦『生きている 日本のスローフード』鉱脈社 二〇〇七

橘礼吉『白山麓の焼畑農耕』白水社 一九九四

富山写真語『万華鏡』一七六号「樹皮」ふるさと開発研究所 二〇〇六

前田俊彦編『ドブロクをつくろう』農山漁村文化協会 一九八一

山田陽一『酒をつくる』地鶏社 一九九〇

(『とやま民俗』No.八〇 二〇一三年九月)

Ⅷ　刀利村の行事食

はじめに

小矢部川最上流の山村であった刀利は五つの小村からなり[1]、北は福光町、南は五箇山上平、西は金沢方面につながっていた。昭和三十〜四十年代の離村まで、ほとんど自給自足の生活を送っていた。食材は畑の野菜の他に、豊富な山菜を最大限に利用し、ナギ（焼畑）で雑穀や野菜を作り、川からイワナ・カジカ・ドジョウなど、山から熊・ウサギなどを獲った。

そのような生活の中では、どのような行事食だったのだろうか。刀利は全戸真宗大谷派で、篤信の村である。また村内には親戚が多く、会食するのも村内が多い。刀利の食については元村民による『刀利谷史話』・『ダムに沈んだ村・刀利』がある。福光地方の食については『耳だんご』があるが、著者石崎彦平は、福光町中心部の老舗の名士で、町の食通の料理が多い。

そこで本稿は、山村であった刀利の行事食は、どのように山野の食材を利用して料理していたか、近隣からどう影響をうけていたか探りたい。主なる話者は、上刀利の南源右ヱ門氏（一九三〇年生）南幸子氏（一九三七年生）、下小屋の宇野秀夫氏（一九二七年生）中河内出身の宇野光枝氏（一九三〇年生）である。聞き取りは二〇〇九年〜二〇二二年である。

一　刀利の保存食材

刀利では山菜を日常的に多食し、干したり塩漬けにしたりして保存し、行事食や冬期間の食料となった。ススタケ・アザミ・ウド・フキなどは強めの塩で漬け、強い塩のまま茹でて、二、三日水で塩出しをした。カタハ（ウワバミソウ）は生で漬け、さっと茹でてもどす。ゼンマイ・コゴミ・ノマヨモギ（ヤマヨモギ　奥山にだけ自生する香りのいい大きいヨモギ）・ギビキ（ギボウシ）は茹でて干し、茹でて戻した。行事食にはそれらの中でも良質なもので作った。ノマヨモギはイリゴ（二番米）と混ぜて団子にして、冬場の代用食にした。ナギでは大根・赤カブラ・アワ・キビ。イナキビ・ソバ・大豆などを作ったが、アワ・キビ・イナキビなどは正月の餅に搗いて食べた。

二　行事食

ほとんどの食材は家でとれたものだが、煮しめやオヒラ、魚などの食材の一部を、正月は金沢、盆・報恩講は福光町から購入した。

㈠　正月の餅（上刀利の話者は南源右ヱ門氏・南幸子氏）

刀利では正月を新暦ではなく、旧暦の二月一日を「重ねの正月」・「本正月」と呼んで祝った。上刀利では新暦の正月はお鏡を一重ね作り、御講宿（上刀利に門首から下付された御書の宿をしている家）へ持って行き、初御講に供え簡単に祝った。本正月には餅を準備した。一月二十八日に搗くが、約二〇臼搗くので、朝五時から昼半ばまで搗いた。うるち米や糯米だけでなく、キビ・アワ・イナキビなどを餅にするなど、種類が多いためである。うるち米や糯米の二番米も大切に使用した。それらの餅は、のし餅にして四角に切ってカマスにスベ（藁のはかま）を入れ、その中に入れた。刀利は標高が高く寒いのと、スベが水分を吸い餅が乾燥するので、冬の間一カ月間は保存でき、いくつものカマスが涼しい縁側に並んでいた。餅は煮たり焼いたり、ご飯が半分炊けた時に置いて食べた。餅が好きな人は、搗きたてや雑煮に、七〜十個食べた。

・ゴンダ餅　うるち米と糯米を二対一に混ぜて、一緒に蒸して黒豆を入れた餅。トボ（斗棒）・のし餅にする。
・草団子・草餅　イリゴの粉（糯米の二番米で作ることもある）とノマヨモギで搗き、のし餅にする。ノマヨモギは米と半々ほど入れる
・キビ団子　キビ（タカキビ）で作る
・キビ餅　イナキビ（もち種のキビ）と糯米で作る
・粟餅　アワで作る。大変に美味しい
・糯米の餅　雑煮用の餅と、お鏡を作った。お鏡は、神様・仏様（両脇掛け様に一重ねずつ）・天神様・金庫・風呂・蔵・納屋の農機具の上などに飾り、ナヌカブ（七日）に下げる。

㈡　正月料理（上刀利）

焼き豆腐・レンコン・フナ・干タラなどを購入
・雑煮　角餅を鰹節と昆布のダシで醤油味。ネブカはたまに入れる
・煮しめ　焼き豆腐・人参・椎茸・フキ・ゼンマイなどを別鍋で煮る
・和え物（胡麻和えや、くるみ和え）カタハとゼンマイを和える。くるみ和えは、くるみの実を生のまますり鉢で擦り、味噌を入れる。砂糖を少々入れることもある
・黒豆　黒豆にゴンゴ（ヤマノイモのむかご）の干した物を戻し、干栗（栗を茹でて干す）と入れて煮る。干栗は甘味がある
・ススタケ　ススタケだけを味噌煮する。刀利はススタケの大産地
・ゴンボ（牛蒡）とカリボシ　ゴンボを一寸ほどに切り、半分から四つ割りにして田作りを入れて醤油で煮る
・レンコンの丸煮　レンコンを醤油、砂糖、煮干しで煮て、厚さ一㎝ほどに切る
・フナの昆布煮　生のフナを昆布で巻き、ズキ（赤芋の干した茎）で縛り醤油で煮る
・ボウダラ　干タラを水で戻し醤油で煮る

㈢　盆（上刀利）

盆には「笹餅」と「盆の素麺」が決まり事　ホッケを購入
・おこわ（金時豆　食事用）
・笹餅（土産用）笹は少し前に山からとってきて、水につけておく
・盆の素麺　昆布煮干しでだしを取り、玉ねぎを入れて甘味を出す
・煮しめ　ゼンマイ・カタハ・人参・ススタケ・アザミなどで
・酢物　茗荷やきゅうりの酢物　茗荷はさっと茹でて酢に入れ、砂糖と醤油で味付け
・ホッケの色付け（客用）ホッケを串に三切れ程刺してある焼き魚。

(四) 秋祭り（上刀利）九月十八日

・おこわ（金時豆）
・イワナなどの焼き物（男性が魚を捕ってくる家）
・煮しめ　ゼンマイ・里芋・椎茸・ふきなどで
・茗荷の酢物など

(五) 報恩講（上刀利）

丸山・豆腐・油揚げ・寒天・みかんなどを購入

真宗門徒にとり、報恩講は一年で最も大切な行事である。僧侶を招き、親戚縁者が集まり法悦に浸るとともにお互いの無事を喜びあった。

毎年十二月一日か二日に家の報恩講を申した。子供も含めて一人ずつ赤御膳で会食した。

・白米
・おつゆ　豆腐と小豆を味噌味で
・オヒラ　丸山（がんもどき　丸山は砺波地方の方言）
・ナカモリ　胡麻和え　ゼンマイ・カタハで作る
・ツボ　蓋に金時豆をのせ、中に大根と油揚げで作るスアイ（酢和え）を入れる
・コブタ（三品《みしな》のコブタ）　みかん・菓子・ユベスを置く。ユベスはくるみを入れる。ユーベスを容器にいれて、少し間をおいてくるみを入れるとくるみが沈む。ヤマイモの輪切りを塩煮した家もある
・煮しめ　ゼンマイ・里芋・椎茸・アザミなど
・漬物　漬物を鉢で回す。浅漬けが多い。大根の棒漬け（大根の浅漬けを、棒の形のままに切る）・白菜の浅漬け・赤カブラの切り漬け・白カブラの味噌漬けなど

配膳は、上：左から　オヒラ、コブタ、ツボ。中：ナカモリ・煮しめ。下：白米・おつゆ（図1）。

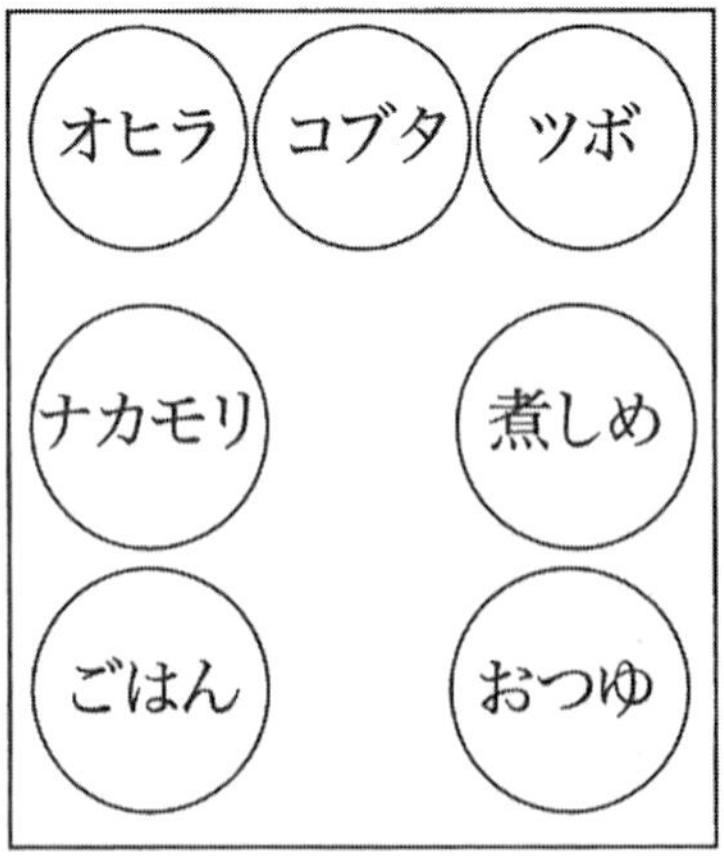

図1　上刀利の報恩講料理配膳

(六) 中河内の念仏道場の報恩講（話者は宇野光枝氏）

油揚げを購入

中河内の念仏道場は蓮如巡錫以来離村まで、村人が一日も欠かさず護持してきた。僧侶はよばず、すべて村人で執り行った。道場の報恩講料理は、村人が各家から参り、斉をいただいた。囲炉裏に八升鍋・四升鍋をかけて作った。油揚げは当番が町まで買いに出た。報恩講前日に子供が「報恩講するさかい、米（など）下さい」といって、各家へ米や大根・人参・小豆・里芋などをもらいに回った。

・白米　白米は御馳走である

・おつゆ　小豆と里芋（赤芋　赤芋は里芋の種類では煮くずれしにくい）を味噌で
・オヒラ　大根のワンギリ（輪切り）・里芋・人参・油揚げを味噌でゆっくり煮る。油揚げは大きいまま煮て、後から大きな三角に切る。その方がよくカブレて（味が一緒になじむこと）美味しいという。町まで油揚げを購入する手間を省くために、夏の間に麩を購入しておくこともあった。
・辛し和え　からし菜の種を、すり鉢でじっくり擦る。水気がなくなると、渋いお茶を　少しずつ入れ、辛みが抜けぬよう油断せずに、ゴンジリゴンジリ（ゆっくり擦るさま）トロトロになるまで擦る。ゼンマイの戻したのを醤油で味付けし、和える。
・ツボ　金時豆　塩味だけのことが多い
・酢和え　大根と人参で作る

(七)　下小屋の御講料理（話者は宇野秀夫氏）

冬期間の御講に御講宿が戸主に料理を振る舞った。油揚げを購入
・ヤマイモ（ヤマノイモ）のワンギリ　ヤマイモを輪切りにして醤油で煮る
・ゼンマイの煮物
・煮物　大根・人参・里芋・油揚げなどを味噌で
・おつゆ　里芋と小豆を味噌で
・ソバ・ササゲ煮・ウサギの肉の煮物などを適宜出す

(八)　オヒチャヤサマ（御七夜様）（上刀利）

・イトコ煮　真宗大谷派は十一月二十八日が御開山様（親鸞聖人）の命日で、イトコ煮を作って各家で食べた。大根・人参・里芋・小豆を入れて味噌で煮る。カブラを入れることもあった。

三　刀利谷の行事食の特徴

(一)　自給の食材を活かし、手間をかけて美味しく食べる

春に大量に保存した山菜は、漬けたり干したりすることにより、生よりも味も風味もおいしくなり、各種の料理に使う。また、くるみ・ゴンゴ・ヤマイモなどを使うが、ヤマイモは山村であっても貴重である。行事食にはそれらの食材をふんだんに使う。中河内報恩講料理の辛し和えなど、行事食に手間をかけてもてなす。

(二)　食材を購入することの意味

刀利から福光町までは十数～三〇㎞の距離があり、食材を購入するため町まで出ることは大変であった。購入した食材を食べることは、特別な楽しみであり、ごちそうであり、もてなしである。中河内では報恩講に購入に行けない場合に備え、日持ちする麩を準備していたことがあったが、購入品を必ず入れることになっていた。

(三)　食材を購入する場所の影響

報恩講料理であるが、上刀利のオヒラは丸山であり、丸山は福光地方をはじめとした砺波平野で食されている。一方五箇山は堅豆腐である。上刀利は購入する福光町の影響を受けている。中河内は丸山ではなく、野菜と油揚げで作り、五箇山と福光地方との折衷と思える。正月料理に上刀利ではフナの昆布巻を作るが、正

月にフナを食べるのは金沢の食習である。

(四) 料理の特徴

正月料理の黒豆に、刀利はゴンゴや栗を入れるが、五箇山も砺波平野部も黒豆だけを煮る。黒豆に何かを混ぜて煮るのは、南砺地方山麓に多い。報恩講料理で刀利のスアイは砺波平野部と同様に大根と人参で作ることを基本としているが、五箇山では赤カブラと大根が多い。中河内で、おつゆが小豆と里芋なのは五箇山と共通である。またオヒラの油揚げが大きいことは、五箇山のオヒラの堅豆腐も大きく、五箇山と似ている。刀利のイトコ煮は、平野部と違い家の報恩講には作らず、親鸞聖人の命日に各家で作っている。報恩講に小豆を食べるのは各地と共通している。

(五) 配膳の特徴

上刀利の報恩講の御膳は、上のツボが右、オヒラが左であるが、五箇山の上梨谷・下梨谷・小谷に多い配膳である。福光地方や砺波平野部はツボとオヒラの配膳が刀利谷と反対である。(2) 刀利谷の配膳は上平を含めた平の影響が窺える。

おわりに

刀利では平素つつましい食事であっても、行事食にはその地にとれる食材を活かし、保存食材も含め、その日のために手間暇かけて準備し、心を込めて美味しく作ってきた。手間をかけることがもてなしである。くるみ和えやゴンゴ入りの黒豆煮、ヤマイモのワンギリなど、刀利ならではの山の幸を食材にしている。その料理は近隣の食文化の影響も受けており、食からも刀利の交流が窺える。

注

(1) 刀利は上流から下小屋・中河内・滝谷・上刀利・下刀利の小村からなる。
(2) 『五箇山の報恩講料理』一九頁、『聞き書　富山の食事』七九頁による。

参考文献

石崎彦平『耳だんご　福光たべもの歳時記』ふくみつべんの会　一九八八
宇野二郎『刀利谷史話』刀利谷郷友会　一九七八
『聞き書　富山の食事』日本の食生活全集16　農村漁村文化協会　一九八九
編集・発行　五箇山のもてなしの心の醸成事業実行委員会『五箇山の報恩講料理』二〇〇九
佐伯安一『富山民俗の位相』桂書房　二〇〇二
平村食生活改善推進協議会『五箇山たいらの味物語』平村　二〇〇四
谷口寛作・谷口典子『ダムに沈んだ村・刀利』時潮社　二〇一〇
福光町郷土文化調査委員会『福光のしきたり』福光町教育委員会　二〇〇四

（『とやま民俗』No.九九　二〇二三年一月）

IX　タテ（蓼）を食べる福光地方の食習

はじめに

たではいくつも種類があるが、食用としているのは和名ヤナギタデで、福光地方ではこのたでを「タテ」と呼んでいる（写真1）。「たで喰う虫も好きずき」はこのヤナギタデで、葉を噛むと大変に辛いから、このようなことわざができた。たでは一般に、たで酢として鮎の焼魚に添えられている。また、刺身のつまの、「紅たで」はこのヤナギタデの種の、芽生えである。また、民間薬として解毒や虫さされに利用されている。しかし、現在その強い辛味のために食習は少ない。野草・山菜の本にも食習の記述はほとんどない。

たでは古くから食されていた。最近では平城京跡で、便槽の遺構からたでの実が出土している(1)。香辛料として使用し、刺激的な味を好んだためとされている。

写真１　タテ

全国的に見れば民間薬として、秋山郷・下伊那・佐渡で、全草を解熱・肺炎・ひきつけに利用している(2)。

また、砺波地方の文献では、寛政元年（一七八九）に著された宮永正運『私家農業談（越中）』巻之四「救荒之食品」に、菜類として蓼芽菜（たで）が記載されている(3)。

食糧難であった昭和十九年四月、植物研究者の福光高等女学校、前川庄三教諭が、『縣内自生救荒植物』にタテの食習を記している(4)。

タデ	方言名	マタデ・ホンタデ
	所属植物分科名	蓼科
	採取地	野生
	採取時期	春・秋
	報告地方名	富山・新湊・石動・井波
	利用部分	若葉・茎・葉
	調理法	採ッテ和物トス　葉ハ辛味料トス　葉ヲ採ッテ辛味ヲ取リタルモノハ醤油ニテ煮付ルトキハ茶漬ノ菜及ビ酒ノ友トシテ良シ

この本を託された前川庄三氏の弟子、自然解説者の堀与治氏が、現代版に解釈されている。また、参考欄に「ヤナギタデは、辛味が里芋の茎を煮物にするとき、茎葉を入れると、のどがいごくなる（えぐみでイガイガする）のを防ぐことができる」と記されている。

今は砺波地方でもほとんど食べられていないが、福光地方ではその辛味を旨味として、今まで好んで食べてきた。タテのほどよい辛味が食欲を増進させる。また、里芋のえぐみを取り除く効能もある。ここでは福光地方のタテの食習を、才川七の堀与治氏（昭和三年生）、天神の湯浅かのゑ氏（大正八年生）、片山みよ子氏（昭和四年生）、渡辺ゑす氏（明治二十六年生）、砺波市鹿島の宮崎文子氏（福光地域一日市出身　昭和八年生）からの聞き取りを基に記す。

一　タテを摘む

タテは秋に田に自生する。子供はよく田の中からタテの葉を摘んで噛み、五秒後ぐらいにヒリヒリする辛みを遊びながら覚えた。一般には秋野菜の畝の中、とりわけ大根畑の畝の側面にふさふさと育っている。十月ころ、タテの花が咲く前に茎のまま取り、葉を一枚ずつ摘む。葉は横長で二～三㎝と小さく、量を取るには大変手間がかかる。蕾も摘んで食べる。また、茎を二〇㎝ほど取り、茎・葉・花をそのまま食べる。

二　タテを味わう

タテは生でも、煮物にしても味わう。また、里芋の茎のイゴイ（ハシカイ・えぐみ）のを取る効能があり、里芋と一緒に煮る。

㈠　タテ味噌

タテの葉を生のまま、またはさっと茹でて包丁の背中でよく叩いたり、刻んだり、すり鉢ですってから、味噌と混ぜ、時には砂糖を少々加え、タテ味噌にする。ご飯の上にのせたり、焼き魚に付けて焼いたりして食べる。アジやサバによく付けた。また、里芋のレンガク（田楽）に付ける。風味と辛味が美味しく、食が進む。

㈡　タテと里芋

里芋を一・五㎝ほどに小さく切り、醤油と砂糖で味付けし、その中にタテを沢山入れる。カラカラになるまで煮詰める。小さい里芋の粘りにタテの辛みがしっかり絡む。ナンバギ（ナンバの葉）も一緒に混ぜることも多く、さらに辛みが増す。タテをさっと茹でて、煮た里芋にからめることもある。

㈢　タテとニシン

にしんを醤油で煮てから、だし汁の中にタテをたくさん入れ煮詰める。

㈣　タテの煮シメ

アブラゲ（油揚げ）・ナスビ・里芋・焼き豆腐などを醤油で煮てからタテを入れる。

㈤　タテとナンバギの佃煮

ナンバの葉を摘み、タテとさっと茹でて切り、絞ってから、味噌・砂糖を入れて佃煮にする。ご飯にのせて食べる。

㈥　タテの蕾を食べる

タテの花の蕾を摘んで、オッケダゴに入れる。辛くて旨い。

(七) 里芋のイゴイ（エゴイ　えぐい）のを取る

里芋の青いズキ（茎）は、煮てもイゴイので一般には食べることは少ない。タテを茎のまま、ひとつかみ入れて煮ると、イゴイのが取れる。煮るためにタテは辛いこともなくおいしい。イモジ（赤いもの葉）を生でよごしにすると少しイゴイが、タテを入れるとなおる。赤芋のみそ汁にも、時にイゴイのが残るが、タテを入れるとイゴクない。

おわりに

かつてタテは古代人から受け継いできた、貴重な辛味の野草だった。福光地方では今日までタテを食材として大事に伝えてきた。しかし、現在南砺地方でもタテの食習は、ほとんどなく、せいぜい食べられる野草と伝えているだけである。また、山間部になると山菜が豊富で、タテを食べることはしなかった。タテは福光地方の農村の食習である。

福光地方では、辛味を味わい、里芋のえぐみを取る野草として利用してきた。その葉は摘んでも量は少ないが、辛味は食欲を増進させる秋の季節の味であった。筆者（昭和二十八年生）が子供のころ、曽祖母（明治二十六年生）が作った「タテと里芋」は、辛味と甘味がおいしい絶品であった。今や田には除草剤がまかれ、タテは少なくなってきている。また、タテを食べた食習もほとんど見られなくなってきている。かつては秋の、慎ましくもおいしい季節の味であった。

注

（1）朝日新聞　二九面　二〇一三年七月三日
（2）長澤武『植物民俗』一八二頁　法政大学出版局　二〇〇一
（3）宮永正運「私家農業談（越中）」『日本農書全集』第六巻　一六九頁　農村漁村文化協会　一九八九
（4）前川庄三教諭『縣内自生救荒植物』自家版（一冊）昭和十九年四月

参考文献

『とやまの山菜・きのこ』北日本新聞社　一九九一
『四季の山菜』成美堂出版　二〇〇三

（『とやま民俗』No.八一　二〇一四年一月）

X　福光地方のヤクメシ（握り飯）

はじめに

福光地域では握り飯のことを、焼いたおにぎりも海苔が付いたおにぎりも総称してヤクメシとよんでいた[1]。それは握り飯を焼いていた時の名残である。ご飯に梅干を入れて塩を付けて握り、仕事や旅、行事の携帯食・保存食とした。ご飯をおにぎりにするのは、茶碗によそって食べるよりも手間がかかる。平素はその手間をかける時間も惜しかった。かつておにぎりにつける海苔が広まっていなかった頃は、焼きおにぎりにしていた。焼くことで衛生上に優れ保存もきき、かつては砺波地方のおにぎりの定番だった。

ここでは福光地方のヤクメシを記す。話者は才川七の堀与治氏、小二又の谷川喜一氏である。

一　作り方と付けるもの・形など

ヤクメシの作り方は炒り鍋や金網の上に椿の葉や、藁の芯であるニゴを輪にして敷き、その上におにぎりを置く。ゆっくり焼いて表面を薄く固める。椿の葉を敷くのは、椿がどの家にもある身近な常緑広葉樹で、炒り鍋におにぎりがくっつくのを防ぐためである。葉は分厚さがあるので、ゆっくりころがしながら焼けた[2]。ニゴも同様である。焼いたヤクメシは表面が薄く焼かれているので、紙やウスヒラ（経木）、孟宗竹の皮などに包んでもくっつかない利点がある。

やがて昭和に入ると、ヤクメシは焼かずにオボロ昆布（トロロ昆布）で包んだり、後に海苔で包んだり巻いたりするようにもなった。一般に子どもの遠足などには握ったヤクメシ三個であり、一つずつ海苔を巻いたり、また海苔一枚に三個を丸めて包んだりした。昭和四十年代まで、ヤクメシがあればおかずは無いことも多かった。

形であるが、全国には三角型、太鼓型（平べったい丸型）、俵型、球型などがある（写真１）。分布は大きく分けて東北が太鼓型、関東が三角型、関西は俵型、中部・北九州が球型といわれる。関西の俵型は芝居の弁当に入れやすいからとされる[3]。最近は握らずに作る四角のおにぎり、いわゆるオニギラズも出てきている。

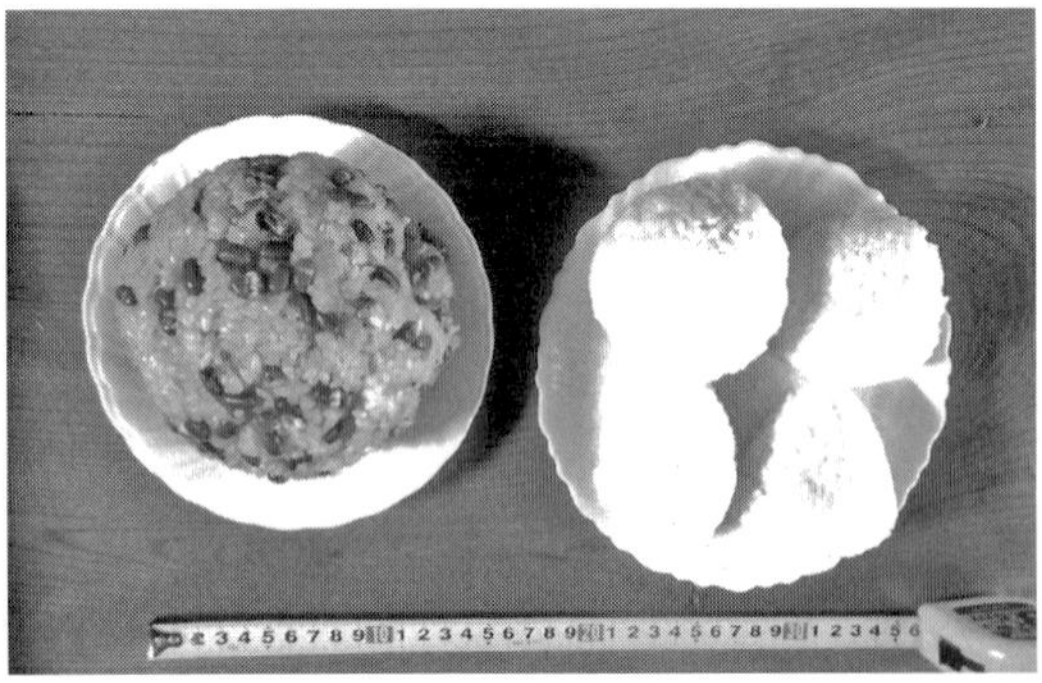

写真１　おにぎり各種

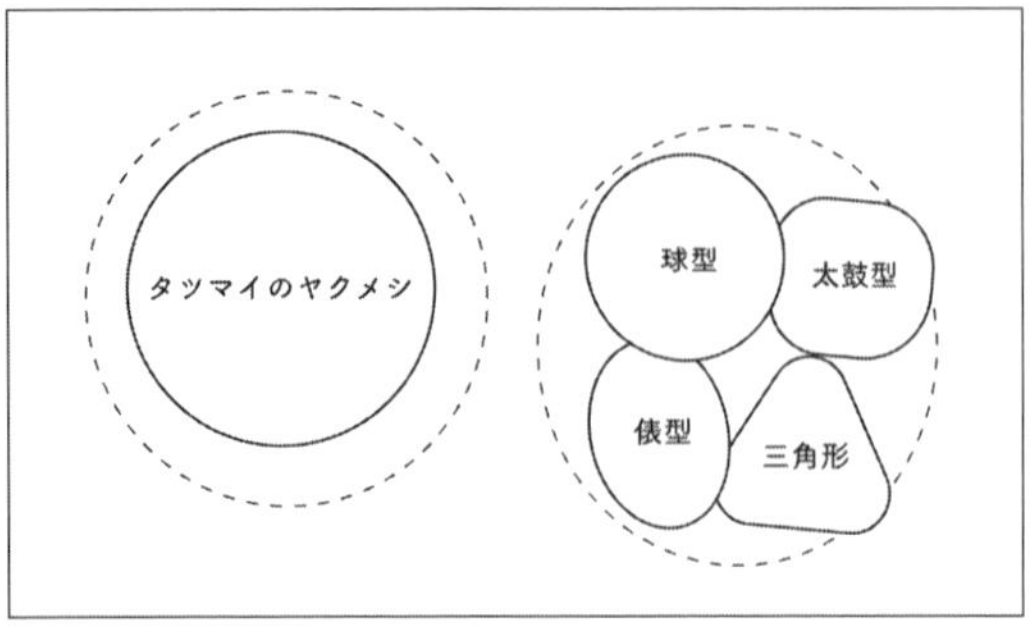

また関東は焼き海苔を付け、関西は味付け海苔を付けた。また和歌山では高菜の漬物で包んだメハリズシなど、全国には多様なおにぎりがある。一般に砺波地方はほとんどが球型を基本とした、球型・俵型・太鼓型である。付けるのは海苔や富山県に多いオボロ昆布や、きな粉などである。また似たものとしてホオノキの葉で包む朴葉めしもある。形は各家で違い、家庭内でも食べる年齢で違いがあった。子どもには食べやすいように俵型にしたり、大人には球型にしたりした。

二　作る時

家庭でも、いろんな行事におにぎりが作られ、そのおにぎりをヤクメシといっていた。

(1) 田仕事

昭和四十年代まで、春の田んぼのサツキ（田植え）に出すおにぎりをヤクメシといった。タバコ（休憩時）に出したが、つまみやすいよう、球型を作ってから、両面を少し押さえたような太鼓型にしたりした。田植えは女が働き、しかも人手が必要で他家から手伝いを頼むことも多い。そんな時、食事用意の手間がかからぬよう、ヤクメシを出した。同じ農作業でも秋の稲刈りは人を頼むことが少なく、ヤクメシは作らなかった。

(2) タツマイ（タチマイ　建前　棟上及びその祝い）

昭和五十年頃まで家を新築したり、屋根をおろしたりした時のタツマイに出す小豆の赤飯のおにぎりも、ヤクメシといった。タツマイのヤクメシの形は、家や地区によらず例外なく球型であった。大工や人足、手伝いの村人などに出したが、これは普通の大きさのヤクメシで、大きいと酒を飲みたい人は困り、やや小ぶりの方がむしろ喜ばれたともいう。村によってはこのヤクメシを、家の人が忙しいために主に親類から握ってオコワビツ[4]（写真２）に入れて持ってきた家もあった。

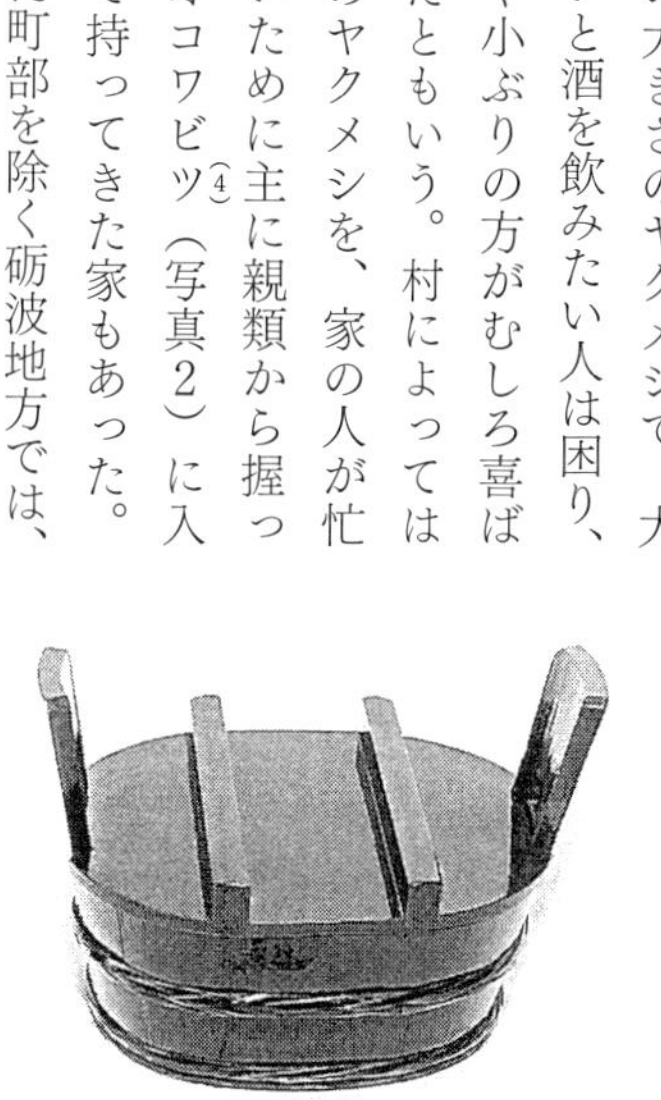

写真２　オコワビツ　『砺波の民具』
砺波市立砺波郷土資料館より

また町部を除く砺波地方では、昭和四十年代半ばまで、村の小学生が午後三時過ぎにタツマイの家へ行くと、ヤクメシが振舞われた。そのヤクメシは特別に大きいヤクメシであり、子どもにとって大きな楽しみだった。昭和四十七年（一九七二）旧福光町天神の例だが、ヤクメシが大きすぎて握れないので、二つの茶碗に赤飯を入れて合わせ、直径約一五cmにもなるヤクメシを作った。ヤクメシは一個ずつ紙に包まれ、建前に来た村の子ども達に配られた。当時その家のタツマイの家へ来た村の子どもは、約二〇人であった。村によってはもう少し小さいのを二個ずつ配ったところもあった。ヤクメシを子どもに配るのは家のタツマイだけであり、納屋や蔵などのタツマイには配らなかった。後に家の建築も業者に任せるようになり、簡素化されて、タツマイのヤクメシは無くなった。

(3) 祭り

祭りでは獅子舞のイップク（休憩）に出すおにぎりは、本来球型か俵型であった。現在福光町部の神輿担ぎの休憩に出されるのは、業者からのおにぎりであり、三角型である。村部では今も手作りおにぎりの村があり、村外の縁者が手伝いに来て三角型に握ったら、本来の俵型にするよう指示され、握りなおした村もあった（平成二十六年　荒木）。これは、三角型は角《かど》があり縁起が悪いからとも、神事には本来の形がいいからともいわれている。

⑷　葬式

葬式の時、医王山麓では昭和四十年代初めまで、ヤガイという赤飯のおにぎりが出された村があった。本来ヤガイは「家外」を意味し、家の外から持ち込まれたオコワをいう。西太美地区小二又の例だが、かつて葬式は自宅でするので準備は村挙げて行われ、家の人は忙しく、かつ近所や親戚が大勢手伝う。その人々の食事用意もまた大変である。圃場整備で道ができる昭和四十年代はじめまでは、葬式になると、人足が一〇㎞余り離れた福光町から、花や棺、食事材料などすべてを背中に担ぎ、村まで運んだ。村のサンマイ（火葬場）の準備もあり、一〇人位の人手が必要だった。それで、嫁の里や近い親戚などから葬式の手伝いに夜伽（通夜）に、ヤガイの赤飯をおにぎりにして黒塗りの特別のオヒツに入れて持ってきた。赤飯は小豆のオコワで、今風の黒豆のオコワではなかった。オコワはおかずがなくても凌げるという利点があった。またオコワは「亡くなった人が浄土へゆかれるので、めでたい出立ち」の意味もあった。一般にヤガイは夜伽の諸準備がすべて終わると出された。

昭和四十年代になると、圃場整備で道が整備され、交通の便がよくなり人力ではなく車を使用するようになったことと、昭和四十三年に町営火葬場がつくられ、村のサンマイを使用しなくなったことで、葬式の準備がぐっと簡素化した。やがて葬儀屋が世話するようになると、葬式の人手が不要となり、暫時ヤガイの風習が廃れた。後にヤガイは饅頭に代わっていった村もあった(5)。

三　おにぎりの販売

砺波地方では、昭和四十年代までおにぎりはお金を出して買うものではなく、家で作るものだった。また店でも販売されておらず、食堂などで注文した人に限って作っていた（昭和四十年ごろまでの、旧城端町の食堂など）。昭和四十年代後半に東京へ進学した人によると、東京にはおにぎり屋があり、驚いたという。現在砺波地方のスーパーではどこでもほとんど「おにぎり」として販売されている。おむすびは女房詞といわれている。三角型のおにぎりはコンビニが昭和五十年代後半から売り出し、全国に広まった。現在砺波市で売られているおにぎりはほとんど三角型であるが、その中で石川県や関西方面で作られたおにぎりは、やや平べったい太鼓型のものもある。また砺波地方で作ったオコワや混ぜご飯のおにぎりは、太鼓型が多いようである。

四　民話のおにぎり

おにぎりは民話の中にも出てくる。古くからの民話「おすびころりん」のおむすびは、転がることから球型であり、絵本もほぼ球型である。一方「さるかに合戦」で蟹が持つおにぎりは三角型である。この童話が広く読まれて三角型のおにぎりが広まったといわれている。現代の童話、アンパンマンのキャラクターであるオムスビマンは三角型であり、やや小型のコムスビマンは太鼓型である。これは現代おにぎりの主流派である三角型と、太鼓型という地方性を表している。

おわりに

おにぎりは、古くは弥生時代に石川県チャノバタケ遺跡から炭化米のおにぎりが出土し、古くから人の暮らしとともにあった。現在では砺波地方でも多くの家庭で、子ども用を中心に三角型のおにぎりが作られている。ふくみつ保有米のロゴマークも、三角おにぎりの形である（写真3）。かつては家庭で円形を基本としたおにぎりが、行事や冠婚葬祭などでその時々に作られてきた。砺波地方では、太鼓型は球型から両面をおさえて作るので、球型の変形である。家のタツマイに例外なく球型のヤクメシが作られていたのは、球型がこの地方のヤクメシの定型であったことを窺わせる。

現在全国には多様な形や具材、包みのおにぎりがある。それもまた進化しており、店で手軽に味わえる時代となった。焼いたヤクメシは付ける海苔が十分に広まっておらず、しかもおにぎりの流通が発達していなかった頃の、海苔の節約と生活の知恵である。

写真３　ふくみつ保有米ロゴマーク

注

（1）佐伯安一『富山民俗の位相』桂書房　二〇〇二
（2）堀与治氏の御教示による
（3）川越晃子『おにぎり』グラフィック社　二〇〇一
（4）祝い事や物事がある時、オコワを入れて持参するのに使われた楕円形の赤飯櫃
（5）福光郷土文化調査委員会『福光のしきたり』福光教育委員会　二〇〇四

参考文献

石崎彦平『耳だんご』福光たべもの歳時記　ふくみつべんの会　一九八八
金本登『ふくみつ地方の暮らしに生きる「方言・ことわざ」集』自刊　一九九九
奥村彪生『日本のお弁当』農林文化協会　二〇〇三

（『とやま民俗』No.八七　二〇一七年一月）

XI　アズキナ（ナンテンハギ）を食べる

富山民俗七八号に、佐伯安一氏が、「近世末砺波散村の地主手作農家の食習」で、斉藤家の食習について、詳細な論文を記された。その中で、注29に「あづき菜」がある。これは、和名ナンテンハギで、マメ科の多年草であり、茎は直立して五〇㎝ほどになる。茹でる時にアズキのにおいがし、葉もあずきに似ている。食べる野草に付く、「ナ」が付き、アズキナと呼んだと思われる。川端や道淵など、自然が残る所に自生している。

飛騨高山では、春祭りに好んで食べ、栽培して、朝市に出しているほど人気がある。現在（二〇二三）でも、四月になると高山からアズキナが群生している庄川堤防（砺波市権正寺）へ、何人も採りに来ている。

ここでは福光地方のアズキナの食習を記す。話者は、才川七　堀与治氏、一日市出身の宮崎文子氏である。

写真１　アズキナ（ナンテンハギ）

アズキナは四〜七月にかけて、新芽を鎌で刈り取る。茎は一本のことが多い。茎には多くの枝がでて、こんもり繁っている。アズキナの葉を手でコグようにむしり取ると、ザルにいっぱいになる。茹でてよごしにして食べる。大根菜のような味ではないが、マメ科独特の風味がある。胡麻の香りもして香ばしく、好んで食べられた野草である。

私はアズキナを食べたことはないが、子供のころ、近くの小矢部川堤防や学校往来の道淵に、アズキナを摘む人や摘んだ株をよく見かけた。また、昭和五十二年砺波市鷹栖に住んだ時、川端にアズキナの摘んだ株をいくつも見た。

味はアカザと似ているといわれる。アカザは食べていたので、そのおいしさが思い出る。アズキナは近年あまり見かけなくなったが、最近まで春の野草として広く食べてきた。斉藤家ではサツキ（田植え）の献立として四月一日（旧暦）の朝に、アズキナをよごしとして食べている。春の風味を楽しんで献立していたのだろう。

（『とやま民俗』No.七九　二〇一三年一月）

XII　よごし

砺波平野は扇状地であり、水利が良く九〇％以上が水田という、米単作地帯である。少しでも多くの米を収穫できるよう水田を広げたため、畑作地は限られていた。そのために野菜は少量多品種を栽培し、若葉から葉・茎・吹き立ちに到るまで最大限に利用して食べてきた。野菜を補う野草や山菜も、大切な食材である。それらを美味しく食べる知恵が伝えられてきている。

野菜を大切に使う代表例として、砺波平野の「よごし」がある。よごしは野菜や山菜を茹でて細かく切り、鍋に入れて味噌を少し入れ、弱火で炒りつけた総菜である。藤田培『明治初年の砺波』（砺波図書館協会　一九八二年）にも記されているように、かつてはご飯の増量食であった。身近などんな野菜も利用でき、しかも手軽に作ることができる。また、茹でて作るので一度に大量の野菜を食べることができ、非常に健康的な料理である。大人から子供まで好まれており、よく炒りつけしっとりしたのや、水気を抜いて、からっとしたよごしなど、野菜の風味を生かし各家の味が伝えられている。近年鍋に油をひいて炒る家もある。焦げ付かず風味も増す。胡麻やちりめんじゃこを入れたりして、今も工夫され続けている。

よごしの材料は大根葉・大根・人参葉・人参・蕪菜・ほうれん草・あらゆる吹き立ち菜・春菊・小松菜・ナスビ（茄子）や、乾燥野菜のイモジ（赤芋や八ッ頭の葉を切り干した物）・ホウキン（ホウキギの実）・紫蘇の実・野草のアカザの若葉・芹・ミツバ、蕗の葉、山菜のうど・うどの葉・あざみの葉・カーガラナ・タラの芽・コシアブラなど何ででも作る。

夏はナスビの最盛期になると、取れすぎるほどである。ほどよい大きさは煮物や漬け物、干しナスビにする。しかし、毎日収穫していても、取りのがして大きくなったりする。そんな時こそ、よごしの出番である。大きなナスビを半分に切り、それを薄く切り、茹でて柔らかくなったら搾り、よごしにする。胡麻和えにもする。ナスビのよごしは、最盛期ならこそ味わえる上等なおかずである。ご飯にのせても美味しく食が進むので、「ナスビのよごしさえあれば、夏負けせんわ」といったものである。

秋野菜なら、大根菜は葉物のよごしの代表格である。すぐった大根菜は柔らかく、色よく味がいい。砺波地方では、大根菜のよごしを食べるために、種を多めに蒔くし、売っている。大根菜は成長しても、最後まで大切によごしにする。成育すると葉は固くなるが、芯葉は柔らかい。回りの固い葉をほとんど取り除き、芯葉だけをよごしにする。また大根も収穫時折れたり、曲がったりするのがでる。それも余すことなく、短冊に切り、茹でて搾りよごしにする。皮もよごしにする。秋に収穫されずに残った大根は、春先にとうが立つ。それも摘んでよごしにする。とうは次々と立つので、春野菜の少ない時期に重宝であり、成育の悪い大根はとうのために残しておくほどである。春先に秋にイケた（埋めた）大根が残っていると、短冊状に切り茹でたり蒸したりして、干してホンゴルや、生のまま千切りにし切り干し大根にして、大切に

写真１　大根菜のヨゴシ

使い切る。大根は越冬用に大量に栽培されるが、若葉から大根、保存した大根の残りやとうに到るまで捨てるところが無く、すべてを丸ごと利用している。

冬は干し野菜をよごしにする。干して風味が増している。ホウキン（ホウキギ・ほうきぐさ）は畑のキャビアといわれ、プチプチと歯ごたえがよく、精進料理に欠かせない。イモジは栄養価も人気も高い。二〇一二（平成二十四）年二月に、砺波市ではよごしのコンテストをした。一位は紫蘇の実、二位はイモジ、三位は人参であった。よごしは学校給食にも取り入れられている。若い人にも人気が高まり、手引書も作られている。

大根と並び、完全利用する野菜として里芋がある。里芋は大別して里芋、赤芋、八ツ頭がある。くず芋は皮をそぎ落とし表皮を残したまま茹で、串に刺し胡麻味噌を付けて焼く。小ささを生かした、芋のレンガク（田楽）である。また、切ってうるち米と炊き、潰していもがいもちにする。芋の粘りが出ておいしく消化もいいし、大切なもち米の節約にもなる。親芋はテテコといい、ざらついた食感だが収穫直後は美味しいので、塩ゆでにして食べてしまう。串にさして焼くと香ばしい。赤芋や八ツ頭は、芋はもちろん、葉と茎も食べる。茎は皮を剥いて切り、から煎りし

干野菜
上段左から　ナスビ　イモジ
ホンゴル　カワトリ
ホウキン　ゼンマイ

甘酢をかけてスズキや、味噌汁にする。干してカワトリにし保存し、白あえや粕汁にする。葉は細かく切って干し、イモジにしてよごしにする。

このようによごしは、どんな食材も大切に使い切り、美味しく食べる、先人の知恵が詰まった環境に優しい料理である。

野菜の保存法

富山県の冬は長くて雪が降る。人々は越冬用に野菜を保存し、長い冬を乗り越えてきた。野菜の保存は大別すると生のまま「イケル（埋める）」・塩、味噌、おからなどに「漬ける」・天日で乾燥させる「干す」がある。イケルのは根菜類が多く、栽培されていた状態と同じように土に埋める。大根や人参、カブラ（蕪）、ネブカ（葱）などの野菜はすっぽり土をかけておくと、春まで新鮮さが保たれる。里芋やさつまいもなどの芋類は寒さに弱いので、家の中に「芋穴」と呼ぶ穴を掘り、土と籾殻を混ぜて埋めた。漬けるのは一度に大量収穫した場合で、保存野菜や漬け物にした。蕗や筍、大根、白菜、カタハ（ウワバミソウ）や瓜類（胡瓜やカタウリなど）、しゃくし菜などがある。干すのは少量ずつでもでき、食べる時も適量簡単に戻して食べられるので便利である。ナスビ、イモジ、カワトリ、大根・ホウキン・紫蘇の実・ぜんまい・わらび・こごみ・蓬などの他、お茶としてどくだみ・げんのしょうこなどを干す。保存食は生の野菜とは違う風味とおいしさが加わる。雪に埋もれた家の中でも、毎日工夫しながら用いられ、温かい食卓を囲んできた。

（『暮らしの歳時記』富山編　二〇一二年八月　北國新聞社）

六章　村の年中行事

Ⅰ　福光地域のネツオクリ

——昭和三十年代を中心として——

はじめに

砺波平野の南部、いわゆる南砺地方には稲作に害する糸状菌の一種である、稲熱病が盛夏に発生しやすい。稲熱病は夏に気温が低く、多雨多湿の年に多く発生し、葉や茎が赤く変色し、穂が実らなくなる病害で、稲の病虫害では最も被害が大きい。稲熱病にかかると、葉は熱湯を浴びたように赤く縮んでいくことから、南砺地方では、稲熱病をネツといい、ネツカカル・ネツツクといって恐れた。

南砺地方は三方山に囲まれており、富山湾の湿気が夜間に滞留して、稲熱病が発生しやすい地形である。梅雨の長雨が続くと、ネツがつき一晩で稲の葉が赤くなった年も度々あったという。そのため南砺地方では早稲が出穂し、最もネツがつきやすい土用の三番（夏の土用の三日目で、七月二十二日頃）に、村単位で稲熱病発生防止を祈願する、ネツオクリが行われてきた。

ネツは子供が持つ青竹の笹に短冊を付け、田を撫でて祓い、若者を中心とした村人が叩くネツオクリ太鼓（胴丸桶太鼓　以後、大太鼓と記す）の音と共に、ネツを村から送るとした。その中心である福光地域は現在（二〇二〇年はコロナ感染防止のため中止）も行われている。町では「なんと福光　ねつおくり七夕まつり」として一部観光化されている。ネツオクリを行うのは全国で南砺地方だけとされ、奇習とされる。ネツオクリの始まりは元禄元年から始まると伝え[1]、「荒木のねつおくり」は二〇〇三年に南砺市無形民俗文化財に指定されている。

ネツオクリの先行研究として石崎直義「北陸に残る「虫送り」習俗考」[2]がある。また、『富山県の祭り・行事』[3]、旧『福光町史』[4]や、『富山県民俗分布図』[5]などに載せられている。しかし昭和四十年代以降ネツオクリを行っている村は少なく、簡略化され、さらに廃止した村が多い。

本稿では昭和三十年代を中心とした福光地域のネツオクリについて、述べたい。

一　南砺地方のネツオクリ

南砺地方のネツオクリは、土用の三番に行われ、昭和三十年代まで午後は「百姓のヤスンビ（休日）」で農作業が休みの日であった。一般的なネツオクリは、子供が短冊を付けた笹竹をもち、大きな声で「オクルバイ（ワイ）・オクルバイ・ネツオクルバイ」と唱えながら田を撫でて祓う。若者は、ネツオクリ太鼓を叩きながら村を回る。太鼓は若者に担いで運ばれ、叩くときは台の上に置いた。村によっては藁人形を作り、藁などで作った舟や馬に乗せて一緒に回る。祓った笹は川へ流した。終了後は酒を含む共同会食をした。

二　福光地域のネツオクリ

ネツオクリを最も熱心に行っていたのは南砺地方の中でも、福光地域である。福光地域の農村では、稲作の大敵であるネツを送ることは稲作つくりにおいて重要な行事であり、昭和四十年代後半まで、すべての村でネツオクリをしていた。

福光町が町村合併した昭和二十七年（一九五二）からは、町の宇佐八幡宮へ各村から代表者が集まり、神主からお祓いを受け、御幣を頂くようになり村へ持ち帰った（写真1）。村では頂いた御幣を大太鼓に挿しながら太鼓を叩き、村を一巡する（写真2）。かつては大太鼓を一人で担いでいたが、その後荷車や軽自動車の荷台に乗せている。現在笹竹を持った子供は、荒木以外見かけなくなった。青年団が解散した村も多く、大太鼓打ちも少なくなった。

ここでは昭和三十年代を中心としたネツオクリを、山村の刀利、農村の才川七、町に隣接した天神、竹内、南砺市無形民俗文化財に指定されている荒木を紹介する。これらの村々は中世からの古村である。

写真１　宇佐八幡宮で御幣を頂く（2000.7.21）

写真２　ネツオクリ太鼓　福光農村部（2000.7.21）

・旧太美山村上刀利（話者　南源右ヱ門：一九三〇生・聞き取り二〇一九年七月二〇日）

刀利は昭和三十六年に離村した隔絶した山村で、四㎞ほどずつ離れて五つの小村があり、上刀利は下流から二番目の小村である。ネツオクリは各小村で離村まで行っていた。刀利ではネチオクリと言っていた。離村前の刀利では、午前中炭焼で働き、午後家に帰った。午後三時ごろになると、ネチオクリ宿へ十二戸の村民全員が集まる。宿の庭先で酒と、宿の女性による御馳走が振る舞われる。料理は、その頃収穫できるじゃが芋と鰊の煮物、漬物、胡瓜の酢物、鰊の昆布巻きなどであり、酒は自家製のドブザケ（濁酒）や清酒である。酒は合計一斗ほどになった。それらは全て宿の負担であり、十二戸の村の内、半分ほどの家が宿を順番に受け持っていた。

それからネチオクリの準備にかかる。老人や若い衆は、藁でオスとメスの馬二体と、藁で人形二体を作り、それぞれ馬に人形を一体ずつ乗せて縛り、高さ六〇㎝、幅七〇㎝ほどの、「ネチのカンサマ（神様）」を作る。小学二から六年生まで、戦後は中学二年生までの子供は、青竹の笹に半紙に色を塗ったり、色紙を短冊に切ったりして、笹に七夕のように縛る。青竹は唐竹で、直径二㎝ほど、長さ二〜四mほどで、子供一人に一本ずつ持つ。村中の子供が持つので、四十本余りとなった。ネチオクリは、若い衆がネチオクリダイコ（大太鼓）を叩きながら主なる田道を歩く。村の要所や辻では、太鼓を力一杯打ち鳴らす。子供は「オクルバイ、ネチオクルバイ」と唱えながら、笹で自家の田を撫でてネチを祓う。上刀利は山村なので田が細かく数があり、一軒に三十枚以上の家もあるので、兄弟姉妹手分けして祓う。それでも祓えない時は、近所の子供同士が助け合って全部の田を祓う。最後は村境の刀利橋へ集まり、ネチのカンサマと笹竹を橋の上から落として、小矢部川へ流す。

ネチのカンサマに、ネチをのり移つらせ、ネチを担いでもらってから、川へ流すことでネチが祓えたとした。ネチオクリが終わると若い衆は川で初泳ぎしたり、大人の男性は宿でヨバレの続きを行ったりした。また、ネチオクリは炭焼き、農作業などの区切りの日であり、骨休めの日であった。

・旧西太美村才川七（話者　堀与治：一九二八年生・聞き取り二〇二〇年七月一六日）

才川七は福光町から約五㎞の村で小矢部川沿いの村である。昭和十年代のネツオクリは、当日父親が子供に一本ずつ、長さ一・五mほどでなるべく笹が多い竹を切ってくる。子供は色紙を短冊に切り、ネツオクリとか豊作、また学業・健康に関することなどを書いて笹に縛る。村のネツオクリ太鼓が鳴り出すと、父親は「ネツオクリじゃ。太鼓なっとるじゃ。回ってネツハロテ（祓って）来てくれ」といい、子供は兄弟姉妹で笹竹を持って自家の田へ行き、笹で「ネツオクルバイ」と唱えながら田を撫でるように祓う。ほとんどの田を祓うが田が何枚か固まってある所は、その場所を祓うとその周辺が祓えたとした。また遠方の田は父母が夕方の水見回りの時に子供の笹を持っていき、小声で「ネツオクルバイ」と唱えて祓ってきた。

大太鼓は平素、ネツオクリにだけ使用したが、非常時の火事や大水の場合にも叩き、太鼓は音で村人に物事を知らせるのが目的であった。ネツオクリの場合もネツオクリを知らせるために叩き、各家がネツオクリをすることを促した。太鼓は村の主なる道を回るが、順路は毎年決まっており、「太鼓の道」と言った。家の近くに回ってくると人が集まり、男性が大きい音が出るよう、力強く叩いた。大太鼓を叩くのは楽しみでもあった。

子供は自家の田を祓っているので、子供と大太鼓は別行動である。つまりネツオクリは村の行事であり、各家の行事でもあった。祓い終わると、笹はそれぞれの家が別々に、村の近くにかかる小矢部川の観音橋から落として流した。まれに焼いたことがあったが、そのままにしておくことは無かった。昭和三十年代になると農薬の普及により、次第にネツオクリをしなくなった。

・旧広瀬村天神（話者　渡辺八郎：一九一九年生・聞き取り二〇〇二年八月一八日）

天神は、旧福光町に隣接する小矢部川沿いの村である。戦前までネツオクリの日は午後から農作業を休み、村中の老若男女が宮に集まった。宮で酒を一杯ずつ飲み合う。それからネツオクリが始まり、大太鼓を打ち鳴らした。子供たちは青竹の笹に色のついた短冊を付けて田を笹で撫で、若い衆は後方で大太鼓を叩いた。辻々や村境、重要な水路付近では、大太鼓を力いっぱい打ち鳴らす。その叩き方の力強さやリズム、音量などの技量が人々の話題となった。村を一周して最後に笹を小矢部川へ流した。太鼓の係とは別に、食事作りを担当する若い衆が、小川を浚えてドジョウを獲り、玉ねぎとごぼうのささがけでドジョウの卵とじを作り、キュウリの粕和えなどを作る。作る料理は毎年決まっていた。ネツオクリ終了後、宮へ多くの村人が集まり、作ったおかずで酒を飲みかわした。昭和三十年代から太鼓は公民館で叩くようになった。

・旧広瀬村竹内（話者　宮森八郎：一九四〇年生・聞き取り二〇〇六年七月二〇日）

竹内は町に近い村で、村境を小矢部川支流の明神川が流れている。ネツオクリを中止する村が多い中、簡略化しながら現在も大太鼓を叩いている。昭和二十年代は、子供が笹竹に色紙の短冊に字を書いて六枚ほど付けて田を祓い、笹竹を持つ子と大太鼓は共に村を回った。大太鼓の音でネツを祓うとした。竹内は明治末まで竹内四カ村といっていたが、四つの村が合併した村である。それらの旧村の小字境、シマ（一続きの田）、辻や、用水路の上流・下流に向けてのスマ（端）で太鼓を打ち鳴らす。それは決まった所であり、かつては一八カ所ほどだったが、今（二〇〇六年）は一〇カ所である。

　ネツオクリの大太鼓を回る組織はないが、区長が取り仕切った。打ち始めは、村の重要な用水である、村境の明神川の水口《みなくち》から始める。村内を回り、宮で休憩する。最後は村境の明神川の川下で、終わる。水口から始めるのは、水が稲作に重要であるからである。その後明神川の川下へ笹竹を、昭和二十八年以降は町の宇佐八幡宮の御幣と共に流す。食事係の若い衆は、川でドジョウを獲り、町で蒲焼にして準備して、共に夕方の共同会食に食べた。笹竹は昭和三十年代で廃止したが、大太鼓は今も叩いて回っている。

・旧吉江村荒木（話者　**得能富代明：一九三四年生・聞き取り二〇〇〇年七月二一日**）

　加賀藩政時代は草高千石以上の村へ、田の神の舟を作ることを藩が許可したと伝える。それは千石以上の村でないと、村として農作業の人手に余裕がなく、農民が田仕事を休んでまで作らせる時間を与えなかったからだと伝えている。福光地域では、荒木と福光町（旧福光村）に許可が出た。荒木は田の神である、ジジ・ババの人形と乗せる舟を現在も作っている。ジジ・ババはイザナギ・イザナミともいう。作り方は、男女の藁人形に紙を貼って顔を画き、舟は竹で作り布を張り、荒木丸と書いた（写真3）。福光町は人形と舟は前年の物をそのまま使う。

写真３　荒木丸

　回るのは毎年決まった道であり、「ねつおくり太鼓道」と名付けられている。回る順番は、二人の子供が担ぐ田の神と舟、笹を持つ子供、大太鼓であり、それらが一緒に回った。辻、宮、社務所、耕地整理の石碑前など、重要な所で太鼓を叩いた。昔はネツの被害が大きかった年に、土用の三番、五番、七番とネツオクリをしたという[6]。荒木丸が通る時、村人は家から出て見送り、高齢者の中には手を合わす人もいた。一巡すると、小矢部川へ流した（写真4）。終了後は公民館で共同会食をしたが、毎年ドジョウの蒲焼、胡瓜酢物、冷奴とほぼ決まっていた。大太鼓は特別の叩き方だが、荒木のネツオクリ太鼓は、ドンドン・ドンドンドドドンドン・ドンドンと叩き、ドドドンドンを何回も力強く叩く。

写真４　田の神と舟・笹竹を小矢部川へ流す

三　南砺地方のネツオクリの特徴

『富山県民俗分布図』による調査は昭和四十九年であるが、福光地域と共に旧東砺波郡の城端、井波、井口、福野、砺波の福野寄りの村でネツオクリを行っている。一方虫送りをしている村はネツオクリをしていない村がほとんどである。その境界は福光岩木から福野上野、砺波鹿島あたりであり、庄川を越えるとしていない。地形上この辺りまでが虫害よりネツの被害が大きかったのだろう。昭和三十四年版の『城端町史』によると、城端町沿いの理休で男女の藁人形を作り、藁舟に乗せて担ぎ、村内を回り、ネツを祓い川へ流した[7]。『土韻』によると山村の二ッ屋でも人形を担ぎ太鼓を叩きながら同様に村内を回っており[8]、城端付近ではネツオクリに藁人形を作っていた村が複数あった。

四　福光地域のネツオクリの特徴

福光地域のネツオクリは、笹で田を祓うことと子供の唱え言葉、大太鼓を打つこと、前後の共同会食、午後から休みであったことなど、南砺地方と共通している。その中でいくつかの特徴がある。

㈠　笹と太鼓、人形でネツを祓う

ネツオクリは祓えである。稲につくネツを除くための行事であり、笹と大太鼓、村により男女の人形とその乗物を用いて祓い、笹竹や人形などを村境からその村で一番大きな川へ流す。

⑴　ネツを村から送り出す

ネツオクリはネツを自家の田から祓うと共に、村から追い出す行事である。それは村単位で行うことによる。大太鼓は村を一巡したが、多くの村で順路は決まっていた（才川七・竹内・荒木など）。太鼓の順路が村境に近い道を通ることは、外からネツが入ることを防ぎ祓う意味がある。また辻で太鼓を力いっぱい叩くのも同様である。重要な水路で上流へ向けて叩くのは、ネツが村へ入るのを防ぎ、下流へ向けて叩くのはネツを送る意味があった。ネツを祓った笹竹は村の下流から流す。また、ネツオクリの名称そのものが、ネツを送ることであり、村からネツを下流へ送ることである。ネツを祓う子供の唱え言葉は「オクルバイ」を先に二度続けて唱える村が多い。このことは、ネツを村の田の中で消滅させるのではなく、村から送り出すことを示している。それらのことから、ネツオクリはネツを村から送り出す行事であるといえる。

⑵　田の神の藁人形を作る村

藁の人形を作り、ネツの神に見立て、荒木・福光は田の神といい、刀利はネチのカンサマという。ネツを担いでもらい、流すことでネツが祓えたとした。藁人形は形代であろう。藁の人形と舟は加賀藩が千石以上の村だけに許可したとされ、福光農村部では荒木と福光町以外には作っていない。しかし城端でも農村や山村で昭和三十年代まで作っていた村があることから、かつてはもっと多くの村で作られていた可能性がある。刀利では離村までネチのカンサマを作っていたことは、隔絶した山村であり、古い習俗が伝えられていたのだろう。荒木・福光は加賀藩と交通の便がいい地である。福光の農村部では、許可された二カ村だけで作ったのだろう。刀利では荒木や福光と違い、舟ではなく藁の馬に乗せている。刀利のほとんどの家では農耕馬を飼育しており、馬は身近な運送手段であった。

⑶　笹で祓う田

笹でネツを祓うと、笹にネツが付いていき、田のネツが祓えたとした。刀利では離村まで自家のすべての田を、個々の家の子供が笹で祓う。そのため家の子供は兄弟姉妹総動員して我が家の田へ祓いに行く。才川七もほとんどの田を祓う。戦前の天神・戦後の竹内や現在の荒木などでは、村の大太鼓と子供は一緒にまわり、主なる道の田を祓い、特別に自家の田を祓うことはしない。簡略化したのだろう。昭和三十年代の刀利や、戦前の才川七は、自家のすべての田を祓うという本来の姿を伝えていた。

(4) 笹の短冊

笹の短冊は現在色紙であるが、色紙が手に入りにくい時代はおそらく白色であったと思える。『日本の民俗　富山』[9]によると、井波地域院瀬見ではネツオクリに、「竹に幣を付けて田の面を撫でる」と記してあり、白い紙である。院瀬見はネツオクリの中心ではないので、虫送りで使用する村もある幣束との関連も考慮すべきであるが、短冊は、おそらく白い紙が原型であったと思える。刀利では白紙に色をぬっていた。色紙の流通後、七夕飾りを模したものであろうか。短冊に字を書く村（竹内・才川七）が出て、町の七夕祭りへと発展していった。

(5) 大太鼓を叩くこと

太鼓は第一に、村人に何かを知らせるために叩く。才川七や竹内などでは火事や洪水などの災害の時に「早太鼓」で大太鼓を叩いて、村人に知らせた。才川七では、ネツオクリの大太鼓が鳴り出すと、村人はネツオクリが始まったことを知り、子供が自家の田を祓いに行く。つまり大太鼓はネツオクリを知らせるために叩く。第二にネツを祓うために叩く。大太鼓を叩く順路や、叩く場所が決まっていた。それは村からネツを祓うための要所であった。その叩き方は、独特の力強い叩き方であった。大きな音を出すことでネツを祓うとした（竹内）。第三に、叩くのは一種の楽しみであった。その叩き方の技量を称えることは、やがて昭和二十八年からの「ねつおくり祭り」の「太鼓打ちコンクール」へと発展していった。現在は村で太鼓を打てる人が減少し、団体で発表する場の「太鼓競演会」となっている。

(6) 共同会食

ほぼすべての村で、ネツオクリの前後に酒を含む共同会食をしていた。食材は季節の野菜や近くで捕獲した川魚などで、若い衆が中心となり料理している。小矢部川水系に多いドジョウを獲って食べる村が多い。竹内や荒木では、町の川魚屋で福光名物のドジョウの蒲焼にして食べるのは、町近であるからできる食文化である。この共同会食は直会であろう。

(7) ネチオクリ宿

刀利では共同会食の世話はネチオクリ宿が順番で行い、その費用は宿が負担していた。他村はほとんど宮で行い、負担は持ち出しであるが基本は村である。刀利はネチオクリ宿の他、神主宿、御講宿、若い衆報恩講の宿、お参りの宿など多くの宿があり、それぞれ一軒ずつ当番に回ってきており、いずれの宿も、飲食の負担を受け持った。宿をする習俗があり、その一つとしてネチオクリ宿があった。

(二) 福光地域が中心であること

ネツオクリは南砺地方でも福光地域が中心である。それは福光地域の田に、多くネツがついたためであろう。その原因は、福光地域には大きな河川である小矢部川が貫流していることと、南砺地方の中でも西南東が県境になる高い山に囲まれる山麓地帯で、特に湿気が高い地域であることによる。福光地域に加賀藩が田の神と舟を作ることを許可した村があったことは、ネツオクリを継続する意義にも繋がったのではなかろうか。

(三) 虫送りとの関係

県西部では虫送りに太鼓を打ち鳴らしているところが多い。砺波平野でも平野部では虫送りが多い。ネツも虫害も稲作の大敵である。どちらも太鼓を用いて村から病虫害を送り出す行事である。しかし、県西部の虫送りは太鼓や火で虫を追い出すよう村を回ったり、御幣を田に挿したりするが、笹も人形もなく、祓うこともしないし、川へ流すこともしない。ネツオクリは子供が田を笹で祓うが、大人の太鼓は後方である。どちらかといえば、笹で祓うことが主であり、太鼓を叩くのは従である。虫害の代表であるコンカムシ(ニカメイチュウ)が付くと、ネツと同様に稲が赤くなる。しかしコンカムシが発生するのは、六月であり、砺波平野の虫送りは六月が多い。農民は稲の害がネツか虫かは見て判別できる。ネツオクリをする七月下旬は稲熱病が付きやすい時期である。福光地域では虫害もあるが、ネツの被害がずっと大きかった。ネツが付いたので、何度もネツオクリをしていた村(荒木)もあった。福光地域のネツオクリは、あくまでもネツを祓うための行事であり、虫送りではない。ネツオクリは、虫送りとは個別の習俗である。

(四) 虫送り人形の間違い

最後に間違いを正したい。Wikipediaによると、国立民族学博物館には、富山県南砺市の一九七八年作の「虫送りの人形」を所蔵している。Wikipediaで見る限り、この人形は南砺市福光地域荒木のネツオクリの藁人形である。それは南砺市で一九七八年時に藁人形を作るのは荒木だけであること、二つの人形の上衣の紋が共に「荒」と「木」であることによる。そのため、この人形は虫送りの人形ではなく、ネツオクリの人形である。虫送りと間違えられるということは、それはまた、ネツオクリがあまりない習俗を示している。

おわりに

南砺地方では土用の三番にかかりやすいネツを、村の田から送り出すネツオクリを、昭和三十年代ごろまで各村一斉にしており、その中心は福光地域であった。奇習とされるのは全国で南砺地方だけの習俗とされるからだろう。各村により多少の差異があるが、刀利はネチのカンサマを作り、自家のすべての田を祓うなど、本来の習俗が伝えられていた。竹内では重要な川の水口から始まり、川下で終わるが、稲作における水の重要性が窺える。荒木では現在も毎年田の神と舟を作り、伝統が受け継がれていることは、貴重である。荒木でネツが発生した年に何回もネツオクリをしていたことは、ネツオクリへの祈願の強さが窺える。

近年は福光のネツオクリが、虫送りと混同されている場合もある。しかし福光地方のネツオクリは、あくまでもネツを祓う行事である。一方砺波平野ではネツオクリに虫送りもする村もある(七月二十四日　砺波市野村島)。福光地方のネツオクリと、近隣の虫送りとの関連は、これからの課題としたい。

二〇二〇年の現在、ネツオクリは農薬の普及、農業の兼業化、人口減少などで多くの村で簡略化、廃止されている。福光では、昭和二十七年の町村合併後、「ねつおくり祭り」として発展し、太鼓打ちコンクールや七夕飾りなどで観光化されていった。さらに平成十六年の南砺市に大合併後、「なんと福光　ねつおくり七夕まつり」となり、町内では七夕飾りや太鼓競演会で賑わう。その原型は笹の短冊であり、大太鼓である。

ネツオクリの変化の過程で、昭和三十年代までのネツオクリを記録することも必要と考える。

注

(1) 石崎直義「北陸に残る「虫送り」習俗考」『日本民俗学会報』三八、日本民俗学会　一九六五　一二頁
(2) 注1同掲稿。
(3) 富山県教育委員会『富山県の祭り・行事』二〇〇一　一〇九・一一〇頁
(4) 福光町『福光町史』下巻　一九七一　三三〇・三三一頁
(5) 富山県教育委員会『富山県民俗分布図』一九七七　五六頁
(6) 荒木クラブ『あらき』3　一九六九
(7) 城端町史編纂委員会『城端町史』一九五九　一三〇一・一三〇二頁
(8) 二ツ屋村史編集員会『土韻』二〇一五　一〇一頁
(9) 大田栄太郎『日本の民俗　富山』第一法規　一九七四　二五五頁

参考文献

福光町「奇習「ねつおくり」の話」広報ふくみつ　一九五六年七月
富山県『富山県史』民俗編　一九七三
吉江自治振興会『吉江の今と昔』一九七九
富山民俗文化研究グループ『とやま民俗文化誌』シー・エー・ピー　一九九八
福光町教育委員会『福光のしきたり』二〇〇四
福光商工会『福光商工会誌』二〇一二
西村忠『虫送り・熱送りとはなにか』自刊　二〇一三

（『とやま民俗の会』No.九四　二〇二〇年九月）

Ⅱ　南砺市福光地方の「ちょんがれ」について

はじめに

ちょんがれは、砺波地方の盆や秋祭りに宮や寺の境内で踊られた盆踊りであり、石川県河北・能登一円にまで広がっている。とりわけ南砺地方ではほとんどの村で、秋祭りの奉納踊りとしてちょんがれを踊ってきた（写真1・2・3）その始まりを、文明年間蓮如上人が巡錫された折に教化として始まったと伝えている人が多い。その真偽はともかく、そのことは真宗信者たちによって伝えられていることを意味しているのだろう。

ちょんがれについては、佐伯安一氏[1]や・伊藤曙覧氏[2]、五来重氏[3]などにより、すでに多くの研究がなされている。また近年、元一橋大学教授の吉川良和先生は、世界的な視野で南砺市のちょんがれ台本「目蓮尊者」を研究されている。また斉藤五郎平の『砺波の民謡　ちょんがれ集』上・中・下　はちょんがれの説明と台本の数の多さからも労作である[4]。

写真１　福光ちょんがれ
2013年8月16日　撮影　西村勝三

ちょんがれの唄い手は、音頭取りとちょんがれ語りに分けられる。ちょんがれは人が多く集まると音頭が始まった。音頭取りは男性で、高いよく通る、糸を手繰るような良い声だった。唄い手として格が高く、それだけ技量が要った。音頭取りが先の節を唄い、後で皆が唄ったといわれる。唄い手は踊りの輪で一緒に回りながら唄った。砺波市柳瀬などでは真ん中で唄うが[5]、踊りの輪で唄うのが古俗といわれる。唄い手の衣装は、縦莫蓙と菅笠を背にし、頭はスコタンカブリ（ほおかむり　盗人かむり）にして鼻の頭で結び、モモシキをはき、長着物を着て尻を端折り草鞋を履く。踊り手は「一装用《いちそうよ》」つまり準礼装、盛装を着ていく。子どもならアカイバ（晴れ着）、男は錦紗《きんしゃ》や羽二重などの着物などを着た。女は着物の盛装で、浴衣、絽、紗、合わせ、振袖などを着ておたいこをして着飾った。振袖は、花嫁が子どもが生まれるまで着てい

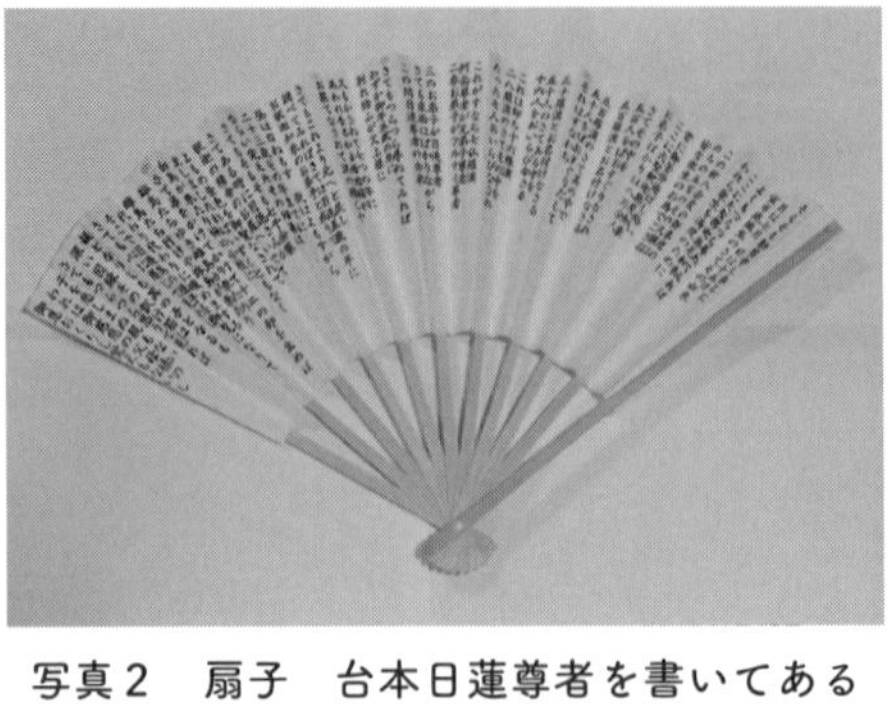

写真２　扇子　台本日蓮尊者を書いてある
中山友治蔵

写真３　踊り手　中山友治さん
（井口）

いことになっていた。最も大きなちょんがれ踊りであった五カ村（細木の宮　旧城端町山田村）は八月二十一日に踊られ、娘や花嫁が髪を桃割れ・島田に結ってかんざしを挿し、たぐりなどを巻き、それはゆらめくようなきらびやかさであったという。(6) 五カ村のちょんがれについては佐伯安一氏が詳説している。(7)

戦時中は中断したが戦後復活し、昭和三十年代まで踊られてきた。しかし昭和四十年代になると、ほとんど踊られなくなってきた。また、音頭取りできる人がいなくなった。

台本は砺波地方の各図書館などに所蔵されているが、南砺市中央図書館（旧福光図書館）には平成二十三年度で八四冊余りを所蔵しており、砺波地方でも群を抜いて多い。それは、福光地方がちょんがれの盛んな地であったことを示す。また、昭和五十二年『福光地方の民謡集』・平成十二年二月　井沢健四郎監修、西村勝三編集により『ちょんがれ選集』の台本も出版されている。昭和四十三年には「福光ちょんがれ保存会」（以後　保存会と略記）が結成され、平成十年には福光町の文化財にも指定されている。保存会では昭和四十年代後半に、八月十四日晩に南部小学校グラウンド、八月十六日の晩は福光町の宇佐八幡宮境内でちょんがれ盆踊り大会が行われていたこともあった。以後は宇佐八幡宮で行われている。また平成二十年から四月二十五日の蓮如上人御忌に合わせて、土山御坊跡（杉浦万兵衛屋敷跡）で行われている。保存会の名簿によると昭和四十三年発足当時会員数一七〇名であった。昭和四十七年度は一一三名（内女性三三名）であり、地区は福光町部と吉江地区で約半数を占めていた。女性会員もほとんどが同様で両地区が多かった。村部はほぼ男性会員であり、ほとんど唄い手であったと思われる。平成二十九年度会員は三〇名で女性会員が多い。

本稿ではどのようにちょんがれが踊られてきたかを中心に、戦前のことを山村の立野脇と農村の祖谷、昭和四十年代以後のことを保存会会員からの聞き取りを中心に紹介したい。

一、立野脇のちょんがれ

話者　嵐龍夫（一九二八年生　聞き取り　二〇〇九年十二月九日）

立野脇は小矢部川上流右岸の段丘崖に位置する最奥村で、かつては二〇軒の山村であった。上流には昭和三十年代までダムに沈んだ刀利村があった。全戸真宗大谷派門徒である。嵐龍夫氏は篤信の家に育ち、父市蔵氏（明治三十八年生）は、昭和四十年代保存会の会員であった。米寿の記念誌『自分史』には、ちょんがれの台本を記録している

立野脇は、盆にちょんがれだけを宮で踊った。夕方宮の境内の左右の大杉二本に縄を張り、提灯を一つ点ける。夕食を食べると集まり、三、四人から始まり、徐々に人が増えてくる。夜十時ごろが最高潮で、翌朝二時ごろまで続いた。真ん中に莚二枚ほど敷き、子どもや老人など見物客が座り、その回りを一、二重の輪になって踊り手が時計の反対方向に踊る。立野脇の場合、二〇軒で見物客は一〇人ほど、踊り手は二〇～三〇人である。踊りは簡単で誰でも踊れ、老人は手足を動かさずに、足さばきだけで回る人もいたが、それは賑わいのために踊るのであった。踊りの男ぶり、女ぶり、しなやかさ、上手さが見物客の楽しみであり、嫁選びの場にもなった。親から「チョンガレ踊るがに、アカイバしてやるぞ」といわれ、子ども心に大変嬉しく待ち遠しかった。

踊りは、踊り手と唄い手が一緒になって輪を回った。唄い手は酒を飲んで唄うので、時として下手に唄うと、踊りの輪が乱れた。また踊りにも波があり、中だるみや変わり目、真剣な時などがあった。

祖父の伊三郎氏（慶応元年生）は、「ちょんがれを踊ると、雨が降る。雨が降るということは、ちょんがれに真実味がある証であり、奇瑞である。そしてこの雨は井波別院の太子伝会の時の雨に通ずる」(8)とよく言った。つまり、雨といっても通り雨であるが、雨は降らそうと思っても降らせられないことであり、雨が降るということは奇瑞というわけである。これは「目蓮尊者」の話などに真実味がある証とされた。このようなちょんがれは本来盆踊りであったが、時として踊るムードが高まればいろんな席で踊った。それは祝事の、四十二（初老）の祝い・六十一（還暦）の祝い・元服（数え十八歳男子）の祝いや、よめどり（結婚式）、秋祭り、ニワカなどであり、祝いでは家の広間で踊られた。ニワカは祝事で余興や芝居をすることである。その一つとしてのチョンガレがあった。それほど庶民にゆきわたった踊りであった。

盛んに踊られたちょんがれは戦争前になると楽しむことが非国民とされ、されないようになった。戦後昭和二十三年ごろから復活したが、昭和三十年代で踊られなくなった。

二、祖谷のちょんがれ

話者　森田玉乃枝（一九一九年生　聞き取り　二〇〇五年六月三日）

祖谷は医王山麓に位置し、四〇数軒の農村である。かつてちょんがれは秋祭りに踊られ、毎年番付も付けられ、寺の長門の黒板に書いてあった。番付の上位の人は、次年度の音頭取りになった。他村、例えば近村の天神から音頭取りが来ると、その村から踊り手や見物客も来る。また天神でちょんがれがあると、祖谷からお礼に踊りに行く。そんな相互の関係があった。村では音頭取りに酒を飲んでもらい、手ぬぐいなどを祝儀にした。祖谷のちょんがれでは、四、五人が音頭取りになった。踊りは「男踊り」と「女踊り」があったが、本来「さかた」、「ほんまわり」、「はんまわり」は男踊りだった。また「栗ひろい」、「田植え」、「稲刈り」は女もしていい踊りだった。本来女踊りはおとなしい静かな踊りだった。しかし女も中年になると、男踊りもしていいことになっていた。ともかくどんな踊りでも足の数は一緒であり、手の振りがちがうだけであった。つまり一つの輪で男女違う振りの踊りをしていた。娘を選ぶ機会でもあり、化粧や踊り方、着物などを見物した。

本来秋祭りの八月三十一日に踊られたが、秋祭りの日時は何度も変更され、現在は十一月三日になった。盆にちょんがれが踊られるようになったのは、昭和になってからである。隣村の小坂の場合は、九月二日にちょんがれをした。それは豊作の年だけであり、凶作の年には無かった。また昭和十二年から戦争で無くなった。

三、福光ちょんがれ保存会会員のちょんがれ

話者　恒川弘子（一九三〇年生　小坂）南幸子（一九三七年生　元上刀利　現吉江中）　聞き取り　二〇一一年三月四日

ちょんがれは老若男女誰でも、長男次男も関係なく三、四歳ころから皆で踊った。昔はそれが祭りの一番の楽しみであり、「楽しみはちょんがれ一つ」とさえ思った。銘仙の浴衣などを拵えてもらい、各村の秋祭りに踊りに行った。例えば町から遊部、田中、荒木、和泉、大塚、五カ村など、どこへでも踊りに行った。かつて老人は、刀利谷からハヤヨミシャガル（早夜《はやよ》飯召し上がる　早く夕飯を食べる）をして山越えで五カ村へも行ったという。

踊り方は地域により微妙に違いもあった。「まつざか」は前唄で、人が集まるまで踊られた。「新保おどり」は昭和四十七年ごろ保存会として復活した。「さかた」が一般であり、どの地でも踊り

が合った。「はんまわり」は城端で踊られることが多かったが、やや難しく踊りの輪が崩れることがあった。「あねさま」は振袖や袂など袖がある時静かに手を合わせて拝むようにする、いわゆる「念仏踊り」と同じ格好をする踊りであるが、すたれていたのを復活した。これらの踊りはどんな踊り方でも手を叩く所は一緒であり、そこで全員の踊りが、合わされた。現在一つの輪はそれぞれの人が違う踊りをせず、皆同じ踊り方である。

踊りが変わる時は、長い段物の場合、唄い手が変わる時に踊りも変わった。また、本来は言えないことだが、長い踊りで飽きた頃、踊りの親方のような人が唄の途中に「本回り」というと、次の手を叩いた時から「本回り」になった。今は舞台で踊ることが多いから、同じ人が唄い、踊りも途中で変わることがない。

拍子木（写真4）は、踊りの中心で調子を整え、盛り上げる重要な役目を持っていた。かつては男性が持っていたが、近年は男性の踊り手が少なくなり女性も持つようになった。

写真４　拍子木
材は梅　中山友治作

かつては唄い手も踊りの輪に入って一緒に回ったから、自分の足で拍子を取りながら、唄った。今の唄い手は前に立ち、回らない。現在は唄い手も少なくなり、女性会員も唄い手になってきている。

四、関札（番付札）

ちょんがれの唄い手は長い文句を覚えこみ、二里、三里の道へも出かけて、美声を披露した。ちょんがれを開催した村では唄い手の撰びがあり、名前を記した「関札」（番付札）を関額（奉納額）に揚げ神社に奉納し、その名を讃えた(9)。関額は城端別院・井波別院・大西《おにし》の宮・五か村の宮、竹内の寺、福光新町の地蔵堂など各地に上がっていた。関札は右が音頭、左がちょんがれと区別してあり、音頭の方が位は上であった。かつてはもっとあったろうし、祖谷のように額には揚げないが黒板に書いて寺の山門に飾り、毎年書き直していた所も多かったと思える。また村の記録帳に書かれている所もある(10)。そんな中で関額が今も残されているのは希少である。ちょんがれは「千代無加礼」「千代加礼」「千代音加礼」「千音加礼」などと書かれているが、いずれも宛字である。

(1) 福光新町（写真５）

福光新町神明社の横にある地蔵堂の関額は正面に揚げられているが、近年再録され読みやすくなった。明治二〇年ごろから二十二、二十五、二十六、二十九、三十一、三十二、三十三、三十四、三十五、三十六、三十九、四十、四十一年までの音頭とちょんがれ語り一四名ずつ揚げられている。記載は年号と村名、名前であり、苗字は記載されていない。当時は村名と名前

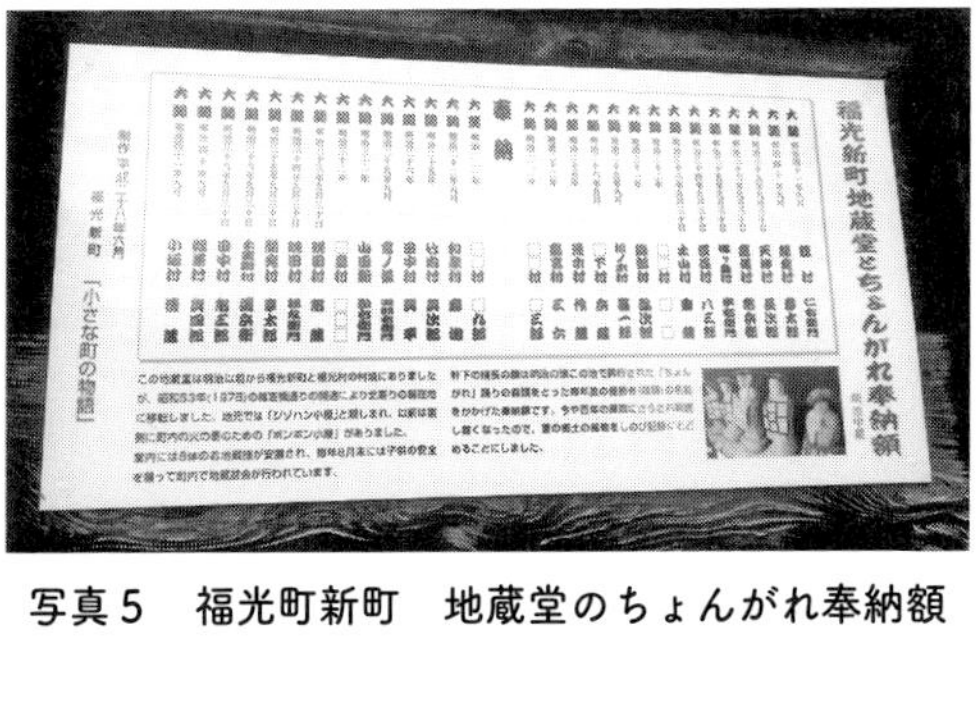

写真５　福光町新町　地蔵堂のちょんがれ奉納額

だけで通じたのだろう。揚げられた人の多くは福光地域であるが、晩田・高儀（福野）や蓑谷（城端）もある。

(2)　竹内

竹内の関額は平成三年（一九九一）八月の宮修復時に破棄された。当時、札の字はほとんど読めなくなっていたが、名前は大正時代までであった。平成になると、ちょんがれのことが忘れ去られようとしていたためだろう（宮森八郎　一九四〇年生　聞き取り二〇一七年七月）。

(3)　大西

大西の宮には正面に「奉納　音頭撰奉納　千代無加礼撰」が揚がっている。向って右に音頭、左に千代無加礼が揚がっている。音頭は明治三十四年、大正二、五、九、十一、十三年、昭和八、二十二年計一二名で、ほとんど福光在である。関札には一枚に一名ずつ書かれているが、明治三十四、大正二、十一、昭和八年は二名ずつである。千代無加礼もほとんど福光在であるが、城端在二名が揚げられている（北野・打尾）。音頭と同年に加え、昭和二十二年以降不明が一年の記載であるが、一年に二名ずつで、計十八名である。名前は新町地蔵堂と同様に村名と名前だけで苗字は書かれていない。

写真６　城端別院の関額

(4)　城端別院善徳寺（写真６）

城端別院善徳寺には対面所の外側の壁に、「城端別院一心講　音頭　千代加礼　五十周年記念」昭和三十年再編の額が揚げられている。発起人は宮脇太三郎・田中竹次郎、高畠仁吉である。世話人は山本伊八郎、山畔長太郎、吉田重太郎である。音頭は二九列二名ずつ一列のみ一名で五七名、千代加礼三〇列二名ずつ六〇名である。音頭の地域は合併前の旧町名で城端一一名、福光二一名、井波三名、福野三名、砺波一二名、戸出四名、不明三名である。千代加礼は城端一五名、福光二三名、井口六名、井波四名、福野八名、砺波二名、石動一名、不明一名である。昭和三十年で五十周年であるから、明治三十九年以後の唄い手である。発起人の住所も太田、和泉、三合であり、世話人の住所は市野瀬、千福、開発（福光）であることからも、砺波一円からの唄い手の選びである。

(5)　井波別院瑞泉寺（写真７）

井波別院瑞泉寺にも「音頭　千音加礼古関撰　昭和二十八年再編」の額があげられている。音頭は昭和二年から昭和二十九年まで毎年一枚に二名ずつ揚げられており、城端六名、福光一五名、井口二名、井波四名、庄川二名、福野二名、砺波二〇名、戸出三名、中田一名、小矢部二名、射水一名、不明二名の計

写真７　井波別院の関額

六〇名である。千代加礼は昭和二年から三十一年まで毎年一枚に二名ずつ揚げられており、城端七名、福光一九名、井口四名、井波八名、庄川一名、福野八名、砺波七名、戸出一名、小矢部四名、不明一名の計六〇名である。

(6) 関札から分かること

これらの関札からは、福光の農村では豊作の年だけ踊りが立った村があったと伝えることから、新町地蔵堂からは明治中期、欠年は豊作でなかった年とも思われる。旧『福光町史』上巻によると、欠年は洪水や暴風雨など自然災害の年であり、ある程度符号する。大西の宮の関札からは大正年間の盛隆が伝わる。また踊りが立った年は、前述のように自然災害のない年である。音頭は二名が三回だが、千代無加礼は毎年二名であり、音頭の難しさ、格式の高さなどが分かる。昭和に入ると八年で休止し、戦争中は行われていない。二十二年に再興されるが、続かなかった。このころから村部のちょんがれが衰退しはじめたのだろう。また同時に盆踊りに炭坑節など、他の演目が入ってきたころとされる。それまではちょんがれだけである。また関札は額の全体の三割ほどがうめられているが、後は空欄である。額を作った明治二十二年当時は、もっと続くと思っていたのであろう。城端別院の関札からは、遠方戸出からも四名が揚がり、福光でも山間地臼中から揚がっている。いかに遠方からも行って唄を競っていたかが窺える。また、井波別院では毎年、戦争中も行われている。井波別院のような大きな寺院では、戦争も稲の稔りも関係なく、人々のちょんがれへの思いがあふれていたことを窺わせる。城端別院・井波別院の番号札からはちょんがれが盛んであった地域がある程度読み取れる。

おわりに

砺波地方の里や山で夢中になり、唄い踊られてきたちょんがれは、五カ村の八月二十一日を皮切りに約一カ月間、秋祭りにしてきた所が多い。それは盆なら一日であるが、各村へ多くの人が踊りに行きたいため秋祭りに行われたと言われている。しかし秋祭りであることや、踊る場所が、寺があっても宮が多いこと、豊年の年にだけ踊られた村があったというから、収穫感謝の気持ちもあったのではなかろうか。立野脇で、ちょんがれに雨が降ることを奇瑞としているのは、小池淳一氏の「清めの雨追加」[11]にも通ずると思う。

関札の栄誉については昭和五年の例だが[12]、荒木の宮でちょんがれの音頭取りをした　旧城端町林道の　中道某が宮に赤字の札を揚げられた。これは当時百円の祠堂に値すると讃えられたという(森田ふしい・一九一三年生・二〇〇五年二月三日)。

今では戦前の興隆を記憶している人さえ少なくなってきた。現在はちょんがれの姿も、唄い手や踊り方、はやしなども変化してきている。そんな中、福光ちょんがれ保存会は、城端千代音加礼保存会との交流が深まってきている。

福光ちょんがれ保存会は、平成十二年『ちょんがれ選集』を出版するなど保存にむけた活動をしてきた。また台本も西村勝三氏により、精力的に収集されている。昭和四十八年十二月には『「目蓮尊者」初段〜五段』を収録し、平成二十六年十一月にはCDに再録されている。この収録は歴代会長による戦前のちょんがれ興隆時代を伝える唄であること、唄い手が次々と唄を繋いでいく様子が聞き取れ、ちょんがれの説明文もあり、大変貴重な資料である。近年の吉川良和先生による研究で、南砺福光地方のちょんがれ「目蓮尊者」の台本が注目されている。

佐伯安一氏の長年収集されたちょんがれ資料一式は、遺志により、二〇一六年秋に全て南砺市中央図書館に寄贈された。今後さらにちょんがれの研究が進むことを望む。

注

(1) 佐伯安一「ちょんがれ節の保存」『福光町史』上巻　南砺市　二〇一一　砺波市史編纂委員会「民俗・芸能　盆踊りと歌」『砺波市史』資料Ⅰ民俗・社寺　砺波市　一九九六
(2) 伊藤曙覧『とやまの民俗芸能』北日本新聞出版部　一九七七　伊藤曙覧『越中の民俗宗教』岩田書院　二〇〇二
(3) 五来重『日本庶民生活史料集成』第一七巻　三一書房　一九七二
(4) 斉藤五郎平『砺波の民謡・ちょんがれ集』上・中・下　自刊　一九七一年四月
(5) 柳瀬村史編集委員会『柳瀬村史』柳瀬村史刊行委員会　二〇〇〇
(6) 野村玉枝「五箇村の千代語り踊り」『緑の集い』第十号　福野高等学校農業クラブ　一九六〇
(7) 注(1)同掲本　佐伯安一「ちょんがれ節の保存」
(8) 南砺地方の伝説に、瑞泉寺の太子伝会の七月二十五日午後、縄が池に棲む大蛇のオジョロサマ（お上臈様　特別に格の高い家の娘）がお参りになるという。寺へ参詣される時は雲に乗って行かれ、雨が降るといわれている。また下向されると座られた所が濡れているという。
(9) 中西誠治「秋季祭礼と奉納踊」記録綴　一九八六　複写　中山友治蔵
(10) 井口村史編纂委員会『井口村史』下巻　五八〇頁　井口村　一九九二
(11) 小池淳一「清めの雨追加」『西郊民俗』二五〇　西郊民俗談話会　二〇二〇年三月
(12)『荒木村史』によると大関・関脇・小結の三役を決めた。

参考文献

福光ちょんがれ保存会編『ちょんがれ選集』ちょんがれ保存会　二〇〇〇
文化財保護審議委員会・脇田栄次郎『福光地方の民謡集』福光町教育委員会　一九七七年三月
ちょんがれ盆踊り大会資料　福光ちょんがれ保存会　一九七二・一九七三
嵐市蔵『自分史』自刊　一九九四
宇野二郎『刀利谷史話』刀利谷郷友会　一九七八
前川正夫「お上臈さまのお太子伝詣り」『綽如上人紙芝居』二〇〇六
福光町史編纂委員会『福光町史』上巻　福光町　一九七一
井口村史編纂委員会『井口村史』上下巻　井口村　一九九五
城端町史編纂委員会『城端町史』城端町史編纂委員会　一九五九
荒木村史編纂委員会『荒木村史』南砺市荒木自治会　二〇一三
黒坂富治『富山県の民謡』北日本新聞社　一九七九
菊池武「越中チョンガレ節と其の周辺」『印度学仏教学研究』27－2　一九七九年三月

（『とやま民俗の会』No.八八　二〇一七年九月）

Ⅲ　南砺市（福光）天神社のバンボッツ石

——力士　渡辺太兵衛——

はじめに

どの地方にも多いことだが、福光地方には宮や地蔵堂の前・公民館の前の広場に盤持石が置かれている。これらの石はかつて村の若い衆が、力や技を競いあって担がれ楽しまれ、また一人前の男として認められた歴史を秘めている。盤持ちのことを、福光地方はバンボッツまたはバンブッツと呼び、漢字では「万物」や「万持」と書いた。これまで盤持ちについては、既に多くの論文がある。[1]

本稿では南砺市（福光）天神社に安置されているバンボッツ石を、曽祖父　渡辺太兵衛が担いだことについて、父　渡辺寛（一九一九年生）から聞いたことを基に誌す。

一　天神村のバンボッツ

南砺市（福光）天神は小矢部川左岸に位置し、福光町部に隣接する。昭和四十二年（一九六七）に区画整理するまでは、四十戸の農村集落であった。

村を横切る才川往来（県道）の村中央部には、昭和三十年代まで広場があり、昭和初期までバンボッツ場だった。そこに戦前までは、共同の風呂と荷車の小屋が建てられていた。当時は荷車さえ個人で所有できない時代だった。荷車は村に二カ所置いてあった。[2]

全戸農業を営んでいたが、田から家へ、家から道へと、米俵をはじめいろんな物資を背中に担いで運び、すべての作業を人力に頼った。村の共同作業もあり、人並みの力仕事ができることが必要だった。五斗俵担ぐと一人前の大人として仲間入りを認められ、賃金も一人前支給された。

バンボッツには、石バンボッツと米バンボッツがあった。石バンボッツは、バンボッツ場で明治末期まで行われていた。米バンボッツは昭和十年代まで行われていたが、昭和になると次第に宮で行われるようになった。そのうちに、個人の家で一月のワカイショボンンコ（若い衆報恩講）の時、入会の儀式として五斗俵を、仲間が手伝って肩にのせるだけの形式となった。担ぐと酒二升出したが、それも戦後無くなった。[3]

二　バンボッツ石

バンボッツ石は現在（二〇〇九年）天神社にあり、台座を作り三個保存されている。二十年余り前までは、バンボッツ石のいわれを記した案内板があったが、風化して撤去されてしまった。この石については「富山県砺波地方の『力石（盤持石）』」高島慎助・尾田武雄『北陸石仏の会研究紀要』第6号

写真１　天神社　台座のバンボッツ石
中央52貫　左38貫

（二〇〇三年）、『福光町の石碑』（福光あけぼの会二〇〇三年）、『福光町の石碑とその物語』（同会二〇〇四年）に記載されている。

向かって左より（写真1）

① 高さ七五cm・幅四一cm・厚さ三二cm

② 高さ九〇cm・幅三九cm・厚さ三二cm

③ 高さ七五cm・幅四〇cm・厚さ二七cmである。

重さは言い伝えによると、①三八貫（一四二・五kg）・②五二貫（一九五kg）である。

中央の一番大きな②の石には

力士　渡辺太平

湯浅々次郎

と、刻字されている（写真2）。

写真2　刻字した52貫のバンボツ石

これらの石は、近くを流れる小矢部川からひらってきた安山岩で、三個の石ともに、表面に自然の窪みがいくつかある。石のバンボツは難しかったから、このような特徴のある石で行われたと思われる。

小矢部川から少し離れた村（小山・舘等）の盤持石は、少し穴があるのもあるが、多くは普通の安山岩である。天神は川沿いの村であったから、良き石が伝えられていた。

三　力士　渡辺太兵衛

バンボツ石に刻字してある渡辺太平は、正しくは渡辺太兵衛である。

渡辺太兵衛（写真3）は、明治十五年（一八八二）に天神で生まれ、昭和三十六年（一九六一）数え年八〇歳で亡くなった（以後年齢は数え年で表記）。両親は農業をしながら、灰や肥料の商売を営んでいた。太兵衛は九人兄弟の長男として、幼い頃より両親を助け、日夜労働にあけくれた。母系の親類に大阪場所の相撲取りがいたが、力の強い家系だった。

二三歳の明治三十七年（一九〇四）、日露戦争に足かけ三年間従軍した。その時物資を背中に担いで、運んで行かなければない時があった。同町部出身で力の弱い兵士が、道の途中に倒れていて、

写真3　渡辺太兵衛（右座った姿）
日露戦争時満州で　23歳頃

「太兵衛、わしの分までもう一回運んでくれんか。」と頼むので、自分の分を運んだ後、もう一度その人の分まで運んだりもしたという。

㈠　米バンボツ

米俵の規格は明治三十六年（一九〇三）まで一俵が五斗であり、明治三十七年から四斗俵になった。[4] バンボツのためにわざわざ米俵を、四斗俵・五斗俵・六斗俵と編んで作った。

米バンボツでは二俵を縄で縛り、その縄を手にかけてカタンだ（肩にのせる）。それから片方をのばし、ポーズをとった。米バンボツは米俵があった冬に、よく行われた。

太兵衛は二〇代後半から三〇代にかけて、米バンボツで一石二斗（六斗俵二俵）をカタンだ。一石二斗は四八貫で一八〇kgだが、俵や縄の重さもあり約一九〇kgだった。

天神村で一石二斗カタンだのは、おそらく明治になってからの記録であろうが、渡辺喜一郎さん（諭吉さん父）の三人と、渡辺太兵衛と、湯浅浅次郎さん（清作さん父）の三人だけだった。いずれも明治から昭和三十年代まで生きた人である。隣村の小坂で、太兵衛と同年の、太兵衛より二〇歳ほど若い石屋の常本氏が一石三斗（二〇五kg）をカタぎ、福光近在で有名だった。

昭和に入ってからは、八斗カツいだ人が村での力士だった。

㈡　サシバンボツ（差し盤持ち）

サシバンボツとは、まず米俵を肩にカタンでから、両手で米俵をさし上げる（もち上げる）ことである。太兵衛は五斗五升（二二貫で風袋とも約八八kg）の米俵をサイた（もち上げた）。まずサシバンボツをする人は村に滅多にいないことで、するとしても三斗（約四九kg）か四斗（約六四kg）が多かった。五斗五升をサイたのは、当時村では太兵衛一人であった。

㈢　他所（他村）へのバンボツ

近くの村のバンボツ大会へ行くことが、ままあった。そんな時は

「他所から行く時は、よーおお（よく）在所（村）のもん（人）がしてしもてから、した。在所の人が米俵何回もやってはストーンと落とすもんやさかい、自分がするころには、手に持つ縄なんかグラグラになっとった。そんなやんにくい（やりにくい）がをカタンだ」。

太兵衛はそんな悪条件の中でも、一石二斗を何回もカタンだ。他所でする場合は、お礼に酒を二升置いてきた。

㈣　石バンボツ

米俵は貴重品であり、明治以前は石バンボツが多かったともいわれている。夏の暑い夜など夕涼みがてらに、若い衆が集まって行われた。当時は娯楽が少ないので、どれだけの石をカタンだかは、米俵よりやりにくい分、技の巧拙がずっと話題になった。

石バンボツは、米バンボツよりも危険がともなう。万一失敗して落とすと、足などに大けがをすることもある。また米俵と違い、石は硬くて扱いにくいし、縄もないので持ちにくい。米バンボツで重量をカタンでも、石バンボツでは二の足を踏む人が結構いた。力の強さだけでは持ち上げられなかった。

太兵衛は常々、石バンボツについて

「石はスベスベーしとるさかい、巧者でなけんにゃ、むやみやたらにでっきん。握力や頭を使わんなんことで、力だけでカタゲルもんでない」と言っていた。

持ち上げ方は米バンボツと似ているが、

① 膝を曲げてその上に石をのせる。

② 腹から胸へ一寸ズリ（ほんの少しずつ移動させること）で上げる。その時腰を切り、胸の方へ持ち上げるようにする。

③ 全身の力で少しずつ肩へ上げる。

④ 肩へ上げると右手で石をぎゅっと押さえ、左手を伸ばし、手のひらを真っ直ぐにして、決めのポーズを取る。

石バンボツの場合、力を入れすぎて石を持つと、はずみで後ろへ飛んでゆき、けがをする。その案配をみて一寸ズリで持ち上げるところに、工夫がいった。

太兵衛は二〇代から三〇代にかけて、五二貫の石を何度もカタンだ。明治三十年から四十年頃のことである。

また太兵衛はもうひとつの三八貫の石をカタンだ時、「肩んとこで、マワイ（回し）た」と言っていた。

湯浅浅次郎さんも、五二貫の石をカタンだ。

(五) 石の刻字

バンボツ石は昭和に入ってからか、宮の境内に置かれていた。石バンボツは明治時代で終わり、渡辺太兵衛と湯浅浅次郎さんの二人がカタンだ以降、村では五二貫の石をカタゲる人は出なかった。

昭和三十一年（一九五六）天神社を新築した際、石屋が仕事に来ていた。太兵衛が実際に五二貫の石をカタンだのを、自分の目で見て確認していた人々が、「こんな石をカタゲれるきっつい（強い）力士、後にも先にもこっから（これから）出んじゃ」と刻字することを提案した。そこで石屋が二人の名前を刻字することになった。

太兵衛は七五歳だったが、生きている間に刻字してもらい、大変に喜び感謝した。

(六) 太兵衛の年齢と力

太兵衛は二〇歳で一石（五斗俵二俵で風袋とも一六〇kg）カタンだ。盛りの時は一石二斗（約一九〇kg）カタンだ。五五歳の時（昭和十一年・一九三六）、若い衆がバンボツしているのを見て自分もしてみたくなり、バンボツにいどんだ。この時の気迫を、見ていた近所の渡辺栄松さん（久さん父）が、

「タイサ（屋号）のおやっさん、もしかしたら上がるかもしれんじゃ」と言った。八斗俵（四斗俵二つで風袋とも約一三〇kg）カタんだ。六五歳（昭和二十一年）でも四斗俵（約六五kg）が肩に上がった。

(七) 太兵衛の仕事

太兵衛は明治末から昭和十年代の商売が統制になるまで、主に米や雑穀を商っていた。近くの農家からはもちろん、二里以上離れた農家からも、四斗俵二俵ずつ縄にかけて背中に担ぎ、荷車を置いた道まで出した。当時の荷車の車輪はゴムのタイヤではなく、引きにくい木の枠に金の輪をはめ込んであった、いわゆるガチャ車だった。米や炭、薪など約一五〇貫荷車につけて、砂利道を家まで運んだ。家では米俵を倉庫にしまう時、肩に担ぎはしごを十数段登った。片手ではしごを掴み、片手で一俵（六五kg）を担ぐ

が、登る時横の米俵とふれるので、米俵を立てて登っていった（タテカツギという）。家で働いていた近所の蔵男（蔵で働く男性）も、すべてこの様にして運んだ。

㈧ 太兵衛の身体つき

日常的に力仕事をしていたが、何でも荷を腹にかけて（一旦置いては）、持ち上げたり運んだりしているので、特に腹筋は固く、筋肉が波打つように盛り上がって発達していた。

大正十三年（一九二四）四三歳の時の記録によると、身長五尺二寸（一五六㎝）体重一五貫五〇〇匁（五八・二㎏）胸囲二尺八寸四分（八六㎝）だった。当時の人に多い、いわゆる逆三角形のずんぐりした身体つきだった。

昭和二十五年（一九五〇）七〇歳の時病気になり、高岡の病院で診察してもらうと、レントゲンと触診で胃の部分が固くなっているから、胃ガンと言われた。ショックを受けたが、それからも胃の症状はなく、再度金沢の大学病院で診察してもらった。胃ガンではなく、普通の人以上に腹筋が発達していて、胃の部分が固くなっているだけだと言われ、全く別の病気だった。

おわりに

曽祖父は、石バンボツをしていたころの、最後の人である。小柄だけどがっしりした身体で、酒を好みよく民謡を歌っていた。あのころの人はみんな曽祖父のように、バンボツをして力を試し、楽しんだのである。

天神村のバンボツについては、天神在住の渡辺八郎氏（一九一九年生）から多々ご教示を頂いた。深く御礼を申し上げます。

注

（1）佐伯安一「砺波地方のバンブチ」『富山民俗の会』三七号　一九八八

（2）・（3）渡辺八郎氏のご教示による

（4）川辺弥三郎『富山県米穀史考』富山県農産振興会　一九五四

参考文献

才川七郷土史編集委員会『福光町「才川七郷土史」』才川七村方　一九九七

（『北陸石仏の会研究紀要』第八号　二〇〇五年十二月）

Ⅳ　カクセツ（会食）と特殊川漁

――才川七石坂の場合――

はじめに

カクセツとは、みんなで材料を持ち寄り料理して会食する仲間内の慰安会である。旧福光町の農村・山村では川魚を捕った山野の鳥獣を捕獲した時や、小矢部川沿いの村では川魚を捕ってカクセツを行っていた村があった。ソバ粉を持ち寄りソバをうつ村や、もち米を持ち寄り餅を搗く村などがあり、決まった規則もなく、ドブロクを飲み、唄いにぎやかにすごす楽しいひと時だった。カクセツは、戦前まで晩秋や冬の一息つく時間があるとき行われていた村が多いが、戦後暫時行われなくなった。

本稿では昭和十五年ごろの才川七石坂のカクセツを、堀与治氏（昭和三年生　数え八九歳　以後聞き取り時の数え年表記）から平成二十八年一月十六日に聞き取りしたことを基に記録する。

一　才川七石坂

才川七は小矢部川左岸に位置し、南砺市福光地域の町部から約五㎞南の旧西太美村の中心である。元和五年（一六一九）利波郡家高ノ新帳では石坂村であるが、後に才川七の垣内となった。石坂は小矢部川沿いの村であり、戦前は九軒ほど、現在一一軒である。戦前はカクセツといって、十一月から十二月にかけて共同で小矢部川の川魚を捕り、料理して一年の労をねぎらう慰安の会食をしていた。カクセツは小矢部川の浅瀬にいるザッコ（雑魚　小魚）を捕って行なっていたため、「ザッコ捕ろまいか」が合言葉だった。この漁法を「ザッコトリ」とする。

二　漁法

石坂の人たちは小矢部川沿いであるため、川の形状と川魚との習性を熟知していた。その知識を巧みに生かし浅瀬の流れを堰き止め、その川下の小魚を捕る特殊な川漁をした（図1）。小矢部川は川の中で瀬と淵になって流れているが、左岸の石坂側は川が蛇行し瀬が広がっている。石坂の瀬は、川の主流から堤防の土手までは緩やかな石の川原で、石の下には稚魚がたくさん潜んでいた。

行なった場所は村近くの土手の下から、下流の太美橋までの川原で、約二五～三〇m、巾は一五～二〇mである（写真1）。持参するのは、竹《たけ》箕《み》(1)・江ザライ鍬・古い筵・ブッタイである（写真2）。ザッコ捕りは「親方」の指示のもとに行なう。

⑴　ドンドバキを作る。

浅瀬の下流の真ん中に水が落ちるドンドバ

写真1　川漁の場所

キというやや深い水溜りを作る。広さは約四〇×四〇㎝で、そこにブッタイを当てる。ブッタイはクチを少しすぼめて設置した。ブッタイの横にザッコを入れるバケツを置く。

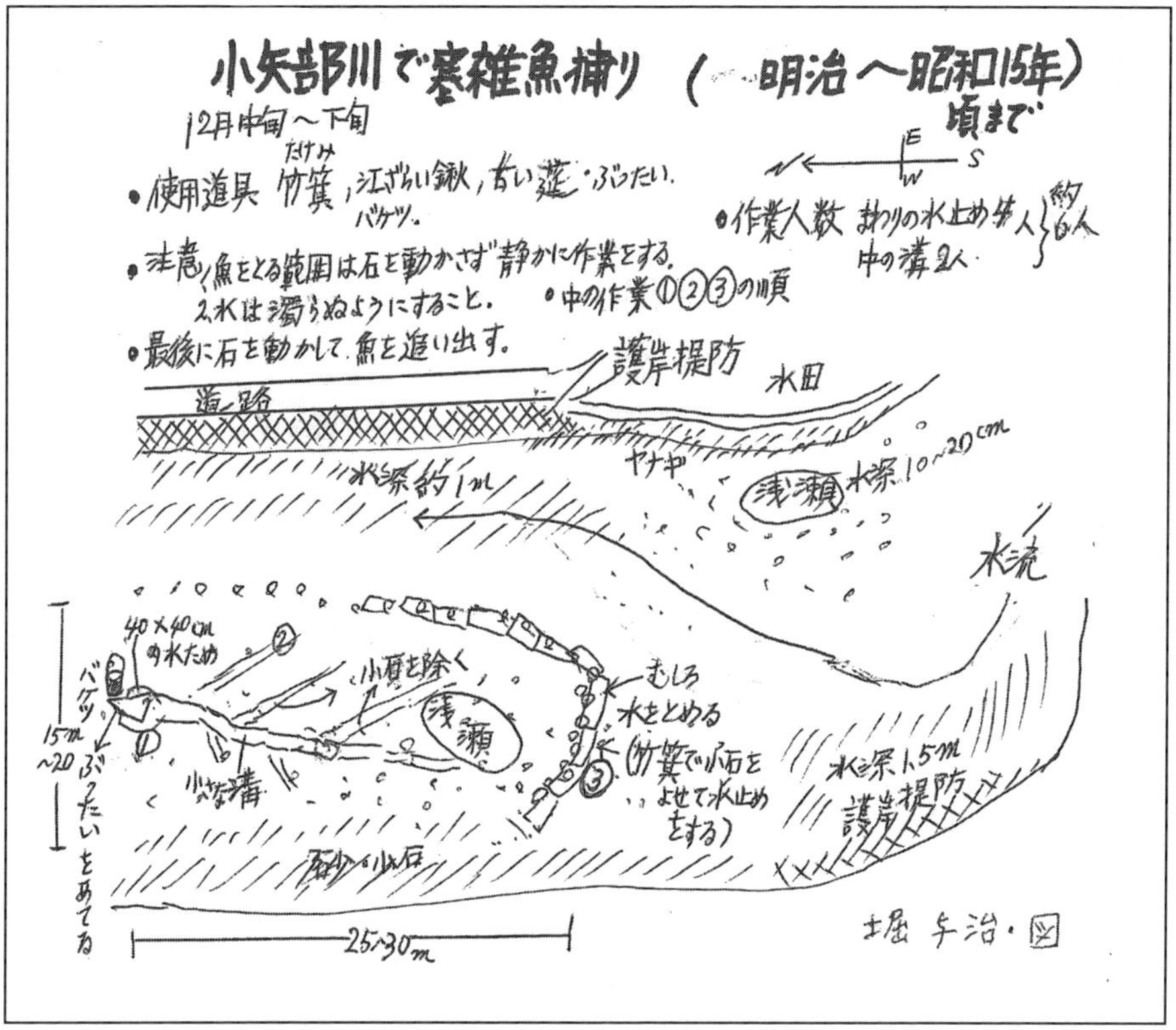

図１　才川七石坂の特殊川漁　　堀与治 作図

⑵　**小さな溝を作る。**

川原内の真ん中に小さな溝を作り、その溝に向かって左右にも枝状に溝を作る。

⑶　**川を堰きとめる。**

上流側の川原に堰きを作るため、やや主流側を長く逆U字形に莚を一列に並べ、その上に石を置き、川原内の緩やかな水の流れをせき止める。石は離れた所から竹箕ですくい、持ってくる。小学六年生ほどになると男児は石を運ぶ手伝いをする。

これらの作業時に注意することは、魚をとる浅瀬の範囲は石を動かさず静かに作業すること。水は濁らぬようにすることである。これらは魚を驚かさないようにするためであり、話す言葉さえ小さな声で話す。魚は驚くと下流へ逃げてしまうからである。そのため、漁の手順は先ずドンドバキを作りブッタイをあてることからであった。

写真２　ブッタイ（右）とエザライ鍬

(4) **石を動かして、魚を追い出す。**

川原の中の魚はほとんどドンドバキへ流れていったが、中には大きな石など水溜りが残っていてまだ魚がいることがある。そのため漁をしている範囲の石を、一つ一つ動かすと魚は溝に沿い泳いでドンドバキへと流れていく。

(5) **魚を獲る**

大きな魚は本流にいるが、小魚はよどみの石の下に潜んでいる。川漁をする範囲の川原にいた小魚は、上流の水が堰きとめられると下流へ泳ごうとする。その時溝が作られていると、小魚は流れるように溝の中を泳ぎ、そのままドンドバキへ行く。ドンドバキでは溝の出口にブッタイをあてておくと、何もしなくても自然に次々と小魚が入ってくる。子どもはドンドバキ付近にいる場合が多く、魚がブッタイから飛び跳ね出ると、中に入れた。小魚は約五升捕れ、バケツ二、三杯になった。バケツの中は魚がピチピチ跳ねており、手を入れると何ともいえない喜びがあった。

これらの作業は、各家から成人男性が一人ずつほど出て、午後二時ごろから四時半ごろまで行われた。作業の割り当てはまわりの水止めが四人・中の溝作りが二人ほどであった。また、漁が終わると莚を取り除いて川岸に置き、莚が流れて下流の用水取り入れ口などにはまるのを防いだ。石の溝などはそのままにした。春先の大水で元に戻るからである。

(6) **特殊川漁**

漁法には海、川ともに多くの研究がなされているが、川ではほとんどが本流で成魚を捕る漁法である。石坂のカクセツのような、浅瀬でしかも小魚を捕る漁法の記録は見当たらない。水量のある浅瀬をさえぎってする漁もまれにはあるが[2]、石坂の浅瀬はごく浅い流れであり、しかもブッタイを設置するだけで、他の投網など漁具を使用しない。川原の自然状況と魚の習性を知り尽くし、手間をかけずに自然にとる特殊川漁である。

また、この川漁は地元でも石坂以外にない。それは、第一に、小矢部川でも石坂のような少し流れがある石の浅瀬で漁ができる広さの川原がないこと、第二に、上流は川の勢いが強すぎ、瀬に穏やかな流れがないこと、第三に、下流は流れが穏やかになり、瀬には土がたまっていること、第四に、川原に適宜な浅瀬があっても、川の中央部であることなどである。そのため、福光町部から上流で石坂のような好条件の浅瀬はない。このように石坂のザッコ捕りは、その地の自然を巧みに生かした特殊な川漁だった。

三　調理と魚の種類

とれたザッコは堀家の背戸に湧いている清水へ持っていった。バケツに清水を入れ、カエルやゴミを取り除きながら洗った。一般に小川にいる川魚は泥を飲んでおり、一、二日間吐かす時間がいる。しかし小矢部川にいる魚は清流なので、泥を吐かせなくてもすぐに食べることができた。

家のマエバ（前庭）で三本の木の上を縛って「木の又」（ミツマタ）を作り、紐を下げて下に古いカネ（金属）で作ったカンコ（鍵）を吊るす。小魚は五升鍋に入れ、魚すりきれに水を入れる。木の又のカンコに鍋を掛け、醤油・味噌で味付けし蓋をして、三〇～四〇分ほど強火で炊く。鍋の魚は蓋に飛び跳ねるがそのうちに静かになってくると食べられる。炊いている時はヒーフキタケで吹いたり、うちわであおいだ。おいしいにおいが漂ってきた。

魚はいろんな種類がいた。浅瀬にいる魚なので小魚が多く、骨も内臓も丸ごと食べた。五升鍋が空になるまで食べた。魚の種類は次の通りである。

・カワドジョウ（シマドジョウ　ドジョウ科）　一番多くいて、一番美味しかった。小矢部川本流に多く生息し、田沼の小川には少なかった。反対に蒲焼にするドジョウは本流に少なかった。

・キリン・別名アカザス（アカザ　ギギ科）　背も腹も赤いのでついた方言名である。多くいたが、ヒゲに刺されると手が切れるので気をつけてすくった。身は柔らかいが骨はドジョウより固かった。

・ゴッツン（カジカ・ヨシノボリ類の総称　クモハゼ科）　大も小もいた。胸から下は食べやすいが、頭は大きいのでやや骨が固く、子どもには食べにくいが大人は噛み潰した。金沢ではゴリの佃煮で有名であり、福光町部では素麺のダシ取りに使ったほど多くいた。後に農薬で一番先にいなくなった。

・バイクソ（タカハヤ・アブラハヤの総称　コイ科）　夏は身がぐにゃりしているが、冬は締まっていて美味しかった。

・スナクズリ（別名　スナクジリ　スナヤツメ　ヤツメウナギ科）とヤツメウナギ（カワヤツメ　ヤツメウナギ科）　スナクズリは砂をくじっているので名がついた。

うなぎ類はおいしい。噛むとプッツリと歯ごたえがあり、それがおいしかった。スナクズリは一二～一五㎝ほどで、長くても切らずそのまま煮た。背は黒く腹は白く、あたかも蛇に似ていたが、女の子も気持ち悪がらず食べた。

・ウゴイ（ウグイ　コイ科）　小さいのもいた。大きなのは本流である。

・フナ（ギンブナ　コイ科）　少しいたが川の土手付近に多く、ザッコ捕りを仕掛けると、真っ先に出て行き、ブッタイにはむしろ少なかった。

四　会食

村中の老若男女が集まる。一家に一人以上来るが、五人くらい来た家もあり、全く自由である。約二五人余りの人がヤド（当番）の家に集まった。ヤドは五升鍋を持っている家でないとできないので、三軒ほどが順番にヤドをした。

ここでは堀与治家のカクセツについて述べる。ザッコが煮えると鍋を二人で持ち、家の広間に持ってくる。灯りは裸電球一つと囲炉裏の火である。当時広間は莚の上に茣蓙を敷いていたが、カクセツには汚れ防止に茣蓙を取った。莚の上に長さ六尺、幅一尺ほどの板ゴゼンを敷く。板ゴゼンは掘家にも五、六枚あったが、近所からも持ち寄る。板ゴゼンに向き合い、男は男どうし、女は女どうし座わる。板ゴゼンに直に、ヤクメシ（おにぎり）と皿を置く。それが一人前の膳である。また各家から酒や大根などの煮物、ヤクメシ、菓子など、あるもの何でも持ち寄った。村方の世話人やヤドは酒を出した。

それから、手当たり次第に食べあった。決まりは何もなかった。あいさつもなし、無礼講で自由に食べ、酒を飲み、語り、笑い、唄い、楽しい時をすごした。板杓子で皿に魚を「盛り山」によそい、腹や骨もすべて食べあった。ヤクメシは手で食べ、魚も手で摘まんで食べていた人が多かった。大声でめちゃくちゃな唄を唄う声、魚を「食べー、食べー」という女性の勧める声、酒に酔い隣の部屋（畳の座敷）で寝る人などにぎやかで、その雰囲気が何とも言えず、親和的でいいものであった。宴会は夜の八時過ぎまで続いた。ヤドの時、堀先生の母親は赤飯を蒸しヤクメシを作り、酒の癇をしていた。

女性は男性より一足先に帰宅した。帰る時、ヤドの家には「あーあ、キャー（今日は）ゴゾサ（ごっつぉさま）やった」と挨拶した。次の日に近くの女性が片付けや皿洗いの手伝いにきた。

五　石坂のカクセツと、話者堀与治先生

「ザッコトリ」は石坂のカクセツの別名で、寒い時期なので「カンザッコ（寒雑魚）トリ」ともいった。その時期になると、男性は「いつザッコとるか」と相談していたという。ザッコ捕りにも指示をする親方の存在があった。また、夏より寒いときが魚の動きが鈍いこともある。カクセツには各家が有るものを持ち寄り出しあった。それは格別な楽しみであったという。

子供のころから野山を知り尽くした自然解説員の堀先生が、子供のころ最も楽しい思い出はカクセツであったという（写真3）。男の子はおもしろいので「カクセツいつやるがけ。いつするがけ。」とよく聞いていたと言う。

ここに堀先生の小学五年生（昭和十三年）の作文がある。

寒ざっことり　　堀　與治

学校から帰ったら父が「今日は小矢部の川でざっことりするさかい、おまえも用意せんにゃ」といった。いそいで、えざらいぐわもって川へ走った。父もとなりの父さんも、ひつびたぐつ[3]はいて、もう川を石とむしろで止めていた。僕は、ぶったいのところで番をしていた。

シマドジョウ、キリン、ウグイの小さいのと、ゴッツンが飛びこんできた。スナクジリとウグイは死んだようにひっくり返ったので、バケツの中へ入れてやった。ぶったいに三十匹ぐらいになりバケツに入れたら、シマドジョウが何匹もひっくり返った。『弱いなあ』と思った。今ばんはかくせつだから、母は赤飯をするだろう。それを食べるのが楽しみだ。

担任の評

かくせつとは何か。作文を続けて書くとよい。

いかにもカクセツの心躍る気持ちがあらわれている。

写真３　堀与治先生

石坂のカクセツのその後

昭和十二年日中戦争が始まり、太平洋戦争へと進んで男は戦地へ招集され、男手がなくなっていった。また、酒を飲み騒ぐのは贅沢行事で非国民だというので中止となり、なくなっていった。石坂のカクセツは昭和十五年ごろで終わった。

戦後昭和二十年代に寒ザッコだけ捕って分けることもあったが、それも昭和二十七、八年ごろまでである。そのうちに農薬が普及すると、ザッコはたちまちいなくなった。長い年月楽しんだカクセツも、ついに行われなくなってしまった。

六　他地域のカクセツ

カクセツは福光地域の農村・山村で、村単位で広く行われていた楽しみの会である。幾つかのカクセツを記す。これらの村は中世からの古村である。

㈠　小二又（旧西太美村）

話者　谷川喜一　昭和五年（一九三〇）生
聞き取り　二〇一六年一月十七日　八七歳

小二又は、才川七を流れる小矢部川支流の大谷川上流に位置する約一二軒の村である。カクセツは皆が冬など暇がある時に、「カクセツしょまいか」といって、家にあるものを持ち寄り作り皆で食べあい楽しむ会である。年に何回するかとか、何を食べるか決まりはない。持ち寄るものも決まりはない。ソバでも大根でも何でもありふれた物であり、特別な物でも、買ってきた物でもない。何か手に入った物、例えばウサギが捕れた時などに、兎をツイコ(ついで）にして食べあった。ウサギの場合は一月中旬から二月いっぱいの間で、七、八人が共同で捕った。カクセツは小二又の村の単位で行なわれ、ウサギ捕りに行かなかった人も村人なら行けた。主として成人男性が構成員で、子どもは酒席なので行かなかった。料理も男性が全部作った。戦前までしていたが、戦後は行われなくなった。昔は多くの村でしていた。

㈡　舘（旧広瀬舘村）

話者　加藤正一　昭和二年（一九二七）生
聞き取り　二〇一六年一月十七日　九〇歳

舘は医王山麓の約四八軒の村である。冬の暇な時間に「おい、カクセツやろまいか」といいあい、若い衆が皆でありあわせの物を出し合い、御馳走を食べて飲み楽しむ会である。たいていは山でウサギを捕りゴボウなどで煮て酒を飲んだ。若い衆が主体なので、老人や子どもは行かなかった。冬の間山仕事に行くまでに一息入れる会で、「また明日から頑張ろマイカ（頑張ろうよ）」という意味合いであった。年に一、二回行われていたが、昭和三十年代初めまでのことである。昔は近くのどの村でも行われていた。

㈢　立野脇（旧太美山村）

話者　嵐龍夫　昭和三年（一九二八）生
聞き取り　二〇〇七年五月三十日　八〇歳

立野脇は現在小矢部川最上流の山村で、戦前は約二〇軒であった。嵐さんは祖父伊三郎（慶応元年―昭和三十年）さんのカクセツを聞いていた。カクセツは明治以前から行われていたという。

・明治時代のカクセツは一年に一回、野山の仕事が一段落した時、晩秋に立野脇で一番高い山のタカツブリへ登り、餅を食べた。カクセツは一軒に一、二人集まり二十人余りで五臼の餅を食べた。酒を五合ずつ出し合うということは、何でも平均割で出し合うという代名詞であり、皆で食べ合い楽しむ会だった。タカツブリへ行くのは明治時代で終わった。

・ヤミ汁

大正時代になるとカクセツの一種であるヤミ汁があった。蝋燭一本で暗闇の中をブッタイで小矢部川をさらえ、捕れた魚をすべて味噌煮する。主にドジョウなどの魚だが、中にはカエルやイモリなどもいた。しかし、ヤミ汁はおわんによそわれた物をすべて食べることになっていた。何が入っているか分からず、ややふざけ半分に楽しんだ。ヤミ汁も大正時代で終わった。

昭和三十年代まで、村でウサギボイ（ウサギ捕り）をして食べたが、カクセツとはいわなかった。

㈣　小山（旧広瀬村）

話者　中田義治　大正十年（一九二一）生
聞き取り　二〇一六年二月十八日　九六歳

小山は福光町部に隣接する旧広瀬村の四十数軒の農村である。カクセツは仲間同士が、あり合わせの品物を持ち寄り食べる会である。例えば二月ごろ、ワカイシュ（若い衆）が「寄ったないか。ウサギボイ（捕り）しょまいか」といってウサギを捕って食べた。朝の八時ころから山に行き、二、三羽捕れると、「こで、おこまいか（これで終わりにしようよ）」といった。昼からウサギの皮を剝き、鍋にネブカを入れて汁にした。剝いた皮は欲しい人がもらっていった。酒を飲みながらウサギ汁を食べるのが楽しみだった。女性は料理を手伝い、後からウサギ汁を分けてもらい食べた。

また、暮には作った麦粉を持ち寄り、うどんを作って食べた。カクセツの構成員はウサギボイなら、捕ってきた人でする。また村中の人が集まって食べたのもある。また、近村の友人を呼び合い食べあうカクセツもあった。カクセツは特別の決まりはないが、年に三回ほど行われた。

カクセツは戦前まで行なわれていた。戦後もウサギボイは昭和三十年代まで青年団として行なっていたが、カクセツとはいわなくなった。また現在は青年団も無くなった。

㈤　県内のカクセツ

県内には旧福光町・小矢部市・高岡市戸出などにカクセツの言葉があり、ウサギや鶏などをツブシ（殺し）食べあう会であった。また滑川はお講をする時、集める米を入れる枡をカクセツという。つまりお講で米を出し合う共同飲食をカクセツといい、その器の枡に名が残ったと思える。

またカクセツとは言わないが、旧福光町の村部ではネツオクリの後、川でドジョウをひき、皆で食べあう会が催されていた。川魚を捕ってのムラ単位の共同会食としては、カクセツと似ている。

㈥　全国のカクセツ

カクセツは『綜合日本民俗語彙』によると「出し合いの共同会食」で、足利期の日記に「各出」として記されている古くからの言葉である。新潟県以西、福井県あたりまでの日本海側と、愛知県、京都府に例があるという。九州ではヒカリ、ヒアイ、ハギ、和歌山デハメオイともいう。おそらくは全国に似た風習があったと思われる。その共通することは出し合いの共同飲食であり、男性は男子青年、女性は主婦組、娘組、下女組、子安講などがあるが、構成員があるていど決まっていた。

隣県石川県では「北國新聞」の読者投稿欄地鳴りに何度かカクセツが出ている。(4) それによると、かつて農村地帯にカクセツという慰安の食事会があり、一息つく季節に、グループごとに集まり、持ち寄り食べ楽しんだという。

つまりカクセツは構成員ごとの持ち寄りの会食であった。

おわりに

かつては全国各地でそれぞれが仲間内で持ち寄り、カクセツを楽しんでいた。

戦前は福光の村でも山野から捕獲したものを主として持ち寄り広くカクセツが行なわれていた。その中で才川七石坂のカクセツは、戸数が比較的少ない村であったためか、構成員は老若男女を問わず村民全員であった。そのため子ども期から老人になるまで、長い年月カクセツを楽しんだ。近村は構成員が青年男子である場合が多く、女性は手伝いであり、構成員ではない。

また食するのは近くの小矢部川からの小魚であり、漁法は川原の自然状況と魚の習性を利用し、自然に小魚を捕る特殊川漁である。この川漁だから小魚が捕れるのではなく、小魚を捕るためにこの川漁が行なわれたという。それは小魚が食べやすいからである。年に一度だけ行ったが、毎年豊かな小魚が捕れた。それはどんなにか楽しいひと時であったろうか。

石坂はそのような漁をする地形に恵まれ、自然に対する知恵を持った村人が多かった土地である。現在の石坂は、農薬や基盤整備、昭和四十二年完成の刀利ダムなど自然状況の変化で小魚はずいぶん少なくなっている。石坂のカクセツがよみがえることを願う人々は多い。

注

（1）竹製の箕。ミッカイともいう。

（2）似た川漁としては、長野県などの川干《かわぼし》漁法や、東京都の瀬付漁法などがある。これらの漁法は投網などの漁具を使用する。また自然条件の生かし方やとり方、魚種などに違いがある。

（3）「ひつびた」とは尻のこと。「ひつびたぐつ」は尻までとどく長い長靴

（4）北國新聞の地鳴り欄には、二〇〇五年一月二〇日・一月二十四日・二〇〇九年一月二十六日・二月二日・二月十日などにカクセツの記事がある。

参考文献

『福光町　才川七郷土史』　才川七郷土史編集委員会　一九九七

『福光町史』上巻　南砺市　二〇一一

『医王は語る』　福光町　一九九五

佐伯安一『砺波民俗語彙』　国書刊行会　一九七六

金本登『ふくみつ地方の暮らしに生きる「方言・ことわざ集」』自刊　一九九九

蓑島良二『日本のまんなか富山弁』　北日本新聞社　二〇〇一

『日本民俗大事典』上　吉川弘文館　一九九九

『綜合日本民俗語彙』　民俗学研究所編　平凡社　一九五五

郷田洋文「交際と贈答」『日本民俗学大系』平凡社　一九五九

『内水面漁具・漁法図説』　水産庁　一九九六

最上孝敬『原始漁法の民俗』　岩崎美術社　一九六七

（『とやま民俗』No.八六　二〇一六年九月）

七章　昭和初期の小矢部市西中

西中は、江戸期砺波郡若林郷の村である。明治二十九年（一八九六）西砺波郡若林村西中となった。戸数は明治五年一四六戸である。昭和三十二年（一九五七）若林村が砺波市と石動町に編入し、西中も二つに分かれて編入した。その後昭和三十七年（一九六二）石動町は砺中町と合併し、小矢部市が成立した。ここでは、小矢部市西中出身の、南砺市福光地域天神　渡辺寛氏（大正八年〈一九一九〉生）から、昭和初期の西中について二〇一〇年から二〇一六年にかけて聞き取りしたことを記録する。

Ⅰ　西中の馬耕

はじめに

全国的に昭和三十年代に耕運機が普及するまで、田植前の農耕に牛馬を使用していた地域が多かった。かつて砺波地方には牛耕も馬耕もあったとされる。馬耕は乾田に適していた。牛は扱いやすいが力が弱く、馬の六、七割の力といった。[1] 馬は扱いにコツがいるが力が強い。そのため砺波平野部において広く馬耕が行われていた。

富山県の馬耕については、佐伯安一氏の「農業と農業技術」、「馬仕事の順序」[2] また馬仲間の観点から藤本武氏の「沢川の馬仲間について」、「下立の馬仲間」[3] など多くの研究が発表されている。それによると富山県は扇状地が多いので乾田が多く、近世始めから馬耕が行われてきた。また馬は一軒の家で飼ったり、仲間で飼ったり、借馬であったりした。農具の発達や馬耕の技術の普及、土質などの自然条件や地理的条件、村の風習などで、地域により特色ある馬耕が行われていた。長い間身近であった馬耕も、体験者が少なくなり、どのようにおこなわれていたか実態は分かりづらくなってきた。

西中は砺波市や小矢部市の町部から約四km離れた約一五〇戸の農村で、庄川扇状地の末端に近い乾田の水稲単作地帯である。

大正から昭和初期にかけて、話者の実家の家族構成は、本家から文久三年（一八六三）八月に分家した祖父（天保十四年　一八四三―大正十一年　一九二二）祖母（嘉永六年　一八五三―大正十三年　一九二四）、父（明治九年　一八七六―昭和二十年　一九四五）母（明治十六年　一八八三―昭和四十一年　一九六六）と四男四女の八人兄弟である。話者は第七子の四男であり、長兄は明治三十六年（一九〇三）生で話者の十六歳上である。話者は父が数え四十四歳（以後数え年表記）の時の子である。長兄は昭和四年（一九二九）ころ結婚している。長兄は村でも評判の仕事量をする人で、話者が物心つくころになると、農仕事は長兄が中心となって働き、長兄が馬使いをしていた。聞き取りは二〇一六年である。

本稿は砺波平野の馬耕の一例として、昭和初期の西中の馬耕を記録したい。

一　馬仕事

西中の馬は、全戸借馬だった。馬は馬喰に頼んだが、村に馬喰がいないのでほとんど隣村狐島の紫藤家に頼んでいた。紫藤家は能登から馬を用意したが、砺波でも多くの馬を所有する馬喰だった。[4]

西中はハナグサ（蓮華草）を肥料にする地域で、ハナグサを四月末まで十分に稔らせ、五月一日から全戸一斉に馬仕事が始まることに決まっていた。馬仕事は各家毎朝五時から始まり、三十一日までの一ヵ月間である。馬は馬喰に連れられ、仕事の十日ほど前に来て、馬小屋に入れた。平素馬小屋は馬具、農具、薪や藁など何でも入れてあったが、本来は馬仕事の時だけ必要な建物だった。馬は遠方から歩いて来るので疲れており、仕事が始まるまで身体を休ませた。田仕事の一ヵ月間は有効に働かせ、田仕事が終わった後は、十日ほど休ませてから馬喰に返した。

馬にはすべての田に、荒起し・コズクリ・代かきの仕事をさせた。馬使用の時間を有効に使うため、家族は一丸となって働いた。

(一)　前仕事の株切り

前年の稲株をそのままにしておくと、荒起こしの後にも株が残りやすく、土がほぐれにくい。馬仕事の前に、前年の稲株の「株切り」があった。以前は長い柄の鎌で切り取ったが、後年小学生になると（昭和二年ごろから）足踏みの「カブ切り」が普及し、一株ずつ株を踏んでほぐした。これは子どもの仕事であり、自分は隣の二級上のDさんとエー（結い）で一緒にお互いの家の株切りをした。三月下旬から始まり、馬耕が始まる四月末までに終えた。

(二)　荒起こし

荒起こしは馬の最大の田仕事である。まず前日田に泥の四、五寸上まで水をアテル（入れる）。馬に犂をつけ、馬使いが犂を持ちながら、田を引かせる。犂が引かれると泥が片方ずつ起こされる。馬は賢い動物で、起こさぬ所をみぬいて起こす所をきちんと歩いた。犂で起こし盛り上がった泥は、四ツ鍬でつついてほぐす。それはたいてい女性の仕事であったが、重労働だった。家では兄が馬使いをし、母や兄嫁が泥をつついた。馬の荒起こしと泥をつつくことの速さの対比は、泥をつつくのが二人なら馬の引く速さと丁度だったが、三人なら馬が遅れた（人間が早かった）。男児も小学五年生ころになると、泥をつついた。その日の内に泥を全部こわせるかは、その家の人手により違った。

(三)　コズクリ　砕土機を引く

荒起こしの後、土をつついてから、田に六、七割の水をアテて馬に砕土機（写真1）を付けて引かせる。砕土機には回転する歯が付いており、ぐるぐる回り土がこわれてほぐれた。この時は女性や子どもは田に出ない。

写真1　砕土機
砺波郷土博物館蔵

(四)　代かき

だいぶこなれた田に、水を泥の三寸ほど上までアテて、馬にマンガ（写真2）を引かせる。マンガは串状になっていた。これで田に三回馬を引かせたことになる。馬にとって労働のきつさは、荒起こしが一番きつく、コズクリ・代かきはその半分ほどである。これらの仕事をしながら、準備ができた田から田植えをした。田植えは五月下旬から始まり、六月十日のヤスンゴト（田祭　田植え後の休日）までには、全部植えた。

写真2　マンガ
砺波郷土博物館蔵

(五) 馬のご飯

馬の餌は馬のご飯といい、人間と同様大切にした。よく働いてもらうために、力を付けるご飯を準備した。大抵は「豆の煮たが」、「麦の煮たが」にコンカ(米ヌカ)などを混ぜて冷ましてから飼い葉桶に入れて食べさせた。豆は大豆で、馬のご飯に豆殻が入っていると力がつかないといい、大豆だけを煮た。麦は大麦だった。家では一町五反のうち約一反に麦を作った。小麦はわずかで、ほとんどが大麦であり、大麦の全部を馬のご飯にした。六月に大麦を収穫後は、オソダ(遅い田)として稲を作っていたと思う。また草を与える地域があったが、西中にはそもそも草が少なく、やらなかった。干し草もなかった。力を付けるには草では足りないと思われていた。

六月に馬が仕事を終えて休んでいる時も、馬番(後述)が順に回ってきた。馬には力を付けて帰ってもらうために、仕事をしていた時と同様のご飯を食べさせ、いたわった。

二　馬番の日

馬使いをする日を「馬番」といい、馬仲間(後述)の家に三日おきにきた。馬は馬番の前日の夕方に、家に来る。家では馬に明日の仕事を精一杯させるため、力がつくよう夕方に馬にごっつぉ(御馳走)を食べさせた。

西中の馬耕は、全戸一斉に朝五時から始まる。女性は三時には起きて、ご飯と馬のご飯の用意をした。家族は五時から夕方六時ころまで馬と共に働いた。子どももできる田仕事をした。男児は小学校五、六年生にもなると、馬番の日は朝五時に田に出て、馬の荒起しの後を一人前につついた。就学時間になると、手足を洗い学校へ行った。帰るとまた手伝った。当時は裸足であり、五月の早朝の田は冷たかった。後年脛の部分が長いタンボグツができて、冷たさが少し凌げ、大変に嬉しかった。

食事は朝ご飯を食べて五時から仕事に出る。十時と午後三時半すぎになると、田の近くで二〇~三〇分間「タバコ(イップク、休憩)」をする。タバコは普通のご飯と同じくご飯、おかずなどを食べる。家の近くの田なら箱御膳を持ってきて、よそって食べる。遠方の田にはおにぎりが多かった。他家の人にはおにぎりにきな粉を付けた。お昼のおかずは季節柄「筍の煮たがと大根の干したが」や、シャッシャミ(刺し網で獲れたいわし)が多かった。昼ご飯の後、馬使いだけは横になってヒラスンマ(昼休み　休憩)をとってもらう。また茶の間の囲炉裏には、火をどんどん焚いて身体を温めてもらう。田仕事は身体が冷えるので、暖めることもご馳走だった。二時にヒラスンマが終わると、コリモチ(かき餅)を焼いて馬使いに食べてもらい、お茶を出して午後の仕事になる。三時半から四時ごろタバコの食事をした。平素男性はご飯を毎食三杯ずつ食べ、一日五合といった。馬使いの時は、三食は三杯ずつ食べ、タバコに二杯ずつ、合計一三杯食べた。つまり一日七合ほど食べた。同様に女性も子どもも平素より多くご飯を食べた。馬にも飼い葉桶に満杯の馬のご飯を、五回与えた。

時間の感覚だが、タバコやお昼の時間は、太陽の高さや近くの人々の様子でだいたい分かった。馬仕事は六時ころに終わると、馬を川で泥を流し、家に連れて行って馬盥にお湯を入れてよく洗った。きれいにしてから、次の家へ連れて行った。連れて行くのも馬に慣れた長兄だった。

三　馬仲間と馬耕面積

馬は一頭を三軒で使った。それは馬仲間といい、オモヤ（本家A）、家（B）、Cの三軒である。三軒のうち代表はいなかったが、しいていえばオモヤが代表だった。それは分家を一番多くしているという家格による。馬が来ると、返す日まで毎日オモヤ、家、Cの順番で、ご飯を食べさせたり世話をした。テツ（蹄鉄）がはずれたら、基本は夕方仕事が終わるとその家が馬を馬喰へ連れて行ってテツをつけ、次の家へ連れて行った、またテツの費用は三軒の仲間で払った。

この馬仲間は家が近いための関係で、これ以外の特別な関係は何もなかった。オモヤは親類なので冠婚葬祭に付き合いはあるが、Cとはなく、農作業の結いも葬式などの手伝いもない。例えば葬式には参るが、手伝いではなく、一般村民同様の「かいど（外）参り」だった。

馬仕事は一ヵ月を三軒で使うので、一軒一〇日ずつである。まれに五月末までに仕事が終わらない場合は、六月にもしばらく使うことがあった。

馬耕の面積であるが、馬仲間の三軒とも分家の田を一緒に馬耕していた。オモヤの田は一町余りで、オモヤの分家四軒分も合わせて合計二町余り、家は一町五反で、分家二軒分六反ほどの合計二町余り、Cは一町と分家一軒分で合わせて合計二町足らずをそれぞれ馬耕した。凡そ一軒でする馬耕の面積は二町であり、馬耕面積の合計は約六町だった。

四　馬使い

馬使いは馬に慣れた成人男子がした。当時の農村では戸主はほとんど馬使いをした。しかし中にはできない人もいた。次男以下の男子はほぼ村外へでるため、馬使いはほとんどできなかった。馬道具を操作するのは重くてつらい仕事だった。馬使いは数え二二歳ころから五五歳ころまでした。俚言に「四二のみつご」がある。これは、父親が四二歳の時息子が三歳だったら、息子が馬を使える年齢になる二二歳になる時、父親は六一歳となる。これがちょうど馬を使える交代の境目となる。四二歳までに息子が三歳に成長していることがめやすだった。馬使いの重要性からの俚言である。

㈠　馬使いがいない時

昭和二十年長兄が急死した。長兄が体調をくずしてからは、兄嫁の実兄が馬使いに来ていた。兄嫁の実家は戸出在の夏住《なつずみ》で、西中と一里半離れていた。夏住から朝五時の仕事に間に合うよう、まだ暗い三時には家を出て、西中に着いてから朝ご飯を食べ仕事をしたという。また自分が戦地から帰った昭和二十二年の春、自分は馬使いができないので馬の手綱を引き、兄の息子で小学五年生くらいだった甥が犂を持ち、アゼバタだけ起こした。後の田起しは親類に頼んだ。馬使いがいない家は、親類縁者に頼んで馬耕をした。

㈡　馬使いの日傭賃《ひようちん》（一日分のおこし賃）

『村に馬がいたころ』（太田郷土懇話会　一九九五）によると、昭和十二年（一九三七）当時、農事日傭料は弁当持で一日一円であった。西中の馬使いの日傭賃は、五円ほどで高かった。それは馬使いの日当が高いだけでなく、馬の借り賃、馬使いの食事代、馬の食事代を含んでいたからである。『村に馬がいたころ』に記されている「昭和十二年農事日傭料及借馬料標準」によると、馬使（賄付）一円五〇銭・馬使（賄ナシ）一円八〇銭・借馬料　上七五円・借馬料　中六五円・借馬料　下五五円である。西中で分家の田を馬耕する時、馬使いはすべて自宅に帰って食べているので賄いナシである。また馬のご飯は馬使いする家が食べさせていたので、一日五食分の餌代がかかる。借馬料は馬仲間の三軒で払っている。借馬料を七五円としたら、一軒当たりの負担は二五円である。田仕事をする三〇日で割ると、一日当たり二円五〇銭となる。それに馬使い料で賄いナシの一円八〇銭を加えると合計四円三〇銭である。『村に馬がいたころ』は人間の賄い料は一食三〇銭に見積もっている。馬の餌が一日五食であることと、馬の田仕事前後の休憩期間の餌代もあるから追加すると、やはり馬使いの日傭賃が一日五円は相応である。馬使いがいない家で、馬番がある家は、馬使いの日当を払っていたが、馬の餌は食べさせていた。オモヤの場合、田は一町ほどなので馬を一〇日間も必要としない。五日間分家の馬耕をすると、起こし賃が二五円となる。馬の借り賃は起こし賃で充分に出た。どの家も十日間の内、分家の田も馬耕していたが、いずれも起こし賃をもらっていた。

おわりに

昭和初期、西中の農家にとってある程度の耕地面積を持つ戸主は、馬使いができることが必須だった。馬は四月中旬から、仕事をする五月一ヵ月を挟み、六月中旬まで約五十日間いた。その間馬仲間で順に馬番をしていたが、その五十日間のために馬小屋を建て、決して安くない馬具を買い揃えた。馬番の日は有効に馬を使えるように家族一丸となって働いた。また馬にもよく働けるよう、前日から力をつける餌を与えた。餌の大麦は一町五反の耕地面積の内、一反栽培した。それだけ多くの耕地を使っても、馬への餌としての大麦が必要であった。馬には仕事が終わるとお湯で洗ったり、一ヶ月間の田仕事を終えて帰る馬にも慰労と感謝で力を付ける餌を与え続けたり、家族同様の丁寧な扱いをした。

馬仲間は三軒であったが、西中は縁者より近所という地理的条件で決まっていた。また馬耕面積はどの家も分家の田を混ぜると、同じほどの馬耕面積だった。各家揃えていたのかもしれないし、一ヶ月の馬耕には各家この面積が適正だったのだろう。同じほどの馬耕面積であるため、馬番も同日間であり、三軒を順に回した。分家の田は飯米ほどの広さが多く、ほとんど自家の本家に馬耕を頼んだ。また各本家は分家の田を馬耕することにより、高い日傭賃をもらい、自家の借馬代に充てた。馬耕面積が合計六町であったことは、『村に馬がいたころ』によると砺波市太田では五町（八頁）、また砺波市久泉の平均は四町七反九畝（二九頁）とあり、ほぼ相応である。おそらく西中ではどの家でも馬耕は似ていたと思える。

村では五月一日の朝五時から一斉に馬耕が始まり、田仕事の始まりをつげた。当時の農家は、最も重要である米作りのために馬耕を重要視し、人馬一体となり、共に働いてきたのである。

注

（1）戦前牛耕をしていた、南砺市福光地域天神の片山みよ子さん（一九二九年生）談

（2）佐伯安一「農業と農業技術」『富山県史通史編　近世上』富山県　一九八二

「馬仕事の順序」・「馬仲間の仕組」『村に馬がいたころ』太田

郷土懇話会　一九九五
（3）藤本武「沢川の馬仲間について」『常民へのまなざし』佐伯安一先生米寿記念文集　桂書房　二〇一六
「下立の馬仲間」『下立民俗誌』富山民俗の会　二〇一八
（4）『村に馬がいたころ』太田郷土懇話会　三六頁　一九九五

参考文献
佐伯安一『富山民俗の位相』桂書房　二〇〇二
石川咲枝『馬と土に生きる』文芸社　二〇〇三

（『とやま民俗』No.九一　二〇一九年一月）

Ⅱ　西中のヨータカ

はじめに

昭和初期、砺波地方の農村では、六月十日、十一日をヤスゴト（田祭り）といい、田植上りの盆日で午後休みの日だった。その日は農耕の区切りの日であるが、支払について中間の区切りの日でもあった。農村では、正月と盆の八月十五日が「キリ」[1]で、年二回の支払だったが、正月から盆までは期間が長いので、ヤスゴトに支払いをする家も多かった。大家などで働いた正月からのヒヨーチン（日傭賃）がもらえたり、雇用の契約をする日でもあった。大人は田仕事を休み、餅やぼたもちを作って食べ、正月からツケてある、店の借金払いなどをした。子供たちは夜に、ヨータカ（夜高）とよんでいる田楽の形をした小行灯を持って豊年満作を祈り、唄を唄いながら村内を一軒ずつ回った。西中で子供が中心にする行事は、他にカキゾメ（左義長）があった。

砺波地方の田祭りについて佐伯安一氏によると、ヨータカを出すのは砺波平野部に限られ、旧福野町を中心に分布する。[2]旧若林村西中もその分布内の村で、福野まで約六km、石動、出町まで約四kmに位置する農村である。ヨータカは現在も行なっている村もあるが、時代と共に変化し、地域の違いもある。また、戦後行政指導で行われなくなった村もある。

ここでは、砺波平野農村のヨータカの原型の一つとして、昭和初期の西中のヨータカを記録する。話者（大正八年生）は、小学校一年生の大正十五（一九二六）年から高等科二年生の昭和八（一九三三）年まで西中でヨータカをしていた。聞き取りは平成二十二年（二〇一〇）が中心である。

一　ヨータカの準備

昭和初期、西中は大きな村であり、約一五〇戸ある。それを川の流れで上流をオモテ（表）村、下流をウラ（裏）村と二つに分け、さらにそれぞれが二つに分けられ、ウラ村は川を境に川東・川西がある。約四〇軒ずつ四つの区があり、それぞれの区でヨータカをしていた。話者はウラ村の川西の生まれだった。現在ヨータカは田祭りと称されることも多いが、戦前はヤスゴトといい、田祭りとは言わなかった。

ヨータカは男の子供の行事である。構成員は男子小学生全員と、男子高等科学生である。当時は全員高等科へいくとは限らない。話者の学年の男子は三十数名で、村長の子ら三人が中学校へ、六割ほどが高等科へ進学した。一番年長である高等科二年の中で、二人が親方となり、そのほかは子方となる。高等科二年生は、卒業すると多くは都会などへ働きに出るので、心身ともほぼ一人前の心つもりだった。中学校へ進学した子は、ヨータカへ参加しなかった。

写真1　子どものヨータカ

ヨータカは三尺から六尺ほどの竹棒に木枠を付け、和紙の八寸紙に絵を画いて木枠に張る。木枠は家にあったが、兄弟がふえると家族が新たに作った。絵は武者や馬が多く、毎年オモヤ（本家）のオジジに画いてもらった。オモヤのオジジは絵がうまくヨータカの絵のために、当時としては珍しい赤、青の絵の具を持ち、自分の家の子の分を画くついでに、親類の子供たちの絵を画いてくれた。在所（ウラ村の川西）の親類には年の近い従兄弟が三人いたが、皆画いてもらっていた。毎年、和紙もオモヤが準備した。和紙はヤスゴトの二日間もたすために、質のいい和紙だった。絵をもらうと、母親がご飯をつぶして作ってくれた糊で、木枠に貼った。

二　集合

薄暗くなりはじめると、それぞれ一人ずつヨータカに蝋燭の火を付けて持ち、県道沿いで村の中心部にある駄菓子屋（イッツァブサ）の前に集まった。親方はヨータカを持たない。

みんなが集まったところで、親方が小学一・二年生の子に、「あんたらち、ここで明るい間、もうちょっと遊んでだら帰られ。親だち心配しとっでるさかい」と、帰宅を促す。一・二年生の子も合点していて、しばらくして帰る。それは、当時県道から家へ入る道は狭く、巾三〇㎝ほどのヒトアシ（一足）道が多かったからである。それは少しでも多くの米を収穫するため、地面をめいっぱい田んぼにしていたためである。当時は街灯もなく、暗闇の中、小さい子が長いヨータカを持ちながら小道を歩くのは、田んぼや小川へ滑り落ちたりして危険だった。それで参加するのは、だいたい一五人ほどの人数となった。

また、ヨータカには護衛団がいた。護衛団は若い青年団で、兵隊検査（満二〇歳）が終わった村のアンマ（長男）七、八人である。長男以外の男性は、仕事などでほとんど村にいなかった。話者の同級生で西中の男は八人だったが、長男は三人だった。護衛団は祝儀金があることや、他村からヨータカを破りにくるのを守った。しかし、そんなことはほとんどなかった。護衛団は家々まで行かず、通りの村道などでぶらぶらしながら護衛した。

三　回る

ヨータカは二日間回るが、最初の日は在所であるウラ村の川西、二日目はオモテ村を回る。唄の練習は特別になく、回る道中で覚えた。

「東の山から　西の山まで　キボ（くも）が糸かけ　ささどっこいしょ」というような唄だった。

子方がヨータカを持ちながら狭い道を歩き、親方は最後尾を歩く。各家に着くと、子方は家のマエバ（前庭）を唄いながら歩いてぐるぐる回る。当時マエバは二〇～三〇坪ほどであったから、子供でいっぱいになった。親方二人は玄関の前に立つ。玄関から家の人が出て来て、祝儀を出すと、親方が受けとりお礼を言い、祝儀を布の袋に入れる。護衛団は離れた大道にいる。

各家では祝儀を回ってきた子供を見て、在所だったら、五銭ほどだった。オモテ村へ行くと在所でないから三銭が多かった。その中で西中村一番の大家、K家は川西から離れていたが行ってきた。K家からは二〇銭ほど、石高が村で三番のY家は一五銭ほどだった。K家へ行くときは道筋から親方が、「さあー、今度K家やぞー」と子方に気合をいれると、子方もヤンギリ（精一杯）の声を張り上げて唄い回った。ゴボ（御坊　願称寺）へは宗教の関係で行かなかった。十日に地元の川西を四〇軒回るが、十一日の川東は遠いので三〇軒回るのが精一杯であった。

四　分配

三日目の十二日午後、学校から帰ってきてから親方が、駄菓子屋の中でヨータカの祝儀を計算した。子方は店の邪魔にならないよう道で待っていた。自家で作った行灯のヨータカだけで中行灯も何もないから、経費がかからない。祝儀は全額を全員で等分に分けられた。おおよそであるが、川西は五銭とすると四〇軒で二〇〇銭、川東は三銭なら三〇軒で九〇銭、K家二〇銭、Y家一五銭で合計三二五銭となる。一五人なら二〇銭余り。毎年変わるが、二〇～三〇銭ほどが分配された。小学一、二年生も貰った。当時子どもが現金を手にすることはほとんどなく、そのお金が子供の貴重な小使いとなり、約半年分に相応した。もらったお金は少し駄菓子を買って楽しんだが、ほとんどの子は学用品に使った。当時鉛筆一本一銭、ノート五銭だった。

五　西中のヨータカの変遷

その後、西中のヨータカは構成人数や地区構成の変動により、変化していった。戦後は子どもが多くなってきて賑やかになってきた。昭和三十二（一九五七）年に市町村合併で西中が石動町と砺波市に分かれ、ウラ村の川西・川東とオモテ村の一部が石動町（現小矢部市）に合併し、石動町西中は八五戸ほどの村になった。そのころからヨータカを石動町西中の全体でするようになり、地区と人数が増えたこともあり、青年団が主体となって一時期大行灯を作った。しかし平成になったころより子どもの人数が減少し、現在昭和初期に戻ったように小行灯と太鼓だけとなった。祝儀は昭和末ごろまで現金を分配していたが、現在は親が管理し図書券を配っている。

神社は神主が在住ではないため、今も回らない。寺院へは現在小矢部市西中も砺波市西中も回っている。寺では、地域の祭りとして受け入れられているのだろう。

おわりに

ヨータカは一つの村でも、時代と構成人数などで常に変化してきた。

昭和初期のヨータカの絵柄が、今日のような武者絵ばかりではなく馬の絵も多かったことは、当時農耕における馬の重要性が窺えるのではなかろうか。今後他地区の事例報告を待ちたい。現在の絵柄は市販の絵が多く、馬に乗った武者絵が多い(3)(写真1)。

昭和初期の西中のヨータカは、共同で作った行灯がないことから、祝儀を全額分配している。後年の他地区に多いお菓子などではなく、現金であったことは、当時貴重な小遣いとなっていることをふまえ、時代を表している。

昭和初期に村で提灯を持つ家はほとんどなかったので、暗闇の中であかりはヨータカだけだった。太鼓も笛もなかったが、行灯と唄で華やぐ。ヤスゴトをヨータカで村の男の子供達が祝い、青年団が見守り、家々は祝儀をする。田仕事と共に生きた姿がそこに見える。

注

（1）決算期。掛け売りの支払期。

（2）佐伯安一「砺波平野の田祭り」『祝い絵』石川県立博物館 二〇〇〇

（3）「絵行灯漫遊越中編」『祝い絵』八七頁　石川県歴史博物館 二〇〇〇

参考文献

阿南　透・萱岡雅光「となみ夜高まつり　―魂を焦がす炎の祭り」『富山の祭り』　桂書房　二〇一八

佐伯安一「砺波平野の田祭り」『祝い絵』石川県立博物館 二〇〇〇

佐伯安一「となみ野の子ども行事」『万華鏡』269　砺波子どもヨータカ　ふるさと開発研究所　二〇一四

林　宏「ヤスゴト、タマツリ」『水島民俗探訪録』水島地区振興会 二〇〇〇

藤本　武「福野夜高祭―神を迎える壮麗な行燈」『富山の祭り』桂書房　二〇一八

（『とやま民俗』№.九〇　二〇一八年九月）

Ⅲ　終戦直後、カイニョ（屋敷林）の木から箪笥を作る

はじめに

砺波平野の屋敷林は、防風、防寒、防暑、燃料、用材などとして多様に利用されてきた。それは実際どのようなものであったろうか。西中は砺波平野の中央部で、江戸末期はまだ原野に近いところもあり、そのころに分家した場合、当初は屋敷に木を植林してカイニョを作り、代々守ってきた。しかし、建築用材や婚礼用家具など、必要時には伐って使ってきた。ここでは終戦直後の昭和二十一年、西中のA農家で、カイニョの木から息子と娘の箪笥を作った事例を記録したい。話者（大正八年生）は西中のA家出身で、聞き取りは平成二十三年（二〇一一）六月などである。

一　カイニョを作る。

A家は話者の祖父が文久三年（一八六三）に、本家から敷地約四〇〇坪、家屋敷、飯米として田を約三、四反もらって分家した。初代は当時木が一本もない屋敷内に、杉を約四〇～五〇本、欅を約一〇本、桐数本、果樹、裏に竹やぶなどを少しずつ植林した。話者が育った頃、カイニョの主なる木は、ほぼ初代が植えた木だった。後に父や長兄が前庭などに杉や庭木・果樹を植えた。特に柿は種類が多く、九月半ばから霜が降りる頃まで実っていた。西中は山から遠いので、一五〇戸の村に山持は一戸もなかった。そのため、どの家でも木は貴重だった。

カイニョはかやぶき屋根の防風林の目的もあったから、木の小枝を下ろすことはなく、地面の近くまで下枝があった。話者が育った大正時代は分家して七〇年ほど経っており、家はカイニョにすっぽりと囲まれ、外から建物が全く見えなかった。

二　カイニョの木から箪笥を作る。

昭和十七年（一九四二）三月二十日、県から「カイニョ（屋敷林）伐採による軍需用材供出運動についての知事志達」が出された。[1] A家は石動往来沿いの家であったため、真っ先に供出を命ぜられ、昭和十九年ごろ、一番太い直径三尺あまりの大木を約一〇本供出した。大木が伐り出されたため、屋敷林の中で風の向きが変わったせいか、昭和二十一年（一九四六）の秋に台風が来たとき、これまで倒れたことがなかったのに杉の木が三本倒れた。その木は六〇年生ほどで、直径約二尺五寸だった。次年の昭和二十二年（一九四七）一月に、四㎞離れた出町（砺波市）へ嫁いだ妹が初産するので、子供箪笥を作らなければならない。その頃、昭和十九年（一九四四）に出町が大火で、二〇九戸焼失している。[2] 妹の婚家も焼失した。そのため近在では、建築用材はもちろん、家具用材など、木材が大量に不足していた。終戦直後で物資が不足していること、木材が不足していること、先祖からの大切な木であることなどで、この倒れた杉の木と箪笥用に植えてあった桐の木で箪笥を作ることになった。桐は自分たちで伐れるが、杉は大木なので職人でないと伐れない。杉の木の伐採から、箪笥製造までの手順は次の通りである。

(一) 木挽きが杉の木を伐る。

西中は山地から遠方で、大木を伐ることは専門の職人でないとできない。当時村に一人だけいた木挽きに伐ってもらうと、一日で伐り終えた。木挽きに箪笥屋から聞いておいた寸法を伝え、丸太は六尺の長さに切った。枝も一緒に払ったが、小さな部分に至るまでナリ（細い丸太）にした。葉はすべて燃料に保存した。

(二) 製材する

話者は次兄と、杉と桐の丸太をガチャ車[3]につけ何回かに分けて、四km先の石動福町（小矢部市）にあった製材所へ持って行った。昭和二十一年当時は食糧事情が悪く、配給米だけでは足りないので、製材所は米を何升か持ってくるように言った。製材所は機械で製材したが、厚さを均一にするため、先ずコ（コバ・木羽　木材をはつった木片）を取る。話者はそのコを捨てることなく、タクモン（焚物）用にすべて持ち帰った。西中は前述の通り山持ちがおらず、コといえど貴重な燃料だった。木は箪笥屋の指示通り厚さを正《しょう》八分に製材した。正とは正味の意味で、製材した後の厚さを意味する。例えば普通の八分なら、切った巾が減り、七分五厘ほどになった。一般に注文のものは正だった。丸太はその日の内に板になり、ガチャ車に乗せて家へ持ち帰った。カイニョの木は防風の役目もあったから、枝を下ろさないので、板にすると節が多かった。

(三) 板を干す

板は樹皮に近い側をオモテ、芯材に近い側をウラと呼ぶ。ウラを上にして三～五日間天日に干した。オモテを上にして干すと板が反り返るからである。

(四) 板を運ぶ

干した杉と桐の板と、一棹当たり箪笥屋の指示とおりの坪数（一坪は六尺四方）を、石動の箪笥屋へ運んだ。

(五) 箪笥が出来上がる

箪笥は昭和二十一年当時材料持込で、一棹あつらえの工賃が一〇〇〇円だった。また、小箪笥は小さくても細工仕事は変わらないので七割の工賃で、七〇〇円だった。出来上がった箪笥は引き出しが三段の箪笥が二個組で一棹である。子供箪笥一棹の他、話者がその年、昭和二十二年六月に結婚するための、箪笥、小箪笥（写真1）、下駄箱、長持など他の家具も全部その杉と

写真1　話者の小箪笥

桐で作った。

(六) 子供箪笥を持って行く

子供箪笥を、昭和二十二年正月に初産した出町の妹の家へ運ばなければならない。当時出町へ通ずる石動往来は除雪をしていないので、荷車が引けない。そのため子供箪笥を自転車の後ろに付けて、引っ張りながら持っていった。一個ずつ二回に分けて、出町にある親戚の家に一旦持っていき、そこできちんと二段に組んで一棹の箪笥にした。出町は雪道がすかして（除雪して）あるので、荷車をかりて持っていった。

おわりに

昭和二十年代、西中のように山が遠い里人にとって、カイニョの木は貴重な材木であった。石動に製材所ができる以前は、木挽きが伐採してマエビキで製材して板にした。木挽きは一升飯といい、重労働であり、村人は板一枚といえども大切にした。だから西中近在では、古い家や何かの木が市《いち》で売りに出ると、買い手が多くいた。

昭和の時代からは石動に製材所ができたが、そこまで運ばなければならない。製材した時に出たコを持ち帰ることは、当時は当然のことであった。西中では平素燃料は藁であり、木はお客さんが来宅した時のためにとっておいたのである。藁は灰が舞い上がるが、木は舞い上がらず、しかもぼっこり（おだやか）とした火で、暖かかった。当時家具はほとんどあつらえ（注文）で作った。先祖から受け継いできた木で作った箪笥は、道具としてその人が生涯使用した。カイニョはまさしく家の財産であり、大切に守り、利用してきたのである。

注

（1）「かいにふ（屋敷林）伐採ニ依ル軍需用材供出運動ニ関スル件」『砺波市史』資料編3　近現代　一九九三　六一八頁

（2）砺波市史編纂委員会編『砺波市史』一九六五　一九頁

（3）鉄の輪をはめた荷車。後年のゴムタイヤより、動きが悪い。

参考文献

『砺波平野の散村』砺波市立砺波散村地域研究所　二〇〇一

（『とやま民俗』No.九三　二〇二〇年一月）

八章　その他

Ⅰ　曽祖母のヒコ（曽孫）に生まれ

私は田舎の四世代八人家族の家で育った。曽祖母渡辺ゑすは、明治二十六年（一八九三）生で、ちょうど六〇歳上だった。元来子供好きで、よく一緒に遊んでくれ、蛍狩り、山菜採り、近くの野イチゴ摘みなど、子供時代の楽しい思い出は、ほとんど曽祖母と一緒だった。子供の頃、何気ない日々に曽祖母のしていたことは、不思議なことばかりだった。普段日常的に行っていた幾つかを記したい。

⑴　**口を祓う**

不吉なことや、恐れがあることを口から言うと、すぐに「口をハラワンニャアカン」といって、フーと息を掛けたりしながら、手で口を二、三回祓う。言った人には祓わせる。これは言霊信仰と思えるが、これまであまり記録がない。『砺波地方のまじない言い伝え』には、いやなものに触った時などに、触った所を手で払うと記されている。しぐさは同じだが、口から出た言葉に対して口を祓うのではない。

⑵　**春先に、黄色の花を家の中に入れてはいけない。火事になる。**

子供の頃、春先に咲く黄色い花は、キツネノボタンやウマノアシガタが多かった。それらの花はキンポウゲ科であり、毒草である。肌に汁がつくだけでかぶれや腫れることもある。そのため火事になるというきつい言葉を用い、禁じたのであろう。当時外来植物である無害の西洋タンポポは、まだ侵入していなかった。

⑶　**毒草の見分け方　鶏に草を与え、残した草が毒草である。**

鶏が食べた草はほとんど人も食べられるという。当時村の全戸が鶏を飼っており、餌に草などを与えた。曽祖母の言う通り、鶏は毒の草を残していた。曽祖母の父母は江戸時代末の生まれであり、幾多の飢饉を毒のない野草を食べながら、乗り越えてきたのであろう。

⑷　**傷を草で治す**

曽祖母と私　昭和29年5月

曽祖母が七五歳の頃、草を刈っていて鎌で手を深く切った。私はすぐ病院へと思ったが、曽祖母は川で手を洗い、傷を押さえながら、三種の草、蓬・ユキノシタ・ドクダミを採ってくるように言い、それらの草を汁が出るまで良く揉んでほしいと言った。曽祖母はそれらの草をよく合わせて汁を傷に付け、もんだ草を貼り付け手ぬぐいの端で傷を巻き、「カンカンになるまで、白なるまで縛ってくれ」と言った。そのうちに傷は本当に治った。驚きであった。

(5) **失せ物を見つける言葉**

失せ物がある時、「あんなもん、ババやらオンコやらついとった」と言いながら探すと、すぐに出てくる。失せ物は天狗様がかくされたのであり、天狗様は汚いものが大嫌いで、そんな汚いものついとるならいらんわ（いらない）。といって出されるからだという。私は今も失せ物の時に、唱えている。

(6) **軒下に植えるアマダレグサ（ジャノヒゲ）**

昭和三十年代村の半数以上が茅葺であった。茅葺には雨どいがなく、雨がそのまま地面に落ち、長年の間に軒下の泥が流れていく。それを防ぐために、アマダレ下にアマダレグサ（ジャノヒゲ）を植えた。この草は高さ約一〇㎝で低く景観の邪魔にならず、密に成長し他の雑草も生えにくくなるという利点がある。草の名前から、利用法を伝えている。

この他にも実に多様な知恵を持っていた。またいろんな風習が身についていた。

当時の人々が当たり前に持っていた民俗知や風習を、記録したいと思ったのが、私の民俗への入り口となった。

（『とやま民俗』No.一〇〇　令和五年九月）

Ⅱ　福光地方の糸挽き唄と、アカシモン
――曽祖母ゑすからの聞き書き――

はじめに

曽祖母　渡辺ゑす（明治二十六年―昭和五十二年）は、昔からいろんな唄を、折にふれて唄っていた。歌詞は機知に富み、人生訓であったり、恋愛であったり、信仰であったりした。曽祖母の時代、小学校は四年制であり、しかも当時農家の女子は必ずしも卒業まで就学していない。ましてや曽祖母の親の世代は江戸時代生まれで、字を学ぶ機会は少ない。そんな中、先代からの庶民の思いや教えなどを、唄で伝えてきたのではなかろうか。よく縫物しながら、低い声の独特の節で唄っていた。それは周りに聞かせるためだけではなく、思い出にひたったり、自分へ言い聞かせたりする唄でもあったと思う。

渡辺ゑすは、西砺波郡吉江村小林（旧福光町小林）に生まれ、明治四十五年ごろ、同郡広瀬村天神（旧福光町天神）へ嫁した。

娘時代は、当時福光町で蚕の糸挽きがさかんであったため、近隣の娘たちがそうするように、早朝から町の糸挽き屋へ糸挽きの仕事に出かけた。蚕をお湯で煮て糸を挽くのだが、女性たちは退屈しのぎにいろんな糸挽き唄を唄ったらしい。曽祖母はこの時にいろんな唄を覚えたと言っていた。単調ながら節もついていた。結婚してからは婚家が商売をしていたために、糸挽きには行っていない。そのため曽祖母の糸挽き唄は明治末期福光で唄われていたものである。また、以前から伝わった唄もある。区別がつかないのでそのまま記録する。糸挽き唄は内容により、恋愛・信仰・その他に分けた。

また、アカシモン（なぞなぞ）を少し知っていて、子供を楽しませていた。まれにみるほがらかな、子供好きな人であり、昔のことをよく覚えている人だった。佐伯安一『砺波民俗語彙』や、『富山県史』民俗編にも載っているのと重複するのもあるが、紹介する。聞き取りは昭和五十一年が中心である。

一　糸挽き唄

㈠　恋愛

・色が黒けりゃ　きつそでかわい
色が白けりゃ　弱そでなおかわい
（きつそは頑強ぐらいの意。）

・色が白けりゃ　弱そでかわい
黒けりゃきつそで　なおかわい

・色が白けりゃ　七難かくす
色が黒けりゃ　あかかくす

・あんたならこそ　ようこそここそと
またもおいでよ　ここそこと

・島田まげ結《ゆ》うて　足なげだいて
親とおるよな　楽はない
（島田まげを結って、足をなげ出しておれるのは、婿取りで、親といっしょにおれるような楽はない。）

・これだけ仕立《した》てを　してやるに
出されてくるなや　出てくるな
（「仕立て」は、主に嫁入りの際に、娘に着物を作ること。結婚する娘にいう。）

・あんたきらいでも　また好く人が
なけりゃ私の　身がたたぬ

・ほれた迷《まよ》たの　わけではないが
ときの災難　気の迷い

・星の数ほど　男もおれど
私の好くなは　ただ一人
（「星の数ほど」を「あまの星ほど」ともいう。）

・縁の道なら　山から里へ
おわるだんから　坂本へ
（曽祖母は、おわるだんとは山のことだと、いっていたが、小原谷のことではなかろうか。『越中志徴』に小原越は、「加賀より越中へ越える間道」とあり、小矢部市蟹谷の方を回って来たらしい。また、金沢近辺の山間部に小原という所がある。坂本は昔から朴坂峠越えの起点であるし、縁ならば人はどこへでも嫁いでいったことのたとえか。）

・好きじゃ思たら　姿も顔も
歩く姿も　百合の花

・妻のかわいも　子《こー》のない先
子《こー》おりゃ妻より　子《こー》かわい

・思い切れ切れ　今ここで切れ
今は思いの　切どころ
（思う人のことを、思い切れない時、今ここで思い切った方がいいと、諭している。）
・せんりょ　まんりょの　かねには　ほれぬ
あなた一人の　きにほれた
（「せんりょ　まんりょ」はお金の千両万両、そして庭木のせんりょう　まんりょうと掛けており、「き」も木と、心意気の気とを掛けている。）

㈡　信仰

・死んで行きたい　極楽さまへ
蓮の蓮華に　すわりたい
・死んで行きたや　極楽さまへ
おれど　みらくな　ことはない
（生きていても、身楽なことはない。）
・なん《（南無）》というは　帰命なり
これまた　ほっかい《（法界）》　いこう《（回向）》のげ《（解）》なり
（真宗の、御文章の言葉という。）
・年はとるまい　もうろきゃ　しょまい
（後句を欠くか　耄碌をしないでおこうの意。）

㈢　その他

・ごくの音すりゃ　目をさます
（「ごく」は米のご飯を尊んでいう語。）
・よんとごーく　よんとごーく
夜こんと　昼ござれ
（「よんとごく」は、夜に大便をこくこと。便意が昼にきてほしい意。）
・くどく話も　さておこまいけ
あまの川原が　にしひがし
（朝になると、天の川原が西東の方向になるという。くどき話をしていたら朝方になり、もうやめようの意　娘が里帰りした時などに、母にくどく。）
・親に孝行　なるだけなされ
親に孝行　すたりゃせん
・お手は　お宝、もったいのうて　ならぬ、
おかね　もうけっしゃる、お手やもの
・娘　子でない、嫁こそ　子なり、
娘　他国の、人の子なり
・おばこ　ばこばこ　目のくすり、
あえて　うんまいもんにゃ　たんがらす
（おばこは生をつぶし、目のふちにあてて熱をとった。また、よごしにしても食べた。たんがらすは、キク科の草で、三・四月ごろ、田や畔に生える若芽をつんで食べた。草名は不詳。）
・お月さまさえ　かつらと二人
わたしゃ　山道　ただ一人
（月には、桂男という仙人が住んでいるという。）
・お月さまいくつ　十三　七つ
そりゃまだ若い
・親の意見と　なすびの花に
千に一つの　あだはなし
（ことわざの類か。）
・おう《（逢う）》てうれしや　別れがつらい、

おうて別れが　なけりゃよい
（里帰りした娘に、母親が言った。）

二　アカシモン

アカシモンは冬に外で遊べない時などに、子供にいって遊ばせた。

・一里行って　すっぽぽん　二里行って　すっぽぽん、三里四方《よほ》行って　あっははのは　ナーンジャ（以下ナーンジャを略す。）
〈きせる〉きせるにはいくつかの節があり、そこに煙が入る時、すっぽぽんとなる。

・一字《いちじ》と書いて　文字と読む
〈ひともじ〉ひともじは小ねぎの一種で、よく栽培されていた。

・朝起きて　もうて歩くもん
〈ほうき〉もうては回っての意。

・朝　首つって　池入るもん
〈茶袋〉お茶は、木綿の茶袋に茶を入れて、茶殻が出ないように糸で縛って薬缶に入れ、沸かした。

・夜の夜《よ》左衛門が　もうけた金を　昼の　昼《ひ》左衛門が　使いこんでしもた
〈カネコオリ〉カネコオリはつらら

・馬　東向いとるもん
〈尾西〉地名の大西《おにし》

・つーと行って　さお一本
〈津沢〉地名

・高い所に　宮一つ
〈高宮〉地名

・お月さま　西から出るもん
〈さかずき〉さかさの月

・おとこの前に　フラーン
〈掛け軸〉おとことは、お床

・黒犬の尻を　赤犬がなめる
〈火が、鍋の裏にあたっているさま〉

・六つの樫の木のもとに　おけひとつ
〈むつかしかったらおけ〉「おけ」は止《や》めよの意

・夜になったら　おはよういうてきて　朝になったら　さいならいうてくもん
〈電気〉昔は、電気は夜しかこなかったから。「なったら」は略すこともある。

・なけりゃ　のうてつこし　ありゃあったで　つこもん
〈縄〉「綯《な》うて」と「無《な》うて」を掛けたもの

・天から落ちて　づっころんで　ひっしょ水　かぶって　ひなたぼこ
〈梅干〉「ひっしょ水」は塩水　梅干しの作り方

・親二人に　子ぞろぞろ
〈はしご段〉階段のこと　親はてすり、子は段

・天にほうほう　地にほうほう　ほうばいころころ　牛のつの
〈さといも〉

・親一人に　子ぞろぞろ
〈からかさ〉「親」は心棒

・糸ま　ふろ入って　竹まに　ぼんぼする
〈ガンガラ〉糸挽きの時、湯の中をくぐった糸が、竹製の枠に巻き取られるさま。「ぼんぼ」は、おんぶ。

・いる時の　いらんもん　いらん時の　いるもん
〈ふろのふた〉

・上も下もないもん
〈ズボン〉当時はほとんど着物の生活。
・ふたあれど　底のないもん
〈かや〉当時は、必ずかやを吊って寝ていた。
・親二人に　じゅずいちりん
〈火ばし〉上の方が、チェーンで結ばれている火ばし。
・六角堂に　小僧一人　参りがあれど　戸があかぬ
〈ほおずき〉
・四角堂に　小僧一人　えんつくばいに　猿の顔
〈便所で大便をしているさま〉「えんつくばい」は、犬つくばい
・はながかきゃ　くさいもん　してみりゃ　楽なもん
〈まくら〉「はなが」は、におい
・四つ子は　背中あぶるし　二つ子は　火たくもん
〈いろりの框と火ばし〉
・いりの中の　東京言葉
〈はい（灰）〉「いり」は、いろり　日常生活で承知しましたという時は、「ヤー」と言っていた。
・鳥はとりでも　飛べん鳥
〈かわとり〉ずいきを干した食べ物
・鳥はとりでも　飛べれん鳥
〈バンドリ〉バンドリは蓑
・病人を見舞いに　行きたいがやれど　関所を通る時　一つしか持って行けん。二つ卵を持っていきたいけど　どうする
〈お手玉のように、玉あげしながら、持っていく〉常に手には一つしかない。

おわりに

糸挽き唄は、七・七・七・五の音数律が多い。恋愛の題材も多いことから、都々逸によって大成されたという口語の定形詩の影響もあると思える。

曽祖母の糸挽き唄は、今となっては当時の暮らしや方言が分からないと理解できない唄もある。また唄からは、社会状況や心意気、母娘の情愛が伝わるのもある。その中で、月に住むという桂男の唄があった。昔の人は、日常生活の中で、唄を楽しみとしたり、人生を学んだりしてきた。アカシモンは笑いと機知に富んでおり、家族を囲んでの楽しみだった。

参考文献

佐伯安一『砺波民俗語彙』国書刊行会　一九七六
富山県『富山県史』民俗編　一九七二

（『とやま民俗』No.一六　一九七八年九月）

Ⅲ　明治期の戸籍記載　——富山県砺波郡天神村の場合——

はじめに

戸籍は人びとの身分関係を公証する公文書であり、全国的には飛鳥時代の庚午年籍（六七〇年）が最初とされる。戦国時代には、庶民のみを対象とした人別帳が作成され、江戸時代になると宗門人別帳となった。明治になり、明治四年（一八七一）に族属別方式を排した統一戸籍の戸籍法が制定された（壬申戸籍）。その後明治期に三度戸籍法が改正されている。明治期からの戸籍は役所に保存されていたが、平成二十二年（二〇一〇）までは、保存期間が八〇年であった。以後一五〇年となったが、その間に明治期の戸籍は保存期間を終了すると破棄された。

筆者の実家南砺市天神渡辺家に、現在は破棄された旧福光町役場が発行した明治期の戸籍の複写が残っており、高祖父母、その先代戸主、明治十四年から三十八年にかけて生まれた曽祖父九人兄弟などが記されている。しかしこの戸籍の日付は、伝えられていたのとは若干異なる。筆者は生前の曽祖父兄弟八人を知っていたので、いろいろ聞くことがあった

本稿では明治期の戸籍記載について、曽祖父兄弟の戸籍を中心に、日付の正誤を検討するとともに、当時の人々の戸籍の記載や名付けについて記したい。

一　天神村の戸籍

天神村は明治五年に四九戸と記録されており(1)、戸籍が作られていた。当時の新川県は、明治五年に大区・小区制となり、天神村は、明治七年区画改正により、第二五大区小一区に属し、明治九年に第五大区小九区となり、戸籍を含めた一切の事務が処理された(2)。明治十二年に大区小区を廃止し、戸長役場を置き、才川七戸長役場の管理下になった(3)。明治十八年の天神村の戸数が、才川七に残されている(4)。明治二十二年に市町村制が施行され、広瀬村が成立し、広瀬村役場が置かれた。砺波郡天神村は、広瀬村天神となった。なお明治十六年から富山県になり、明治二十九年から郡は、砺波郡から西砺波郡となった。

このように明治期には戸籍の管轄が何度も変更している。そのために記載の基準が一定せず、ゆるかった可能性がある。

二　実家の戸籍の伝承

明治期の実家の戸籍は、高祖父（万延元年―大正八年）が戸主の「富山県砺波郡天神村　渡辺太兵衛」から始まる。県・郡・村の名称から、明治十六年以降、明治二十二年以前のからの記載である。印は広瀬村の村長の印であることから、おそらく明治二十二年以降に整えられていったものであろう。戸籍には出生・婚姻・離婚・死亡・家督相続などが記載されている。

当時は自宅出産であり、取り上げばあさんや家族などの介助で生まれる。曽祖父（明治十五年―昭和三十六年　第二子で長男）によると、子供は幼くして死亡する場合も多く、役場へ届けるのも、子が本当に育つか見てからであったという。二、三歳になる

と、出生した届けを出さねばならない。しかし、そのころに親は誕生日を忘れてしまっている。また役所の届け出も厳密でなかったという。そこで日付に正誤が生じた。

1　出生の届が出されていない場合

曽祖父の兄弟は戸籍上六男三女の九人であるが、実際は十人とも十一人ともいう。その中で長女（明治十四年生）と三女（明治十九年生）の間に次女がいたはずであるが、次女の戸籍が記されていない。おそらく戸籍をあげずに幼くして死亡したらしい。

2　出生届

明治の半ばまで出生届が出されていない。曽祖父兄弟では明治三十年生の第六子まで生年の日付はあるが出生届けの記載がなく、明治三十二年生の第七子から初めて記載されている。明治二十二年に村役場が設立されてからも出生届は扱っておらず、明治三十年から三十二年の間から出されるようになったと思われる。出生届がより厳密になっていったのだろう。また、明治初期の戸籍は、子供と戸主（父親）との続柄の欄はあるが、父母の欄がなく、大正年間に作成した戸籍から記載されている。

3　出生の日付と吉日

出生の日付は、実際と異なる場合がある。そもそも高祖父（福光村生）の出生は、手次寺過去帳による享年六一才の記載から、戸籍上の万延元年ではなく、前年の安政六年である。高祖父は福光村の生まれである。当時この地方の人々は、出生の届けに正確さを期そうという意識が少なかったと思える。

曽祖父の場合は、戸籍上明治十六年二月十一日の出生となっている。しかし本当は明治十五年の秋に誕生したという。干支は明治十五年の午年と自称していたし、生涯使っていた数え年は明治十五年生まれの計算だった。死亡したのは昭和三十六年だったが、享年は明治十五年生としての八十歳であった。過去帳にも八十歳と記してある。出生を翌年にしたのは、数え年で、一つでも若いほうがいいからだという。ではなぜ二月十一日にしたか。それは紀元節の日はめでたいからだという。紀元節は明治六年に制定されており、当時の高祖父の思いが窺える。

吉日にしたのは、他にも第六子（明治三十年生）の四月十五日（天神村・福光町の春祭り）がある。また、吉日の少し前を選ぶこともある。第一子（明治十四年生）の一月十三日・第八子（明治三十四年生）の一月十日は、一月十五日の小正月前である。小正月は福光地方で「サツキ」とも「百姓の正月」とも呼んでおり、重要な節日だった。百姓の年神を迎える先に、暦法の年末生まれの子の届けを出したと思われる。共に前年の生まれであったという。

4　丑年生まれに外の字をつける

砺波地方では丑年生まれの長男以外の男女の名前に、「外」の字をつけることが多かった。牛はニマリウシといってニマル（坐る）性質があるという。丑年に生まれた子が、いつまでも実家に居座るのを避けるため、早く実家から外へ出るよう名前に外の字を付けた。そのため、名前に外の字がついていると、丑年生まれの長男以外の子と、分かった。第八子の外吉は丑年の明治三十四年に生まれた。しかしこの場合も戸籍は明治三十五年一月十日であるが、名前から本当の生年が判明する。第八子の小学校名簿には男児一三名の内、四名に外の字が付けてある。(5) 丑年生の子に名前に外の字を付けるのは、昭和二十四年（一九四九）の丑年までは、一般的であった。

外の字をつけられた子はどう思っていたのだろうか。大正二年生の某女は、名前に外が付いているのは、早く嫁に行けといわれているようで、子供心につらい気持ちになったこともあったという。

5　家督相続

明治期の戸籍には家督相続の記載がある。前戸主の死後どれくらいで手続したのだろうか。高祖父は明治十二年に四カ月で、曽祖父は大正八年に二六日目でそれぞれ家督相続の届けをしている。明治期の場合何事も時間をおいた手続きだった。それはまた、すぐに手続きをせずとも支障がなかったのだろう。

6　婚姻

この地方では、婚姻の届けを嫁が婚家にふさわしいと認知されてから、入籍したという。子供が生まれるに当たり、ようやく入籍する場合も度々あったという。また嫁を気にくわないと、「水が合わなかった」とかいい、簡単に離縁したという。それは夫より姑の意向で決定したという。

7　死亡届

死亡届は戸籍の記載で、唯一正確である。真宗門徒であり、月命日には月忌参りがある。

おわりに

高祖父が戸主であった明治期の戸籍を、曽祖父の兄弟を中心に検討してみた。出生日がしばしば違う日であったことは、届け出の期限が必ずしも決まっていなかったのであろう。高祖父の戸籍でみるように、江戸期末の戸籍は生年が必ずしも正確でなかった可能性があり、明治期においても、その風習を受け継いでいたのだろう。年齢は数え年であり、干支で数えていた人が多い。誕生日を祝う風習は無かった。

戸籍の日付の中で、死亡の日付は正しい。後の人々にとって、命日こそが大切だった。大正時代になると戸籍の届けは、次第に正確になっていった。しかし年末や三月末に生まれた子を翌年や四月生まれにする例は、まれとなっていくが、昭和三十年代半ば（昭和三十四年の福光）まで続いていた。

注

（1）藤田培『明治初年の礪波』　藤田義農　昭和十一年、再録　砺波図書館協会　昭和五十七年
（2）広瀬小学校編『広瀬村郷土誌』昭和六年、富山県『富山県史』通史編Ⅴ一一〇頁　昭和五十六年
（3）広瀬村役場『広瀬村是調査書　全』　三頁　大正五年、『広瀬村郷土誌』二〇頁
（4）才川七村方『福光町　才川七郷土史』三七頁　平成九年
（5）広瀬小学校史編纂委員会『広瀬小学校』三六頁　広瀬自治振興会　昭和五十二年。明治三十四年生の場合、外吉三名、外次郎一名。大正十四年生の場合、男児二六名中六名に外の字が付く。外好・外広・外雄・外男・外吉・外信があり、女児に外枝がある。

参考文献

富山県西砺波郡役所編『富山県西砺波郡紀要』明治十二年　昭和五十八年再録　国書刊行会

（『とやま民俗』No.一〇一　二〇二四年三月）

Ⅳ　土地を徴発された谷村正太郎さん

谷村正太郎さん（写真1）は大正四年（一九一五）に生まれた。谷村家は代々西砺波郡東太美村大西の出村である是ケ谷に住んでいた。是ケ谷は立野ケ原の最奥部にあり、明治初年の戸数は十四軒、田畑や山に恵まれた豊かな土地だった。明治三十年以降、広大な立野が原は次々と陸軍第九師団の演習場に買収されていった。

写真1　谷村正太郎さん

谷村家は大正八年（一九一九）に買収された。当時買収には東太美村、南山田村の村長が先頭に立ち各地区に代表をおき、村をあげて第九師団長と交渉した。その結果、地価以上の買収が成立し、同意書も交わされた。是ケ谷の住人はいくつかの集団で移転したが、谷村家は近くの太美山村七曲に移転した。軍は温情味があり、村民が生活に困らないよう買収した畑を耕作することや、干柿用の柿をもぐこと、住居に必要な資材であるカヤを刈ることも口約束で保証した。また廃弾をひろい、売って生活の糧にすることも教えた。ただ演習の邪魔になることを禁じ、演習があると村民は避難小屋に急遽退去していた。

しかし戦争が激化してくると、さらに広い演習場が必要になり、昭和十八年（一九四三）に七曲もまた強制徴発されることになった。徴発官は大正八年の時と違い、村長を一切表に出させず圧力をかけてきた。区長などを立野ケ原の軍に呼びつけて、ひたすら法律の勉強をさせ、今は戦争時であり軍の命令は絶対であることを無理に教え込み、反対する人の口を封じた。しかも軍は一か月以内に移転せよと命令してきた。大正八年に、一度移転したらもう二度と移転のないことを条件に承諾してきた村民は驚き、軍と交渉を持った。

七曲は谷村家の広間で行われた。九軒全戸が集まる中、軍は徴発官の少佐、立野ケ原士官、書記随員三名、憲兵の計六名が上座に並んだ。村人が谷村家の玄関のミミイシ（入り口外の石）で手をついて「少佐どの、おらち（私達）の身にもなって下はれ」と頼むと「貴様―」と立ち上がり、村人を馬のムチで叩きまくった。また何か言おうとすると「今、おまえらちの兄弟子供も、戦争に携わっておる。そんな時代じゃ。買収協力を喜べ」と言った。それでも何度か交渉し、九軒と宮が一緒に移転できるよう陳情した。しかし軍は一切を受け入れなかった。「これは参謀長の命である。反対する者は国賊であり、非国民である」と言い、三日にあけずやってきて「さぁー、どこへ移転するか決めたか」と迫った。しかも移転先を指定しなかった。県は仲立ち（仲介）で朝鮮の北部に農民開拓団があると斡旋した。谷村さんは戦争で朝鮮へ行き現地の生活を知っており、「くそったれ、行くもんか」と思った。九軒の中には出征している家もあり、ついに各家が自力で移転先を決めるしかなかった。

谷村さんは買収の測量の時のことを、「むしゃやけて（腹が立って）なんだ（涙）出て、ほんまは語りとうないがや。今でも悔しさがふつふつこみ上げてきて、どうにもならんがや」と語る。買収の山境を決定する時、若者は境をよく分からないので年配者が多く集まった。その一人に、日露戦争の傷痍兵である八〇歳を越えたY老が来ていた。Y老はポールを持って境に立ち、高所の徴発官や村人に、「高のしょう（衆）、ここでよいかい」といいながら、ポールを立てようとした。その時である。徴発官は大声で「Y、こっちへ来ーい」と呼びつけた。腰の曲がったY老は、イバラだらけの斜面を、汗をかきながらやっと登ってきた。徴発官の前に立つか立たずで「貴様―、わしを誰やと思っとる」と頭、顔、身体中をムチで叩いて叩いて叩きまくった。谷村さんは三度兵隊に行ったが、兵隊の時よりもむごたらしかった。「あんまんにもひどいもんで、境もどこじゃと相談するでなく、言いなりになってしもたがじゃ。Yさんにこんなおぞい（むごたらしい）ことをした人の名前をはがやして（悔しくて）、忘れっしもたいと思い続けてきた。そしたらいつの日かポイと忘れてしもた。そってやっと心が、らくーになったがや。軍の威圧は命こそ取らなんだが、おうたもんでなけんにゃ分からん。赤いしょんべん（小便）たれたちゃ（精神的に参って、路頭に迷う意）」

買収には同意書など一切なかった。谷村さんは、是ケ谷の本村である大西に移転先を決めた。当時は人手も物資も不足していた。家を解体したくても大工がいない。移転先で建てようにも基礎のコンクリート用セメントが無い。軍に頼むと配給の切符をくれたので町へ買いに行くと、店はおろか、産地にもないと言われた。仕方なく石屋に頼み、先祖伝来の大切にしてきた瑪瑙の石で基礎をしてもらったが、石もなくなった。今から川から上げておれず、やむをえずろうじ（庭）の良石を使って基礎にした。何もかも苦労の連続だった。

戦争もようやく終った時、今度は立野ケ原を警察予備隊の訓練場にする話が出てきた。村はこれまで何度も徴発をうけ、大変な苦労をしている。すでに立野が原へ入植した者も、戦争で大変な目にあっている。古老によると、村長を先頭にむしろ旗を掲げ村民大会を開き「らくすけ（簡単）に国に貸せんぞー」と反対した。「この時、村は一切政党色を入れなんだ。入れたらそれをついこ（理由）に国に押さえられっから。これはイデオロギーではないがじゃ。訓練場にとられることは、この地に住むものにとって、まさに命と土地の交換という気迫やった」村は、ついに国をあきらめさせた。

平成十四年（二〇〇二）、是ケ谷で移転せずに安置してあった地蔵様の百年祭が、出身の人四十人ほどで行われた。次の年には懇志で石碑が建立された。村は分散しても是ケ谷の人びとは、時を越え今も昔と同じ仲のいい親子兄弟のような絆で結ばれている。

（『万華鏡』第200号（監的壕）
ふるさと開発研究所　二〇〇八年八月）

V　ヤラナイと花の口上　――砺波市坪野神社造営記念祭の場合――

はじめに

砺波市街地から、頼成の森を過ぎて急な坂を下がりすぐ右が坪野である。坪野は和田川水系の左岸に位置し、婦負郡と接する砺波郡の東端である。平成十四年（二〇〇二）度社殿が新築移転され、十月十二日御造営竣工記念大祭が行われ、当地で「ヤラナイ」と呼ばれている奉祝行事が奉納された。

砺波地方では社寺の慶事に行われる祝儀として、このような奉納行列があり、アガリモンともいう。酒・お鏡餅、山海珍味などの神饌と、米俵に詰めた小餅、太神楽、や七福神などの仮装、獅子舞などが賑やかに同行する。

米俵の餅は社寺に奉納した後、参拝者に撒かれる。この俵は竹を組んだ心棒で吊られ、よろよろ三歩前進二歩後退して進む。これをヤラナイ・ヤラヤラ・ツリモン・ドンボツリともいう。坪野ではこのヤラナイという言葉をアガリモンの総称として使用している。ヤラナイは動詞「やらなう」を名詞化してできた言葉ではないだろうか。さらによろよろと足を運ぶことから連想して、ヤラヤラという言葉もある。

坪野神社でのヤラナイは当地では初めてだったので、近在の権正寺白峰社（平成十二年十月）・芹谷八幡宮（平成十三年十一月）に行われたヤラナイを参考にして行われた。

坪野は十二戸の村であり、青年会員は男性八名しかいない。そのため本来のヤラナイとは多少違いもあろうが、一面本質的なことを伝えているように思われる。

一　ヤラナイの行列

ヤラナイは村の入り口の家から出発し、村内を一周して神社へ向かう。行列の順序は次の通りである。

(1)　ジョウトンバ（尉と姥）　高砂を模した翁と媼で、二人で先導を務める。青い着物の翁は手に背丈より高く、「召取悪魔」と書かれ、柄が紅白の布で巻かれたしゃもじを持つ。朱色の着物の媼は熊手を持つ。

(2)　区長

(3)　青年会長

(4)　太鼓　台に載せ、後方に「五穀豊穣」の幟が立つ

(5)　宝船　木製の宝船には酒樽・餅俵・山海珍味の順に乗せてある。先頭に大きな「竣工慶賀祭」の木の立札を立て、その後方右に「酒樽二斗」左に「餅六俵」の小型の立札が立つ。帆には宝の印を付け、鳳凰が鮮やかに描かれている。後方に「無病息災」「祈願成就」の幟が立つ。

二　子供たちの口上

神社前広場で子供たち（六人）一人ずつの口上がある。

(1)　今年も豊年万作

(2)　ごらん下さいこの供物

(3)　五穀豊穣の願いを込めて

(4) 無病息災
(5) 祈願成就の願いを込めて
(6) 今より神様のもとへ
(7) （全員で）お供え致しまする

笛太鼓が鳴り響く中、酒樽などの供物が神社まで運ばれる。その道中は重そうによろよろと担ぎ、区長が待つ神社に供えられる。

三　献上物目録披露

区長より坪野氏子一同からの献上物が披露される。

目録
一つ、米俵・六俵
御《おん》酒樽・二斗
山海の珍味山の如し
坪野氏子一同より、献上奉る

その後、一般の口上が披露された。口上は主に東別所に伝わっているものを基に、砺波市福岡・宮森・宮森新を参考にしている。昭和五十六年坪野公民館完成時に花の口上があり、それも参考にしている。口上は花を頂いた御礼に述べるが、前《まえ》口上と後《あと》口上がある。前口上は、一般的に砺波地方は似ており、花を頂いた人の住所や氏名が入っている。後口上は、御礼として文面を練り、全体がより華やかに締りのあるものにするといわれている。言い回しがまさしく芸であり、場を一層盛り上げる。読み上げが終わると笛太鼓が鳴り響く中、獅子が花紙を喰わえた。花の口上と基になった東別所の口上は、後述する。最後に青年会長が御礼の口上を述べ（後述）、餅撒きをして完成を祝った。

四　ヤラナイの造り物

十三戸の青年会員八名は、村社の慶賀に約四カ月かけ準備と練習を重ねた。宝船は権正寺と芹谷を参考にした。宝船の周りは紅

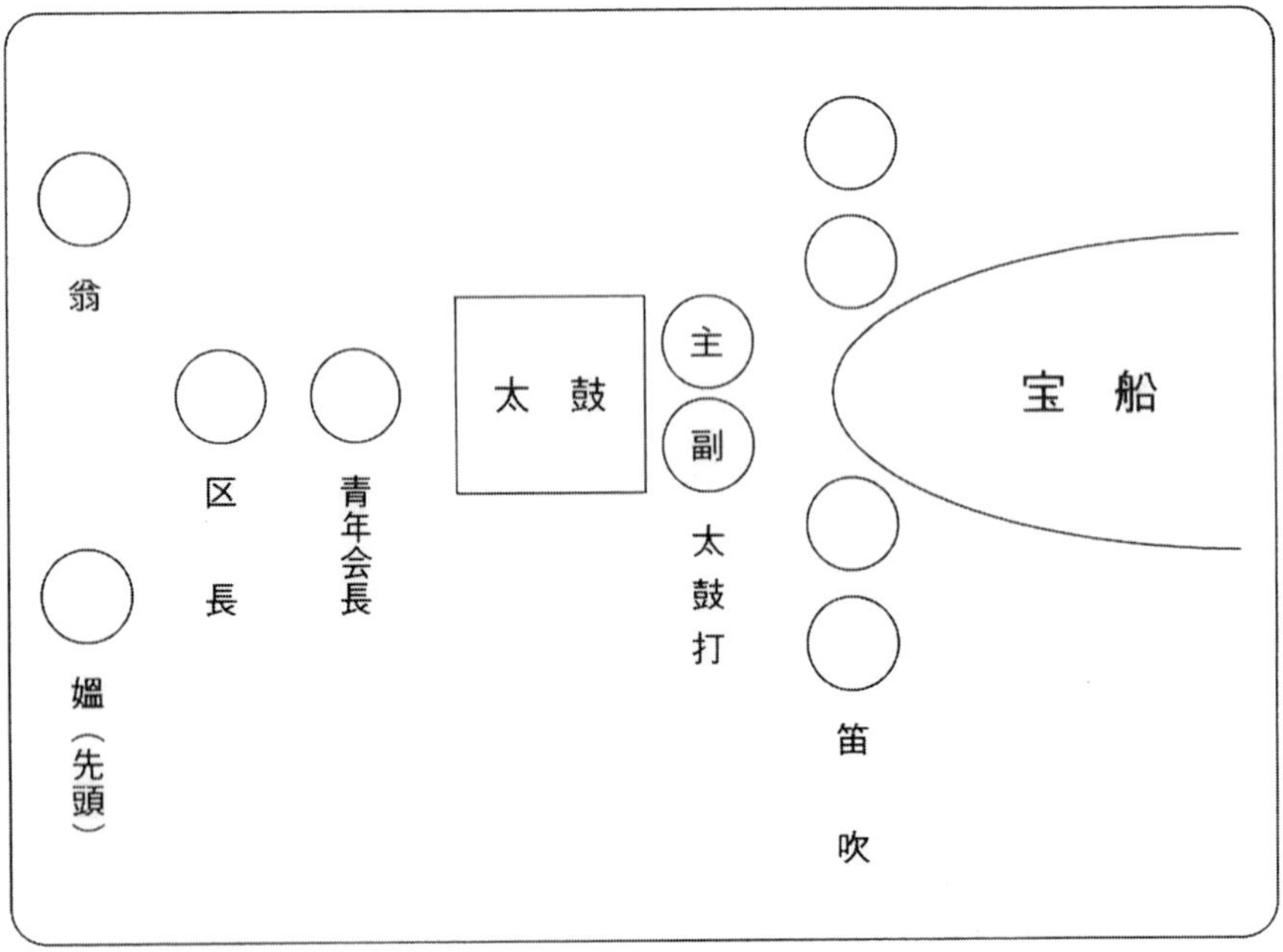

図1　ヤラナイの行列

白の幕で覆い、花が飾られている。その中に枯れ木の枝に桜を模して、和紙を小さく四角に切り、四方の先端を赤く染めた「ハナ」が先端を黄色く染めたこよりで付けられている。このハナは公民館や境内にも飾られている。

　この村には獅子舞が無いので、太鼓は宮森から、笛は砺波市福岡から習った。獅子頭は発泡スチロールと画用紙で作った。村の男性は全員黒の礼服を着て、一人何役もこなした。アガリモンの餅俵は本来吊り物であるが、人数が少なく、宝船に載せて曳き廻した。

五　花の口上

口上1

（前口上）
東西東西《とざいとーうざい》　目録《もーくろく》一つ、（同様の読みは以下略す）
御肴《おんさかな》　沢山《さーわやま》　金子万両《きんすまんりょう》、
人気栄当《えいとー》　栄当《えいとー》、
右《みーぎ》は、□□市□□氏様、
同《おんな》じく右は□□市□□氏様より、
坪野青年会 若《わっか》連中へ、下さります《まーす》。
（後口上）
さて《さーて》、その花の御礼といたしまして、
私共若連中が、今日までかかった三月《みつき》の間、
夜も寝ずに昼寝をし、習い覚えましたる笛太鼓、
これをもちまして花の御礼。　その《そーの》ための口上

口上2

（前口上）
花、花、花、
東西　東西、目録一つ
御酒肴、沢山、ならびに金子万両
人気栄当、栄当、
右は、□□市□□氏様、同じく□□市□□氏様より、
坪野青年会若連中へ下さる《さーる》。
（後口上）
さて　その花の口上の御礼といたしまして、
宝船で申そうならば、ここへ来るとき見た舟は、
七福神の宝船、前に乗るのは大黒で、
中に乗るのは弁天で、後に乗るのは恵比須様、
これ三人恰好良く、宝という字を書きしるし、
どこへいくかと尋ねれば、坪野神社の竣工式へ
そろうり、そろうり、そろうり、（声をそろえる）
花の御礼。そのための花の口上。

口上3

（前口上）
東西　東西　目録一つ、
御酒はトラック百台、御肴　百列車
並びに金子百万両　人気は有《あー》り合い
右は□□様より、同じく□□様、同じく□□様より、
坪野青年会若連中に下されおかれます《まーす》。
（後口上）
さて　その花の御礼といたしまして、
いろいろ申し様もございましょうが、
有難づくしで申そうならば、
一つ、非常にありがたく、

二つ、深くありがたく、
三つ、見れば見るほどありがたく、
四つ、よほどにありがたく、
五つ、いつまでもありがたく、
まだまだ申し様もございましょうが、
若連中取り急ぎのため、
後日会長副会長あいそろいまして、
七重の膝を八重に折り、御主人様の留守の間《ま》に
そろうり　そろうり、
花の御礼。そのための口上。

口上4

(前口上)
東西　東西　目録一つ、
御酒　立山　若鶴　成政総ざらえ、
並びに御肴日本海より総ざらえ、
金貨ざーく　ざーく　人気は栄当、栄当、
右は□□様、御ひいきとあって、
当村若連中に下しおかれます。
(後口上)
さて　さて　本日この晴舞台のため、
われら坪野青年会若連中が、
昼は昼寝もせずに　仕事もせず、
夜は嫁さん　彼女もほったらかして
習い続けた笛太鼓、
今なお嫁さんの声色ほどまでにはでませんが、
どうぞ奥の奥まで耳栓をして
しかと　お聞き願いたく、
花の御礼。そのための口上。

口上5

又《ま》　又《た》　花
昔《むかし》からも、
一月咲くのは　福寿草、
二月咲くのは　梅の花、
三月咲くのは　桜の花、
四月咲くのは　藤の花、
五月咲くのは　ショウブ花
六月咲くのは　ボタンの花
月々変わって花咲けど、
さあーて　ここらで　封切って、
目録の　お取り継ぎ

東西　東西　目録一つ、
金子　日本銀行横付け
御酒　百樽　御肴　百列車、
人気栄当、栄当、
右は□□市□□様、
同じく一通り、□□様、
同じく一通り、□□様より、
坪野神社新築完成に当たり、
我らが青年会の頑張りが良かったと、
花を下さりまして、誠《まこと》にありがたく、
花の御礼に笛太鼓、そのための口上。

餅撒き用口上（青年会長）

さて　さて、
皆様方への御礼といたしまして、
山間僻地のこの在所、
何のお構いもできませぬが、
皆様方への感謝の気持と、
お礼の意味を込めまして、
我が青年会よりただ一つ、
大きな大きな贈り物、
ぜひとも受け取って頂きたく、
へたな口上を勤めます。

さて　さて、
その贈物と申しますのは、
素晴らしきかな　今日の日の、
楽しきかな思い出を、
風呂敷いっぱい詰め込んで、
お土産として持ち帰り、
爺さん　婆さん　犬や猫と、
酒の肴として晩酌に、
明るい笑顔をふりまいて、
花を咲かせていただきたい。

どうぞ　どうぞ、
数に限りはございません。
どんどん持ち帰っていただきたく、
餅撒きの前の　皆様方への御礼
そのための口上。

砺波市東別所獅子舞の花　口上手本

１　普通の口上

（前口上）
東西　東西　目録一つ御酒肴　沢山
ならびに金貨万両　人気栄当、栄当

右は、御当家様より
当村獅子方若連中丈《じょう》へ
同じく□□、同じく□□
下しおかれます
名代として花の御礼　そのための口上

（後口上）①
さーて　その花の御礼といたしまして
当地は山間辺地の所ゆえ
何の御礼もできませせぬが
私たち若きものが
三・七・二十一日の間
夜もろくろく寝ず　昼寝をし
習い覚えましたるは
悪魔祓いの獅子一幕をもちまして
花の御礼　そのための口上

（後口上）②
さーて　その花の御礼といたしまして、
あれやこれやとお返しの
仕様もありましょうが
祖先からずーっと今日まで
習い続けましたるは　頭の先から足の先まで

毛ーで毛ーで　もーじゃもじゃの
獅子一幕を持ちまして
花の口上　そのための口上
(後口上)③
さーて　その花の御礼といたしまして
宝船で申そうならば　ここへ来るとき　見た舟は
七福神の宝船　前に乗るのは　大黒で
中に乗るのは　弁天で　後に乗るのは　毘沙門天
これ三人恰好良く　宝という字を書きしるし
どこへいくかとたずねれば
御当家様の御座敷へ
そろうり、そろうり、
花の御礼。そのための花の口上

特殊な口上

花　花　花
花と申しましても
花にもいろいろございまして
赤く咲くのが　マンジュシャゲ
赤く咲いても　葵の花
経てばシャクヤク　座ればボタン
歩く姿が百合の花
ながーい鼻なら象の鼻
高ーい鼻なら天狗の鼻
さーて　本日□□様に
めでたく咲きましたるは獅子の花
ここらあたりで封切って
目録のお取り継ぎ

東西　東西、目録一つ　御酒肴　沢山
ならびに金貨万両　人気栄当　栄当
右は□□様　同じく一通り□□様より
当村獅子方若連中へ下されおかれます
(後口上)①
さーて　その花の御礼といたしまして
私たち若きものが　三・七・二十一日の間
夜もろくろく寝ず　昼寝をし
習い覚えましたるは
悪魔祓いの獅子一幕をもちまして
花の御礼　そのための口上
(後口上)②
さーて　その花の御礼といたしまして
いろいろ申し様も御座いましょうが
ありがたづくしで申そうならば
一つ、非常にありがたく、
二つ、深くありがたく、
三つ、見れば見るほどありがたく、
四つ、よほどにありがたく、
五つ、いつまでもありがたく、
六つ　無茶苦茶ありがたく
七つ　なるほどありがたく
八つ　やっぱりありがたく
九つ　これまたありがたく
十で　とことんありがたく
まだまだ申し様も御座いましょうが
へたな口上これくらいにいたしまして

悪魔祓いの獅子一幕をもちまして
花の御礼　そのための口上
（または）
若連中取り急ぎのため
後日　会長副会長あいそろいまして
七重の膝を八重に折り
御主人様の留守の間に
奥様のひざもとへ
そろうり　そろうり
花の御礼　そのための口上

おわりに

坪野神社造営記念祭の祝賀行事ヤラナイは、付近のヤラナイを参考にしながら、少ない人数で全員が参加し、工夫をこらして行われた。花の口上は、婦負郡の影響をうけ、砺波平野部より長文である。村民一丸となったヤラナイは、坪野集落の団結力と力を感じた。

（『とやま民俗』No.六一　二〇〇三年四月）

写真１　子供たちの口上

写真２　村内引回し

写真３　太鼓台と宝船

写真４　参道入口

Ⅵ　出町の大火と真如院の高神様《たかがみさま》

昭和十九年（一九四四）五月七日、出町（現砺波市）は山王川橋付近の民家からの出火で、町の東半分を焼きつくした。強いフェーンの風が吹いたのと、戦時中で男手が不足していたことなどが重なり、新町・河原町・東町・桜木町・一番町・鍋島など、二〇〇戸以上が焼失する大火となった。[1] 私の家も焼けた。

焼失した曹洞宗の真如院は、火元の山王川橋に近い寺院であり、当時境内には鬱蒼とした大木がそびえていた。真如院の檀家も何軒か焼失し、その檀家で大火について今日まで「高神様」の話が伝えられている。高神様というのは、天狗のことだという。

出町の大火にまつわる真如院の高神様について、真如院門徒の萩ときさん（明治四二年生　一九〇九）から、平成十二年（二〇〇〇）聞き取りした。話者の語りをよりよく伝えると思い、語り口のまま記す。

出町の真如院はねーえ、毎年月遅れの花祭りをしとったがいちゃ。

昭和十九年も、戦争中やれど、いつもん年と同《おんな》じように花祭りを五月八日にせんなんと六日の日に近所の門徒のおっ母《か》ちゃんらちいっぱいして、お寺へ手伝《てった》いに来ておったがいちゃ。五月やろ、広い庫裏でウドの皮むいたり山菜煮たり茹でたりして準備しとったが。

お寺の後ろの方に、供出で切ったでっかい杉の木が山のようになって置いてあったがいちゃ。木あったとこ今と違《ちご》てNTTのとこやけど、当時でっかい木いっぱいあって五月初めまで雪残っとるほどやったちゃ。それみんな供出で切ってしもたが。手伝《てった》いのおっ母《か》ちゃんらち、帰る時に、戦争中で物のない時分やろ、その杉のスンバを焚き付けに使《つこ》うさかいと、何人かもろて帰ったがいちゃ。うちもスンバもろて来て、往来の横の空き地に置いておいたがいちゃ。

その夜さる（夜）のことや。寝とったら、外の往来わいわい、わいわい言《ゆ》うて歩く者《もん》おるが。まだ砂利道やったさかい厚歯のゲタで、ジャリジャリと歩く音するが。たき物《もん》のない時分やろ、父ちゃんに「あんた、だいやらたきもん盗んに来たわ」言うたら、「ダラ言うとることかい、だりゃ（だれが）盗んに来るこっちゃ」言うて寝とるが。

そんでも音するが気になるさかい、盗んに来とる現場押さえんなん思て、二階から戸開けて見たが。そしたらあんた、誰もおらんが。月がこうこうとしておるだけなが。

そして寝たけど、やっぱり往来からわいわい言う音するさかい、もう一ぺん戸開けて見たが。そんでもやっぱり誰もおらんで月がこうこうとしとるが。なんか変やな思いながら寝たが。その音、町の方から聞こえてきて、うちの前で止まり、ひっくり返ってまた町の方へと帰っていくが。

朝になってご飯食べとったら、向かいの朝倉さんのおばちゃん飛んでおいでたが。

「きんの（昨日）おとろしかったねえー」といわっしゃるが。きんの夜さる（夜）、朝倉さんも往来から足音するもんやさかい、ガラス戸から外見たがいと。

そしたら誰もおらんが。

おっとろっしーいなって、お念仏唱えとった言わっしゃるがいぜ。

あの足音聞いたがうちだけでなかったがいちゃ。

その日のことやないけ。

五月の七日に出町大火になってうちも焼けてしもたが。あんなでっかい大火やったけど、うちと朝倉さんまで焼けて、隣からどもなかったが（焼けなかった）。あの足音も、うちまで来て町へ帰っていったが。こりゃあ前の晩のことは、きっと高神様が自分の棲家にしといでた（しておられた）杉の木を切ったさかい、うちにスンバ置いておいたし、どこに木あるか、さがしにおいでたがらしいわ。

門徒のおばちゃん（M家）言うといでたけど、出町の大火の時、真如院からでっかい火の玉出たがいと。そしてポコン、ポコンと檀家のうちに飛んだがいと。そりゃあ不思議な火やったといけ。真如院門徒のうち、Zさんも、Nさんもみんな焼けてしもて。

おんなじ宗派（曹洞宗）でも戸出の永安寺の門徒の家は焼けんだうちも多かったがに。

こりゃあやっぱり高神様のお怒りやったがやろうか言うとったが。

ほんまに不思議なこともあるもんや。


話者の萩さんの家にはいつも近所の友人が来ておられ、実際天狗の太鼓を叩く音を聞いたとか、けものに道を化かされた経験を話された。実体験であるため語り口には静かだけど迫力があり、聞いている私は引き込まれていった。そう昔ではないが身近な出町の大火にまつわる高神様の話を書き留めた。

注

（1）砺波市史編纂委員会編『砺波市史』二二二頁　一九六五、同『砺波市史』資料編5　一四・三一・四六頁　一九九六

（『土蔵』十一号　二〇〇〇年三月）

おわりに

小矢部川上流域では昭和三十年代まで自給自足の生活を営んでおり、人と自然が共生していた。その中で生きるために必要不可欠な能力としての自然知や、利用する技術の民俗知が伝えられていた。自分の住んでいる所は、どういう自然環境であるか、標高や川・水量・土・石・風に到るまであらゆる特徴や産するものなどを知りぬき、その自然環境を活かすことが、より豊かな生活に結びついた。自然と人間が一体となり、常に自然物を有効に利用し、最大限に活かしてきた。また人々は厳しい自然環境の中で支え合い、篤い信仰心をもって生きてきた。そのような地に生きる人々は限りなく優しい。私は、宝物の人びとに出会った。

私は興味のままに聞き取りしたので、人々の生活のほんの一部を記録したにすぎない。その中でいくつかの特徴と思われることを、記したい。

・信仰に生きる

真宗は蓮如巡錫以来この地に深く根付いており、日常も信仰を第一にした生活であった。真宗の教えが人々の規範であり、支えであった。

江戸時代に、東本願寺は四度の火災に見舞われ、この地方からも多くの人々が、再建事業に奉仕している。三度目の安政度再建には、福光地域小坂の北村長助が砺波詰所の初代主人となり、再建事業に奉仕した。また四度目の明治度再建では、明治十五年に刀利から欅の巨木を東本願寺に献木しており、奉仕作業が困難を極めたが成し遂げたことは、村がまとまり、支え合う心や、村全体にさまざまな技術力があったことと共に、この地の信仰心の深さと、地域力の強さを表している。また、刀利村でも上刀利の一部以外、共に奉仕した他小村で伝承されていないのは、信仰のために奉仕することは特別なことではなく、あたりまえの日常であったためであろう。これはこの地方の特性である。

・植物の利用と通時代的な継承性

人々は必要な植物を数ある中から選び抜き、継続的に利用できる再生可能な方法で利用してきた。衣食住や民具に関する多くの材は、植物を利用した。いくつかの植物の利用法には、通時代的な継承性が窺われる。たとえば栗の実の保存法や大木育成技術、また樹皮の利用や民具作製技術などである。長い年月に培われた植物利用の民俗知は、その地で生きるための土台であろう。

・古い習俗

小矢部川は比較的大洪水が少なく、早くから人が住みつき、中世からの古村が多く、古い習俗が残っていた。白い石を盆の墓掃除に置くことや、ネツオクリなどである。川や海から拾った白い石を盆の墓掃除に置く習俗には、石塔以前の埋葬墓地が伝承されており、墓参りの習俗と墓づくりの一つのありかたを伝えている。今後全国的な視野での調査が必要である。

・村の高い自立の精神性

かつて村ではある程度のことを、公共の助けを求めずに自分の村でやりぬいた。たとえば、幾度の難題にぶつかっても用水を作った立野脇である。それは自立の精神性と共に、村や個々が、生活の中であらゆることに高い技術力を有していたことにもよる。

・小矢部川と医王山の環境を活かした生活と産業

里と町の生活には、小矢部川と医王山の恵みを活かした副業や産業が発展した。城端莚は医王山直下の土と、山から流れる冷たい水が糯米の産地となり、糯米の長く太い稈を利用して生産された副業である。干柿の加工には適度な風と湿度が必要であり、医王山からの風や小矢部川の適度な湿度が必要だった。どじょうのかば焼き、薬用やつめうなぎなどは小矢部川の恵みであるし、米菓も広葉樹の山から流れ出る良質の水や糯米、山村の良質な炭などを活かした産業である。

・食材を大切に使い切る郷土食

食材を最大限に活かして使い切り、美味しく食べる料理が伝承されている。よごしは、どのような野菜も工夫しながら、おいしく無駄なく利用した郷土料理であり、現在も工夫され続けている。かぶらずしや、どじょうのかば焼きなどに金沢との共通性が窺えるが、福光地方では、質素で材料を無駄なく利用している。

ほんの一世代前までの人びとが持っていた長い年月をかけて培われた民俗知は、これまで先人が生きていくための知恵であった。環境の面でも、無駄のない持続可能な生活を送る知恵である。この民俗知を、今の時代にこんなに簡単に忘れ去っていいものだろうか。そこにこそ新しい価値が見いだされ、これからの時代に応じた形での利用は、きっと現在、そして未来にも必要ではないかと考える。また習俗に関しても、現在の習俗がより深く理解されるためには、古い習俗を知ることが必要である。

私が小矢部川上流域の聞き取りを始めたのは、五十歳を過ぎてからのことである。それは、二〇〇一年の実母の死という悲しみの後、子供のころから知りたかった故郷のことを、記録したいと思ったのがきっかけだった。聞き取りの中で刀利の献木に出会い、どのような日常生活の中で、困難極まる献木作業ができたのか知りたく思った。それは自然知と民俗知と信仰心にあふれた生活だった。つつましい生活の中で、信仰の一念で力を合わせて成し遂げた刀利の献木のことを、これからも伝えられていくことを願う。

私が生まれた天神村について、実家　太兵衛家の歴史を記録することは、中世から存続している天神村、そしてこの地方の歴史を、太兵衛家を通して記録したいという思いで記した。天神社についても同様であり、『天神村天満宮略縁記』の存在と伝承を知り、記録したいと思った。調べているうちに、多くの祖先達の思いが聞こえてくるような気がした。聞き取りした事柄は、私が子供のころ経験したことや、見聞きしたこともある。聞き取りを通して私は、自分がしていたことは何か、そして先祖はいかに生きてきたか、自分探しの旅をしているのだろう。

多くの話者の方々には、お聞きする度に温かく迎えて教えて下さり、心から深く御礼を申し上げます。

初出文献原題一覧

序章　刀利と立野脇

Ⅱ「刀利谷の生活」『山崎少年の刀利谷』太美山自治振興会　時潮社　二〇一四年八月

一章　信仰に生きる人々と墓

Ⅰ「富山県刀利村からの献木」『真宗本廟（東本願寺）造営史　―本願を受け継ぐ人びと―』大谷大学真宗総合研究所　真宗本廟（東本願寺）造営史資料室編　真宗大谷　派宗務所　真宗大谷派宗務所出版部（東本願寺出版部）　二〇一一年七月

Ⅱ「盆の墓掃除と白石拾い　―消滅していく習俗の意味とは―」『日本民俗学』二九〇号日本民俗学会　二〇一七年五月

Ⅲ「東本願寺砺波詰所の成立と　初代主人北村長助」『砺波散村地域研究所研究紀要』第31号　砺波散村地域研究所　二〇一四年三月

Ⅳ「越中（富山県）の御影巡回　―下新川地方を中心として―」『宗教民俗研究』第二九号　日本宗教民俗学会　二〇一九年三月

Ⅴ「富山県南砺市（旧福光町）刀利村、下小屋の信仰生活」『とやま民俗』No.八九　富山民俗の会　二〇一八年一月

Ⅵ「富山県南砺市（旧福光町）旧刀利村の祭り」『とやま民俗』No.九二　富山民俗の会　二〇一九年九月

Ⅶ「南砺市福光地域、刀利小村の社名と御神体」『富山史壇』第一九二号　越中史壇会　二〇二〇年七月

Ⅷ「天神村　太平衛家の歴史」『土蔵』第十三号　砺波郷土資料館土蔵友の会　二〇〇六年十二月

Ⅺ「明治時代、山本村から御本山へ毛綱の寄進」『光風21』第214号　南砺市文化協会福光支部会報　二〇二三年九月

Ⅻ「報恩講」『暮らしの歳時記』富山編　北國新聞社　二〇一二年一月

二章　植物の利用

Ⅰ　「昭和三十年代、山村の栗利用　―富山県小矢部川《おやべがわ》上流域の場合―」『日本民俗学』第三〇八号　日本民俗学会　二〇二一年十一月

Ⅱ　「小矢部川上流域の麻栽培と加工　―福光町立野脇の場合―」『とやま民俗』No.六四　富山民俗の会　二〇〇五年一月

Ⅲ　「福光麻布」『福光町史』下巻　南砺市　二〇一一年三月

Ⅳ　「小矢部川上流域のカヤ・ススキ利用法　―立野脇を中心として―」『とやま民俗』No.六六　富山民俗の会　二〇〇六年七月

「壁材のススキ」『福光町史』下巻　南砺市　二〇一一年三月

Ⅴ　「小矢部川上流域における樹皮の利用」『北陸の民俗』第二四集　北陸三県民俗の会　二〇〇七年三月

Ⅵ　「けやきの良木育成と用材になるまで　―小矢部川上流域刀利谷・臼中を中心に―」『とやま民俗』No.七七　二〇一二年一月

Ⅶ　「小矢部川上流域における、ガマ、スゲ、カラムシの利用法　―刀利谷・立野脇・小二又を中心として―」『とやま民俗』No.八二　富山民俗の会　二〇一四年九月

Ⅷ　「キワダ（キハダ）」『福光町史』下巻　南砺市　二〇一一年三月

Ⅸ　「昭和三十年代、山村の蔓性植物利用法　―小矢部川上流域南砺市（旧福光町）立野脇の場合―」『とやま民俗』No.九六　富山民俗の会　二〇二一年九月

Ⅹ　「わが心の一冊」『植物民俗』　長澤武（法政大学出版局）　北日本新聞　二〇〇七年二月十一日

Ⅺ　「樹皮の民具との出会い」『富山写真語《とやましゃしんがたり》　万華鏡』176号（樹皮）　ふるさと開発研究所　二〇〇六年八月

Ⅻ　「樹皮の加工と利用法」『富山写真語　万華鏡』176号（樹皮）　ふるさと開発研究所　二〇〇六年八月

ⅩⅢ　「小矢部川上流域の植物と民俗」『光風21』第168号　福光文化協会会報　二〇一五年十一月

三章　生活を支えた民具

Ⅰ　「コクボのナタヘゴ（鉈鞘）づくり」『とやま民俗』No.七二　富山民俗の会　二〇〇九年九月

Ⅱ　「昭和３０年代　木を割る技術と民具　―富山県南砺市刀利・立野脇を中心として―」『民具マンスリー』第54巻10号

神奈川大学日本常民文化研究所　二〇二二年一月

III　「城端莚の生産と集荷　―旧福光町香城寺を中心に―」『とやま民俗』No.七六　富山民俗の会　二〇一一年九月

IV　「砺波市鷹栖の桶・樽職人　宮島良一」『砺波散村地域研究所研究紀要』第27号　砺波散村地域研究所　二〇一〇年三月

V　「南砺地方の雪囲い、オーダレの生産と集荷　―福光・井口地区を中心に―」『とやま民俗』No.七九　富山民俗の会　二〇一三年一月

VI　「山の運搬用民具、メッカイ　―小矢部川上流、刀利谷を中心として―」『とやま民俗』No.八四　富山民俗の会　二〇一五年一月

VII　「吉見バンドリ」『福光町史』下巻　南砺市　二〇一一年三月

VIII　「勝木箸」『福光町史』下巻　南砺市　二〇一一年三月

IX　「ネマリ機」『富山写真語　万華鏡』252号（道具もの語り）　ふるさと開発研究所　二〇一三年一月

X　「桶・樽作りの職人、宮島良一さん」『富山写真語　万華鏡』215号（となみ散居村ミュージアム「民具館」）　ふるさと開発研究所　二〇〇九年十一月

XI　「向井國子さん手仕事をつなぐ」『富山写真語　万華鏡』268号（高志の群像　向井國子）　ふるさと開発研究所　二〇一四年五月

四章　山の生活

I　「村民が開削し、維持管理してきた山村の用水史　―南砺市（福光地域）立野脇の場合―」『砺波散村地域研究所研究紀要』第37号　砺波散村地域研究所　二〇二〇年三月

II　「廃村した山村の地名　―富山県南砺市（旧福光町）刀利の場合―」『地名と風土』第14号（越中―越の中の国の地名と風土）　日本地名研究所　二〇二〇年三月

III　「マムシの民俗　―小矢部川上流刀利谷を中心として―」『とやま民俗』No.七四　富山民俗の会　二〇一〇年九月

IV　「山境の決め方　―小矢部川上流域立野脇・刀利の場合―」『とやま民俗』No.六七　富山民俗の会　二〇〇七年一月

V　「昭和三十年代、奥山の橋の作り方　―南砺市（旧福光町）刀利村、下小屋の場合―」『とやま民俗』No.九五　富山民俗の会　二〇二一年一月

VI　「小矢部川上流域における落とし紙以前」『とやま民俗』No.八五　富山民俗の会　二〇一六年一月

VII　「刀利の地籍図と山の幸」『富山写真語　万華鏡』156号（刀利）　ふるさと開発研究所　二〇〇四年十二月

Ⅷ 「白峰村の食文化を味わう」『加能民俗』12の9 No.151 加能民俗の会 二〇〇八年三月

五章 地の利を活かした食生活

Ⅰ 「おせちの逸品 南砺地方のかぶらずし」『北陸の民俗』第三〇集 北陸三県民俗の会二〇一三年三月
Ⅱ 「干柿」『福光町史』下巻 南砺市 二〇一一年三月
Ⅲ 「どじょうのかば焼き」『福光町史』下巻 南砺市 二〇一一年三月
Ⅳ 「薬用やつめうなぎ」『福光町史』下巻 南砺市 二〇一一年三月
Ⅴ 「米菓（カキヤマ）」『福光町史』下巻 南砺市 二〇一一年三月
Ⅵ 「小矢部川上流域における昆虫食 ―立野脇・刀利を中心として―」『とやま民俗』No.七一 富山民俗の会 二〇〇九年一月
Ⅶ 「小矢部川上流域で造られていた、ドブザケの製法 ―刀利谷を中心として―」『とやま民俗』No.八〇 富山民俗の会 二〇一三年九月
Ⅷ 「昭和三十年代、刀利の行事食」『とやま民俗』No.九九 富山民俗の会 二〇二三年一月
Ⅸ 「タテ（蓼）を食べる南砺市福光地方の食習」『とやま民俗』No.八一 富山民俗の会 二〇一四年一月
Ⅹ 「砺波地方のヤクメシ（握り飯） ―南砺市福光地区を中心として―」『とやま民俗』No.八七 富山民俗の会 二〇一七年一月
Ⅺ 「苗加村 斎藤家「所帯鏡」のあづき菜は、ナンテンハギ」『とやま民俗』No.七九 富山民俗の会 二〇一三年一月
Ⅻ 「郷土料理 よごし」・「野菜の保存法」『暮らしの歳時記』富山編 北國新聞社 二〇一二年八月

六章 村の年中行事

Ⅰ 「南砺市福光地域のネツオクリ ―昭和三十年代を中心として―」『とやま民俗』No.九四 富山民俗の会 二〇二〇年九月
Ⅱ 「南砺市福光地方の「ちょんがれ」について」『とやま民俗』No.八八 富山民俗の会 二〇一七年九月
Ⅲ 「南砺市（福光）天神社のバンボツ石 ―力士 渡辺太兵衛―」『北陸石仏の会研究 紀要』第八号 北陸石仏の会

IV　「カクセツ（会食）と特殊川漁　―南砺市（旧福光町）才川七石坂の場合―」『とやま民俗』No.八六　富山民俗の会
二〇〇五年十二月
二〇一六年九月

七章　昭和初期の小矢部市西中

I　「昭和初期、旧西砺波郡若林村（小矢部市）西中の馬耕」『とやま民俗』No.九一　富山民俗の会　二〇一九年一月

II　「昭和初期、旧西砺波郡若林村（現小矢部市）西中のヨータカ」『とやま民俗』No.九〇　富山民俗の会　二〇一八年九月

III　「終戦直後、カイニョ（屋敷林）の木から箪笥を作る　―旧西砺波郡若林村（現小矢部市）西中の場合―」『とやま民俗』No.九三　富山民俗の会　二〇二〇年一月

八章　その他

I　「曽祖母のヒコ（曽孫）に生まれ」『とやま民俗』No.一〇〇　富山民俗の会　二〇二三年九月

II　「福光地方の糸挽き唄とアカシモン　―曽祖母渡辺ゑすからの聞き書き―」『とやま民俗』No.一六　富山民俗の会　一九七八年九月

III　「明治期の戸籍記載　―富山県砺波郡天神村の場合―」『とやま民俗』No.一〇一　富山民俗の会　二〇二四年三月

IV　「土地を徴発された谷村正太郎さん」『富山写真語　万華鏡』200号（監的壕）　ふるさと開発研究所　二〇〇八年八月

V　「ヤラナイと花の口上　―砺波市坪野神社造営記念祭の場合―」『とやま民俗』No.六一　富山民俗の会　二〇〇三年四月

VI　「出町の大火と高神様《たかがみさま》」『土蔵』第十一号　砺波郷土資料館土蔵友の会　二〇〇〇年六月

ヨドメ（魚止め）……………………… 305
ヨバレ（饗宴）……………… 86,87,358
夜干し（よぼし）……………………… 143
よめどり（結婚式）………………… 366

り

リョウメンシダ………………… 301,303
リョウモライ……………………………96
両脇掛………………………………97,341

れ

レンガク（田楽）……………… 346,354
蓮如清水…………………… 266,267,273
蓮如上人… vii ,2,3,8,14,62,72,73,74,79,81,
82,83,89,93,97,264,298,364,365

ろ

ろうじ（庭）………………………… 410
六字名号……… 2,74,81,94,97,98,99,100,
101,113

わ

ワタシ（囲炉裏の炙り台）………… 288
ワラガイ（ワラニョウの蓋）
…… 218,220,221,242,245,248,319,320
藁工品…… 111,112,218,220,224,226,227,
229,253,299,302
ワラニョウ（藁を積んだもの） 220,221
ワンギリ（輪切り）………… 78,343,344

ホンカゴ（ぼろ布入れ）…………… 172
ホンゴル（蒸した干大根）…… 353,354

ま

マイカケ（前掛け）……………………27
マエナガレ……………………………… 134
マエバ（前庭）…………… 143,378,394
枕木…………………… 22,26,128,134,135
柾目……… 135,145,232,233,235,236,237
まじない…………………290,291,292,400
マタボウ（又棒）…………………… 287
丸鉋……………………………………… 238
マツフジ（マツブサ）………… 190,192
マブ境…………………………………… 293
マフジ（真藤）…26,168,172,174,190,191,
192,193,196,297
マムシ酒…………………… 288,289,291
マムシのアザ………………………… 289
マムシのハリ…………………… 289,290
丸山……………………………… 342,343
万人講……………………………………77

み

ミ（身）…………… 203,204,205,207,208
ミズノキ（ミズキ）………………… 297
水吐（みずはき）…………… 99,108,109
ミッカイ…………………249,251,294,383
ミツマタ（木の又）………………… 378
ミトジリ（水戸尻）………………… 218
ミノ……………………………………… 185
ミノゴ（蓑子　背当て）
……… 148,149,156,183,184,186,197,
198,199,218
ミミ（ナタヘゴの脇の穴）
…… 183,205,206,207,213,218,221,222
ミミイシ……………………………… 409

む

無縁墓……………………………………34
ムカゼ（ムカデ）…………………… 290
百足つなぎの子綱………………………25
虫送り……………… 356,360,361,362,363
ムシカケ（炭窯で炭を蒸す作業）…160,288
ムシロダテ（莚の縦縄）…218,221,222,243
ムスビギ（結ぶ木）…………… 293,294
ムスビメ……………………………… 294
村おくり…………………………… 77,78
村お講…………………………… 63,66,67

め

メガヤ
…155,156,157,158,159,160,161,162,167
メクラズナ（細かい砂）……… 133,138
メッカイ…………… 193,249,250,251,252

も

モクヤ（木矢　木製楔）…210,212,213,216
モト（甘酒）……………… 310,311,312
盛り計り（もりばかり）…………… 134
門杉…………………………… 87,117,119

や

ヤ（鉄製楔）……………… 214,215,270
ヤガイ………………………………… 350
薬師如来………………76,90,91,92,93,117
ヤクメシ（握り飯）…… 348,349,351,379
ヤゴシ（屋腰）………………… 244,245
ヤコバイ（細かい灰）……………… 332
ヤスンゴト…………………………… 338
ヤスンビ（休日）…………………… 356
ヤナギノムシ………………………… 331
屋根板………… 128,134,135,136,137,139
屋根をオロす（茅葺から瓦葺きにすること）
…………………………………… 165
ヤマイモ（ヤマノイモ）
………………… 162,163,342,343,344
山柿（柿の品種）…………………… 317
山境………………… 292,293,294,295,410
山崎兵藏…………………………… 3,6,9
ヤミ汁…………………………… 381,382
ヤラナイ…………………… 411,412,417
ヤラヤラ……………………………… 411
ヤリカケ……………………………… 110
鎗先（やりのさき）…………… 108,109
ヤンギリ（精一杯）………………… 394

ゆ

ユーベス……………………………… 342
ユキガキ（雪垣　雪囲い）
…………… 157,159,162,242,243,248
ユキドメ（雪止め）……… 279,283,285
ユキメ（雪目）………………… 171,188
ユルイ（ぬるい）…………………… 279

よ

ヨウカサマ（八日様）……………… 336
ヨータカ…………………392,393,394,395
ヨキ（斧）…… 6,21,26,172,191,202,210,
211,212,213,214,215,216
257,297
よごし………… 347,352,353,354,403,422
横谷村境………………… 15,19,25,27,72
ヨコミチ（横道・脇道）……… 278,284
吉見バンドリ…………… 253,255,256
四つ折り莚…………………………… 223
夜伽（通夜）………………………… 350

ネダ（土台）…………………………… 134
ネツ（稲熱病）356,358,359,360,361,362
ネツオクリ…… 356,357,358,359,360,361,362,363,382,421
念仏踊り………………………………… 367
ネチのカンサマ………… 357,358,360,362
ネマリ機（ねまりばた）
………………… 152,153,154,258,259
念仏道場……… 8,73,75,76,83,93,278,342

の

野鍛冶…………………………… 214,270
ノゾキ……………… 19,136,276,281,304
ノゾキの難所…vii,2,129,133,136,140,276,284
ノノ（布）…………………………… 279
ノマヨモギ（ヤマヨモギ）…… 340,341

は

バイクソ……………………………… 379
バイタ（薪の割木）…………… 161,221
肺病（肺結核）……………………… 288
墓印………………………………… 37,46
白山修験道…………… 93,94,117,120,121
白山信仰………………………… 92,122
馬耕…………… 264,387,388,389,390,391
ハサンバル…………………………… 320
ハタゴ………………………… 219,221
ハタの糸（機場の糸）……………… 317
ハチノコ……… 291,331,332,333,334,335
ハナグサ（蓮華草）………………… 387
ハナズル（鼻蔓）………………… 26,172
ハナノキ（ヤマモミジ）… 293,294,297
ハネデコ（跳ね梃子）…………… 26,27
ハバ（段丘崖）………………… 278,284
ババイズミ……………………… 131,137
ハバキ（脛当て）… 27,148,155,169,170,183,184,186,195,197
ババスゲ（タヌキラン）……………… 184
ババヤ（木製楔）………… 213,214,216
はやずし………………………… 308,309
早太鼓…………………………………… 361
ハラワタ（内臓）…………………… 287
ハルバチ（貼る鉢）………………… 147
春莚……………………………………… 220
ハンゾ（半切桶）………… 233,239,240
バンドリ（蓑）… 6,28,112,169,170,185,186,197,218,253,254,255,256,405
バンボツ（盤持ち）… 371,372,373,374,375
盤持ち…………………………… 371,373

ひ

ヒアマ（火天）…28,131,132,140,146,288,305
ヒキテ（曳き手）……………22,23,24,25
ヒッシャブル（しゃぶる）………… 334
ひつびた………………………… 380,383
ヒトアシ道（一足道）……………… 393
ヒトシバリ…………………… 159,246,247
ひねり（手もみ）………… 318,319,321
氷見莚…………………………… 227,229
秉燭（ひょうそく）………………… 110
ヒョーロ（蚕のさなぎ）…………… 332
ヒヨる（たわむ）…………………… 233
ヒラ（山腹の傾斜面）………… 284,293
ヒラスンマ（昼休間　昼休憩）…… 389
ヒラブ（平夫）………………… 267,274
ヒラモン………………………… 110,179
平緯（ひらよこ）……………… 152,154
ヒワダ（桧の樹皮）………………… 237

ふ

フカグツ（藁製の雪沓）… 112,218,221
フカブリ（あねさん被り）………… 156
吹き立ち……………………………… 353
福光麻布（ふくみつあさぬの）
…………… 152,154,186,198,258,259
フゲ（ひげ）…………………… 222,223
フゴ…………… 130,140,147,170,183,184
ブッタイ…………… 376,377,378,379,381
ブドウフジ（ヤマブドウ）… 193,249,297
ブナオ峠……… 3,13,73,74,92,94,129,275,278,283,284
冬道……………………………… 277,305
フレ（触れ）………………………… 271
触レマイ……………………………… 165

へ

兵隊割り（平均割りで出すこと）… 381
ヘービのゴザ（シダ類）…………… 301
ヘギヤ（剝ぎ屋）…………………… 135
ヘソブロ（風呂桶）………………… 237
ベンセキ（紅石）………………… 34,45

ほ

ホイルコ（穂入籠）………………… 184
報恩講……… 78,126,132,162,306,340,342,343,344,361,371
ホウキン（ホウキギ）………… 353,354
法座……………… 64,65,66,73,76,77,80,81
豊作箸…………………………… 256,257
方便法身尊像……………………… 97,100
法量……………………………… 98,99,112
ホエ（燃料にする小柴）…………… 161
干柿… 316,317,318,319,320,321,322,409,421
干大根…………………………………… 4
ホッカル（捨てる）………………… 338
ボッケハン洗い桶（仏供笥様洗い桶）237
ボッコリ（おだやか）……………… 398
ホトラ（葉）………………………… 291
ホナワ（穂縄　縦縄）………… 148,248

タバコ（休憩）…………………… 349,389
ダホ……………………………… 120,179
玉杢…………………………………… 176
ダンドリセー（段取りせー）… 22,24,26

ち

茶の子（茶菓子）………………………78
貯蔵穴………………………………… 138
チョマ（苧麻）……………………… 186
ちょんがれ…364,365,366,367,368,369,370
ちょんがれ語り…………………… 364,367

つ

ツクシ（果梗）…………………… 317,318
ツクボウテ（ひざまずいて）…………77
ツツ（藁打ち槌）………… 221,243,253
ツッカエ（支え）………………… 221,313
ツツノコ…………………… 243,245,247
ツト（包み）………………………… 287
ツノダル（祝い樽）…… 232,236,240,260
ツバエル（剪定する）……………… 178
ツバナ（チガヤ）………………… 291,300
ツブリ……………………… 143,164,281
ツボ（食）……………………… 342,343,344
ツボ（民具）…………………… 206,207
つるべ桶………………………… 233,237

て

手桶……………………………… 233,236,240
手金（手付金）…………………… 223,224
テコ（手甲）…………………………28
テコモチ（梃子持ち）……… 22,23,24,25
出職………………………………………… 235
テテコ（赤芋の親芋）……………… 354
天神社………… 114,115,116,117,118,119,
120,121,371,374,422
天神村天満宮略縁記…… 115,116,121,422
天満………… 96,112,115,117,118,120,121
天満天神社……………… 115,116,120,121

と

ドイ（ノボリ）……………………… 179
胴石…………………………………………44
同行……… 28,29,49,50,52,53,54,59,60,63,
64,65,66,67,70,77,309,411
刀利会…………………………… 9,80,88
刀利越え……… 3,13,14,84,92,275,276,277
刀利三ヵ村……………… 9,74,75,78,83,84
斎（とき）……… 66,68,126,309,310,315
どじょうのかば焼き…… 323,324,325,421
トチ……………………………… 26,191,193
砺波庄太郎……………… 51,54,56,57,58
砺波詰所……… 49,51,53,54,55,56,57,58,
108,113,125,420
ドブザケ（濁酒）…78,336,337,338,339,357
トボ（斗棒）………………………… 341
トーボ………………………………………44
土用の三番……………… 356,359,362
トリカマエ（鳥狩）………………… 277
トリゲ（鳥飼）…………………… 277,284
泥合わせの桶……………………… 237
ドロバチ（クロスズメバチ）… 334,335
トロロ昆布（おぼろ昆布）………… 348
ドンドバキ………………… 376.377,378

な

ナガシ（流し　台所）…………… 79,337
ナカジン（中芯）…………………… 147
仲立ち（仲介人）…………………… 409
ナカモリ…………………………… 342
ナギ（薙　焼畑）…17,73,149,275,278,279,
283,284,305,340
泣き輪……………………………… 235,239
名久井文明…… 128,141,174,208,209,217
ナタイコ（鉈入籠）………………… 203
ナタヘゴ（木を剝いで作った鉈籠）
…5,171,172,187,192,193,197,198,202,
203,204,205,206,207,208,213,262
夏莚……………………………………… 220
七尾樽…………………………… 239,240
ナバエギ（下に垂れる木）………… 294
ナベスン（カメクロウムシ）……… 317
ナマクラモン（怠惰）……………… 183
生なれ……………………………… 308
ナリ（小丸太）…… 221,243,245,248,397
ナルイ（なだらかな・簡単な）…279,281
なれずし…………… 308,309,310,312,315
ナンバギ（ナンバの葉）…………… 346
ナンマンダブツの小屋（合掌小屋）…160

に

ニガ泥（上泥の下部の土質）……… 220
ニゴ（藁の芯）…148,167,169,170,182,183,
185,186,253,254,255,262,
288,348
ニゴ縄……………… 137,163,164,243,254
荷縄…… 6,25,26,130,156,157,161,162,169,
170,183,191,197,206,218,224,254
二本飛び網代………………………… 207
ニマル（坐る）……………………… 407
ニワ（家の土間）… 130,165,245,248,300
ニワカ（祝時の余興）……………… 366

ね

ネコダ（背中当て）… 6,169,170,197,270
ネザケ（寝酒　夜の宴）………… 77,78
ネジワ（捻じ輪）…………………… 234
ネソ（捻った粗朶）26,157,190,293,294,297

シンノ谷……………………… 278,305
センナ（ワサビの葉）……… 85,283,284

し

ジガバチ（クロスズメバチ）……… 334
シコロ（方形の屋根・錣）……………45
シコロ墓……………………38,39,44,45
シシ（カモシカ）………………… 278
指示書…………………………… 227
シタガリ（下草刈り）…………… 137
シッタイ（出来）………………… 222
シデ…………………………… 85,86,88
シナ（シナノキ）
… 131,137,157,168,169,170,174,183,195,196,197,198,206,222,249
シナンタロウ（イラガ）………… 317
地機（じばた）…………………… 152
シマ（一続きの田）……………… 359
シミワレ（凍み割れ）…………… 270
下新川郡詰所…………………… 52,53
シャッシャミ（刺し網で取れたいわし）
…………………………………… 389
シャンベ（シャム稗）…………… 153
十一面観世音菩薩… 93,116,117,120,121
十字名号…………………… 2,92,97,98
ジュズグリ………… 131,132,133,138,140
巡回講……………………………………62
巡回布教………………… 62,63,69,77,78
巡回法宝物……………………63,64,67,68
ジョウザカイ（村境）…………… 293
ジョウジャ（真宗の念仏道場）
……………………… 73,278,282,283
城端莚…… 112,141,218,219,222,223,224,226,227,228,229,244,245,421
ジョーボ石……………………… 243
植物桿利用文化………………… 248
白い石の墓……………………… 39.40.41
代かき…………………………… 388
白太（辺材）……………175,177,178,179
白蛇………………… 99,100,101,106,113
シンズラ（凍みた雪原）……………161
新谷尚紀…………………… 33,48,141
神田（シンデン）……………… 268,274

す

ス（乾燥して空くこと）……………312
スアイ（酢合え）……………… 342,344
ズイ（木の先端）… 143,144,147,148,156,157,158,163,164,210
スイビフジ（エビズル・ヤマブドウ）
……………………… 159,190,191,192
水平器（象限儀）……………………268
ズキ（赤芋の茎）……………………341
スゲ… 162,181,182,184,185,186,187,199,285
スゲムシロ…………………………185
スコタンカブリ（ほおかむり）…… 364
寿司桶………………………… 233,237
酢ジメ………………………………310
ススキ……… 86,133,138,140,155,163,164,165,166,167,181,192,194,195,242,244,248,282,285,301,332
ススタケ（ネマガリタケ）
………… 3,160,193,249,250,251,252,278,286,294,305,340,341
ステコワイ（こわばった）…………243
酢でコロス（酢ジメ）………… 311,313
スナクジリ（すなやつめ）… 326,379,380
スナグリ…………… 131,132,133,138,140
スベ（藁しべ）…… 27,299,300,302,303,337,341
スマ（端）……………………………359
炭焼き小屋…………………… 160,161
スヤク（間が空く）…………………175
ズル（ソリ）…………………………224

せ

整形………………………………… 318
関額…………………………… 367,368
関札（番付札）…………… 367,368,369
セン…………………………… 238,239

そ

ゾーズ（雑事　野草）……………… 303
ソラ（峰）………………… 20,134,175,282
ソラ道具（梁など）…………… 134,175
ソレ（草原　焼畑の地）… 278,283,284,285

た

タイカンパ（ウダイカンバ）
……………………… 168,173,174,196
太鼓の道…………………………… 358
大正もち…………… 220,223,229,254,329
大法名記……………………… 51,56,57
タカ（高　高地）…………………37
タガ…… 232,233,234,235,236,237,238,239
高神様（たかがみさま）……… 418,419
高機（たかはた）………… 152,154,258
ダク丸（抱き丸）…………………… 238
タクモン（燃料）……… 111,161,162,397
タクモン引き………………… 161,162
タクル（手繰り寄せる　はぐる）169,206
竹釘…………… 232,234,236,238,241,260
竹簾……………………………… 242
竹の綱………………………………25
タゴケ（肥桶）…………… 233,236,260
出し小屋（炭小屋）………… 160,161
タツマイ（建前）……………… 349,351
タテ（タデ）……………… 345,346,347
タテカケ…………………………… 143
タテカヅキ（縦にして担ぐ）……… 270
立野脇大火……………… 4,264,267,273
タテ味噌…………………………… 346
ダナ（山中の平な所）……………… 293
田の神……………………… 359,360,362
頼もし講…………………………… 268

木場明志……　58,69,92,93,95,112,117,122
ギビキ（ギボウシ）…………………… 340
生平（きびら）…………………… 153,154
キボ（蜘蛛）………………………… 394
キヤリ（木遣り）………　17,22,23,24,25
木遣り唄……………………… 17,22,24,25
キリ（支払い期）…………………… 392
キリン（アカザ）……………… 379,380
キワダ（キハダ）……　168,170,171,173,174,188,189,192,196,197

く

空気ぬき（カナヤのくぼみ）……… 211
クサ…………………………………… 178
草野顕之…………………… 74,94,97,112
クサビ（鉄製楔）…………　212,213,215
串柿…………………………　316,321,322
グズバ（葛葉）………　156,190,191,192,300,301,302,326
クチ（口縁）…………………… 205,206
クチノデー（座敷）……………………77
クッタキ（口焚き）………………… 202
クビゲ（首毛）………………… 253,254
クミワ（組み輪）…………………… 234
クリバエ（栗林）…………　136,137,140
栗林………　128,129,130,135,136,137,140
クリムシ（カミキリムシの幼虫）… 331
クリヤブ（栗林）……………… 136,137
くるみ和え…………………… 341,344
ぐるり（周り）…………………………37
クレ（桶の胴部分の側板）
……　232,233,234, 235,236,237,238,239,260
クレ葺き…………………………… 139
黒マムシ……………………………… 286

け

削りかけ…………………………… 256
毛綱……………………………………… 125
ゲンゲ（藁の三つ編み）………　236,237

こ

コ（コバ　木羽）……………………… 397
コイト（越処）……………　277,283,305
麹漬け………………………………… 309
コウズ（楮）………　168,170,173,174,196
楮蒸し桶…………………………　238,240
御影様（ごえいさま）
……　61,62,63,64,65,66,67,68,69,70,71
御影様渡し（ごえいさまわたし）
………………………　63,66,67,68,70
御影巡回（ごえいじゅんかい）
………………………　61,62,63,68,69
コー（白粉）…………… 318,319,321,322
コーカケ（甲掛け）……………………27
コーコ桶（漬物桶）………………… 236
コーチン（香椿）……… 232,233,235,241
コーマイ（木舞）163,164,165,166,167,234
コグチ木（小口木）………………… 206
コクボ（サルナシ）
…5,168,171,172,174,190,192,196,197,198,202,203,204,205,207,208
コクボのナタヘゴ
…………　5.172,198,202,203,204,208
コクルビ（サワグルミ）168,173,174,196
腰かけ石………………………………　2,8
御直命（ごじきめい）……… 51,55,56,59
御示談（ごじだん）……………………78
コジョ（刺さない毛虫）…………… 317
御書（ごしょ）…　2,8,73,74,75,76,77,78,80,81,83,122,125,340
御消息…　75,80,82,93,95,122,123,124,125
コズクリ…………………………… 388
コスケ（イズミに一杯分）…278,279,283
コズミ（小さな炭）………………… 251
御代様（ごだいさま）…………………62
ゴッツン（ごり）……… 325,326,379,380
子綱………………………………………25
コツラ（マタタビ）…168,172,174,196,207
ゴバイ（粉炭　くず炭）…　251,294,332
五八特殊農用莚（城端莚）……　218,224
木挽き…　18,120,179,181,231,273.,397,398
コブタ………………………………… 342
米バンボツ……………　371,373,374
御融通志披露状……………　106,108,112
コリモチ（かきもち）…………　329,389
ゴロ（岩場）……………………………19
コロバシ……………………… 22,26,27
コロビキ……………………………… 135
コワイ（強い）…………………… 279,282
コンカ漬け………………………… 309
コンカムシ（ニカメイチュウ）…… 362
ゴンゴ（ムカゴ）……… 341,343,344,381
ゴンゴ出し（五合ずつ出すこと・平均割り）
…………………………………………381
コンザ………………………… 27,155,156
ゴンダ餅……………………………… 341

さ

境木…………………………　293,294,295
境炭…………………………　293,294,295
逆重し（さかおもし）……　310,311,313
逆ガヤ…………………………… 157,167
サクラ…………………… 168,172,174,196
サシカケ（掘っ建て小屋）………… 268
サシバンボツ………………………… 373
サツキ（田植え）……… 149,349,352,407
ザッコトリ…………………… 376,380
さばずし………………… 308,309,310,314
座機（ざばた）……………………… 152
晒し……………………… 145,148,154,198
サルスベリ（ナツツバキ）　212,213,216
サン（蓋）…………………　144,224,269
三社柿（さんじゃがき）316,317,320,322
三番苧………………………………… 148
三本又……………………………… 297,298
サンマイ（三昧　火葬場）…　34,283,350

越中国の詰所…………… 49,50,52,53,54
越中藁工品株式会社……… 226,227,229
塩硝の道…………………… 3,275,278,284

お

苧（原麻）
……… 143,145,146,148,150,152,170,198,258,259,264
オーウミ…………………… 152,153,154
大太鼓… 77,356,357,358,359,360,361,363
オーダレ（ススキの簾）
……… 158,160,161,162,242,243,244,245,246,247,248,320
大蔵の市……………………………… 227
オーハギ（苧剝ぎ）……… 144,145,146
オーバチ（オオスズメバチ）… 332,333
オガヤ…… 155,156,158,159,160,161,162,163,165,167
オガンカベ（拝む壁）
………84,85,90,91,92,94,276,278,283,304,305
オクソ（苧糞）………………… 145,147
オクソワタ（苧糞綿）……………… 147
オケサ模様（御袈裟模様）………… 149
お講様…………………………… 76,77,80
御講下（おこうじた）……………… 124
お講仏様……………………………………62
御小屋（のちの詰所）…………… 49,62
オコリ（瘧）……………… 118,119,120
オゴリ（捻じれ　反り）… 139,175,179
オコリ落としの石
…………… 115,117,118,119,120,121
おしちゃさま（御七夜様）………… 126
オシノリ（ご飯を練った糊）……… 235
オソダ（遅い田）…………………… 389
男踊り………………………………… 366
オトシブタ（中フタ）………… 310,311
オヒツ………… 232,234,236,241,260,350
オヒラ…………………… 340,342,343,344
オボクサマ（御仏供様）……… 8,80,81
オボケ（苧桶）…146,152,172,233,258,260
オモヤ（本家）………… 96,390,391,393
親綱………………………………… 25,26
小矢部石（小矢部川の黒い安山岩）…45
オリ（木の枠）………………… 329,337
音頭取り…………… 17,364,365,366,369
女踊り………………………………… 366

か

カーガラナ（ムラサキアキギリ）…194,353
カイキリ（藁を切る道具）………… 300
カイコ（買い子・支所の役割）
……………………… 223,224,227,246
カイニョ（屋敷林）……… 396,397,398
柿バサ……………………… 318,319,320
カキヤマ…………………………… 329
カク（刈る）… 155,156,158,163,164,165
カクセツ（各出　出し合いの共同会食）
……325,376,378.379,380,381,382,383
角柱型墓塔………… 34,36,38,40,41,43,44
カザアミ（飾り編み）………… 254,255
重ねの正月…………………………21,340
カシラ縄（頭縄）……………… 254,255
カセ（束）……………… 145,146,153,244
カタ（桶用定規）……………… 236,238
カタ（跡）…………………………… 177
肩衣…………………………………………77
カタネンボウ（担ぎ棒）…………… 270
カタハ（ウワバミソウ）340,341,342,354
カチコ（凍みた雪原）…… 168,171,203
ガチャ車（車輪が木製や金属の荷車）
…………………………… 374,397
勝木箸…………………………… 256,257
カッパ（できもの）………………… 131
カナ糸（木綿糸）…………………… 317
カナヤ（鉄製楔）
……210,211,212,213,214,215,216,217
カネイシ（チャート）…… 34,45,149,312
株切り……………………………… 388
かぶらずし………… 308,309,310,311,312,313,314,315,422
壁泥を運ぶ桶…………………… 233,236
ガマ…………… 170,181,182,183,184,187
カマギ（窯木）…… 202,209,210,214,215,216,217
窯道……… 156,160,268,274,286,293,296,297,298,305
ガマどじょう……………………… 324
窯ニワ……………………………… 160
神様の花…………………………… 257
カヤ…… 7,134,143,150,155,156,157,158,159,160,161,162,163,164,165,167,184,189,191,242,243,244,245,246,247,248,320,409
カヤツブリ…………………… 143,157,158
カヤニョウ……………… 157,158,161,243
茅場…………… 155,156,158,159,165,167
辛し和え…………………………… 343
カラムシ……… 181,182,185,186,187,282
カリタテ（刈りたて）………… 136,137
カルサン…………………………… 156
ガワ（輪）………………………… 26,233
カワドジョウ（シマドジョウ）…… 379
カワトリ（赤芋の干した茎）……… 354
カワマキ莚………… 154,222,227,229,259
カングクリ………………………… 317
カンコ（鈎形）…………………… 378
寒サラシ（寒晒）………………… 222
カンジャゴ（鍛冶屋用炭）…… 134,270
カンジャバ（鍛冶屋場）…………… 270
カンショバ（大便所）……………… 221
寒づくり…………………… 78,336,337,338
ガンド（大きな鋸）……… 143,277,282
神主様宿…………………… 85,86,87,88
カンモチ…………………………… 329

き

木揚場……………………… 13,21,28,29,125
キーヤ（木矢　木製楔）…210,211,212,216
北村長助……… 51,53,57,58,107,113,420
木ツツ（木槌）…………………… 135

索　引

あ

あいの風（北風）………………………… 321
青ガヤ………………………… 158,163,167
青刈り………… 158,159,160,161,162,167
青ケヤキ…………… 175,176,178,179,180
アカイバ（赤い着物　晴れ着） 364,365
アカカベ…………………………… 276,281
赤ケヤキ…………… 175.176,178,179,180
アカザシ（あかざ）…………………… 326
アカシモン………………… 402,404,405
赤太（心材）…………… 175,177,178,337
アカバチ（キイロスズメバチ）
………………………… 333,334,335
赤マムシ……………………… 286,290,291
アガリモン………………………… 411,413
アクぬき……………………………… 255
アサギ（麻木）
……… 144,146,147,149,,267,331,333
アサギの粉
……………………………… 149,150
アサドコ（麻床）………… 143,144,151
麻の中のよもぎ……………………… 142
麻畑…………………… 142,143,148,149,150
朝日当たり……………………… 165,277
小豆打ち………………………… 147,148
アズキナ（ナンテンハギ）………… 352
小豆バイ……………………………… 269
アゼマメ（大豆）……………… 300,303
アツバイ（熱灰）……………… 332,334
あつらえ（注文）……………… 397,398
アテ（アスナロ）
……… 232,233,235,236,237,241,294
アバレ（捻じれ　反り）… 175,178,179
アブラゲ（油揚げ）………………78,346
アマ（屋根裏）
…… 143,144,157,159,160,166,169,182,
184,220,243,302,337
雨乞い……………………………………94
アマダレグサ………………………… 401
アマダレシタ（雨だれ下）…132,133,138
あまだれのしずく…………………… 337
アミタンボー（編み棒）……… 245,248
アミホ（編み穂　縦縄）…………… 183
荒起こし……………………………… 388
アラタメ（新しく正し、敬う）………37
アワ（表層雪崩）………………………19
あんぽ柿……………………………… 322
アンマ（長男）……………………… 393
アンマタ（編み又）…… 160,183,185,250

い

イ（胆嚢）………………………… 287,289
医王山おろし………………………… 321
医王山修験道…………………… 93,94,117
イオドメ（魚止め）………………… 305
埋け栗（いけぐり）………………… 133
イケモチ（雪持ち林）………… 266,279
イコ（入籠）………………………… 331
イゴイ（えぐい）……………… 346,347
いさかい（争い）…………………… 100
石バンボツ……………… 371,373,374,375
移出検査……………………………… 225
イズク（あくを抜く）……………… 152
いずし………………… 308,309,313,315
イズミ………………… 131,137,140,279
板がえし……………………………… 135
板ゴゼン……………………………… 379
板橋（板の橋）……………………… 298
板目……………… 232,233,235,236,239
一装用（準礼装）…………………… 364
一年クサ（一年で腐る民具）……… 213
市兵衛（柿の品種）………………… 317
いちりん（一連）……………… 317,405
イツキ（山法師）
… 148,171,206,212,214,216,293,294,295
一寸ズリ……………………………… 374
一斗ビツ（ハンダラビツ）………… 237
イップク（休憩）……………… 349,389
糸繰り……………………… 152,153,198
イトコ煮………………………… 343,344
糸挽き唄………………………… 402,405
イナゴ………………………………… 332
稲穂箸………………………………… 256
稲熱病…………………………… 356,362
今づくり…………………… 336,337,338
射水郡詰所…………………………… 51,53
芋穴（冬に芋を入れて保存）… 133,354
イモジ（赤芋の葉）……… 347,353,354
イラワン（さわらない）…………… 337
イリ（囲炉裏）
……… 146,148,312,331,332,333,334
イリゴ（くず米）……………… 340,341
磐座…………… 85,88,91,94,276,278,285

う

ウグイス（竹釘）…………………… 234
ウサギボイ（うさぎ狩り）…203,204,382
ウジゴロシ（ハナヒリノキ）… 301,303
ウスヒラ（経木）…………………… 348
ウソワラジ………………………………27
ウチガイ……………………… 130,137,140
ウツブケ（逆さま）………………… 152
雨宝童子……………………………… 90,92
馬使い……………… 387,388,389,390,391
馬仲間………………… 387,389,390,391
馬番……………………………… 389,391
ウラバチ（ホソアシナガバチの一種） 334
ウリ（ウリハダカエデ）
…………… 137,168,170,174,196,206
ウロ（穴）…………………………… 334

え

エー（結）……………………… 268,388
餌指（鳥指）…………………… 277,284
エザライ鍬…………………………… 377

著者略歴

加藤 享子（かとう きょうこ）

［略　歴］

富山県南砺市（旧福光町）天神出身
昭和28年（1953）生まれ
富山県立福野高等学校卒業
富山大学文理学部文学科（現人文学部）卒業
富山県砺波市在住

所属学会　日本民俗学会　日本宗教民俗学会　富山民俗の会　越中史壇会
砺波散村地域研究所研究員　西郊民俗談話会　加能民俗の会　北陸石仏の会

［共　書］

『真宗本廟（東本願寺）造営史　―本願を受け継ぐ人びと―』 東本願寺出版部　2011年
『福光町史』 南砺市　2011年
『山崎少年の刀利谷』 太美山自治振興会　2014年
『下立民俗誌』 富山民俗の会　2018年
『尾山の七夕流し・中陣のニブ流し　調査報告書』 黒部市教育委員会　2022年
『暮らしの歳時記　富山編』 富山新聞社　2012年　など

小矢部川上流域の人々と暮らし

2024年10月31日　初版発行　　定価　3,600円＋税

著　者　加 藤 享 子
発行者　勝 山 敏 一

発行所　桂 書 房
〒930-0103
富山市北代3683-11
電 話　076-434-4600
FAX　076-434-4617

印刷／モリモト印刷株式会社

ISBN 978-4-86627-157-6

地方小出版流通センター扱い